**Cultural Anthropology:
Tribes, States,
and the Global System**
(Seventh Edition)

人类学经典译丛

文化人类学
（第7版）

［美］约翰·博德利 著

张再红 译

参译人员：尹湘君　张凌晟
　　　　　宋晓妍　余　艺
　　　　　韩诗禹　刘智文
　　　　　陶梦露

华中科技大学出版社
http://press.hust.edu.cn
中国·武汉

Cultural Anthropology: Tribes, States, and the Global System/by John H. Bodley / ISBN: 9781442271906

Copyright© 2020 by Rowman & Littlefield

Published by agreement with the Rowman & Littlefield Publishing Group Inc. through the Chinese Connection Agency, a division of Beijing XinGuangCanLan ShuKan Distribution Company Ltd., a. k. a Sino-Star.

湖北省版权局著作权合同登记　图字：17-2022-167 号

内 容 简 介

《文化人类学（第 7 版）》为该书的最新版本，全书包括五个部分，每一部分关注不同的问题。该书将规模和权力作为组织原则，从比较人类学视角，借鉴最新的研究成果和大量的民族志案例分析，探讨人类生存的普遍性问题，诸如人类不平等、人口增长和经济增长的自然因素和文化因素，社会经济增长带来的人类成本和收益，文化规模和权力分配对生活质量、家庭组织、群体关系及环境等造成的影响，以及文化规模与精英决策者角色变化的原因及后果。本书将增长加剧的人类问题归结为规模、权力和复杂性增加的问题，鼓励读者思考和探索有关文化系统本质的一系列重大课题。

图书在版编目（CIP）数据

文化人类学：第 7 版/（美）约翰·博德利著；张再红译 .—武汉：华中科技大学出版社，2023.6
（人类学经典译丛）
ISBN 978-7-5680-8923-4

Ⅰ.①文…　Ⅱ.①约…　②张…　Ⅲ.①文化人类学　Ⅳ.①C958

中国版本图书馆 CIP 数据核字（2022）第 229837 号

文化人类学（第 7 版） 　　　　　　　　　　　　　　　　　　　　　　［美］约翰·博德利　著
Wenhua Renleixue（Di 7 Ban）　　　　　　　　　　　　　　　　　　　　　张再红　译

策划编辑：张馨芳
责任编辑：余晓亮　刘　凯
封面设计：刘　婷　赵慧萍
版式设计：赵慧萍
责任校对：唐梦琦
责任监印：周治超
出版发行：华中科技大学出版社（中国·武汉）　　电话：（027）81321913
　　　　　武汉市东湖新技术开发区华工科技园　　邮编：430223
录　　排：华中科技大学出版社美编室
印　　刷：武汉科源印刷设计有限公司
开　　本：787mm×1092mm　1/16
印　　张：30.5　插页：2
字　　数：748 千字
版　　次：2023 年 6 月第 1 版第 1 次印刷
定　　价：128.00 元

本书若有印装质量问题，请向出版社营销中心调换
全国免费服务热线：400-6679-118　竭诚为您服务
版权所有　侵权必究

前言

preface

当今世界各文化群体之间相互联系,文化动态演进迅速,为了让人们更加明智,让工作更加富有成效,我们必须尽可能深入了解世界文化、历史和地理。运用人类学的传统方法看待现代世界是最佳的方式,以此作为基本目标,在本书导论部分,作者通过比较规模不断扩大的文化和聚焦普遍的人类问题,介绍了文化人类学的基本概念,以期为读者展现令人振奋的文化融合的学科方法。

本书鼓励读者思考关于文化系统本质的一系列重大问题:如何构建文化以满足人类的基本需求?不同文化环境下人们的感受如何?种族、语言和环境是否是文化的决定性因素?人类历史的主要转折点有哪些?

文化规模视角突显当今世界体系的独特问题,大约1/3的篇幅聚焦这些问题,特别是不平等和可持续性问题。本书还关注种族文化灭绝、种族灭绝和生态灭绝等普遍性的全球人道主义问题以及各种理论和方法问题,希望以此了解部落、国家和全球体系如何运作以及有何不同,以帮助公民构想一个更加安全和公平的世界。

对读者的挑战

人类学是一门颠覆性的学科,本书将为读者提供人类学工具,帮助读者质疑现状。欢迎读者思考下列问题:这个世界以及自己的文化究竟发生了什么?谁应该对此负责?本书作者提出自己的观点,对21世纪威胁人类福祉和持续生存的有关增长和进步的坚定文化信仰及习俗进行激进的人类学批判。欢迎读者纵观人类历史和史前史,探索增长、规模和权力之间的关系。作者认为,最严重的人类问题是由社会集体未能抑制以牺牲他人为代价来增加个人社会权力的自我驱动力所致。只要有机会,不受限制的权威人士会利用文化改变社会,为自己及其子孙后代谋取利益。精英会改变人们对现实的看法,会操纵宇宙观和技术并创造信仰,让人们相信精英主导的增长是自然和必然的结果,即使增长导致社会权力过于集中,让其他人付出沉重代价。

纵观历史，因增长加剧的人类问题均可以归结为规模、权力和复杂性增加的问题。7000年前，当少数人利用冰河时代末期全球气候变化导致的局部危机，在最早的酋邦中集中社会权力，增长便已成为一个问题。权力精英随后通过促进增长进一步扩大权力，由此引发增长、文化转型和危机的循环，最终创造了一个由美国精英主导的全球商业世界。事实证明，超越目前阈值的进一步增长不可持续，全球性文化危机的证据触目惊心——数十亿人处于贫困、营养不良和不健康状态；经济和政治体系陷入动荡；自然承受巨大的压力；人类活动正在以灾难性的方式改变全球气候，数百万人逃离无法忍受的环境，成为移民和难民。即使是最富有和最强大的国家也无法保证就业、教育、基本卫生保健和照明等。我们需要质疑人类的这种境况是如何形成的，并集中精力创造更美好的未来。

本书的结构

本书通过关注社会不公、人类福祉、社会正义和可持续性等问题，探讨3种截然不同的文化世界。全书包括5个部分，每部分关注不同的问题。第Ⅰ部分共2章，介绍文化人类学——一项令人兴奋的事业。第1章以作者在亚马孙河流域阿沙宁卡地区的实地考察为例，展示如何从事人类学研究，以及为什么具有挑战性的人类学田野调查能激发人们对该学科的热情。本章解释了为什么本书作者从人本主义视角探讨人类学，并介绍文化人类学家常用的田野调查法。第2章介绍最基本的文化人类学概念以及贯穿全书的规模和权力方法。

第Ⅱ部分和第Ⅲ部分分别探讨部落世界和酋邦、王国及古代帝国。每章对具有代表性的文化样本进行深度剖析，作为文化背景，以便读者能够充分了解世界主要的文化区域和重要文明，每一章后面均附有小结。这两部分的最后一章分别对部落世界和帝国世界中人类的重要性或人类对可持续性的影响进行了评估。

第Ⅳ部分探讨商业世界，其中第11章主要介绍资本主义独特的社会文化特征，并将资本主义与部落世界和帝国世界进行对比分析，探索资本主义在欧洲的历史渊源。第12章主要介绍美国，运用读者熟悉的文化资料，分析美国文化的发展历史，重点讨论不平等问题。

第Ⅴ部分主要探讨两个方面的问题。第13章对当代商业世界的人类问题进行广泛评估，重点讨论不平等、贫穷、环境退化和可持续性问题。第14章借鉴前面所有章节的概念，从人类学的权力和规模视角，为人类当前所面临的问题提供充满希望的解决方案。

preface

全书将规模作为组织原则，为比较各种文化世界提供依据。然而，作者尽可能避免对目前流行的进化性进步观（evolutionary progress）进行隐含的价值判断。作者从比较人类学的角度，探讨了人类生存条件的普遍问题，诸如：什么是人类的"自然"？什么是人类的"文化"？哪些人类不平等是自然导致的，哪些是文化导致的？人口增长是自然现象还是文化现象？经济增长是自然现象还是受到文化的驱动？社会经济增长带来的人类成本和收益有哪些？民族志案例集中探讨了文化规模和权力分配对生活质量、家庭组织、群体关系以及人与环境的关系等的影响。文化规模变化与精英决策者角色变化的原因及后果是本书探讨的中心话题。

民族志案例研究用于描述 3 种文化世界中代表性文化的物质基础和社会及意识形态系统之间的功能联系，被选作案例研究的文化是那些在民族志电影和著作中描述最多的文化以及大量分析材料所探讨的对象。澳大利亚土著、亚马孙村民以及东非牧民所代表的部落文化，会在不同的章节中进行讨论。太平洋岛屿首邦以及美索不达米亚、印加、中国和古印度等古代和现代的伟大文明是政治集权文化的代表。以美国、英国、当代土著民族以及乡村农民为代表的商业文化，在全球商业体系这一部分进行讨论。本书根据不同情况，将文化作为一个适应性的融合的系统，作为区域、大陆和全球体系的一部分进行深入研究。

第 7 版新增内容

第 7 版沿用第 6 版中的章节安排，借鉴最新的研究成果，对章节内容进行了全面更新。规模和权力仍然是该版的主要理论框架，但是进一步加强了文化进化观，并在民族志章节中新增了 DNA 分析的重要发现。另外，还新增了 2 个表格、4 个术语表、8 个方框、9 个小节，以及 200 多篇参考文献，补充了有关自然气候变化如何对部落和帝国世界人民产生影响的讨论，为与现在的状况进行比较提供依据。

第 7 版亮点：在第 2 章中新增了"进化文化人类学"一节以及图 2.1，显示如何将生物学、自然和生态学整合为一个框架，用于解释人类的所想、所造和所为。第 2 章还新增了方框 2.1，更新了考古学、生物人类学和遗传学上有关现代人类的解剖学资料及其对人类的意义。在第 2 章"福祉"一节中增加了对进化人类学与支持社会合作的道德领域及价值观之间联系的讨论；本节还新增表格 2.7，概述了 7 个文化上普遍的道德领域。

在第Ⅱ部分第4章中，新增方框4.1，描述亚马孙河流域当前的生物多样性及其保护问题，本章还新增一节，从文化进化论视角讨论可分父权，并将"族群形成过程"（ethnogenesis）和"可分父权"（partible paternity）2个术语列入术语表。在第5章中，新增了2个方框，方框5.1介绍热带草原生物群落，方框5.2讨论全球气候变化以及非洲人类起源和牧民迁徙之间的关系。第6章有多处修改，新增灵魂信仰和萨满教、财富和福祉等小节；新增了玻利维亚齐曼内原住民健康与生命史专题研究发现和方框6.3齐曼内原住民在整个生命周期内的粮食生产与分享情况。在有关灵魂信仰部分，新增了术语"拜物教"，并对部落世界人民将灵魂赋予物体与商业世界的人民将"魔力"归于金钱及技术进行对比分析。该章还将第6版中"部落民族的心理能力"一节修改为"部落民族的认知能力"，将工作记忆作为现代人的一项重要特征进行讨论，并新增图6.1作为辅助说明。

第10章探讨古代帝国的规模限制。该章运用"全球历史数据库"（Seshat），增加了关于政治集权社会兴衰的人口结构和文化进化论小节，并新增图10.7和图10.8，以此说明结构人口理论的主要特征以及多个复杂性变量之间的相互联系。第7章新增方框7.1，介绍与太平洋殖民化相关的遗传学、语言学和古气候方面的最新发现。第8章增加了术语"家屋社会"（house society）。第9章新增方框9.3，将最新的DNA研究结果应用于探索南亚民族和文化起源。

第Ⅴ部分是全书的结论。第13章增加了"不可持续性警告"一节，介绍联合国政府间气候变化专门委员会2018年秋发布的特别报告，对全球变暖超过1.5℃带来的危险提出警告，同时介绍生物多样性和生态系统服务政府间科学政策平台于2019年春发布的报告，新增图13.6，说明该平台使用的概念框架。第14章新增"资本主义与可持续发展不相容吗？"和"气候利维坦与气候X"两节，对资本主义本身是否具有可持续性提出疑问，并介绍适应气候变化的可替代性方案；新增表14.5，解释适应气候变化在逻辑上的可能性；新增图14.6和图14.7，展示未来可持续商业世界的面貌，以及将全球气候变暖维持在1.5℃以下的可能路径。

目录

contents

/第Ⅰ部分 引言/

第1章 田野探险 —— 3
第2章 文化:规模和权力视角 —— 13

/第Ⅱ部分 国家之前的部落世界/

第3章 澳大利亚土著:5万年的移动觅食者 —— 35
第4章 土著亚马孙人:热带雨林中的村民 —— 64
第5章 非洲牧牛民族:部落牧民 —— 96
第6章 部落世界的思维、身体和灵魂:跨文化视角 —— 123

/第Ⅲ部分 帝国世界:平等的终结/

第7章 太平洋岛民:从领导者到统治者 —— 151
第8章 古代王国:美索不达米亚和安第斯精英政治 —— 181
第9章 亚洲大传统:意识形态基础 —— 212
第10章 规模的极限:国家崩溃 —— 243

/ 第Ⅳ部分　全球商业系统 /

第 11 章　欧洲和商业世界 — 273
第 12 章　美国的财阀统治：美国资本主义 — 306

/ 第Ⅴ部分　结论 /

第 13 章　不可持续的贫穷世界 — 345
第 14 章　展望可持续发展的世界 — 378

术语表 — 413

参考文献 — 425

致谢 — 480

第 I 部分
引 言

  引言部分共有 2 章。第 1 章描述作者在南美的田野研究经历，以此说明什么是人类学研究，并解释该书为什么将文化规模作为组织原则。第 2 章介绍有关文化和种族中心主义的核心概念，阐明文化规模、增长和过程如何贯穿全书。引言部分还回顾了人类历史上重要的转折点，表明人类学与我们这个时代的重大公共问题直接相关，具有重要的现实意义。

第 1 章

田野探险

◇ 学习目标
- 描述文化人类学家所做的研究,他们的研究目的和田野研究的主要方法。
- 解释人类学的作用。
- 了解和熟悉部落文化中大人物(bigman)、概化互惠(generalized reciprocity)、非市场经济(nonmarket economy)等术语的意义。

文化人类学研究是一项持续的探险活动,意味着探究未知,以便更好地理解其他民族和文化。虽然通过书籍和课程学习可以间接了解其他民族和文化,但是只有切身体验才最为真切生动、最令人兴奋,有时甚至出乎意料。

一、遇见肖恩吉利:一位部落大人物

我对土著亚马孙政治领导力的深刻了解源于我和肖恩吉利(Chonkiri)为期 2 天的接

触。他是阿沙宁卡（Ashaninka）的一位大人物（bigman）①，独立且自信，带领一个小游群生活在秘鲁境内亚马孙河上游的安第斯山脉崎岖的山麓丘陵地带（图1.1）。强人领导完全依靠个人魄力，肖恩吉利绝对具有这种魄力（图1.2）。和一般专制的国王和君主不同，帝国的国王和君主形成不同的朝代，而部落领导人的地位是不稳定的，需要得到跟随者的持续支持。部落领导人向外来者展示权力的同时，必须能说会道，在慷慨和好战之间进行调和、折中。

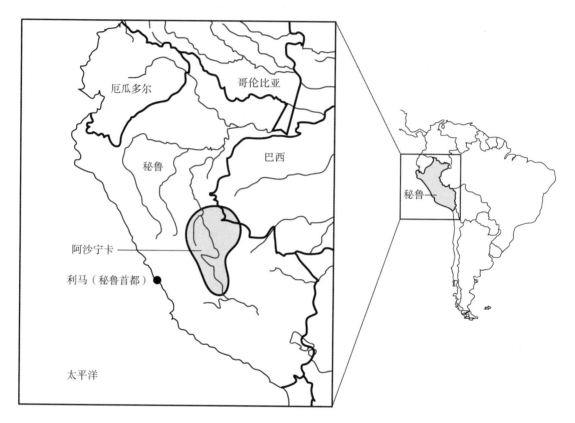

图1.1　秘鲁亚马孙地区的阿沙宁卡领地地图

阿沙宁卡依旧保持着传统的自给自足的生活方式。1969年，我和我的妻子凯瑟琳考察了阿沙宁卡自治区偏远的内陆地区，并对当地的生活条件进行评估。我们从最近的公路出发，沿着羊肠小道步行了5天，到达最近的一座城镇，丛林飞行员在飞行50英里之后，将我们送到位于大帕霍纳尔高地的一座名为奥本特尼的小型边防哨所，当时的地图上还找不到大帕霍纳尔这个地方。热带稀树覆盖的山地和树木丛生的峡谷宛如迷宫，极度独立的阿沙宁卡人就居住在这片辽阔的原野上。

---

① 大人物：部落社会中自封的领袖，其职位是暂时的，取决于领导者的个人能力和其追随者的认同。

第 1 章 田野探险

图 1.2 阿沙宁卡的大人物肖恩吉利（左一）

读音指南

秘鲁地名和阿沙宁卡（南美洲最大的印第安部落之一）文字的书写均采用西班牙语正字法。讲英语者可以采用下列近似读音。

基调：

  a＝father（父亲）一词中 a 的读音
  o＝go（走）一词中 o 的读音
  ay＝day（白天）一词中 ay 的读音
  ee＝beet（甜菜）一词中 ee 的读音
  oo＝food（食物）一词中 oo 的读音
  h＝hat（帽子）一词中 a 的读音

·＝音节划分　/＝重音

  Ashaninka＝［a·sha/neen·ka］
  Chonkiri＝［Chon/kee·ree］
  cushma＝［coosh/ma］
  Gran Pajonal＝［Gran Pa/ho·nal］
  Obenteni＝［O·bayn·tay/nee］

从奥本特尼出发，我们艰难地行走了一天，在天际边纵横交错的山脊上，发现 4 位阿沙宁卡男性，他们的面部画有红色的彩绘，身着棕色长棉袍，扛着弓箭和猎枪，场面令人畏惧。他们迅速靠近我们，并突然在离我们几步远的路旁停下来。有可能相互敌视的陌生人碰面，双方都感受到恐惧和不确定性。但是对方在自己的地盘上，手上持有武器，很快就控制了局面。他们的大人物肖恩吉利向前跨出一步，摆出一副挑衅的姿态，气势汹汹地问了我一堆问题，俨然一副传统大人物的做派。同样的场面，很可能在 1673 年首批欧洲探险者们来到阿沙宁卡时也遇到过。

肖恩吉利要求我们回答我们从哪里来，要到哪里去，是否患有疾病等问题。我明白这些问题和他的这种敌视态度都非常合理，他们完全有理由仇视外来者，但我仍然感到非常不安。最近的麻疹流行病夺去许多阿沙宁卡人的生命，殖民者和传教士的数量在不断增加。阿沙宁卡人与世隔绝，通常在陌生人接近他们之前就会逃离，但是肖恩吉利丝毫未表露出惧色。

图1.3　肖恩吉利族群的妇女和孩子

肖恩吉利对我的回答非常满意，立刻变成一位慷慨的主人（图1.3）。他带我们去他家，热情地招待我们，为我们烹煮木薯、芋头和活蚂蚁，这些食物都是他和儿子们刚刚采集的。我知道由于猎物稀少，昆虫在整个大帕霍纳尔地区是很重要的食物，但当我看到孩子们从成堆的玉米壳中翻出1英寸长、肥嘟嘟、蠕动着的白色幼虫，塞进嘴里吃下的时候，仍然感到震惊。

晚餐过后，肖恩吉利和他全副武装的兄弟们跟我们一起回到营地，他们急切地想查看我们随身携带的东西，肖恩吉利要求我们放下背包给他检查（图1.4）。他突然开怀大笑，拿走我背包里的猎枪子弹，那些是我之前塞进包里准备用作交换的物品。

"这些归我了！"他喊道，将一颗颗猎枪子弹分给自己的兄弟。我点头表示同意，希望他对这份奢侈的礼物感到满意，但是他的莽撞无礼让我越来越不安。

第二天早上，他送来一篮子玉米和香蕉作为回礼。这是一种简单的分享、给予和收获，没有任何金钱上的交易。在学术教科书的案例中，这一做法被称为非市场经济（nonmarket economy）① 中的概化互惠（generalized reciprocity）②。肖恩吉利的慷慨让我想起昨天他像一位部落大人物一样，把原本属于我的猎枪子弹全部分发给他的手下。然而我忘了这里根本不是市场经济，我愚蠢地递给肖恩吉利儿子一沓纸币，让他为我们提供向导服务。他犹犹豫豫地收下这些钱，紧紧攥在手中，根本不知道怎么处理这些钱。

我的直觉让我对肖恩吉利的真正动机产生怀疑，这一怀疑很快得到验证。在我们毫无准备的情况下，他突然开始翻找我们的行李，抢走了所有他想要的东西，如衣服、交换商品、医药用品、食物和器皿等。在我的文化中，这就是武装抢劫，而我们寡不敌众，手无寸铁，毫无抵抗之力。我突然想起早前曾经有人警告我，在大帕霍纳尔地区，一些大人物可能会杀人。虽然处境十分被动，我还是礼貌地让他的儿子和随从们分享剩下的所有物品，包括小镜子和其他交换物品（图1.5）。

---

① 非市场经济：没有市场和货币的情况下直接进行商品和服务的交换。
② 概化互惠：直接分享物质或服务的分配形式，不需要记账，但长时间来看给予和回报持平。

第 1 章 田野探险

图 1.4　阿沙宁卡大人物肖恩吉利坐着查看我的背包

注：图左前方地上的玉米是互赠的礼物，身着衬衣和裤子的男孩是协助我进行田野研究的阿沙宁卡助理的儿子。

图 1.5　肖恩吉利的儿子和随从们急迫地抢夺我们的物品

007

肖恩吉利非常紧张，当他撕开一个装有未曝光的胶卷盒子准备打开胶卷时，我的妻子凯瑟琳大喊一声："住手！"他吓了一跳，立马放下胶卷。但是他立刻恢复镇静，更加粗暴地对我们发号施令，我们被迫和他较量，这是对双方意志力的考验。最开始，他想要凯瑟琳腰带上挂的猎刀，凯瑟琳断然拒绝，坚称猎刀是她父亲的。肖恩吉利感到很挫败，又想拿走我当毯子用的外套，声称这件外套比他自己的更新，也被我拒绝了，他于是气急败坏，摆出一副部落大人物的姿态，将外套扔在地上用脚踩。我谨慎地猜测，他大怒只是做做样子，不会让我们之间的冲突进一步升级为暴力事件。

我对当地的规则有一些了解，通常应该对他人所求慷慨解囊。但是很显然，肖恩吉利的要求太过分，他想挑战我们的底线以显示自己的地位。虽然我不知道会怎么样，但必须毫无畏惧地拒绝他。最后的较量来了，他将我藏在背包里的一大捆现金（50张面值为2美元的纸币）据为己有，他显然知道钱的重要性，他得意地打开纸币，分发给自己的兄弟。我扬起手，斩钉截铁地告诉他"不行！"如果当时我没有表现出个人的威武，我们可能遭受侮辱、危险和失败。庆幸的是，他迅速收起纸币，放回到我包中，肖恩吉利和我在相互尊重的基础上达成谅解。在这种情况下，对文化的精通与勇气同等重要。我意识到，肖恩吉利虚张声势，口出狂言，暴露了他作为大人物的个人弱点。如果无法赢得尊重，追随者们就会离开。一种文化中，如果每个家庭在经济上自给自足，大人物就不能使用胁迫手段迫使其手下对他忠诚。

双方之间的僵持结束之后，肖恩吉利又表现出一副慷慨主人的模样。他带我们参观他的家和园子，并让他的儿子为我们带路。尽管如此，他还是一如既往地强调自己的霸主地位，当时，凯瑟琳坐在倒置的啤酒槽上，他一脚踢开凯瑟琳，自己坐了上去。啤酒槽是一件普通物品，也是当地文化的主要特征，谁都可以坐在上面。女人们用啤酒槽酿酒，啤酒晚会是大人物展现慷慨的重要方式。其实，如果是我坐在啤酒槽上，肖恩吉利可能不会用脚踢我。他对待女性的态度在当地文化中可能是适当的，我们尽量不将这种举动视为刻意冒犯。作为肖恩吉利家的客人，我们不了解这里的文化，将我们对于两性关系的文化价值判断强加给他们是不合适的。这一事件让我们决定缩短行程，于是我们和向导——肖恩吉利的儿子友好作别。

这段插曲让我对处于政府监管之外的自治部落文化的日常政治有了简单的认识。与世隔绝只是一种表面错觉，尽管受到来自外界的直接影响微乎其微，肖恩吉利和他的追随者们仍然是全球市场经济的一部分。他们中好几个人穿着工厂制作的裤子，地上摆着钢斧和金属罐。早在18世纪，奥本特尼就有传教士传教；20世纪30年代，该地区成为方济会教区。肖恩吉利家附近有一个闲置的牧牛场，3年前曾经是马克思主义游击队的临时基地。然而，经历3个多世纪的欧洲压迫之后，阿沙宁卡的文化依旧能保持其活力和自主性，我们备受鼓舞。

我在阿沙宁卡的经历是帮助我区分部落文化、帝国文化和商业文化3种文化世界的基础，部落、国家和全球体系是本书的主要框架。只有区别上述3种文化世界，才能比较不同文化的规模和社会权力组织形式，更好地理解这3种文化世界如何运作，并评估它们对人类的影响。通过了解阿沙宁卡，在第4章关于部落文化部分，我们可以探索在无政府、非市场情况下人们的生活状况，领导者的权力受到定居点和社群绝对规模的限制。第8章介绍与阿沙宁卡相邻的安第斯印加帝国，揭示在政治统治者领导下的生活，政府控制数百万人民的生活和经济生产。与这些强权统治者不同，肖恩吉利只能领导（而不是控制）25人的群队，在紧急情况下，他可以和其他群队及其大人物结成联盟。当今全球商业系统中起决定作用的市场和货币不属于阿沙宁卡文化的一部分，但是正在对其产生影响。

二、亚马孙河流域的人类学研究

1964年，我第一次到访秘鲁境内的亚马孙河流域。之前阿沙宁卡的经历让我对当今世界有关部落文化的基本假设充满质疑。阿沙宁卡人能在雨林环境中很好地生活，自给自足，我非常敬佩他们的能力。我知道，阿沙宁卡作为整个亚马孙盆地中规模较大的土著群体之一，其资源遭到外来者掠夺，文化和独立性正在受到威胁。虽然有些土著一直避免与侵犯其领土的殖民者接触，但是他们中的另一些人却与这些入侵者建立经济联系，以适应不断变化的环境。

根据传统人类学理论，阿沙宁卡地区正在快速经历文化涵化。随着阿沙宁卡被并入主流的秘鲁社会，当地文化将会迅速消亡。我对此带来的显著消极影响深感不安，希望弄清楚全球体系是如何侵袭阿沙宁卡及其文化的。我非常了解阿沙宁卡抵抗外来入侵的悠久历史，与大众智慧不同，我坚信文化涵化是可以避免的。文化涵化看似中立，但却掩盖了阿沙宁卡受到强制掠夺和征服的残酷现实。文化涵化过程并非自然发生的，可能既不公平也毫无益处，但是没有人对此提出疑问并对文化涵化的过程进行说明。我希望我的研究发现能够促使政府出台新的政策，让阿沙宁卡和其他类似地区的群队保留其独立的生活方式。

5年间，我3次到访秘鲁，总共花费15个月来研究这一问题。我想弄清楚阿沙宁卡的经济适应性变化如何反映在其社会变迁中。我的数据来自对阿沙宁卡定居点日常生活的直接参与和观察。参与观察法（participant observation）是人类学领域最为基础的研究方法，指完全沉浸于异质文化中，不用自己的文化价值观去评判在异质文化中被认为合适的行为。但是参与观察者不会丧失自身的文化认同，也无法完全成为其他文化的成员。即便我住在当地人的房子里，学习他们的语言，与他们分享食物，陪他们去耕种园子、去探险觅食，每晚听他们讲故事和唱歌，我也无法假装自己是他们中的一分子。如果我对阿沙宁卡一无所知，我就无法观察当地的经济和社会。参与观察法作为一种学习方法，能够让观察者对其他文化产生共情和尊重，而不是诱使他人改变自身的生活方式。

通常，将参与观察法与民族志方法结合使用，效率更高。也就是说，人类学家不完全依赖正式的访谈和调查问卷来收集数据，而是与关键研究对象密切合作，观察他们的日常生活，对他们进行非正式提问。这些关键研究对象可能是某个社区的领导以及雇佣的导游、翻译或教师。由于文化融合的方式非常复杂，常常出人意料，起初我无法确定阿沙宁卡的一些活动具有何种文化或社会意义，因此保持开放的心态进行观察和尽可能多做记录是非常必要的。我每天记录我对研究对象的观察和采访，即便是最不起眼的细节最后也可能非常有用。比如，了解当地用于制作屋顶的棕榈树名称，有助于我了解特定地区森林资源的使用强度。

人类学家的研究常常集中于某个单一村落，研究对象通常为一个或两个关键人物，但我的研究方法更为宽泛。我们通过航拍照片来定位孤立的村落，收集了4个不同地区详细的人口资料，调查对象涉及400多个阿沙宁卡家庭，他们来自当地40多个不同的群队，讲4种不同但又密切相关的语言。我有6个当地人做主要助手，包括4位男性、1个12岁的男孩和1位女性。

我的研究主要采用谱系学方法，和一群或一家中的年长男性坐在一起，让他们按年龄顺序说出自己亲人的名字。我会询问每个受访者的出生地、居住地、死亡的地点和方式。如果可能，我还会将他们远亲的相似信息编辑在一起，然后画一张该地区的草图，给每座房屋用数字标上序号和住户姓名（图1.6），与此同时我和许多人紧密合作，非常细致地记录他们的生活细节。通过这些资料，我开始真正认识具有文化意义的社会模式。如果我不了解当地每个居民的名字、住所及其亲人，我永远只能是个局外人。根据他们提供的信息，我可以分析当地人的居住情况和家庭结构、迁徙模式、婚姻及亲属称谓、生育率和死亡率等。事实证明，这一切对于理解当地不断变化的经济模式所带来的冲击是必不可少的。

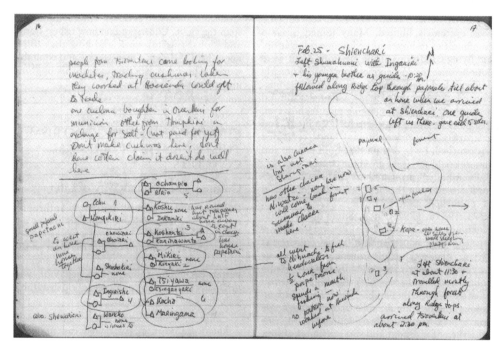

图1.6　田野日记中的一页，记录阿沙宁卡当地的一个族群和谱系关系

数据显示，阿沙宁卡人口急剧减少，资源遭到掠夺，情况令人震惊。例如，我发现当地人和殖民者随意接触，毫无控制，导致大量疾病迅速传播，死亡率急剧上升，在某些地区，阿沙宁卡人的确正在消亡；许多当地人因暴力冲突死亡，或被俘虏为殖民者劳动；群队和家庭四分五裂，基本生存受到影响，成为债务奴隶。对当地人而言，成功融入市场经济的机会极其有限，许多当地人加入传教士社区，希望摆脱被剥削的命运，但是由于人口过于集中，当地资源迅速耗尽，居住条件普遍很差，并且传教士们禁止阿沙

宁卡保留当地文化习俗，情况令人沮丧。但是，阿沙宁卡的文化具有很强的自愈能力，大量传统领地仍然维持原状。我确信，只要给予他们机会，当地人及其文化就能生存和延续下去。

我采访过一位非常有名的阿沙宁卡大人物，名叫塔索伦茨（Tasirebtsi），他非凡的人生经历在人类学家费尔南多·桑托斯-格拉内罗最近出版的新书（Santos-Granero, 2018）中有详细的记载。格拉内罗对和阿沙宁卡相邻的亚妮莎部落进行了广泛研究，他找到塔索伦茨的后代并对他们进行采访，了解他们所遭受的暴力和剥削，以及他们如何组织起来进行抵抗。我很高兴能够分享我的田野研究记录，帮助他填补有关塔索伦茨的生活经历、奴隶贩卖者、传道士、庇护者和重大事件年表等细节。

最终我将研究发现呈现在我的博士论文中，并发表在一系列期刊文章里（Bodley, 1970, 1972a, 1972b, 1973, 1981, 1992, 1993）。有关阿沙宁卡的民族志资料展现了这些独立部落社会的重要方面，在未受到来自政治集权和有组织的文化入侵之前，民族志已经对这些部落社会进行过描述，当然，人类学包含的内容比民族志记载的内容要丰富得多。人类学还对国家及国际政策层面的重要问题提出见解。例如，通过研究，我呼吁让阿沙宁卡在其传统领地上实行政治和经济自治。

有关阿沙宁卡的研究，迫使我不得不质疑自己的文化。以市场为基础的工业化生活方式具有不稳定性和不公平性，而阿沙宁卡人在满足衣食住行等物质需求的同时，能够维持高质量的环境和高程度的社会平等，两种文化之间存在的差异令我印象深刻。从这个方面来看，他们的文化似乎比我们更有效，我们更应该保护他们文化的完整性，使其免受外来者的入侵。基于这种认识，我展开了规模更大、时间更长的研究，将阿沙宁卡等部落文化与政治上有组织的大规模文化以及影响当今全球体系的现代工商业文化进行系统的比较。理解部落、国家以及全球体系的运作原理和区别，能够促进全球安全、推动世界公平，本书内容便是这项研究的成果。

思考题

设计一项在你自己的国家、州/省或社区可以进行的民族志研究项目。你的研究问题是什么？如何回答这些研究问题？这些问题为什么值得研究？

关键术语

大人物（bigman）
概化互惠（generalized reciprocity）
非市场经济（nonmarket economy）

阅读文献

Hammersley, M. and Atkinson, P. 2007. *Ethnography: Principles in Practice*. 3rd ed. New York: Routledge.

DeVita, P. R., ed. 1990. *The Humbled Anthropologist: Tales from the Pacific*. Belmont, CA: Wadsworth. A collection of personal accounts of fieldwork experiences in the Pacific written by twenty anthropologists.

Fetterman, D. M. 2010. *Ethnography: Step-by-Step*. Thousand Oaks, CA: Sage.

Okely, J. 2011. *Anthropological Practice: Fieldwork and the Ethnographic Method*. London: Berg.

Robben, A. C. G. M. and Sulka, J. A. 2012. *Ethnographic Fieldwork: An Anthropological Reader*. 2nd ed. Oxford: Wiley-Blackwell.

Santos-Granero, F. 2018. *Slavery & Eutopia: The Wars and Dreams of an Amazonian World Transformer*. Austin: University of Texas Press.

Van Maanen, J. 2011. *Tales of the Field: On Writing Ethnography*. Chicago: University of Chicago Press.

第 2 章

文化：规模和权力视角

◇ 学习目标
- 描述文化的不同方面、特征和功能。
- 区分人类的生物属性和文化属性，解释个人利己主义如何对文化产生影响。
- 比较文化的内观和外观，解释两者与观察者偏见之间的关系以及为什么种族中心主义是个问题。
- 区分所有文化系统中功能上相互关联的 3 种文化结构：意识形态（与心理文化相关）、社会结构（与行为文化相关）和物质基础设施（与物质文化相关），解释这一区分的作用。
- 区分部落、帝国和商业 3 种文化世界以及每种文化世界中最具重要作用的文化进程。
- 讨论社会规模与社会权力组织之间的关系。
- 解释"美好生活"这一概念如何被用于评价文化。

文化人类学能够帮助人们理解文化（culture）① 对个人和全人类的安全和福祉所做的贡献。为实现这一目标，该书根据文化的规模和复杂性，将全球历史上和当代社会文化系统划分为3类：① 部落文化世界；② 帝国文化世界；③ 商业文化世界。以下章节将深入考察每一类文化世界中具有代表性的文化，阐述和分析生活在不同规模社会文化系统中的人与其他社会文化体系及自然环境相互联系的不同方式。当今的商业世界十分复杂，人们相互联系、相互依存，文化理解已成为一种重要的生存技能。人们可以将文化作为工具向他人行使权利和解决人类问题，因此文化理解变得尤为重要。人类学描述和分析能够揭示文化信仰与文化习俗的内在意义和实用价值，而这些对于外行人士而言可能显得荒谬。人类学文化观还能帮助人们用新的方法理解自己的文化，并发现其中可能需要改进的方面。例如，很少人知道，许多小型的社会文化系统成功地改善了人类福祉，虽然他们的生活方式值得我们尊重和包容，但也可能包含许多值得人类吸取的深刻教训。由于一些文化习俗会导致战争、贫穷、疾病和环境退化，人类学的分析可以帮助人们修正这些习俗。

人类学是一门整体性非常强的学科，文化人类学家考察文化的各个方面，包括人们从远古至未来的思想、创造和所作所为，因此他们既是科学家又是人文学家。他们必须思考人类用以生存、繁衍和传承文化的物质及其象征意义。与此同时，人类学家需要结合物理学和生物学的观点，深刻认识自然。

本章介绍有关文化和种族中心主义（ethnocentrism）② 的核心概念，同时阐明文化规模、文化增长和文化进程如何贯穿全书。本章还将回顾人类历史上主要的转折点，证明人类学与我们这个时代的重大公共问题直接相关，具有重要的现实意义。

一、文化：一种强大的工具

人类是几乎完全依赖文化而存在的唯一动物，文化是他们最基本的生存方式。文化是塑造人类、通过社会传播的信息。通过社会传播的行为对其他许多动物也很重要，但是只有人类运用语言来加快文化的生成和传播，从而极大地拓展了文化的实用性。语言帮助我们用符号表达（Leslie White, 1949）或者给各种现象赋予含义，为人类操控他人和物质世界提供强有力的工具。

（一）人性化进程：人类和文化的产生

文化观念为一系列的人类行为提供参照，人类个体对这些行为所产生的结果进行选择，这些行为被称为文化进程（cultural process）。最为重要的文化进程是人性化（humanization）③，即人类、社会和文化的繁衍和维持（表2.1）。人性化包括一系列相互关

---

① 文化：通过社会传播和传承的思维方式、物质产品和行为方式，塑造人类行为并规范社会，是确保人类生存和繁衍的象征性信息。文化有心理文化、行为文化和物质文化三个层面。文化有其模式，为恰当的人类行为提供典范。

② 种族中心主义：认为自己的文化优于其他文化，并用自己的文化价值去评价其他文化。

③ 人性化：以家庭或家庭层面组织的社会权力为基础的人类、人类社会以及人类文化的产生和维持。

联的次进程,这些次进程共同定义人类围绕婚姻、核心家庭和家人的独特生活方式。人类的概念化能力是其中最为核心的次进程,人类因此可以创造父亲、母亲、儿子、女儿等作为社会基本单位和基础的抽象概念与符号。语言,即用言语表达概念的能力,让文化信息得以保存和传播。文化概念有其实体表现形式,比如人们建造的房屋,制作的工具、装饰物或者艺术品,以及艺术表演等。文化概念帮助人们在传统仪式和文学作品中传承其信仰。文化只有得到保存、传播,或在下一代中繁殖,才能延续下去。文化不能通过观察和抄袭等方式传播,家庭内部从父母到孩子的纵向传承是文化传播最基本的方式。

表 2.1 人性化文化子进程

序号	人类的所想、所造和所为
1	对塑造人类行为的文化观念和符号概念化
2	制造人们所想象的物品
3	用言语和符号创造口语
4	通过婚姻、家庭和共享文化构建社会
5	将文化代代相传

(二)人类智能、个人利益和社会

人性化进程需要复杂的认知能力,这一能力与大脑额叶(新皮质)管理的社会智能(social intelligence)① 相关。为获得支持和保持族群团结,个人会利用社会智能来监控和操纵他人。人类具有高度发达的能力,能够监控他人的所作所为,说服他人去做我们想要他们去做的事情,即使他们不情愿,也能够让他们相信他们所做的事情对自己是有益的,同时人类还可以识破他人的骗术。这一心理能力基于这样一种认识,即每个人具有类似的心智和感知,可以被更有利的一方操控。和人类最接近的灵长类动物似乎在智能上有所突破,但是他们的大脑额叶限制了他们使用社会智能形成更大社群的能力。灵长类动物稳定的社群平均成员数可以反映该类动物大脑新皮质的大小以及社会智能水平的高低。人类社群人数在 150 人左右,黑猩猩由于其相对较小的大脑新皮质,只具有非常基本的族群文化,仅能维持大约 65 名成员的社群。所有非人类灵长类动物,由于其语言沟通能力有限,主要使用肢体的社交整饰行为来维持社群和谐。人类能够使用丰富的语言来加工更多的信息,利用更为复杂的文化远程诱骗和操控他人。人类学先驱、英国人类学家爱德华·泰勒(Edward Tylor)在 1875 年出版的《大英百科全书》(*Encyclopedia Britannica*)中的一篇人类学文章中强调了语言的重要性。他声称,人和猿的根本区别在于话语能力以及语言所具有的强有力的象征性。

在使用本身不具有意义的符号作为词来引导和传递复杂的智力活动的过程中,心理概念被唤起、比较、合成和解析,从而创建出新的心理概念。这一能力是人类独有的,不存在于低级动物中(Tylor,1875)。

---

① 社会智能:了解他人思想的认知能力。

150人面对面相处的社群反映了人类的社会智能,其人数规模与部落氏族、新石器时代的村庄、教会、小规模军队以及个人社交网络的人数接近。显然,150人在生物学和文化上都是一个最合适的人数,人们能够经常和他人面对面交流,这似乎是人类真实的普遍现象。对于超过150个人的社群,如果不进一步细分,要想记住每一个独特的个体是十分困难的。规模更大的社群需要基于文化制度、文化感知和文化观念,形成更复杂、更昂贵的联盟,以避开人类天生的认知局限和自私倾向,这就是为什么文化规模是理解人类社会文化系统的关键变量。据报道,脸书上有很多300人以上的"朋友圈"(Smith,2014),这样的"朋友"与面对面相处的朋友关系不能等同。

文化是人们用来谋求利益的重要工具,但是文化、语言和社会组织需要共享,人类的现实生活会产生许多特殊问题。通过自然选择的生物演变使人类的遗传物质通过后代和亲属代代相传。理查德·道金斯认为,人类生来就是自私的,但是为了生存又必须相互合作,建立社群(Dawkins,1989)。人类的本性决定他们做任何事情都会将自己及其子孙的幸福凌驾于一切之上,因此利他主义或自我牺牲(牺牲自我利益以帮助他人)是罕见的。在自然环境中生存,对关系亲密的小规模社群而言非常容易,但真正具有挑战的是如何与其他社群共同生活和交往,并保护和发展自己的文化。由于社群之间的冲突代价高昂,因此,在这个不断变化的世界里,学习如何与其他社群建立良好的关系,可能是人类最为核心的问题,但是这并非易事,这就是社会文化系统不断地变化、合并、分裂、多元化和分化的原因。

(三)文化:人类的所想、所造和所为

文化是人类学中最基本的概念,但是对于文化的定义以及文化的哪些层面最为重要,人类学家的观点各不相同。引用最为广泛的文化定义是英国文化人类学家泰勒最早提出的,他在其经典著作《原始文化》一书中这样定义文化:"文化……是一个复合体,它包括社会成员所获得的知识、信仰、艺术、道德、法律、习俗以及其他能力和习惯。"(Tylor,1871:1)

几乎所有人类学家都以泰勒的这个定义作为出发点,泰勒认为文化是独一无二的人类特质,他将生理遗传而来的特质和社会传播而获得的特质区分开来。文化通过学习而传承,为帮助人类解决问题,可以被摒弃和改进。如果文化的所有层面都源于生理遗传,那么我们必须依靠基因工程才能解决某些问题,但是我们可以改变我们的文化。

人类文化包含人类的所想、所造和所为等一切社会活动,这一切并非通过生理遗传而来。人类的生理赋予我们体能和心理倾向,比如说话的能力、用大脑处理符号的能力和用双手控制物品的能力,这些能力是文化赖以存在的基础。文化与自然相互交织,在这个日新月异的时代,如果说人的某种重要的自然属性是一成不变的,那是误导。人类的生理机制使人类能够灵活应对新的环境,因而文化发展的结果既无法预测,又不可避免,文化是人类对历史事件所做出的反应。为了个人利益,我们用文化来改变自我和他人的行为,但我们有意识做出的选择都是为了获得直接的结果,可能与人类物种生存的长期目标没有什么关联。个人的生存、崇高的社会地位和享有的资源都是个人利己主义所追求的短期目标,对人类毫无益处。因此,从人类学视角去理解文化和文化进程非常重要。

第2章 文化：规模和权力视角

文化的定义对于如何解读人类学家所选择的研究问题、研究方法和研究结果以及他们对于公共政策问题所持的立场产生影响，因此人类学家如何定义文化非常重要。一种极端观点认为，文化本身可能是一种自在之物，逐渐演变为一个抽象的系统，这一观点未考虑人类个体所做的决策。一些人类学家强调，人种学所描述的文化以及文化本身都是由人类个体进行建构和解读的。从这一角度看，绝对的文化现实根本不存在。相反，文化包含人类个体所建构的叙事和具有象征意义的话语，这一观点强调文化的动态性和变化性，提醒我们辨别文化意义有多么困难，同时文化是一种非常有价值的人类学工具，用于了解人们如何构建和操控文化以获得控制他人的权力。

下面将从不同的维度来分析文化的各个方面、不同特征和功能（表2.2）。文化包括以下3个方面：① 心理文化，即人们的思想；② 行为文化，即人们的所作所为；③ 物质文化，即人们的所造之物。因此，正如泰勒最早指出的那样，心理过程、信仰、知识和价值观等都是文化的一部分，然而，作为行为主体的人类及其行为也非常重要。从某种意义上说，文化是通过社会传播的信息，对人类行为产生重要影响。一些人类学家将文化定义为指导人类行为的心理规则，尽管他们也认识到，公认的正确行为规则和人们的现实行为之间存在差距。因此，一些研究者将注意力集中于人类行为及其物质产品，而不是关注行为背后的心理信息。

表2.2 文化的主要方面、特征和功能

文化的不同方面	文化的特征	文化的功能
心理文化 行为文化 物质文化	模式化 象征性 共享性 社会传播性 种族性 保守性 规范性 动态性 历史性	规约功能 维持功能 生存和繁殖功能 增强适合度的功能

除此之外，文化还具有一系列重要特征。如前所述，文化具有社会传播性、共享性、象征性和模式化等特征。文化是保守的，但是在不断发生变化，有自己的历史，它告诉人们什么最好、什么最为适当。文化的共享性体现在，文化是一种社会现象，怪僻的行为不具有文化属性。文化不是生物学遗传而来的，而是通过后天学习而获得的。正如泰勒所认为的那样，文化包含任意赋值的、象征性的意义。人类具有对任何物体、行为或条件赋予任意意义的能力，能够赋予文化巨大的创造性，并将文化和动物的行为区分开来，人们还能够积极地改变文化。

文化还具备一些基本功能，文化之所以存在是为了保证人类的生存和繁衍。在特定的社会里，人们按照其文化的独特方式满足自己的需求，控制社区规模，分配社会权力

(social power)①,管理自然资源。文化赋予人们创造资源和分配资源的权力,创造和分配资源的方式可能导致一个族群的兴旺或衰败。如何利用文化作为权力手段控制自然资源是人类生存和福祉的关键要素之一。由于环境不断变化,适应环境也是一个不断发展的过程。

(四)进化文化人类学

尽管文化是文化人类学的中心概念,前文所讨论的人性化进程表明,文化与生物学和环境之间密切相关、相互依存。脱离文化赖以生存的生物和生态环境,就无法解释文化之间的差异性、文化的发展和文化的意义。这就是许多人类学家运用人文科学、社会科学、行为科学、生物科学和自然科学等跨学科理论和方法研究文化的原因。巴里·赫维勒特提出一个框架(Hewlett,2016),他称之为进化人类文化学,该框架清晰地表明上述学科与人类学之间的联系。

进化人类文化学有助于人们从文化所涉及的环境(生态)和人类的生物特性等角度去理解人们的思想(文化模式)、创造(文化生态位)和行为(图2.1)。文化生态位是物质基础设施和文化的社会组织特征(表2.2)的结合体,社会特征包括社会、政治和经济组织,人作为生物有机体也是物质基础设施的一部分。进化人类文化学将文化的所有方面与生物和环境维度融合在一起,"进化"强调的是随着时间而变化的动态过程,并不一定是我们所认为的"进步"。

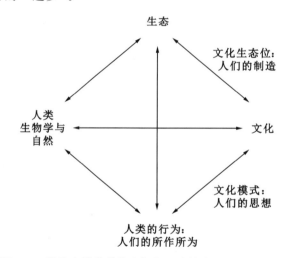

图2.1 进化人类学的整合框架(改编自 Hewlett,2016)

(五)社会权力:人类如何得到自己想要的一切

本书强调文化的一项重要而有趣的功能,即人类依据他人和环境选择利用文化来创造社会权力,以实现自我目的。社会权力很难界定和衡量,但是日常生活中社会权力无处不在。广义上讲,社会权力指一个人为了自身利益,不顾他人抗拒,凭借个人能力有

---

① 社会权力:尽管可能遭到他人反对,个人凭借所拥有的社会资源获得他或她想要的利益的能力。

意识地影响他人的能力。本书根据历史社会学家迈克尔·曼的理论（Mann，1986），将社会权力分为4类：意识形态权力、经济权力、政治权力和军事权力。

意识形态权力指通过文化对人们所知道的一切和他们的信仰进行控制。意识形态权力能够以最有效的方式保全自我利益，无疑是社会权力中最重要的权力形式。意识形态权力包括控制人类认识事物的方式和方法，控制人类通过视觉和听觉及其他感官所了解的事物和现象，以及控制人们的观念或大脑中的主观想法。统治者用实体对象来表达权力观念，例如，将神灵转化为可见的石头雕像，与暴力威胁相比，用神灵石像来说服人们接受一种社会体制的合法性，其成本更低。经济权力指将他人劳动占为己有的能力，以及控制和积累财富、收入和物质资源的能力。政治权力是个人对政府机构的控制力，一般与军事权力挂钩，如使用或者威胁使用有组织的暴力等。

个人同其他个体和有组织的社群相结合，命令或影响他人为自己谋求利益，这种以自我为中心建立起来的个人权力网络又称为统治权（imperia，imperium）①，统治权描述的是个人如何组织权力以实现自身利益。个人权力网络以亲属关系、婚姻、友谊和资助关系为基础，跨越功能上彼此分割的意识形态权力、经济权力、政治权力和军事权力（表2.3），意味着个人或小寡头集团可以统治整个社会。个人统治权越大，统治范围越广，家族就会越壮大，家族及其后代就会越成功。

表 2.3 社会权力类别和文化组织

类别	文化组织
意识形态权力 经济权力 政治权力 军事权力	部落文化世界的亲属关系 帝国文化世界的统治者 商业文化世界的统治者、企业主、经理人和金融家

（六）文化错觉、幻想与现实

文化作为一种工具，并非十全十美，需要不断进行检验和修正。文化是一种心理结构，我们知道人们并不总是遵循文化规则，人们的所作所为才是真正重要的。行为偏差可能会带来严重的社会后果，因此了解文化结构与具体做法之间的差异至关重要。有时候，符合文化规则的行为也可能会造成意想不到的后果，那么这些行为可能不可持续。

文化创造的是人类想象中的物质世界，可能与客观存在的现实世界并不相符，这一差距有利有弊。一方面，它有助于区分人类通过视、听、触摸等感官形成的对物质世界的感知和我们脑海中与感知无关的文化观念；另一方面，我们可能会被海市蜃楼等自然幻象所迷惑，比如，地球表面看起来是实心的，但从原子层面看却是空心的。大熊星座（北斗七星所在星座）也是一种错觉，是我们对散落在广袤宇宙中毫无关联的恒星的主观认知。

有些人为了获取利益，故意大肆宣扬错误的观念，以误导和欺骗他人。适当的幻想与错觉对保持幸福感是必要的，过多的现实验证可能不利于健康，但是，人类所面临的

---

① 统治权：个人的权力网络，包括所掌控和主导的人和机构组织。

问题是，我们的感知和观念有时候可能存在非常危险的错误。

如果认为人们主观建构的神灵和恶魔在现实中有其物理存在，那就错了。但是，有些"错误的"信仰被证实是有利于人类的。例如，运用幻想中的北斗七星来寻找北极星可能是一种求生技能。而用于了解现实的科学方法，即使所产生的结果是有益的，也可能是错误的。无论认识现实的方式是主观的还是客观的，都会产生一些后果，一旦发现有缺陷，都需要修正。对于符合自身利益的事情，人们的认识也可能犯错误，可能未考虑到长远利益，在这个充满未知的世界里，想要正确判断短期行为是否符合长远目标绝非易事。

二、走出非洲：人类生物学和文化多样性

自人类起源于非洲以来，一直维持单一物种（方框2.1）。由于随机变异，在外形上有些不同，但是过去数万年间，人类快速扩散至全世界，彼此之间相互关联，不同人种之间的界限变得模糊，今天的世界人口基因相似度达到99.9%（Tattersall & DeSalle，2011，2018）。不同族群之间即便有差别，也是短暂和微不足道的，不足以按照生物学上的种族对人类进行有意义的分类。关键在于，所有的人生来就具有文化能力，这意味着人类的基因差异不能用于解释文化差异。

方框 2.1

人类诞生于非洲

人性化是一个漫长而缓慢的生物文化进程，大约15万年前，不同的文化子进程（表2.1）在非洲汇聚，解剖学意义上的现代人类（Anatomically Modern Humans，AMH）——智人进化成为具有文化能力的人（Hoffecker，2017；Stringer & Galway-Witham，2017）。在埃塞俄比亚发现了280万年前最早的人类化石证据（Villmoare等，2015）。生物人类学家理查德·兰厄姆（Wrangham，2019，2017）认为，烹饪在人类进化中或许起着关键性作用，烹饪食物让人类能够获取足够的营养，为脑部发育提供能量，最终对人类的家庭、社会和文化生活产生重大影响。在非洲、亚洲和欧洲已发现好几个古代人种，如直立人、尼安德特远古智人和海德堡人，他们都是直立姿势，会使用工具，脑部比其近亲猩猩的脑部大，都具有象征性行为能力（Henshilwood & d'Errico，2011），但是人性化次进程并未全面发挥作用。

古代和现代人DNA基因组分析数据显示，智人和尼安德特人源自同一祖先，在5.5万～7.7万年间发生分化。值得注意的是，只有智人控制语言能力发展的FOXP2基因发生了突变（Reich，2018）。智人的大脑容量更大，抗缪勒氏管激素成熟较晚可能和语言发展有关。与猩猩不同，人类的婴儿太重，不能总是依附在母亲怀中，需要背、抱或放置。和小猩猩相比，婴儿很快具有自我意识，能和母亲进行眼神交流，有社交互动，能监控环境，婴儿比小猩猩的语言表达更丰富，更善于把玩物品，这些行为代表婴儿开始区分作为主体的自己和行为客体的自己。

随着自我意识的逐步发展，人们认识到个人行为可能对社会群体或自己带来影响，要求自我控制，这些是道德认识的基础，因此需要语言和符号系统，这是人类所特有的属性。

化石证据显示，大约30万年前，解剖学意义上的现代人最早居住在非洲，同一时期，他们制作不同的石刃工具，使用彩色颜料表示象征性行为和远途商品交换网络（Deino等，2018；Gibbons，2018）。6万~7.5万年前，人类社会及其文化在非洲得到稳固建立和广泛分布。那时非洲人能制造复杂的工具、个人装饰品、视觉艺术、乐器和符号雕刻等，人类处理信息的认知能力得到重大进化。他们能够利用层级组织的心理结构建构语言和社会，利用物体制作类似于机器一样的复杂工具，如陷阱、罗网、钻头、弓和箭等，这些能力使得智人比其他相近的物种更加成功（Hoffecker，2017）。在7.5万~8万年前，早期人类走出非洲可能到达中国和南岛。在3万~4万年前，人类从非洲到达欧洲和欧亚大陆，最终抵达西半球和太平洋岛屿。

人性化为什么发生在非洲，是何时发生的，这些问题仍然是未解之谜。但是自然气候的变化，资源可用性和其他环境挑战在此过程中一定起着重要作用（d'Errico & Henshilwood，2011）。30万年前，解剖学意义上的现代人出现，可能与气候有关（Deino等，2018），让人口增长陷入瓶颈期，为后来的各种不同的文化发展创造了机遇（Weaver，2012）。

（一）种族的文化建构

现代种族问题部分起源于科学种族主义，这是一个长期的、很难解决的历史问题。瑞典生物学家卡尔·林奈在1758年出版的《自然系统》一书中，将人类命名为"智人"（Homo sapiens）。他还将智人划分为4个地理亚种，即土著美洲红色人种、欧洲白色人种、亚洲黄色人种及非洲黑色人种。我们知道，皮肤的颜色是很容易观察到的生理差异，人类的肤色因适应环境而进化，世界上的肤色分布是一种渐变分布。人类大多数可以测量的基因，如血液，一直在持续发生变化，但是这些变化的诱因并非适应性特征。因此，人种是一种文化建构，而非生物学概念。根据地域定义人种是历史上的老皇历，但是直至今天依然盛行，对当代的思想和社会习俗产生负面影响（Tattersall & DeSalle，2011，2018）。

现代生物学将人种定义为杂交种群（Mayr，1942），大量证据显示，人类属于彼此间相互杂交的同一生物物种。人类是流动的，通过社会关系彼此联系在一起，因此将人类划分为不同的人种或者亚种是毫无意义的。动物学家将动物主观划分为亚种类，用于临时标示新的种别。20世纪60年代，我在墨西哥收集哺乳动物和鸟类，大多涉及亚种分类，以便博物馆分类学家更清晰地了解物种的分布。在此过程中，我发现蝙蝠科中的一个新的属——鼠耳蝠属。这种分类方法是最基本的科学研究方法，只有懂行的人才能理解。经过这样分类的博物馆标本，为物种保护生物学家拯救地球上的生物多样性提供了关键信息。然而，运用动物亚种分类概念划分人种，在科学上不具有合理性。人类属于同一物种，还非常年轻，是一个彼此间没有明显界限和种族差异的单一群体，也不会发生分化，产生新的物种。

最近采用不同方法对DNA多样性进行检测和分析，得到各种基因群或单倍体基因型，首次发现133个单倍体基因型（Cann，1987）。另一项分析建构出一株拥有32个主分支和657个终端分支的系统进化树（Van Oven & Kayser，2009）。还有一项研究采用641000个遗传标记，将226个本地族群整理为一株庞大的、多分支的进化树，用颜色进行编码，划分为7个不同的地理区域（Lawson等，2012）。这些研究根据预先定义的区域，绘制出显示人口混合程度的彩色地图和柱形图。建构进化树和制图的方式有很多，但是都无法合理反映人种差异，因为人种根本不存在差别。这些筛选和分类方法有助于重建进化史、人口迁徙、个人和家族祖先，医学上可能对某一些人具有意义，但是无法改变这样一个本质，即连续的遗传变异以及区域间人口不存在有意义的分界（Tattersall & DeSalle，2018）。不幸的是，尼古拉斯·韦德等通俗作家，将基于基因分析的进化树不恰当地用于佐证根据肤色划分种族类别的陈旧观点（Wade，2014），并试图用以支持肤色不同的人种存在能力差异这一错误观念。

2010年以及更早的美国人口普查将人口分为黑人、白人、美国印第安-阿拉斯加原住民、亚洲-太平洋岛民和西班牙裔，这些种族类别只是生物学上虚构的标签，并没有任何科学依据。文化上定义的种族类别混淆了合法公民和族裔两个概念，对肤色和血液的假设过于天真而忽视了生活的现实。这种混淆隐含着这样一个推定：即使种族歧视的观念完全没有科学依据，有些种族在生物学上仍然比其他种族低人一等。种族成见不仅不具有科学性，而且可能会对个人带来医学上的危险，因为疾病易感性和药物反应可能会有很强的遗传成分，与文化上定义的种族毫无关联。在咨询美国人类学协会之后，美国人口普查局宣称，2000年人口普查不再采用种族的生物学定义或人类学定义。但是，可能因为种族是美国文化的一部分，他们仍然使用种族概念对人口进行分类。包括"其他"选项在内，共有6个主要种族类别可供普查对象选择，依据自我意愿，可以选择多种族。但是，遗传学、种族和国籍这3个概念仍然含混不清，在美国，种族在社会、政治和经济上具有重要意义。

种族概念可能被用于支持歧视和社会不公，因此从文化层面定义种族非常重要。人类学家以教育公众停止滥用种族概念为己任，2007年，美国人类学协会创建了一个网站，并在美国举办关于种族和种族主义的巡回展，名为"种族：我们如此不同吗"（Goodman等，2012）。该展览回顾了美国种族的文化历史，通过图表显示，人类可见肤色等身体差异在遗传学上是与气候密切相关的复杂特征。这些差异呈梯度而非离散单元存在，不同的特征相互重叠，无法通过文化上建构的人种类别来表达。

（二）编目世界语言和文化

除共有基因之外，共享文化如语言、文化特征以及族群认同等，也是用于区别人类的特征。语言是文化多样性最根本、区分度最高的形式，已知语言种类的数量十分庞大。语言有其语言社区，由于基因相关的人相互交流，因此语言社区一般和遗传群体相关。

国际语言学暑期学院是一个基督教组织，多年来在全世界从事语言学研究，记录了7000多种现存语言（Lewis等，2014）。在新石器时代前的部落世界里，语言种类的数量可能是所记录的语言的2倍之多。语言即文化，但并非某一民族的决定性特征。同一民族的人可能讲多种语言，或者多个民族讲同一种语言。

著名民族志学家乔治·默多克（George P. Murdock）于1962年出版了《民族志图景》（*Ethnographic Atlas*）一书，最早记录了862种文化，现在已扩展至1267种（Murdock，1962；Gray，1999），是广为人知的世界文化列表。《民族志图景》在《人类关系区域档案》的基础上发展而来。默多克早期著作《人类关系区域档案》从《世界文化大纲》（Murdock，1983；Murdock等，2000）中选取许多广为人知的"样本民族"文化，对每个社会的具体文化细节根据《世界文化大纲》进行索引，一共列出88个文化类别和700个子类别，这些只是历史上已知的近4000种世界文化中很小的一部分样本（Murdock，1972）。考虑到在新石器时代末期，全球只有8500万人口，却可能存在17万个人口为500人的部落，文化随着时间在不断进化，已知的文化只是所有现存文化的很小一部分。这些年，研究者们结合民族、文化和环境之间的历史关系，划分出世界各地不同的文化区域。

（三）语言相对论和萨丕尔-沃尔夫假说

现有的每一种语言似乎均功能齐全，能够传达文化意义。每种语言都代表看待世界的独特方式，这是文化多样性的核心所在，这种观点被称为萨丕尔-沃尔夫假说（Sapir-Whorf Hypothesis）[①]，由人类语言学家萨丕尔和沃尔夫提出。正如萨丕尔所言："当今世界给人一种瞬息万变的印象，而这些印象都是在人们脑海中形成的，在很大程度上，是人脑中的语言系统在起作用。"（Whorf，1956；Kay & Kempton，1984）实际上，讲不同语言的人生活在不同的感知世界里，这一深刻见解有助于解释为什么不同的人对同一现实的看法完全不同。

虽然人类在应对自然环境方面表现出相当大的灵活性，但是人类必须从文化上去适应物质世界所强加于人类的限制。

三、理解社会文化系统

（一）种族中心主义：观察者偏见问题

种族中心主义指用自己（自认为更高级）的文化作为参照来评价其他文化的倾向。人类学对于跨文化理解最为重要的贡献是认识到种族中心主义是个问题。种族中心主义虽有助于巩固社会内部团结，但会严重扭曲个体对他人的认知，阻碍相互理解。种族中心主义的对立面是文化相对论，即主张理解其他文化。

---

① 萨丕尔-沃尔夫假设：语言对人的世界观产生影响，讲不同语言的人对世界的感知可能会不同。

（二）局内人和局外人：文化主位与文化客位

如果不像一名讲母语者一样从内部去了解某一文化，就不可能真正理解该文化。即便是最有经验的人类学家，在看待不同文化时也通常是个局外人。人类学家的问题在于：在试图从内部理解其他文化时，如何克服或者至少认识到自身的文化偏见。将某种特定文化的符号通过翻译引入其他文化范畴，其意义常常不够准确，文化局内人可能完全没有意识到各自文化范畴的潜在意义，这一事实让问题更加复杂化。

摆脱种族中心主义偏见的一种方法是：运用目标文化的文化范畴，有意识地从目标文化局内人的角度去看待该文化。人类学家使用文化主位（emic）① 和文化客位（etic）② 分别指称文化的内部视角和外部视角。比如，要想从文化主位去理解阿沙宁卡领导力，我们就必须先理解当地语言中 pinkatsari 一词的含义，其字面意思是"大人物"，指性格强势的重要人物。如果从文化客位角度，用"族长"（chief）来称呼肖恩吉利，那就完全误解了他的文化角色。作为一个大人物，肖恩吉利可以高谈阔论地劝说自己的追随者，但是不能对他们使用任何强制权力。大人物这个位置不是世袭得来的，也不能自动传给自己的子孙后代。事实上，阿沙宁卡反对"族长"一词所暗含的任何形式的政治集权。

文化主位和文化客位起源于语言学，emic 是"音素学"一词 phonemic 的缩写，etic 是 phonetic 的缩写，指狭义的语音学。音素（phonemes）③ 是一种语言语音中最小的单位，对讲该语言的人来说至关重要。比如，pray（祈祷）和 play（玩）两个词，因为 r 和 l 两个音素不同，讲英语的人很容易将它们区分开来，而不讲英语的人可能根本听不出这两个音素之间的区别。通过音标转写记录下这两个词的读音，发现不讲英语的人在听到这两个词时，无法辨别这两个词的读音有何区别。音标用于记录一门语言的读音，但是音标所记录的只能是该语言真实读音的近似音。同理，将一种文化中的特殊词语、符号、仪式、制度等译介到另一文化中，也是非常困难的。即便受过训练的观察者也只能观察到人们的行为和记录当地人的解释，观察者必定会依据个人的文化范畴对所观察到的文化进行甄别和解读。

（三）三种文化世界

在过去 200 万年的文化发展历史中，人类及其祖先创造了三种不同的文化世界：部落文化世界、帝国文化世界和商业文化世界。社会文化规模和复杂性差异主要体现在人们的生活方式上，根据这些差异，可以区分不同的文化世界。文化世界不同，所产生的结果完全不同，对个人的生存机会和社会的可持续发展产生影响。本书的中心思想是：了解每一种文化世界的特征、它们如何运作以及如何为人类服务。

所有的社会都是以领导人为首的独立社群，平均人口在 5000 人以下的社群被称为部落文化世界。如果政治领导人以酋邦和国家的形式组织社会，当地社群的平均人口达到

---

① 文化主位：从某一文化的内部视角去理解该文化的意义，并认为它是该文化所特有的属性。
② 文化客位：从某一文化的外部视角去理解该文化的意义，比如通过翻译和跨文化比较。
③ 音素：语音中具有意义的最小单位，特定语言的使用者可以分辨其特征。

5000人或以上，被称为国家，由于统治者对其个人王国的臣民拥有至高无上的权力，因此被称为帝国文化世界。与此相反，部落文化世界有领导者和追随者，追随者们享有高度的个人自由。《民族志图景》详细记载的891个社会中，约70%是政治上自治的部落社会，绝大多数主张平均主义，不存在经济阶层（表2.4）。只有当人们放弃部分自由，接受统治者要求的税负、贡品和服兵役，帝国文化世界的社会规模才有可能扩大。作为回报，统治者可能举行宴会和仪式，承诺保护他们免遭饥荒和敌人的攻击。帝国文化世界的社会最大的好处在于，一些人可以从世袭贵族和经济阶层中获益，拥有特权，获取资源。

表2.4 根据文化世界划分的《民族志图景》中891个社会的政治复杂性（个）

文化世界	政治复杂性	人人平等	财富区别	经济精英	世袭贵族	经济阶层	总计
部落文化世界	自治部落	359	119	4	34	0	516
	部落酋邦	54	36	3	26	4	123
	小计	413	155	7	60	4	639
帝国文化世界	帝国酋邦	20	20	14	79	12	145
	小王国/国家	3	4	5	32	36	80
	大国家/帝国	0	1	1	4	21	27
	小计	23	25	20	115	69	252
总计		436	180	27	175	73	891

商业文化世界是一个全球规模体系，由现代国家政府组织，由市场和商业活动主导。在商业文化世界里，建立公司业务、扩大市场、增加货币流动性，以及集中财富成为最为重要的文化进程，所有这一切均支持世袭贵族和经济阶层，经济精英及其政治同盟成为整个世界的统治者。

四、评估社会文化系统

人类学家最重要的职能是评估社会文化系统，帮助如何最大限度地改善人类福祉，维护社会公平和社会可持续性，文化相对论及其伦理标准无法阻止人类学家追求上述目标。人类学研究必须诚实、准确和客观，必须具有文化相对性，不带文化中心主义色彩，但是可以被某些人用于支持自己的主张，为多数人谋利益。在强调人类学研究实用价值的同时，人类学伦理标准明确规定，我们有义务尊重研究对象和社群的生活，避免给他们带来伤害。应用人类学伦理准则协会（1983）声明："对于受到我们影响的社群，我们对他们的尊严、品格和价值应予以尊重。我们认识到，人类社群的多样性是人类生存的前提……我们反对以赞助者的名义建议或采取危害社群利益的行为。"同样，美国人类学协会（2012）的伦理准则也呼吁："……人类学家最基本的共同伦理义务是不造成任何伤害……人类学家可以将他们的研究用于改善人类福祉，促进社会批评和宣传社会主张。"

19世纪，许多人类学研究支持种族主义和殖民主义。比如，爱德华·泰勒（Tylor, 1871）和路易斯·摩尔根（Morgan, 1877）将文化划分为蒙昧时代、野蛮时代和文明时代3个阶段，欧洲文明则处于进化进程的最高阶段（表2.5）。他们以觅食生存行为定义蒙昧时代，以使用陶器定义野蛮时代，以文字定义文明时代。虽然他们在描述这3个发展阶段时使用了多种其他变量，但是仍然缺乏严谨的科学理论支撑。他们认为这些进化阶段与人类智力发展水平一致，智力发展使人类可以生产自然生存物质，提高人类整体的道德水平。但是，他们忽视了这样一个事实：是谁导致了文化变革？这些变革所带来的负面影响有哪些？

表 2.5　摩尔根《古代社会》（1877）一书中人类文化的进化阶段

人类文明		技术	社会	举例
现代文明		电报、蒸汽机、科学	代议制民主、学校	美国和西欧
古代文明		音标字母	政治社会、国家、军事将领、地方执行官、一夫一妻制、物权法、父系家族	古罗马人和古希腊人
野蛮时代	高级阶段	铁器	军事指挥官	荷马时期的希腊印加人、阿兹特克人、古不列颠人
	中级阶段	灌溉、玉米种植、动物驯养		
	低级阶段	陶器	酋长议会制	
蒙昧时代	高级阶段	弓、箭	宗族、部落、一夫多妻制	土著美国人、澳大利亚人
	中级阶段	捕鱼、使用火		
	低级阶段	野生果实、语言		

作为本书基本架构的三种文化世界以及部落、国家和全球体系并不是不断进步和不可避免的进化阶段。相反，它们代表不同的文化系统，其组织方式不同，为人类带来不同的成本和收益（表2.6）。规模较大的文化世界拥有更多的人口、更大规模的社会和社群，但是规模大并不一定对所有人都有利。仔细评估这些文化世界的成本和收益，才能充分利用部落、国家和全球体系的最优特征，增加全人类的福祉和安全，构想一个更加公正、更为人性化的未来世界。

表 2.6　部落文化世界、帝国文化世界和商业文化世界的社会文化特征

社会文化特征	部落文化世界	帝国文化世界	商业文化世界
物质基础设施	600万～8500万人；觅食、种植园子、放牧	数亿人；集约化农业、灌溉、耕种、金属器皿、文字	数十亿人；化石燃料、工业生产、机械化、电子信息系统

续表

社会文化特征	部落文化世界	帝国文化世界	商业文化世界
社会形态	5000人以下的部落、游群、村落；自给自足的生产，互惠交换，异族通婚	5000人以上的社群；进贡、税收、征服、奴隶制、金属货币、市场、社会阶层、贵族、贫民、军队、酋邦、王国、国家、帝国、城市	全球市场、金融机构、商业公司、超大规模城市、大规模销售、立宪制民族国家、大学
意识形态	泛灵论、萨满教	主神、神圣之王、神父、人祭	民族主义、一神论、发展、经济增长、自由市场

许多人仍然相信，技术发展会驱动社会和文化变革。诚然，技术极大增强了人类塑造物理世界的能力，但是技术只是工具，使用和操控这一工具的是人类。技术本身不能支配社会权力分配，因此无法决定我们社会的形式和人们日常生活的品质。许多证据表明，有意扩大社会规模和增加文化复杂性会加大社会不公，让大多数人难以满足人类的基本需求。为了解释这一看似自相矛盾的结果，我们必须反思进步的意义和对进步的现有诠释。

（一）进步的错觉

文化人类学的权力和规模视角认为，人类的命运由植根于人性及其文化的3个变量决定：① 人们建构的社会文化系统规模；② 对社会权力的控制方式；③ 欺诈性利用文化来控制人们的观念。数千年来，统治者坚定地对文化进行变革，以便能够大幅增加社会规模，从而加强他们的个人权力。在此过程中，绝大多数人被剥夺权力，变得一贫如洗，人类福祉更加难以维持。部落民族主动限制领导人的权力，并且充分了解自然物理世界维持可持续生产和消费系统这一现实，因此不大可能产生统治者或政治帝国。帝国文化世界的产生是由于他们的人民允许领导人成为统治者，相信统治者的控制和帝国的壮大是自然的、不可避免的，并且有益于每个人。生活在当今全球商业系统中的许多人，仍然像古代帝国世界的人一样，为物理世界的现实所蒙蔽，依然相信他们的物质系统会继续发展壮大。

（二）至善：人类的福祉、自由和幸福

为了评价不同文化在满足人类需求方面所发挥的作用，我们用"至善"（summum bonum）①一词来定义人们普遍认为的美好生活。政治学家利奥波德·科尔（Kohr，1957，1978）认为，美好生活除了家庭幸福之外，还需要社交活动、富足的物资、安全以及欣赏艺术表演的机会等，这些条件被联合国列入《世界人权宣言》（1948），与人类学家马林诺夫斯基的"个人需求"理论（Malinowski，1944）以及心理学家亚伯拉罕·马斯洛的"人类需求层次"理论（Maslow，1954）的观点相似。从这个层面看，"最好

---

① 至善：文化上定义的最美好的生活。

的"文化应该可以最大限度地保障人类的自由、幸福和公共福利,保持社会公正,维护社会道德。个人自由从积极方面可以理解为实现个人兴趣,从消极方面可以理解为不受干扰。

个人自由和社会合作必要性之间的固有矛盾是道德准则存在的基础。伦理学家认为,道德上的"正确性"是一种超越不同文化的价值观和具有文化相对性的社会建构。道德被定义为人们对"正确性"的共同理解,问题在于"正确性"往往和个人自由相冲突。社会准则可能会损害普遍的至善价值观,让文化相对性受到挑战而难以维护。从这个角度看,就像世界上存在坏人一样,文化同样存在坏文化或病态文化。

尽管世界文化千差万别,但是在某些方面仍然存在共通之处,比如所有社会对于好坏的判断以及所认同的道德观念均大致相同,这样,更容易按照共同的道德标准来评估不同文化的表现;利他主义等可预测的道德行为可以推动人类社会的繁荣发展。任何社会中不是所有的人都能够兴旺发达,客观上会存在不道德的文化习俗。

道德指支持社会合作的行为(Curry 等,2019a,2019b),依据这一理论以及进化人类学、心理学和博弈论,我们可以概括人们认可的道德行为的各个层面。"道德即合作"理论确认了 7 个道德领域:家庭观念、集体忠诚、互惠互利、英勇无畏、尊重他人、公平公正和财产。每一个道德领域对应一个需要合作的具体问题,并详细规定了道德和不道德的行为范畴(表 2.7)。通过考察《人类关系区域档案》中最适合用于跨文化分析的 60 个社会,这些社会广泛涉及合作和道德,柯里(Curry)团队证实这些道德观念具有普遍性。他发现,这些社会中普遍存在道德和合作,并认为这是非常好的行为。研究的样本主要涉及部落觅食者、游牧民族、轮耕种植者和村民。因此,得出"合作是好事"这一结论,不足为奇。

表 2.7 需要合作和道德解决方案的社会问题

需要合作的社会问题	合作性道德行为	非合作性道德行为
支持亲属	家庭价值观、亲属、照顾孩子、支持亲属	无视亲属
支持社群	忠诚于社群、互利共生的友谊、合作、遵守传统	背叛社群
分摊成本和收益	互惠互利、信任、报恩、寻仇、表达感激、提供补偿	占便宜、不劳而获
在资源竞争中处于支配地位	勇敢、刚毅、技巧、智慧、大度、位高则任重	懦弱
在资源竞争中处于屈从地位	尊重等级、表现谦恭、顺从于权威、服从	无礼
分享有争议的资源	公平、平等分配、依次轮流、折中、公正	不公平、不公正
尊重先占财产	财产权、尊重先占财产	盗窃

注:本表参考 Curry 等,2019 年。

本书认为，一个公平公正的社会可以提升全民的生活质量，这一观点可能不被特定的社群文化认可。对特定社群的文化习俗保持中立或者仅依照定义将某些文化习俗当作好的文化全盘接受，都是不可取的。政治哲学家麦克尔·桑德尔称"正确"指的是"所服务的宗旨是否在道德上具有重要性"（Sandel，1998），我们可以此为参照判断"正确"的文化定义。亚里士多德也持相同的观点："如果我们想更好地研究什么是最好的体制，就必须首先弄清楚最理想的生活是什么。""道德价值"是人们不可避免会谈到的话题，与此同时，道德的定义却不具备文化相对性。

如果将个人健康、幸福、自由、社会稳定和社会文化系统的物质基础的可持续性作为美好生活的衡量标准，那么任何文化的道德价值观都能够有效实现这一目标。这些标准已被列入《联合国千年发展目标》（2015）和《联合国人类发展报告》（2009）。虽然个人和社群可能对"美好生活"中的"美好"二字理解不同，在一定程度上，如果某一文化中的所有成员都能得到上述利益，那么该文化就是成功的，就具有道德价值。所有文化都会产生"益处"和"害处"，或者说"成本"和"收益"。重要的是文化所产生的成本和收益在社会中是如何分布的，并且文化所产生的收益要远胜过其成本。由于文化本身会掩盖现实真相，要计算其利弊并非易事。后面章节中的民族志资料表明，部落文化世界的大多数人能最好地享受美好生活，拥有最高的个人自由，保证物质利益和机会达到最小限（irreducible minimum）①（Radin，1953）。帝国文化世界让一部分人过得很好，而绝大多数人受到剥削和压迫。商业文化世界中，大多数人享受高水平的物质繁荣，但是，产生了极端的不平等、贫困、疾病、冲突和环境退化等问题。

社会凝聚力和社会权力的公平分配息息相关，社会越公平，凝聚力就越强，不稳定因素就越少。人们相信学习精英能够改善生活机遇，当人们支持并效仿精英文化模式时，财富会显著集中，导致社会恶性发展而失去控制。值得注意的是，人均预期寿命是衡量国民健康水平和幸福指数的一把标尺，但是如今人们发现，在商业文化世界中，比起财富的绝对增长，社会公平和社会凝聚力更能提高人的健康水平和幸福指数。因此，财富和权力的分布可能是决定人性化进程成功与否的最重要的文化模式。这些问题将在后面的章节中进行深入探讨。

本章小结

文化作为文化人类学中最重要的概念，指通过社会传播、能够塑造人类行为的象征性信息。文化包含精神文化、行为文化和物质文化3个层面。文化涵盖其社会成员的所想、所造和所为，有其特定的模式，为人们的行为树立规范，并对人类社会进行管理，确保人类的生存和繁衍。文化人类学的目的是增进不同文化之间的相互理解。民族志方法是文化人类学最重要的研究方法，该方法依赖参与观察法和关键受访人，从文化主位视角，力求以不带种族主义色彩以及共情的态度对待其他文化。

---

① 最小限：文化上定义的衣食住行等物质生活的标准。部落世界里，每一个成员都享有这一物质生活标准。

> 文化分析的一大主要目的是，厘清人们如何将文化作为工具，为自己获得社会权力、控制他人和自然环境资源，以达到个人目的。了解其他文化及其运作的方式，有助于建立可持续的社会文化系统，最大限度地发挥个人创造美好生活的能力。虽然文化并非人类所独有，但人类的独特之处在于，人类的语言具有象征意义。所有人都具有创造文化的潜能，所有的文化均具有许多相同的普遍特征。人类按照以下3种独特方式组织社会权力：① 以家庭为组织方式；② 以政治上的统治者为组织方式；③ 以商业化的企业为组织方式。文化差异主要与这3种方式相关。无论是人性化，还是建立政治帝国或商业帝国，每一种组织方式都包含起主导作用的文化进程，都需要独特的意识形态、规模逐步扩大的社会、更复杂的政治体制以及更加集约化的技术。人性化以家庭为中心，关系到人类个体及其社会和文化的生存和繁衍，因此人性化是最重要的文化进程。根据不同的社会权力的组织模式，社会文化系统可以划分为3种不同的文化世界：① 以家庭为组织形式的部落文化世界；② 政治上以酋邦、王国、国家和帝国为组织形式的帝国文化世界；③ 由有组织的企业、市场和政府构成的商业文化世界。

思考题

1. 为什么人们对现实的文化感知会非常不同？这个问题为何重要？
2. 讨论社会权力分配和社会文化系统之间的关系。
3. 文化评价如何做到不带文化中心主义色彩？
4. 三种文化世界之间最重要的区别是什么？
5. 如何确定文化差异并非由遗传基因所决定？
6. 从哪些方面看，"进步是错觉"有其合理性？
7. 规模和权力、三种文化世界，以及泰勒和摩尔根的文化进化论，三者之间有何区别？

关键术语

文化（culture）

文化主位（emic）

种族中心主义（ethnocentrism）

文化客位（etic）

人性化（humanization）

统治权（imperia，imperium）

最小限（irreducible minimum）
音素（phoneme）
萨丕尔-沃尔夫假设（Sapir-Whorf Hypothesis）
社会智能（social intelligence）
社会权力（social power）
至善（summum bonum）

阅读文献

Bodley, J. H. 2003. *The Power of Scale: A Global History Approach*. London: Routledge.

第Ⅱ部分
国家之前的部落世界

  人类的大部分时间生存于部落世界，部落社会属于毫不拥挤的小型社会，社会不平等程度极低，除年龄、性别等自然差别和命运的不同，部落人民可以享受最大限度的人类自由。部落社会的人民能够将满足个人以及成功维持和繁育家庭的利益作为第一要务，个人利益和社会利益协调一致。部落社会通常只有不到 2000 人，因此不需要政府。在出生之时，所有部落成员都会获得一份个人财产（estate）①，以保证他们获得用以成功维持生存的所有自然、社会和文化财富，人人共享自然资源以及他们所生产的物品，同时能够保持清晰的产权。全球人口低于 100 万，由于几乎没有增加生产的动力，部落社会一般可以与自然资源和生态系统维持可持续的关系。他们的文化具有非凡的韧性，能够适应自然环境的波动，比如由气候突变造成的干旱、洪水、火灾和剧烈的生态系统变化等。部落生活方式有利于健康，人口密度普遍较低，能够将传染病发生的概率降至最小。虽然部落群队内部和群队之间可能发生冲突，并且血仇难以得到控制，但是总的来说，部落世界的生活是美好的。

  第 3~5 章分别描述代表部落世界的 3 个文化区域：澳大利亚土著居民区、亚马孙河流域和东非牧区。每一章包括对该章所涉及的文化区域的自然生态系统简介，人们如何在该区域内生活以及如何谋生等细节，还包括对部落家庭日常生活、亲属关系、男女关系，以及与超自然有关的信仰和习俗的描述。第 6 章探讨外界如何评价部落世界的生活质量，并评估部落社会对人类的益处。

---

① 财产：由一个后裔群体共同持有的领土、圣地和仪式等财产。

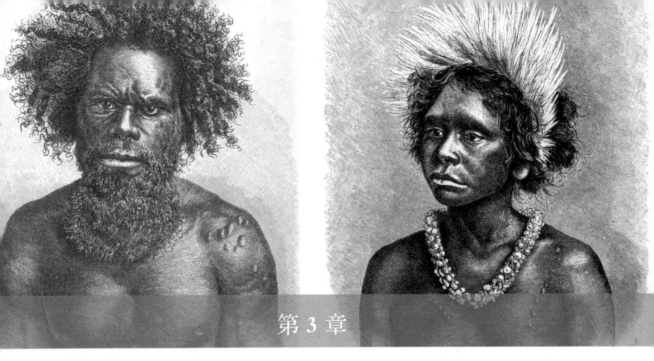

第 3 章

澳大利亚土著：5 万年的移动觅食者

> ◇ 学习目标
> - 描述首批定居澳大利亚的土著所面临的具体困难。
> - 解释经验性知识和非经验性知识在土著文化中如何运作，并讨论两种知识的作用。
> - 解释梦幻和图腾对于土著生活方式的长期成功有何贡献。
> - 描述土著社会的基本结构，并从构成和功能两个方面区分"游群"（band）、"氏族"（clan）和"部落"（tribe）概念。
> - 解释为什么社会单元的规模是土著社会的一个重要特征，规模对于土著生活方式的长期成功有何贡献。
> - 解释土著谋生的方式，并与当代商业社会进行详细比较。为什么土著生活被称为"原始富裕社会"？
> - 土著的社会地位因年龄和性别差异而显著不同，年长的男性明显拥有更多的社会权力。为什么土著社会仍然可以被认为是平等的社会？
> - 描述土著的婚姻习俗，如婚姻规则、婚姻由谁安排，以及一夫多妻制的作用。
> - 描述欧洲人在澳大利亚定居之后所发生的事件。

> "无论是从历史学、进化论,还是从社会学角度,澳大利亚土著一直是人们研究狩猎者以及人与自然关系的原型。从现代人类学之初,他们一直对几乎所有关于人类行为的观点提出思考、挑战,或提供有限的案例。"
>
> ——彼得森(1986)

澳大利亚是唯一由部落觅食者完全持续占据长达5万年以上的大陆世界,在人类学部落文化理论中居中心地位。土著文化的史前历史对部落世界文化的稳定性和适应性、承载力和人口调节、生活质量,以及长期可持续性提出许多问题。并且,澳大利亚土著拥有世界上已知的最简单的物质技术,却以其独特的亲属制度和精致的仪式生活而闻名。澳大利亚土著文化还对部落成丁礼的功能和平等的意义提出重要问题,部落社会中的老年男性对意识形态系统拥有更大的控制权,这种文化在多大程度上可以被视为富裕和平等存在争议。本章将就这些问题展开讨论。

觅食民族发现澳洲大陆并成功对其殖民,持续占据该地区长达数万年时间,这的确是人类历史上引人注目的事件,表明移动觅食技术和平等的社会具有巨大的潜力,能够让人们在各种不可预测的环境中生活。觅食生活方式无疑是一种最成功的社会文化系统。

数千年来,土著保留并传承其文化的广泛特征,以保障他们享受美好的生活。该系统能够很好地为人们服务,帮助人们公平、可靠、轻松地满足需求,人们愿意延续这一文化系统,只对其进行最小限度的微调,以适应不断变化的环境,因此具有可持续性。土著设计和传承的文化系统鼓励人们维持小规模家庭和低物质需求。他们懂得人类只需付出最小的努力,大自然便会对他们的物质需求予以慷慨回馈。他们认为所有人都是家人,作为同一家族的成员,每个人出生时就拥有一份财产,让他们有机会获得自然、文化和人力资源,供他们生活和组建家庭。个体利益和社会需求之间,以及自然需求和文化需求之间不存在冲突。该系统的智慧之处在于,它将个体和社会、自然和文化、男性和女性、年老者和年少者视为互补对立(complementary opposition)[①]的双方,彼此共同协作,互惠互利。流动觅食生活方式导致人口总量和人口密度较低,让自然本身成为物质财富的主要形式。在该条件之下,任何人想要集中足够的社会权力和促进社会或经济不稳定增长,都十分困难。

读音指南

土著词汇有不同的拼写方式。例如,"Kakadu of Kakadu National Park"(卡卡杜国家公园)中"Kakadu"一词又可拼写成"Gagadu"和"Gagudju",这些拼写方式在土著语言中都指"卡卡杜"。诺尔朗吉岩(Nourlangie Rock)是公园里主要的岩石艺术遗址,"Nourlangie"一词在土著语言中又被称为"Burrungguy"或"Nawulandja"。澳大利亚自然保护署建议土著词语采用下列英语词语的近似读音。

---

① 互补对立:一种结构原理,即一对互相对立的概念,如男性和女性,构成逻辑上更大的整体。

基调：
- a＝father（父亲）一词中 a 的读音
- oo＝food（食物）一词中 oo 的读音
- o＝go（走）一词中 o 的读音
- rr＝carry（搬）一词中 rr 的读音
- ay＝day（白天）一词中 ay 的读音
- ng＝sing（唱歌）一词中 ng 的读音
- e＝bed（床）一词中 e 的读音
- i＝bit（少量）一词中 i 的读音
- ee＝beet（甜菜）一词中 ee 的读音

•＝音节划分　／＝前一个音节上的重音

- Anbarra＝［an•ba/rra］
- borrmunga＝［borr•moo/nga］
- Gidjingarli＝［gij•ing•ar/li］
- gurrurta＝［goorr•oor/ta］
- Kakadu＝［ka/ka•doo］
- Manggalili＝［mang•ga•lee/lee］
- molamola＝［mo/la•mo/la］
- Murrumbur＝［moorr•oom/boor］
- Nourlangie＝［nor•layng/ee］
- Oenpelli＝［o•en•pel/lee］

1788 年，当欧洲人到达澳大利亚时，有 30 万～120 万土著人生活在这里（Williams，2013），他们的语言包括 28 个土著语系，最大的语系是帕马-恩永甘语系，拥有超过 300 种已知的语言，广泛分布于澳大利亚 90% 以上的国土（Bouckaert 等，2018）。自从他们的祖先首次到达这里，几千年来，尤其是在末次冰盛期（距今 18000～23000 年），直到全新世晚期（距今约 9000 年）气候有所改善（Williams，2013）之前，人口总量一直保持在较低水平，在很长时间内人口可能低于 10 万。欧洲人抵达后，人口在短时间内急剧增长。土著人不断调整生存手段，以适应不断变化的环境，通过觅食和选择性烧荒来管理和改造自然资源，但是他们从未寻求农耕或定居生活。事实上，澳大利亚是世界上极力避免动植物驯化、社会分层及相关农业负担的地区。以"梦幻"为代表的土著思维模式似乎是将整个文化整合为一体的核心和关键。"梦幻"是一系列相互关联的思想、故事、仪式、物品和习俗，有助于解释自然和文化的起源和意义，告诉人们如何和谐相处。

一、构建可持续的沙漠文化

假设你和 500 名不同年龄段的男性、女性和孩子一起居住在荒无人烟的海岸沙漠陆地上，这是一次伟大的人类实验，所有人都是实验的参与者，大家面临的挑战绝不只是生存问题。该项实验要求设计出一种完全自给自足的文化，能够满足每个人的需求，同时保证子孙后代的安全。在该文化中，没有机器、金属工具和图书馆，人们需要在陌生的环境中找寻食物和栖身之地。这项任务要求具有广泛的、高度专业化的知识和技能，需要在没有电子设备的帮助下获取、存储、传播知识和技能。也许更加困难的是，需要制定规则来规范婚姻、防止冲突和传播文化。不管创造出什么样的文化，该文化必须能够为人类提供足够的满足感，才能得到保留和传承。所设计的文化必须一次成功，没有第二次机会。这就是5万年前首批澳大利亚定居者面临的挑战，但是他们运用自己的智慧成功地应对这些挑战。

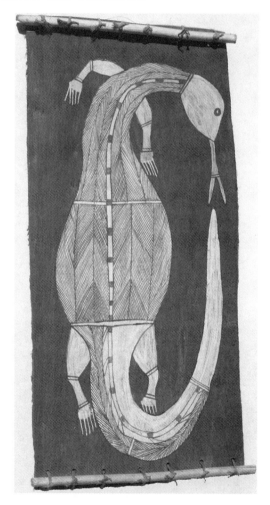

图 3.1　土著树皮画——巨蜥

1988年，我第一次参观位于阿纳姆地大悬崖边缘的卡卡杜国家公园中的诺尔朗吉岩和乌比尔岩石庇护所，亲身感受到土著文化的伟大成就及其连续性。这两个景点拥有丰富的彩绘画廊，包括人物、神话人物、鱼和动物画像，许多图画是当代阿纳姆地树皮画，以独特的X射线手法表现骨骼和内部器官的风格。最近的一些画作可以追溯到20世纪60年代，多层逐渐褪色的赭红色和白色线条让人联想到遥远的过去。景点内还有许多手印，不由得令人想起那些冰河时期的洞穴壁画。考古发掘显示，人们可能早在6.5万年前就生活在卡卡杜地区（Clarkson，2017）。今天居住在卡卡杜的土著主张拥有这些遗址的传统存在所有权，极力保护这些与他们的土地和文化存在直接联系的文化遗产。之后，在马兰比氏族（clan）①成员的陪同下，我在南阿利盖特河泛滥平原上进行了一次觅食探险活动。在这个物种丰富的地区，我看到澳大利亚小袋鼠、咸水鳄、巨蜥（图3.1）和凤头鹦鹉，观察向导如何采集野生西红柿和可食用的睡莲。他们摩擦棍子生火，晚餐吃的是烤鹊鹅和长颈乌龟，这些是妇女们从浅水湖泥泞的湖底抓到的。

---

① 氏族：一个自称来自共同但通常遥远的祖先并享有共同财产的命名团体。

（一）最早的澳大利亚人

澳大利亚土著的祖先一定是从东南亚过来的，他们在跨过东南亚岛屿与澳大利亚之间约 70 千米的广阔水域之后到达这里。这一切发生在冰河时代，那时澳大利亚和新几内亚通过浮出水面的萨胡尔大陆架连接在一起，有关早期先驱者的所有证据都已被上升的海平面淹没（图 3.2）。线粒体 DNA 分析表明，沿着环绕印度的南部海岸线，从非洲向澳大利亚迁徙，以每小时 4 千米的速度，跨越 1.2 万千米，可能需要耗时 3000 年（Macaulay 等，2005）。澳大利亚祖先很可能沿着更北的路线，从黎凡特一带进入东南亚，在那里与尼安德特人和丹尼索瓦人居住在一起，并留下基因痕迹。澳大利亚祖先没有带来任何技术，比如弓箭等，这些工具只有在更寒冷和更具挑战性的北方环境中才需要。

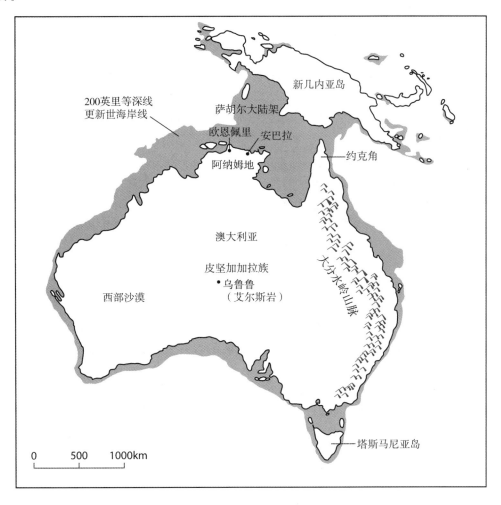

图 3.2　显示主要地理特征和族群及其地点位置的澳大利亚地图

从居住在西澳大利亚卡尔古利附近的一位土著人身上收集到一缕头发，于 1923 年收藏于英国的一个博物馆中，专家通过分析头发的 DNA，确定了首批土著人进入澳大利亚的时间。将近一个世纪以后，戈德菲尔德土地和海洋委员会作为最有可能代表头发原始捐赠者后代的土著机构，支持由哥本哈根大学研究人员领导的团队的工作，从卡尔古利土著人的头发中提取 DNA 进行分析（Rasmussen，2011），并将分析结果与世界范围内的 DNA 样本进行比较。结果证实，今天的澳大利亚土著的祖先随着早期的迁徙浪潮，在距今 6.2 万～7.5 万年之间离开非洲到达澳大利亚，意味着澳大利亚土著具有连续的遗传系，是非洲以外历史最为悠久的民族之一。

不依靠驯养植物和动物，澳大利亚这片土地是否适合觅食民族居住，主要取决于能否获得野生动植物，而野生动植物能否存活又取决于有无足够的水资源。值得注意的是，澳大利亚陆地面积与美国本土 48 州的面积一样大，但几乎没有主要的河流和山脉，是世界上最干旱的大陆，这是由于来自东部、横跨南太平洋的大部分雨水被东海岸沿岸的大分水岭山脉阻挡，形成一个巨大的雨影区，让内陆地区变成沙漠。

由于土著人不种植农作物或驯养动物，他们完全依赖环境的自然生产力，如果以可供人类食用的生物量（biomass）①来衡量，在很大程度上，人口密度取决于降水量的多少。在生物物种丰富的沿海地区，尤其是处于热带的北部和东部，人口密度最高；而内陆干旱地区人口密度极低；西部沙漠的条件最为恶劣，在那里，降雨没有季节性，也无法预测，干旱可能持续数年。在开阔的野外，人们可以观测到 80 千米以外的暴雨。他们观测云朵，依靠对岩石洞和浸泡位置的详细了解来计划行动。觅食者居住的地区人口密度是世界上最低的，平均每平方千米不到 0.01 人（Gould，1980）。

（二）土著社会文化系统的韧性

澳大利亚土著社会是一个有趣的案例，他们的存在说明觅食民族比农民或者大规模社会中生活的人具有更强的韧性。"韧性"（resilience）②一词指的是，在避免崩溃的同时能保留整个系统结构，或者遭遇压力时能迅速复原（Gunderson & Hillin，2002）。考古记录显示，澳大利亚土著以觅食生活方式存在的时间比任何其他方式要长久得多，静止人口（stationary population）③，即出生人口与死亡人口数量大致相当，在长时间内或许是一种常态。

考虑到澳大利亚土著在这片土地上生活的时间跨度很长，在欧洲人到来时，人口依然维持在较低水平，人类学家想弄清楚他们如何调节人口，如何与自然环境维持可持续发展关系。总的来说，能否获得水源是最为关键的自然变量，对人们可以在哪里生活、以何种方式谋生产生影响。在内陆地区，土著人口密度直接反映降雨量的多少，降雨量决定整体的生物生产力（Birdsell，1953）。人们最初追寻永久性的水源网络，分散居住在全国各地，彼此之间相距不超过 20 千米，20 千米是一个游群（band）在一天之内能够行走的最大距离（Bird 等，2016），这一足迹网络实际上是下文中即将讨论的"梦幻时光"路径模型。水等同于生命，因此特殊的泉水及其来源常常与人类灵魂的最终归宿相联系，同时解释这样一个事实：为什么土著将如此多的泉水指定为圣地，并作为野生动物的庇护所（Rose，1996）。

---

① 生物量：植物和动物的重量。
② 韧性：人类以及自然系统能够抵抗干扰，保持其基本结构完好无损的能力。
③ 静止人口：人口停止增长，出生率和死亡率保持平衡。

根据其文化设计，土著人口维持在较低水平，绝大多数时候分布不均衡，不大可能对环境造成重大消极影响。有人声称，土著过度狩猎或者摧毁动物栖息地，导致澳大利亚巨型动物在更新世时期灭亡，然而土著文化设计本身不大可能导致这一后果（Miller等，2005）。和土著习俗相比，自然气候变化更有可能是更新世时期澳大利亚巨型动物灭绝的主要原因，没有考古证据显示土著会捕杀这些动物，并且他们与大多数动物和谐共处长达数千年之久（Bird等，2013；O'Connell & Allen，2015）。土著人与其土地之间的联系只有部分涉及技术或人口密度，土著文化的韧性取决于他们认识和理解世界的特殊方式以及自己在世界中的位置。

土著人口和文化的诸多细节显然是为了适应自然气候的变化。如果他们的人口每年以理论上 1‰~3‰ 的速度持续增长，土著人口可以在 1200 年内增加至 100 万人。但是这种情况并未发生，部分原因在于整个社会文化系统具有足够的韧性，能够适应几千年来突然而剧烈的气候波动。和冰期、间冰期周期相关的气候在冷暖和干湿之间剧烈更替变化，导致某些地区的资源急剧减少，人们迁移至新的地区，在那里居住更长的时间。当气候比以往时期更加温暖湿润时，人口随之增加；当气候变得更加寒冷和干燥时，人们就不得不放弃某些地区，寻找新的庇护地，但是被迫迁徙太频繁，人口就会相应减少。

最引人注目的气候事件始于 14500 年前，那时北半球冰川迅速消退，南极冰川崩塌，沉入海中，引起巨大的融水脉冲。海平面在短短两三百年间急速上升 22 米，直到大约 8000 年前才稳定下来，致使新几内亚和塔斯马尼亚成为孤岛。澳大利亚宽阔的北部大陆架迅速被洪水淹没，海岸线每年后退 20 多米，该事件被载入土著神话，对于文化缺乏韧性的人来说可能是灾难性的，土著人因此遭受 20% 以上的土地流失，尤其是土著狩猎者们最为钟爱的低地区域（Williams 等，2018）。

大约 8000 年前气候有所改善，人口随之增长，对资源的管理更加集约化（Williams 等，2015）。土著先前存在的文化特点可能是经过精心设计的，包括高度发达的半偶族、氏族和婚姻制度、当地岩画风格所反映的梦幻仪式，以及后面章节中即将描述的符号形式等，这些做法可能有助于加强社会认同感，以应对过去三四千年来气候变化带来的压力（David & Lourandos，1998；Ross，2013）。在距今 1000~5000 年的全新世，帕马-恩永甘语系及其一系列文化创新从海湾平原地区开始，迅速蔓延至全澳大利亚（Bouckaert，2018）。然而，土著文化的核心象征元素可以追溯至第一代殖民者（Mulvaney，2013），后期发展显示了部落世界人民保持其社会文化系统完整性和适应环境变化的韧性。

土著文化的某些方面有助于将人口维持在较低水平。杀婴与觅食条件紧密相关。资源稀缺时，流动性和抚养孩子的负担随之增加。同样，由于受到食物来源和制作技术的限制，除母乳之外，没有其他婴儿食品，因此，照料孩子的过程通常会延长至 4 年以上。杀婴体现妇女在生育决策中的自主权，赋予女性在社会中某种隐形的政治影响力，而在公共场合，这种影响力通常由男性掌控（Cowlishaw，1978）。延长哺乳期和营养不足导致女性生殖周期的荷尔蒙发生变化，从而降低生育率，因此人口与资源平衡受到无意识的生物调节。

(三）梦幻和土著社会结构

如果不研究澳大利亚土著如何理解梦幻中无形的超自然世界和与之相关的图腾（totem）①、灵魂和神灵，以及它们在自然、神话、仪式和社会中的表现形式，就不可能探讨澳大利亚文化。

土著文化的核心要素是被称为"梦幻"的复杂而多维的概念。"梦幻"概念认识到宇宙各部分相互依存的关系和生命力，人类以及其他物种是这个平衡的生命系统的主体，目的是延续生命和维持宇宙本身。土著相信他们的文化基本不变，并且与自然保持平衡。

从文化主位来看，"梦幻"有多重含义，指各种创造、道德秩序、祖先、民族、神灵、神灵的起源、某种地貌、某种图腾物种、某种物体或自然现象，并且所有这些都可以被认为是相同的，尽管在西方人们认为它们之间明显不同。局外人将"梦幻"视为土著宗教，但是"梦幻"是一个深奥的概念，渗透至土著文化的各个方面，很难将它归入某个类别。借助于"梦幻"，土著人完全认同自己的文化和土地，外人很难理解这一点。如果一位土著说"我是一只袋鼠"，这句话听起来像是胡言乱语，但是在"梦幻"情境中，这句话具有重要意义。

早期的人类学家称这些土著信仰为"图腾崇拜"或"万物有灵论"（Animism）②，尽管土著信仰具有明显的个人和社会功能，仍然会被认为幼稚、不科学和虚假而受到抨击。但是将图腾崇拜和"梦幻"视为土著认知世界的方式，更有利于我们理解这些概念。图腾崇拜和"梦幻"是他们思维中关于存在或实体的思想或概念，其物理存在可能无法通过观察和实验来验证，因此最重要的不是这些概念的物质现实，而是它们所形成的社会现实。

虽然灵魂可以通过实物来体现，但是感官无法直接感受到。图腾崇拜是理解世界的一种方式，有时候会很有用处，因此和科学经验认识论一样"正确"。当超自然现象与道德联系在一起时，对超自然现象的信仰也可以被认为是宗教信仰，澳大利亚的图腾崇拜便是如此。

土著认识世界的方式和科学的观察方式并存，互不冲突，他们同时运用科学观察来创造、储存和重现所观察到的自然界的详细信息，这些知识告诉人们哪些植物和动物适合食用，它们生长在何种地方，什么时候收获，如何制作等。土著懂得从不同角度看待事物，既符合逻辑又非常有用，他们认识到事物实际上具有两面性，就像亚马孙土著将"人类-美洲豹转换"进行概念化一样。

图腾崇拜基于对超自然的信仰，是几乎所有社会中普遍存在的现象。灵魂和神灵符合人们对自然存在的正常期望，但是它们之所以成为超自然存在，可能是因为其行为方式与我们所知道的人、动物、植物和物体在自然界中的行为方式不同（Boyer，2000）。

---

① 图腾：特定的澳大利亚动物、植物、自然现象或其他起源于"梦幻"的物体，是原住民后裔群体的神灵祖先。在其他地方，图腾指特定的自然物品与人类社会族群之间的文化联系。

② 万物有灵论：相信植物、动物和人类都具有灵魂的信仰，认为灵魂是超自然现象，通常不可见，但是可以转变为其他形式。文化进化论者认为万物有灵论是最简单、最原始的宗教形式。

例如，人类为神灵命名，赋予它们人一样的特征、信仰、意图和实体形式，但是当人们认为神灵是无形的或超越其他物体而存在时，神灵又是超自然的，对人产生超自然的影响。这些超自然的品质让人们记忆深刻，让图腾崇拜成为储存和传输信息的有用工具，用于建立道德体系和操纵他人。

英国早期人类学家拉德克里夫·布朗（Brown，1929）认为，土著最初将物种仪式化，是因为它们是可口的食物，之后才将这些植物作为社群的图腾象征（图3.3）。该观点认为，图腾具有支持族群认同和维持社会融合的功能，但无法对图腾的起源做出完全令人满意的解释。后来，法国人类学家克洛德·列维斯特劳斯（Lévi-Strauss，1963，1966）指出，图腾崇拜是由于人们普遍倾向于创造二元对立的心理定式，例如白天和黑夜、男性和女性、自然和文化等，这种互补对立令人类获得智力上的满足感，并创造出令人难忘的意义链、类比和隐喻，因此有益于人类思考。图腾让土著社会看起来自然而长久，假设A氏族和B氏族的成员在文化上完全不同，就像他们各自的仪式名称"鸸鹋"和"袋鼠"一样，天生就不同，二元对立中的每一位成员依赖其对立面而存在，这种相互依赖形成一种联盟，认识到这种互补性是外婚制（exogamy）① 和社会群体间婚姻交换的基础，同时也是人类社会赖以存在的基础。

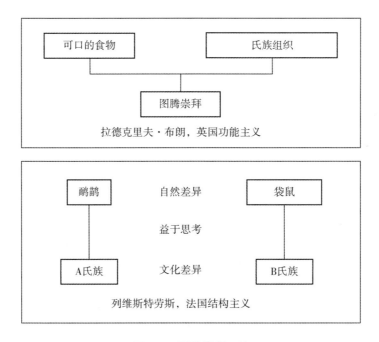

图 3.3 图腾崇拜理论

作为一种生活哲学，"梦幻"所包含的宇宙起源（cosmogony）② 和宇宙观（cosmology）③ 分别用于解释万物的由来和宇宙的基本秩序。因此，"梦幻"回答了生命的基本

---

① 外婚制：在文化定义的群体之外选择配偶的婚姻规例。
② 宇宙起源：一种试图解释万物（人、自然和宇宙）起源的意识形态系统。
③ 宇宙观：用于解释宇宙的秩序和意义以及人类在宇宙中所处的位置的意识形态系统。

意义问题，为日常生活提供详细的章程，包括社会的基本分类和仪式活动，并赋予自然环境以文化意义（图3.4）。超自然信仰和习俗是人们在日常生活中运用的工具。

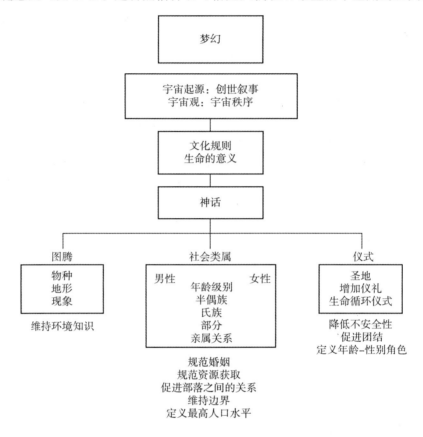

图3.4 土著文化的功能模型

当"梦幻"被认为是神秘的宇宙起源时，有时被不精确地称为"梦幻时光"，指英雄的祖先在这片纵横交错的土地上改造某些地形特征的创世时刻，是对祖先活动的永久记录。将创世称为"梦幻时光"，其问题在于土著并不真正将起源看作历史性事件，与之相反，对起源神话的解释是永恒的。时间、文化和自然被视为循环往复和永恒不变，"梦幻时光"祖先所遵循的文化规则今天依然适用，它们的影响非常重要，因此，将"梦幻"称为"每一时刻"或者"永恒的梦幻时光"更加合理，而不是放置于过去的梦幻时光之中（方框3.1）(Ilyatjari, 1983)。

方框 3.1

土著女性谈论"梦幻"

1980年，在阿德莱德举行的澳大利亚土著妇女大会上，一位来自澳大利亚中部皮坚加加拉（Pitjantjatjara）的土著女性安尹佳·雅佳瑞（Nganyintja Ilyatjari）将梦幻与土地相联系，对梦幻做出解释。她在澳大利亚地图上画上一系列小圆圈，用皮坚加加拉语解释道：

> 我在地图上标出的这些地方都是很久以前我们的"梦幻时光"在澳大利亚的发源地。请大家注意，这是梦幻，是关于袋鼠、巨蜥、野生无花果和其他许多不同动植物的梦幻，很久以前梦幻就已经存在。
>
> 很多人都听过这段话，梦幻是我们的……
>
> 在澳大利亚的这些地方，许多土著从一开始就居住在这里。如果我会讲英语，我将用英语告诉你们。
>
> 我们的地区在戴维斯山附近，那里到处都是圣地。袋鼠梦幻从一开始就在那里，野生无花果梦幻，以及许多其他女人的梦幻从一开始也在那里。在其他地方，男人和女人的梦幻很久以前就在一起。
>
> 这些地方从一开始就是神圣"梦幻时光"的一部分，由我们的"梦幻时光"祖先袋鼠所创造。我们的地区是神圣的，这个国家是神圣的（Ilyatjari，1983：55-57）。

当"梦幻"被视为行为的道德权威时，土著可能将其简单地称为"法律"或者"梦幻法律"而不容置疑。因此，稳定性是其基本特点。

土著宇宙观与更大规模文化的宗教之间存在惊人的不同。在土著"梦幻时光"中，没有全能的上帝，没有等级差别，也没有天堂或地狱。神圣和亵渎，自然和超自然之间的界限是模糊的。当土著在日常生活中遵循"梦幻法律"时，土著所体验的神秘和宇宙是永恒的统一体。例如，看似平凡的季节性焚草活动，可以认为是一种宗教行为，能让生命得以永久延续，让太阳、雨水、人、植物及动物之间的宇宙平衡永存。

（四）乌鲁鲁圣地和梦幻时光通道

"梦幻时光"祖先或图腾存在通过圣地将人们和他们的土地直接联系在一起，这些圣地是祖先们活动留下的遗迹。位于澳大利亚中部的红色巨石乌鲁鲁或艾尔斯岩石生动体现了这些存在的作用。乌鲁鲁是一个风化了的穹顶，周长约8千米，高出沙漠约335米。作为世界上最大的巨石，1985年被指定为国家公园和生活圈保护区，由土著所有权人、澳大利亚国家公园和野生动物管理局共同管理。1994年，乌鲁鲁被联合国教科文组织认定为自然和文化世界遗址（Australia，Director of National Parks，2009）。对于生活在西部沙漠的阿南古族人来说，更重要的是，这是一座文化景观纪念碑，作为乌鲁鲁的土著所有权人，他们依据创世纪（Tjukurpa，即法律）精心照料这个地方。

岩石的北面是沙袋鼠的栖身之所，沙袋鼠是一种兔子大小的袋鼠，南边则是地毯蟒的栖息地。一系列故事讲述10位图腾祖先及其亲属的活动，包括各种蛇、爬行动物、鸟和哺乳动物，它们创造了现有景观，并确立氏族的边界，最终留下裸露的岩石、斑点、洞穴和凹坑，代表它们身体、营地以及体貌特征（Australia，Director of National Parks，2005；Mountford，1965）。

创造乌鲁鲁的图腾存在活动于整个地区，留下永恒的"梦幻之路"。旅途中，图腾存在与其他存在相互作用，在别的地方创造出类似的遗址。"梦幻之路"可以延伸数百英里，跨越不同的氏族和部落（tribe）①领土。

像乌鲁鲁这样的梦幻之地或圣地都是仪式活动的中心，帮助确定领土边界和管理资源使用情况。一些圣地包含创造者的灵魂精华，也是举行特别"增加仪礼"（increase ceremony）的地方，让特定的物种得以永存。例如，控制袋鼠增加场所意味着通过仪式控制袋鼠供应，进入或者了解这些场所通常受到限制，未经授权擅自闯入这些场所可能会受到严厉惩罚。有些地方被认为含有特别危险的超自然物质，可以致人死亡或病入膏肓，每个人均须回避。为避免非法侵入的风险，人们在进入不熟悉的地区时必须获得许可，自1976年以来，许多圣地通过联邦立法受到官方保护，擅自闯入会被罚款。

某些圣地的灵魂精华在人与个人的梦幻之间建立直接联系，这种充满活力的力量被认为是必不可少的，但是这并不是人类受孕和生殖的唯一因素。怀孕与从某些梦幻圣地散发出来的图腾"灵魂物质"有关，这些"灵魂物质"在死亡时会重新回到这些地方。因此，个人是"梦幻"的实体部分，个人和神灵之间的联系是比生物学上的父亲身份更为重要的文化事实。早期的人类学家曲解了土著对图腾的信仰，认为他们不了解"生活的事实"，但是真实情况显然并非如此。

"梦幻轨迹"的另一个意义是帮助人们记住永久性的水坑位置，这一点至关重要。"梦幻神话"和相关的仪式令人印象深刻，时刻提示人们关注特定的地理特征，并且将它们像印刷版地图一样准确无误地印在脑海中。"梦幻"同样以人体绘画、沙画、岩石艺术、礼器上的绘画或雕刻等可见形式呈现出来，其中可能包含精心设计的神像（图3.5）（Munn，1973）。

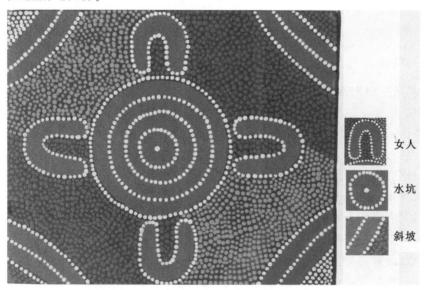

图3.5 当代土著绘画，女性坐在水坑旁收集从山坡上流下来的水

---

① 部落：政治上自治、权力上分散、经济上自给自足，有明确的地域，并且能够繁衍独特文化和语言的内婚制群体。

DNA 分析清楚地显示"梦幻"和个人出生地点之间的联系强度。为了将保存在博物馆里的古代土著遗骸返还给他们最可能的后裔，研究者们从 37 具遗骸中恢复的基因组显示，在欧洲人到达之前，这些人就已经在澳大利亚生活。研究者们将这些 DNA 排序与 100 个来自澳大利亚各地社区中的当代土著基因组进行比较，寻找可能的匹配基因组，以确定遗骸的实际来源（Wright, 2018）。然而，在土著文化中，女性在结婚之后会加入她们丈夫的群队（group），广泛的从夫居习俗使线粒体 DNA 很难用于溯源研究。即使这样，研究者们仍然为其中的 18 具遗骸找到了区域性家园；9 具遗骸的后代居住在方圆 100 千米以内；另有 6 具遗骸与它们原来所在地的后代基因完全吻合；其他未匹配成功的遗骸，由于其基因组过于分散，无法确定具体的来源地。

（五）土著游群、氏族和部落：平等与灵活性

澳大利亚社会以高度灵活的多家庭觅食游群（band）[①] 以及与土地相关的仪式庄园（estate）或宗教财产为基础。游群和庄园是"梦幻圣地"所定义的领土的一部分，由游群拥有，游群-庄园系统帮助人们规划居住间距，优化自然资源的使用和管理。

由于土著倾向于以男性成员及其妻子为核心组成游群，所以人类学家经常谈及从夫居游群（patrilocal band）[②]，将拥有庄园的游群称为父系氏族，基本的文化规则为外婚制和从夫居（patrilocality）[③]，即要求与氏族以外的人结婚，期望女性婚后加入丈夫所在的游群。然而，对于土著来说，游群就是一起生活在庄园里并且使用庄园资源的家人，其核心成员由男性及其居住在氏族庄园中的儿女组成。作为氏族成员的女性同样也是氏族庄园的所有者，但是她们可能住在丈夫的氏族庄园里。游群成员包括核心队伍以及已婚女性，对所属庄园拥有使用权（图 3.6）。土著会谈论他们的营地（camp）、营地里居住的人，以及他们所占有的领土（country），这些术语对于他们来说具有多层含义。例如，根据上下文，"country"一词可能指神灵景观或者觅食区域。游群成员可能是某一个地方的人，但是他们会声称自己隶属于好几个觅食区。实际上，游群并不是绝对要求"从夫居"，可能因家庭到其他地区探亲访友而频繁改变归属地。然而，游群是一个重要的社会群体，在临时的多游群聚居营地，单个游群始终团结在一起。

同样，氏族并不是固定等级结构中明确界定的单位，这让人们有无数的机会对他人和资源提出要求，使得整个系统更加灵活，避免产生冲突。在小型的面对面社会中，每个人都是家人，资源并不稀缺，所面临的问题是如何最合理地分配资源。

氏族成员控制各种超自然财产以及与其他人和地方之间的社会联系，同一祖先可能属于多个氏族，甚至可能包括讲不同语言的其他部落，重要的是要建立文化规则和文化结构，但是在日常生活中，有时为了给某些人更多好处，有些规则可能会模棱两可。居住在阿纳姆地的雍古族（Yolngu）将他们的社会群体想象成药用植物或树，这些植物的根就是他们的祖先。他们使用"相同但略有差异"这句话来描述自己的社会身份，也有人将他们定性为"像一捆绑在一起的棍子"（Keen, 2000）。

[①] 游群：一起居住、一起觅食的群体，规模在 25～50 人。
[②] 从夫居游群：基于外婚制和随夫家居住的游群组织形式。
[③] 从夫居：新婚夫妇随男方父母或在亲戚家附近居住的文化习俗。

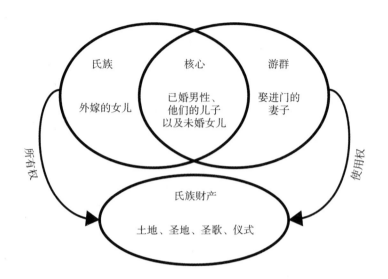

图 3.6 氏族、游群和庄园之间的重叠关系

游群成员在资源丰富的地区觅食，正常情况下，这些资源足够维持生计。领土边界一旦得到认可，游群不会对领土进行直接防御，来访者到达营地后，必须遵守特殊的入营仪式，如果要在这块土地上觅食，需要征得同意。在这一体制下，领土的"所有者"就是资源的管理者，觅食许可很少会被拒绝，但是游群需要知道谁在觅食，哪些地方能获得有效资源，并尽可能降低发生冲突的可能性。

许多彼此重叠的主张得到认可，比如既要求领土使用权又要求庄园所有权。来自财产所有人的父系后裔提出的所有权要求最强有力，但是一个人也可以对母亲的庄园提出特殊要求，还可以要求拥有对配偶土地的使用权。长期的居住地，比如一个人出生的地方和亲属埋葬的地方，也可以作为土地拥有权和使用权的申索理由。在该体系下，土地所有权和使用权的分配方式不鼓励任何形式的社会权力集中。在干旱或饥荒时节，家庭总能有许多可去的地方。土地拥有者能够确定来访者最终都会返回自己的区域，只有在自己的土地上，才能与"梦幻"建立最紧密的联系。人们在游群之间自由流动，有助于减少冲突，如果相处不融洽，可以选择直接离开。

游群平均人数为 25～50 人，由于食物，尤其是猎物，在游群的家庭之间集中分配，游群的最小规模为 25 人，这可能是保障觅食安全所需的数量，确保有足够的成年人从事觅食活动。游群的上限人数为 50 人也有充分的理由，考虑到领土固定，如果游群人口数量增加至 50 人以上，一旦资源枯竭，就会导致休闲时间减少，迁徙更加频繁。

游群的最小规模限制也可能是出于缔结婚姻关系的需要，这样可以降低游群之间发生冲突的可能性。游群一般均匀分布，形成一个六边形区域，每一个游群周围都有 5～6 个相邻的游群。游群在文化上要求实行外婚制，这是让彼此敌视的相邻游群缔结姻缘的好借口。

和所有家庭规模的部落社会一样，除当地社群之外，澳大利亚土著不承认任何其他的政治领袖，游群领导人是没有任何强制权力的协调者，大家协商，做出决策。土著游群在政治上完全自治，但是外婚制的要求意味着他们在婚姻方面不能自给自足。土著是广泛的社会网络中的成员，彼此通过共同的语言和文化、联姻、联合举行仪式、宴会，以及频繁往来等方式联系在一起，形成一个更大的、分散的社会，可以称之为部落。部落成员通常认为彼此之间是亲属，属于同一个群队。部落必须足够大，部落成员通过内婚制（endogamy）①，足以维持人口统计学上可行的人口数量，并繁衍其独特的语言和文化。很明显，澳大利亚部落人口一般约 500 人（Birdsell，1973），如果部落规模降至 200 人以下，部落成员将难以找到配偶，然而 1000 人以上的部落会因为内部矛盾和缺乏社会交往而分解。澳大利亚游群最佳规模为 50 人左右，部落的最佳规模在 500 人左右，这两个数字被称为"魔法数字"。因此，1788 年欧洲人到来时，如果当时的土著人口为 30 万，可能存在约 600 个部落，讲 600 多种语言。

在澳大利亚，部落与相邻部落之间保持着零星的社会交往，正常情况下，部落的食物自给自足。和游群的领土一样，部落领土的大小因自然资源的丰富程度不同而有所区别：在降水量足以增加自然生物生产力的地区，粮食供应得到改善，部落领土区域比干旱地区要小；在干燥的内陆沙漠，领土辽阔，但人口密度很低，人们不得不频繁迁徙，以找寻食物和水源。

土著人讲多种语言，讲不同语言及方言的人彼此通婚、一起举行仪式，这十分常见。语言群体通常与领土联系在一起。外界通常将整个部落的领土视为一个整体，实际上部落成员很少作为一个整体为部落的领土进行共同防御。然而，共同的语言、领土和文化反映出强烈的"部落"认同感。

澳大利亚土著由相互重叠的社交网络构成，遍及整个大洋洲，土著物质文化是民族志上已知的最为简单的文化。下一节探讨土著在只有火、木器和石器的条件下如何在沙漠中生存。

二、依靠觅食技术谋生

觅食技术是人类的一项辉煌成就，可以让一个仅有 500 人的社会在几乎没有任何外界帮助的环境中无限期地维持生存。在当代，500 人的城市家庭，包括老人和孩子，若想在野外仅依靠双手谋生，是不可能的事情。觅食要求拥有大量关于动植物的知识、专业生产和食品加工技术、狩猎和采集技术，以及各种材质的工具和设施。

觅食者受到自然生态系统所生产的食物资源水平的限制。但是，为了满足人类的基本需求，觅食者有很多选择来调整生计产出，以满足最低生活需求，包括所使用的工具、食用的物种以及劳动组织，最重要的是能够根据当地资源的消耗情况进行迁徙。

为获得最佳效率和社会交往，觅食活动按照性别灵活分工：女性在离营地方圆 5 千米范围内采集植物性食物和捕获小动物，而男性则在 10 千米范围内狩猎，这样的距离便于人们每天轻松返回营地。除非发生季节性严重短缺，人们一般很少储备食物，一旦食物产量下降，就会迁移营地。迁徙频率和营地规模和资源直接相关，只要人口密度保持在较低水平，资源严重耗竭的危险就不会出现。

---

① 内婚制：在特定族群或等级内部选择配偶的婚姻规例。

(一)蜥蜴和草籽:土著的食物来源

几乎每一种可食用的动植物都是土著饮食的一部分,如昆虫、蜥蜴、鲸鱼、鸟类、哺乳动物、海龟、鱼类、贝类、坚果、水果、蔬菜和草种等。土著普遍区别对待植物性食物和动物性食物,后者通常等级更高;肉类中,动物脂肪是觅食者最想要的食物。

尽管动物性食物更受青睐,但是澳大利亚各地的实际消费模式存在很大的差异(图3.7)。生活在北部热带季风地区的安巴拉和奥恩佩利土著可以利用当地海洋生态资源,享用最丰富的动物性食物;而生活在沙漠地区的觅食者要想维持较高的肉类摄入量却非常困难,那里的物种多样性和丰富程度普遍较低,人们主要以蜥蜴为主食,以昆虫作为补充。

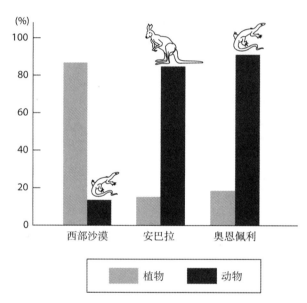

图3.7 3个土著群体——西部沙漠(Gould,1980)、安巴拉(Meehan,1982)和奥恩佩利(McArthur,1960)的食物消费模式

蜥蜴肉在西部沙漠地区极其重要。根据20世纪60年代的观察,按照重量计算,10个土著人食用的全部肉类食物中,蜥蜴肉接近一半(Gould,1980)。考虑到采集和加工蜥蜴所需的时间和精力及其食物价值,蜥蜴是最有效的沙漠资源之一(O'Connell & Hawkes,1981)。人们只需花费15分钟就可以捕获并烹饪1千克的蜥蜴,可以生产超过1000千卡的食物能量。尽管袋鼠也很受欢迎,但是袋鼠不易捕获,因此仅占肉类供应总量的16%。澳大利亚著名的食物巫蛴螬实际上是一种木蠹蛾幼虫,人们可以毫不费力地从某些沙漠树木的根部获取,每只幼虫重30克多一点,几乎是纯脂肪和蛋白质,土著在30分钟内可获取1千克幼虫(O'Connell & Hawkes,1981;Tindale,1981)。

沙漠土著的植物性食物相对较少,但是他们会充分利用各种植物。在中部沙漠地区,他们食用的植物超过100种,其中草和种子是价值最高的食物资源。收集和研磨1千克种子需要6小时(O'Connell & Hawkes,1981),对种子的利用显示了沙漠觅食者的技能和足智多谋。

在整个澳大利亚,即使在最富裕的地区,不可预测的粮食波动和关键主食短缺也可能发生,因此传统上人们最关切的是维持长期的粮食安全。食物储存技术人人皆知,但是储存食物只能供短期应急或者临时聚会时食用,取代囤积食物的基本策略是通过亲属关系和社交网络获取更大范围的食物资源。在沙漠地区,雨水和异常丰富的袋鼠可为100人以上规模的宴请、仪式以及婚礼提供食物。最显著的意外收获是,在夏天大分水岭岩壁上聚集的大量飞蛾(Flood,1980,1983)可以作为丰富的脂肪来源。飞蛾可以直接食用,或者磨成糊状制成饼,可供700名土著临时聚会食用。

(二)土著工具:挖棍、取火棍和长矛

在长达5万年的时间里,土著使用简单的石头、骨头和木器等工具,从事多种多样的觅食活动,直到四五千年前觅食工具才有所增加。澳大利亚最古老、最普遍的食物获取工具是妇女用来采集树根和捕获小动物的挖棍,以及男性使用的木制狩猎长矛和取火棍。

这些工具本身极其简单,但是结合了大量专业的环境和技术知识。为了维持生存,人们可以制造、维修和使用这些工具。迁徙中的土著始终带着燃烧着的取火棍,在旱季故意放火焚烧大面积的灌木丛和草地。烧荒是一种管理资源的手段,土著以此驱赶猎物、促进野生食用植物生长和保持生活区域通畅,便于出行。如果不经过周期性的焚烧,许多植物就无法繁殖。频繁的焚烧可以防止凋落的植物堆积起来,避免大型火灾。焚烧还可以作为信号,帮助广泛分散的群队之间保持联络。

大约5000年前,一场被称为"小工具传统"的技术变革遍布整个澳大利亚,其特点是在矛杆上安装上小石片以及使用投矛器。这些新的技术发展可以提高狩猎效率,增加仪式活动和扩大社交网络。

投矛器是一块又长又薄的弯曲木头,一端装有钩子,另一端装有石制刀片或平头斧,以增加矛的力量和准确度(图3.8)。投矛器有多种功能,可以用作铲子、点火器或打击乐器(Gould,1980)。

(a)投矛器侧视图和俯视图,投矛器两端用树胶安装上石制刀片和骨钩

(b)土著用投矛器发射长矛

图 3.8 投矛器

一种男性使用的多功能工具,在澳大利亚使用长达5000年以上。

（三）觅食者的生活方式：土著富裕是一种思维模式

几个世纪以来，社会理论学家一直难以想象，政治上有组织的社会和农业出现之前人类的生活是怎样的。英国哲学家托马斯·霍布斯在其关于国家的经典著作《利维坦》中有一段著名的话：在国家诞生之前，人们的生活是"孤独、贫穷、肮脏、野蛮和短暂的"（Hobbes，1970）。与之类似，考古学家罗伯特·布莱德伍德这样描述前新石器时代人类的生活："野蛮人生存十分艰苦，他们终生追逐猎物，仅仅只是为了杀来吃，或是从一块浆果地转移到另一块浆果地，像动物一样活着。"（Braidwood，1964）澳大利亚土著不种植庄稼，没有固定的村庄，也没有政府保护他们的私有财产，因此欧洲人轻易将对部落世界的负面看法适用于澳大利亚土著。不同的是，现实中的部落生活富裕、令人满足，并且具有可持续性。显然，简单的土著物质文化给人造成一种贫穷的错觉，误导了数代肤浅的欧洲观察家。

现代人类学家将土著的生存、社会或意识形态的各种细节确定为觅食者最为显著的特征，与其他社会形态相比，土著文化的诸多方面彼此关联，同等重要。然而，在本书的分析中，小规模觅食游群和部落可能是塑造觅食者生活方式最为重要的物理特征。在土著社会中，小规模是一个非常重要的因素，有助于解释有关觅食者的生存、社会和信仰等细节。

图 3.9　携带长矛、斧头和棍棒的澳大利亚北部土著男性

出人意料的是，20世纪，当人类学家开始对觅食系统的物质方面进行科学考察时，他们很快发现，土著实际上相当健康，物质需求很容易得到满足。马歇尔·萨林斯（Sahlins，1968）以阿纳姆地的土著作为例证——他们每天仅花费4~5小时觅食和加工食物就能保障良好的营养，他因此得出结论：觅食者实际上代表"原始的富裕社会"（图3.9）。值得注意的是，每天4~5小时是一周的平均值（方框3.2）（McArthur，1960），实际劳动的时间非常不稳定，白天有充足的时间放松。同样，在严酷的西部沙漠，皮坚加加拉土著一天要劳动5~7小时才能维持生计，这样一来，即使在干旱情况下，他们也能够很好地生活（Gould，1969，1980）。

> **方框 3.2**
>
> ## 鱼溪部落生活的一天
>
> 要想了解史前土著日常生活的具体细节存在很多困难,但是现代民族志向人们展示了史前土著依靠觅食谋生的容易程度。1948年10月7—20日,人类学家弗雷德里克·麦卡锡和玛格丽特·麦克阿瑟对一小群土著的日常活动进行认真记录,这群土著在距离奥恩佩利教会几千米的阿纳姆地季风森林中觅食(McArthur,1960)。该研究属于一项大型研究的一部分,主要考察严重依赖丛林食物的土著的健康、营养和食物消耗状况。鱼溪游群由3位年长的男性和他们的3位妻子及3位举行过成丁礼的未婚青年组成,所有人都由威利拉(时年35~40岁)领导。他们使用木制的挖棍、抄网、长矛、投矛器和金属斧头、金属矛、猎犬以及挖掘用的铁棒觅食。当时正处在旱季晚期,野生植物短缺,但是即使这样,该群队在11天中消耗了390磅袋鼠和沙袋鼠、116磅鱼、7磅蜂蜜和35磅植物,其中28磅为野生山药。这些食物提供的能量超过人均所需的热量,除此之外,还可以提供人均每天300克蛋白质,比每天建议所需的蛋白质总量多了5倍。10月7日的日常生活如下:
>
> 上午8:00 山药早餐。
> 8:00—9:30 男人们制作或修理狩猎工具。
> 9:30—14:00 5位男人追踪袋鼠和沙袋鼠,杀死一只袋鼠。
> 8:30—12:45 女人们穿行在森林里,挖出一只袋狸,从蜜蚁冢取出蜜巢,在池塘里抓到几条鱼,挖了些树根,抓到一只澳洲巨蜥。
> 12:45—14:00 女人们休息,接下来准备烹饪食物。
> 14:00—15:45 男人们休息,女人们拾柴火,男人们吃袋鼠的内脏,并将袋鼠放在炉子上烧烤后分食。
> 15:45—18:30 所有人休息。
> 18:30—22:00 所有人唱歌跳舞。

萨林斯指出,外部世界认为,部落拒绝积累财富是因为土著懒惰且缺乏长远打算,其实部落不积累财富是衡量部落富裕程度的一种手段。导致外部世界误解的关键在于,土著的财富不包括储存的食物、建筑或商业世界中其他常见的有形的财富形式。而且,即使土著拥有的物质文化相当少,他们也非常富裕,因为其财富来自自然、土地、人和无形的文化,大自然为他们提供了所需的大部分产品和服务,即使土著不进行商品交易,将大自然赐予的服务算作觅食者的收入并将自然视为财富也是理所当然的。土著的收入主要是食品生产,属于日常消耗品,但是他们将主要精力用于抚养孩子、维系社会关系以及传承其文化所蕴含的观念和信息。

土著在物质需求得到满足之后,就会停止为生计奔波,他们每天能采集到所需的食物,因此无须储存食物。只要觅食游群维持在较小规模,并且频繁迁徙,就不会出现食物匮乏的情况。在不同条件下,觅食者的生活负担差异较大,但是土著体制强调分享和富足始终保持不变。萨林斯认为，土著之所以富裕，关键在于他们的文化能力能够将人们的物质需求限制在很容易得到满足的水平，这就意味着土著对美好生活的认识决定了他们对技术和生产模式的选择。最重要的是，部落的美好生活取决于维持最佳规模的社会单位，做到这一点非常容易。若游群过大，工作量随之增加，可能会引发争吵，群队便会分裂。

土著觅食者是萨林斯所称的"家庭生产方式"（domestic mode of production）[①]的代表，即在家庭层面制定生产决策（Sahlins，1972），尽可能不受到外部的影响。土著不使用劳动力、技术和资源将生产潜力最大化，而是选择充分享受休闲、分享和仪式活动，将这些需求置于物质需求之上。觅食系统的相对统一性和持久性表明，无论是否有意而为之，土著设计的是一种可持续的防止增长的文化。土著不会将剩余产品投入再生产，以养活更多的人口或扩大经济生产；相反，他们将剩余产品用于举办活动，帮助个人积累社会和文化资本，惠及整个社会，有助于文化繁衍。分享食物、举行仪式性宴会和休闲活动对增长起到抑制作用，帮助土著避免无休止的人口增长和扩大再生产（Sahlins，1972；Peterson，1997）。当人们分享食物，就不会有动力去生产满足自己迫切需求之外的东西；不进行财富积累让个人失去建立更强大权力网络的基础，让每个人的需求更加容易得到满足。亲属间相互分享可以视作提取社会剩余产品，持续的需求共享（demand sharing）压力可能促使人们生产超过自己消费所需的更多产品，分享被认为是一种社会投资，人们可以从分享中获益。需求共享指人们基于亲属之间的义务彼此分享东西。重要的是，在小规模社会中，一个人可以积累的社会资本有严格的限制，他们能够控制的人口很少，并且他们的意识形态强调反增长和反积累。

与帝国世界和商业世界的人相比，澳大利亚土著和其他觅食民族是独特思维模式的典范，独特思维模式通常为部落民族所共有，即使生产模式发生变化，其思维模式也始终保持不变（Barnard，2002）。觅食者的思维模式是他们自我认同的一部分，包括许多与生产、消费、政治和社会领域的社会权力相关的信仰。觅食者希望人们乐于分享和即时消费，积累是反社会的做法。相反，商业世界里的"积累思维模式"通常认为，仅在家庭内部进行分享和消费是合适的，不储蓄和不积累是反社会的做法。在部落世界中，觅食者对任何担任领导职务的人持怀疑态度，他们更倾向于遵循群体共识。部落首领随着年龄和经验的增长，会掌握一些特殊技能，出于尊重，他们总是可以延长任期。

在觅食者思维模式下，社会以"普遍的亲属关系"为基础（Barnard，2002），即部落社会的所有成员置身于一个亲属范畴，彼此像家人一样对待，觅食者与神灵存在直接的亲属关系，与人交往和分享食物是自然存在的一部分（Bird-David，1992），这是"梦幻时光"象征的本质所在。澳大利亚土著将每个人视为亲属，尽管他们认可共同的语言和文化，但是他们不认为自己是某个中央集权、以领土为基础的政治单位的成员。虽然个人拥有很少的动产，但觅食者将自己的不动产视为不可侵犯的财产，这份共有财产如此神圣，不能进行售卖或出让。觅食者认为个人拥有自由和自主性，拒绝政府施加的任何限制。相反，在商业社会中，个人可以买卖土地，私有财产必须受到政府当局的保护。

[①] 家庭生产方式：在家庭层面组织物质生产，并基于互惠共享原则在家庭间进行分配。

觅食技术为人们提供所需的能量、营养和原材料，但是技术依赖于一个更加复杂的社会和意识形态系统，部落文化只有通过婚姻和家庭才能产生社会地位和权力。

三、觅食社会的日常生活：亲属关系、年龄和性别

澳大利亚土著社会尽管起源于古代，依靠简单的技术维持，但也是一个充分发展和充满活力的社会系统。正如我们对部落世界所预想的那样，家庭和家人是他们关心的首要问题，人们如何交往只能从亲属关系来理解。事实上，几乎所有的社会范畴都是由亲属关系来定义的。

土著社会高度分散，但人人平等，人们的角色彼此重合，相互依赖，将利益团体发生分裂和爆发重大冲突的可能性降至最低。在该社会制度下，每个人的社交网络可能在500人左右，他们被划分为几个不同的社会范畴，尤其是在婚姻和获得精神财产等关键领域，明确规定了适当的人际交往行为。图腾庄园群队是最重要的社会范畴之一。在特定的土著社会中，可能会有数十个图腾庄园群队或氏族，他们规范精神财产权力，并间接提供获得自然资源的机会。和谁缔结婚姻部分取决于其父母的图腾群体，通过婚姻可以获得与其配偶图腾遗产相关的领土。

利用由父母和孩子组成的核心家庭这一简单而普遍的关系对人进行分类，亲属称谓简化了社会关系。土著亲属关系术语系统通常区分15～20对关系，如父/女、兄/妹等。无论人们是否存在血缘（隶属于共同的祖先）关系或姻亲（与婚姻相关）关系，亲属称谓可以区分性别和相对年龄或代际。土著亲属称谓还表明某人是不是潜在的婚配对象及其所属的图腾庄园群队。由于每个人都必须归属于亲属关系范畴，许多"亲属"并不像其称谓所体现的那样存在生物学上的联系，但是土著的确把他们当作亲人一样对待。称谓属于社会学术语而非生物学术语，它们反映人们对社会地位的共识，是指导人们行为的基本指南。

亲属称谓属于文化范畴，称谓的具体应用在不同文化之间存在很大差异。例如，在特定文化中，有人可能会使用称呼亲生母亲的称谓来称呼好几位女性。"母亲"这个称谓指"母亲图腾庄园群队中和母亲同代的女性"，在这种情况下，母亲身份的生物学事实并不重要。当需要指明生物学关系时，在称谓上附加一个修饰语，如"真实的""真正的"等。与此类似，一位男性可能称好几位女性为"妻子的母亲"，但他并未娶其中任何一人的女儿。从土著的角度看，最重要的是适合结婚的可能性以及保持与其他图腾庄园群队之间的关系。

亲属称谓和庄园群队被土著社会的另一范畴系统进一步简化，该系统被称作"半偶族"（moiety）①或"部分"（section），即将每个部落的人按照血统分为两半："自己的群组"和"其他群组"，特定的人、图腾和自然现象对应特定的半偶族。例如，部落社会的一半（一个半偶族）可能与黑色、袋鼠、金合欢树和巨蜥梦幻圣地相关，另一半（另一个半偶族）则跟白色、鸸鹋、桉树和彩虹蛇梦幻圣地相关。划分半偶族或"部分"有助于组织仪式活动，并对每一个半偶族在入会仪式、婚礼和葬礼中所承担的角色做出明确

---

① 半偶族：一个社会按照血统分成两半，其中的一半是一个半偶族。

规定。例如，一个半偶族可能"拥有"特定的仪式，另一个半偶族则具体执行这些仪式，两个半偶族互为补充。

为了更方便确定结婚对象，部落的人有时候会被划分为4个"部分"（见方框3.3、图3.10～图3.13）。部分体制（section system）①的优点在于，每个人只属于4个"部分"中的某一个部分。和亲属称谓不同的是，亲属称谓以个人为中心，建立以"自我"为基础、相互重叠的网络。土著通常认为使用人名很不礼貌，因此，"部分"作为方便识别的标签，每个人都可以使用。了解一个人所属的"部分"，可以对这个人更详细的社会范畴做出合理推断。此外，由于"部分"在部落间相互认可，陌生人可以很快融入当地的社交网络。

> 方框3.3
>
> ### 交表亲和婚姻半偶族
>
> 了解土著的婚姻习俗是理解土著社会体制诸多方面的关键。婚姻通常由长辈安排，必须符合精确定义的文化范畴，不同群体之间在细节上有所不同。通常情况下，男性（图3.10中的"自我"，即Ego）的理想伴侣是某位女性的女儿，这位女性被称为"妻子的母亲"（岳母）。岳母也可能是父系图腾氏族的成员，属于"父亲的姐妹"范畴。岳母可能会嫁给一位男性，"自我"将这位男性归入"母亲的兄弟"范畴，而"母亲的兄弟"是"自我"亲生母亲同一图腾氏族中的任何一位男性成员。当然，好几位男性同属于这一范畴，但是他们不必
>
>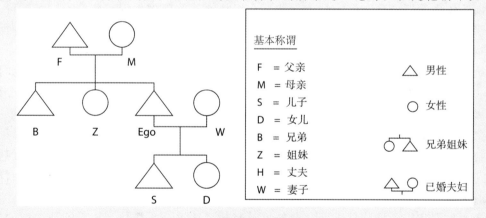
>
> **图 3.10　约定俗成的亲属关系**
>
> 人类学家采用8个主要称谓术语描述所有的亲属关系，术语的标准缩写形式用字母表示，将这些术语组合起来，用于描述其他关系。"自我"是亲属关系图中的参照对象，是图中所有称谓的使用者。这些称谓属于特定的社会文化范畴，不代表实际的生物学关系，诸如母亲等主要称谓可以用来称呼并非"自我"亲生母亲的其他女性。

---

① 部分体制：社会划分为4个部分或8个小部分，形成命名的群组，每个群组的成员只能与另一个特定的群组的成员结婚，该体制是对土著社会关系的总结。

是"自我"亲生母亲的亲兄弟。合适的结婚对象通常来自交表范畴（母亲兄弟或父亲姐妹的女儿——舅表或姑表），这些女性和"自我"不属于同一世系（图 3.11）。

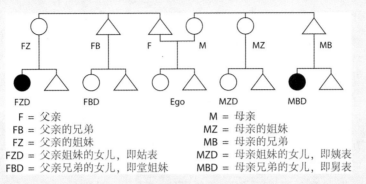

F = 父亲
FB = 父亲的兄弟
FZ = 父亲的姐妹
FZD = 父亲姐妹的女儿，即姑表
FBD = 父亲兄弟的女儿，即堂姐妹

M = 母亲
MZ = 母亲的姐妹
MB = 母亲的兄弟
MZD = 母亲姐妹的女儿，即姨表
MBD = 母亲兄弟的女儿，即舅表

图 3.11　澳大利亚土著婚姻制度：交表——男性"自我"潜在的妻子

人们期望在以"自我"为基础的亲属范畴内根据特定的氏族、半偶族或"部分"范畴选择氏族之外的某个人作为结婚对象，而与自己同辈分的氏族成员属于兄弟姐妹，被排除在结婚对象之外，内婚制（在文化上定义的族群内部选择结婚对象）被视为乱伦。只要整个社会存在半偶族，一个半偶族的成员就可以从另一个半偶族中选择结婚对象，形成外婚制，这是一个由两个"部分"构成的体系（图 3.12）。

人们可以参照"部分"体系来描述什么是合适的婚姻，在该体系中，有 4 个命名的"部分"，一位女性只能嫁入某一特定的"部分"（图 3.13）。兄弟姐妹属于同一个"部分"，但是与父母所属的部分"不同"，这反映了一个事实：父母与子女之间，以及兄弟姐妹之间结婚被视为乱伦。合适"部分"的女性中并非所有人都属于适婚的交表范畴，因此"部分"体系只能间接规范婚姻，帮助了解一个人所处的"部分"和缩小寻找结婚对象的范围。

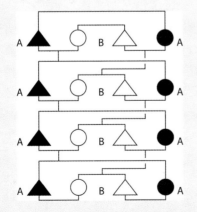

图 3.12　简单的两"部分"半偶族体系

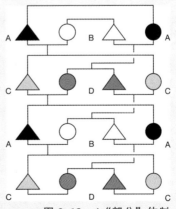

图 3.13　4"部分"体制

即 A、B、C、D 4 个命名的"部分"。每个人和其中的一个"部分"的成员结婚，隔代成员隶属于同一个"部分"（每个人和自己的祖父属于同一个"部分"）。

057

四、亲属关系与岳母回避

土著亲属关系行为的一个显著形式是,男性极度回避他称为妻子母亲(岳母)的任何女性。在一些土著群队中,男性不可以看见、靠近或直接与岳母说话,因为她被视为"羞愧"之源,在她面前必须避免谈及性话题,为避免尴尬,甚至可能会使用一种特别委婉的回避性语言。早期的观察家认为这种习俗非常荒谬,但是在特定文化环境下,该习俗具有重要意义。

希亚特(Hiatt,1984)指出,在澳大利亚,男性通常会居住在其岳母家附近,为她提供肉食,作为婚役(bride service)[①]的一种形式,甚至在结婚之前他就会这样做。如果婚姻男女双方存在巨大的年龄差异,男人可能会和他的岳母同岁,可能发现她很有魅力,而岳母也可能会发现年轻女儿的丈夫比自己的老年丈夫更具有吸引力。送肉是一种性暗示,通常发生在丈夫与妻子之间。在这种情况下,回避岳母的确会降低男人和他妻子父亲(岳父)之间发生冲突的可能性,如果一位男性真的与他的岳母产生私情,辈分上他就成了自己的岳父。

(一)一夫多妻、老人政治和社会平等

土著社会的诸多方面均与普遍实行的一夫多妻制(polygamy)[②]相关。一夫多妻制导致妻子稀缺,婚姻中男女之间巨大的年龄差别让这一情形在一定程度上得到缓解。女孩可能在出生之前就被定下娃娃亲,而男性初婚时可能已经超过30岁,有可能迎娶一位比自己大得多的寡妇,而一位15岁的女孩也可能嫁给一位50岁的男性。假设男女比例相当,那么男性要想拥有多个妻子,唯一的解决办法就是男性迎娶比自己年轻许多的女性,婚姻中的年龄差距越大,一夫多妻制的婚姻就越多。20世纪60年代,对阿纳姆地的研究发现,40岁以上的男性中,将近半数的人拥有2个或2个以上的妻子,1/3的人有3个以上的妻子(Shapiro,1981),20~40岁的男性中超过1/3的人未婚,由阿纳姆地土著共同执导和演出的电影《十只独木舟》(2006)对年轻男性所面临的压力进行了戏剧性的刻画。

由于年长男性利用一夫多妻制和"梦幻时光"意识形态来维护他们作为领导者的权威,土著社会又被称为一夫多妻制度下的老人政治(gerontocracy)[③]。那些不得不推迟结婚的年轻男子也在老人统治之下,部分原因是他们需要依赖年长者的知识并受到严格的男性成丁礼限制(方框3.4)。在这种情况下,老人政治是一个误导性术语,即便老人们在许多方面都是领导者,但他们不是暴君,并且女性在仪式和家庭生活中扮演极其重要的角色。当男性在这个基本平等的社会中变老,所有人都能获得更丰富的知识和更大的影响力。一夫多妻制也为整个社会带来重要的好处,可以为生育的妇女提供更大的保障。和年轻男性相比,上了年纪的男性知识更加丰富,具有更广泛的亲属网络,尤其是在资

---

① 婚役:文化上期待新婚丈夫为新娘家庭履行某些特定的义务。
② 一夫多妻制:一位男性同时与2个或2个以上的女性保持夫妻关系的婚姻形式。
③ 老人政治:最年长的年龄组处于控制或支配地位的年龄等级制度。

源短缺的时候,他们可以让整个家庭受益。同样,推迟结婚给年轻人提供机会了解复杂的文化景观和掌握关键的水坑位置,并且不用承担家庭责任。

方框 3.4

男性成丁礼:残忍的仪式

割痕礼(图 3.14)、穿鼻孔、放血、拔牙、尿道割礼和拔指甲,这些与土著男性成丁礼相关的习俗一直让外界倍感惊诧,外界对其起源和持续性引发无尽的猜想。这些仪式在澳大利亚各地普遍存在,但并不是所有的社群都采用形式相同的通过仪式(rite of passage)。这些通过仪式标志着男性在不同年龄阶段的社会成熟度以及所获得的仪式知识。妇女和女孩经历相似的成熟阶段,但是几乎不经历身体上的折磨。

图 3.14　19 世纪新南威尔士州土著男子展示胸部的割痕

功能主义的解释是,这些通过仪式公开显示个人地位的改变。例如,男孩在结婚前必须举行尿道割礼,这种痛苦让新获得的身份更加具有价值,并增加个人对其新身份的自豪感,有助于增进社会团结。身体部位残缺,特别是暴露在衣服之外的身体部位残缺,其价值在于身份的变化是永久可见的,不可能伪造;只有男性需要举行尿道割礼,这些仪式是正式传授仪式传统的一部分,让仪式更具有价值,更值得纪念。接受仪式的人必须服从年长者的管教,尊敬仪式导师,并给他们赠送肉食。

男性最引人注目的考验是举行尿道割礼,即在包皮环切之后,纵向切开男性生殖器下侧,打开尿道,这项手术由接受割礼者的舅舅或岳父使用一把锋利的石刀来完成。接受割礼者必须保持顺从状态,不能流露出一丝痛苦。痊愈后,切口仍然保持敞开状态,但是一般不会发生感染或导致生育障碍。

> 尿道割礼是近代的发明，当欧洲人到来时，这一习俗正风靡于各部落之间。由于该习俗赋予男性在社会上所享有的特权，与割礼相比，战争等其他对力量和勇气的考验显得无足轻重，因此年轻人甘愿接受磨难。正如澳大利亚心理学家波蒂厄斯所解释的那样，"这是部落成员必须付出的代价，所有人都必须付出高昂的代价，以显示部落联盟纽带的价值"（Porteus，1931：280-281）。
>
> 从土著的角度来看，尿道割礼起源于"梦幻时光"，无须解释。土著男性举行尿道割礼之后的生殖器与袋鼠和鸸鹋的生殖器相似，证明已与"梦幻时光"建立联系（Cawte，1974）。

土著生存领域里看似尖锐的性别分化和男性在政治上的显赫地位，使得男性人类学家很难全面了解性别角色之间的平衡。女性人类学家对土著妇女进行的实地调查显示，女性在秘密仪式中表现得非常活跃，并且在家庭事务中掌握相当大的自主权。澳大利亚人类学家黛安·贝尔（Bell，1983，1987）发现，为传承他们的精神遗产，土著女性和男性共同承担责任，互为补充。不同的是，男性仪式强调创造的力量，女性仪式则关注女性的养育作用、健康、社会和谐以及与土地之间的联系。女性可以安排婚姻，使用杀婴手段控制家庭规模，并对受孕图腾的选择产生影响。然而，一些人类学家仍然认为，土著男性更加"优越"，赋予女性低等级"伴侣"的地位。

在世界各地，具有高流动性和低人口密度特点的觅食民族是迄今所知最平等的社会，其平等性体现在，个人物质财富和每个家庭可获得的生存资源没有明显差异，并且不存在对他人拥有强制权力的永久性政治领导人。然而，社会平等并不意味着人人平等，男女之间、年轻人和老年人之间，以及不同性格和身体特征的人之间依然存在明显差异。土著"大人物"或"名人"因为拥有丰富的仪式知识或演说才能而引人注目，但他们行动的范围有限。他们可能在仪式生活中具有显著影响，并且可能会操纵某些社会关系为自己谋取利益，以超自然惩罚对他人进行威胁。然而，在更大的社群中，如果没有广泛的共识，即使像这样有权有势的人也不能采取任何政治行动。

（二）商业世界的土著居民

前文中描述的土著生活主要是前欧洲时期的情况，或者是独立生活在乡村地区的当代土著。1770年，库克船长登陆澳大利亚东海岸时，部落世界的基础开始发生变化。当时，英国是商业世界的"金融中心"，为扩张英国的领土，库克傲慢而错误地宣称，全澳大利亚作为无主之地（即土地不属于任何国家）归属于英国。正如我们所见，土著与土地有着密切的联系，是这片土地的拥有者，土地所有权是土著社会的根基，英国人在没有获得准许、未签署任何条约的情况下入侵这片土地，拒绝承认土著的合法存在。英国人于1788年开始定居澳大利亚，1000多人在现在的悉尼港登陆。英国的占领给土著领土带来系统性掠夺和破坏，这些行动一直延续至20世纪。这是一场在不受控制的边界

(uncontrolled frontier)① 蓄意展开的灭绝活动，今天无可非议地称之为"种族灭绝"（genocide）②。土著的社交网络遭到破坏，赖以生存的天然食物被牛羊取代，他们的孩子被强行送至寄宿学校，幸存者经历物质匮乏、疾病和死亡。基于"土著人无法作为土著人生存下去"的设想，官方政策被委婉地称为"同化"（assimilation）③。为"保护"土著人而建立的为数不多的保护区由传教士管理，他们抨击"梦幻时光"、图腾和圣地，并强迫土著人信奉基督教，这些举措导致种族文化灭绝（ethnocide）④，即毁灭一个民族的文化。外来者直接侵占土著人的土地和自然资源，将这些资源视为全球经济中商业财富的来源。

到 1920 年，土著人在澳大利亚大部分地区彻底灭绝，来自欧洲的人口增加至 300 万，人口普查显示仅剩下 6 万土著人。人们普遍认为，土著人将会不可避免地完全消失。鉴于这段历史，2011 年澳大利亚官方人口普查估计，土著总人口约 67 万，这几乎是一个奇迹，比 1788 年欧洲殖民者到来时的人口还要多，超过 20 万土著人居住在大城市，约 14.3 万人生活在偏远或非常偏远的土著社区（Australian Bureau of Statistics，2013）。2001 年，大约 2 万土著人生活在当地游群式社区或分站，平均每个社区约 25 人（Altman，2006）。澳大利亚土著的传统食物——丛林食物是许多土著饮食的重要组成部分，"梦幻时光"对他们的日常生活产生直接影响。

由于财产被剥夺，截至 1965 年，土著人对其土地仍然不具有合法所有权（Altman，2014）。20 世纪 60 年代末，为应对大型跨国公司破坏性采矿作业及其对传统土著社区造成的影响，澳大利亚北领地的土著人开始抗议，向政府请求法律保护，要求正式承认土著人的土地所有权。澳大利亚各地的土著人在政治上动员起来，他们的基本人权在国内和国际上获得广泛支持。经过 10 年的政治斗争，北领地做出妥协，《土地权法案》最终在 1976 年获得批准。土著人重新夺回土地所有权的"革命"势头稳步上升，1992 年，澳大利亚高等法院正式驳回"无主之地"声明，为土著人享有土地所有权扫清法律障碍。到 2013 年，澳大利亚人土著人已经对大约占全国陆地总面积 1/3 的区域获得某种形式的法律控制权，证明重新收回所有权是可行的。大部分收回的土地被认为不具备商业价值，这些土地既不适合耕种，也不适合矿产开发；大部分地区很少受到外界干扰，具有丰富的生物多样性，是移动觅食者所期望的区域。

澳大利亚土著人，尤其是偏远地区的土著人，正在创造性地找到一条人类学家乔恩·奥特曼所称的"混合经济"（Altman，2001；Russell，2011）生活之路。在土地上追求传统的生存方式的同时，他们与政府和商业市场互动。如今，土著人保护区中具有巨大生态价值的区域得到澳大利亚环境部认可，由土著人与各政府机构合作管理。政府发现，雇佣土著人作为护林员，保护和巡逻重要的环境区域，具有很高的成本收益。传统觅食者控制性焚烧活动能促进生物多样性，防止破坏性野火，并能为当地人提供营养物质（Codding 等，2015）。

---

① 不受控制的边界：部落领土受到来自有国家组织的社会的殖民入侵，但是该政府对其殖民者行为不加以任何约束。
② 种族灭绝：对一个民族或一些人口进行灭绝性屠杀。
③ 同化：一个民族放弃自己的自治权，丧失其独特的文化身份，完全融入另一个占主导地位的社会和文化，种族或文化消亡的原因并非由种族灭绝导致。
④ 种族文化灭绝：一个种族的文化体系遭到强行摧毁。

> **本 章 小 结**
>
> 澳大利亚土著人证实，只要不受到更大规模的相邻区域的入侵，家庭规模的社会文化系统可以保持平等，并且可以与其生态资源维持长期平衡。随着环境状况的变化，土著技术逐步改进达5万余次，仪式制度和社会组织不断完善，然而土著文化保留了其家庭规模系统的基本特征，该文化系统显然是一个动态的、反应灵敏的和高度创造性的系统，在变化的同时保留了最基本的文化元素。"梦幻时光"及所有与之相关的特征似乎是理解这一显著文化稳定性的关键因素。

思考题

1. 在何种意义上，土著人的生存系统可以被认为是富裕经济？
2. 讨论妇女在土著社会中的作用。她们是否真的像一些人所说的那样，受到老年男性的压迫和剥削？
3. 说明澳大利亚土著宗教与社会以及宗教与适应自然环境之间的联系。
4. 讨论关于土著成丁礼习俗的解释，区分土著人、人类学家和其他外人对这些习俗的看法。
5. 描述交表婚在土著社会中的意义。
6. 在何种意义上可以认为土著社会是平等的？什么样的文化机制有助于土著社会平等？
7. 评价作为土著文化中最重要的文化元素——思维模式和生产方式的相对重要性。
8. 哪些因素有助于调节土著社会单位的规模？
9. 欧洲入侵给土著人带来何种影响？他们是如何适应的？

关键术语

姻亲（affine）

万物有灵论（Animism）

同化（assimilation）

游群（band）

生物量（biomass）

婚役（bride service）

氏族（clan）

互补对立（complementary opposition）

血亲关系（consanguine）

宇宙起源（cosmogony）
宇宙观（cosmology）
需求共享（demand sharing）
家庭生产方式（domestic mode of production）
内婚制（endogamy）
庄园（estate）
种族文化灭绝（ethnocide）
外婚制（exogamy）
种族灭绝（genocide）
老人政治（gerontocracy）
亲属称谓（kinship terminology）
半偶族（moiety）
从夫居游群（patrilocal band）
从夫居（patrilocality）
一夫多妻制（polygyny）
韧性（resilience）
通过仪式（rite of passage）
部分体制（section system）
静止人口（stationary population）
图腾（totem）
部落（tribe）
不受控制的边界（uncontrolled frontier）

阅读文献

Flood, J. 1983. *Archaeology of the Dreamtime*. Honolulu: University of Hawaii Press. A comprehensive overview of the prehistory of Australia.

Gould, R. A. 1980. *Living Archaeology*. Cambridge: Cambridge University Press. An engaging work by an archaeologist who studied contemporary Aborigines in the Western Desert to help understand the prehistoric remains.

Rose, D. B. 1996. *Nourishing Terrains: Australian Aboriginal Views of Landscape and Wilderness*. Canberra: Australian Heritage Commission.

Sahlins, M. 1968. "Notes on the Original Affluent Society." In *Man the Hunter*, edited by R. B. Lee and I. DeVore, 85-89. Chicago: Aldine. A short section that compares foraging and market economies.

Tonkinson, R. 1991. *The Mardudjara Aborigines: Living the Dream in Australia's Desert*. 2nd ed. New York: Holt, Rinehart and Winston. A well-rounded ethnography of aboriginal culture in the Western Desert.

第 4 章

土著亚马孙人：热带雨林中的村民

◇ 学习目标

- 描述亚马孙河流域不同于温带环境的主要气候特征和生物特征。
- 解释亚马孙雨林对全人类的重要性。
- 评估亚马孙土著民族的传统生态知识。
- 描述亚马孙河流域的迁移农业模式，解释为什么木薯是该地区的重要作物。
- 描述影响亚马孙河流域聚居方式和人口密度的环境因素和文化因素，评估各因素的相对重要性。
- 评估亚马孙部落富裕程度及环境可持续的证据，并解释实现富裕的文化条件。
- 比较亚马孙土著与澳大利亚土著的社会组织和信仰体系，二者最重要的异同之处有哪些？
- 部落社会的突袭和争斗与帝国世界和商业世界的战争有何区别？
- 讨论亚马孙村落生活中性别角色和性的重要性。
- 概述并解释亚马孙宇宙观的主要特征。
- 讨论亚马孙民族如何受到商业世界的影响，他们如何应对这些影响。

第 4 章　土著亚马孙人：热带雨林中的村民

21 世纪的亚马孙土著居民依靠当地的资源和生态系统，成为以家庭为主、小规模聚居和高度自给自足的典范。大约 7000 年前，为适应南美热带雨林和河流环境，他们的祖先在种植木薯、制作陶瓷和使用弓箭及独木舟①的过程中，形成了一套高度成功的文化系统。今天，这些民族联合起来，共同保护其独特的文化和社群、领土以及他们赖以生存的自然资源。现在的亚马孙河流域是世界上仅存的几大区域之一，许多部落生活在这里，商业世界对他们的影响微乎其微。2012 年，整个亚马孙流域有 71 个独立的部落，与外界处于自愿隔离的状态。如今，绝大多数亚马孙河流域的民族已经融入商业世界，但是当他们作为现代国家的国民，在从事各类商业活动的同时，仍然依靠热带雨林谋生。

一、生活在热带雨林：亚马孙河流域为何重要

亚马孙河流域是文化和自然聚居区，以亚马孙河和奥里诺科河流域及其毗邻的森林和热带草原为中心，覆盖安第斯山脉以东的南美洲大部分热带地区。在学术界，关于亚马孙土著民族及其祖先如何利用当地环境和管理族群一直存在相当多的争议。其中一个问题是，1500 年欧洲人发现亚马孙河时，它在多大程度上处于"原始"状态和存在多少人为景观（Heckenberger 等，2003）。另一个关键问题是，亚马孙河流域的社会是遵循本书框架，主要以家庭及独立村落形式存在，还是以帝国世界为特征的中央集权的大型酋邦形式存在。如今最根本的问题是，亚马孙河流域的民族如何在维持他们独特的社会文化系统和赖以生存的自然环境的同时，仍然保持与全球更大的商业社会互动。事实证明，商业社会不具有可持续性。这些问题对于想要保护雨林并维持可持续发展的土著民族来说，至关重要。

读音指南

亚马孙河流域的地名和术语分别来源于西班牙语、葡萄牙语、盖丘亚语（南美印第安人的第一大分支）和众多部落语言。讲英语者可根据正字法采用下列近似读音：

基调：

  a＝father（父亲）一词中 a 的读音
  o＝go（走）一词中 o 的读音
  ay＝day（白天）一词中 ay 的读音
  ee＝beet（甜菜）一词中 ee 的读音
  oo＝food（食物）一词中 oo 的读音
  ng＝sing（唱歌）一词中 ng 的读音

·＝音节划分　／＝重音在前一个音节

  Asháninka＝［h・sha／・neen・ka］

---

① 亚马孙河流域史前时期概述（Lathrap，1970）。

Matsigenka＝［ma·tsi·gen／ka］
Mundurucú［moon·doo·roo·koo／］

（一）热带雨林的生态脆弱性与物种多样性

亚马孙河流域是世界上最大的热带雨林，拥有世界最丰富的生物多样性。和澳大利亚的面积一样，亚马孙河流域相当于美国大陆的面积。雨林的中心是世界上最大的河流——亚马孙河，占世界上所有流入海洋淡水的20%，因此亚马孙雨林对全球气候产生重要影响（Werth & Avissar，2002）。热带雨林生物生产力是多数温带森林的3～5倍，总生物量（每公顷植物及动物重量）在所有陆地生态系统中最高。亚马孙森林生物量中储存的碳容量相当于10年内全球化石燃料消耗所释放的碳总量（Davidson等，2012）。在世界范围内，热带雨林可能仅占世界陆地面积的6%，但包含世界上一半的物种。丰富的物种多样性有助于在世界范围内维持健康的生态系统，为生活在这个地球上的人类提供满足美好生活的食物、水、燃料和其他物质资料。健康的生态系统还能够改善土壤、调节气候、控制疾病和水流，为人类提供美学、精神、教育、休闲和文化等方面的服务（Millennium Ecosystem Assessment，2005b）。

亚马孙河流域由于其独特的地理和生态历史，拥有最丰富的陆地植物和动物多样性，绝大多数物种多样性在过去1000万年内形成。由于地球板块运动，推高安第斯山脉，导致整个区域的气候、地貌和生态系统发生改变，物种迅速繁殖，现有的绝大多数物种的种属在200万年前就已经存在。安第斯山脉东面陡峭的斜坡、高降雨量和稳定的气候以及亚马孙河西岸肥沃的土地创造了最大的区域生物多样性（Hoorn等，2010；Cheng等，2013）。1500年之后，当欧洲人到达亚马孙河流域时，这一地区绝大多数特有的树形高大、树冠封闭的常青森林完好无损。在人类定居亚马孙之前，这个地区经历了始于20万年前的两个冰期，持续存在达数百万年（Peres等，2010）。

森林和河流形成一个单一的系统，其中森林维持着水和亚马孙河丰富的鱼类资源，许多物种依靠因森林受到季节性洪水冲击而掉落的果实为生（Goulding，1980），森林里的动物在觅食的同时对树进行补种，森林本身就像一个巨大的泵，通过蒸发树叶表面的水分（蒸腾作用），将雨水循环回大气，以维持当地的降雨量（Zemp等，2017）。

由于亚马孙河流域的土著人遭受多重威胁、人为导致的全球气候变化以及迫在眉睫的大规模物种灭绝，该地区正受到国际环境学家和人道主义者越来越多的关注。亚马孙河流域几乎被各种大规模的开发计划包围，如水电项目、开矿、开发石油天然气、修建高速公路、伐木和发展大规模农业等，这些开发项目和人为的气候变化、干旱、火灾及毁林共同作用，后果极其严重（Coe等，2013；Boers等，2017；Zemp等，2017）。随着森林碎片化和退化，森林更容易遭到商业狩猎的破坏，导致物种多样性丧失（Davidson等，2012；RAISG，2018）。

商业世界的入侵从根本上改变了亚马孙河流域的特征。直到近期，亚马孙河流域的生态系统、生物量、营养物质和水资源仍然处于动态平衡状态（Salati & Vose，1984），可是现在的情况已经完全不同。不祥之兆是，全球热带森林似乎正在失去碳储存能力，突然间已成为大气中碳排放来源（Baccini，2017）。人为导致的亚马孙森林顶梢枯死，大量的碳释放至大气中，大气中的碳含量已达到临界点，加上西南极洲大冰原坍塌，将导致地球系统发生不可逆转的突变，急剧加速气候变化（Cox 等，2000；Lenton 等，2008）。

亚马孙河流域是全球脆弱环境的一部分，同样受到由人类主导的全球规模文化系统的威胁，但是人类是能够做出改变的。杰出生物学家和自然环境保护主义者爱德华·威尔逊（Wilson，2016）认为，为保持生物多样性，需要将一半的地球永久保护起来。由于土著民族和环境保护组织持续做出巨大的努力，2017年，45%的大亚马孙地区（Greater Amazonia）已经被指定为土著领土或者自然保护区，为减缓滥伐森林和生物多样性消失提供了重要的法律保障（RAISG，2017，见方框 4.1）。至 2004 年，巴西森林毁坏率大幅度降低，因此在亚马孙河流域实现威尔逊提出的"保护一半地球"的目标是完全可能的（Dinerstein 等，2017）。

方框 4.1

保护亚马孙河流域原始自然环境和热带安第斯山脉生物多样性

亚马孙河流域低地热带雨林对保护全球生物多样性非常重要，"亚马孙高生物多样性原始自然环境保护区"被指定为最重要的国际保护区（Mittermeier 等，2003；Brooks 等，2006）。要成为合格的原始自然保护区，面积不得低于 1 万平方千米，人口密度不得超过 5 人/平方千米，并且 70% 以上的历史生物环境保持完好。按照这一标准，世界上共有 24 个原始自然环境保护区，其中只有 5 个保护区属于高生物多样性原始自然环境保护区，这 5 个区涵盖世界上绝大多数的地方特有物种（其他地方不存在）。亚马孙高生物多样性原始自然环境保护区是迄今已知的物种最为丰富的地区，包括 4 万种植物、1300 种鸟、427 种两栖动物、425 种哺乳动物和 371 种爬行动物，绝大多数是亚马孙本地的特有物种。亚马孙高生物多样性原始自然环境保护区面积为 6600 万平方千米，2003 年，80% 的生态保持完好，原始自然环境区域在 840 万平方千米的大亚马孙地区占 75%，包括河源区、生物地理区和管理区（RAISG，2017）。大亚马孙地区的部分区域还被列入其他 8 个指定的优先保护区域，如危机生态区、生物多样性热点区、特种鸟类区、植物多样性中心、巨大多样性国家、全球 200 生态区、原生森林，以及最后的荒野（Brooks 等，2006）。

热带安第斯山脉与亚马孙高生物多样性原始自然环境保护区的西面接壤，面积为 150 万平方千米，数十年前已经走在生物多样性保护的前沿。当时环境保护主义者诺曼·迈尔斯（Myers，1988）称该地区是地球上当之无愧的物种最丰富的生物区，特别是秘鲁境内的亚马孙河流域是其中物种最为丰富的区域。他将热带安第斯山脉选定为生物多样性热点区。保护该区域带来的最大回报是能够阻止物种大量灭绝。最近，全世界新认定 35 个生物多样性热点区（Myers，2000；

> Mittermeier 等，2011），热带安第斯山脉在所有热点保护区中处于最优先级别，这里栖息着大约 3 万种植物、1724 种鸟、981 种两栖动物、870 种哺乳动物和 610 种爬行动物（Young，2015），这里也是阿沙宁卡以及其他相关族群的所在地。

（二）热带雨林的文化多样性：部落和酋邦

民族志记载的亚马孙文化多样性反映了该区域的生物多样性，但是这些只是文化多样性的冰山一角，早在 1500 年欧洲人发现亚马孙时，其文化多样性就已经存在。这里大约有 600 种土著语言，大多数语言分属于印第安语的三个亚语族（Greenberg & Ruhlen，1992；Cavalli-Sforza 等，1994）①，其中 100 多种语言已经灭绝。1500 年，不到 1000 万土著生活在美洲南部的热带低地，但是欧洲人入侵导致大量土著死于外来疾病和战乱。2005 年，土著人口不足 100 万，他们周围生活着 2 亿多依靠全球商业系统为生的人，数量远远超过土著人。

DNA 分析显示，土著美洲人的祖先大约在 2.5 万年前的末次盛冰期从西伯利亚的亚洲人种分化而来，作为觅食者生活在白令陆桥一带（白令陆桥连接现今的美国阿拉斯加和俄罗斯西伯利亚）。直至距今约 1.6 万年，当冰川消退，他们快速沿着海岸线南移，大约在距今 1.5 万年到达智利南部（Llamas 等，2016）。在距今 1.3 万年左右，北美洲至少发生过 2 次土著大迁徙，他们沿着落基山脉东面的北美无冰走廊，在距今 1 万年左右，跨越安第斯山脉和亚马孙河，到达南美洲。他们是现今土著民族的原始祖先，其中许多人与特定的地区有着深厚的联系（Posh 等，2018）。语言学家格林伯格（Greenberg）和鲁伦（Ruhlen）（2007）认为，土著人在大约 1000 年内很快占据美洲，这表明印第安语言的创始语系在抵达南美时保存完好，之后迅速扩散，分化为多种语言。

随着人们在亚马孙河地区不断扩散，在新族群形成过程（ethnogenesis）②中，分化出不同的民族语言，彼此通过婚姻、货物交换以及共享的意识形态和符号组织起来，形成一个广泛的社交网络。族群认同是个人相对其他群体做出的选择，在亚马孙河流域，一个人讲多种语言很常见。即使居住在同一个区域，族群可能采用其他族群的语言或物质文化，表明族群身份已经发生变化（Hornborg & Hill，2011）。

亚马孙河流域的首次文化大变革是从觅食向园艺的转变。毫不奇怪，由于该地区丰富的生物多样性，美洲新大陆一半以上的驯化植物来自热带森林。木薯是这一地区的主要食物，在距今 8500 年甚至 10000 年前被驯化。今天在亚马孙河西南部干燥的森林中仍然可以找到野生木薯的祖先（Isendahl，2011；Piperno，2011）。正如最优觅食理论（optimal foraging theory）所预测的那样（Piperno，2011），考古学证据显示，从距今

---

① 尽管语言类型学家格林伯格（Greenberg）对语言的分类已经得到广泛运用，仍然有许多语言学家并不接受这一分类（Bolnick，Shook，Campbell，Goddard，2004）。

② 族群形成过程：人们在与其他族群交往过程中，将自己与其他族群区分开来，形成新的族群。

7000～11000年，在整个新大陆热带地区，人们将食物生产和觅食相结合。在距今11700年全新世开始时，由于天气突然变得温暖潮湿，雨林迅速扩大，人们开始从事园艺种植和轮耕种植，这是应对新的生存挑战和机遇的高能效方式。同时，在更新世时期，亚马孙河流域的巨型动物群消失，导致狩猎收获减少，并且亚马孙河西岸的土壤肥力降低（Doughty等，2013），这表明并非人口压力迫使亚马孙人采取集约化的生存方式。驯化是人类对生物进行选择的间接结果，这是一个缓慢的过程，并非瞬间的发现。专家们将驯化前的野生作物种植在准备好的小块土地上，收割之后，同驯化作物或者经过基因改良的作物进行比较。直至今天，亚马孙河流域的村民仍然在房前屋后种植许多未经驯化的植物，他们在各种来源不详的植物中选择要种植的物种。发展进化学家现在明白，作物驯化并不是人们在各种自然变异的植物之间做出选择，人为的环境变化，比如，清理用火烧过的地块，可能对植物生长过程中某些基因表达造成影响，导致一种新的驯化作物产生。

大约4000年前，人们在秘鲁亚马孙地区制作陶瓷，他们居住的村庄与民族志中描述的一样。同时，秘鲁海岸地区的精英们开始建立酋邦，建造精致的砖石结构的仪式中心，控制足够多的人口，这样的社会可被视作帝国世界，意味着在某些条件下，急于扩大权力的部落大人物能够说服他们的跟随者接受他们成为统治者，并成功将部分部落世界转变成帝国世界的王国和国家。

人类学家最初推测，亚马孙河流域是相对统一的环境，文化发展的潜力有限，只适合发展小型迁移农业部落村庄，但是这一推测过于简单（图4.1）①。尽管亚马孙河流域主要为热带雨林，仍然存在两个特别重要的环境：一是亚马孙河沿岸富含蛋白质的河流，出产大量的鱼和龟；二是相对贫瘠的内陆地区。地理上的差异对人们的生活产生重要影响，亚马孙河主河段沿岸食物产量较高，人们生活在泛滥平原的河岸峭壁上密集的固定聚居区，他们的领导人可能就是这个区域的领土控制者，而内陆地区的人口密度较低，仍然维持部落生活模式。

亚马孙河流域的聚居区被称为城市化生活，但这并非通常意义上的城市，而是指较为密集的居住区域，村庄与区域之内的仪式中心联系在一起，形成一个网络，有人为建造的景观，如小山丘和耕种过的山脊等，显示更集约化、更持久的生计活动（Heckenberger等，2008）。尚不清楚这些社群是如何组织起来的，可能存在拥有众多领导人的等级制度（heterarchy）②，如村长、牧师、萨满（shaman）③和军队领导者，他们只占据亚马孙河流域主河流沿岸5%的区域，这些地方是季节性洪水泛滥的稀树草原或者有利于开发的干燥森林（Piperno等，2015），亚马孙河流域西岸的大片区域显然并未密集居住或集约化耕种。

---

① 有关这一观点的早期例证来自Meggers（1954）。
② 等级制度：等级社会中有众多领导人，如村长、牧师、萨满、战争领袖等，领导人之间没有地位等级之分。
③ 萨满：兼职宗教专家，擅长和神灵世界沟通，通过治病、占卜，以及利用超自然力量抵抗敌人，为社群提供帮助。

图4.1 亚马孙河流域的文化区域地图，显示上文讨论的文化群体

亚马孙河内陆森林里很可能有像阿沙宁卡一样的部落民族生活在那里，他们居住在小型自治的大家庭村落里或者大型多户住宅内。这些社群按照亲属关系、年龄、性别组织在一起，高度平等，每个人都能获得物质资料，通常不会受到领导者胁迫。因此，绝大多数人享有高度的自由和成功的机会。最重要的人物是萨满和村落头人（headman）[①]，头人是非正式职位，并非统治者或全职牧师。

（三）阿沙宁卡的民族生态学知识

亚马孙土著民族是"生态学意义上的高贵野蛮人"，与自然和谐相处，是有意识的环境保护主义者，虽然人类学家对此提出异议，但是土著民族并未导致当地环境剧烈退化。在雨林中谋生并非易事，需要掌握一系列环境知识，并依据具体环境去了解、验证和储存这些知识，将这些知识代代相传。

一天晚上，我将便携式录音机借给一小群到访我帐篷的阿沙宁卡人，他们为我介绍一些土著环境知识。他们开始玩一个文字游戏，相互间兴奋地传递话筒，将自己所说的阿沙宁卡词语录入机器。他们背出一长串动物的名称，以雨林生物多样性知识自娱自乐。生物多样性是他们赖以生存的基础，他们将其视为"自然资本"，是对未来的投资。阿沙宁卡人不仅知道动物的名称，还了解许多自然历史细节以及这些物种所承载的丰富的文化含义。

后来我发现，阿沙宁卡人了解的农作物知识和他们所掌握的动物知识一样丰富。在阿沙宁卡人的园子里，我发现几十种不同名称的木薯和香蕉，他们试验不同的新品种，迫不及待地讨论这些品种的不同品质。雨林民族对生物多样性感兴趣不足为奇，这些是他们的生活资料来源。我所访问的阿沙宁卡族群与世隔绝，完全自给自足。除一些铁锅、刀具和斧头之外，所有的原材料均来自他们的森林和园子。他们从当地的环境中取材，自己建造房屋、制作工具，生产食品、药品和布匹等。

（四）雨林园艺和木薯

木薯生产是亚马孙河流域人类生存的关键，依靠特殊的迁移农业系统，将对森林的生态系统的影响控制在最小范围内。保持土壤肥力，调节气候、营养物质、水循环，以及维持鱼类和狩猎资源都依靠森林。通过轮耕，在临时开垦的面积不大的园子里种植多种作物。和最近引入亚马孙河流域的商业化大面积种植单一品种的农场和种植园相比，阿沙宁卡人的园子种植多种不同的作物，在有效利用空间的同时，不同物种相互覆盖，能最大限度减少土壤流失和植物病虫害。红薯藤和豆类植物的茎秆覆盖地面，上面有更高的玉米和木薯苗遮盖，玉米和木薯苗又被香蕉树和其他果树遮盖。

简单地用刀砍出一小块地，用火烧去干枯的荆棘，这一园艺种植方法又被称为刀耕火种（slash and burn）[②]（图4.2）。用火烧得并不彻底，许多树仍然存活着，很快又长起

[①] 头人：负责协调族群活动的政治领导人物，是村落的发言人，但是只能在得到社群同意的情况下提供服务，不具有强制性权力。

[②] 刀耕火种：在森林中清理出一块地，用火将地上的草木烧成灰用作肥料，就地耕种园子的方法，森林休耕系统取决于森林再生，这一方法又称为烧荒垦田。

来，有些野生植物会被特意保留下来。火烧后的灰烬里含有丰富的营养元素，无须额外施肥。森林中自然倒下的树木又长又直，可用作烹饪用的柴火。

(a) 母亲和孩子在新开垦的园子里休息　　　　　(b) 男子背着一捆准备种植的木薯插枝

图 4.2　亚马孙河流域阿沙宁卡的迁移农业

典型的园子面积大约为 1 公顷，尽管一块园子很少精心打理超过一年，但是可能在长达 3 年时间里持续产出木薯。每年都会开垦新的园子，因此每一个家庭（household）①在特定的时段，园子里会有处于不同的生长阶段的作物。这里实施森林休耕（forest fallow）②，每一块地在至少 25 年内不会重复耕种，以便森林有足够的时间再生和恢复。整个森林再生大约需要 50 年，但是由于园子面积较小，并且相当分散，25 年休耕期足以保护森林。在商业化农业入侵部落之前，迁移农业一直运作得非常顺利。大规模公司企业主取代土著种植者之后，将土著人驱赶至偏远地区，迫使他们缩短休耕期。在这种情况下，迁移农业无法持续下去，人们陷入贫困，土地变得贫瘠。

木薯的生产力的确惊人，这也是木薯在生计系统中如此重要的原因。我发现阿沙宁卡的一个园子在不进行补种的情况下，一年可以产出 3 万千克木薯，这一数量是一个家庭正常消费量的 5 倍，产量过剩是食品安全的重要保障。其他研究者发现，与阿沙宁卡

---

①　家庭：社会的基本单位，通常是核心家庭或者多代同堂的大家庭。一家人住在同一屋檐下，一起吃住，共同参与食品生产、烹饪等家务活。

②　森林休耕：为保护森林土壤中的营养成分而停止耕种，让森林再生复原的耕种制度。

密切相关的马特斯根卡（Matsigenka）部落，2/3 的食物来自木薯，和同等重量的蛋白质食物相比，木薯种植的劳动力成本只占狩猎、觅食和捕鱼等活动的 10%（表 4.1）。

表 4.1 马特斯根卡部落家庭年均生计情况

生计活动	生产		能量成本	劳动付出
	（kg）	（%）	（kcal/kg）	（%）
园艺	6755	93	80	55
捕鱼	298	4	740	22
打猎/采集	194	3	1151	22
总计	7247	100	1971	99

仅木薯 = 4887kg，占总产量的 67%。

引自：Johnson & Behrens, 1982。

木薯可以放置于地面储存，也可以晒干后制成木薯粉和面包。木薯是重要的剩余产品（surplus）[①] 来源，可以养活一个具有政治规模的社会，但是对于部落民族来说，由于文化和生态等一系列因素的限制，这种剩余只是一种可能性。木薯的唯一缺点是它不含蛋白质。

（五）村落规模极限：园艺、狩猎或自治？

亚马孙河流域内陆地区主要是部落世界的小型社群，社群内部通过亲属关系和交换关系联系在一起，形成一个重叠的网络，没有统治者、政府或官僚。社群大小、聚居区的持久性和维持生存的模式是衡量社会规模和复杂性的重要维度，但是并不清楚哪些因素对这些变量产生影响。阿沙宁卡聚居区很小，持续时间相对短暂，人口密度低，是小规模社会的代表。这些规模特征让人们最大限度地获得个人自由、自然资源和社群自治权，实现整体可持续性，但是对于特定的民族来说，还不能确定这些条件存在的时间有多长，是如何产生和维持下来的。

亚马孙雨林丰富的生物资源隐藏着一些奇怪的悖论，亚马孙文化发展受到环境的制约。高生物生产力并不意味着可以养活庞大或密集的人口，树木和树叶消耗森林的许多能量，但是人类不宜食用。除亚马孙河主河流沿岸之外，其他地区土地肥力天然低下，集约化耕种很容易导致土壤贫瘠。由于不容易从自然植被中获取碳水化合物，90% 的动物生物量（biomass）[②] 来自蚂蚁、白蚁以及其他啃食树叶和树木的无脊椎动物（Fittkau & Klinge, 1973）。大型脊椎动物相对稀少，猎物通常在夜间活动或隐藏在森林的树冠下，因此依靠狩猎获取蛋白质非常困难。人类的天然食物资源如此稀缺，一些权威人士声称，如果不依靠园子里种植的农作物，没有人能够在雨林中生存（Bailey 等, 2009）。

亚马孙河流域土壤贫瘠是高湿度和温暖的气候共同作用的结果，这样的气候有利于促进植物茁壮成长，促使森林枯枝落叶快速分解，土壤表层的腐殖质层实际上很浅，离

[①] 剩余产品：超出生产者家庭需求的自给性生产产品，由政治领导人提取，用于支持非食品生产专家。

[②] 生物量：植物和动物的重量。

树根较近，树根能快速高效地吸收所有的营养物质，因此来自植物的营养物质被森林回收，而不是被土壤汲取。森林植被通过蒸腾作用将水分输送至大气中，再经过雷阵雨返回地面，树叶可以缓冲和驱散倾盆大雨，以减少土壤侵蚀。

令人惊奇的是，雨林中的村落通常规模很小，平均不足 100 人，很少超过 400 人。这些村落相对来说不具有长久性，村民每隔几年搬迁一次。人类学家常常认为，森林土壤生产力低下和可利用的动物蛋白质有限，限制了村落规模，然而木薯提供的碳水化合物足够养活 500 人以上的村落，每人每天只需要 50 克鱼和动物蛋白质（Carneiro, 1960，见方框 4.2）。事实上，亚马孙部落的蛋白质摄取量一般超过这一最低限度（Gross, 1975）。并且，理论上野生动物可以支撑的人口密度为 1 人/平方千米，如果算上鱼和可食用的昆虫，人口密度还可以更大一些，然而，部落人口密度通常远小于这个数字。阿沙宁卡人口密度为 0.4 人/平方千米，这表明亚马孙地区人类聚居区的规模、密度和持久性取决于文化因素，比如对美好生活的信念（图 4.3）。

方框 4.2

村落规模极限：木薯种植或狩猎

人类学家罗伯特·卡内罗对迁移农业条件下的木薯生产力是不是决定村落规模极限的变量进行测试和确认（Carneiro, 1960）。他发现，可耕种的土地数量取决于妇女将农产品从园子里背回家的最远距离，通常约为 5 千米。假设人们需要 4 亩的园子，连续耕种 3 年之后休耕 25 年，一个拥有 2043 人的村落可以满足生存需求而无须搬迁。这一数字说明，木薯短缺并非村落规模的限制因素，绝大多数雨林村落小于这一规模。

能否获得野生猎物可能是限制村落规模的另一个因素。据估计，每平方千米森林的猎物生产力可以满足一年内每人每天 50 克的最低水平的营养需求，无须过度狩猎。猎物的生物量（一个地区所生活的所有生物的总重量）是最为关键的因素，但是文化上定义的食用价值和猎物生产力也需要考虑在内（Eisenburg & Thorington, 1973）。据估计，每平方千米森林的猎物生物量最低为 5300 千克，其中 43% 的生物量被猎取，仅 10% 的猎物资源可以持续利用，在村庄方圆 10 千米范围内狩猎，可以持续满足拥有 314 人的村落的需求。上述数据所预测的村庄规模与民族志上记载的非常接近。随着村落扩大，人们偏爱的物种出现短缺，可能产生内部压力，阻碍村落规模进一步扩大。

显然，如果人们愿意采取集约化捕鱼或狩猎方式，或者依赖植物蛋白或家养动物，或者接受营养水平更低的生活，或者做出一些改变，接受政治权威或社会不公，那么亚马孙河流域的村落规模可能更大一些。与小规模社会优势相关的文化因素似乎鼓励人们将种植园子、狩猎和捕鱼等活动维持在远低于理论上可持续的水平。

文化上偏好大型猎物、最大限度的休闲和家庭层面自治比养活尽可能最大规模的村落更加重要。热带雨林村落的生活方式为亚马孙各民族提供了足够的满足感，只要他们

图 4.3　男子骄傲地展示所佩戴的弓箭

阿沙宁卡人是熟练的渔民。

拥有个人选择的自由,他们就能够继续维持和传承这一生活方式,这意味着从部落世界向帝国世界和商业世界转变的过程中,人类在某种程度上失去了自由。在阿沙宁卡案例中,村落规模与村级政治和领导结构以及猎物获取的可能性相关,这一点将在后面章节讨论。

(六)阿沙宁卡的财富、富裕和生态足迹

像阿沙宁卡一样的部落民族,其物质财富较少,外界可能会认为他们贫困潦倒,但是,这是种族中心主义对财富构成的误解,事实上部落民族拥有生活中最为重要的东西。在小规模社群中,家庭需求是第一位的,而在大规模社群中,生产和消费成本明显提高,但小规模社会可以避免这一现象。雨林中的村民们已经形成一套专注于家庭需求、平等均衡、非常有效的生存方式。男性是狩猎者,并负责清理园子等重活,季节性地集中忙碌一阵子,妇女则负责大部分的常规种植、收获和食品加工。男人、女人和孩子们一起寻找可以用作食物的野生植物、昆虫和小动物,每个人都可以参加大规模的外出捕鱼,但是男人们依靠打猎和捕鱼来提供大部分日常动物蛋白质。肉和鱼集中起来,分发给村落中的每户人家,以消除家庭之间生产力的差异。所有这些活动都是由个人主导的,每个人拥有必要的工具和获得自然资源的机会,不存在严重的不平等现象。

这种生产体制是维持低人口密度的强有力的激励机制,由于猎物枯竭,妇女步行去园子的路途越来越远,人口密度增加意味着生活负担迅速加重。随着社会规模和复杂性增加,人们需要生产粮食来支持从事非食品生产的专家,工作量随之大幅度增加。在亚马孙河流域,维持生计的工作负荷与澳大利亚土著的工作负荷没有明显区别。平均每天工作 2～3 小时就可以满足所有的粮食生产需要(Bergman,1980;Flowers,1983;Johnson,1975;Lizot,1977;Werner,1983),男性平均劳动时间约 3 小时,女性约 2 小时,留有充裕的闲暇时间,性别之间的总工作量较为均衡,包括家务在内的所有工作,每天需要 5～7 小时,但不大可能超过 8 小时,这意味着如果从早上 6 点日出时开始工作,很可能整个下午都可以休息。

这些工作量印证了部落社会属于富足社会这一观念。殖民侵略者企图剥削部落劳动，将部落富足误认为懒惰。事实上，部落民族在基本生活需求得到满足之后就不再工作，部落社会的结构导致没有人为了成为领主而拼命工作。如果将这一体制视为不发达的技术阶段，将来会不可避免地演变成具有更高"生产力"的阶段，那是错误的。部落制度高度发达，能有效解决人类面临的问题。这些制度在文化上定义的目标是公平持续地满足每个人的身体需要，因此很难改进。

亚马孙河流域村落中的工作量一直维持在较低水平，一方面由于对食品的需求有限，家家户户基本上能自给自足；另一方面，人们生产、拥有和保持的物质文化非常有限。阿沙宁卡人可以把他们最珍贵的私人物品放进一个体积不足一立方米的藤条箱里，然而，许多美国人必须租用额外的仓库存放货物，物质上的差异是巨大的。据搬家公司统计，美国家庭用品的平均重量为 3265 千克，一个普通三居室的家可以装满一个 6 米长、体积为 33 立方米的集装箱。

除食品之外，阿沙宁卡人自制约 120 种独立命名的物品（Weiss，1975），包括：一系列家庭用品，如房子（图 4.4）和用于狩猎、园艺、捕鱼、诱捕的工具（图 4.5）；食品加工工具，如研磨机、陶瓷罐、篮子、过滤器、托盘、葫芦容器、捣碎机、搅拌器、格栅、织机和纺锤等；衣服和装饰品，如长袍、头饰、项链、腰带和吊坠、彩妆和梳子等；乐器，如鼓、笛和排箫等。只有大约 12 种额外的工业制品需要从外部引进，如金属刀、斧、针和锅等，通常通过贸易获得。这些东西是维持阿沙宁卡人美好生活所需的一切物质文化，他们处在商业世界的边缘，比澳大利亚土著拥有的东西要丰富得多，反映了亚马孙河流域村民较为稳定的生活方式，但是和完全依赖商业世界及其产品的家庭所拥有的数千种物品相比，其数量要少得多。例如，2018 年，亚马逊网络电子商务公司在其网站上出售超过 5.62 亿件商品（ScrapeHero，2018）。

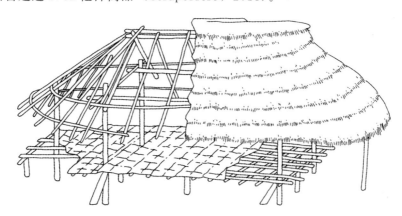

图 4.4　阿沙宁卡人的房屋
每户人家通常住一间用柱子和横梁搭建而成的棕榈小屋，棕榈树干上剥落的棕片作为地板。

阿沙宁卡没有市场，他们与贸易伙伴维持正式的交换关系，在当地语言中，贸易伙伴被称为"阿约帕里"（ayompari）。这些贸易伙伴通常住得很远，箭、短袍、树脂等商品交换通常采取递延交货的方式，比如一次换货拜访时，一方可能给另一方一条狗，期待再次拜访时取回所交换的物品，而这很可能会在一年以后。递延交换的不寻常之处在于，用于交换的物品通常由阿沙宁卡人手工制作，并且允许非亲属之间安全地进行贸易

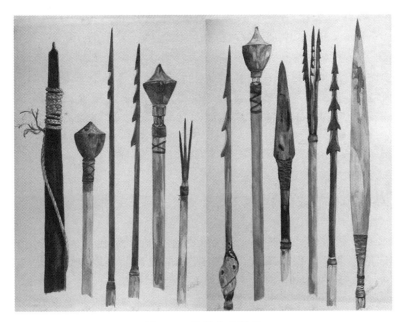

图 4.5 阿沙宁卡猎具

互动，同时还可以通过长途旅行，建立一系列贸易联系，让外面的产品到达偏远的部落，以换取部落用传统手段制造的物品。

也许比阿沙宁卡物质文化细节更为重要的是其物质文化的分布情况。每一位阿沙宁卡成年人都拥有日常生活所需的基本工具，可以自由获得所有必要的自然资源。由于无须交税，也不需要用钱来购买东西，阿沙宁卡人可以自由地将大部分时间用于维持家庭成员生活的活动，如狩猎、觅食、种植园子、清洁、洗澡、准备食物、照顾孩子和吃饭等；在社会和非物质文化方面所付出的精力占比不到10%，主要用于维护社交网络和繁殖文化等活动，如走亲访友、宴请、唱歌、跳舞和讲故事等，其他物质文化在他们的生活中占比不足5%。①

我很清楚，阿沙宁卡人快乐而且自信，他们掌控自己的日常生活，可以相对容易地满足基本的生活需求。他们在家庭中投入大量的精力，每个人掌握丰富的物质文化知识，在社会、自然和文化等方面拥有共同的价值观，这一切让他们的生活丰富多彩。鉴于热带森林生态系统的丰富性，和澳大利亚土著一样，大自然为阿沙宁卡人提供了大部分所需的物质，因此有理由认为阿沙宁卡人的大部分财富来自大自然。1997年，生态经济学家估计，热带森林为世界提供的生态系统服务的价值为每年每公顷2007美元，包括回收物质、形成土壤和生产食物、淡水及生物多样性等（Costanza 等，1997）。将整个阿沙宁卡地区作为森林和猎物保护区，按照整个地区资本价值5%的回报率计算，平均每户获得的自然财富达到数百万美元。如果最终采用缓解气候变化的碳定价机制，这个数字可能会更高。

与自然资源利用相关的阿沙宁卡生活方式是否具有可持续性，可以根据每人每年所

---

① 该讨论中有关马特斯根卡部落的时间数据引自约翰逊（Johnson，1975），货币价值估计基于博德利（Bodley，2005，2008）。

消耗的动植物生物量的热量当量来测算，这是他们留下的生态足迹（ecological footprint）①（Loh & Wackernagel, 2004），包括砍伐森林、开采园子、狩猎、钓鱼和觅食等活动，我估计这个数字大约为每人每年6500万千卡，为美国人生态足迹的1/10。如此大的差别在于，阿沙宁卡人的足迹只占其领土上每年生物产品总量的1/4，而美国人的消费量相当于他们领土上每年生物产品总量的200%，由于美国人口众多，因此消费率也高得多。阿沙宁卡人所有的生活需求都来自自己的土地，而美国人严重依赖从世界各国进口的化石燃料和物料。阿沙宁卡人几乎完全自给自足，考古记录证明，他们的生活方式具有长期的可持续性。

二、亚马孙河流域的村落生活

考古记录显示，随着时间的推移，文化上发生了许多变化，但是在长达1000年里依靠木薯种植的部落生活基本保持不变。社会组织在细节上表现出很大差异，但是家庭高度自给自足以及个人享有高度的自主权这一总体模式未发生改变。村民的人际冲突和对立通常被自我利益和社会需求之间的矛盾掩盖，但是日常生活非常和谐，人们总体上感到满足。

如果澳大利亚土著来到阿沙宁卡，他们不会对亲属关系在这些村落日常生活中所起的重要作用感到陌生，甚至会发现阿沙宁卡人使用的亲属分类系统和他们相似，均实行交表（cross-cousin）②婚，澳大利亚土著会很容易理解亚马孙人关于灵魂存在的超自然信仰和习俗。种植园子和定居式乡村生活是澳大利亚土著与阿沙宁卡人之间最为显著的区别，但是这些文化习俗不会改变基本的自由和独立，它们是定义部落世界澳大利亚游动的觅食者和亚马孙河村民生活方式的主要特征。

（一）阿沙宁卡：森林民族

阿沙宁卡族是阿拉瓦克语系的成员，该语系非常庞大，广泛分布于南美洲，其祖先可能来自几千年前亚马孙流域的西部（Walker & Ribeiro, 2011）。阿沙宁卡北部的考古证据表明，4000年前语言上和阿沙宁卡相关的族群可能居住在亚马孙河沿岸的大村落中。贸易有助于维持内部和平和确立更加广泛的文化体系，包括动员不同族群的人进行共同防御的能力（Santos-Granero, 2002, 2018）。阿沙宁卡生产的盐在整个亚马孙河流域进行交易，阿沙宁卡人曾经从印加获得金属制品。我发现阿沙宁卡人仍然记得他们与印加人之间的贸易，我在安第斯市场上曾看见亚马孙土著的贸易商品。历史上以及现代阿沙宁卡人分散的定居点和最低限度的仪式生活，表明他们的社会文化系统在1500年中逐渐简化（Lathrap, 1970）。

（二）阿沙宁卡家庭和社会基本概况

阿沙宁卡社会以家庭为基础，掌握这一系统只需要了解一些文化规则和术语。阿沙

---

① 生态足迹：将人们所消耗的生物产品量折合为全球统一的、每公顷土地（或水域）所生产的生物产品量，以评估人类对生态系统的影响。

② 交表：父亲姐妹或母亲兄弟的孩子，即姑表或舅表。

宁卡的村落规模较小，由几座私人房屋构成，通常为 2 座，位于同一座山脊的空地上，由密切相关的核心家庭（nuclear family）①居住（丈夫、妻子、未成年子女）。一个村落或者家庭群队一般是几代人合住的大家庭（extended family）②或者兄弟姐妹合住的家庭（见方框 4.3 和图 4.6）。如果已婚子女从妻居（matrilocal residence）③或者从夫居，就形成一个大家庭。每对已婚夫妇组成一个独立的家庭单位，有自己的厨房灶台和园子，家庭之间每天在经济上相互合作，一起捕鱼和狩猎。家庭群队可能包括邻近的家庭，步行需要 1 小时，大家可能会定期聚会，饮用木薯啤酒，唱歌跳舞，也可能联合起来进行武装防御或突袭。

方框 4.3

居住地与继嗣群

以宗族或世系形式存在的继嗣群有许多好处。当一对新婚夫妇选择居住在丈夫家或妻子家附近时，人们可以根据空间排列来构建宗族或世系。图 4.6 显示居住在男方和女方家所形成的家庭群队。从夫居或从妻居分别构成父系或母系。但有一些有趣的案例，比如亚马孙蒙杜鲁库（Mundurucú）部落属于父系继嗣群体，但是男方却随女方家居住。

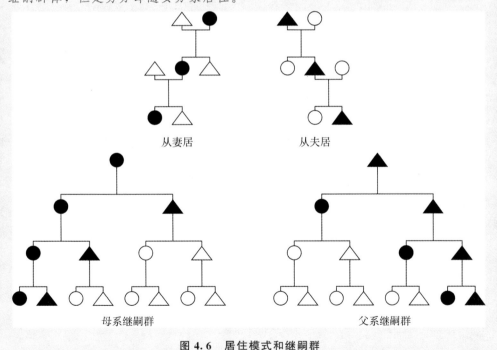

图 4.6　居住模式和继嗣群

---

① 核心家庭：由父亲、母亲和孩子组成的基本家庭单位。
② 大家庭：与父母和已婚子女合住的家庭。
③ 从妻居：又称为从妇居或从母居，即新郎在结婚后搬到新娘母亲家庭附近生活的居住模式。

> 亚马孙河流域强调木薯种植，因此鼓励丈夫与妻子的家人住在一起或居住在附近。母亲、女儿和姐妹们经常组成合作劳动小组，一起种植园子、加工木薯或制作陶瓷。新婚夫妇可以选择临时居住在女方家族或部落，直到他们的第一个孩子出生，便于女方妈妈照顾孩子，男方可以帮助维持生计。从夫居可能与亚马孙河流域的复仇和突袭事件相关，有利于近亲男性紧密团结在一起。

阿沙宁卡将人们划分为三类：亲属、正式的贸易伙伴以及可能成为敌人的陌生人。如果进行友好互动，陌生人会立即被归入亲属类别，并得到妥善对待。比如，如果有人想请我帮忙，他们会叫我"哥哥"；如果想表示尊敬，他们会称呼我为"岳父"。

阿沙宁卡族亲属称谓系统的特色在于，直系亲属只分为两组：① 父母及其兄弟姐妹和继父母及其继兄弟姐妹，他们属于近亲，因此不适合结婚；② 潜在的姻亲和配偶（图 4.7）。澳大利亚土著社会很常见的是，当一个人和交表结婚，交表的父母被称为岳父母。平表（parallel cousins）即父亲兄弟的子女以及母亲姐妹的子女，通常被当作兄弟姐妹，其父母被视为自己的父母。

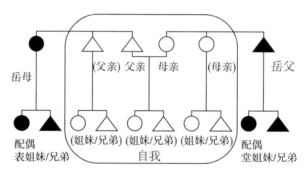

图 4.7　阿沙宁卡族亲属关系制度

图 4.8 显示阿沙宁卡语言中的亲属称谓。父亲被称作帕瓦（Pawa），父亲的哥哥被叫作帕瓦乔里（Pawachori），意思是"继父"或者"可能成为父亲的人"。事实上，如果一个人的父亲过世之后，帕瓦乔里（Pawachori）可能娶他的母亲为妻（即收继婚），他的配偶被称为纳纳伊尼（Nanayni），意思是母亲的姐姐。采用阿沙宁卡称呼，整个亲属系统更加容易理解和描述。

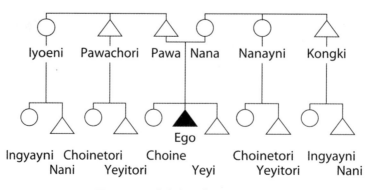

图 4.8　阿沙宁卡族亲属关系术语

当阿沙宁卡男性寻找配偶时，他必须找到一位他可以称之为英格亚尼（Ingyayni）的交表亲，交表亲无须是实际意义上的生物学关系，如果得到大家认可，任何无关的女性都可能被归入这一类，但是，由于涉及明显的性暗示，使用这一称呼要非常慎重。一位男性会将他所爱的人称为英格亚尼，并称其父母为孔吉（Kongki）和伊约尼（Iyoeni），即岳父母。丈夫会尊重他的岳父母，在婚姻的最初阶段，通常是从妻居，希望能为岳父母家劳动。

虽然阿沙宁卡亲属制度反映交表婚，也可以被定性为兄弟姐妹交换婚姻制度，即一对兄妹和另一对兄妹交换结婚，阿沙宁卡术语包含两种形式的婚姻。交表婚可以被理解为连续几代人兄弟姐妹之间交换婚姻的延续，在阿沙宁卡，兄弟姐妹交换婚姻比生物学上的交表婚更加普遍。

图4.9显示标有亲属称谓的个人亲属网络的地理分布情况。图中"♯47自我"是一位40岁的男性，住在小村落A中的19号家庭，这个小村落是一个本地群队，由3个家庭的9口人组成。这位男性婚后居住在父亲家附近，他父亲65岁，和另一个20岁的儿子住在一起。"♯47自我"通过亲属和婚姻关系与该地区的其他5个小村庄联系在一起。这些文化模式显示，阿沙宁卡领土被支撑其人性化过程的人际关系网覆盖。

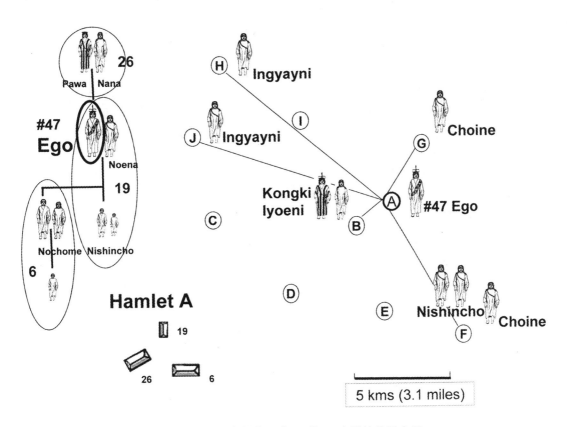

图4.9 阿沙宁卡村落A中47号40岁男性的近亲属

（三）阿沙宁卡的大人物：领导者而非统治者

部落社会最显著的特征之一是人们抵制任何集中政治权力的方式，防止家庭和社群的自主权和福祉可能受到威胁。村落领导人为村民服务，除此之外，未被授予任何不正当的权力。亚马孙河内陆地区最大的聚居区尽管只有25人，但是属于政治上自治的单位。政治自治意味着人们无论什么时候都可以选择搬迁他们的村落，有权自卫和杀死入侵者，能够控制自然资源。由于配偶必须来自其他定居点，不可能有完全的村落自治，需要有一位大家公认的领导或头人，外界可能称之为首领（chief），但是除紧急情况之外，他的权力极为有限。头人的责任随着村落规模的增大而增加，但通常情况下，他只是一个没有权力的协调者，正式宣布大家已经决定要做的事情，比如打扫村落广场，或者开始一次集体捕鱼行动，头人不能强迫任何人做违背自我意愿的事情。

亚马孙河流域的村落本质上是一个"反对任何国家形式的社会"（Clastres，1977），以防止政治权力集中以及个人为了自我利益而掌控经济。从某种程度看，头人就像被社群扣留的人质，他被赋予一定程度的特权地位，比如可以一夫多妻。但是他比其他人更加努力工作，并且不拥有任何强制权力。一夫多妻制不是头人的专属特权，也不应被理解为支付给头人领导服务的酬劳。与此相反，这是工作需要，头人需要更多的妻子帮助酿造额外的木薯啤酒，这是大家对一个慷慨头人的期待。社群不会为领导者的服务支付报酬，他只有为社群服务才能保住自己的职位。在该体制中，领导地位本身就是一种回报，只有少数人愿意承担这一责任（Lévi-Strauss，1944）。

一位好头人必须是一位优秀的演说家，必须特别慷慨，只要有人提出要求，他就会赠送东西给他们，但是他不以特殊的衣着或职务徽章以示区别。演讲技巧对于头人非常重要，这进一步说明，他不能使用强制权力。在解决村落内部冲突时，他必须具有说服力，但如果他不能成功地做一个和平缔造者，这个村落就会分裂。社群拒绝赋予头人政治权力，可能是限制亚马孙河流域村落规模最关键的因素。亚马孙河流域的政治组织与猎物资源有关，随着村落规模扩大，有关肉类分配的纠纷随之增加。若头人的权力仅限于口头劝说，他可能无法在一个超过300人的社群中维持和平。

阿沙宁卡头人的职位以头人的个性以及儿子和女婿的数量为基础，他可以说服他们留在村落里，组成一个当地的群队，因此头人的职位是临时性的。他的地位因他能举办丰盛的木薯啤酒宴而得到提高，这是一夫多妻制的动机所在，妻子们能够酿造啤酒。我记录下两个特别有权势的大人物，他们各有5位妻子，但是7位妻子显然是最大限度。

村落冲突的根源是猎物不足以及村落中的男性为接近女性而进行的争斗，如果没有一个强大的头人，冲突会导致村庄分裂（Siskind，1973）。外婚制和一夫多妻制导致女性稀缺，性竞争加剧。在整个亚马孙河流域，狩猎成功等同于男子气概，成功的狩猎者可以养活更多的妻子和情人，当那些技能不高的狩猎者还在森林里寻找猎物的时候，成功的猎人有更多的闲暇时间从事不忠行为。这会导致冲突，在猎物枯竭之前村落就会分裂（图4.10）。在猎物非常丰富的时候，狩猎能力的个体差异并不十分明显。男人们为了得到女人而袭击其他村落，成功的突袭会扩大村落规模，从而增加狩猎者的负担，最终导致村庄分裂。因此最关键的潜在变量是聚居区规模，人口增长会加剧男性之间的冲突，导致村庄分裂、仪式化战斗、外部突袭（feuding）[①]和血仇。

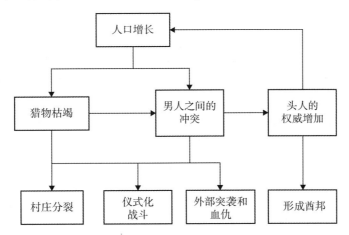

图 4.10　内部冲突导致村庄分裂、仪式化战斗或产生更强大的领袖

（四）亚马孙河流域的可分父权：进化论视角

上节讨论的与政治领导地位和猎物枯竭有关的"以肉换性"的做法，更容易在阿沙宁卡这样的亚马孙河少数社群中引发村庄冲突和分裂，他们对性事比较保守，婚外性行为被认为不道德且危险。在这样的社群中，随夫居住的妇女如果被视为乱性，可能遭受丈夫的虐待。亚马孙河流域有一套非常复杂的性信仰和做法，以可分父权（partible paternity）[②]文化概念为核心，相信单个的胚胎是由不同男人的精液聚集发育而成的，妇女和多个男性保持性关系在文化上成为可以接受的事情，而这些男性都被视为孩子的父亲，这对妇女和孩子都有好处。有几个社群中，几乎所有的孩子都有多个父亲。毫不奇怪，女性的性自由常常被公开拿来开玩笑，这反映人们对性的随意态度。婚后随娘家生活的女性能够得到近亲属的更多支持，为了主张父权身份，共同父亲们扮演产翁（couvade），即准父亲，公开对女性生产的痛苦表达同情。

和关系较远的阿拉瓦克语不同，可分父权在好几个语族（热语、加勒比语、图皮语）中普遍存在和广泛分布，表明可分父权可能具有久远的传统和起源（Walker 等，2011）。从生物文化进化视角看，可分父权可以提高彼此的包容度，对男女双方均有利。对女性来说，可分父权鼓励从情人那里获得馈赠的肉食，这可能是即刻可得的回报，不过女性也可以回赠礼物给其情人。更重要的是，可分父权扩大了女性的社会支持，多位父亲关心女性及其孩子，让他们的生活更有保障。另一个好处是，共同父亲们彼此可能会友好相处，女性有更多机会选择地位高的男性作为伴侣。有证据显示，较好的猎手或者其他方面更加杰出的男性可能拥有更多的性伴侣，是更多孩子的共同父亲。同时，男性有更多的生育机会，并且通过与他人分享自己的妻子，可以加强同其他男性的结盟。

[①]　突袭：缺乏无中央政权的情况下，社群之间存在长期的冲突，可能涉及难以破除的报复性袭击和杀戮的恶性循环。

[②]　可分父权：信仰来自不同男性的精液有利于同一胚胎的发育，因此一个孩子可能有多个父亲。

（五）蒙杜鲁库村落的男人和女人

性别角色对于理解雨林文化如何运作至关重要，年龄和性别而非财富和阶层，是部落文化中人与人之间的主要差异。讲图皮语的蒙杜鲁库（Mundurucú）部落显示了巴西亚马孙河流域村落文化的日常生活中男女之间的对立。1953年，人类学家尤兰达·墨菲（Yolanda Murphy）和罗伯特·墨菲（Robert Murphy）与350名蒙杜鲁库人共同生活长达一年时间，蒙杜鲁库人住在塔巴赫斯河（Tapajos River）上游支流的大草原和森林里，每个小村落人口50～100人不等（Murphy & Murphy, 1974）。作为夫妻，墨菲夫妇可以从男女两性角度观察蒙杜鲁库文化。蒙杜鲁库的男性和女性世界泾渭分明，男性主要负责狩猎，同时承担清理园子等繁重的工作；妇女则负责种植、收获和加工木薯。村落的物理结构象征蒙杜鲁库男性所承担的公共角色。成年男性和大男孩住在一起，大部分时间待在四面敞开的屋子里，这种屋子被称为"艾克萨"（eksa），而所有的女性和小男孩住在独立、封闭的屋子里。

正如澳大利亚土著社会常见的那样，蒙杜鲁库部落分为两个外婚制群体，分别标记为"红色"和"白色"，男性分属于这两个不同的族群，和来自对立族群的交表结婚，红色或白色群体又被细分为38个父系宗族（红色16个，白色22个）。和澳大利亚梦幻祖先一样，每个宗族都有一个始祖动物，宗族非常忠诚，祖先的灵魂象征性地存在于藏在屋内的圣笛中。蒙杜鲁库部落实行从妻居，这样可以降低村落之间发生冲突的可能性，与从夫居的澳大利亚土著形成鲜明对比。从妻居要求年轻男性必须和自己宗族及族群之外的女性结婚，并且在婚后离开自己的村落，搬入新婚妻子所在的家庭生活，这一居住方式切断了男性对原有宗族的忠心，倾向于村落间日常合作，不大可能为了现在所居住的村落与自己宗族作战。

墨菲夫妇发现，蒙杜鲁库男性认为自己的性别更占优势，他们经常利用象征性意象来支持自己的观点，但是女性拒绝接受这一立场。有关男性至上的神话（myth）[①] 宪章被载入象征男性生殖器的圣笛中心神话。根据该神话，圣笛最初由女性掌握。只要女人拥有圣笛，她们就能占领男人的房屋，让男人成为家庭的附庸，负责做饭、担水、砍柴，以及被善于挑衅的女性勾引。圣笛需要用肉来供奉，但是只有男人才能狩猎。最终男性对这种性别角色安排失去耐心，以停止狩猎相威胁，迫使女性交出圣笛，并恢复男性正常的性别角色，女性的地位由此衰落。这个神话解释了男人在性别和公开场合占主导地位的原因。男性比女性更加优越，并非因为他们天生高人一等，而是由于性别角色不同，男性狩猎在文化上被认为是最重要的性别角色。因此，狩猎和肉对于理解亚马孙河流域的文化至关重要。

圣笛神话突出了人类的一个核心问题，即男性在性方面迷恋女性，身体上依赖她们，但是男性却害怕女性拥有权力。父系制度赋予男性对子女的世袭权力，但是只有女人才能生育孩子。圣笛神话暗示，男人明白自己的弱点，必须不断地维护自己的权力，否则女人会凌驾于他们之上。神话中的圣笛是一根1米多长的空心木管，存放在男人的屋内，

[①] 神话：一种叙述超自然生物活动的故事，是对一种文化的宇宙观和宇宙起源的概括，并为文化所规定的行为提供正当理由，往往通过宗教仪式来体现。

定期拿出来吹奏,有时人们在村落中举行吹笛表演,但是不会让女性看见,如果女性看见吹奏圣笛,可能会遭到轮奸。圣笛强化男性在父系制度和狩猎社会中的作用,认为男性代表父系氏族[即通过男性血统命名的继嗣群(descent group)①],必须为家人提供肉食。蒙杜鲁库部落明确承认,圣笛象征男性生殖器,男性会公开拿自己的性能力和女性生殖器开玩笑。

蒙杜鲁库部落男性处于主导地位的思想体现了男性的性别角色意识。在公开场合,女性处于幕后,主动与男性保持距离。实际上,她们在日常生活中拥有真正的权力,无论蒙杜鲁库部落的男性意识形态如何,女性都是掌管家庭的主人。每间屋子都有一个单独的灶台,供4~5个核心家庭、共计25人的大家庭使用。年长女性主导家庭事务,控制食物分配,分发木薯和肉。如果随女方家居住,家庭主要以姐妹、母亲和女儿为中心。女性之间的亲属关系非常紧密,人们常常会问:"要是没有母亲的帮助,女孩们该怎么办?"这一问题体现了紧密的亲属关系(Murphy & Murphy,1974),因此在任何家庭斗争中,女性都能够得到亲属的支持,同时,女性在木薯加工过程中,通过日常合作,紧密团结在一起。女性集体开展所有的日常活动,独处的女人被认为有性需求。女性会有效地团结起来,反抗男性意识形态统治。

蒙杜鲁库妇女询问尤兰达·墨菲的家庭日常生活,认识到美国女性在社会上明显处于彼此隔离的状态,他们问道:"如果你不跟其他女人一起去打水和洗澡,你不觉得孤独吗?"尤兰达答道:"是的,我们很孤独。"(Murphy & Murphy,1974)

尽管核心家庭在蒙杜鲁库部落并非主要的家庭单位,但是婚姻和核心家庭让半偶族、宗族与亲属角色等基本结构得以延续。秘鲁亚马孙河流域的阿沙宁卡人就是一个例子,详细的亲属类别在功能上与简单的族群体系和交表婚制度相关,这一现象在家庭规模的文化中非常普遍。

(六)部落世界中的突袭与血仇

亚马孙乡村生活表面上看起来和谐宁静,然而男性之间的个人冲突有时会升级为暴力和凶杀。当然,这种情况在每个社会都会存在,但是,部落世界没有中央集权的政府或机构,也没有警察、法院和法官帮助遏制犯罪和解决争端,以及防止无休止的循环报复和杀戮。人们害怕内部冲突,尽管有时愤怒的人群在公共场合可以用拳头或棍棒殴打,造成轻伤,但是如果受到暴力威胁,可能只能搬离村落。对于采用决斗消除愤怒与使用致命武器杀人等群体间的暴力,部落人民做了清晰的区分。当一个人参与攻击另一个社群并获得成功,作为回报,他可能会得到更高的地位或多娶一位妻子,这意味着近亲属圈和家人以外的世界是危险的,人们必须时刻保持警惕。我亲身经历过这种情况,我们在森林深处的一条小路上发现了奇怪的脚印,我的阿沙宁卡向导立刻发出警告。阿沙宁卡人通常对自己的防卫能力充满信心,在这种情况下,我们可能意外遇到潜在的敌人,这让我们感到危险而又兴奋,而不是无能为力的恐惧。

---

① 继嗣群:谱系关系中具有共同祖先的社会群体。

将部落世界中的暴力称为袭击和血仇而非战争，比较合适。其目的不是征服，行动的规模很小而且时间短暂，战斗通常只涉及几十名武士，零星突袭作战，袭击完之后立刻逃跑。证据显示，在传统亚马孙社会中，一共有238起有关暴力的事件，涉及历史上记载的11个社群（Walker & Bailey, 2013），这一记录并不能揭示暴力的普遍性，但是的确可以说明暴力的性质，这些暴力事件共造成1145人死亡。村落内部发生的暴力事件相对较少，所导致的死亡不到总死亡人数的10%，平均每一个村落约2人死亡。超过一半的暴力事件发生在部落之间，导致的死亡人数超过总死亡人数的40%，通常因抢夺女性引起。超越内部婚姻网络限制的部落间袭击比较少见，绝大多数很可能被俘，占总死亡人数的近一半。总的来说，复仇和抓捕女性是暴力袭击的主要动机。

在没有警察等任何法制权威的情况下，一旦遇到严重的麻烦，人们只能依靠自己，由于缺乏维持和平的机制，一桩谋杀案可能引发一连串持续多年的报复性杀戮，这是缺乏正式政府，政治上无政府状态，但并不意味着完全的混乱。外婚制在不同村落的人之间建立姻亲关系，以减少冲突的可能性。正式的贸易伙伴关系和宴请可以为缔结婚姻关系做准备，箭等日常物品可能递延交换（deferred exchange）①，即最初一方赠送礼物之后，几个月甚至几年内可能不会得到另一方回赠的礼物，这与阿沙宁卡贸易伙伴关系类似。通过递延交换，人们有借口进一步拜访和持续地维持关系。

不管冲突程度如何，在政府进行干预之前，这种冲突可能对亚马孙河流域的生活模式产生影响，比如，将村落安置在易于防御的山脊上，或者用坚固的原木栅栏将村落围起来。为了进行防御，需要维持更大规模的村落，导致更大的生计压力。在抢劫特别常见的地方，相互敌视的村落之间可能形成大片的无人区，可以作为猎物保护区，用于补充邻近的狩猎区域。

人类学家对亚马孙河流域的突袭和血仇有3种不同的解释：① 男性有意识或无意识地为了成功生育而做出的努力，可用内含适应性（inclusive fitness）②理论来解释（Chagnon, 1968, 1979, 1983, 1988）；② 以男性至上情结（male supremacy complex）③ 为中心的文化适应（Harris, 1971, 1974, 1984; Divale & Harris, 1976）；③ 更广泛地说，与武士及其家人从突袭胜利中获得的利益有关（Durham, 1991）。显然，在部落世界里，冲突是由多种因素导致的复杂活动。如果男性因为受其生理驱使为自己谋取利益，即使在最大限度实现个人自由和自主的部落社会中，为保障一方安宁，文化和社会应该对这种行为加以约束和控制。

本章涉及的民族都被商业世界包围，几个世纪以来受到不同程度的影响，人类学家有时会实地考察正在发生的突袭和争斗或者在记忆中最近发生过突袭和争斗的部落民族。比如，我曾经采访过几个阿沙宁卡人，他们记得自己遭遇过绑架，看到自己的家人几年

---

① 递延交换：一种以货易货的贸易形式，一方送出物品之后，另一方隔一段时间再回送物品，有利于与可能敌对的族群保持联络和缔结联盟。
② 内含适应性：进化生物学概念，指个体将更高比例的基因成功遗传给下一代的程度。
③ 男性至上情结：一系列功能上相互关联、以男性为中心的特质，如从夫居、一夫多妻制、劳动分工在性别上不平等、男性在头人和萨满职位中占支配地位，以及妇女在仪式上处于从属地位等。

前被突袭者杀害。我猜想，在最偏远的阿沙宁卡地区，突袭仍在继续，我们被警告不要靠近，那里的人都是"杀手"。有一次，我看到一个武装组织企图用抓获的妇女交换一把猎枪。今天，外面世界的人以及许多阿沙宁卡人可能将这样的活动看作政治自治的表现或者犯罪行为。

当然，任何社会中的武装冲突都值得从科学的角度进行解释，但是人类学家不可能完全客观冷静地看待部落冲突，除自卫之外的任何武装冲突都是对基本人权的侵犯，袭击妇女、儿童和非战斗人员，违反了文明战争的规则，是对人性的冒犯。

三、亚马孙宇宙观

与澳大利亚梦幻时代神话一样，亚马孙地区也存在丰富的神话、信仰和仪式习俗，帮助人们解答有关生命和死亡的意义、事物的起源、人们的行为准则以及自然和文化之间的关系等基本问题。除此之外，亚马孙宇宙观还帮助人们消除一些合理的担忧，比如他们担心不受控制的自我追求、欲望、愤怒和嫉妒会摧毁社会。这些神话包含在丰富多彩而又有趣的故事里，人们在晚间相互分享。神话故事通常描述人与超自然事物、神灵或魔鬼激动人心的邂逅。在这些故事中，轻率或贪婪的人会做坏事，结果被杀死和吃掉、变成怪物，或者遭遇其他类似的厄运。亚马孙神话并不像澳大利亚神话那样通过戏剧化的仪式呈现，而是通过展示不良行为所导致的可怕后果来帮助维持道德秩序。亚马孙宇宙观对人们生病的原因进行解释，提供治疗方法和常规操作步骤，以帮助狩猎者、木薯种植者和武士在与社群中其他人或生命形式互动时，更加自信和成功。超自然信仰确实能将社会融为一体，具有重要的心理作用，让个人从中受益（Malinowski，1948；Radcliffe-Brown，1952）。

部落社会中，没有祭司和全职神职人员对信仰体系进行规范，也没有成文的教义，个人信仰具有相当大的易变性，但仍然具有基本的一致性。泰勒（Tylor，1871）将这种统一的意识形态称为万物有灵论，即对神灵的信仰。在神灵世界中，活跃着人、动物和植物的灵魂以及各种具有超人特征的拟人化生物，他们可以直接介入人类的事务并控制自然资源。个人可能有私人神灵助手，但是萨满属于宗教专家，他们经过训练和选择，非常擅长与神灵世界进行沟通。萨满有特别强大的神灵助手，他们可以表现出非凡的超自然神力，能够诊断和治疗疾病，还能用魔法伤害敌人。在缺乏中央集权的政治权力结构的情况下，萨满利用神灵的力量来加强社会控制，在村落政治生活中扮演着重要角色，萨满还可以利用超自然力量制衡村落头人的权力。

亚马孙人关于灵魂的概念让人们认识到，部落世界和商业世界对物理世界及超自然世界的认知方式存在显著差异。我们认为只有人类具有灵魂，这是人和动物的主要区别所在，当然也有其他观点认为人就是动物。作为万物有灵论的信仰者，亚马孙人虽然认可人和动物在生理上存在差异，但是认为动物和人一样拥有思想和灵魂（Viveiros de Castro，2004），由此产生许多理解自然的有趣而有用的方式。

根据阿沙宁卡宇宙观，阿沙宁卡人是原始的生命形式，动植物或它们的神灵之主，以及神灵存在等所有的生命形式都是由人类转化而来的，具有人一样的灵魂；认为动物具有灵魂，让它们成为哲学中的主体，具有意图和代理能力，这意味着人类可以与动物和灵魂建立社会联系，和人与人之间产生联系的方式类似。阿沙宁卡人认为，生命形式的外观依据观察者不同而变化，例如美洲豹将自己视为"人类"，将人类视为美味的野猪，而人类将美洲豹视为动物。动物是内在灵魂上的人类，外表是动物，或者是披着动物外表的人。

与人类之间的社会联系类似，人类与动物和神灵之间同样存在社会联系。在童话故事中，人们经常看到人与动物结婚，经历很多问题，让我们有理由把特定的动物视为姻亲，并用亲属称谓称呼它们。鉴于婚姻是一种互换形式，人们注意到这样一个事实——婚姻也可能涉及两个家庭之间的观点交换，这有助于解释为什么亲家之间并不总是能够和睦相处。

（一）性象征与森林恶魔

亚马孙宇宙观是一门极其复杂、逻辑严谨、连贯如一的生活哲学。神灵通常不可见，但它们能够以可见的形式出现，并且能够自如地从人变成动物，再从动物变回人。在阿沙宁卡的思维中，任何奇怪的动物或其他不能解释的现象都可以归因于神灵（Weiss，1975）。阿沙宁卡人确认并命名了几十种特定的神灵实体，包括他们自己祖先的灵魂，这些灵魂通常被认为是无害的。邪恶的灵魂可能附身于蓝色的蝴蝶、貘、美洲豹、红毛小矮人和偶蹄人等。它们藏身于森林深处，经常出没在河水的旋涡里和岩石峭壁上，人们一旦接触到它们，哪怕只是看一眼，就会染上疾病，甚至死亡。

人类学家一直致力于更好地理解人们对于神灵和超自然现象的信仰。一些学者认为，信仰神灵是幼稚的想法，属于粗糙科学，甚至是一种精神病理现象（Hallpike，1979）。信仰超自然现象如此普遍，因此必定有其令人难忘和大有裨益之处，认识到这一点非常重要。它们令人难忘，是因为超自然实体违背了我们对物质世界的正常期望；它们非常有用，是因为超自然信仰有助于人类和谐相处（Boyer，2000）。

亚马孙宇宙观的核心特征是：处于动物形态的女性原本是文化的拥有者，但是男性将女性人性化之后，剥夺了她们对火和栽培植物的文化控制权，这一主题频频出现在广为流传的圣笛神话和相关的宗教仪式中。整个宇宙观充斥着性别对抗：男性是宇宙的主体，女性被赋予消极角色，通常与疾病和死亡相关；神话中的主要角色及其在森林和河流中的神灵代表无一例外，都是性欲过盛的魔鬼，设法引诱人类，尤其是柔弱的女性；人和动物一样，好色是一种天性。因此，将性主题投射于类似动物的超自然存在，毫不奇怪。当然，神话和符号中加入性元素更加令人难忘，更具有趣味性，更易于传播。性泛滥、乱伦和通奸对任何社会的诚信都是长久的威胁，既是诱惑，又让人排斥。通奸是村落生活冲突的常见诱因，和阿沙宁卡一样，他们信仰单一父亲身份概念，但是害怕遇到超自然性恶魔的恐惧，必定会对不端性行为起到强大的威慑作用（Johnson，2003）。

下面这个故事可以说明理解超自然力的实际效用。阿沙宁卡人向我讲述过当地一位杰出人物的死亡事件：一位知名的猎人在森林中打猎，突然一名陌生女性出现在狩猎地的隐蔽之处。神秘女人在成功勾引狩猎者之后变成貘逃走。狩猎者意识到那个女人是恶魔神灵的化身，毫无疑问，这次相遇肯定会杀死他。回到家，他即刻病倒，在吐出一些绿色的东西之后死去。我到达那里时，人们对这桩悲剧仍然记忆犹新，有几个人甚至能够以同样精确的方式描述这一事件的细节。对当地文化进一步了解之后，我意识到这个事件完全符合人们的预测，因此易于理解。故事流传至今，成为一个有趣的神话教训，警示人们乱性可能招致危险。

亚马孙河流域的神话始终围绕生育和繁衍、两性关系、文化起源以及疾病和死亡等问题，神话的主角往往是强有力的自然象征（natural symbols）[①]，如水蟒、美洲豹、貘、鳄鱼和秃鹫等威猛的热带雨林动物（图4.11）。亚马孙人在讲故事时，为了增加故事的新奇感，他们会基于对特定动物的理解，通过逻辑周密的联想，运用一系列复杂的角色转换来展现经典主题。比如，水蟒、鳄鱼、貘、秃鹫和青蛙都可以作为女性的象征，水蟒具有多种意象，可以象征男性和女性，蜂巢可能取代葫芦象征女性，巨型食蚁兽长长的舌头插入蚁穴，可能取代水蟒，作为男性的象征（见方框4.4）。

> **方框 4.4**
>
> ### 神话中的美洲豹和水蟒彩虹
>
> 法国人类学家列维-斯特劳斯证实，亚马孙人运用非常简单的二元对立思维逻辑来构建他们的神话，隐喻性地重述自然和文化之间的主要差异（Lévi-Strauss，1969，1973，1978），而另一位法国人类学家菲利普·德斯科拉（Descola，2013）认为，部落民族对自然和文化的区分并没有这么明显。列维-斯特劳斯指出，人们可以象征性地利用神话，明智地解决生活中的基本矛盾。例如，在神话中，文化和自然之间以及男性和女性之间的日常矛盾可以按照 A：B：C：D 公式理解，即男性和女性的关系等同于文化和自然的关系。这一公式说明，男性掌握文化，依据生物学特征，女性更像动物，可以弥补男性在生育方面的弱势。
>
> 在列维-斯特劳斯的带领下，彼得·罗伊挑选出数百个神话，用来研究文化意象之间的内在逻辑关系。他选择分析最突出的符号之间的关系，并构建出一个简化的亚马孙宇宙观模型，大多数亚马孙部落的人都能识别该模型（图4.11）。彼得·罗伊的这一基本模型将宇宙分为天、地和阴间三个层次，以社群的住宅为中心，通过植根于阴间的世界树连接在一起。三层宇宙观对日月的往复循环做出解释。住宅周围是空旷的广场，代表与森林截然不同的文化，森林本性野蛮，是恶魔之家。阴间为死亡和疾病之源，通常与女性相关联，而天则由男性象征所主宰，夜空中的银河象征阴间，与彩虹和五颜六色的水蟒相关联。
>
> 亚马孙宇宙观中的主导性符号是以木棉树或丝绵树及其相关树种为代表的世界树。世界树特别柔软，树干中空，储满了水，因此世界树主要和女性相关联。世界树被视为生命和文化之源，以多种形式出现在神话中，比如龙血树、渔妇、藏有鱼和青蛙的树等。

---

① 自然象征：特定动物和植物的固有品质被用作符号或隐喻，象征对人们重要的问题。

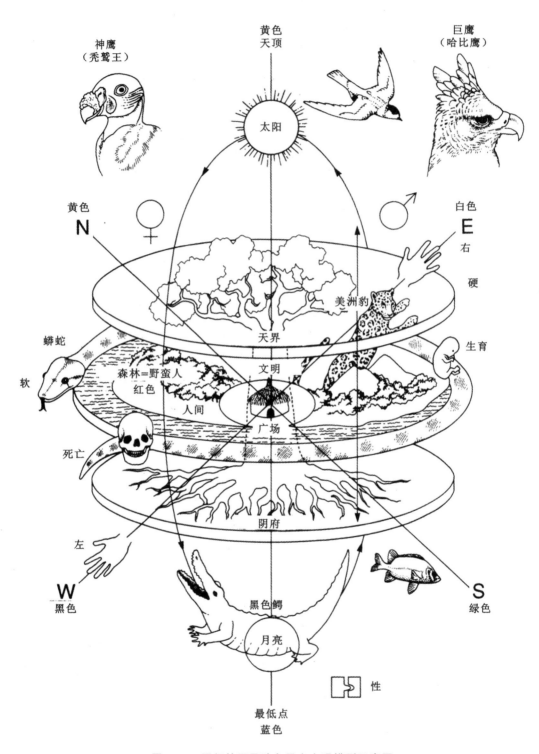

图 4.11 罗伊的亚马孙多元宇宙观模型示意图

> 龙（dragon）和美洲豹是两个相互对立的文化意象。龙（通常情况下指鳄鱼）是阴间里的邪恶生物，美洲豹是一个模棱两可的意象，既可以象征男性，也可以象征女性。现实生活中，美洲豹最明显的特征是，它们日夜保持活跃，以水、树或陆地为家，对人类来说非常危险。因此，影响力强大的萨满可以变成美洲豹，就不足为奇了。

彼得·罗伊（Peter Roe）将亚马孙宇宙观中的性别对立与该社群显著的性别分化联系在一起，和蒙杜鲁库部落一样极端，男性和女性通常严格分离。亚马孙宇宙观中生动的性意象可以归因于这样一个事实：性是男女共同参与的唯一活动，并且是他们最关注的事情。此外，神话中，男性有时扮演重要的创造角色，他们似乎会忌妒女性的生育角色。这种忌妒心理体现在，女性在青春发育期、月经期和怀孕期间特别容易受到魔鬼的攻击。在此期间，女性会被隔离起来，需要遵守特定的食物禁忌。

人类学家赫拉尔多·雷赫尔-多尔马托夫（Gerardo Reichel-Dolmatoff）对哥伦比亚亚马孙河流域图卡诺（Tukano）宇宙观进行的分析，引起人们关注图卡诺宇宙观和基本生态学之间的相似性。他注意到，图卡诺人相信，性能量像太阳能一样，能够肥沃土地，滋养人类和动物。他们认为，必须在有限的鱼和猎物供应与以此为生的人口之间保持平衡，然而过度狩猎和不受控制的性行为导致的人口膨胀，严重威胁这一平衡。通过外婚制和其他基本约束帮助克制性行为，有助于维持能量圈的正常运转。在图卡诺部落，猎物受到神灵的保护，猎物守护神和彼得·罗伊宇宙模型中的美洲豹类似，但是以多种形式存在。猎物守护神负责调节猎物供应，应萨满的要求释放猎物。萨满可以在致幻剂和药物导致的出神状态下或借助于烟草的烟雾，与猎物守护神进行交流，表明猎物守护神在密切关注人类的性行为，一旦发现某些人不负责任，则会停止供应猎物或者让他们生病。狩猎本身充满性意象，狩猎是在向动物示爱，因此准备狩猎之前，需要禁欲或遵守其他具体规则。

毫无疑问，亚马孙土著的信仰体系与其性行为、食物禁忌和狩猎模式相关，所有这一切都具有重要的生存适应性。亚马孙民族的一个主要文化特征是，他们对周围环境具有敏锐的观察力，比如与特定动物有关的迹象和声音等信息，通过猎人之间相互观察和模仿来传递，而不是用语言来告知（Hornborg，2002）。人们在具体的观察中产生一些奇异的隐喻联想，认为有些动物是可以食用的，而另一些动物则不可食用，比如，特别容易腐烂的鱼是不可食用的。

（二）阿沙宁卡美洲豹萨满

我在阿沙宁卡村落进行常规居住模式调查时，亚马孙萨满教文化给我留下深刻的印象。令我吃惊的是，我的采访对象英基泰罗（Inkiteniro）有自己独立的房屋，没有和妻子住在一起。在这里，未婚青年男子建造独立的房子是很常见的，但是对于已婚男性很不寻常，我不得不进一步追问缘由。英基泰罗告诉我，他是美洲豹萨满，能治病救人，还可以把自己变成美洲豹。美洲豹萨满受到阿沙宁卡人的广泛尊重和敬畏，他们的超自然能力广为人知。我曾听说有人在夜间射杀一只闯进家里的美洲豹，结果发现自己杀死的是一位萨满。英基泰罗向我解释说,当他在夜晚变成美洲豹时,会让他的妻子感到不安,所以他经常在自己的房子里睡觉,但这并不能解释"美洲豹-人"之间相互转化背后的文化意义。

有很多原因让萨满、烟草和美洲豹之间产生联系,但是灵魂概念是其关键要素。阿沙宁卡萨满被称为"烟草之魂"(sheripiári)或"烟草萨满",sheri 一词的意思是"烟草",读音与 ishíre(灵魂)接近。烟草的守护神是美洲豹,也可以化身为燕尾风筝或者蜂鸟。但是,如果萨满的灵魂是烟草,而烟草守护神是美洲豹,那么萨满也就是美洲豹。阿沙宁卡人用鼻子嗅吸烟草或者饮用泡制的烟草溶液,只有萨满才能将烟草加工成一种浓稠的焦油状的烟草膏或烟草浆,装在竹筒里(竹筒又被称为 sheri,即烟草或灵魂),用一根木签蘸着吃。烟草膏是一种强大的致幻剂,能让人产生幻觉,处于麻醉状态,改变萨满的感知和情绪,让他进入无形的神灵世界。一个经验丰富的萨满可以获得更高的感知能力,包括敏锐的夜视能力和清醒状态,传递出转变成美洲豹的感觉(Wilbert,1987;Shepard,1998;Whitehead,2002)。

英基泰罗说他的烟管就是一只美洲豹,他花了 4 年的时间来学习如何使用它。萨满可以称自己的烟管为"妻子",称他的萨满导师为"孔吉",即"岳父"。当我提出要以 50 索尔(秘鲁货币)买他的烟管时,英基泰罗断然拒绝,并警告我他的美洲豹会生气,这对我来说非常危险。但他同意以 150 索尔(在 2008 年约合 15 美元)的价格把他的烟草膏卖给我,然后又分别以 10 索尔和 1 索尔的价格卖给我一管红色的脸漆和一只哨子。

与人类一样,美洲豹在亚马孙地区处于食物链的顶端,一个独立生存的美洲豹群所需要的地盘相当于一个 500 人部落生活所需的领土。现实生活中,美洲豹具有超人的能力,被赋予重要的象征意义,美洲豹吐出的胃内毛球等同于巫师在治疗过程中提取的魔法物品。美洲豹食人,无论白天还是夜晚,它们都非常活跃;它们生活在陆地上,但是会游泳和爬树,豹身呈黄色或黑色,美洲豹被认为是活着的美洲豹萨满灵魂的化身,当作为萨满灵魂化身的美洲豹死去时,这位美洲豹萨满也将死亡。同样,如果萨满先死亡,他将化身为他的美洲豹。

四、阿沙宁卡文化评估

阿沙宁卡是一个健康快乐的民族,生活中充满了欢声笑语,这里没有贫困,他们也没有破坏雨林环境,他们的文化似乎可以满足其基本需求。对我来说,这是成功文化的有力证据。其他证据显示,我们所遇到的人和 3 个世纪以前方济会首批到达这里的传教士所描述的一样。为什么要去改变一个运行良好的体制呢?考古记录显示,几千年来,人们确实对其文化的许多细节进行过调整,但是其文化的主要架构保持不变。并且,阿沙宁卡人拒绝并入印加帝国,不断抵制西班牙殖民者和秘鲁联邦共和国的入侵。

同时,阿沙宁卡文化存在明显的缺点。例如,和我交谈的第一个阿沙宁卡人告诉我,由于她是孤儿,萨满称她为女巫,如果她没有逃到传教士那里,她会被活活烧死。许多阿沙宁卡人谴责焚烧女巫的行为,但是在阿沙宁卡人的信仰体系中,杀死女巫是可以理解的,就像 1692 年马萨诸塞州的塞勒姆(Salem)镇牧师的女儿因患怪病被杀害一样。

无论被杀对象是不是孩子,我都认为杀死女巫的做法令人厌恶,严重违反了国际公认的人权标准。阿沙宁卡的一些大人物组织社群之间的突袭、杀人和绑架妇女儿童,在我查阅的家谱和传记中发现了大量的证据。在没有中央政治权威的情况下,我认为这些做法是以大人物为中心的复杂的文化习俗的一部分。毫无疑问,巫术和突袭因外来者入侵、枪支引入和贩卖奴隶而加剧。

五、全球体系中的阿沙宁卡

1600 年,方济会传教士最初来到阿沙宁卡时,受到当地人的热烈欢迎,但是,由于传教士不赞成一夫多妻制,侵犯他们的自由,以及不断出现的流行病造成生命损失,许多阿沙宁卡领导人对传教士表示不满。1742 年,在一次有组织的反抗中,他们摧毁了传教士组织,在之后长达一个多世纪里完全独立自治。1847 年,虽然遭到激烈抵抗,并且抵抗一直持续到 20 世纪,但是秘鲁政府动用军事力量将边界扩展至阿沙宁卡领土(Santos-Granero,2018)。20 世纪 70 年代,随着美国国际开发署、世界银行和美洲开发银行等国际发展机构向秘鲁投入数十亿美元用于建设阿沙宁卡地区的高速公路和开发殖民项目,阿沙宁卡人面临的压力剧增。他们还提议修建几个大型水坝,当时,伐木、石油和天然气勘探等项目正在进行。幸运的是,1974 年政府通过土著社区法律,让阿沙宁卡人拥有社群土地所有权成为可能;1977 年,阿沙宁卡人开始与其他土著群体一起,在政治上组织起来,于 1980 年成立"秘鲁雨林发展联合会",即秘鲁亚马孙河流域种族协会,该协会与其他组织共同合作,成功获得社群土地的正式所有权(Parellada & Hvalkof,1998)。1985 年,乔基里(Chonkiri)群队和与之相邻的其他群队可以拥有 50 平方千米的社群土地,并且通过当地和区域土著组织在秘鲁雨林发展联合会中占有一席之位。到 2001 年,阿沙宁卡北部超过 6000 平方千米的领土被指定为永久自然保护区,由阿沙宁卡人管辖。

本章小结

以种植园子为基础的定栖村落生活破坏了许多促进流动觅食者社会平等和稳定的机制。随着人口密度增加,村民面临的主要问题包括:如何解决冲突,如何限制个人获得政治权力,以及如何在人口密度增加时能够持续获取资源。生态因素、对猎物的文化偏好以及维持低强度工作的意愿,有助于维持小规模村落和低人口密度。阿沙宁卡亲属系统显示,亲属称谓定义社会关系,并且称谓与婚姻和家庭模式相关。

结构主义运用亚马孙神话、象征,以及相关的仪式习俗来解释亚马孙生活,表达其中隐含的泛亚马孙宇宙观。该宇宙观所阐明的符号模式实际上具有普遍性,但是清楚地反映了雨林环境中的部落文化,可以与第 8 章中的印加帝国宇宙观进行比较。从功能上看,亚马孙宇宙观致力于解决重要的逻辑矛盾,同时有助于提高文化适应性。

> 亚马孙河流域重要的文化生态问题包括：河流环境和雨林环境的差异，成功的迁移农业体制，以及关于动物蛋白文化重要性的争议。对于亚马孙河流域发生的杀婴和突袭事件，社会生物学和文化唯物主义给出相互矛盾的解释。
>
> 亚马孙河流域的仇杀、过失杀人和袭击妇女是部落生活的长期问题。但是由于亚马孙社群规模小，人口密度低，并且家庭容易迁徙，暴力发生的频率较低。在某些情况下，暴力有利于个人和群体利益，但是这一观点不能充分解释部落社会暴力事件发生的原因，毕竟和平与合作也能带来利益。要想解释部落冲突，需要考虑整个部落的文化背景和历史，还需要考虑来自外部帝国世界和商业世界的影响。目前，由于外来入侵，许多部落的生存受到威胁，研究部落暴力问题的人类学家还需要考虑其研究所涉及的伦理问题。

思考题

1. 为什么认为蛋白质可能是亚马孙河流域控制人口规模的因素？还有哪些因素对村落规模产生影响？
2. 迁移农业如何适应热带雨林环境的特殊条件？
3. 描述阿沙宁卡亲属称谓系统，解释亲属称谓与婚姻习俗之间的关系。
4. 亚马孙土著的宗教信仰和习俗在哪些方面与其社会和生态条件相互关联？

关键术语

万物有灵论（Animism）

生物量（biomass）

交表（cross-cousin）

递延交换（deferred exchange）

继嗣群（descent group）

生态足迹（ecological footprint）

族群形成过程（ethnogenesis）

大家庭（extended family）

突袭（feuding）

森林休耕（forest fallow）

头人（headman）

等级制度（heterarchy）

家庭（household）

内含适应性（inclusive fitness）
男性至上情结（male supremacy complex）
从妻居（matrilocal residence）
神话（myth）
自然象征（natural symbols）
核心家庭（nuclear family）
可分父权（partible paternity）
萨满（shaman）
刀耕火种（slash and burn）
剩余产品（surplus）

阅读文献

Chagnon, N. 1997. *Yanomamo*. 5th ed. Fort Worth, TX: Harcourt Brace College Publishers. Well-rounded ethnography, but focused on the issue of conflict.

Johnson, A. W. 2003. *Families of the Forest: The Matsigenka Indians of the Peruvian Amazon*. Berkeley: University of California Press. Full ethnography of people who are closely related and whose culture is very similar to the Asháninka. Family life, kinship, and ideology are highlighted.

Reichel-Dolmatoff, G. 1971. *Amazonian Cosmos: The Sexual and Religious Symbolism of the Tukano Indians*. Chicago: University of Chicago Press. Very detailed analysis of an Amazonian belief system covering ritual and myth and relating them to rain forest adaptation.

Sponsel, L. E. 1995. *Indigenous Peoples and the Future of Amazonia: An Ecological Anthropology of an Endangered World*. Tucson and London: University of Arizona Press. A collection of articles examining key issues focused on native peoples and environment in Amazonia, emphasizing changing rather than static elements in Amazonian human ecology.

第 5 章

非洲牧牛民族：部落牧民

◇ 学习目标

- 描述游牧生活成为具有吸引力的生存方式的东非环境特征。
- 牧牛民族使用哪些策略让牧牛的回报最大化？哪些策略帮助他们在变幻莫测的环境中将物资短缺风险降至最低？
- 定义"恋牛情结"，说明牛在非洲游牧生活的物质、社会和意识形态等方面的重要性。
- 描述在没有中央政治权威的情况下，牧牛民族如何构建群际关系。
- 同男性地位相比较，评估牧牛社会中的女性地位，判断其性别平等的程度。
- 解释男性如何利用牛将个人权威扩展至直系亲属之外，以防止社会权力长久集中和等级分化。
- 比较非洲牧民、澳大利亚土著和亚马孙村民的意识形态系统和宇宙观。
- 描述马赛族的龄级系统，解释如何利用龄级系统构建马赛族的生命周期和促进社会稳定。

第 5 章 非洲牧牛民族：部落牧民

一个多世纪以来，努尔（Nuer）、卡里莫琼（Karamojong）、马赛（Maasai）和东非其他尼罗语系的民族一直让欧洲的业余观察者和人类学家着迷。这些民族中引人注目的骄傲、狂妄自信以及骁勇善战而又数量庞大的武士，让第一批欧洲殖民者对他们肃然起敬。马赛族的武士举行长矛猎狮比赛，将狮子的鬃毛作为象征勇气的徽章佩戴，因此格外受人敬畏。更令人印象深刻的是，这些民族在欧洲人视为大猎物的荒野天堂里完全依赖当地的牛养活自己。事实上，牛在他们的文化中占据主要地位，以至于外来者一度认为他们对牛的过度依赖非常荒谬。然而，这些被称为"牧牛民族"的东非人民挺过干旱和流行病，最终幸存下来。尽管政府强加了许多变革，一些部落仍然保留了大部分的自治权。

冰河时代之后，世界上许多地区的野生动物被人类驯化，虽然导致不少新问题，但是为人类提供了许多新的可能性。和亚马孙河流域一样，在没有家养动物的情况下，由于捕获到的鱼和猎物有限，限制了农耕民族的人口密度。然而，非洲牧民将驯养牛作为一种有形的、可繁殖和移动的特殊财富形式，即使人口密度增加和社会规模扩大，仍然可能维持社会公平。东非民族清楚地表明，人类可以定居在村落中，在有限的范围内控制和积累财富，并且仍然可以在注重家庭福祉、以家庭为单位组织的小型社会中享受人类生活的优势。部落牧民构建了一种可持续发展的文化，既能最大限度地实现男女牧民的个人自主权，又能在满足社会需要的前提下，防止社会权力分配极为不公。尽管他们的粮食生产系统与维持澳大利亚觅食者和亚马孙村民的食物生产系统有很大不同，但非洲牧民仍旧抵制任何形式的中央政治集权。考古和历史记录表明，部落人民在东非以牧民的身份，在数百年里为了适应风云变幻的环境，不断对生活方式的细节进行改变，成功生活近 5000 年。值得注意的是，通过保持政治上独立和小村庄规模的社会，依靠龄级制度维护社会团结，以最公平的方式为家庭分配牛群，非洲牧民在关于人口密度和社会规模比澳大利亚土著或亚马孙森林村民更大的情况下实现了总体可持续性。非洲牧民持续维护、调整和繁衍其社会文化系统，显示他们一直非常有效地致力于实现个人利益。他们成功的关键也许是因为没有人能够获得对关键资源的垄断控制权，即便是最显赫的权力追求者也无法强迫人们违背意愿支持他们。

读音指南

尼罗语系中的部落名字和词汇，讲英语者通常依照下列拼写与语音：

基调：

  a＝father（父亲）一词中 a 的读音

  o＝go（走）一词中 o 的读音

  ay＝day（白天）一词中 ay 的读音

  ai＝ice（冰）一词中 i 的读音

  e＝bed 一词中 e 的读音

  oo＝food（食物）一词中 oo 的读音

・＝音节划分　／＝重音
   Nuer＝［noo・ayr/］
   Maasai＝［ma／sai］
   eunoto＝［ay・oo・no/to］
   moran＝［mo・ran/］

一、以牛为生

（一）牧牛与热带草原

东非大部分地区位于热带草原生物群落（方框5.1），和热带雨林一样，热带草原生物群落具有全球意义。非洲大草原是人类进化之地，也是大型放牧动物和巨型动物群的家园（图5.1），非洲牛文化的起源和传播以及整个人类与自然气候的缓慢变化密切相关，人们通过迁徙来适应这些变化（方框5.2）。肯尼亚和坦桑尼亚的尼罗河游牧民族大多生活在干旱的平原或湿润多草的高地，横跨赤道，海拔在914～2134米。今天，该地区是世界上最著名的野生动物保护区，如肯尼亚安博塞利国家公园和坦桑尼亚塞伦盖蒂国家公园。东非是众多部落的家园，涉及多种自给自足的经济形式。南苏丹白尼罗河苏德沼泽是一个独特的季节性草原，是讲尼罗语的努尔人、丁卡人和希鲁克牧牛民族的家园（图5.2），拥有丰富的生物多样性，被列为国际上重要的生态系统。

方框5.1

热带草原生物群落

热带草本生物群落覆盖世界上20%的陆地面积，每年产出热带净初级生物产品的一半，并储藏大量的碳（Parr等，2014）。世界上包含非洲牧牛民族在内的20%的人口直接依赖这片土地谋生（Parr等，2014）。热带草本生物群落位于沙漠、灌木丛和森林之间，可能是开阔的草地和大草原，森林覆盖率不超过80%，具体状况因火灾、降雨和食草动物的活动情况而异。与热带雨林相反，热带草本生物群落在受到干扰的情况下仍然能够茁壮成长，主要的草类（C4）经过3000万年的进化，适合温暖的季节性干旱气候、工业前低水平的二氧化碳、火灾，以及密集型放牧。随着C4草类的增加，东非食草动物的饮食偏好在过去400万年中发生了许多变化（Cerling等，2015）。现在，人类已经成为这一系统的一部分，并对该系统产生影响。与亚马孙地区森林砍伐后形成的当代草原不同，这些草原物种贫乏，很多是外来物种，含有丰富的燃料，而非洲草原是植物和食草动物经过数百万年共同进化的自然产物，热带草本生物群落并非退化的生态系统，它们具有极强的韧性、高生产力、生物多样性，以及物种独特等特点。

第 5 章 非洲牧牛民族：部落牧民

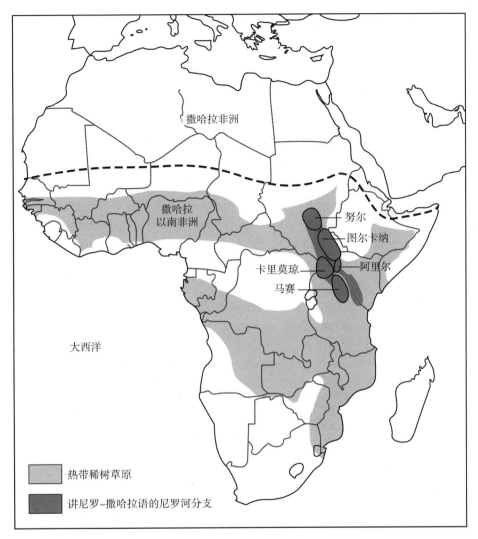

图 5.1 非洲大草原区域地图，展示讲尼罗语的东非牛文化

方框 5.2

气候变化、非洲起源和牧民迁徙

过去 400 万年中，由地球轨道变化和自转变化引起的全球气候改变以及大陆板块移动创造了充满活力的东非环境，人类便起源于此。大裂谷沿线隆起的高原、火山、湖泊、森林和稀树草原创造了大量非凡的植物、动物、人类的祖先和文化（Maslin 等，2014）。在数十万年时间里形成的主要气候变化为北半球带来更强烈和更长的冰川期以及洋流变化，这些变化导致东非气候在极热和极冷、潮湿和干燥之间转换，气候的波动反过来又造成湖泊水位大幅波动，导致

森林/稀树草原的边界发生变化，进一步加快了古人类的进化，这些变化为280万年前人类的出现创造了有利条件。气候变化还与180万年前和100万年前直立人走出非洲的两次大迁徙相关，当然也促使距今15万年前具有文化能力的智人的出现（方框2.1）。DNA分析显示，以非洲为基础的三支具有文化传承的谱系迅速分化成不同的区域基因簇，在向外迁徙之前已遍及整个非洲（Tishkoff等，2009；Nielsen等，2017）。所有走出非洲的移民只代表一小部分人口样本，因此非洲人拥有世界上最高的基因多样性。现在的非洲有2000多个民族-语言学群组，分属于四大语系：尼日尔-科尔多凡语系、亚非语系、尼罗-撒哈拉语系和科伊桑语系。比较近的气候事件发生在12000年前的非洲湿润期，在此期间，撒哈拉沙漠突然被绿色植被覆盖（de Menocal等，2000）。有利的环境在尼罗河流域、撒哈拉沙漠和近东之间形成一个社会文化互动区，在长达数千年里吸引牧民带着北非常见的家养山羊和牛迁徙至此地。非洲湿润期在6000年前突然结束，导致撒哈拉沙漠干涸，许多牧民向南迁移至东非，大约5000年前，他们在那里发现了更好的绿色牧场。这些移民包括尼罗-撒哈拉语系（尼罗人）以及亚非语系（库希特人）牧民的祖先，他们和当地未被迫离开家园的土著觅食者共同生活在一起。大约4000年前，讲班图语的农业移民到达此地，加入他们的行列。

图5.2　上尼罗河流域的丁卡村

火和放牧对维持和扩展东非稀树草原起着重要作用，但稀树草原主要依赖气候、土壤和地形条件，特别是明显的雨季和旱季。干旱周期或由家畜疾病所导致的放牧压力变化能迅速改变植物的种类，影响草和树木的平衡。就生物量而言，热带稀树草原的生物生产力较高，但是和雨林物种相比，植物的寿命要短得多。稀树草原上营养物质的转化或循环要快得多，热带草原上有较多的树叶和草，而树木则较少，树叶含有较少的树脂和其他化学防御物质，因此味道更加可口。降雨量的极端季节性变化导致生物生产力周期性地波动，造成短暂的食物过剩，而游牧食草动物可以充分利用这些食物（Bourliere & Hadley，1983）。

在农耕欠发达地区，家畜的最大优势在于，它们能将人类不可食用的植物转化为可食用的肉、血和奶，因此，在同一地区，与觅食生存方式相比，蓄养家畜能养活的人口密度会大幅增加。在东非，每平方千米可供养10000千克的野生生物量（biomass），其中约有50种大型食草哺乳动物，是亚马孙河流域野生哺乳动物生物量的2倍。马赛人依靠游牧活动，每平方千米能供养2~6人，远高于澳大利亚沙漠觅食者的0.01人/平方千米或亚马孙雨林地区阿沙宁卡的0.4人/平方千米。游牧活动允许人们对动物的繁殖和收获进行准确控制，让单位土地上的食物产量大幅增加。然而，成功的畜牧业是一个复杂而又微妙的平衡系统，会产生很多问题，需要对社会体制和劳动力进行重大调整。

东非牧牛民族以家庭为单位管理牛群和草原生态系统，其方式与商业文化中以市场为导向的牧场主完全不同。自给自足的牧民的首要目标是尽可能有效地从动物身上获取最大价值的食物，以供他们直接消费，同时强调自力更生和长期安全（Dyson-Hudson & Dyson-Hudson，1969）。与北美牧场和饲养场健壮的肉牛相比，非洲牛瘦骨嶙峋，但以游牧方式放养的非洲牛不需要投入大量的化石燃料能源，并且能够适应季节性干旱和抵抗各种疾病。北美牛只需付出很少的人力，必须迅速增加体重，以便出售后获利。北美牛饮用从深井中抽出的水，食物经过种植、加工、贮藏等一系列特殊工序，用卡车运至饲养场，同时使用昂贵的抗生素、生长激素和食欲增进剂，以促使它们茁壮成长（参见第12章）。此外，在食用北美牛肉之前，需要经过加工者、批发商以及零售商之手，历经加工、包装、宣传、储存和销售等过程。与此相反，非洲牛不存在未参与饲养过程而从中获利的远程股东。

（二）牛情结：痴迷还是弹性适应？

人类学家常常将东非牧牛民族划归同一个文化区域，从苏丹一直延伸至南非。实际上，他们是非常不同的文化群体，因为对牛的共同兴趣而联系在一起。努尔、丁卡、卡里莫琼、图尔卡纳以及马赛等最著名的牧牛民族均属于尼罗-撒哈拉语系的尼罗语（Nilotic）分支。Nilotic一词还用于指讲尼罗语的人高大威猛的体型（图5.3）。5000多年前，牧民在苏丹和肯尼亚东北部生活，现代马赛人和图尔卡纳人的祖先可以追溯到至少2500年前（Ambrose，1984）。

最初，人类学家、发展规划者以及自然保护主义者对东非牧民存在严重的误解。早期许多观察家断定，东非人过分强调牛在其文化中的决定性作用，这种不合理性导致过度放牧和牛群低质化。人类学家所称的"牛情结"是关于牛的文化特征，养牛不仅仅是为了生存，人们更多地将牛用于仪式和社交目的，牛被视为财富的象征和威望之源，人们很少食用牛，而是在结婚时将牛作为聘礼、用牛解决争端，或在宗教仪式用牛献祭（Herskovits，1926）。除了这些非经济性用途之外，东非人对他们的牛表现出一种近乎夸张的依恋情结。

图5.3　19世纪上尼罗河流域尼罗牧牛民族的女孩和武士

牧场管理专业人士后来发现，和美国西部的牛相比，东非牛的体重相对较轻，并且繁殖率较低，因此他们指责牧民过度放牧，导致热带稀树草原沙漠化，这些指责很不公平，事实上，从本章的后部分可以看出，东非牧牛业是一个合理和可持续的系统，人们在利用自然资源的同时，可以享有他们所需的自治权。但是，从殖民时代以来，与外部商业利益之间的冲突和最近全球气候变化的影响给这些民族带来严峻的挑战。

英国人类学家埃文斯-普理查德在1930—1936年间首次对苏丹努尔人的牧牛文化进行了详尽的考察。该研究显示，除了实用功能之外，牛还具有社会价值、仪式价值和情感价值，因此埃文斯的研究被认为是民族志文献中的经典之作。

埃文斯-普理查德称努尔人为"卓越的牧民"，他们将自己的牧民身份看得高于一切，只有当牲畜不足以维持生计时，才会勉强从事农业种植。他们非常鄙视没有牛的人，当埃文斯到达努尔人聚居地时，努尔人拒绝帮他搬运行李。埃文斯发现，努尔人具有"牧民的世界观"，认为牛是"他们最宝贵的财产"。努尔人会装饰他们的牛和给牛起名，并记住牛的族谱。男孩在出生时会用一头公牛的名字命名，人们用男人们最喜欢的牛的名字称呼他们，女人则以自己负责挤奶的奶牛命名。让埃文斯更为惊讶的是，努尔人无时无刻不在谈论他们的牛，"除了牲畜和女孩，我从未和年轻的男性讨论过其他事情，甚至有关女孩的话题都会不可避免地谈及牛，无论我从哪个话题或从何种角度开始交谈，我们很快就会谈到母牛、公牛、小母牛和小公牛，对此我曾经感到非常沮丧"（Evans-Pritchard，1940）。

对埃文斯来说，努尔人的"畜牧心理"表现为"过于强调和发展某一兴趣点"。他以努尔人语言中丰富的牛术语为例，进一步说明努尔人对牛的痴迷。埃文斯发现，描述一种纯色奶牛的词语多达10个，描述白色与其他颜色或物体颜色的组合词达数百个。另外，描述牛角的形状、牛耳朵修剪的形状、牛的年龄和性别等特征的词语可以用于对牛进行更加细致的分辨。总的来说，努尔人描述牛的方式有成千上万种，并且用牛的名字创作诗词和歌曲。与努尔族毗邻的卢奥族同属于尼罗语系，有关牛的解剖学术语多达125个，从内部到外部、从骨头到脏器，涵盖牛的所有部位（Ocholla-Ayayo，1979）（图5.4）。

埃文斯认识到，努尔人对牛极度感兴趣有其功利主义原因。他指出，努尔人居住的环境地势平坦、土壤黏性高，雨季经常发生洪涝，石头、木材等基本原材料匮乏，很难在这样的环境中种植庄稼，然而这里是极好的牧场。努尔人对他们的动物给予近乎奢侈

第 5 章 非洲牧牛民族：部落牧民

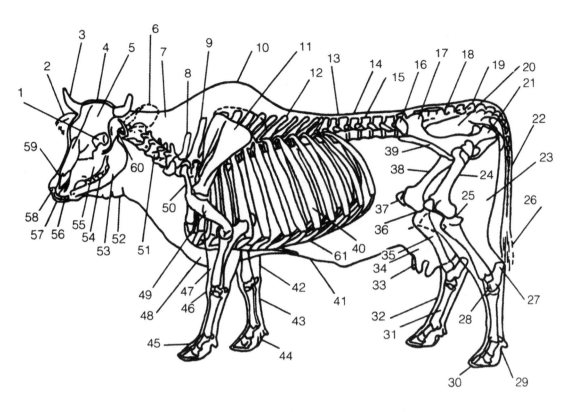

1. Chokndorro
2. It
3. Tuṅg
4. Tatwich
5. Sihanga or patwich
6. It (omwot it)
7. Nġut
8. Chok nġutmachiek
9. Chok nġutmabor
10. Kuom
11. Opal
12. Ariedi lihumblu
13. Giko nyakmeru
14. Dierṅgech
15. Giko nyakmeru
16. Wichok oguro
17. Chokoguro
18. Choktie ip
19. Oguch dhiang
20. Ringsarara
21. Dhokisonga
22. Ip
23. Ring em maoko
24. Odiere machien
25. Fuond odire gi ogwala
26. Orengo
27. Fuond ogwala
28. Nyapoṅg tielo
29. Odofuny tielo
30. Okak tielo
31. Chok oluko
32. Ogwala
33. Thuno
34. Dagthuno
35. Chok em
36. Fundodiere
37. Nyapoṅg odiere
38. Odiere
39. Chokbam
40. Nġede
41. Pinyich
42. Bat korachich
43. Ogwala
44. Ofunjtielo or nġuttielo
45. Witielo
46. Choṅg
47. Bat korjachien
48. Agoko
49. Chokbat mar oriere
50. Chokrangach (colar bone)
51. Choke nġudi
52. Jund dhiaṅg
53. Choklem mapiny
54. Nyiponge
55. Choklem mamalo
56. Lep
57. Leke mamon
58. Um
59. Chok um
60. Tiend it
61. Chokagoko

图 5.4　讲尼罗语的卢奥族使用 125 个解剖学术语描述牛（部分）

的照顾，牛群享受着"平和、安逸、慵懒的生活"（Evans-Pritchard，1940）。努尔人与他们的牛彼此依赖，形成一种共生关系。

努尔人从牛身上获取一系列数量可观的物质资源。牛奶是最主要的产品，鲜奶可以直接饮用，也可以制成酸奶或者加工成奶酪。努尔人从牛的颈部静脉中抽出血液，将其煮沸，待凝固后进行烘烤，制成块状。努尔人宰杀动物通常出于祭祀目的，祭祀完毕后会将牛分解，分发给人们享用。牛粪是非常重要的燃料，可以用来做饭和驱赶蚊虫，牛粪除了其医疗和美容功效外，还是很好的建筑涂料。牛尿可用于制作奶酪和皮革，牛皮和牛骨可以制作成容器和装饰品等。如果没有牛和奶制品，努尔人的生活会异常艰难。

(三)以畜牧为生：牛肉、牛血和牛奶

为设计一个以家畜为基础的可靠的食物系统，自给自足的牧民必须解决下列问题：畜养什么动物？生产何种食物产品？蓄养多少头动物？牧群中动物的年龄段和性别如何配置？何时宰杀？如何喂养？如何保护牲畜免受疾病与捕食者侵害？牧民需要不断关注饲养的牲畜，而猎人则将这些问题交给大自然。

东非牧民在其文化中赋予牛主导性地位，大部分人都被认为或者自认为是牧牛民族的一员。但实际上，他们赖以生存的家畜有好几种，功能各不相同，包括牛、骆驼、绵羊和山羊。牛为人们提供丰富的物质产品的同时，在社交、祭祀和维持生计等方面发挥重要作用。随着降雨量减少或过度放牧，骆驼变得越来越重要，小型家畜如绵羊和山羊可能比牛更能满足家庭对肉类的需求，并且成为奶的重要来源。东非牧牛民族的祖先特别适合饮用牛奶，他们携带一种称为乳糖酶的持久性遗传特征，并一直持续至成年。通常只有婴儿体内含有乳糖酶，并且在欧洲和非洲的牧民中比较常见（Tishkoff 等，2007）。牛的产肉效率比山羊低，因此除用作祭祀之外，很少宰杀牛，只有牛在自然死亡之后，人们才会食用牛。小型牲畜的繁殖速度比牛快，在遭遇严重干旱后容易快速恢复。与亚马孙河流域蛋白质非常有限不同，东非牧民拥有丰富的蛋白质来源，但是除了种植一些谷物或与邻近的农民进行以货易货之外，他们很难获得足够的碳水化合物和卡路里。

保持驯养动物之间的互补性是畜牧系统的一大显著特点。混养大型、小型食草动物和食叶动物，可以更有效地利用现有食料，和亚马孙河流域的园子一样，能最大限度地利用自然生态系统的物种多样性。牛和羊为食草动物，主要以草和草本植物为食；山羊和骆驼为食叶动物，主要依赖灌木和树木。骆驼通常全年产奶，奶牛只在雨季产奶，而绵羊和山羊则在旱季产奶最多，因此，驯养不同种类的牲畜有助于平衡食品生产的季节性波动。

牧民食用的各类动物产品具有互补性优势，能够最大限度地提高产量，维持可持续生存。牧民并不重视生产肉食，产肉显然是对动物的一次性利用，他们重点关注生产动物奶。由于牛奶所含的卡路里比肉类要高 4 倍，牛奶可以最大限度地提高生物效率，牧民能在不伤害动物的情况下获得血和奶，二者互为补充，血液作为铁元素的来源，可以从不产奶的动物身上获取，由于奶牛在旱季产奶量下降，此时牛血极为重要。奶产品对牧民尤其重要，例如，卡里莫琼人日常生活所需的总热量中，1/3 由牛提供，其中 88% 的热量来自牛奶，牛肉只占 8%，而牛血仅占 4%（Little & Morren, 1976）。这些数据表明，牧牛民族实际上更像是奶农，而非牧民。

传统放牧是一项劳动密集型活动，牧群可以进一步细分，以便更好地反映不同类型动物的能力与需求。为充分利用优质牧场，牛群进行季节性迁徙。在某些地区，可能涉

及季节性移牧（transhumance）①，即牧群迁徙至地势更高或更低的区域。为保持高产奶量和增长潜力，牧民管理自己的牧群，最大限度地增加雌性动物的数量。尽管处于草原游牧状态的牛的产奶量比美国农场乳牛的产奶量低，但是游牧母牛所产的奶浓度更高，其营养价值比商业生产的牛奶高 30%。

二、东非的日常生活

东非牧牛文化是考察部落世界中男女关系、个人自由和社会公平程度的理想场所。外界曾一度认为，游牧者迷恋他们畜养的牛是非理性的，直到最近，许多观察者仍然错误地认为，非洲畜牧业本质上由男性掌控，这意味着男性是牛的所有人和管理者。游牧社会是由老年人主导的老人政治，男性控制的父系家族（patrilineage）②决定整个社会的体系结构和游牧文化的身份特征，这意味着女性在地位上完全屈从于男性，在文化上处于劣势。

出现这些误解不足为奇，正如外界难以充分理解澳大利亚土著社会一样，男性人类学家同样很难从女性的角度看待非洲社会。一位自称桑布鲁族（Samburu）的重要民族志学者认为，桑布鲁本质上是一个男性社会，从男性的角度来看，女性低人一等，在政治上不具影响力（Spencer，1965）。这一观点清楚地显示田野研究中存在的男性偏见。

尽管澳大利亚觅食者、亚马孙村民和非洲牧民似乎都符合部落男性至上模式，但这一解释并不全面。我们怀疑，男性如何描述他们的社会可能反映的是男性意识形态，而不是家庭生活的现实。正如我们无法理解亚马孙河流域的暴力问题一样，另一个更深层次的困难在于，受到商业世界和殖民主义的历史影响，妇女一直处于不利地位破坏了以家庭为组织单位的社会权力系统。然而，部落宇宙观认为，男性在文化上更具优越性，而男女互补对立似乎也是这些部落社会的特点，二者之间存在明显的矛盾。尽管存在相互对立的意识形态，由于家庭是部落的主要社会组织，人们基于年龄和性别的劳动分工建立和维持家庭，因此部落世界仍然能够实现两性平等。

下节中对努尔族和马赛族的描述说明，正如澳大利亚和亚马孙部落一样，在非洲畜牧社群中，男性和女性在家庭中的角色互为补充，但并不完全平等。他们共同养育孩子，让他们成为有所作为的人（方框 5.3）。男性和女性都对社会和文化的发展方向产生影响，但这并不意味着他们享有平等的社会地位，在任何社会中，要理解或解释两性关系的现实情况都很困难。正如下文所描述的那样，在非洲的畜牧社会中，甚至女性自己也会不断重复描述和解释女性从属于男性的神话，女性实施并延续割礼等仪式，局外人以及该文化的部分成员可能认为这是一种压迫。

---

① 季节性移牧：牲畜季节性迁移至不同海拔或纬度的环境区域。
② 父系家族：以父系血统为基础，可追溯至一位共同的男性祖先以及共有财产的世系。

> **方框 5.3**
>
> ### 努尔男性如何看待女性？
>
> 人类学家约翰·伯顿（Burton，1980）邀请几位努尔族的男性和女性回答下列问题："妻子和丈夫是什么关系？夫妻间的争吵是如何引起的？"伯顿认为，他们的回答与他本人的观察高度吻合。玛雅·阿库特，一位6个孩子的父亲，回答如下：
>
> "在我们这片土地上，女性生育孩子。女人没有好坏之分——她们介于两者之间。如果她是个坏女人，即使你用100头牛娶她，她也有可能会离开你；就算你种了很多粮食，她也可能会离你而去，有些女人冷酷无情。如果她是个好女人，她会生很多孩子。如果没有女人，哪里有这个部落？她们是这片土地的创造者。努尔人的妻子、雌性动物——她们都是这片土地的主人。如果没有女人，我们部落的人口不会如此兴旺。女人很好，她们孕育生命、烹饪食物、酿造啤酒，她们是这片土地的主人。如果一个男人在这片土地上不娶妻生子，他的生活将无法进步（也就是说，他将永远不会有自己的后代）。"
>
> 这些评价表明，男性清楚地认识到，他们依赖女人获得食物、啤酒等生活必需品以及子孙后代；男人必须结婚，否则就算不上成功。

年龄和性别上的不平等表明，先前存在的文化模式并非毫无矛盾之处，并非总是让每个人都能平等受益。我们假设一个人经历的明显不公正在整个生命周期中趋于平衡，然而由于受到文化的限制，个人可能会接受不平等、苦痛和折磨，将这些遭遇视为理所当然的、不可避免的。即便可以选择其他不同的生活方式，依靠个人独立行动，也很难成功挑战和改变不公正的文化习俗。

（一）努尔社会：聘礼、情人与逝者

牛除了具有显而易见的实用价值之外，努尔人认为牛的"最高价值"在于可以作为结婚的聘礼（bride-wealth）[①]，这是建立一个合法正当（legitimate）家庭的基本要求（Evans-Pritchard，1951）。由于"法定的"（legal）一词指受到法院或执法机构支持的正式法律，努尔社会并不存在这样的法律和法律机构，因此应避免使用"法定的"一词来描述努尔人的婚姻或家庭。努尔人的婚姻涉及对牛、女方及其子女的权益，婚姻是男女双方两个家庭之间的一项协议，需要经过一系列冗长的磋商、公开和非公开的仪式以及礼尚往来，直到夫妻二人的孩子出生后才算全部完成。由于努尔人的婚姻极其复杂，涉

---

① 聘礼：为使夫妻双方的婚姻和子女合法化，新郎家庭转送至新娘家庭的物品，通常为牲畜。

及各种权益，因此努尔人的婚姻是审视婚姻、家庭、性别关系以及家庭等跨文化概念含义的理想案例。

努尔人的婚姻始于两个家庭之间的初步磋商，以确定哪些动物可以送给新娘家庭，理想情况下，男方会送给女方大约 40 头牛。随后，新娘的父亲再将这些牛分配给自己一方的家人和新娘母亲一方的家人，新娘的直系亲属通常会分得 20 头牛，其中新娘的父亲分到的牛最多，父母亲一方的兄弟和姐妹们各分得 10 头牛，这样一来，新娘的家人和亲戚们都会分到一定数量和类型的牲畜。两个家庭协商确定具体将牲畜送给哪些人。

上述程序完成后，一桩普通的努尔婚姻便缔结成功，形成一个以丈夫、妻子和孩子为基础的简单核心家庭，依靠男方的牧群和女方的园子生活。家庭住宅包括牛和牛栏、炉灶和供妻子休憩的小房子。在一夫多妻制婚姻中，每一位妻子都拥有自己的房子。兄弟们或父子的宅基地可能聚集在一个共同的牧场周围，形成一个住宅群。

努尔家庭的婚姻安排有多种形式（图 5.5）。如果一位女性不能生育，可以作为女性"丈夫"和另一名女子结婚，迎娶进来的这位妻子会带来一位男性情人共同生活，成为女性"丈夫"孩子的生父（genitor）①。在这种情况下，女性"丈夫"是子女的合法父亲（pater）②，同时承担丈夫应尽的职责，并赠送聘礼给其妻子的家庭。另一种是"冥婚"（ghost marriage），指某个人在未完成整个婚姻过程就已去世，没有留下后代，那么他的兄弟姐妹或其他亲属将会以逝者的名义代为结婚。在这种情况下，牲畜被赠送给配偶（新娘）的家人，而逝者，无论是男性还是女性，都被称为合法父亲，代行逝者职责的亲属作为"丈夫"和生父与妻子一起生活，但是对子女无权过问。收继婚（levirate）③ 与冥婚相似，指一位男子与其亡兄（弟）的妻子结婚，和冥婚不同的是，逝者是已婚，已经给新娘家送过聘礼，已过世的原配丈夫仍被视为丈夫，而代行其职责的兄弟对妻子的孩子的权力比冥婚"丈夫"的权力还要小。尽管所有婚姻都由家庭之间正式安排，努尔女性仍然享有相当大的自由。寡妇有时并不会再婚，而是选择和情人生活在一起，由情人抚养孩子。然而，以聘礼为基础建立的原有合法家庭仍然会保持完整，她的孩子永远属于作为合法父亲的原配丈夫。埃文斯-普理查德（Evans-Pritchard，1951）称这类婚姻为"寡妇姘居"（widow concubinage）。在某些情况下，女性在已婚期间让情人入住，称为"婚内姘居"（married concubine），由于聘礼的原因，和情人所生的儿女仍然属于她的丈夫。因此，努尔社会确定世系的原则是"跟着牛走"。

对于努尔人来说，父亲的身份或"归属"概念远比生物学父子关系和婚姻家庭的安排形式更为重要。父亲的身份是由作为聘礼的牛建立的，因此女方可以向男方要求得到牛，即聘礼。婚姻还将人们与祖先的鬼魂和神灵联系在一起。满足此类诉求，要比"父亲"是生还是死、是男还是女、母亲与谁同居等重要得多。

---

① 生父：孩子的亲生父亲。
② 合法父亲：文化上合法或者社会学定义的孩子的父亲。
③ 收继婚：又称为亡夫兄弟娶寡嫂制，即守寡的女方与亡夫兄弟结婚的文化模式。

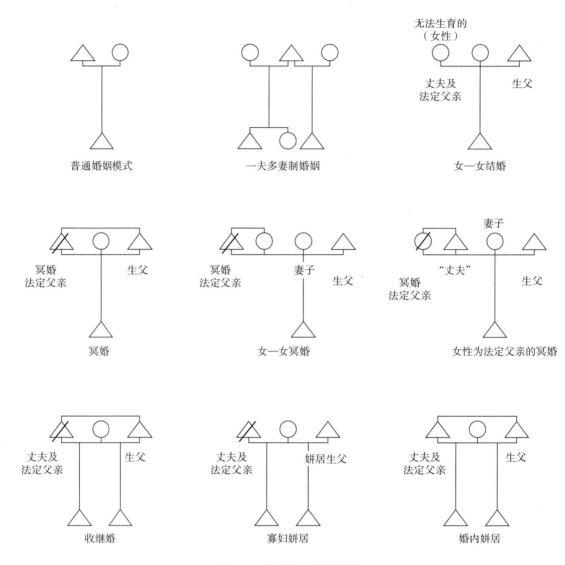

图 5.5 努尔族的婚姻模式

用牛作为聘礼建立正式的婚姻关系对文化产生巨大影响,一些人类学家认为,以聘礼和婚役为基础的社会属于特殊的社会类型(Collier, 1988)。这两种婚姻制度创造了由不同文化定义的家庭关系制度,以不同的方式管理性别和年龄上的不平等。在实行婚役的社会里,如土著澳大利亚和亚马孙河流域,青年男性在婚后不用长期服婚役,只需在婚姻初期为女方家打猎或者从事其他劳动。在实行聘礼的社会中,家里的男性"户主"之间相互交换聘礼等贵重物品,明确定义丈夫、妻子、父母和孩子的社会地位。与实行婚役的社会相比,作为聘礼的牛,其社会重要性在于,可以让男性从其兄弟姐妹的婚姻中获得更多的既得利益。方框 5.4 显示,婚姻中作为聘礼的牛可能使亲属称谓发生改变。

方框 5.4

牛和马赛族亲属称谓

牛在婚姻交换中的重要性反映在亲属称谓上。例如，马赛亲属制度将来自不同辈分的亲属归入同一范畴（图 5.6）。作为一个群体，当"自我"（Ego）的母亲结婚时，他们都可以从"自我"父亲的亲属那里分到自己该得的一份聘礼。从"自我"的角度看，母亲的父系家族成员是一个单一的群体（Radcliff-Brown，1941）。需要注意的是，努尔人只有新娘的父亲及其兄弟（对于儿子来说便是母亲的兄弟）是聘礼牛的主要受益者。

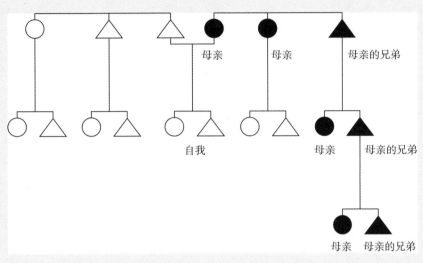

图 5.6　马赛族的亲属称谓制度（奥马哈式亲属称谓制），强调母亲的父系家族

（二）东非牧民社会的女性地位：理想与现实

父系是建构牧牛民族社会关系的基础，历史上曾导致非洲园艺种植者丧失母系世系群（Holden & Mace，2003）。然而，父系制度并非父权制度，男性不是部落社会的统治者，现实中，最重要的社会关系是通过女性来实现的，由女性主要负责管理和操持家务以及养育孩子。父权制作为一种理想的社会结构，意味着男性是家庭唯一的"首领"，但是部落世界的现实生活不存在唯一的统治者。在生育孩子、孩子的社会化以及向下一代传承文化等方面，丈夫与妻子是相互合作的伙伴关系，日常的劳动分工赋予男性和女性在各自的活动领域内彼此互补的权利和义务，但这并不是一个具有唯一权威的等级制度，重要的事情通常由男女双方共同决定，家庭生活的组织形式让男女双方都能最大限度地享有自主权和独立性，掌控日常生活的具体条件。

设计一种社会制度与其实际运作方式之间存在意识形态差别，这是人类学家很早就认识到的一个悖论。例如，埃文斯-普理查德（Evans-Pritchard，1940）指出，即使努尔人通过女性来追溯世系，也不能质疑父系模式的有效性，这提醒我们，在许多情况下，亲子关系（filiation）① 可能比世系具有更大的现实意义。据说，实行父系世系制的图尔卡纳族由一位女性祖先的后裔组成（Gulliver，1955）。实际上，儿子从母亲那里继承牲畜动产，男性的每一位妻子为各自的儿子持有和管理财产。施耐德（Schneider，1979）明确指出："矛盾的是，男人继承的财富来自其母亲的家庭，属于母亲所管理的财物和劳动所得，从某种意义上说，男性实际上继承的是他母亲的财产。"

在东非牧民社会，强调男性通过转送牲畜获得对女性的支配权是一种误导，掩盖了这些社会中两性关系的其他重要方面。例如，当努尔族男孩额头上刻上被称作嘎儿（gaar）的沟纹之后便步入成年，不再允许他们挤奶或烹饪食物，这些禁令意味着成年男性在获得食物方面完全依赖于女性。步入成年的努尔男性也不能直接饮用牛奶，只能放牧（Holtzman，2002）。努尔女性可以扣留丈夫的食物和啤酒对他们进行惩罚，这对男性来说是个敏感的问题（方框5.3）；女性也可能拒绝为丈夫的客人做饭来影响丈夫的政治地位，或者利用食物来影响男性是进行突袭还是和解。

男性是牛的拥有者和管理者，该观点模糊了这样一个现实：养牛的主要经济目的是产奶，而该过程完全由女性控制。女性还生产和控制许多其他与牛相关的副产品，如用牛皮制作衣服和床上用品，以及将牛粪制作成燃料和灰泥。现实中，男性和女性对牛具有不同形式的控制权，但是也有部分权力重叠，因此，只有男性拥有牛这一观点具有误导性。此外，女性对其房屋、炉灶、其他的家庭用品和烹饪的食物都具有所有权和控制权。"炉灶控制权"（hearth-hold）这一术语，旨在提醒人们关注女性控制家庭空间的中心地位，以及女性在维持和繁衍非洲牧民家庭方面所发挥的关键作用（Hodgson，2000）。在季节性游牧非常重要的地方，以母亲为中心的炉灶便是家庭的固定中心，女性管理丈夫分配给儿子的牲畜，女性还可以通过种植园子、觅食、贸易、帮人看病和助产等改善家庭的经济状况。

在处理性别关系时，人类学家经常描述两个独立的社会活动领域：由男性控制的政治领域和由女性掌管的家庭领域。努尔人的例子表明，在部落世界中，家庭领域和政治领域密切相关，女性对家庭领域的控制权让她们对整个社会产生影响。从这个角度看，部落政治实际上是男性之间就如何分配女性所提供或实际控制的货物与服务进行的协商（Collier，1988）。

男性和女性除了在牲畜的所有权和使用权方面存在差异之外，在劳动力支出方面还存在年龄和性别差异。肯尼亚的阿里尔族（Ariaal）是一个与马赛族相关的民族，对该民族在时间分配方面的研究显示，男性和女性每天分别在家庭、牲畜和制造等方面工作7~10小时（Fratkin，1989），比澳大利亚土著和亚马孙人的工作量更大，分配也更加不公平，同时还反映了努尔族牲畜带来的额外负担以及年龄和性别分工。由于需要投入大量的时间照顾牲畜，12~34岁的未婚男性每天休息不到3小时，女性每天的休息时间不足6小时，已婚男性每天的休息时间为8个多小时。此外，养牛较多的富裕家庭中工作负担较轻，饲养小规模牛群需要投入更多的人力，因此女性会欣然接受共妻（co-wives）与她一起分担工作。

---

① 亲子关系：父母与子女之间的关系纽带，是世系成员的基础。

(三) 无领导人社会中的政治

东非部落民族在不寻求政治等级制度的情况下，利用亲属和邻里构建群际关系。对于东非部落民族来说，抢劫牛是长期的威胁。与澳大利亚土著或亚马孙流域相比，整个东非部落民族所处的地区更大，人口更加密集，潜在的危险更多，因此除村落之外，所有这些社群都面临重要的组织问题。例如，1955—1956 年，政府人口普查数据显示，大约 56 万努尔人居住在约 65000 平方千米的地区（Southall，1976），努尔人口比澳大利亚土著人口多，然而生活的区域却小得多。居住较近的人会认为彼此之间关系更加亲密，努尔男性会动员他们的亲属进行突袭或防御，真实或虚构的亲属关系使得无永久正式领导人、无政府的秩序成为可能。这是一种有序的无政府状态，人类学家称之为裂变世系群制（segmentary lineage system）①（Sahlins，1961），是地理距离与社会距离相对应的常见情况。在部落世界中，生活在一起的人认为彼此拥有共同的血统，并将当地群队联合起来形成群组，以对抗关系更远的群组。

这些都是将个人自由最大化的无首（acephalous）②社会。东非牧牛民族的确有区域性文化群体区分，但是现实中，个人的族裔认同是灵活多变的（方框 5.5）。努尔人抵制中央集权，这一点令埃文斯-普理查德印象非常深刻，他称努尔人"骄傲、极具个人主义色彩"，"面对任何试图胁迫他们的权威，态度极其敏感、傲慢，无所顾忌地抗拒。每个人都决心尽可能地走自己的路，他们憎恨屈从，时刻保卫自己和财产免受侵害。因此努尔人自力更生、勇于战斗、敢于闯荡、富于侵略性，但是他们又极度保守，讨厌创新和受到干涉"（Evans-Pritchard，1940）。

方框 5.5

努尔人是谁？

仔细阅读埃文斯-普理查德所著的《努尔人》，可能会惊讶地发现，努尔人并不自称为"努尔"（Nuer），而是称自己为"Nath"或"Naath"。从书中的脚注可以知道，努尔一词于一个世纪前开始使用，是丁卡族和其他外族人称呼"Naath"所用的名字。丁卡人则称自己为"Jieng"。在这两种情况下，与阿沙宁卡族和马特斯根卡族（Matsigenka）相似，"Naath"和"Jieng"两个词语代表"人类"（Southall，1976）。由于努尔族没有永久的政治实体，因此不存在努尔族"部落"。事实上，人类学家约翰·伯顿（Burton，1981）曾说："像'努尔'和'丁卡'这样的民族称谓，充其量只能表示可观察到的种族间的细微关系和联系。"显然，努尔人、丁卡人以及观察者们一致认为，努尔人从丁卡人那里抢夺牛群。

---

① 裂族世系群制：没有永久领导人，个人可以根据自己所认为的谱系亲疏关系与其他群队结盟的部落制度。
② 无首：无中央权力机构或永久领导人的政治体制。

> 努尔人与丁卡人自由通婚，牲畜作为战利品和聘礼在两个民族之间流通。有些人可能作为丁卡人长大，但是行成人礼后成为努尔人，还有其他仪式将成年的丁卡人转化成努尔人。实际上，这两个民族拥有许多共同的文化特征，因此，在混合居住营地中，通过鉴别努尔族和丁卡族的牛的外形差异，更容易区分这两个民族。正如伯顿所说，"他们首先是牧民，而不是传说中两个相互敌对的纯种族的代表……因此，可以说种族是依靠牲畜来划分的"（Burton，1981：160，161）。

关于努尔人个人至上主义和自治的写照符合历史事实，努尔人的社会制度能够为其自身利益服务，因此他们抵制任何形式的"创新"。努尔裂变世系群制是根据作战人员个人的隶属关系形成的政治联盟。如果两个村庄之间发生冲突，其他村庄的成员不会加入进来；但是，如果有人从另一地区盗窃牛，邻近村落可能形成临时联盟，共同对抗他们的敌人。根据埃文斯-普理查德（Evans-Pritchard，1940）对政治体制的描述，社交距离越远，暴力程度就越严重。在村落里，男人们会手持棍棒打架，但严重的纠纷会很快得到解决。村落之间，男人们会持长矛作战，因此可能结下血仇，但是杀人后，可以用牛进行补偿。牲畜劫掠通常发生在距离较远的努尔群队之间，埃文斯-普理查德将这些群队称为部落，它们可能是联盟关系发生了改变的邻近村落。妇女、儿童和粮仓在"部落"间袭击中可能幸免于难，但是在针对像丁卡族这样的非努尔群队的袭击中，即使袭击者与被袭击者具有相同的文化，妇女、儿童和粮仓也无法幸免。冲突的起因主要和牛相关——因为盗抢牛或没有兑现作为聘礼的牛。杀人可能导致亲族之间形成血仇，在亚马孙河流域，有可能导致进一步的报复性杀戮，但是努尔人有自己的调解机制，埃文斯-普理查德称这些调解人为豹皮酋长（leopard-skin chief），他们试图劝说冲突双方用赔偿牛的方式解决纠纷。作为仪式执行人和纠纷调停者，豹皮酋长备受尊重，但他们不是拥有政治权威的酋长，作为调停人，豹皮酋长会使用超自然诅咒威胁不愿意接受调解的一方，但是他们并不拥有任何强制性权力。

虽然牛是引起冲突的主要原因，但是牛也能鼓励人们减少冲突。为了限制乱伦，村落通常实行外婚制，而村落间的血仇会破坏聘礼赠送，为了减少聘礼赠送过程中可能发生的混乱，村落间的冲突因此减少。人们通常认为在血仇争斗中有义务支持自己同一村落的人以及近亲或聘礼的申索人，而外婚制分散了人们的忠诚度，实际上，将争斗控制在最低限度符合每个人的自身利益。通过在部落村民间形成彼此交错的关系，为家庭规模的社群创造和平（Gluckman，1956）。

（四）游牧社会中大人物的财富和权力

游牧社会中，牛作为主要的经济资源，具有可移动性和繁殖性，是保障社会平等的关键经济条件。在澳大利亚和亚马孙河流域，自然财富以野生动物和植物的形式存在，而在游牧制度下，财富体现为可移动和可繁殖的动物，人类直接参与照料动物，并控制动物的繁殖。除直接用于维持生计外，男性和扮演男性角色的女性还将牛作为货币，用于储存社会信用和偿还债务，在一定范围内扩大个人权威。与有领导人和政府的等级社会截然不同，部落牧民很少与非亲属交换劳动服务，也不需要进贡。相反，所有的生产都在家庭内部进行，牲畜交换相对均衡，彼此平等对待。为保持家庭之间相对平等，牧民通过"建立广泛、交叉、平衡的人际联系，以防止任何人垄断财富，建立社会阶层"（Schneider, 1979）。家庭之间转让牲畜让有需要的家庭食用，从而最大限度地减少物质贫困。

拥有最大规模牧群的人可能被公认为"大人物"，牧群规模大小取决于一系列因素，如个人的年龄、性格、亲属和同伴关系、牧群中能够生育的母牛数量以及变幻莫测的命运。一个特别成功的马赛族男性可能拥有12位妻子和60个孩子，在当地拥有300头牛，不过这是一位男性所能拥有的最大家庭规模。

在部落环境下，牛的本性决定任何人都很难控制全部生产资料（所有的牛）或与客户进行不平等交易，以集中强制性权力，建立个人统治。牛是有形的财富或资本，虽然牛具有繁殖能力，但其繁殖力受到自然和生物学限制。牛可以移动，因此容易遭到盗抢或其他危害。出于各种原因，牛群规模的波动无法预测，这与商业世界里无形的金融资产形成鲜明对比，商业世界里，人们似乎可以无限制地积累或集中账面上的美元。

（五）努尔人的神灵、象征和祭祀

努尔人和马赛人等非洲牧民的宗教信仰主要通过生命周期仪式或应对干旱和疾病等危机事件举行的仪式来体现，仪式上通常使用动物献祭。非洲牧民的宇宙观往往与性问题相关，和亚马孙宇宙观有着惊人的相似之处。牧民的宇宙观认为，大自然是湿软的，而文化则是干硬的。孩子在出生时又湿又软，随着他们逐渐成熟，变得越来越干硬，如同老年人一般。和许多文化一样，东、南（下）、西、北（上）四个方向有其生命周期和性关联。比如女性装牛奶的容器是代表其生育能力的性象征，瓶身呈圆形，像女性的子宫，瓶颈则像男性生殖器。对人类和牲畜进行比较，还可以发现其他性意象。牛是草和水的造物，而人类是精液和血液的造物。用陶罐烹饪食物是人类特有的文化行为，女性烹饪用的圆形陶罐是另一个突出的性象征。在马赛神话中，女性最初拥有的牛是野生牛，和亚马孙神话一样，一开始女性掌握对文化的控制权，后来让位于男性。在马赛神话中，女性允许孩子不用放牧，男性负责畜养牛群，以此宣称自己是家庭的主要供养者。男性"拥有"牛的文化意识形态与女性照顾孩子和管理家庭的现实在神话里融为一体。

努尔人的宇宙观中，神灵与生灵，或者非物质世界与物质世界的区分是最基本的区分，以互补对立的形式存在（Beidelman, 1966, 1971）。如果人们尊重这一区分，他们的生活通常会顺利；然而，自然事件或人类违反道德的行为往往使得神灵和生灵之间相互干扰，导致不幸，比如乱伦会导致疾病。如果混淆神灵和生灵的所属范畴就会导致仪式污染或被"不恰当的行为"所玷污（Douglas, 1966）。努尔人通过献祭和仪式来协调神灵与生灵之间的对立，以恢复先前的秩序。

神灵一词在努尔语中称为"克沃斯"（Kwoth），埃文斯-普理查德（Evans-Pritchard, 1953）将神灵概念描述为一个层级系统，根据诸神灵所处的位置和社会关系，由高至低排列（表5.1）。他认为，形式各异的神灵都是同一个神灵概念的不同"折射"。最高等级的神灵被称为上帝，是纯粹的精神体，位于上天，和人类众生发生联系。在神灵谱系中，他被认为是天父，间接参与人类事务。空气神灵则处于较低的层次，位于大气层。

蒙受神恩的宗教专家被称为先知（prophets），可以直接与空气神灵对话，被视为空气神灵的代言人。他们为参与牧群掠夺的武士们做行前精神准备，或在组织较大规模的军事远征中发挥重要作用。较低级的神灵还可能体现在某些动物和物体中，和特定的亲属团体及个人相关。许多仪式专家，如土司、牛司、草司以及各种治疗师和占卜师，都与这些神灵保持着特殊关系。根据美国学者贝德尔曼（Beidelman，1966，1971）的分析，努尔宗教专家自己设定神灵和生灵范畴边界的模糊特征，表明他们与神灵有关联，比如，先知穿着衣服，留着长发和胡须，蓬头垢面，而普通的努尔人则不穿衣服，不留胡须，干净整洁。他们同时属于神灵和生灵两个范畴，是二者之间的调停者，举行祭祀仪式实际上是在帮助恢复宇宙秩序。

表5.1 努尔神灵（克沃斯）概念

神灵类型	所处位置	社会联系	表现形式	家谱	等级
上帝	天上	人类	纯粹的精神体	父亲	贵族
空气神灵	空气、云彩、微风	政治运动、突袭	先知	上层：上帝的子女；下层：上帝的孙子	
图腾神灵	地面	亲属团体	动物	上帝女儿的子女	类丁卡族
自然神灵、物神	地面、阴间	个人	物	空气神灵女儿的子女	外来者

引自：埃文斯-普理查德（1953）。

努尔人首选的献祭动物是阉过的成年公牛，即使用绵羊或山羊祭祀，它们也被称为"牛"。人们只有在祭祀时才会屠宰牛，养牛是为了最大限度地获得增长潜力和牛奶产量，因此，出于实用性考虑，用公牛献祭是合理的。另一个原因是，公牛和男性有着密切的象征关系：他们都是雄性，都不用承担生育责任。因此，公牛属于模糊范畴，是神灵与生灵之间的理想调停者。努尔奶牛等同于女性，努尔女性从聘礼中分得奶牛，女性用自己挤奶的奶牛名为自己命名，男性有自己最喜欢的公牛，并用公牛的名字为自己命名。在男性举行成人礼时，会在他的额头上刻下纹面，并将同样的纹面刻在自己最喜爱的牛角上。成人礼之后男性才能结婚，结婚的同时，他们的牛将会被阉割。阉割动物是对动物进行道德驯化，象征男性在婚后必须受到性道德约束。当男人被称为公牛时，意味着他们被视为具有攻击性的麻烦制造者。

即使在关于牧牛民族的至高神、祭司和先知的人种志学报告中，这些意识形态系统本质上也是平等的。努尔人没有成文的宗教制度，也没有宗教专家组成的兄弟会，任何人都可以拥有神灵，个人在死后短暂保留与牛和孩子相关的身份，但不存在祖先崇拜。任何人都可以举行献祭仪式，先知和豹皮酋长所承担的政治角色受到严格限制，他们无法利用这些角色控制战略资源和攫取他人的劳动或贡品。19世纪，曾经有一位努尔先知极具影响力，说服人们为他建造了一座土丘塔神殿，但是这座塔未能变成永久的政治权力象征或经久不衰的祖先祭拜之地。

(六)马赛族的龄级制

即使经历多年的殖民统治、干旱和疾病的轮番肆虐、市场经济的持续渗透，以及现代独立国家肯尼亚和坦桑尼亚的政治统治，马赛游牧制度仍然能够独立发展。事实证明，非洲游牧制度对自然环境及其周围更广泛的政治经济具有非凡的韧性。马赛族表明，以家庭为单位、以自给性放牧为基础的家庭规模文化与更大规模的社会制度共存的同时，能够保持高度的社会平等和自治。马赛族游牧制度能够成功的主要原因可能是东非牧牛民族普遍享有的龄级制（age-class system）①所提供的个人回报，而不是人们普遍认为的"牛情结"（Spencer，1988）。

马赛游牧形式表明非洲牧牛民族极度依赖放牧。正如人类学家保罗·斯宾塞（Spencer，1988）所描述的那样，马赛制度依赖三个关键社会角色：① 掌管日常放牧活动的长者；② 负责挤奶和照顾家养动物的妻子们；③ 负责劫掠牲畜的磨忍（moran），即马赛族未婚武士。马赛族的定居模式和前文描述的努尔族相似。在典型的一夫多妻制家庭（图 5.7）中，牧群由男性户主管理，男人的已婚儿子与户主住在同一个宅院，各家的畜栏聚集在共有畜栏的周围（图 5.8）。

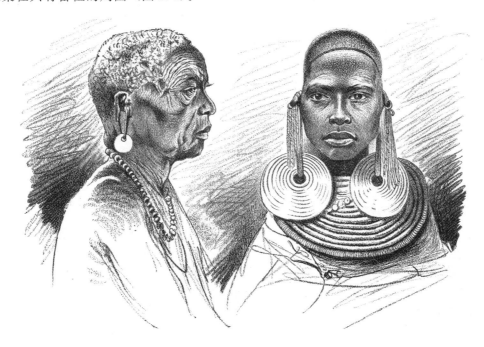

图 5.7　19 世纪马赛族男性和女性

在一夫多妻制社会中，女性结婚很早，而男性结婚要晚得多，这是十分常见的情况。与澳大利亚土著一样，男女婚龄差异让一夫多妻制成为可能，并成为年长男性享有的特权。根据斯宾塞的调查，在 18～25 岁的年轻男性中，只有 16% 的已婚男性拥有一位妻子，而在 40 岁（41～70 岁）以上的男性中，60% 的男性拥有多个妻子。一夫多妻制为

---

① 龄级制：年龄相仿的人被归入一个命名的群组，一个群组作为一个整体，依据文化上定义的人生阶段向上升迁，特定的仪式标志着年龄状态的每一次变化。

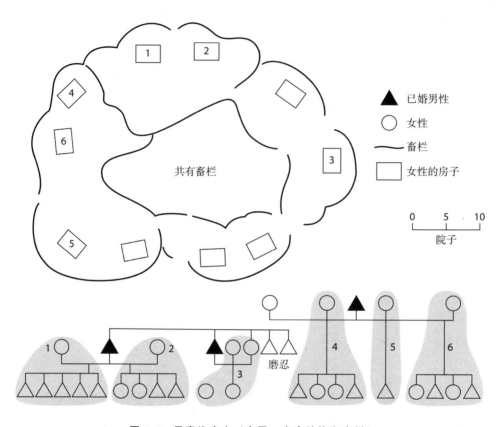

图 5.8 马赛族家宅（房屋、家庭结构和畜栏）

牧群管理者带来直接优势：一是可以增加劳动力，二是可以将照顾牧群的责任进一步细分。

龄级制及其相关的仪式帮助平衡一夫多妻制和父权制带来的社会压力。一个人一生中的各个阶段和不同代际贯穿一系列的仪式（表 5.2）。按照时间顺序，这些仪式包括：为进入青春期前的孩子命名、剃头、拔掉下门牙、穿耳洞并拉长耳垂等。每一项仪式标志着一个人日益成熟。例如，拔掉下门牙意味着男孩到了可以在家宅附近放牧的年龄，但是在他的年龄足以承受耳垂切口之前，不能去离家很远的地方放牧。在男孩成年的第一个阶段，人们会按照仪式惯例为他宰杀一头小牛，但是举行这一仪式之前，他的父亲必须举行仪式，宰杀一头公牛，以示自己已成为家中的长者，他的母亲需要根据仪式要求，完成婚礼的所有程序，孩子和父母的仪式之间的间隔是代际的标志。与步入成年期密切相关的仪式标志着仪式化重生，象征步入成年的孩子成为独立的人。成人礼的标志是生殖器的切割——女孩切除阴蒂，男孩切除部分包皮。手术后不久，女孩们作为新娘入住丈夫家，而男孩们则经历其他仪式，逐步从孩子蜕变为磨忍，即未婚武士。只有男性才有资格加入龄级制。

表 5.2　马赛族龄级制

等级	年龄	特征
高级长者	50 岁以上	拥有宗教和仪式权力以及年长者的魅力
大公牛仪式——在儿子的成人礼之前举行		
初级长者	30～50 岁	避免和同一年龄组的女儿乱伦,不需要参与作战,拥有诅咒力和资助新的年龄组的权力
奥英厄西尔(Olngesher)仪式——磨忍成为长者,年龄组被统一和命名		
高级磨忍	20～35 岁	为成为长者做准备,可能会结婚,解除回避肉和牛奶的限制
俄诺托(Eunoto)仪式		
初级磨忍	15～20 岁	将红赭石颜料涂在身体上,编发,与女孩们共舞,拥有独特的矛,完成仪式化反叛,组建曼雅塔(马赛传统小屋)武士村,避免接触肉和牛奶
步入成年期(initiates)	12～15 岁	同龄人开始交往,穿着独特的服饰
少年时期	10～12 岁	穿耳洞、拉长耳垂,开始放牧
孩童时期	0～10 岁	取名,拔除下门牙

　　龄级指族群内部按照同样的年龄等级(age grade)[①] 顺序或者族群规定的阶段晋升(Bernardi,1985)。年龄相仿的男性会一同经历从少年到武士(或磨忍)(图 5.9),再到长者,直至退休的所有晋升阶段。人们会给不同的年龄组命名,每个年龄组的成员会携带风格独特的手工锻造的铁矛并成立兄弟会(Larick,1986)。

　　每个部落独立运作其龄级制。在长者的资助下,大概每隔 15 年就会成立一个新的年龄组。作为资助人,长者一般比新成立的年龄组成员高两个等级,或者年长 30 岁左右。根据惯例,长者决定每个新成立的年龄组招募结束的时间。实际上,处于低层的年轻人急于晋升,不想做最后一个加入年龄组的人,他们被迫沿着龄级升迁的阶梯向上移动,后加入年龄组的人会提前结束受人青睐的武士期。如果年龄组拥有较长的招募期,意味着同一年龄组成员的年龄间隔相对较大;有些马赛人在一个年龄组内设立初级组和高级组,每个组里的人享有不同的权利,随着年龄的增长,按照仪式将组别进行调整。当一个年龄组中最年轻的小组进入长者时期,小组便不复存在。整个年龄组使用同一个名称。

　　马赛族作为一个社会一直延续至今,证明其龄级制非常重要。一个突出的现象是,肯尼亚的人口近些年高速增长,已威胁到整个国家的经济能力,定居农耕社群人口的增长速度远高于马赛族和其他牧民,这一现象可能与马赛族一系列与父权制和龄级制相关的传统习俗有关,马赛族的一夫多妻制、产后禁欲和很长的哺乳期可能是导致生育间隔长和生育力低下的重要因素(Sindiga,1987)。

---

① 年龄等级:文化上定义的龄级制中的各个年龄阶段,如童年、青春期、为人父母,以及老年等。

图 5.9　19 世纪马赛族的男性和女性

女性不能成为长者，但她们与社会息息相关。随着年龄的增长，她们努力维持马赛体制。一夫多妻制可以减轻妻子的家务劳动，因此年长的妻子会乐意接受这一制度（方框 5.6）。女性为自己行割礼，这是结婚的先决条件。如果婚姻不幸福，在结婚初期她们可以选择离婚。有了孩子之后，女性获得更多的自主权。由于结婚较早，她们一般会比自己的丈夫活得更久。受到虐待的妻子可以向长者求助，对女性犯下严重罪行的男性被视作所有女性的威胁，愤怒的女性作为族群道德的执行者，对施暴者进行攻击和殴打，并宰杀他们的牲畜，女性还会举行特有的反抗男性权威的仪式。

方框 5.6

马赛族女性

人类学家梅丽莎·卢埃林-戴维斯会讲马赛语，对马赛族进行过多年的研究。在影片《马赛女性》（1974）中，她让几位马赛妇女就她们作为女性的经历进行自由讨论。用她们自己的话来说，马赛女性依据马赛文化来定义自己的性别角色，并坦然接受这一角色。女性负责挤奶、生育孩子和建造房屋。女性"一无所有"，她们照料动物，负责挤牛奶，但是对奶牛不具有所有权，男性拥有对牧群的决定权。然而,在与一位富有同情心、知识渊博的非马赛女性的讨论中发现,马赛族女性从积极的角度看待自己的文化角色。阴蒂切除术(女性割礼)受到国际女权主义者的强烈谴责,但是马赛族女性辩称:"我们一直都是这样做的。"一位女性解释道:"上帝很久之前创造了这一习俗,女孩们都想尽早行割礼,这是一件非常好的事情。"当卢埃林-戴维斯问她们,行割礼的体验是否愉快时,一位步入成年期的女性再三强调"她十分开心",因为行割礼之后,女孩就会成为女人,很快就能结婚。

不管她们如何评价女性割礼,并非所有的马赛女性都完全支持这一做法,割礼并非马赛文化功能上不可或缺的一部分,在这种情况下,女性可能感到被迫延续不符合她们最佳利益的习俗。

影片中,马赛女性告诉卢埃林-戴维斯,她们接受包办婚姻,嫁给年老的男性,但她们并不总是感到幸福,因此,她们会选择年轻的武士作为情人,尽管她们的丈夫发现后会非常生气。当卢埃林-戴维斯问到,一夫多妻制社会中,女性是否嫉妒丈夫的其他年轻妻子时,一位马赛女性这样说道:"和你们欧洲人不同,我们不会嫉妒……因为有太多的工作要做,对我们来说,自己的丈夫能有多位妻子反而是一件好事。下雨的时候,村子里很脏,我们得把它清理干净,我们还得照料奶牛和挤奶,我们的丈夫可能有很多奶牛,挤奶是一项巨大的工程。我们要挤牛奶,用泥涂抹屋顶,照料小牛……所以如果当我分娩时正好下雨,而我的丈夫没有其他妻子的话,谁来涂抹屋顶呢?那就没人了。谁来清理村子里的脏物呢?没有人。有这么多的工作要做,所以马赛女性不会嫉妒。"

然而,电影显示,马赛女性以公开的、"仪式化的"敌意迎接丈夫新妻子。

生活艰辛,但会得到回报。电影里,一位女孩行割礼之后,一群女性为她唱道:"什么适合我们女人?听上帝的话吧。我们适合为成年礼准备护身符,为孩子们的割礼而忙碌,为举行庆祝准备蜂蜜、啤酒、牛奶、肉和黄油。当儿子们外出放牧,我们适合坐在树荫下休息,我们适合给孩子喂奶。上帝啊,哺乳的母亲啊,要记住什么适合我们。"

男性龄级制的基本原则是:男性在成为武士、结婚、供养家庭以及主持仪式等方面享有同等的机会和权利,并按照年龄组内的会员制度有条不紊地逐步实施。龄级制也会因晋升机会不均等而产生矛盾并引发冲突,但是政治冲突往往发生在年龄组之间,而非个人之间。人们对政治权力进行广泛分配并严格管制,因此龄级制并不是权力高度集中的老人政治。

三、商业世界中的牧牛民族

与澳大利亚和亚马孙流域类似,商业世界的入侵和掠夺改变了非洲牧牛民族的文化,破坏了其自治性,外来者欲从土著领土攫取一切商业价值。但是除贩卖奴隶之外,直到

19世纪末期，商业世界才开始进入东非。19世纪80年代，随着阿拉伯商人、欧洲探险家和传教士的到来，殖民政府开始扩大管辖权并分割土地。位于上尼罗河的努尔人屡次抗击英国殖民统治者在苏丹进行的惩罚性袭击，并在1956—1972年和1983—2005年间的两次内战中同苏丹伊斯兰共和国交战，最终南苏丹共和国于2011年赢得独立。丰富的石油储备使南苏丹成为兵家必争之地，内战期间以及之后的混乱时期，大量土著在南苏丹死去或沦为难民。在新的独立政府管辖下，土著人民的命运如何，现在下结论还为时过早。

17世纪早期，外部世界就认识到，马赛族是一个独特的文化群体。19世纪，马赛人将自己的领土扩张至现在的坦桑尼亚（McCabe，2003）。欧洲殖民统治在19世纪80年代进入该地区，坦桑尼亚于20世纪60年代实现民族独立。1896年，英国人宣布肯尼亚为"保护国"，并于1918年接管了邻国德属东非，即后来的坦桑尼亚。欧洲人被低税收、丰富的资源、土地和低廉的劳动力等吸引，来到殖民地肯尼亚。木材、谷物、牲畜、橡胶、椰干、黄金以及欧洲猎人大量捕杀猎物所获得的兽皮、兽角和象牙，很快流入世界市场。马赛人屈服于农场主和牧场主，被迫让出一半以上的土地，根据1904年签订的一项条约，他们被迫迁移至两个保护区。"只要马赛族存在，这些保护区就应该永久保留下来"（Buell，1928）。然而，1913年北方保护区变成肥沃的农田，尽管马赛人提出抗议，他们仍旧被转移到更为贫困的南方保护区。

强迫土著牧民离开主要的放牧区域，让他们赖以维持生计的放牧活动变得愈加困难，这是政府一贯的做法，直到现在，这一问题仍然存在。政府规划将国家公园发展为旅游资源和生物多样性的保护区，这对马赛族进一步造成压力。尽管马赛人已经证明他们可以与野生动物共存，但他们要么被从塞伦盖蒂和恩戈罗恩戈罗等世界著名的野生动物保护区驱逐出去，要么只被允许在有限制的条件下继续生存。尽管处于保护之下，航拍调查发现，1977—2013年，肯尼亚所有的野生哺乳动物数量急剧下降（Ogutu等，2016）。面临干旱和放牧地减少，牛的数量减少了25%，由于山羊和绵羊为牧民提供更为安全的生活保障，其数量则增加了76%。

21世纪，商业世界金融资本的自由流动，以意想不到的方式对非洲牧民造成深远影响。2007—2008年，全球金融危机以及随之而来的粮食价格波动，导致许多大型国际投资者以及盛产石油的国家开始在非洲购买农田（Kachika，2010）。2015年，多份报告显示，为了给地热能和商业狩猎运动项目让路，肯尼亚和坦桑尼亚的马赛族被驱赶出自己的土地（First Peoples Worldwide，2015）。

尽管由于人口增长，放牧区域日渐缩小，许多开发项目和政府的限制性政策迫使牧民种植粮食作物和从事商业经济活动，但是放牧仍然是马赛族重要的生活方式。马赛人这样描述20世纪90年代的情况："为了不卖掉我的牛，我才进行农业耕作"，"现在的生活成本很高，家庭对食物、教育和医疗的需求太大，而牲畜不足以满足这些生活需求"（McCabe，2003）。

本章小结

东非牧牛民族建立了非常成功的文化系统，能够充分有效地利用艰苦的环境。在他们创立的社会中，男女老少在供养和延续家庭、社会以及文化等方面承担不同的责任。与澳大利亚土著和亚马孙雨林民族相比，牛和其他家养动物让非洲牧民能够供养人口密度更高、规模更大的社会。然而，工作负荷增加，人们的个人生活受到更严格的管制，因此这并不总是一种优势。和所有部落社会一样，东非牧牛民族没有正式的政治领导人或政府机构，亲属关系是主要的组织原则。部落里的村庄是固定的，但牛群和年轻人是流动的。和亚马孙河流域不同，东非牧民劫掠主要是为了抢夺牲畜，而不是为了报复性杀人或抓获女人。年轻的男性具有武士和牧民双重身份，和同龄配偶一起生活10年或更久之后才能结婚。与澳大利亚土著以及亚马孙流域的部落相比，东非牧民已婚男性和女性所承担的社会角色并不平等，为了生存，女性比男性工作更加努力。尽管她们确实对牲畜具有使用权，但通常无法拥有或管理牲畜，也不能参与政治。在意识形态上，女性处于矛盾地位，她们一方面被社会边缘化，另一方面又受到高度的重视。但是，女性拥有自己的房子、床铺和炉灶，并掌管家庭生活。最重要的是，女性为男性繁衍后代以维系父系制，在一夫多妻的家庭中，男性从母亲那里继承牲畜遗产。

牛是维持家庭生计的核心，也是男性在家庭之外追求个人利益的主要手段。然而，与其他部落社会相比，东非牧民将牛作为个人拥有的可移动和可再生的财富，有可能形成更大的财富差异。家庭畜养的牧群有实际的上限和下限，但是大多数家庭拥有足够的牲畜，以保护他们免受干旱、流行病和突袭带来的侵害。

思考题

1. 描述牛在东非牧民生计方面发挥的作用。
2. 非洲牧民必须适应哪些关键的限制因素？
3. 为什么很难确定非洲牧民实际所需的牛的数量以及牧场的承载力？
4. 简述努尔人的结婚过程，包括聘礼、家庭、丈夫、妻子、合法父亲和生父等内容。
5. 马赛龄级制与老人政治及父权有何关系？龄级制对马赛社会的韧性有何贡献？
6. 描述东非牛在社会和仪式方面的作用。
7. 描述牧牛社会中妇女可以获得的社会权力。
8. 什么条件有助于维持牧牛社会中家庭间的社会经济平等？

关键术语

无首（acephalous）
年龄等级（age grade）
龄级制（age-class system）
婚役（bride-service）
聘礼（bride-wealth）
亲子关系（filiation）
生父（genitor）
收继婚（levirate）
合法父亲（pater）
父系家族（patrilineage）
裂变世系群制（segmentary lineage system）
季节性移牧（transhumance）

阅读文献

Evans-Pritchard, E. E. 1940. *The Nuer: A Description of the Modes of Livelihood and Political Institutions of a Nilotic People*. New York and Oxford: Oxford University Press. The most famous early ethnography of East African cattle people; vividly describes their dependence on cattle, emphasizing ecological relationships.

Spencer, P. 1988. *The Maasai of Matapato: A Study of Rituals of Rebellion*. Bloomington and Indianapolis: Indiana University Press. An excellent modern ethnography that focuses on social organization, life cycle, and ritual.

Spencer, P. and Elliot, F. 1998. *Ariaal Pastoralists of Kenya: Surviving Drought and Development in Africa's Arid Lands*. Needham Heights, MA: Allyn & Bacon.

第6章

部落世界的思维、身体和灵魂：跨文化视角

◇ 学习目标
- 确定不同文化背景下的人是否在认知能力方面存在差异面临哪些困难？
- 描述部落世界在宗教信仰和习俗方面的文化多样性，并与帝国世界和商业世界进行对比。
- 评价下列观点：部落民族生活在与众不同而又独特的感性世界里。
- 解释萨满教以及其他与超自然现象有关的信仰和习俗如何让个人受益并具有适应性。
- 评价部落世界人民的生活质量，并与商业世界进行具体比较。
- 讨论部落世界中财富的意义和分配形式。

    生活在部落文化中的人，他们的思想、信仰和健康习惯给人们提出许多有趣而重要的问题，这些问题都与跨文化理解相关。其中最基本的问题是，如何评估部落人民的心理、情感和身体健康状况，以及该文化整体上是否成功。这个问题非常重要，传教士、政府教育工作者和卫生工作者在这些部落实施了福利干预项目，他们通常认为部落人既无知又落后。本章还将评估我们自己的健康和整体福祉，并与部落人民的情况进行对比分析。富裕工业国家很容易将医院、学校和污水处理厂与健康和智慧相提并论，并轻视缺乏这些设施的社会。部落世界的萨满教、巫术和魔法，这些看似怪异和非理性的元素进一步强化了种族中心主义观点。部落世界的宗教和意识形态是超自然无形世界的一部分，需要我们特别用心去理解。这些信仰和所有民族的宗教信仰大体上一样，只是在细节上存在差异。前几章对部落文化背景下的信仰和习俗做过介绍，本章将从比较文化视角探讨这些信仰和习俗对于个人福祉的意义。本章还将回顾历史上和当代人类学家对部落宗教和"原始思维"的经典解释。

一、审视部落宗教信仰和习俗

人们常常从自己的文化视角带着偏见去看待另一种文化，长期以来，人类学家在理论上先入为主，用人类生物学、人类文化建构和运作理论去解释部落民族的文化信仰和宗教习俗。人类学的解释模式就像时尚一样，随着时间的推移而变化，通常反映国家政治和全球文化发生的变革。历史上早期最具误导性和破坏性的人类学理论认为，生物学差异导致某些人类群体处于劣势；另一种同样具有破坏性的理论声称，文化的演变进程是不可避免的，并且随着人类的发展而进步；更严重的偏见来自商业文化对技术和经济增长的极度关注，将它们视为人类进步和福祉的主要途径，这一偏见导致人们无法以积极的眼光评价小规模部落文化的成就。

二、人类学民族中心主义、功能主义和唯物主义

1945年之前，现代殖民时代逐步走向终结，但是人类学仍然沿用与欧洲文化优越论紧密相关的生物学差异理论来解释部落宗教文化差异，将文化差异等同于种族差异，认为部落民族属于劣等民族，这是种族主义思想。生物决定论最为极端，该理论运用西方社会学流派——社会达尔文主义（Social Darwinism）[①]，将竞争性自然选择和适者生存等生物进化论应用于全人类文化。该理论认为，从文化和生物学角度看，欧洲殖民者正在摧毁的民族和文化都是"不适宜存在的"，因此注定要消失。他们把小规模文化看作代表早期进化发展阶段的活化石，而欧洲人早已跨越了这个阶段。斯坦尼兰德·维克是种族中心主义方法论的代表。19世纪90年代，他将澳大利亚土著描述为迟钝的儿童（方框6.1）。对部落民族进行极端贬损的错误言论反映了他对殖民政策的麻木不仁和支持，这些政策加速了欧洲征服下的部落社会的瓦解。

"土著"（native）、"野蛮人"（savage）和"原始人"（primitive）等术语有时出现在本章或其他章节中。人类学家认为这些术语具有冒犯性，应当尽量避免。但是，在讨论人类学的过去时，如果不使用这些术语，就很难探讨人类学思想的历史发展。native一

---

① 社会达尔文主义：一种政治"哲学"，认为有些社会在生物学和文化上处于劣势，因此"不适宜"生存。

> 方框 6.1
>
> ## 18 世纪关于澳大利亚土著的种族中心主义观点
>
> 1871 年，伦敦人类学研究所所长查尔斯·斯坦兰德·维克（Wake，1872）在该所宣读了他撰写的一篇关于澳大利亚土著的论文，其内容令人错愕，种族中心主义思想暴露无遗（第 3 章内容全部关于澳大利亚土著文化，显示维克非常错误的观点）。维克的论文中使用的语言令人反感，很难想象这是一项科学研究得出的客观结论。他将澳大利亚土著习俗贬低为"野蛮""荒谬"和存在"道德缺陷"，声称这些习俗建立在"完全自私"的基础之上。这种令人震惊的种族中心主义思想起源于支持欧洲殖民主义的种族和文化优越论。
>
> 在维克看来，澳大利亚土著的物质文化简单，是人类进化初期活生生的例子。他试图描述土著的心理特征，但他觉得谈论土著的"智能"是不准确的，他们基本上凭本能行事，比动物的智能高不了多少。他们"生活中没有目标，只是为了延续生命和满足生理需求，尽可能不给自己惹上麻烦"。
>
> 他们的技术成果，如回旋镖，曾被嘲讽为偶然的发现，他们的艺术则被比作"儿童作品"，甚至连土著语言和复杂的婚姻制度也被视为无意识的发展，未反映任何特殊的智能。
>
> 澳大利亚土著喜欢唱歌跳舞，在食物丰富的时候"极其懒散"，按照常理，也可以将他们视为儿童。土著没有宗教信仰，但他们的思想却"充斥着迷信"。在维克看来，他们既没有抽象的道德观念，也没有形成对待死亡的态度，他们经常虐待妇女、年轻人和弱者。他们会吃自己的孩子，殴打和奴役自己的妻子。维克甚至怀疑土著母亲是否具有"母爱"，尽管他也指责土著父母过度放纵孩子。
>
> 关于澳大利亚土著和欧洲人的关系，维克发现，澳大利亚土著是傲慢、狡猾、奸诈的小偷和骗子，他们出其不意地杀害陌生人。维克没有把这些消极的人格特征与殖民侵略的事实相联系，而是将他们的"背信弃义"归咎于多疑。维克对土著文化的解释并没有超出他先前的假设，即"澳大利亚土著代表人类的童年时期"。他们的道德和智力水平仅仅达到儿童的标准，而不是从更高水平退化而来。维克认为欧洲文化是最先进的文化，欧洲必将主宰世界，他的种族中心主义思想在当时不足为奇。实际上，维克从未见过澳大利亚土著，他对土著文化肤浅而又刻板的认识显然和那些欧洲探险家和定居者们一脉相承。

词在殖民环境下使用的确具有负面意义，但它可用于简单地指称一个人是某个地方土生土长的。同样，primitive 一词并不总是表示消极含义，它还包含"主要的"或"最早的"的意思，有些人类学家明确使用 primitive 一词的积极意义（Diamond，1974）。savage 与 primitive 一词相似，这两个术语在历史上都被用来指"未开化的"或者"无政府状态的"，从这个意义上看，未开化与本书中使用的部落和部落世界相似，并不含有负面意义。

之后，英国功能主义人类学家拉德克利夫-布朗和马林诺夫斯基摒弃了不科学的种族主义人种论。20 世纪 30 年代，为协助殖民地管理者，他们开始将部落社会和文化描述为一个有机系统，认为人类社会和文化类似于一个生物有机体，具有相应的功能，是 20 世纪早期人类学最重要的观点之一。

功能主义学派警告，即使部落文化的信仰和习俗在欧洲人看来令人厌恶或极其怪诞，事实证明，这些信仰和习俗具有"功能"或社会目的，不分青红皂白的殖民干涉可能导致意想不到的负面影响，这一视角被称为功能主义（functionalism）[①]人类学，认为文化并非信仰和行为的随机集合，而是由文化的各个部分有机结合而形成的社会文化系统，用于满足个人的生存繁衍等基本需求以及维持社会和传递文化等其他需求。了解文化事物如何结合在一起非常有用，但是满足特定的需求通常有许多不同的方式，因此解释特定的特征如何产生和如何组合在一起仍然存在问题，功能主义学派的分析本身无法解释文化的起源。

长期以来，文化人类学家对"社会的物质条件或人们头脑中的思想是否决定人们的思想、创造和行为的首要因素"一直争论不休。著名唯物主义者莱斯利·怀特（Leslie White）和马文·哈里斯（Marvin Harris）将社会文化系统划分为三个层次：物质基础设施、社会结构（structure）[②]和意识形态的上层建筑（superstructure）[③]。他们指出，物质条件产生社会结构，而社会结构则塑造意识形态，这一观点被称为文化唯物主义，认为适应自然环境是最重要的文化过程，与第 4 章中讨论的生物文化进化观相似，将文化模式与个人成功繁育或内含适应性相联系。

克劳德·列维-斯特劳斯以及马歇尔·萨林斯（Marshall Sahlins）和克利福德·格尔茨（Clifford Geertz）等人重点研究符号、神话和仪式的文化意义，认为它们存在于人们的思想之中，对文化产生主要影响，这种方法被称为符号人类学或解释人类学，本书将借鉴这些观点。

跨文化理解需要考虑文化的各个方面，包括物质、社会组织和意识形态特征。意识形态、宗教信仰和习俗具有特殊意义，精英们利用它们将自己的权力合法化，塑造并利用隐含于文化中的世界观。此外，个人倾向于使用欺骗性手段来影响他人的看法，以实现个人目标，我们有理由认为，权力显然存在于文化信仰、神话、仪式和符号中，文化可以作为工具，对他人的行为产生影响。

---

① 功能主义：认为特定的文化特征可能对维护该文化发挥作用。

② 结构：根据马文·哈里斯的文化唯物主义理论，一种文化的社会、经济和政治组织由技术基础或基础设施塑造。

③ 上层建筑：一种文化的宗教、神话和仪式所表达的心理、意识形态或信仰体系。根据马文·哈里斯的文化唯物主义理论，上层建筑由结构塑造。

三、部落民族的认知能力

19世纪末是欧洲对非洲进行殖民统治的鼎盛时期,新的欧洲行政长官和殖民地官员必须了解他们试图掌控的民族。由于外国人很难预测土著的行为,人们普遍相信,土著的思维能力比欧洲人低下。种族主义进化论被明目张胆地用来为殖民主义辩护。欧洲人欣然认为,生活在部落社会中的人身体不够健康,文化欠发达,思维如儿童一般。

美国人类学家理解文化差异的方法深受弗朗茨·博厄斯（Franz Boas）的影响。博厄斯于1899—1937年在哥伦比亚大学任教,培养的多位研究员均成为20世纪著名的人类学家。博厄斯是犹太裔德国移民,他坚决反对种族优越论,反对将文化差异归因于种族类型不同。博厄斯的观点和当时盛行的种族中心论迥然不同,虽然认同欧美文明是人类最高的文化成就,但博厄斯认为"未开化的原始人"和"文明人"在基本的心智能力方面并不存在显著差异。他在1911年出版的《原始人的心智》一书中,对一系列关于部落民族心智能力低下的特征进行了驳斥,这些特征包括：不能抑制自己的情感,注意力持续时间短,以及创新思维能力有限等。

博厄斯发现,土著在适当的时候表现出冲动,但在必要的时候也会表现出明显的克制。他指出,民族志学家认为土著无法集中注意力,很有可能是因为被询问对象（informants）不情愿回答调查者提出的一连串不相关的问题。在他们自己的文化背景下,土著表现出丰富的创造力。博厄斯承认,部落民族和文明民族在思维形式上存在差异,但是这些差异是社会或文化差异造成的,并非种族因素所致,他因此得出结论：部落民族对经验进行分类的方式和合成概念的方式与我们不同。

英国人类学家爱德华·泰勒（Edward Tylor）在《原始文化》（*Primitive Culture*, 1871）一书中指出,看似怪异的部落宗教信仰和仪式是从万物有灵论思维（Animistic Thinking）① 发展而来的。万物有灵论用于解释梦的体验和死亡,认为灵魂和思想不仅存在于人类和动物,还存在于其他无生命的物质之中。灵魂的概念是所有宗教和巫术的基础,部落民族需要经过逻辑推理而得出,这一心理过程和我们的心理过程基本相似。詹姆斯·弗雷泽（Sir James Frazer）爵士发现了隐藏在魔法习俗背后的规律,并在《金枝》（[1890] 1900）一书中描述了这种唯理智主义的方法。他提出交感律（law of sympathy）②,认为有些东西,比如头发,曾经是人的一部分,即使和人分离之后,仍然可以对此人产生影响。因此,萨满可能使用一个人剪掉的头发来作法,对此人进行伤害。部落成员可能并不认同弗雷泽的"交感律",但是他们的确知道物质和人之间存在隐喻映射关系。在这种情况下,萨满可以利用人们对物质和人之间具有无形联系的共同信念来影响这个人,就像当今社会中,对身体物质进行基因分析可以用来作为法律证据一样。对于大多数人来说,基因是看不见的,但是我们仍然相信基因的存在,并利用这一信念来影

---

① 万物有灵思维：部落个人使用的灵魂概念,是爱德华·泰勒关于宗教起源的泛灵论的一部分,用于解释生命、死亡和梦境体验等。

② 交感律：詹姆斯·弗雷泽对魔法、巫术和萨满教的解释,他认为部落民族相信任何与个人有关的东西,如头发或血液,都可以被操纵用来影响这个人。

响他人。和泰勒一样,弗雷泽认为,原始人是粗糙的逻辑学家,其思维方式和英国人一样,他们犯错只是因为懂得不够多。

多项人类学发现证实,早期认为部落民族幼稚、智力低下的种族中心主义及其信仰是完全错误的。比如,现在大家都知道,在非洲中石器时代,早期人类经过近30万年的发展,并在大约65000年前对澳大利亚实施殖民,这是认知和行为的创新,是人们最早使用语言和充分展示现代人类思想和行为的确凿例证(McBrearty & Brooks, 2000; Davidson, 2010)。人类全面的认知能力不仅仅包括说话以及制作和使用符号的能力,认知能力的决定性特征可能需要发展工作记忆以及大脑额叶的执行功能(Coolidge & Wynn, 2001, 2005; Wynn & Coolidge, 2010),这个复杂的心理系统(图6.1)包括长时记忆和短时记忆、视觉-空间画板以及涉及语言的语音存储(Baddeley, 2007)。很可能是特定的基因突变,如FOXP2基因(控制语言能力发展的基因),实现了这些认知特征,导致人类比其姊妹物种具有巨大的适应性优势。

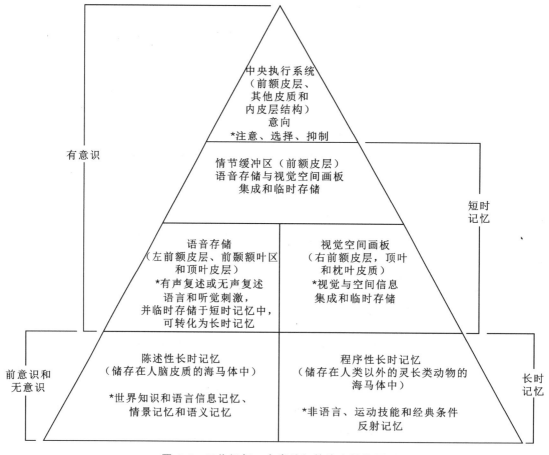

图6.1 工作记忆:人类认知的决定性特征

引自:Coolidge, Frederick L. and Thomas Wynn. 2005. "Working memory, its Executive Functions, and the Emergence of Modern Thinking". *Cambridge Archaeological Journal*, 15 (1): 5-26.

作为解剖学上的现代人,变大了的前脑所管理的执行功能让我们成为真正的人类,能够进行有效的社会互动,同时,也使得土著能够最早占领澳大利亚。这些心理能力描述如下:"……做决定、形成目标、计划、组织、为达成目标制定策略、在最初的计划失败之后做出改变并制定新的策略。"(Coolidge & Wynn, 2001: 256)

执行功能涉及人的下列能力:抑制分心、集中注意力、管理复杂的行为、解决问题、按照时间和空间安排事物、学习和为未来制订计划等,这些心理功能与人的感知、行走、交谈和记忆能力无关。同时,执行功能还涉及想象未来行动结果的思维实验或心理模拟。这些认知技能在考古学上首先体现为制造复杂工具的能力,出现在新石器时代的纺织、陶瓷和农业证明人类的行为已经拥有执行功能。与现在商业世界人们的心智能力进行比较,一些研究人员发现,在带有网络的设备屏幕前花费过多时间的青少年,其脑额叶发育似乎出现退化(Lin 等,2012)。如果发生这种情况,这将是人性化进程的关键方面在文化上产生的逆转。

(一)集体表象

法国哲学家吕西安·列维-布留尔是最早对部落民族思维过程进行系统研究的非种族主义学者之一,其目的在于揭示部落民族与"文明"民族在思维过程方面有何不同。他在研究中应用了法国社会学家埃米尔·涂尔干(Emile Durkheim)提出的集体表象(collective representations)①(又称为群体思想)概念。集体表象就像一般的文化一样,是充满情感的思想或观念,由特定社会的成员共享并代代相传。这些观念是集体的,而非个人的独特属性,因此不能按照个体心理学的原则来理解。他始终认为,原始思维并不低人一等,土著人也不像儿童,他们的思想只是与众不同罢了。列维-布留尔认同博厄斯提出的思维受到文化条件限制的观点。与博厄斯、泰罗和弗雷泽不同的是,列维-布留尔强调,"原始人"的心理过程是截然不同的,只有按他们自己的"规则"才能理解,他否认万物有灵论和唯理智主义的解释,认为这些理论是基于个人思维而不是集体思维。

(二)原始思维

列维-布留尔认为,原始思维的关键是基于特定社会条件下对不可察觉的力量的信仰,假定存在一种"神秘"的现实。原始思维建立在互渗律(law of participation)②基础之上,在该法则下,矛盾被忽略,某些人或事物可以同时具有双重身份。比如,部落民族认为萨满既是人又是美洲豹,两种身份并不矛盾。

列维-布留尔(1926)指出,尽管原始人的大脑和感官跟我们一样,但是"他们和我们感知事物的方式却不同"。他们对事物形成具体的形象,情绪化地去感知和生活,而文明人则擅长抽象化和概念化思维。用他自己自相矛盾的话来说,原始思维是"具体的",而文明思维是抽象的和概念化的。尽管列维-布留尔在处理跨文化理解方面遇到一些困难,但他观察到,主位(emic)视角对特定文化的内部含义存在理解障碍,这一点在某种程度上是难以逾越的。即使表面上存在相似性,但范畴很少完全相同,因此翻译至关重要。例如,传统用于货物交换的东西被称为货币,但是那时的货币并非现在市场经济中的货币。意义的不同可能无法准确地用具体和抽象来区分,但列维-布留尔呼吁深入掌

---

① 集体表象:整个社会共有的思想、观念和情感,尤其是超自然现象,又称为群体思想。
② 互渗律:一个事物可以同时参与或成为两个或多个事物的一部分的假设。

握语言知识，即使不能真正使用另一种语言来思考，掌握最低限度的口语知识是完全可能的。

（三）结构主义

在列维-布留尔之后，人类学家基本上放弃研究部落民族的心理世界。直到20世纪60年代，法国人类学家克洛德·列维-斯特劳斯（Lévi-Strauss, 1966）详细论述了他对部落文化背后的心理过程进行研究的结构主义方法。几十年来，列维-斯特劳斯倡导的结构主义（structuralism）①及其分析方法一直是文化人类学和人文学科的主要理论观点，他质疑抽象词汇和具体词汇之间的区别，认为抽象和具体之间的差别与注意力和兴趣水平的差异相关，而与思维方式的差异无关。列维-斯特劳斯认为，部落民族和文明人一样，使用许多抽象词汇，并且为了自身利益探求关于客观环境的知识。他们给事物命名，不仅仅是因为这些事物具有实用价值，而是发现通过仔细观察和编目，将秩序强加于世界是一种审美上的愉悦。前面的章节讨论了亚马孙土著的生态学知识和澳大利亚土著的梦幻地图，充分说明他们对细节的关注。列维-斯特劳斯认为，正是这种对秩序的共同追求，构成了人类思维的基础，使得陌生的思维模式易于理解。

列维-斯特劳斯并不觉得人们认同图腾有多么神秘，土著不会被互渗律迷惑，将动物视为他们的图腾，对某一事物同时持有经验性知识和情绪性知识并不矛盾。列维-斯特劳斯坚持认为，魔法思维或者他所称的神话思维（mythical thought）②，在方法和目的上与正式的科学思维不同，但在逻辑上并没有区别。由于神话思维推动了新石器时代一系列重要的技术发展，如驯化、陶器和编织等，因此神话思维有其科学性。然而，对于列维-斯特劳斯来说，新石器悖论（neolithic paradox）③难以解释为什么在建立形式科学（formal science）之前科技发展在新石器时代之后一直停滞不前。为解释这一悖论，列维-斯特劳斯认为，科学思想有两种截然不同而又相互对立的类型，即基于感知和符号的具体性科学（science of the concrete）④和基于概念的形式科学。形式科学和具体性科学各自有其合理性，并非科学发展的不同阶段。"科学"一词指系统有序的观察和思想，用于帮助人们定义和理解现实。部落世界运用具体性科学不是为了创造新技术和直接改变物质世界，而是为了塑造人们的感知，类似于当代电影和视频媒体中使用的视觉影像。

神话思维通过一套具体的文化符号发挥作用，这些文化符号包括重要的意象和事件，形成结构化关系，在满足人们审美需求的同时，帮助他们了解现实世界。列维-斯特劳斯在这里指的是逻辑关联和互补对立的结构化集合，它们具有神话以及与之相关的仪式信

---

① 结构主义：一种探索人们如何利用符号之间的对比关系（即结构）来表达意义的理论方法，比如语言中通过声音（音素）的对比表达意义。

② 神话思维：列维-斯特劳斯关于神话和魔法的思考；逻辑上类似于科学思想，但基于具体的科学，用于服务美学目的和解决存在问题。

③ 新石器悖论：列维-斯特劳斯创造的术语，指部落人民发明了满足家庭需要的所有主要家庭技术，如烹饪、纺织和陶瓷，但并未继续发明服务于政治目的的冶金术和文字。

④ 具体性科学：列维-斯特劳斯创造的术语，指基于感知、符号、意象及事件的思想，与基于概念的形式科学相反。

仰和习俗的特征。第 4 章 "亚马孙宇宙观"一节中已对此进行过详细讨论。正式的科学概念尽可能地接近自然现实,它们源自结构化的理论和假设,用于扩充整个文化领域,并在外部世界中做出改变或创造。

四、澳大利亚土著的认知能力

入侵澳大利亚的欧洲人从一开始就深信土著人在智力上低人一等。1915 年,澳大利亚心理学家斯坦利·鲍德斯(Stanley Porteus)首次用迷宫实验对土著人的认知能力进行正式测试,该测试一般适用于不识字的人。鲍德斯坚称,可以根据不同种族在智力上的差异程度区分出"种族"的等级高低。他首先采用迷宫实验测试由 42 名欧裔澳大利亚少年犯组成的控制组,确保实验能够识别被试缺乏远见和谨慎,且存在一般性的智力缺陷,他认为这些因素会导致社会越轨。在对 28 名土著儿童进行测试时,他发现土著儿童实际上比欧裔少年犯表现得更好,但他将此测试结果归因于土著的生理成熟过早。他认为,土著人心智发育迅速,但很快就会停止。他坚信,土著人种族卑微,到青春期早期,"懒惰、无能和缺乏远见等普遍性种族特征越加明显"(Porteus, 1917)。后来,在《气质与种族》(*Temperament and Race*)一书中,他断言"澳大利亚土著的地位远低于其他国家的土著,他们处于高加索人发展等级体系的最底端"。鲍德斯告诉读者,"大可不必将回旋镖(见图 3.8 和图 6.2)视为土著创造性技能的证据"(Porteus & Babcock, 1926)。鲍德斯被认为是继维克之后种族中心主义的代表人物。

图 6.2　新南威尔士男性土著

即便在 20 世纪初,一些心理学家仍然拒绝将土著的技术看作心智能力的证据。

后来,研究人员考察了土著在日常生活中实际运用的认知技能,发现在相似的环境下,他们的评分始终高于欧洲人。例如,土著擅长视觉记忆和空间测试,这些技能对他们寻找路线、跟踪、狩猎和采集等活动非常有用(Klich, 1988)。早期的人类学观察者还对土著超凡的视力和观察能力印象深刻,但与种族主义和进化论偏见一样,他们将这些技能贬低为"本能的"生存技能和"低级的"心智功能。

20 世纪 70 年代,人类学家大卫·刘易斯(David Lewis)发现,西部沙漠(Western Desert)的土著男子在穿越一个几乎毫无地理特征的区域时,通常会对自己经过的地形特点进行详细的记忆(Lewis, 1976)。当刘易斯使用指南针进行随机测试时,发现土著可以非常精确地指出距离他 200 千米以外的圣地的方向,这种准确性要求他们不断更新脑海中记录位置移动的地图，即使在不熟悉的区域他们也能做到这一点。这些空间能力在土著语言和"梦幻时光"宇宙学中得到充分印证。在该项测试中，欧洲人会被评为智力障碍者。土著的导航能力当然与他们对圣地和"梦幻时光"路径的关注直接相关，在现代土地权立法时代，保护基于图腾和"梦幻时光"祖先等无形的超自然世界的知识，一直是收回土著的土地和进行法律辩护的核心内容。

五、魔法、信仰与超自然

（一）灵魂信仰、萨满教和巫术：对美洲豹萨满的再思考

如第4章所述，亚马孙万物有灵论者对现实的理解是，人和其他动植物都具有灵魂，因此他们的内在是一样的，只是外表不同而已，如果我们没有认识到他们明显的外在差异，我们如何与这些生物建立联系呢？问题是：阿沙宁卡人是否将萨满/美洲豹之间的转换理解为某种象征或隐喻，或者他们是否认为这是一种"自然事实"，即真实的自然世界。法国人类学家德斯科拉（Descola，2013）坚称，人类/动物之间的转换是真实的，对人类与其他动物保持有益的关系非常必要。因此，大多数时候，各种动物根据其外部身体条件和能力行事，但是它们内在的"灵魂"都是一样的，有时会跨越生理差异进行交流。狩猎巫术认为，猎人和猎物具有相似的灵魂，猎人是在做理性的事情，可以帮助猎人"进入猎物的头部"，即"与动物进行交流"。同样，在人/动物相互转换的过程中，一种存在以另一种形式出现，可以理解为跨物种之间进行交流的必要条件。实际上，为了和其他物种进行交流，一方接受另一方的视角、内部观点或灵魂，人们就是这样理解萨满所经历的转换的。德斯科拉还注意到，亚马孙河流域和澳大利亚萨满与他们的转化动物之间的亲缘关系存在细微差别。他发现，澳大利亚萨满有特定的物种而不是特定的个体作为其助手，美洲豹萨满变成一只特定的美洲豹，而不是变成任意一只美洲豹。

部落民族如何看待他们的文化艺术品或所制造的物质产品以及如何与之建立联系，非常重要。这些艺术品或物质产品突显了部落世界和商业世界之间的重要区别，有助于解释我们目前面临的社会和环境问题。部落世界里，由于万物皆有灵，艺术品也被赋予人性，但不一定是人，它们与动物和其他自然事物一样，有自己的灵魂和意图，这并不是说部落人民无法区分生物与非生物、自然与人类社会，以及自然产生的事物与现实世界中的人工制品。这种思维的重要之处在于，这是一种看待人际关系的方式，历史上，人类学家称这种观念为拜物教（fetishism）[①]，认为它是不切实际的魔法思维，但这种思维可能非常有用，而且并不奇怪。毕竟，人类学家阿尔夫·霍恩博格（Hornborg，2015，2016）所称的"技术拜物教"在商业世界中具有重要作用，尤其是在涉及货币和技术的"魔法思维"方面，和部落世界的拜物教相比，"技术拜物教"给人类带来截然不同的影响。相信永无止境的技术进步会轻松解决全球环境问题，将这一共同信念看作魔法思维可能有一定道理，但这并不是说采用亚马孙式的魔法思维能更好地为我们服务。

[①] 拜物教：相信某些物体对人具有特殊的力量。

第 6 章　部落世界的思维、身体和灵魂：跨文化视角

亚马孙民族并不认为万物具有同等程度的灵魂、生命力、能动性或情感，这意味着不同的物体具有不同的能量，以不同的方式与人互动，或者与人毫无关系。阿沙宁卡族的近亲亚尼沙人认识到，有些物体是没有生命的，它们只是物体而已，而有些东西却包含强大甚至危险的灵魂。一些自然物体如太阳、月亮和特定的星星，被认为是古代神灵的化身，有些器物如鼓、笛子和各种家用器具等，被认为与古代神灵相关，灵魂通过不同形式的物体显现（Santos-Granero，2009），例如，圣笛上的三个孔与猎户座的三颗恒星相对应，有些物体（如亚尼沙排箫和长笛）被认为具有灵魂，仪式上为它们供奉木薯啤酒、古柯汁和烟草卷，以唤醒和调节其灵魂。和"梦幻时光"一样，在古代，亚尼沙的创世者——太阳和其他神灵，将一些人变成湖泊、瀑布和突出的岩石，代表特定的神灵，形成神灵景观，和"梦幻时光"路径非常相似，对现实世界非常有用（Santos-Granero，1998）。

对亚尼沙人来说，衣服等个人物品如同自己的身体或肢体，包含人的部分灵魂或生命力。这些物件的自我能力很小，无法独自发挥作用，但是由于它们具有部分灵魂，因此非常重要。比如，亚尼沙妇女小心翼翼地守护用棕榈纤维编织的背带，上面装饰着种子、羽毛和鸟皮，她们每天将它作为婴儿背带背在肩上，使之成为身体和灵魂的一部分。如果这样的私人物品落入坏人之手，它的主人可能会遭到巫术的伤害。这就是为什么人死之后，私人物品必须销毁。

和其他亚马孙民族一样，亚尼沙人能够辨别从人到动物和"美洲豹石"之类的物体的连锁转换，这些物体是美洲豹神灵的化身，由强大的萨满控制。正如桑托斯·格拉内罗（Santos-Granero，2009：115-116）描述的那样，和阿沙宁卡人一样，亚尼沙萨满从烟管中吸食浓缩的烟膏以产生幻觉，从神灵之主或者烟草之"父"那里获得动物神灵助手，烟草之主神灵也是神灵美洲豹之主，类似于第 4 章中所讨论的烟管与阿沙宁卡萨满的美洲豹之间的联系。亚尼沙萨满可以拥有多个神灵美洲豹，但是当他们接收到化身为美洲豹石的神灵美洲豹时，他们的力量更加强大。石头中的美洲豹可能会被烟草的烟雾唤醒，并接收指示执行萨满的命令。神灵化身为物体是我和美洲豹萨满因克泰尼罗之间互动的另一个维度，但是，从格拉内罗的叙述中，我一直没有弄清楚，是因克泰尼罗化身为美洲豹，还是美洲豹化身为因克泰尼罗。不论哪种情况，烟管对因克泰尼罗来说都非常重要，是其灵魂的化身。正如格拉内罗解释的那样，这就是为什么在将烟管这类私人物品送人之前，必须进行仪式性清洁。在此案例中，萨满在送他烟管之前，擦掉了所有的烟草痕迹。因克泰尼罗因此向格拉内罗要了一大笔钱用于清洁烟管。在任何一种情况下，仪式都能够阻止如此强大的个人物品被用来对付其主人。

这些基于灵魂对世界的理解对部落社会如何组织经济和政治权力产生影响。亚马孙萨满酋长利用文化上共同的信念获得政治权威，即通过干预各种神灵实体，利用它们的超自然力量来控制自然的生产力和繁殖力。关键在于，控制经济过程的权力不必直接使用武力或暴力威胁，而是来自对神灵实体及其权力的文化共识。部落社会和帝国世界的社会在权力方面的关键区别在于行使权力的方式以及整个社会对部落首领或帝国统治者的控制程度不同。亚马孙河流域的社会被视为部落世界，可能取决于其政

治权力的不同组织方式,可能包括萨满首领、战争首领和祭司首领等。例如,亚尼沙萨满祭司在仪式中心或简单的个人寺庙中主持仪式集会,旨在促进普遍的福祉和美德(Santos-Granero,1986)。和努尔豹皮酋长一样,萨满祭司也可以解决争端,但在其他方面的权力有限。

(二)萨满教与精神病理学

萨满和萨满教是部落世界与帝国世界以及商业世界之间重要的不同之处。或许可以这么说,部落民族不存在宗教。宗教拥有一套有组织的教义,由专职神父指导,遵循正式的、制度化的教条。萨满是兼职的宗教专家和治疗师,他们是部落社会原始心态和魔法思维最极端元素的拟人化体现。正如所料,来自宗教制度化社会的局外人很难理解萨满,早期的传教士常常称萨满为巫医,认为他们的超自然力量是魔鬼在作祟,并将他们视为基督教的敌人。由于萨满经常组织社区力量对政府的计划进行抵制,并且萨满教的治疗方法即使实际上并不危险,也常常被认为与现代医学背道而驰,因此政府当局并不认可萨满。

历史上,甚至人类学家也很难客观地看待萨满。例如,博厄斯的学生、人类学家阿尔弗雷德·克鲁伯(Alfred Kroeber)在1948年出版的《人类学》(一本标准的教科书)教材中指出,现代文明拒绝萨满教及其相关信仰,这是衡量科学进步的标准。他注意到,在我们的社会中,人们认为任何能够与亡灵交谈或者认为自己可以变成熊的人都是不正常的人或精神错乱者,而"落后民族的人"则认为这种行为是可以接受的,甚至令人钦佩。克鲁伯(Kroeber,1948)认为,萨满教是一种精神病理学,并声称:"如果一种文化中理性明智的人相信另一种最无知、最扭曲和最疯狂的人所信仰的文化时,似乎有理由认为,前一种文化的地位被降低了,而后一种文化地位得到提升。难道我们所摒弃的精神错乱的东西和超级催眠术可能是正确的?而其他人都错了?"

然而,重要的是要认识到,萨满教是基于有用而非理性的超自然概念。心理人类学家帕斯卡尔·博耶认为,人们应该记住并传承对社会非常重要的超自然概念(Boyer,2000)。人们运用的超自然的心理技能和他们彼此之间打交道的社交技能一样,密切关注人类的感知、信仰和欲望。萨满祭司使用关于超自然现象的共同信念来强化人类行为的道德层面,从而有助于人们更加相信其他人会与他们合作。运用或"相信"超自然的概念,并不意味着人们将超自然视为自然,但他们确实相信超自然是有用的。人们普遍承认的"超自然"信仰与道德、承诺、群体认同、仪式和个人经历有关。这些概念通常涉及超自然的"人",或者是具有类似于人类思维但行为方式异常的物体。

萨满教确实包含一系列惊人的现象,比如各式各样出神(trance)状态,魔法飞行和神灵附体(Peters & Price-Williams,1980),所有这些现象在其他文化背景下很难理解。萨满运用有节奏的吟唱、舞蹈、剥夺效应和精神类药物,诱导人们进入出神状态。人类学家迈克尔·哈纳曾经组织过一场关于萨满教的研讨会(Harner,1980,2013),他证实在适当的条件下,几乎所有人都能被诱发出神状态。

第6章 部落世界的思维、身体和灵魂：跨文化视角

冰河时期，欧洲洞穴墙壁上独特的线条和网格图案与世界许多地方的萨满岩石艺术设计特征非常相似，由此判断，萨满教可能已有数万年的历史。研究人员推断，这些设计反映了部落萨满在出神状态下脑海中呈现的图像。在深度出神状态下，萨满与原本看不见的神灵世界发生接触，实施惊人的法术，比如用魔法杀死敌人或将他们变成动物。萨满在神灵的帮助下实施治疗，对病人进行按摩，并戏剧性地吸出那些被认为是侵入身体并导致疾病的东西，或者将隐形飞镖射入敌人的身体以伤害他们。据称，澳大利亚土著萨满将一根骨头指向某人所在的方向，就能杀死此人。《圭亚那民族志》详细记载了亚马孙萨满教的"阴暗面"（Whitehead，2002）。

许多观察家质疑萨满法术的真实性，他们指出，萨满似乎没有真正进入出神状态，治疗师将他打算从病人身上吸出的东西事先藏在嘴里，为增加治疗的戏剧性效果，有些萨满可能假装处于出神状态，但是由于萨满教出神术和其他形式的神灵附体不同，怀疑萨满欺诈可能是因为对萨满教存在误解。

萨满通常在"清醒出神"或"醒梦"状态下与神灵和受众交流，清醒之后，通常能记住出神状态下所发生的事情；与病理性的歇斯底里不同，萨满并不处于完全游离状态。萨满出神术是一种暂时脱离正常现实的做法，梦中出现的图景在特定的文化背景下可以视作真实的，并且可被用于达成某些社会目的（Peter & Price-Williams，1980）。

人类学家对萨满教的心理病理学观点青睐已久。例如，朱利安·西尔弗曼强调，行为异常的急性精神分裂症患者和经历认知障碍或意识状态改变的萨满巫师之间存在相似之处，是对涉及内疚或失败等重大个人危机的明显反应（Silverman，1967）。和克鲁伯一样，在西尔弗曼看来，我们社会中的精神分裂症患者与部落社会的萨满之间最大的区别在于，精神分裂症患者的行为得不到任何社会支持，属于适应不良，而萨满教则在文化上被接受。因此，按照这种观点，可以认为萨满教是心理病理学的一种治疗性心理调整。

权威的《精神疾病诊断和统计手册（第三版）》也暗示精神分裂症和萨满教之间存在联系，该手册由美国精神病学协会出版，供临床医生使用。根据该手册，"儿童、原始文化土著、精神分裂型人格障碍、精神分裂症和强迫症"都可以看到"魔法思维"（American Psychiafric Association，1980），部落文化中的人呈病态，其心智如儿童一般，这一观念根深蒂固，很难改变。

20世纪60年代，自从西尔弗曼的分析发表以来，精神分裂症的临床概念已经得到很大的改进，甚至使用了《精神疾病诊断和统计手册（第三版）》中有关精神分裂症的定义，现在看来，精神分裂症和萨满教之间的差异非常明显。《精神疾病诊断和统计手册（第四版）》的术语表（附录C）中，将"魔法思维"定义为"错误地认为一个人的思想、言语或行为会以某种方式导致或阻止特定的结果产生，而这一结果违背了人们普遍理解的因果法则"。该定义补充说："魔法思维可能是儿童正常发育的一部分。"但是，由于"奇怪的妄想"并不容易识别，因此修订后的手册（第四版）在"精神分裂症"条目中建议临床医生考虑文化差异。实际上，"在某些文化中，带有宗教内容的视听幻觉可能是宗教体验的正常部分（比如，看到圣母玛利亚或听到上帝的声音）"。

将萨满体验归因于意识状态的改变，意味着它们只是失控的幻觉和其他偏执妄想，我们往往消极地看待这些现象，但实际上这并非萨满教的特征（Noll，1984）。萨满的意识状态不同于常人所理解的意识状态改变，精神分裂症患者的状态变化很显然属于适应不良，通常能够辨别。精神分裂症不由自主地突然出现，患者能听到无法控制的嘲讽声，而萨满可以随意进入萨满状态，并保持知觉，将看到的幻象服务于社会，然后无拘无束地恢复到正常的意识状态。一个成功的萨满可以在他的灵性体验和日常生活需求之间取得平衡，我们没有理由将萨满状态视为精神机能障碍。

（三）土著巫毒死亡与文化依存综合征

人类学家和医学研究者一直对部落社会中有关神秘死亡和疾病的报告着迷，物理世界无法解释这一现象，只能从文化上将死亡和疾病归因于超自然因素。澳大利亚土著的一个典型例子是所谓的巫毒死亡案例，例如指骨术杀人事件，即通过巫术将骨头指向某人所在的方向，将此人杀死。一直以来，人类学对此类事件的解释是，受害者死于对死亡的强烈恐惧和绝对相信巫术的真实性而导致的休克（Cannon，1942）。受过医学训练的人进行广泛观察后，澄清了这种死亡的物理和文化基础。1969—1980年，哈里·伊斯特韦尔（Eastwell，1982）在阿纳姆地土著社区进行定期精神病学门诊，他接诊了39名因生理和情感症状而确诊为"巫术恐惧综合征"的患者，在几乎所有情况下，某些特定事件——如亲人死亡或患病，人际冲突或违反仪式，都会导致他们怀疑自己受到来自超自然的危险。患者表现出极度恐惧的典型症状：眼睛凸出、瞳孔放大、出汗、情绪激动和失眠。有两名患者死亡，其中一名患者死于肾上腺异常，这可能是受到压力刺激所致；另一名患者则死于肾脏和心脏衰竭。

由于实际发生的死亡案例很少，伊斯特韦尔怀疑，恐惧并非巫毒死亡的唯一原因。他的怀疑得到进一步证实，有两名被认为因巫术濒临死亡的患者出现严重脱水症状，经过及时的医疗干预后获救。对土著老年人死亡过程的进一步分析揭示了一种常规的文化模式，即临终者和亲属都认为，当死亡临近时，双方会共同采取措施促进死亡进程——临终者拒绝饮水，亲属则不给他水喝，这样临终者因为脱水会在48小时之内死亡。

土著患者辅助安乐死和巫毒死亡之间具有惊人的相似之处。在这两种情况下，死亡的真正原因可能是脱水，患者及其周围的人都一致认为死亡正在来临，在哭丧和正式葬礼开始时，禁止患者饮水。据说，人们相信只有图腾神灵才能使垂死的人复活，并不需要饮水，死亡时，神灵回到祖先之井。

（四）神话和符号的治愈力量

受过医学训练的观察者普遍认为，萨满治疗师运用仪式技巧可以成功治愈各种精神疾病，土著治疗师还能熟练使用具有确定化学特性的草药治疗伤口和疾病。研究人员进一步承认，萨满教仪式可能涉及重要的心理治疗术，包括暗示的力量、社会关系重组、宣泄和神经化学刺激等（Dow，1986）。

无论具体的治愈机制是什么，萨满仪式之所以有效，是因为他们操纵文化定义的符号，通过改变人们的自我认知来协调身心关系。涉及图腾神灵或内疚、压抑等心理符号均源自文化迷思，凝聚着关于人类社会经验的重要真理。要让治疗取得成功，患者和治疗师必须建立一种工作关系，同样，患者必须停止对巫师声称的经验上难以置信的超自然力量的有效性持任何怀疑态度，必须相信治疗过程的真实性（Dow，1986）。当患者抛开疑虑，完全参与治疗过程时，他就能重新评估自己的经历并控制自己的情感。这些治疗原则有助于解释为什么许多仪式符号具有治愈功效，并且能够经久不衰。

来自澳大利亚阿纳姆地的相关资料证实符号具有治愈效果。在该地区，"梦幻时光"神话在割礼等一系列主要仪式中反复出现，"梦幻时光"祖先——瓦威拉克姐妹在"梦幻时光"旅途中创造了当地的文化景观。该神话详细描述了瓦威拉克姐妹的创造活动，并讲述她们如何将仪式的权力让给男性：姐妹俩的经血污染了彩虹蛇的蛇池，彩虹蛇被吸引，将她们吞噬。瓦威拉克姐妹以及普通妇女和肥沃的干旱季节相关，吞噬瓦威拉克姐妹的彩虹蛇蕴含着明显的男性联想，并在阿纳姆地雨季造成低洼地带洪水泛滥。

瓦威拉克神话与亚马孙河流域的圣笛神话相似，均涉及生死、繁殖和性别角色等普遍性问题。虽然瓦威拉克仪式情结并不直接涉及萨满治疗，但仪式的参与者不自觉地认同神话中的人物，并通过仪式将个人对于死亡的恐惧转化为更积极的结果，以满足人们对健康和福祉的需求。例如，男孩的割礼好比瓦威拉克姐妹被彩虹蛇吞噬，通过该仪式，男孩获得重生。在其他仪式重演中，女人们很幸运地避免被蛇吃掉。割礼仪式中放血等同于瓦威拉克姐妹的经血，仪式中使用红色的身体涂料作为血的象征，从而将符号的力量和积极正面的情感传递给仪式参与者。正如一位土著所解释的那样："割礼仪式中放血让我们感到轻松和舒适，让我们变得强壮，变得更好……我们有……来自血的力量。当我们把象征血的颜料涂在身上时，血就会进入我们的身体。"（Warner，1958）

（五）关于上帝、道德和性的不同信仰

几乎每个社会都信仰灵魂和神灵，以及具有超自然力量的神灵实体。部落世界和帝国世界之间最显著的区别在于人们是否信仰存在一位创造世界或掌管世界的至高神。近90%的部落社会不承认存在一位至高神，也不相信神会积极关注世界或道德。相反，只有大约一半的帝国世界不承认存在至高神，而另一半则相信有一位关注道德的至高神。信仰与行为相关的至高神，和政治统治者之间存在着显著关联，统治者将自己视作神或者神的化身，将自己的权力合法化。下节进一步阐明这一观点。

部落社会通常不存在掌管道德的至高神，但他们会利用对灵魂或超自然危险的信仰来约束他们的性生活。比如，部落妇女会在孩子出生后禁欲，绝大多数妇女遵守这一规则。在有关部落社会习俗的记录中，超过98%的部落社会记录了产后禁欲这一信息，近一半（47%）的人在6个月或更长的时间内禁欲。这一做法有助于控制孩子之间的生育间隔，具有明显抑制生育的作用，这可能有助于解释为什么一夫多妻制在部落世界如此普遍。但是，随着商业化农业社会中的财富不平等加剧，很多穷人无法养活多个妻子，一夫多妻制家庭似乎已经急剧减少（Ross等，2018）。

六、部落社会的健康和美好生活

部落民族的卫生标准看似较低,缺乏现代化的医疗设施和便利,因此许多善意的人(他们既不是种族主义者,也不是种族中心主义者)会错误地认为,部落民族的生活质量非常低。这不是一个简单的问题,商业世界的公共卫生项目和现代医学提高了许多人的预期寿命,尽管如此,独立的部落社会只要不受到外来者的负面影响,通常会享有高品质的生活。或许部落民族所拥有的东西是社会权力的公平分配,让每个人都感觉到可以掌控自己的日常生活。生活在自治部落文化下的民族很少经历物质匮乏,本节针对部落健康和福祉相关的重要问题,探讨一些具体例证。

(一)部落社会的财富与福祉

由各种形式的资本主义组织起来的商业世界,成功地创造了大量的物质财富,但是在减少贫困和不平等方面却没有什么成效,这是财富在文化上如何构建和估值的问题(Graeber,2001),与部落世界的组织形式及其人类结果形成鲜明对比。例如,亚马孙土著关于公共财富、福祉和美好生活的意义表明,采取不同的文化方法可能是解决普遍性人类问题的最有效途径(Santos-Granero,2015a)。资本主义制度下的商业世界将财富等同于可销售的商品,并将大自然免费提供的公共物品排除在外,这就是19世纪经济学家对财富的理解,这一观点将在第11章中进行讨论。此后,新自由主义经济学家仍然这样理解财富,认为部落民族贫穷,或者正如世界银行生态学家罗伯特·古德兰(Goodland,1982)所描述的那样,他们是"穷人中最穷的人"。当人类学家萨米恩托·巴莱蒂询问亚马孙土著被定性为穷人的问题时,一位政治上显赫的阿沙宁卡人乔尔·巴达莱斯坚定地反驳道:

> "当人们说我们贫穷时,我很难过。看看我们!看看我们阿沙宁卡同胞!他们强壮的身体和美丽的脸庞!我们和家人住在社群里,共同劳动,没有人会挨饿,如果你没有食物,有人会说:'来吧,我们这里有一些木薯。'"(Barletti,2015:147)。

乔尔说话很有权威,是个慷慨强大的领导人,具有传统阿沙宁卡大人物的风范。20世纪80年代,当秘鲁开始长期血腥的内部冲突时,他组织阿沙宁卡防御部队,反抗秘鲁光辉道路游击队。乔尔在阿塔拉亚地区中心和乌鲁班巴河下游的土著社区都有住所,他用例子说明阿沙宁卡人关于美好生活的伦理标准,即"可以生活得好/漂亮/和平",可以利用丰富的土地财富和森林资源,获得适度的现金和商品,并慷慨地分配利益,造福于社群。在强调他的社群如何富有时,他提到如何获得外部的货物,并指出阿塔拉亚的城镇居民才是真正的穷人:

> "我们有咖啡和可可豆,我们卖掉这些东西,为我们的妻子购买酿造木薯酒的壶和家人就餐的盘子,以及孩子们学习用的笔记本……我们的社群有自己的名称,有木材,你看!……我们建造房屋,购买牛和舷外发动机……和所有的一切。我们很富有!(提到森林)如果饿了,我就去集市;如果病了,我就去药

店……看看那些住在城镇上的人，他们过着悲惨的生活，有钱才能有吃的……不付钱就会停水……他们非常吝啬，总是争吵不休，从来不知道如何为别人感到悲伤，而我们在这里生活得很好，我们懂得如何好好生活。"（Barletti，2015：147）。

在乔尔所在的社群中，乔尔是阿沙宁卡人慷慨、勤奋和宴饮交际的典范，为支持社群工作提供了大量的木薯酒。

如前几章所述，将相对自给自足的部落民族的生活条件和以市场为基础的社会中经济和物质贫乏相提并论，是非常不准确的。财富和贫穷是文化上可变的概念，但是个人、家庭和社群的健康和福祉是最重要的结果。衡量幸福的标准不是个人积累的财富，而是一个社会的公共财富，即每个人都能够利用和共享的社会资源。

随着亚马孙人在政治上组织起来保卫自己的利益，不受到政府和商业的损害并从中获利，公共财富和福祉的含义变得更加复杂。对许多土著而言，财富的观念由他们的文化和历史环境决定。

亚马孙土著认为，他们共同定义的美好生活的价值观对他们来说比任何商业交易带来的利益更加重要。他们优先考虑的是公共财富和社群利益，而不是私人财富与个人至上主义，这些价值观深深扎根于部落世界。桑托斯-格拉内罗在对几位亚马孙河专家开展的人类学工作的评论中，称这些价值观为"公共财富区域性亚马孙河逻辑"（2015）。根据桑托斯-格拉内罗对亚马孙地区特定群体的研究报告，雨林村民很少根据物质的积累来定义财富，而是专注于无形的、非市场的事物，具体包括以下几点。

（1）音乐、歌曲和它们所激发的情绪（Suyá/Kĩêdjê，Upper Xingu，Mato Grosso，Brazil & Seeger，2015）。

（2）食物、孩子和社会关系（Wari in Rondônia，Brazil，Conklin，2015）。

（3）土地、生产能力和人口（Amazonian Kichwa of Ecuador，Guzmán-Gallegos，2015）。

（4）自然资源、和睦友好的关系和赋予生命的知识（Yanesha，Peruvian Amazon & Santos-Granero，2015b）。

这些东西都不是个人能够积累起来的，通过使用和共享，它们被视为财富。政治上和经济上与商业世界接轨的亚马孙土著现在能够积累新型的有形财富，但这并未改变他们对什么是财富以及如何使用财富的看法。有些人获得外部制造的产品但是拒绝和他人分享，可能会被认为自私自利而受到严厉批评，甚至遭到排斥，财富只有在分享的时候才具有价值。

（二）"高贵野蛮人"的神话与现实

大多数早期的游客对未受干扰的部落社会的健康和生命力印象深刻。最初的印象可能基本上是准确的，但是他们被有关道德和人类追求完美的说法迷惑，虽然这些说法毫无必要，但是却成为"高贵野蛮人"神话。例如，首批到访巴西的欧洲人报告说，印第安人"天性善良""相处和谐，没有分歧"（Hemming，1978）。从这些绚丽的文字描述中，我们很容易得出这样的结论："野蛮人"是更高级的人类，他们过着田园般的生活，如同伊甸园一般纯真。令欧洲人感到惊讶的是，大多数亚马孙土著赤裸身体，毫无疑问，这有助于塑造高贵野蛮人的形象。

人类学家非常谨慎，尽可能与这一浪漫主义划清界限。部落社会成员显然并不比任何其他人类群体更加优越或低劣。他们也有自私和残忍的一面，他们和城市里的人一样，会相互争吵和残杀，因此部落文化并非完美无缺，部落社会既不完全平等，也不能完全与自然和谐共处。他们的饮食和医疗习惯以及部落文化的诸多方面，有时可能是有害的，部落疗法与医学界公认的做法相冲突的情况并不少见。例如，我看到一个被蛇咬伤的患者正在用草药进行热敷治疗，但是热敷只会加速蛇毒在体内扩散。由于人都是社会的一分子，作为部落成员，个人有时必须为部落付出巨大代价。然而，对于成年人来说，身体健康和精力旺盛似乎是部落生活的两大优势。

詹姆斯·尼尔（Neel，1970），即被记者帕特里克·蒂尔尼（Tierney，2000）错误地指控为犯有危害人类罪的那位遗传学家，在报告中指出，相对独立的部落社会，生活质量总体较高，尼尔清楚地记录了亚诺玛米人的人文关怀，总结了8年来对亚马孙土著进行的生物化学和健康研究结果。该项研究是由十几位研究人员组成的跨学科团队利用尖端技术完成的。根据尼尔的报告，总体上，他发现在巴西和委内瑞拉的沙万提人、亚诺玛米人和马基里塔雷人"身体状况良好"（相关示例见方框6.2"瓦拉尼人的健康报告"及下面对齐曼内土著健康和生命史的研究项目），婴儿和儿童死亡率高于完全工业化国家，但总体的预期寿命要高于19世纪末殖民时期的印度。

尼尔得出的结论是，这些部落民众能够很好地适应他们领地上自然存在的病毒、细菌和体内寄生虫。丙种球蛋白是一种含有抗感染抗体的血液蛋白，亚诺玛米人和沙万提人体内的丙种球蛋白水平是文明人的2倍。亚诺玛米婴儿出生时就从母体获得强大的天然免疫力，长时间的母乳喂养让这种免疫力得以保持下来。亚诺玛米婴儿一直接触当地所有的病原体，因此会迅速产生额外的免疫力。疟疾和麻疹等疾病通常被认为是哥伦布之后引入的，人们还不能很好地适应这些疾病。尼尔给亚诺玛米人接种麻疹疫苗，以保护他们免受麻疹流行的影响。但是蒂尔尼质疑他的动机，并错误地暗示他不当使用疫苗。

方框6.2

瓦拉尼人的健康报告

1976年，一个由7人组成的医疗团队对亚马孙流域的土著群体——厄瓜多尔瓦拉尼人的健康状况进行了实地考察和详细评估。当时，瓦拉尼人作为园艺种植者和猎人独立生活，与外界的联系非常有限。总共有293人接受了全面体检，从积极的方面看，超过95%的体检对象看起来似乎"非常健壮"和"健康状况良好"，没有营养不良、肥胖或高血压，也没有心血管疾病。每个人的视力都很好，没有色盲或耳聋。

> 体检结果也揭示了一些问题,比如许多儿童由于与外界接触,患有头皮感染;在63个样本中,约2/3的人表现出轻度肠道寄生虫感染;2名老年妇女患有肺炎;3人因意外事故导致一只眼睛失明;许多人被长矛刺伤或被美洲豹、野猪咬伤,留下疤痕。根据瓦拉尼人的描述,有6人存在智力缺陷,大部分是头部受伤、发烧或遗传缺陷所致。令人惊讶的是,蛀牙在所有年龄段的瓦拉尼人中都非常普遍,经牙医检查的230人中,只有5人没有蛀牙。和大多数亚马孙人不同,很多瓦拉尼人患有蛀牙,有人认为,这是因为他们食用未经发酵、含糖量很高的木薯饮料。虽然没有死亡率数据,但似乎很多成年人死于暴力冲突。和尼尔关于亚诺玛米人的报告一样,有关瓦拉尼人的研究将印第安人良好的健康状况在很大程度上归因于他们高质量的饮食、低人口密度以及与外界疾病的相对隔绝。

理论上,部落社会的生活质量高有很多原因。最重要的原因是,他们的人口密度普遍较低,社会相对公平,能够确保人人平等地获得基本生活资料,获得良好的营养。此外,人口密度低并且流动频繁,大大减少了流行病的发生。在没有抗生素、免疫接种、外科手术和其他形式的医疗干预的情况下,自然选择致使部落人口对疾病具有非常强的抵抗力,能够活下来的都是健康的人。实际上,部落社会通过加强疾病预防而不是疾病治疗来维持公共卫生,流动觅食和放牧可能是最健康的条件,而定居农业村庄的人口密度增加和流动性降低,可能导致健康成本增加。

(三)牙齿健康和部落饮食

健康研究人员发现,部落自给自足的觅食者和农民的典型饮食特征是,脂肪、盐和精制糖含量低,纤维和各种有益营养素含量高,这实际上是人类理想的日常饮食。骨骼考古证据显示,从觅食向农耕的转变过程常常伴随着整体健康和营养水平下降。主要的流行病学证据表明,多种癌症与现代食品加工、销售和储藏等饮食变化相关,如腌制和精炼等工艺,以及脂肪和简单碳水化合物或精制糖的摄入量的急剧增加。当然,自给自足的食物并不含有污染物和添加剂,它们是在农业生产和工业食品加工过程中加入的化学物质。

1894年,威尔伯福斯·史密斯在《皇家人类学会杂志》(*Journal of the Royal Anthropological Institute*)上撰文,对比分析了苏族印第安人和典型伦敦人的牙齿,首次以科学的证据证明,部落民族的体质优于"文明"人。史密斯在调查他的英国同胞的牙齿时,发现他们的牙齿腐烂得非常厉害。据他所知,史前欧洲"野蛮人"颅骨中的牙齿均比现代人更健康,他决定弄清楚现代"野蛮人"是否也有健康的牙齿。利用"布法罗比尔的狂野西部秀"在伦敦演出的机会,他获准检查了10名苏族印第安人的牙齿,年龄为15~50岁。他发现所有人都有"排列整齐的牙齿"。这些牙齿磨损得很厉害,但都没有蛀牙,也没有脱落。他因此断定:"他们的牙齿证明,他们曾经过着真正的野蛮人生活。"与此相反,他检查的300名伦敦人中,较年轻的人可用的臼齿是同龄苏族印第安人的1/2,而35~45岁的伦敦人的臼齿要比年长的苏族印第安人大约少80%。

史密斯在皇家人类学研究所的一次演讲中展示了他的一位家族成员的牙齿模型，此人是典型的伦敦人，牙齿的情况非常糟糕，一同展示的普通"野蛮人"的牙齿却完好无损。为了检验苏族印第安人牙齿非常健康是不是因为他们的身体强壮和健康，史密斯对皇家骑兵团里12名身体健壮的士兵的牙齿进行了比较检查，发现骑兵的牙齿只比普通伦敦人的牙齿略好一点。

史密斯因此得出结论，在部落民族中没有观察到蛀牙和牙齿脱落是由于牙齿磨损增加，让牙齿始终保持清洁和光滑。牙齿磨损增加是由于部落民族较少食用熟食和精制食物，没有刀叉，需要更多地咀嚼，并且食物中可能含有沙砾或泥土。后来人们知道，缺乏精制碳水化合物也有助于部落民族保持牙齿健康。食用工业加工食品的当代人，其牙齿磨损较少也可能与阻生牙的常见问题有关（Krantz，1978）。人们食用粗粮不仅会磨损牙齿的咀嚼面，还可能磨损牙齿的侧面，这就为第三磨牙的生长提供了足够的下颌间隙。当牙齿没有明显磨损时，由于没有足够的位置，从而导致智齿错位萌出，这些智齿通常必须拔掉。

美国牙医威斯顿·普莱斯（Price，1945）在1931—1936年进行了一系列实地考察，系统地记录了传统饮食模式和牙齿健康之间的关系。普莱斯访问了亚马孙河流域、东非、澳大利亚和太平洋地区一些非常传统的民族，发现在自给自足的民族中，几乎不存在蛀牙和牙周病，但是随着这些民族采用工业社会的食物结构，蛀牙和牙周疾病稳步增加。

在普莱斯进行牙科研究之后不久，英国皇家海军医生克里夫于1956年利用部落民族的医学数据分析出工业化民族导致蛀牙、溃疡、阑尾炎、肥胖、糖尿病、便秘和静脉曲张等一系列"糖代谢疾病"的单一饮食特征。与史密斯和普莱斯一样，克里夫（Cleave，1974）对部落人没有遭受文明社会的许多常见病痛印象深刻。因此，他试图弄清楚让部落人能够更加健康的特殊条件。他发现，部落群体传统食物中的纤维含量一直远高于工业化民族食用的精制复合碳水化合物。高纤维饮食可以使食物加速通过消化系统，从而减少文明社会的许多常见疾病。很多年之后，他的研究结果才被纳入工业化世界的大众营养学，现在人们广泛认为高纤维、低脂肪和低盐是健康饮食的重要组成部分。

人类学家克利福德·贝伦斯就传统分类系统与部落饮食高营养之间的关系提出了一些见解（Behrens，1986）。贝伦斯发现，秘鲁亚马孙地区的西皮波人（Shipibo）将他们最喜欢的食物分为两大类："非野生和熟食"以及"野生和熟食"。西皮波人将芭蕉、玉米和木薯等农产品归为第一类，把含有高蛋白和高脂肪的鱼和野生猎物归为第二类。只有当日常饮食中均衡地包含了这两类食物，饮食才算得上合理。在他们看来，园子里种植的食物是他们日常活动所需能量的源泉，而鱼类和野生猎物则是保持长期健康和生长的必需品。

（四）部落预期寿命和生活质量

1976年在伦敦举行了一场关于部落民族健康问题的特别研讨会，20多名专家参加了这次专题研讨，会议得出如下结论：自给自足的部落群体总体上是健康的，外界的干预即使是出于好意，也会严重破坏现有的平衡（CIBA基金会，1977）。然而，研究人员发现，一些关于部落健康的"悖论"仍未得到解答，比如：① 人口增长是如何调控的？② 如果说觅食者营养充足，他们为什么身材矮小？③ 如果发病率低，为什么部落死亡率高？（Lozof & Brittenham，1977）这些研究似乎已经过时，但是存在的问题可能永远无法得到解答，因为到 20 世纪后期，只有很小一部分像难民一样的部落群体能够逃脱商业世界的负面影响。

我们仍然无法完全回答这些明显的悖论，维持人口稳定似乎是保持资源和生活质量相对平衡的关键，因此人口调节是一个重要问题。恒定、低密度的人口稳定性似乎是部落群体普遍但并非一成不变的特征。

上述悖论涉及一些令人不安和可能无法解答的哲学问题，虽然部落民族总体上比欧洲人瘦小，预期寿命更短，但是用特定的身高或预期寿命来衡量跨文化福祉的依据是什么？一些证据显示，出生时体重过轻，或者婴儿体重或身高增长较慢，可能与较高的婴儿死亡率相关。有些研究人员认为，身材矮小可能意味着营养不良，尤其是在人口稠密的部落地区。然而，当高个子或长寿的人在特定文化和环境中生活质量低下的时候，个子高和寿命长并不总是好事。

由于没有多少可靠的数据能明确代表完全独立部落的人口，因此估算部落人口的预期寿命本身是一项艰巨的任务。许多关于部落人口概况的数据被广泛引用，但这些数据实际上是依据古人口学技术推断而来的，并不具有可信的效度。例如保险公司用来表示某人存活到某一特定年龄概率的寿命表，被用于记录各种部落人口和史前人口，通常显示部落民族的预期寿命要比当代工业人口的预期寿命低得多（表 6.1）。对于婴儿和儿童死亡率较高的人群，人口统计学家通常会计算他们 15 岁时的预期寿命。比如 15 岁时预期寿命为 34 岁的北领地土著的平均预期寿命可能是 49 岁。当然，有些人可能活得更久。表 6.1 显示，7 个在人种学上已知的觅食群体（其中 3 个来自澳大利亚）在 15 岁时的平均预期寿命仅为 26.4 岁。相比之下，1986 年欧洲裔美国人 15 岁时的平均预期寿命为 61.3 岁；然而，26.4 岁仍然高于一些考古人口的平均预期寿命，并且比 14 世纪英格兰人的平均预期寿命高。

表 6.1　史前和部落人口 15 岁时的平均预期寿命[①]

人口	15 岁时的平均预期寿命（岁）
旧石器时代晚期	16.9
加泰土丘人（新石器时代）	17.0
尼安德特人	17.5
纳图芬人（中石器时代）	17.5
昂马沙利克爱斯基摩人*	19.2
土著（格鲁特岛）*	23.3
东格陵兰爱斯基摩人*	23.5
比尔浩尔（觅食者，印度）*	24.0
英格兰人（14 世纪）	25.8

---

① 资料来源：Hassan，1981；数据引自：莱特，1990：225。

续表

人口	15 岁时的平均预期寿命（岁）
贝克湖爱斯基摩人*	27.7
土著（提维）*	33.1
土著（北领地）*	34.0
欧洲裔美国人（1986）	61.3

* 表示民族志中描述的觅食者，平均预期寿命为 26.4 岁。

尽管部落的预期寿命似乎低于现代工业人口，但这并不奇怪，预期寿命在过去两个世纪里才大幅提高。和许多工业化前的群体相比，部落民族的预期寿命并不算低。然而，由于部落人口研究存在严重的偏见和不确定性（Bocquet-Appel & Masset，1981），需要谨慎使用部落民族的人口学数据，只有基于可靠的人口普查记录的数据才是可信的。

人类学家很早便知道部落生活方式有利于身体健康，商业世界推广的生活方式对健康不利，但是直到 2002 年，为预防肥胖症、糖尿病、心血管疾病、癌症、口腔疾病和骨质疏松症等慢性非传染性疾病，世界卫生组织（WHO）和粮农组织（FAO）的国际专家组才证实这一结论。上述疾病在独立的部落民族中根本不存在或者发病率极低，但在 2001 年，这些疾病导致的死亡人数却占全球死亡人数的 60%。这些疾病在独立的部落世界中发生率极低，部分原因是这些疾病属于老年病，而部落成员的寿命未能达到发病的年龄。即便如此，这些疾病在部落中的发病率仍低于同龄的其他人群。此外，在当今商业社会中，许多儿童患有这些疾病，中年人患病更加普遍。专家组发布的一份技术报告直接将"日益流行的慢性病"与"工业化、城市化、经济发展和市场全球化"导致的不健康饮食和生活方式相联系（United Nations & WHO/FAO，2003）。从健康的传统饮食转变为基于"高附加值"的加工食品，这种以市场为驱动的"营养转变"显然是最核心的问题（Drewnoski & Popkin，1997；Popkin，1998）。

根据世界卫生组织的报告，高盐、高糖和高饱和脂肪的商业饮食以及经过加工的含反式脂肪酸的植物油脂已席卷全球，取代富含纤维、复合碳水化合物和对人类有益的天然脂肪的"传统"饮食。专家组强调，机械化、机动交通和久坐不动的生活方式导致体力活动减少，从而放大了饮食变化带来的有害影响。报告认为，以全谷物和未加工水果、坚果和蔬菜为基础的传统饮食"对健康特别有利，并且环境上具有可持续性，从中可以学到很多知识"（United Nations & WHO/FAO，2003）。的确，正如下文中的研究项目所示，关于部落世界的生活质量，需要了解的知识有很多。

（五）玻利维亚齐曼内土著健康与生命史专题研究

正在进行中的"齐曼内人健康和生命史专题研究"项目始于 2002 年，由加州大学圣巴巴拉分校和新墨西哥大学的人类学系共同发起，资助成立了国家卫生研究院（Gurven 等，2017）。该项目研究人员同齐曼内和玻利维亚研究人员以及其他附属研究小组一起工作，旨在探索生活在没有卫生设施、银行和电的环境下的部落民族的生活状况、生活史、疾病和健康、死亡率，以及他们的生活如何因更多地参与商业世界而改变。齐曼内人生活在玻利维亚境内的亚马孙河流域，和阿沙宁卡人一样，依靠种植园子和觅食为生，人口约16000人，居住在90个村落中，有自己独立的语言。与阿沙宁卡人类似，他们的领地属于热带安第斯山脉生物多样性热点区。20世纪50年代之前，他们一直与商业世界相对隔绝。

"齐曼内人健康和生命史专题研究"发现，齐曼内人最常见的死亡年龄为70岁，比高收入国家要早15年左右，随着年龄的增长，他们的身体衰退速度相当快，到60岁时，他们停止砍伐大树，大约一半的人不能走很远的路，大多数人到了70岁便停止狩猎，老年人更容易抑郁。大多数人患有严重的寄生虫感染及其他感染性疾病，产生严重的免疫反应，这些疾病可能导致儿童时期整体增长速度放缓。高收入国家很常见的过敏症、各种自身免疫疾病和癌症在齐曼内人中罕见。最引人注目的是，他们的心肺健康水平很高，引起心血管疾病的动脉粥样硬化几乎不存在，这可能是由于他们保持活跃的生活方式和健康的饮食习惯，而且不吸烟，他们的血压和胆固醇水平及肥胖率比大多数美国人低。

为更好地理解财富分配的跨文化差异以及与财富相关的社会不平等，一组人类学家对21个当代小规模社会的各个层面进行了比较详细的描述，包括齐曼内人中的觅食者、园艺种植者、牧民和农民等（Mulder等，2009），旨在了解财富分配与社会经济组织及不同形式的财富在文化上的重要性之间存在何种关系，为了使财富便于衡量，他们将财富广义上称为一个社会中人们认为对家庭幸福和美好生活贡献最大的各种东西之和。研究人员区分了3种可测量的财富类别：品质财富（个人特征，如力量和技巧）、物质财富（土地、牲畜、家庭用品）和社会关系财富（社会支持网络，其中分享食物是一个主要的例子，见方框6.3）。

方框6.3
齐曼内土著在整个生命周期内的粮食生产和分享情况

进化论认为，部落人民以亲属为基础的食物分享是亲族利他主义，可以提高分享者的内含适应性（Hooper等，2015），这种分享通常包括财富代际转移，是家庭的基本方面，也是人类婚姻和家庭存在的原因和人类独一无二的特性，但是很少有人对这些财富转移进行估值。"齐曼内人健康和生命史专题研究"项目组成员在2005—2010年，对8个村的239个齐曼内核心家庭的生产和分享进行了详细、长期的调查，他们发现，由于男性和女性的净自给生产力在整个生命周期中存在显著差异，因此食物分享是必要的。齐曼内年幼的孩子每天消耗的卡路里比他们所能生产的卡路里还要多，到他们十八九岁的时候，年轻男性的生产力曲线急剧上升，50岁时达到顶峰，然后快速下降。年长的女性一生中生产的东西比男性要少，但是生产力下降得比较缓慢。25岁时，女性生产力高于男性，直到父母平均年龄达到40岁，家庭净粮食生产才可能实现盈余，这意味着年轻家庭需要大量的食物才能满足基本需求，这一缺口一般由祖父母弥补，需求差额、给予能力和内含适应性有助于解释给予的程度。大部分的财富转移

> 给了年轻的亲属，但是贫困老年人也会收到由孩子和姻亲自下而上转移的财富，一旦发生疾病和事故，或面临家庭健康风险，亲属们当然也会提供帮助。

研究者们发现，对于觅食者和园艺种植者来说，财富的主要形式为品质财富和社会关系财富（占85%），品质财富主要表现为体力、体重、成功生殖和维持生存的能力等；社会关系财富主要指一个人所拥有的交换合作伙伴、食物分享者、工作伙伴和同盟等；物质财富如家用器具等在全部财富中处于次要地位（占15%）。园艺种植者、阿沙宁卡的轮耕者以及农民之间的关键区别在于，园艺种植者在临时的园子里使用简单的工具劳动，而农民对土地具有永久的使用权，通常使用犁和牲畜进行耕种。尽管样本中描述的社会都被认为是小规模社会，但是样本包括欧洲和南亚农民，他们普遍参与市场经济和商业世界的活动，因此这部分农民并不能代表部落世界的人民。牧民最看重的物质财富是牲畜（约占总财富的60%），毫不奇怪，牧民和农民体现了最高水平的社会不平等，他们的基尼系数几乎是觅食者和园艺种植者的2倍。

值得一提的是，牧民和农民不仅比觅食者和园艺种植者更加不平等，而且他们的代际财富转移水平大约是后者的2倍。同样，平等程度较低的社会的关系财富价值最低（仅为14%）。这些表明，对于从事某些生产形式的人而言，维持社会平等更加困难。这不仅涉及驯化植物的生计用途，而且最关键的是，如何组织和分配影响人类福祉的最有价值的财富，尤其是物质财富或社会关系财富。

本章小结

本章揭示对心理能力和健康进行有意义的跨文化生活质量比较分析存在的困难，提示人们应该对部落民族"欠发达"这一简单刻板观念保持警醒。尽管部落个体和更大规模文化中的人拥有基本相同的智力和感知能力，但是通过神话、宗教和语言分类所反映的集体世界观存在显著差异，这在很大程度上可能与文化规模和未接受教育有关。然而，从相对论和文化敏感立场上看，部落民族并不比其他人更不理性、无知或幼稚。

部落民族拥有大量关于他们周围世界的知识，并将这些知识代代相传。他们的宗教信仰能够经久不衰，正是因为它们能够有效运作，在日常生活中经受检验并得到提升，这一立场必须清楚阐明。一些人类学家认为，从发展角度看，部落民族是不会使用成人逻辑的儿童，难以区分幻想与现实；另一些人则认为，萨满教等部落宗教习俗是精神病理学产物。然而，正规学校教育和制度化的医学显然不是获得知识和健康的唯一途径。数据收集本身存在问题，有以偏概全之嫌疑，并且采用何种标准进行比较也存在问题。有证据表明，与工业化城市人口相比，似乎部落人口婴儿死亡率较高，平均预期寿命较低，但他们通常不会出现传染病和营养不良，没有在工业化城市人口中常见的牙齿疾病和退行性疾病。因此,可以保守地得出结论:尽管部落民族没有文字,但他们的心理能力和工业社会的人们基本相同,总体上,部落人过着健康而充满活力的生活,很少受到疾病的困扰。

思考题

1. 解释博厄斯、泰勒、弗雷泽、列维-布留尔和列维-斯特劳斯关于"原始"心理的看法。
2. 运用瓦威拉克神话解释符号的作用。
3. 部落世界和帝国世界的人对现实的概念化方式是否存在重大差异?
4. 阐述批判萨满教的精神病理学解释。
5. 部落文化的哪些条件对健康和福祉有益?

关键术语

万物有灵思维(animistic thinking)
集体表象(collective representations)
拜物教(fetishism)
功能主义(functionalism)
互渗律(law of participation)
交感律(law of sympathy)
神话思维(mythical thought)
新石器悖论(neolithic paradox)
具体性科学(science of the concrete)
社会达尔文主义(Social Darwinism)
结构主义(structuralism)
结构(structure)
上层建筑(superstructure)

阅读文献

Boyd, R. and Richerson, P. J. 2005. *The Origin and Evolution of Cultures*. Oxford: Oxford University Press. A bioevolutionary perspective of cultural development. Cavalli-Sforza, Luigi Luca, and Francesco.

Cavalli-Sforza. 1995. *The Great Human Diasporas: The History of Diversity and Evolution*. Reading, MA: Addison-Wesley. A useful overview of the migrations of peoples and their effects on genetic diversity.

Cohen, M. and Armelegos, G. eds. 1984. *Paleopathology and the Origins of Agriculture*. Orlando, FL: Academic. A collection of essays on the health consequences of the transition to agriculture.

Eaton, S. B., Konner, M. and Shostak, M. 1988. *The Paleolithic Prescription*. New York: Harper & Row. An examination of the health aspects of forager dietary patterns that applies them to contemporary society.

Harner, M. J. 1980. *The Way of the Shaman*. New York: Harper & Row. A "how-to" manual that can be used by anyone interested in experimenting with the shamanistic experience.

Santos-Granero, F. ed. 2015. *Images of Public Wealth or the Anatomy of Well-Being in Indigenous Amazonia*. Tucson: University of Arizona Press.

第Ⅲ部分
帝国世界：平等的终结

　　直至大约7500年前，部落世界仍然是地球上唯一的世界。首批聚集大量个人财富的人成功地集中了足够的政治权力，并建立酋邦，这是全球文化转型的开始。在此过程中，少数统治精英相继在世界各地建立大型复杂酋邦、王国、城邦和帝国，形成庞大的社会，人口多达1亿，创造了与部落世界完全不同的生活条件。和部落世界相比，最重要的区别在于，帝国世界的大多数人是臣民而非统治者，而部落人民享有最大限度的自由和自主权。部落成员管理自己的日常生活，而帝国臣民只是依附者，他们被迫交税和进贡，身家性命掌握在君王手中。许多臣民实际上是奴隶，大多数帝国臣民的生活条件比部落成员差。帝国社会是一种集权制度，由一个家族的首领统治，通常被认为拥有超自然能力。帝国社会庞大而复杂，维护成本高昂，同时还经常破坏生态，致使环境退化，很难解释为什么人们会认同这样的社会。

　　第7~10章介绍最具代表性的酋邦部落——太平洋岛屿社会，随后以古代近东美索不达米亚为例，探讨国家起源问题。印加帝国代表新的世界文明，而中国帝制王朝、印度王国和莫卧儿帝国则代表旧世界大传统文明，第10章讨论古代文明失败的原因。

第 7 章

太平洋岛民：从领导者到统治者

◇ 学习目标

- 解释首批探索和定居太平洋岛屿的人在物理环境方面遇到的挑战，描述他们使用的文化解决方案。
- 定义和区分太平洋 3 个民族地理区域：美拉尼西亚、波利尼西亚和密克罗尼西亚。
- 如何确定太平洋岛民的祖先起源于亚洲而不是南美洲？
- 描述太平洋岛民维持生计的主要方式，并与亚马孙河流域进行比较。
- 解释太平洋岛民生活方式如何约束与部落社会道德体系相冲突的行为。
- 有理论认为增长是精英主导的过程，在此过程中集中社会权力并分摊成本。以太平洋岛民为例对该理论进行评价。
- 以太平洋岛民为例，描述促使复杂酋邦形成的条件，并评价其他因果解释的证据。
- 描述 1819 年在卡米哈米哈国王统治下夏威夷的社会权力分配情况。
- 描述太平洋岛民的宗教信仰和习俗的主要特征，并与部落社会进行比较。

> - 描述岛屿社会的绝对规模与文化组织及社会权力分配之间的关系。
> - 比较岛屿社会和部落世界中的性别关系。

太平洋地区面积占全球的1/3。大约3500年前,讲南岛语的航海者从早期位于西太平洋的定居点开始探索并成功殖民广阔的太平洋区域。距今约1000年前,几乎所有可居住的太平洋岛屿都有一个蓬勃发展的社会。19世纪,当大批欧洲人来到太平洋岛屿时,发现除居住在新几内亚的岛民之外,其他太平洋岛民已形成酋邦或小王国。太平洋文化处在部落和国家之间的"大分水岭",在很大程度上保持了部落社会的公平和平等,但仍然普遍存在等级。较大的太平洋岛屿社会出现简单的社会分层(social stratification)[①],是统治者根据获得财富和权力的不同方式进行阶层划分的重要例子。从人类角度来看,普遍存在的社会分层也许是帝国世界和商业世界最重要的特征。

许多太平洋岛屿远离工业化世界的权力中心,资源稀缺,无法吸引外来者,尽管是现代岛屿社会,但是大部分传统文化体系保留完好。要想研究部落和国家之间的差异和了解政治规模文化的发展,这些社会是理想的研究对象。鉴于小岛屿受到环境的严重限制,大洋洲则是研究人口、文化和资源之间关系的重要场所。考古学证据显示,当人们从东南亚迁徙至太平洋岛屿时,太平洋岛屿社会就已经是酋邦制。因此,本章将对部落社会和酋邦社会的规模进行对比分析,重点关注酋邦社会的组织形式以及不同岛屿酋邦社会的发展历程。世界上最早的酋邦可能起源于美索不达米亚,下一章对此进行探讨。

读音指南

本章中的夏威夷语和其他太平洋岛屿词汇,讲英语者可以采用下列正字法和近似读音(Pukui & Elbert, 1986; Lessa, 1986)。

基调:

a＝father(父亲)一词中a的读音
o＝go(走)一词中o的读音
ai＝ice(冰)一词中i的读音
e＝bed(床)一词中e的读音
i＝bit(小量)一词中i的读音
ee＝beet(甜菜)一词中ee的读音
oo＝food(食物)一词中oo的读音

[①] 社会分层:不同社会群体的成员由于获取社会资源、权力和特权的机会和能力不同而被区分为高低不同的社会地位等级。

h＝hat（帽子）一词中 a 的读音

y＝you（你）一词中 y 的读音

•＝音节划分　／＝前一个音节的重音

＇＝喉塞音，类似于英语中 oh-oh 之间的停顿

ahupua＇a＝［a•hoo/pu•aa］

ali＇i＝［a•lee/＇ee］

kahuna＝［ka•hoo/na］

Kamehameha＝［ka＇＇me/ha•me/ha］

kanaka＝［ka•na/ka］

kapu＝［ka•poo/］

konohiki＝［ko•no•hee/kee］

Kumulipo＝［koo•moo•lee/po］

Lapita＝［la•pee/ta］

Makahiki＝［ma＇ka•hee/kee］

maka＇ainana＝［ma•ka＇/ai•na•na］

mana＝［ma/na］

moku＝［mo/koo］

ohua＝［o•hua］

一、大洋洲：生活在岛屿世界

（一）寻找人间天堂：从高岛至低珊瑚环礁

在大众的想象中，太平洋岛屿珊瑚礁环绕，棕榈荫蔽，好似人间天堂。实际上，许多岛屿没有饮用水和土壤，几乎没有本地动植物，还可能遭受台风的毁灭性袭击，如果不借助于海图，很难找到这些岛屿。大约 1000 年前，一代又一代讲南岛语的民族经过勇敢而智慧的探索，成功对太平洋岛屿进行殖民和开发，这是人类历史上最伟大的冒险和创举之一。

除夏威夷岛和新西兰岛之外，大多数太平洋岛屿非常小，不适宜人类居住。大约有 10000 个岛屿散布在广阔的海洋中，总陆地面积仅为 12000 平方千米，岛屿平均土地面积略大于 2.6 平方千米，岛群之间相距遥远。波利尼西亚东端的复活节岛与西密克罗尼西亚的帕劳岛之间相距 12800 千米，密克罗尼西亚共有 2000 个岛屿，平均面积为 0.8 平方千米，分布在总面积与美国大陆地区相当的区域。

大洋洲传统上分为 3 个民族地理区域：美拉尼西亚、波利尼西亚和密克罗尼西亚（图 7.1）。美拉尼西亚群岛主要是在印度大陆板块上形成的大型多山岛屿，由于靠近东南亚大陆和澳大利亚，岛屿拥有丰富多样的陆地生态系统。构成波利尼西亚和密克罗尼西亚的大部分海洋岛屿要么是露出水面的火山顶部，要么是海底火山斜坡上的浅水区中形成的珊瑚。夏威夷群岛、新西兰群岛和复活节岛构成广阔的波利尼西亚三角区。波利

尼西亚（又称为"多岛群岛"）包括许多高火山岛，其中大部分位于赤道以南。密克罗尼西亚群岛（即"小岛群岛"）主要是非常小的珊瑚砂岛，环绕在海底古老的火山边缘的珊瑚礁周围。1778年，库克船长到达夏威夷时，波利尼西亚和密克罗尼西亚（图7.1）总人口约为100万，其中一半的人口居住在夏威夷，本章重点讨论波利尼西亚和密克罗尼西亚两个岛屿（Oliver，1989；Caldwell等，2001；Hommon，2013）。

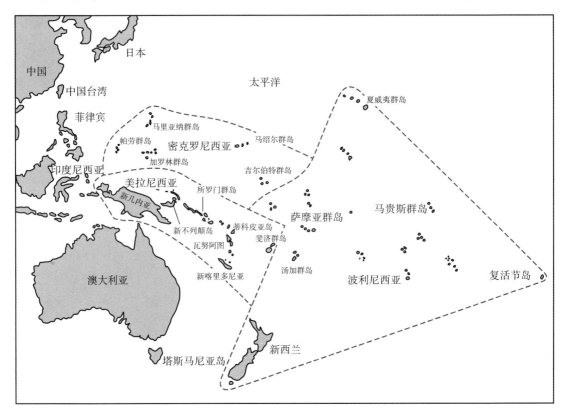

图7.1 美拉尼西亚、波利尼西亚和密克罗尼西亚三个太平洋岛屿文化区域以及主要岛群和文化

影响海岛易居性的因素有很多，一般来说，美拉尼西亚和波利尼西亚群岛等大而高的火山岛比密克罗尼西亚小珊瑚礁岛拥有更丰富的土地资源。高岛上有天然的植被区、肥沃的土壤区和流动的淡水区，可以养活更多的人。然而，由于这些岛屿背风面被山脉挡住了雨水，潮湿的迎风面与干燥的背风面环境差异显著，距离亚洲大陆和澳大利亚越远，生物的多样性越小。例如，海岛上土生土长的动物只有少数爬行类动物、老鼠和蝙蝠，最偏远的岛屿只有为数不多的海鸟。人类如果不从大陆带来驯养动物，就只能从海洋生物中获得动物蛋白。同样，在较小的海岛上，自然生长的可食用植物非常少，必须引进驯化植物才能获得可靠的碳水化合物。

气候和岛屿的大小是最为关键的居住限制因素，小珊瑚岛海拔可能不超过2米，缺乏流动的淡水。但如果岛屿的直径达到107米以上，可能存在地下淡水层。若雨水渗入多孔珊瑚和沙子，与下面密度更大的海水混合，可能形成地下淡水层。许多像特鲁克岛（图7.2）一样的小岛中部有一小片淡水或微咸沼泽地，这些小岛依赖降雨，但是降雨在区域内变化无常,因此部分地区可能发生严重干旱。受台风影响,低矮的小岛可能遭到海水冲击,小环礁上的淡水供应因此受到破坏。尽管受到上述限制,如果具备适当的技术条件,一个面积只有 0.6 平方千米的小岛依赖邻近群岛的支持,可以养活约 200 人。

外来者在与太平洋岛民接触之初就开始猜测他们的起源,但是由于缺乏可靠的语言学、考古学和生物学证据,出现了很多奇异并且相互矛盾的理论(Howard,1967)。一些早期理论家贬低太平洋岛民的航海技术和文化创造力,认为只有古埃及人才可能定居太平洋岛屿(Perry,1923;Smith,1928)。1947 年,挪威冒险家托尔·海尔达尔乘坐小木筏,借助风力和水流向西漂流,从南美洲横穿太平洋,试图证明太平洋岛民为美洲土著。与此相反,大量的体质人类学、语言学和考古学证据显示,太平洋岛民来自东南亚,他们是熟练的航海家,擅长逆风逆流航行(方框 7.1)。

图 7.2 19 世纪密克罗尼西亚特鲁克岛上的男子

方框 7.1

殖民遥远的大洋洲:基因、语言和气候

人类要殖民遥远的太平洋岛屿,至少需要跨越新几内亚和澳大利亚附近的近大洋洲群岛与远大洋洲分散岛屿之间 400 千米海域(Pugach 等,2018)。大量语言学、考古学和 DNA 证据表明,大约 5000 年前,讲南岛语的人离开台湾,约 3500 年前首次完成这一迁徙。他们带着纹饰独特的拉皮塔陶器、驯化农作物和家禽,以及长途跋涉所需的必备技能,穿越巴布亚新几内亚东北部附近的岛屿,进入远大洋洲。远大洋洲当代土著居民的多样性表明,基因、语言和文化可以基于迁徙和文化交流的历史偶然性而独立存在,对它们进行简单的分类毫无意义。例如,古代 DNA 样本表明,最初讲南岛语的移民在近大洋洲几乎没有留下任何痕迹,尽管现代人继续使用南岛语,但他们主要与讲巴布亚语的人之间存在遗传相关性,而巴布亚语人的祖先最初在大约 65000 年前到达澳大利亚和新几内亚(Posth 等,2018)。

跨越远大洋洲之后，人们用了 2500 多年的时间在密克罗尼西亚和波利尼西亚的数百个宜居岛屿上定居下来（Horsburgh & McCoy，2017；Rieth & Cochrane，2018）。DNA 证据显示，居住在波利尼西亚最东端的拉帕努伊岛（复活节岛）的人走得更远，在欧洲人到达之前已经开始和美洲原住民来往（Moreno-Mayar 等，2014）。

殖民大洋洲是阶段性的，人们尽可能维持并扩大社交网络，彼此隔离非常罕见。随着探索和定居所需的必要文化工具不断完善，语言系统出现扩张，移民停止（Gray 等，2009）。

人类移居至远大洋洲的时间可能受到全新世海平面变化以及热带太平洋地区厄尔尼诺-南方涛动气候（厄尔尼诺/正常/拉尼娜）的影响，使得成功登陆远大洋洲成为可能（Goodwin 等，2014）。厄尔尼诺事件导致盛行风、洋流、潮湿/温暖、寒冷/干燥等气候条件发生极端变化。这些变化可能持续数十年，反过来又对太平洋气旋、大西洋飓风、洪水、干旱、森林火灾和大气二氧化碳水平产生全球性影响，但极端气候对太平洋地区的影响尤为强烈。安德森等人（Anderson 等，2006）认为，早期的波利尼西亚人还没有完善的逆风航行技术，这意味着他们最有可能在厄尔尼诺现象期间向东航行，成功到达波利尼西亚中部之外的地方。厄尔尼诺现象有时会在西太平洋造成干旱，可能促使人们进行远洋探索。这一气候现象也会引起其他变化，如陶器风格的变化。据预测，如果人为导致的气候变化持续下去，厄尔尼诺事件将更加频繁，引发更剧烈的极端效应。气候变化相关的风暴和海平面上升已经对太平洋岛民产生影响。

最早到达并成功殖民太平洋群岛需要一系列基本的文化条件，包括：适当的造船、导航和航海技术，适应贫瘠条件的驯化植物和园艺种植技术，各种捕鱼器具和技术。现在普遍认为这些先决条件起源于讲南岛语的人，他们在距今 7000 年前出现在东南亚。通过考古学和语言学重建，有人发现原始南岛文化在当时已经拥有一系列栽培植物，如芋头、山药、香蕉、甘蔗、面包果、椰子、西米和水稻。同样重要的是，当时的社会已经具备适应海洋生活的基础条件，如远洋独木舟和各种有利于越洋航行的捕鱼技术。

一些人认为，太平洋大部分岛屿上居住的是波利尼西亚人，他们在海上迷失了方向，随风漂流，意外搁浅在岛上。与此观点相反，另一些人则认为，移居太平洋岛屿这一壮举是通过深思熟虑的殖民远征完成的，这些远征者满载着食物、驯化植物和动物来到这里。使用计算机对风和洋流进行模拟，研究结果表明，采用独木舟漂流的方式不可能殖民太平洋（Di Piazza 等，2007；Montenegro 等，2016）。殖民远征的原因可能是当地人口增长和政治动荡，也可能是受到探索未知水域的挑战和兴奋所驱动。由于所有波利尼西亚人、密克罗尼西亚人和许多美拉尼西亚人都讲南岛语，他们种植的作物均源自东南亚，因此可以肯定这些人来自东南亚而不是新大陆或其他地方。

(二)岛民的生存技能:独木舟和航海技术

独木舟和航海技术是太平洋岛屿文化的重要组成部分,这些技术不仅让太平洋岛屿被发现和殖民成为可能,而且是岛上生存和交流必不可少的条件。密克罗尼西亚远洋独木舟船身只有 8 米长,可以穿越 400 多千米的海域。大型波利尼西亚双壳独木舟则用于海外殖民,船身长度接近 30 米,可以很容易地为长途航行提供补给。和筏不同,独木舟具有很好的操控性,可以用帆和桨驱动,特别适合于航海。普遍使用的独木舟是带有舷外托架的小船,密克罗尼西亚群岛上的小船船体一般用面包果树圆木雕刻而成,船的侧面绑有木板(图 7.3)。舷外托架是一个木制浮筒,悬挂于独木舟迎风一侧船体中间,与另一个悬挂在背风面的平台形成平衡。舷外托架的朝向是固定的,以便浮筒可在航行中被风吹起来。当浮筒沉入水中时,将独木舟拉回风中。舷外托架的最大优点是,在船身龙骨不够长的情况下,可以最大限度地提高速度和稳定性(否则需要船帆进行平衡),使独木舟能更好地在太平洋岛屿周围的珊瑚礁中穿行。

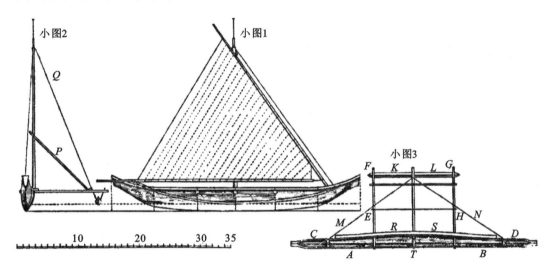

图 7.3 迎风面舷外托架

从顶部向下看,AB 为背风面,EFGH 为舷外托架。

增加舷外托架给设计带来很多问题,传统的独木舟建造者采用非常复杂的工艺解决了这些问题。为有效协调适航性、速度和机动性,船体的横截面必须是不对称的,其外形尺寸须控制在非常小的公差范围内(Gladwin,1970)。只有少数专家(specialist)[①] 具备这种复杂工艺技能。舷外托架的首尾可以转换,当方向发生重大变化时,船帆从船头变换至船尾的另一侧,以保持浮筒一直在迎风面。

导航技术让波利尼西亚探险家在探索岛屿的远洋航行中保持稳定的航向,同样,技术娴熟的航海家在探索偏远的密克罗尼西亚环礁时也使用这些导航技术(图 7.4)。托马斯·格拉德温(Gladwin,1970)关于普卢瓦特环礁的研究揭示了该技术的主要特点。他

---

① 专家:在等级社会中为精英阶层提供商品和服务的人。他们不从事粮食生产,而是依靠中央政府利用政治手段提取的剩余食品维持生计。

图 7.4　19 世纪密克罗尼西亚波纳佩岛上的男子

发现，密克罗尼西亚的航行基于一套精心设计的知识体系，兼具经验和神话色彩。一些被称为航海大师的专家掌握这些技术，并为有抱负的航海者提供正规指导。400 人的岛民中，只有 6 人被认为是航海大师。成功的航行取决于能在特定方位上保持稳定航向的能力，并能在头脑中记录航行的距离。一次航行需要几天或者几周，可能经历夜晚和暴雨，穿过不断变化的洋流和未知水域。星图是该技术的关键所在，图上标有 32 个根据特定恒星升起和落下点命名的位置。对于每一条经过的航线，导航员均需要记住一个独特的方位星序列。

普卢瓦特环礁上的航行者通常使用 110 条不同的航线，在 26 个岛屿之间穿行。为了遵循特定的航向，需要知道在航行途中观测哪些恒星，还需要仔细观察海浪轨迹和天气状况。海上的小环礁只有在距离船 16 千米的范围内肉眼可见，很容易在航行中错过，因此长途航行几乎没有犯错的余地，即使到达目的地，航海者也要在危险的暗礁中寻找狭窄的航道，才能靠岸。

航海者受人尊敬，有很高的社会地位，他们将独木舟存放在专门的屋子里，悉心保管，防止受潮，每两年更换一次独木舟上的绳索和填缝胶。

远距离航行还依赖于可靠的食物储存系统。椰子是现成可储存的食物和饮用水，另外，可以将面包果、露兜树果、芋头等重要的主食进行加工，在不进行罐装和冷藏情况下长时间储存（Schattenburg，1976）。密克罗尼西亚人有 5 种以上的方法保存面包果，如磨碎、捣碎、浸泡、发酵、煮熟并晒干等。另外，还可以将熟透后的生面包果剥皮后切成片，放在环礁湖里浸泡一天半，然后放在地上发酵 2 天，进行挤压后用清水搅拌，放置 3 天后制成面团，再将面团制作成厚块并晒干，在用水浸泡还原之前，可以储存长达 2 年的时间（Murai, Pen & Miller，1958）。

面包果含有丰富的卡路里和维生素，比土豆更有营养，再加上鱼和椰子，基本可以满足日常需求。太平洋岛屿上的许多栽培植物由插枝繁育而成，需要采用特殊的运输技术。将纤弱的小面包树根球包裹在腐烂的椰子壳里，用干树叶填满后捆绑在编织篮里，以免受到海水的侵袭（Schattenburg，1976）。

（三）捕鱼和园艺：海岛生存的技术基础

与亚马孙流域相似，太平洋岛屿的生存来源主要依赖两个截然不同的系统：① 捕鱼和收集海洋动物以获取蛋白质;② 种植蔬菜和粮食以获取卡路里。一般根据劳动者的性别进行分工,男性从事渔业和繁重的园艺种植工作,妇女则从事海洋动物收集和园子的日常栽培与收获工作。小岛屿上的 3 个作物区——果园作物、旱地作物和水田作物,根据海拔高度和与海洋距离的远近排列成一个同心圆。果园作物包括面包果树和相对耐盐的椰子树及露兜树,它们可以生长在海滩附近(图 7.5)。这些树木可以用来获取食物和建造独木舟、房屋,以及编制篮筐,在较小岛屿上,它们是木材和纤维的唯一来源。椰子等坚果对维持生计非常重要,波利尼西亚人根据坚果的食用价值对 17 种不同阶段的坚果进行了命名(Handy & Handy,1972)。密克罗尼西亚人非常善于从未开放的花茎中提取汁液,生产发酵饮品。

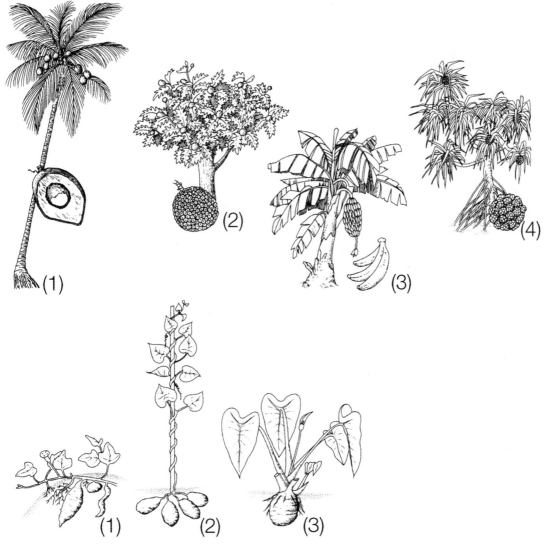

图 7.5 太平洋岛屿上的主要经济作物

上排为果类作物,包括:(1) 椰子树,(2) 面包果,(3) 香蕉,(4) 露兜树。
下排为块根类作物,包括:(1) 山药,(2) 甜马铃薯,(3) 芋头。

旱地园子出产红薯、山药和香蕉，但是园子的收成受到土壤条件和降雨量的严重限制，尤其是在较小的珊瑚岛和环礁上更是如此。许多岛屿除了珊瑚砂之外，几乎不存在其他类型的土壤，必须通过持续不断的地面覆盖才能形成和维持土壤的腐殖质。在太平洋大部分区域，海芋属科（天南星科）芋头是最重要的食用植物（见方框7.2和图7.5）。

方框7.2

芋 头

天南星科包括许多熟悉的绿叶热带观赏植物，如喜林芋属，这是一种可食用的天南星科植物，通过扦插繁育，插条萌发出大的心形穗子，长成的淀粉球茎和球状根茎产量很高，但需要大量的淡水浇灌。香芋有时生长在高岛上的梯田池塘或者灌溉池塘中，任何时候均可种植，并在一年内收获，但是无论是生长在地里还是收获之后，香芋都不容易储存。

另一种重要的天南星科植物是沼泽芋，富含球茎纤维，一般需要3年才能完全成熟，但收获的时间更长，收获后可以在地上保存长达2个星期。沼泽芋是密克罗尼西亚大部分地区的首选芋头，生长在地表有淡水的小珊瑚岛沼泽中。

还有一种天南星科植物是海芋，又称为巨型芋头（或象耳），生长于干旱环境下，球茎需要经过特殊处理，去除刺激性晶体。

威廉·阿尔凯尔提供的数据表明，加罗林群岛中部的密克罗尼西亚拉莫特雷克环礁上，芋头生产力对维持生计非常重要（Alkire，1965）。在拉莫特雷克岛，0.64平方千米的小岛上约有200人。阿尔凯尔估计，岛上的成年人每天消耗约0.9千克芋头，在植物性食物中约占3/4。岛上共种植约50万株芋头，在58英亩内陆沼泽地区，平均每英亩约1.5万株。芋头的年消费量只占作物总产量的20%左右，虽然大部分沼泽芋头生长缓慢，但是食用量也会远低于芋头潜在的产量。然而，如果台风将海水冲进沼泽并摧毁作物，恢复芋头种植至少需要3年时间。

在拉莫特雷克环礁上，种植、收割、加工芋头是一项由女性承担、非常耗时的工作。在面包果收获季节到来之前的半年里，妇女们每天要在沼泽地里劳动2个多小时，种植和收割芋头，还要再花3个多小时加工芋头，而在面包果收获和加工季节，每天只需要工作大约3小时。

在所有太平洋群岛屿中，捕鱼主要是男性从事的活动。在拉莫特雷克岛，平均每天有近1/4的男性外出捕鱼，一次捕鱼的时间通常为5个小时以上，大约能捕到4千克鱼。常用的捕鱼工具主要有陷阱、渔网、鱼叉、鱼钩和线等。除此之外，还有养鱼场养殖的鱼，养鱼场一般位于潮水浅滩，是由礁石围成的池塘，鱼在池塘里喂养和繁殖。

珊瑚礁生态系统占地球面积不到0.1%，但生产了世界上约10%的鱼类、海龟等许多传统意义上非常重要的食用动物和贝类等海洋无脊椎动物。据估计，这些富庶的珊瑚礁每年每平方千米可持续生产高达 22 吨的鱼（Kenchington，1985）。对大多数太平洋岛民来说，动物蛋白的供应量显然不是一个限制因素。相比之下，1 平方千米的热带雨林每年所生产的哺乳动物蛋白只够维持一个人一年的生活。

捕鱼需要掌握大量的专业知识，人们用不同方法开发了许多重要的海洋生态区。例如，环礁至少包括 5 个宽阔的海洋区，分别是：位于环礁中心的潟湖、浅水海域、暗礁和珊瑚头周围的深水海域、潮间带珊瑚礁和滩涂，以及公海海域（Knudson，1970）。太平洋岛民认识到这些海洋区域存在许多细微的差别，浅水区、珊瑚礁边缘和潟湖通常是开发最为密集的区域，可以利用渔网、陷阱和鱼梁（拦截游鱼的枝条篱）进行捕鱼。加罗林群岛的法斯岛人在他们居住的 2.6 平方千米凸起的珊瑚岛周围命名了 4 个宽阔的海洋区和 13 个分区（Rubinstein，1978）。他们参照 60 来个单独命名的水下珊瑚头的位置，确定特定的捕鱼区域和 11 条航线，这 11 条航线从岛上向外延伸，与岸上和海上的命名标志对齐。基里巴斯的吉尔伯特岛民命名了 254 种鱼类、95 种海洋无脊椎动物和 25 种鱼类的解剖特征（Lobel，1978）。

海洋生物学家罗伯特·约翰内斯（Johannes，1981）记录了密克罗尼西亚当地渔民在帕劳群岛捕鱼所运用的知识。紧随季节的变化是帕劳人进行捕鱼活动的一个关键因素。帕劳人使用每年 12 个月的阴历纪年法来精确预测风向、天气和海浪的变化以及各种表层鱼类、海龟和海鸟的活动和繁殖模式。他们知道洋流会因岛屿和暗礁而改变方向，特定的鱼会季节性地聚集在某些旋涡和风平浪静的地方。

大量的渔具和捕鱼技术反映了人们对不同鱼类的特殊食性、生活史和解剖结构的了解。太平洋岛屿广泛使用一种独特的内弯贝类鱼钩，这种鱼钩比欧洲人认为最好的标准倒刺铁钩更好用（图 7.6）。传统的贝类鱼钩只需轻轻拖拽就能滑进鱼嘴角，随后旋转，穿透鱼的下颚，紧紧钩住下颌（Johannes，1981）。

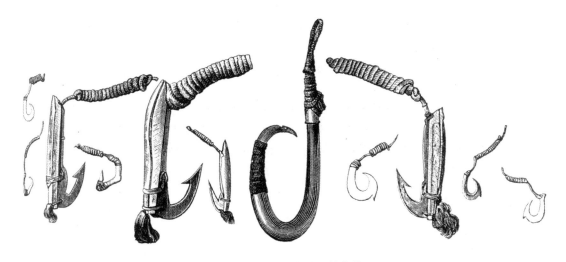

图 7.6　19 世纪大洋洲的鱼钩

二、太平洋岛屿社会：不平等的生活

（一）精英主导的波利尼西亚文化转型

太平洋岛屿社会不同于我们迄今调查过的任何一个部落群体。在商业世界入侵之前，太平洋岛民生活在政治上高度集权的酋邦，酋邦规模比部落大几个数量级，由享有特权的精英阶层统治。酋邦的规模非常重要，酋邦不仅仅是部落规模扩大的结果，还需要进行一系列社会变革，这些变革与人类对个人自由和平等的偏好相冲突，而自由和平等定义了部落的生活方式。规模的自然规律意味着，当部落社会变大时，如果不进行分割，统治者必须从根本上改变其文化，以防止社会解体（方框7.3）。规模较大的酋邦社会中，个人自由受到限制，利益分配不平等，与部落人熟悉的生活方式和个性格格不入，如此巨大的文化转型，其主要受益者只有依靠强制性制度才能维持下去。

方框7.3

规模问题：从部落转变为酋邦

正如我们所见，在部落体制下，大多数人际交往发生在家庭成员之间以及附近村落或游群的家庭成员之间。比如，一个5口之家形成一个很小的网络，成员之间的互动方式可能只有十几种，人们根据约定俗成的年龄和性别特点就能轻松处理。如果在一个50人的村落里，人际互动方式可能达到1000多种，导致许多新的人际压力和重大冲突，需要大人物或宗教领袖出面协调，也可以将人们划分为半偶族、血统和氏族等世系群。但是一个500人的部落中，人际互动方式可能超过10万种，部落层面的问题就要严重得多。一个典型的5000人的波利尼西亚酋邦中，人际互动方式可能超过1200万种。在夏威夷群岛，一个拥有30万人的小王国，人际互动方式可能达到近200亿种。要解决部落社会日益加剧的压力，就需要建立新的文化机构，增加组织机构的复杂性，例如创立半偶族、世系、氏族、神话和仪式等，但是不包括权力强大的统治者。我们预计夏威夷王国比部落社会要复杂10倍（Carneiro，1967），其复杂性主要体现在增加了管理政治经济的专家和新的意识形态机构，以说服人们相信国王权威的合法性。

人口规模限制决策过程。在150人以下的社群中，几乎每个人都能面对面参与决策；但是在500人以上的社会里，公共决策通常由成年男性控制。在2500人的本地族群中，大家共同认可的村长可以非正式地协调500个家庭，但是管理更大的定居点需要正式的政治精英。由于人类的记忆和信息处理能力有限，500个家庭是一个临界数字，超过这个数量，包括酋长在内的人很难掌握这么多人的信息（Kosse，1990）。

第 7 章　太平洋岛民：从领导者到统治者

波利尼西亚人发现了太平洋岛屿并在那里定居下来，这一过程是人口增长和生计集约化（subsistence intensification）①的动态过程，也是精英主导的政治化过程。在几个最大的岛屿上，精英阶层利用周期性的竞争宴享和战争建构社会阶层（social class）②高度不平等的复杂酋邦，在此过程中，少数人成功操纵宇宙观的合法化力量，创造了迫使社会大多数人支持精英利己增长计划的政治经济（political economy）③。随着波利尼西亚社会规模不断扩大，社会权力进一步集中在酋长手中，大多数人失去对自然资源和文化资源的直接控制，无法满足自己的基本需求。这是一次重大的文化变革。

对无人居住的波利尼西亚群岛进行殖民，有利于初始人口快速增长，创始种群人口数量在一代之内可能翻了一番，达到自然和文化的极限。然而，人口的文化调节和自然限制一样重要，持续的人口增长既非不可避免，也不是不可能实现。即使人口年增长率只有 2%，36 年人口就会翻一番，25 人的创始种群在 1234 年内可能超过 1 万亿。波利尼西亚人在太平洋岛屿居住时间长达 2500 多年，但是岛屿人口并未出现经常性的崩溃。在其他岛屿，要达到人口极限需要很长的时间。霍蒙（Hommon，2013）估计，980 年夏威夷创始种群人口为 200 人，在 810 年的时间里，可能以年均 0.97% 的速度增长，至 1790 年人口达到 525000 人，这时夏威夷人口可能接近以密集型、手工技术维持生计的实际极限，几乎可以肯定，增长会放缓。到 2015 年，全球商业贸易和大量投入化石燃料，促使夏威夷的人口增至 140 万。

随着岛屿人口增加，人类开始焚烧和砍伐森林，导致自然生态系统改变和退化。为避免生态系统崩溃，人类又创造了可持续性的改良植物群落（Rolett，2008；Atkinson 等，2016；Swift 等，2018）。和人口稠密的亚马孙河流域一样，太平洋岛民也是环境工程师，但是由于这些岛屿被海洋而非森林包围，人类对当地环境的影响往往更为极端，陆地鸟类和筑巢海鸟遭到老鼠和人类劫掠，导致许多独特的本地鸟类灭绝（Steadman，1995）。增长还意味着人们必须更加努力工作，开发灌溉系统和鱼塘，在非常有限的空间内生产更多的食物，人类的生计活动因此稳步集约化。类似的生计集约化趋势同样出现在新石器时代，部落民族对此并不陌生。但是在岛上，当寻求权力的酋长们利用人口增长的压力扩大个人权威时，所导致的人类结果明显不同。部落民族显然能够将社会规模维持在较低限度，很少感到有必要改变其社会的内部结构。一般来说，当部落人口不断增长，需要进行内部拆分时，他们会简单地将部落拆分成 2 个或更多完全相同的小规模群体。波利尼西亚人并未将部落人口进行拆分和维持原有的生活方式，与此相反，为了满足更加复杂的生产和组织要求，在更大规模上实现社会一体化，他们接受更严重的不平等、等级制度、技术变革和专业化，潜在的限制因素在于，岛上的人民很难逃避要求过多的酋长。

---

① 生计集约化：在同一土地面积上生产更多食物，但通常需要更多的技术创新。
② 社会阶层：社会成员按照等级划分为不同的群体，例如精英阶层和贫民阶层，相同阶层的人享有类似水平的资源、权力和特权。
③ 政治经济：一种文化模式，该模式下中央集权的政治权力干预商品和服务的生产和分配。

酋长的权力和权威是波利尼西亚社会最显著的特征。最重要的是，大部分生产是为了满足酋长的需求，为获取既得利益，他们推动技术集约化，以便平民能为他们提供更多的贡品。在部落社会中，每个家庭控制自己的生产资源，当自我需求得到满足时便停止生产。然而，在波利尼西亚，酋长们掌握土地使用权，许多人从事专门的经济活动，如制造独木舟或生产工艺品，或者成为专职酋长或牧师，这些专家必须依靠土地耕种者供养。酋长们将等级森严的谱系、曼纳（mana，即神力）[①]、塔布（tabu，即禁忌）[②] 和祭祀诸神等意识形态概念作为波利尼西亚社会的主要组织原则，从太平洋被殖民伊始，这些元素便在小范围内存在（Kirch，1984）。

太平洋岛屿地位系统的宗教基础清楚地体现在曼纳、塔布等概念中。曼纳被不同程度地定义为一种客观的、超自然的力量或能力，可以通过人、物和魂灵显现，曼纳的同源词出现在整个太平洋地区，在世界其他许多地区也存在与之类似的概念。

曼纳主要以等级形式传承，体现酋长控制其信徒的客观能力。一个拥有强大曼纳（神力）的酋长可以用商品换取臣民为其劳动，并且可以作为神的代理人对自然产生影响。世袭的精英阶层由于拥有神力，要求得到人们的尊重，反过来，他们所接受的尊重又体现了神力的存在。精英阶层可以拥有不同程度的神力，而平民却不拥有任何神力。波利尼西亚术语塔布，通常被理解为被禁止的行为，指社会阶层较低的人必须遵守一系列规避仪式，以表示对精英神圣地位的认可。对酋长表达尊重的方式包括鞠躬、低头、使用特殊的敬语和提供特殊的供品等。

酋长的特权还以特殊形式的服饰、徽章、住房和食物为标志，这些是他们一出生便获得的特权；酋长还对土地、劳动力和商品拥有所有权。荣誉头衔也是波利尼西亚地位不平等的体现，这些头衔被授予杰出的战士、牧师和掌握特殊技能的工匠等，如果这些人是拥有神力的精英，他们是对酋长权威的潜在挑战。

（二）酋邦及其政治化进程

在部落世界里，当地的游群和村落在政治上独立自主，经济上自给自足，然而酋邦的诞生让部落世界的生活发生了根本性的转变。"人类历史上首次超越地方自治"是平等和不平等社会的分水岭，首批村民将他们的政治自治权拱手让与其他村落的酋长，而这一切发生在过去 7500 年里（Carneiro，1981）。

酋邦的决定性特征是，酋长自认为高人一等，能够建立王朝并将优越的地位传给后代。酋邦是政治化进程的第一步，最终允许寻求权力的统治者建立王国、城邦、国家和帝国。管理一个简单酋邦的酋长可能领导当地十多个村长和大人物，也许可以指挥 5000 人。更有野心的酋长可能会利用武力，将其他地区的酋长纳入麾下，将社会权力扩充 10 倍，从而建立一个拥有 5 万人或更多人的复杂酋邦。以此为起点，受权力驱使的统治者通过征服其邻邦，将多个复杂的酋邦合并成一个简单的王国，成千上万的平民向他们进贡。

[①] 曼纳：存在于特定的人和物体中的非人格化的超自然力量或神力。在太平洋诸岛，曼纳是酋长的权力基础。

[②] 塔布：超自然力惩罚的被禁止的行为。塔布由酋长强制执行，得到酋长神力的支持。

只有极少数人能够享有政治化进程的好处，大多数人却要遭受社会地位（social status）[①]降低、税收提高、战争和不安全感，因此要解释政治权力追求者的成功之处并非易事。权力的集中极大提高了酋长的生活质量，改善了他们的遗传适合度（genetic fitness），却导致其他人的健康水平下降。权力可以用来强制威胁或操纵文化选择，说服人们支持酋长。正如威廉·杜尔海姆（Durham，1991）所言："文化演进是一个内在的政治化过程。"酋邦的出现和存续是权力精英阶层将自己的文化模式强加于他人的范例，并非大多数人自主选择的结果。酋邦产生于偏颇的文化传播，与大多数家庭的进化过程背道而驰。政治化是进化过程的第一步，激励强大、自利的少数群体推广错误的文化观念，支持危害他人的失控增长。

政治化要求经济不断增长，权力追求者必须在他们的增长计划中调动家庭劳动力、武士、技术、贸易和宗教等诸多方面。政治化之所以能够有效运作，是因为随着经济进一步增长，从数学上看，政治领导人在社会中所占的比例越来越小，他们的权力却在稳步上升。文化观念帮助他们扫清增长中的障碍，精英因此得到回报。根据粮食再分配（redistribution）网络的规模、粮食再分配[②]的频率，以及没有直接参与主要粮食生产和依靠剩余产品生活的专家数量测算，波利尼西亚酋长的权力随着经济生产力的增长而增加（Sahlins，1958）。

（三）波利尼西亚酋邦：初级贵族统治

波利尼西亚酋邦属于贵族制（aristocracy）[③]，少数精英管理一个以上的村庄。正如起源神话和仪式所展现的那样，在波利尼西亚宇宙观中，高级酋长是全社会神的象征。酋长被称为神，被当作神来对待，他们也自封为神。实际上，酋长是一个社会的主要代理人（Sahlins，1985a，1985b），比如，酋长使用代词"我"和"我的"来指代岛上的每一个人；波利尼西亚神话史叙述酋长的行为并记录他们冗长的家谱。正如萨林斯（Sahlins，1985b）所言，"国王认为人民是他自己的一部分，是其自我存在的投射"。将某个人和某个家族的幸福置于他人之上，在部落社会中是无法想象的事情。

作为酋邦，许多波利尼西亚社会依照父系世系制度，划分为与努尔人类似的分支世系（segmentary lineages），与努尔不同的是，酋邦必须以酋长为中心。作为酋邦，许多波利尼西亚社会类似于努尔族的世系群分支与领土划分相关联。各世系分支根据社会地位划分为多个等级，由一位有头衔的酋长掌控，酋长为更高的统治者管理生产和收取贡品。和其他社会最显著的区别在于，波利尼西亚的个人及其家族的社会地位根据他们与创始酋长祖先之间在系谱上的亲疏关系决定，遵循"世系固有的优越性"（Goldman，1970）原则，最高酋长是世系中级别最高的成员。

波利尼西亚社会一般分5个阶层，自下而上依次为：① 家庭；② 年长头人的本地亲属群体；③ 小酋长管辖的分区；④ 至尊大酋长管辖的区；⑤ 最高酋长管辖的整个岛屿。

---

① 社会地位：社会成员在社会系统中所处的位置，通常根据年龄、性别、亲属关系或其他文化标准进行定义并涉及特定的行为期望。
② 再分配：在中央政权的控制之下，将食品等商品集中之后进行重新分配的交换形式。
③ 贵族制：少数特权精英统治的政治体制，即精英统治。

例如，生活在夏威夷群岛和汤加群岛的波利尼西亚社会是异常庞大的多岛政体，代表社会复杂性的第6个阶层。他们是由特别强大的酋长统治的小王国，酋长被称为国王。所有的社会阶层连接成一个单一的指挥机构，由一个人绝对领导。相比之下，部落社会在当地亲属群体层面的权力结构非常弱小。

波利尼西亚人的等级制度基于祖先和后代之间的等级排序以及长子继承制（primogeniture）[①]，即按照一个家庭中的出生顺序排列，长子的地位最高。等级制度象征性地反映在大家熟悉的逻辑等式中：父之于子，兄之于弟，酋长之于平民（Kirch，1984：64）。

酋长们利用等级制度管理整个社会，最底层的家庭是酋邦的缩影，正如萨林斯描述的那样："父亲在家里就像领地里伟大的酋长一样，拥有庄严的形象和更高的曼纳，他的财产甚至食物都受到塔布的保护，避免受到家族内部其他次要亲属的玷污。酋长的荣誉始于家族，享受他人的孝敬是酋长的权力，波利尼西亚人一出生便知道如何尊敬酋长。"（Sahlins，1968：64）当酋长们将"孝敬"从家庭扩展至整个社会，对人类社会产生了巨大的规模效应。

人类学家常常将"酋长"描述为先赋地位（ascribed status）[②]，而部落社会的"大人物"属于自致地位（achieved status）[③]（Sahlins，1963）。部落大人物是白手起家的领导人，为了巩固自己的地位，他们必须不停地回报支持者，而波利尼西亚酋长一出生便获得头衔和曼纳。实际上，波利尼西亚酋长如何获得世袭头衔，如何展现他们的曼纳，人们对此并不清楚。此外，酋长们如果滥用职权或软弱无能，可能会被竞争对手废黜。因此，在波利尼西亚，自致地位和先赋地位之间的区别常常模糊不清。理想状况下，成为大人物或者酋长的关键在于，他们有能力组织奢华的宴会，向有影响力的支持者赠送礼物，并为其他酋长提供防卫等服务，酋长的权力范围比部落大人物要大得多。

酋邦是一种显示社会地位的制度，是赋予少数人特权的人类价值尺度。地位制度包括"定义价值，尤其是荣誉的原则，建立个人和群体价值尺度的原则，将地位或角色与特权和义务相联系的原则，得到尊重和规范尊重行为的原则"（Goldman，1970：7），该定义中地位等同于荣誉。所有社会均存在地位制度，但是如果像大多数部落社会一样，当年龄、性别和个人特征成为定义地位的唯一标准时，这个社会就会相对平等和均衡。

酋长慷慨地举办宴会，将自己塑造成一个乐善好施的公共角色，人类学家称这种做法为再分配。然而，这种宴会不同于阿沙宁卡族大人物举办的啤酒宴会，酋长们将人们自愿提供的祭品转变为强制上缴的贡品，并将公共物品占为己有，让自己的权力愈加强大。此外，由于酋邦的各个分区从岛屿的中心呈扇形向海岸延伸，形成纵横交错的生态区，理想状态下，每一个分区都能够自给自足，因此平民并不需要酋长为他们分配资源。在规模更大的社会中，平民被排除在宴会之外，而酋长却过着奢华的生活（Kirch，2001）。酋长们按照仪式日历来管理生产和维护社会等级制度，为种植和捕鱼等重大生产

[①] 长子继承制：由一对夫妇的长子（女）或最年长的幸存子女优先继承父辈财产和其他权益的制度，可能是建立社会等级制度的基础。

[②] 先赋地位：一个人出生时就拥有的社会地位，包括性别、出生顺序、血统、氏族隶属关系以及与精英祖先的联系。

[③] 自致地位：凭借个人的能力获得的社会地位，而非出生时赋予的社会地位。

活动制定季节性时间表。酋长们还利用自己的权力将特定的地方设为塔布，防止人们过度使用，酋长们通过这样的塔布直接获益，但对整个社会并无益处。只有当其他酋长为了扩大统治权而发动侵略战争并导致某一酋邦内平民的生活陷入危险境地时，平民才会因其酋长发动的军事防御活动而获益。发生自然灾害时，酋长们将自己仓库里的食物分发给平民，这是全社会受益于酋长的唯一情形。当发生危机时，再分配可能对群体生存至关重要，但在村级层面，人们通常选择合理储存粮食。

下面章节将通过民族志案例分析，考察蒂科皮亚岛简单酋邦和19世纪初成为小王国的夏威夷岛复杂酋邦，以此说明太平洋岛屿酋邦的运作机制，强调规模差异的重要性。

(四)蒂科皮亚岛：传统的波利尼西亚小酋邦

蒂科皮亚岛是一座微型高岛，陆地面积4.6平方千米，四面环湖，主要环绕在死火山口锯齿状边缘。雷蒙德·弗思（Firth, 1957, 1967, 1975）在其著作中认为，该岛是波利尼西亚传统文化区最典型的代表。蒂科皮亚岛位于美拉尼西亚岛的波利尼西亚外海，在西萨摩亚和汤加以西约2000千米处。虽然欧洲探险家早在1798年就已登陆蒂科皮亚岛，但是直至1928年，仍有1200名"健康、充满活力的土著"居住在该岛上，弗思认为他们"几乎未受外界影响"。

考古研究显示，蒂科皮亚岛在长达3000年里一直有人居住（Kirch & Yen, 1982; Swift等, 2018）。首批定居者发现这里是充满野生鸟兽的原始环境，持续的刀耕火种逐渐导致森林遭到严重砍伐，但几个世纪以来，居民逐渐放弃轮耕，选择种植永久性园子和培育驯化森林。蒂科皮亚岛在树木栽培方面创造了一个多层次、多种类的森林果园，包含各种有用的乔木和灌木，几乎取代了岛上所有的天然森林，有助于固定斜坡和沙丘，并减少台风造成的破坏性影响。与此同时，据他们自己所称，为了减少对园子的需求，蒂科皮亚人决定淘汰生猪养殖，生猪虽然能够提供蛋白质，但是需要园子里生产的农产品喂养。

1928年，生活在蒂科皮亚岛的1200人沿火山口边缘被划分成2个区或"两面"，法纳位于背风面，拉文加则位于迎风面（图7.7）。大约有25个命名的村庄集中在西海岸和南海岸附近的低地。尽管形成了以世系为基础的地位等级和土地保有权，地区和村庄仍然作为独立的单位参加宗教仪式和经济活动。

每个村庄都由一排命名的世袭宅基地组成，附带果园或园子，房屋带有烤炉和存放独木舟的小屋，还有前房主的墓穴，这些墓穴面朝海滩，排列于房屋内神圣的一边，占据屋子一半的空间，这样，每座房屋实际上成了一座庙宇。重要酋长废弃已久的房屋往往竖有一块石板作为标志，表明是被认可的重要神庙和举行重大仪式的场所。土地非常重要，岛上的土地所有权为父系世袭制。园林之间有仔细划定的分界线，岛上的每一处景物都有名称，甚至湖泊和礁石区也在酋长的管辖范围之内。

地位制度是理解大多数所有权和人际互动的关键，包含4个不同的等级：家庭、血统（派托）、氏族（开南加）和整个岛屿社区（图7.8）。每个人在地位等级中分配有一个位置。

最高一级是"阿利基"（Ariki），即酋长，负责全岛的仪式共同体，掌管由酋长后裔的创始神创立的一系列精心设计的仪式，这些仪式被认为是"神之作"，可以增进整个岛屿的福祉，确保园林和渔业丰收。

文化人类学（第7版）

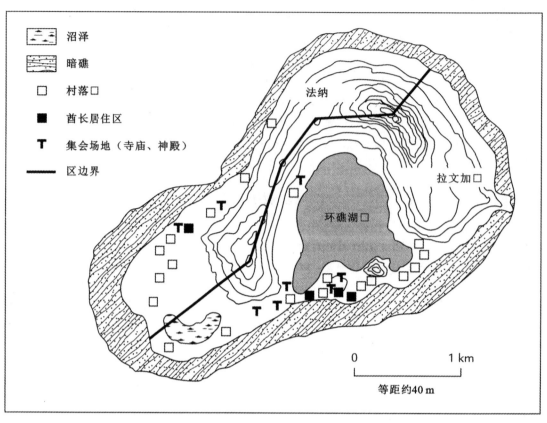

图 7.7 蒂科皮亚岛的区、村落和寺庙

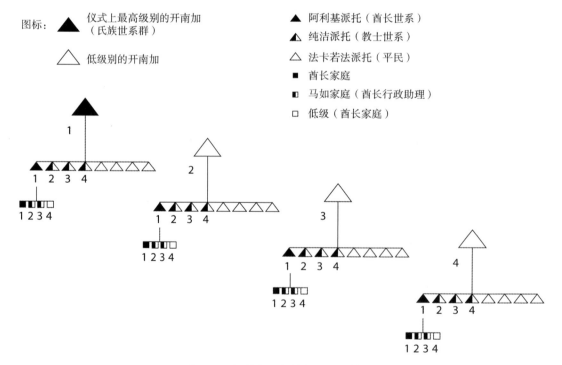

图 7.8 蒂科皮亚岛的仪式地位等级

第二级为"开南加"（Kainanga），包括 4 个命名的世系群，按照仪式的先后顺序排列，规模为 89～443 人。弗思称这些群体为氏族，其成员自称为父系世系，祖先是特定氏族的寺庙供奉的创始守护神（超自然的实体守护着特定的世系群）。然而，这些氏族既不集中在本地，也不和异族通婚，他们只是间接拥有其世系及其家族的土地。氏族成员通常是父系关系，但也可能通过婚姻（比如一个陌生人和酋长的女儿结婚后），成为酋长氏族的成员。每个氏族都有自己的酋长，整个氏族作为一个整体参加全岛的宗教仪式。开南加人结对交换祭祀食物，主要的食用植物包括 4 种：芋头、椰子、面包果和山药，每个氏族的酋长对一种食用植物的繁育负有仪式责任。

第三级为"派托"（Paito），即氏族被分割后形成的单个父系世系群，平均约 40 人，是最基本的财产持有单位。氏族中排位最高的世系代表这个氏族向阿利基（酋长）进贡。在酋长世系之下的次级贵族是高级世系——纯洁派托（pure Paito），仪式专家或祭司均来自该世系，故称之为"纯洁"。排名较低的世系是平民世系——法卡若法派托（Fakaarofa Paito），世系内部的相对排序无关紧要。

级别最低的单位是个体核心家庭，级别较高的人实行一夫多妻制，他们的家庭规模可能会扩大，丈夫是家中的仪式主持者。一个家庭的等级取决于该家庭在其世系中的资历、其世系在整个氏族中的地位，以及其氏族的仪式优先权，因此阿利基派托即酋长世系内部的排位高低至关重要，酋长行政助理或马如（Maru）来自与酋长关系最为密切的家庭，帮助酋长执行其指示。

酋长的权威源于他们的宗教地位，他们是创始神的世袭代表，负责酋邦福祉，氏族酋长对其成员的土地拥有名义上的控制权，他们有时应邀解决领土争端，并在某些情况下实施禁忌，限制使用当地资源。人们认为，他们为了社群的利益而工作，因此受到由衷的尊敬。为了帮助他们履行宗教仪式职责，酋长们通常比其他人拥有更多土地。酋长们可能会声称对村庄附近的泉水具有仪式上的所有权，但并不会阻止人们使用。土地财富一般和等级无关，平民甚至可能比酋长拥有更多的土地。土地所有权并非专属权，如果有人提出要求，往往会允许他们在他人的土地上进行种植或收获，只需要象征性地给土地拥有人赠送一些食物作为回报，因此不存在完全没有土地的阶层。

如果澳大利亚土著来到蒂科皮亚岛，他们会对岛上的人口密度、人口持久性以及人们出于生产目的对环境进行控制的程度感到震惊，但是也会理解蒂科皮亚岛的许多文化特征。和其他任何部落社会一样，亲属关系无疑是蒂科皮亚岛家庭生活中最为重要的组织原则，家庭在很大程度上是自给自足的单位，与当地的亲属家庭相互合作。蒂科皮亚岛村落与土著游群大小相似，但这些村落受其相邻村落的限制，和流动游群相比，其独立性要低得多。认为神话中的祖先会继续对人类事务产生影响，这样的观念对于澳大利亚土著来说非常熟悉，但是，与众神相关的特定世系的神圣性和普遍存在的社会等级对于澳大利亚土著来说却是陌生的。土著感到更加无法理解的是蒂科皮亚岛世袭头衔阿利基（酋长）对整个岛屿拥有的权威以及人们对阿利基（酋长）身份极度恭敬的行为，类似的现象在部落社会中并不存在，这让我想起弗思对蒂科皮亚岛酋长带有政治色彩的角色的总结：

"首长是蒂科皮亚岛经济生活中最重要的、唯一的人为因素。他不仅在家庭中扮演生产者的角色，同时还以身作则，主动指导社群的生产劳动，他名义上拥有其氏族成员最宝贵的财产；他对生产和消费实施影响深远的限制，在许多重要活动中，他是交换和分配过程中的焦点。"（Firth, 1975: 231）

（五）夏威夷王国：从亲族到王权

夏威夷群岛与波利尼西亚及其他任何地方完全隔离，有人居住的主要群岛属于高火山岛。夏威夷岛是群岛中面积最大的岛屿，陆地面积约10458平方千米，除新西兰之外，比密克罗尼西亚和波利尼西亚的所有岛屿面积之和还要大，仅次于新西兰岛。如此高大的岛屿将大量的降雨阻挡在其迎风面，由于受到暴雨的急剧侵蚀，迎风面形成陡峭而狭窄的山谷，沿着山谷分布着种类繁多的植物群，包括从沙漠至潮湿森林的许多地方性特有物种。

由于较大岛屿的历史不长，礁石区比想象的要窄小，并且大部分海岸线岩壁陡峭，很难抵达。降雨量和土壤对农作物非常关键，但是降雨量分布非常不均匀。冲积土壤、充足的降雨量和流动的溪流仅仅存在于迎风面山谷，最适合种植波利尼西亚作物（Kirch, 1985）。

与蒂科皮亚岛相比，夏威夷生存模式最明显的差别在于精心设计的沟渠、梯田和灌溉塘田，以及大面积适合耕种的永久性旱地。夏威夷人还发展水产养殖业，在礁滩上建造鱼塘，进行大规模渔业养殖。

灌溉系统具有特别的意义，掌握灌溉系统可能有助于世界上伟大文明的发展。夏威夷人的灌溉系统按照波利尼西亚标准得到很好的发展，作为农业集约化的重要形式，这些灌溉设施有助于生产支持精英阶层的盈余，但是建设这些灌溉系统似乎既不需要技术专家，也不需要投入大量的劳动力（Earle, 1978），对集约化生产系统进行政治控制是夏威夷文化转型的关键之一，但是并非唯一要素。

考古学家帕特里克·柯奇（Kirch, 2010）认为，随着时间的推移，夏威夷社会不仅比波利尼西亚社会更加复杂，而且已经发生了质的转变：夏威夷酋长变成神王，他们控制个人生产资源，而原始的波利尼西亚社会存在等级世系和宗族，生产资源通常由亲属管理，以确保每个人的利益。夏威夷世袭精英形成一个内婚制社会阶层，与其他人区分开来。正如柯奇所指出的那样，为什么"夏威夷社会要改变自己？"或者更确切地说，夏威夷精英们如何为了自身利益，成功将他人利益边缘化？这种转变显然让大多数人的生活更加困难，为什么夏威夷社会能够容忍这种转变？

考古学家罗伯特·霍蒙（Hommon, 2013）坚持认为，夏威夷国家组织独立出现，是由岛上最初的定居者发起、在古老的波利尼西亚社会文化系统之上产生的新的变体，将为社群服务的领导人转变为对臣民具有强制权力的统治者。作为统治者的酋长要求人们用物品或劳动力换取土地使用权，将从前人们和酋长之间的互赠物品转化为税收，并将所得据为己有。酋长的慷慨变成炫耀性挥霍，他们可以随意发动战争，将其他社群并入自己的领土，构建分级管理的政治机构。这是精英主导的增长的开始，这种增长不是一个社群的增长，而是为了加强统治者的权力对现有社群进行的合并和重组。

随着考古年代测定技术的改进，霍蒙（Hommon, 2013）推测，夏威夷人口增长经历了3个阶段，跨越近800年，分别是：殖民阶段（980—1349年）、扩张阶段（1350—1680年）和集约化阶段（1681—1770年）。夏威夷政治发展经历了8个阶段，直至建立王国。对夏威夷岛进行殖民可能持续了近 400 年,双壳独木舟在大溪地和夏威夷之间多次往返,每次只能装载 20~40 人和货物,最终夏威夷岛上的人口达到约 200 人(Kirch,2010)。

在政治制度发展的前两个阶段,非常小的先驱聚落迅速裂变和扩散,占据最适宜居住的地方,在几十年内形成一个像蒂科皮亚岛那样由多个邻里构成的社群,社群领导人是一位传统的慷慨的酋长。第三个阶段在 1000 年左右,人口进一步增长,社群之间互动更加频繁,但是社群领导人仍然是一位传统的酋长,可能会增加一位萨满。到 1200—1430 年,随着殖民的结束,出现了以高生产力核心地区为中心的社区群,每个社区由一位象征性的酋长管理,但是所承担的义务有所增加。在 300 多年的扩张阶段,和亚马孙土著一样,从刀耕火种开始,轮耕种植块根作物,但是随着人口增长,一些作物逐步转为持久种植。到 1350 年,灌溉农田开始普及,标志着扩张阶段的开始。值得注意的是,根据夏威夷传统历史记录,1350 年正是皮利卡艾依酋长将活人祭祀作为一种宗教仪式的时间。然而只有少数地方可以建造高产芋头灌溉塘田,持续的人口增长迫使人们在贫瘠、干旱的地区扩大生产和更加努力地工作,但是得到的回报却少之又少。扩张阶段结束时期,平民面临土壤枯竭,生活非常艰难,经常发生饥荒,因生产用地和食物被盗产生的冲突日益加剧。危机时期成为酋长们扩大权力的机会,1610 年,即大约距离最早定居 630 年后,酋长拥有更大的权力,并将部分权力下放给下属,自己则成为原始的国王而非传统意义上的酋长。1729 年,夏威夷王国成立。

霍蒙借鉴"艰难时期假设"(参见下一章中罗伯特·卡内罗的"环境限制"理论)来解释这一转变,即当粮食生产越来越困难和不稳定时,人们将政治权力交给酋长,结果导致民众动乱,促使统治者打破常规,采用极端手段,并获得更大的权力。

与部落世界相比,夏威夷酋长的权力规模令人震惊。卡米哈米哈一世(1758—1819)在位 25 年,统领 7000~15000 名武士,相继征服夏威夷诸岛。1792 年,他成功控制夏威夷岛和邻近的毛伊岛。1795 年,他征服拉奈岛、莫洛凯岛和欧胡岛。1809 年,通过谈判接管了考艾岛,从此开始统治总人口约 30 万的整个夏威夷群岛。夏威夷社会是太平洋部落世界中最大的政治集权社会,人口规模与澳大利亚土著相当。

夏威夷统治者将这些岛屿组建成一个典型的波利尼西亚结构的社会,但是当卡米哈米哈一世掌握所有岛屿的管辖权时,他实际上建立了一个小王国,规模比岛屿酋邦更大,卡米哈米哈一世成为国王。主要统治者将各岛屿划分为区(moku)和分区(ahupua'a),由各位酋长(ali'i)管理。每个分区的酋长通过土地管理者(konohiki)将土地分配给平民,收取劳务和货物等形式的贡品。夏威夷岛、毛伊岛、欧胡岛和考艾岛等最大的岛屿被划分为 5~6 个区,每个区再细分为 30 个分区(Hommon,1986)。岛屿行政官僚机构需要供养大约 100 名高级酋长和神父、900 名分区酋长、1800 名土地管理者,以及 32500 名家臣和家眷(表 7.1)。

酋长们试图尽可能地扩大个人家庭权力集团,夏威夷语将这一群体称为"玛"(ma),指"某个人的亲信或同僚"。"玛"是个人统治权的核心,包括家族成员"欧哈娜"(ohana)、家臣"欧胡阿"(ohua)以及受赡养的专家。酋长们通过联姻和给其他酋长赠送礼物,扩大权力网络。普通百姓在夏威夷语中被称为"马卡爱娜娜"(maka'ainana),意思是"这片土地上的居民",他们将这些酋长形容为"吞噬这片土地的外来者"。

情况的确如此,最高酋长声称对所有土地拥有所有权,并通过行政机构将土地分配给下级酋长和地主,下级酋长和地主再将土地分给平民佃户耕种。

将夏威夷社会规模的增长视为精英所主导的过程,重要的是要考虑社会权力如何分配。夏威夷王国的精英们拥有大约3000座住宅,约占所有家庭的5%。由于精英家庭较为庞大,家庭之间彼此通婚,关系密切,精英及其亲属形成一个大约23000人的小集团,保守估计,1778年,在30万总人口中占比接近8%,精英家庭还拥有另外32000名家臣。他们的生活极其奢华,长期享受美味佳肴,地位最高的酋长因肥胖而著称,在寺庙仪式的一个流程就会吃掉1440头猪(Kirch, 2001)。和蒂科皮亚岛的习俗不同,夏威夷精英将平民排除在盛宴之外,精英家庭及其家臣消耗的食物可能占食物总量的1/4。

作为帝国征服者,卡米哈米哈一世得到的回报是,他坐拥约有1000人的宫廷,财产规模比其他部落酋长要大得多(Linnekin, 1990)。十几类专家直接隶属于酋长的私人家庭,包括政治顾问、军事专家、建筑师、占星师、厨师、服装师、牧师、按摩师、个人形象和随身用品管理者,以及睡觉时站在一旁守候为他驱赶蚊虫的仆人,除此之外,还有各种各样的攀附权贵者。卡米哈米哈一世是全社会"送孕之父"的化身,尽管他只有8位妻子,但他可以和所有平民女性有性接触(Valeri, 1985)。他的主要住所位于夏威夷岛的卡玛卡霍努区,是一座带有围墙的庭院,占地27000平方米,屋内有他的卧室和厨房、妻子们的房间、仓库和寺庙(阿互也纳神庙),这些房屋受到妥善保护和修复。酋长家庭成员为30~100人,包括家仆、妻子和其他家庭成员。平民没有足够的土地养活一个大家庭,因此一夫多妻制通常只是贵族的特权。酋长的住宅群占地约1000平方米(Kirch, 1985),而阿沙宁卡部落的房屋只有50平方米。夏威夷王国的房屋和寺庙都是在石头地基上用木头搭建而成,其中最大的建筑为一堵用于防御的石墙,长300米,高约4米,墙体积约5864立方米,重约15000吨(Kirch, 1985:164),建造这堵墙耗费了大量的人力。与这堵墙相邻的是一座寺庙,用于供奉最高酋长的遗骸,但是没有建造纪念性的皇家陵墓。

夏威夷精英之所以能够维持庞大的家庭是因为他们有效控制了岛上所有的自然资源和基础设施。卡米哈米哈一世拥有大约100万英亩土地,约占夏威夷群岛陆地面积的1/4,这些土地仅供他个人使用(Linnekin, 1990:8)。高级酋长拥有10000英亩土地,其他酋长拥有1500英亩土地,管理人员则拥有75英亩土地,而普通家庭平均分配3英亩土地(Linnekin, 1990)。精英将大约90%的已开发土地留为己用,控制着广阔的高产水田和旱田,用于种植芋头,以满足日常生活所需,他们还食用寺庙里的祭品和从平民那里收取的贡品。酋长控制449个人工建造的鱼塘,每年能生产1000多吨鱼,可以为5000多人每人每天供应0.5千克的鱼。

表7.1 1809年夏威夷王国的社会结构预测

角色	户数	家庭规模(人)	家臣(每户)	人口(每户)	总人口
国王	1	50	950	1000	1000
最高酋长	4	25	75	100	400
地区酋长	30	15	50	65	1950
大祭司	70	15	50	65	4550

续表

角色	户数	家庭规模（人）	家臣（每户）	人口（每户）	总人口
分区酋长	900	10	25	35	31500
土地管理者	1800	7	2	9	16200
平民	48880	5	——	5	244400
合计	51685				300000

（六）大酋长、众神与祭祀

为了最大限度满足自我利益，夏威夷精英创建了一套独特的宗教制度，用于控制食品和货物流动以及让平民屈从。对精英来说，夏威夷宇宙观最重要的特征体现在圣歌《库穆里波》（*The Kumulipo*）中的创世神话和马卡希基的年度仪式剧中，神圣的国王（阿里·伊卡乌）盗用生育和丰收之神——罗诺神（Lono）的天赋，拥有战争之神——库神（Ku）的品质。这些相互关联的文化元素以诸神、神圣的国王、祭祀和军事征服为基础，是国王主导的宗教意识形态的核心。《库穆里波》由16首宗谱圣歌组成，共计2102行，由隶属于皇家的宗谱专家吟诵。吟唱《库穆里波》是对一位新当选的最高酋长的高贵世系的肯定，并将他作为神圣的国王，与处于整个宇宙中心的诸神联系起来，王权笼罩一切，包括宇宙的上下左右、土地和海洋，以及王国里的每一个人。

和部落世界的神灵一样，夏威夷神（Akua）呈现出多种形式的心理建构，它们被物化为人、植物、动物以及自然现象等（Valeri，1985）。和部落宇宙观一样，夏威夷宗教中用颜色、基本方向、植物、动物、季节和功能等象征神的存在。例如，战争之神——库神：红色，方位向上，象征东方、正义、山和战争；生育和丰收之神——罗诺神：黑色，背风，象征云、雨季、葫芦、猪、旱地耕作和富饶。这些神被塑造成理想化的人型，并通过祭祀活动在人们脑海中重现。神灵是分等级的，与夏威夷群岛特定的社会等级和个人相联系，不同的仪式代表不同的社会结构，顶层是享有特权的酋长，关于适当的行为有明确的界定。宗教信仰的神秘之处在于，它掩盖了人类剥削的日常现实，让酋长与生俱来的优越地位合法化。宇宙观让极端的社会不平等看上去完全自然、无法避免和不可抗拒。人们相对容易地抛弃整个宗教制度，这一事实清楚地表明，宗教由精英设计，并为精英服务。当外部环境发生改变，在欧洲人到来后不久，国王于1819年突然废除祭祀和禁忌习俗。不久，夏威夷人尤其是精英妇女改信基督教，她们的社会权力得到提高。

国王几乎具有神的所有属性，他完美无缺，堪称人类的典范；他离诸神最近，是唯一能与大祭司一起在全社会和最强大的神之间进行调解的人。国王是神灵的后裔，去世后通过葬礼仪式正式封为神。国王和诸神拥有相同的宇宙属性，与神一样，国王与亲姐妹或同族姐妹结婚。王位继承就是自相残杀和乱伦，一个兄弟将另一个兄弟杀死后献祭给神，然后迎娶他的姐妹（Valeri，1985）。国王杀死他的敌对兄弟之后同他的姐妹相爱，以显示他的神性并生育一位神圣的王位继承人。只有国王才能用活人祭祀，这是其神力的极致表现。像神一样，国王也使用超验性符号象征，比如彩虹、星星和天空，他们可以被称为卡拉尼（天堂）或卡拉尼努（伟大的天堂）。由于国王拥有一切，人们认为他们清心寡欲，从不表露情感，出门时坐在轿子里，保持不动。国王们还会施展神力让自己隐身，平民无法看见，并拥有卡普魔伊（俯伏塔布）神力，迫使每个人在他们面前平躺在地。低级酋长具有卡普挪活（kapu Noho）神力，要求下属坐在他们面前。最高酋长的塔布神圣不可侵犯，即便只是他们的私人物品经过，人们也必须就地俯伏。携带塔布标识的特殊家臣跑在最前面，大声告诫人们要俯伏而卧。为减少塔布带来的不便，酋长们有时在夜间出行。任何人都不可以让自己的影子落在酋长及其个人物品上，包括酋长的房子。除酋长直接下属外，其他人必须位于酋长身后4米之外。在酋长进餐时，他面前的每个人都必须跪着。

最高酋长掌握低级别酋长和臣民的生死大权，他们可以随意杀死或驱逐其臣民。尽管不是所有的酋长都会虐待和压迫下属和平民，但有时候他们的确会这样做。触犯禁忌会被处以火刑、绞刑或石刑。有时人们只是触犯看似轻微的禁忌就可能被处死。约翰·帕帕二世曾做过高级酋长利霍利奥的私人侍从，他描述过这样一个案例：最高酋长的神庙——鲁阿基尼·黑奥（luakini heiau）（图7.9）正在为公共福祉举行一场重大仪式，3位男性被抓到和女性一起吃椰子。由于塔布禁止男性和女性同食，并禁止女性吃椰子，于是3位男性被抓，他们和猪一起在神坛上的一排神像前被杀后献祭，显然只有在最高酋长的神庙和一些特殊的仪式场合才会用活人献祭。

在蒂科皮亚岛，人们的共识是，如果仪式举行不当或者受到忽视，就会激怒神，需要用活人献祭（Firth, 1967）。

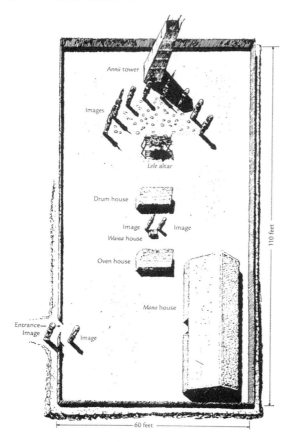

图7.9 夏威夷最高酋长的神庙——鲁阿基尼·黑奥，在此举行活人祭祀

但是让酋长或者他的任何一位祭司亲自完成这样的献祭活动，那是难以想象的事情。显然，夏威夷高级酋长进一步发展了波利尼西亚人的信仰，即酋长是众神的后裔，他们承担了神的角色。

《库穆里波》创世神话清楚地认识到人与神之间的相互依存关系，神创造了人类，反过来，人类将神做成神像并在仪式上供奉。夏威夷诸神类似于澳大利亚"梦幻时光"存在以及亚马孙土著神灵，他们都是超验性、非经验的概念，他们存在于人们的脑海以及象征这些概念的物体之中，这些概念强化人们的适当行为，因此非常有用。由于夏威夷人拥有更加专业的祭司，和部落宇宙观相比，夏威夷宇宙观更加高度结构化和形式化。

夏威夷宇宙观认为，个人的福祉取决于等级更高的人所举行的仪式。这种超自然调解表面上类似于部落社会中萨满的角色，但是夏威夷宇宙观等级森严，仅为少数人独享，利益分配极不平等。

夏威夷仪式的主要形式是向神献祭。祭司——卡胡纳（kahuna）负责举行祭祀仪式、为神供奉食物、守护神和修缮神庙。祭司被他们所祭祀的神附身，在酋长寺庙主持祭祀的大祭司本身就是酋长，作为对寺庙服务的回报，他们获得土地权。祭祀伴随着祈祷，详细说明仪式的意图。神灵享用祭品的精华，参加仪式的人则吃剩下的部分。人们只为与自己社会地位对应的神献祭，因此祭祀是社会等级制度的体现。

马卡希基仪式有一个复杂的仪式周期，每年举行，目的是让王权得以延续，自然再生力得到恢复。仪式包括国王及其随从环绕整个夏威夷岛，收取贡品，并举行一系列宴会，发放仪式许可和模拟战斗。整个仪式持续几个月，直到冬至节气和雨季结束，标志着生长季节的来临以及昴宿星团和太阳的回归，隐喻性地将国王与太阳及生育联系在一起。在最后的马卡希基仪式上，生育和丰收之神——罗诺神（Lono）在国王的私人神庙——鲁阿基尼·黑奥中以活人献祭的形式被杀死。接着，国王为了人类利益盗用土地的肥力，将自己武装成战争之神——库神的代表。

（七）夏威夷人的日常生活：平民男女

占夏威夷社会92％的平民（夏威夷语称之为"马卡爱娜娜"）获得生产性土地的机会有限，因此客观上他们被剥夺了权力。在夏威夷社会中，土地具有神性，一个人在土地所有权链中所处的地位越高，离神就越近，大多数人由于社会地位低下而难以谋生，妇女是下等人的象征，地位更加低下。精英垄断让土地成为稀缺资源，耕种这些土地的平民位于土地所有权链的最底层，而国王处于土地所有权链的最顶层，因此国王将土地视为神圣的特权，平民被边缘化，成为租种酋长土地的佃户。要使土地使用权合法化，平民必须将土地的首次收成送给土地拥有者，即酋长。土地权终身持有，不能进一步分割，通常由家里的长子或者长孙继承。只有拥有土地使用权的夫妻才能建立家庭和生育子女，维系长久的婚姻。年轻人如果不能获得土地使用权，可以作为依附型劳动者——卡纳卡（kanaka）依靠酋长生活，并维持单身状态。幸运的是，夏威夷社会允许性自由，年轻无地的平民非常享受这种非正式的两性关系（Linnekin，1990）。

平民之下是考特瓦（kautva），又称为奴隶，是受人鄙视的世袭流放者，流浪者、乞丐和无地者属于这一类别。相比之下，蒂科皮亚岛平民并没有形成一个无权阶级，这里没有被流放者、乞丐或无地者，酋长相对低调和谦逊。

夏威夷精英和平民之间在财富和权力方面存在极大差异，因此认为他们处于不同的社会阶层是恰当的。精英阶层最为明显的标志是只有该阶层才能佩戴的奢侈华丽的带有羽毛的短披肩、长斗篷、花环、头盔和镶有鲸牙的项链（图7.10）。酋长们由旗手护卫，他们举着6米高的旗杆，杆顶插着标志等级的颜色鲜艳的羽毛旗（Feher，1969）。制作一顶羽毛斗篷可能需要多达10000只鸟，因此极具炫耀价值（Earle，1987）。

波利尼西亚男女关系的传统认知可以概述为下列结构式：男人-女人，神圣-亵渎，洁-不洁。这一观念与亚马孙土著的宇宙观类似，认为女性和疾病及死亡相关，地位低下。在夏威夷王国，女性在灵魂上低人一等体现在她们的食物禁忌方面，并且妇女被排

图7.10　夏威夷柳编头盔

除在祭祀活动之外，但是这一观念与并系继嗣的意识形态相矛盾，并系继嗣制度允许高级职位由妇女继承。卡普（kapu）制度要求严格执行男女分离，例如，有关饮食的禁忌规定男女不得一起吃饭。男性负责所有的烹饪，但是男性和女性拥有各自分开的厨房和餐厅，女性不能进入寺庙或男人的住所，不能吃猪肉、椰子和香蕉等最珍贵、最高级的食物，这些食物是献给酋长和用于祭神的主要物品。

依据规定，触犯上述禁忌会被处以死刑，献祭给神，然而这种极端的惩罚手段更多适用于平民女性，对于生死存亡，男人被赋予更高的权力，但是最高酋长的女人可以免于惩罚，她们可以杀死触犯禁忌的男性。

日常生活中的性别关系和象征性、概念化的两性关系非常不同。夏威夷妇女在可能的情况下积极推翻塔布制度，她们的观点和地位高的男性显著不同（Linnekin，1990：24）。具有深远意义的是，1819年，在高级女性酋长的推动下，整个卡普制度和寺庙祭司制度被推翻（Linnekin，1990：11）。尽管一般女性都是象征意义上的诺阿（noa），即"没有卡普，是世俗的和普通的"，但女性酋长拥有最高卡普等级，世俗妇女制作精美的席子和树皮布，用于祭祀仪式，地位高的男性通过该仪式确认其地位。这种情况类似于部落世界中常见的两性互补关系，表明和男性的地位相比，简单地将夏威夷女性的地位标记为高或低是一种误导。

在夏威夷，建立个人帝国取决于一个人操纵真实或虚构的亲属关系网络的能力，以意识形态上可接受的方式提升其社会地位（Linnekin，1990）。任何能在10代之内追踪至与国王有血缘关系的人都被认为是高贵的，但是平民的族谱只能追踪至祖父母。然而现实中，为了提高子女在族谱中的地位，父母可以通过重婚嫁给地位更高的人，父母可以让子女与地位高贵的人联姻，女性积极为她们的女儿寻找地位高贵的丈夫，男性则试图与地位较高的女性结婚。由于男性和女性经常和多个性伴侣生育孩子，事实上高级职位继承一直是件令人头痛的事情。此外，子女可以并系继嗣，即从父母双方追溯其世系，因此无论男性还是女性，他们有很多机会与贵族建立联系。一个人的高级世系地位一旦得到国王认可，就会成为现实。在竞争激烈、权力高度集中的社会中，无论平民男性还是女性并不总是支持这一制度，这一点毫不奇怪。当酋长们榨取过多的财富，可能引起公愤，贪婪和奢侈往往成为酋长兄弟篡权的正当理由。

村级日常生活没有因世袭地位等级不同而有所差异，社会生活基本平等（Linnekin，1990：44）。卡普制度和寺庙祭司在1819年被废除之后，平等似乎成为部落社会核心的意识形态特征。20世纪60年代，研究人员发现，夏威夷村民对培养人际关系比积累物质财富更感兴趣。他们衡量成功的标准是能够建立和维持社会关系,而不是积累物质财富,人们并不赞成公开标榜经济上的成功(Gallimore & Howard,1968:10)。

(八)"双头"孩子与夏威夷亲属关系

夏威夷家庭结构和亲属关系术语具有不同寻常的特征,与社会权力在贵族阶层高度集中存在直接关系。夏威夷人实行几乎所有的婚姻形式,包括一夫多妻制、姐妹共夫制(sororal polygyny)①、一妻多夫制(polyandry)②、兄弟共妻制(fraternal polyandry)③、亡夫兄弟娶寡嫂制(levirate)和鳏夫娶亡妻姐妹制(sororate)④ 等,人们很容易缔结或结束一段婚姻(Linnekin,1990)。平民不允许和任何称为兄弟、姐妹、儿子或女儿的人结婚,但贵族们为了维护自身地位,却偏爱这类亲密的婚姻形式。

夏威夷的亲属称谓属于世袭制,与"自我"同辈的每个人都以兄弟或姐妹相称,"自我"父母一辈的人都称为母亲和父亲,依此类推。贵族和平民都使用这一称谓制度,反映普那路亚(punalua,亲密朋友或伙伴)群婚家庭中的共享配偶关系,配偶之间或者配偶与其配偶的情人之间彼此像同胞兄弟姐妹一样相处,将彼此的孩子当成自己的子女一样对待。迎娶同一女人的2个男人,或者女人的丈夫与她的情夫之间以兄弟相称。在普那路亚关系中,有2个父亲的孩子被称为波奥鲁阿(po'olua),即"双头孩子"(Sahlins,1992)。这种安排的好处在于,更容易巩固亲属关系并减少土地分割。无论他们使用什么样的亲属术语,夏威夷人把"真正的"亲属关系和分类学意义上的亲属关系区分得非常清楚。关于这一制度如何运作,20世纪60年代一位夏威夷人解释如下:

> "基洛哈是我哥哥的孩子。当然,我的哥哥并不是我的亲哥哥,他和我都是父亲的养子(hanai,哈奈)。我想我父亲也不是我真正的父亲,不是吗?我知道我亲生母亲是谁,但是我不喜欢她,而且从来没有见过她。我的收养兄弟的母亲有一半夏威夷血统,而我是地地道道的夏威夷人。我想我们并没有真正的血缘关系,但我始终把我的收养兄弟看作我的兄弟,把我父亲看作我的父亲。我的生父可能是我爷爷的兄弟……虽然我称基洛哈是我的孩子,但是我不知道我和她究竟是什么关系。"(Howard,1968:92)

现实情况是,酋长占有大部分土地,迫使平民家庭将生育限制在最低更替水平。平民拿孩子和土地作为交换,将本来分散的生产用地拼凑在一起,以便能够供养家庭。这一过程主要由祖父母库普纳(kupuna)来完成,库普纳一词在夏威夷语中的意思是先祖,因此祖父母即先祖。他们收养孙子女,和酋长一样受到优待,可以继承祖传的遗产。在这块土地上生活的后代被认为具有相同血缘,祖父母的后代是"真正的"亲属。通过收养孙辈,将原本没有血缘关系的人通过共同的孙辈变成同一个宗族。这样,人们就可以将分散的土地集中起来。那些不能组成家庭、处于无继承状态的青年置身于寻欢作乐之中,享受着"无依无靠的自由"(Sahlins,1992:202)。在没有土地的人口中,堕胎和杀

---

① 姊妹共夫制:一位男性和2个或2个以上互为姐妹的女性结婚。
② 一妻多夫制:一位女性嫁给2个或2个以上的男性。
③ 兄弟共妻制:一个女人嫁给2个或2个以上互为兄弟的男人。
④ 鳏夫娶亡妻姐妹制:男性娶已故妻子的姐妹为妻。

婴等限制生育的做法非常普遍，这种情况并非有限的物质资源对人口造成的压力所致。土地作为一种"自然"资源而存在，但是由于现有的政治经济体制，从文化上看，并非每个需要繁育家庭的人都能获得土地（Sahlins，1992：200-201），夏威夷精英控制的政治经济体制实际上将自给经济（subsistence economy）①置于次要地位。

本章小结

由于太平洋岛屿分布广阔，岛屿规模较小，资源匮乏，对人类成功定居这些岛屿造成巨大障碍。大约5000年前，来自东南亚、讲熟练南岛语的农民、水手和航海家在此定居，并在3500年前穿越遥远的大洋洲。波利尼西亚最远端岛屿大约在2500年里陆续有人类定居。直至不到1000年前，人类才完成向夏威夷、拉帕努伊和新西兰等岛迁徙。

波利尼西亚和密克罗尼西亚的社会与前面章节所讨论的澳大利亚、亚马孙河流域以及东非等家庭规模的社会形成鲜明对比。太平洋岛屿社会以重视社会等级为特点，并在乡村社群之上形成永久性的政治和经济结构。这些岛屿社会属于酋邦制，提拔某些高级成员作为酋长，担任永久性的领导职务。蒂科皮亚岛的波利尼西亚岛表明，小酋邦的酋长们负责协调村庄之间的仪式和经济活动，但是他们的权力相对较小，因此不存在社会阶层。在夏威夷等较大的岛屿上，酋长之间的政治斗争导致强大酋邦的形成。这些社会按阶层划分为精英和贫民，精英阶层从生产食物和财富的平民那里获取贡品。最高酋长声称拥有超自然神力，可以掌控低层人士的生死。一些夏威夷酋邦相当复杂，足以被视为原始国家或小王国。

民族志记载的证据表明，比较典型的波利尼西亚社会是高度不平等的社会，该社会中，并非所有的人都能享受社交活动、物质繁荣、安全以及参与表现性文化活动，而这些是人们普遍向往的"美好生活"的基本要素。在某些情况下，很难甚至不太可能让每个人成功组建家庭。大多数人，尤其是妇女，受到各种侮辱性禁忌的限制，她们实际上成为统治者的牺牲品。然而除了无地者，几乎没有迹象表明大多数人生活贫困。与部落人相比，尽管波利尼西亚人对自己的日常生活状况明显缺乏控制，但是大多数人可能认为社会地位低下是天生的，并不觉得受到了剥削。对大多数人来说，就人力成本而言，供养少数贵族导致缴纳贡品的负担增加，获得社会权力的途径减少，获取自然资源的机会减少，以及对土地使用权的不安全感增加。可以想象，岛屿上的文化系统本可以更加公平地分配社会权力且最大限度地实现人类自由。

---

① 自给经济：生产和分销在社区和家庭层面进行，主要供本地消费。

第7章 太平洋岛民：从领导者到统治者

思考题

1. 描述并区分下列3个文化区域：波利尼西亚、美拉尼西亚和密克罗尼西亚。
2. 讨论限制人类在太平洋岛屿定居的自然因素，描述其文化应对特征。
3. 讨论地位竞争、灌溉、再分配和经济生产力在太平洋岛屿酋邦发展过程中的作用。
4. 太平洋岛民使用什么特殊导航技能进行长途航行？带舷外托架独木舟的不寻常设计带来了哪些问题？
5. 什么是最重要的岛屿作物？这些作物对饮食结构的贡献有哪些？为什么这些作物特别适合岛屿环境？什么是自给性劳动分工？钓鱼需要哪些特殊技能？
6. 太平洋酋长和亚马孙河流域的首领有什么不同？岛民等级制度的文化基础是什么？
7. 蒂科皮亚岛社会是如何组织的？酋长的角色是什么？澳大利亚土著如何看待该社会？
8. 什么是政治经济？政治经济与自给经济有何不同？
9. 夏威夷酋长的权力和夏威夷社会的组织与蒂科皮亚岛有何不同？这些差异与哪些环境因素有关？

关键术语

自致地位（achieved status）
贵族制（aristocracy）
先赋地位（ascribed status）
兄弟共妻制（fraternal polyandry）
曼纳（mana）
政治经济（political economy）
长子继承制（primogeniture）
再分配（redistribution）
社会阶层（social class）
社会地位（social status）
社会分层（social stratification）
姊妹共夫制（sororal polygyny）
鳏夫娶亡妻姐妹制（sororate）
专家（specialist）
自给经济（subsistence economy）
生计集约化（subsistence intensification）
塔布（tabu）

阅读文献

Cordy, R. 2000. *Exalted Sits the Chief*. Honolulu: Mutual.

Firth, R. 1957. *We the Tikopia: A Sociological Study of Kinship in Primitive Polynesia*. 2nd ed. New York: Barnes & Noble. The basic ethnographic description of Tikopia, with an emphasis on social organization.

Firth, R. 1967. *The Work of the Gods in Tikopia*. 2nd ed. London: Athlone Press. Describes in detail the system of ritual feasting on Tikopia.

Firth, R. 1975. *Primitive Polynesian Economy*. New York: Norton. An analysis of the subsistence economy and distribution system on Tikopia.

Hommon, R. J. 2013. *The Ancient Hawaiian State: Origins of a Political Society*. New York: Oxford University Press.

Kirch, P. V. 2017. *On the Road of the Winds: An Archaeological History of the Pacific Islands Before European Contact*. Berkeley: University of California Press. Excellent overview of the prehistory of the Pacific, revised and updated edition.

Kirch, P. V. 2010. *How Chiefs Became Kings: Divine Kinship and the Rise of Archaic States in Ancient Hawai'i*. Berkeley: University of California Press. A synthesis of archaeological theory on Hawaii as an independently developed early state.

第 8 章

古代王国：美索不达米亚和安第斯精英政治

◇ 学习目标

- 比较古代美索不达米亚、安第斯帝国以及太平洋岛屿酋邦，重点说明与社会规模相关的主要差异。
- 与部落和酋邦进行比较，定义国家和文明，并讨论社会规模、文化复杂性和社会权力分配之间的关系。
- 文明并非一个必然发生的自然进化过程，而是由精英阶层主导、旨在集中社会权力的过程。请对这一论点进行评价。
- 以美索不达米亚帝国和安第斯帝国为例，评估在大规模复杂社会的发展过程中技术、长途贸易、人口、环境以及人类决策之间的内在联系。
- 从社会功能、社会权力分配、成本和收益等方面，描述和比较乌尔第三王朝和印加帝国的 4 个社会阶层。
- 描述和比较乌尔第三王朝和印加帝国的宗教体制。
- 评估美索不达米亚和安第斯文明中专制、压迫和剥削的证据。

不少太平洋岛屿酋邦从人人平等的部落世界跨越生死线，进入以等级和阶层为基础的社会体制，但是这些岛屿社会与大规模的国家和帝国之间仍然存在巨大差别，本章和第 9 章将就这一内容进行探讨。早期的统治者创造了意义深远的庙宇、金字塔、宫殿和城市，这一切被誉为文明的主要成就和特征。然而，令人叹为观止的建筑显然是社会普遍不平等的产物。美索不达米亚以及安第斯帝国与生俱来的不稳定性是部落世界的社会所没有的。

统治者建立的城邦（city-states）① 和征服帝国的政治化进程与长期以来维系人类的部落文化模式大相径庭。中央集权的国家政权的崛起可能是人类学领域的最大奥秘，虽然还没有完全令人信服的解释，但是很显然，国家是以自我为中心的权力追求者设计的人类杰作，他们利用独特的环境条件，使家庭和社群难以摆脱精英权力的影响，并推动社会文化系统规模发展壮大的客观环境。维系文明需要数量庞大的人力和丰富的自然资源，因此很难解释为什么会出现文明以及拥有城市、政府及精英主导的机构和文化模式的社会。城市文化和精英统治者奢华的生活方式对绝大多数非精英阶层极不公平，需要庞大而复杂的官僚机构和军队，耗费大量的能源和物资，这些发展导致平民失去对日常生活必需品的直接控制。此外，由于社会规模庞大，绝大多数贫民没有能力或意愿要求实行民主管理或者实现更为公平的成本和收益分配机制，因此城市文明需要复杂的制度结构（structure）②，将社会权力顺理成章地集中在富裕的贵族寡头手中。本章和第 9 章考察的所有文明都属于专政体制，文化上具有显著的相似性，表明统治者在解决同一类人类问题时，遵循相似的解决方案，但是没有理由认为，这些相似性是任何必然的进化模式的前奏，组织大规模的社会文化系统还可以选择其他更为人性化和可持续的方式。

读音指南

本章中的安第斯术语来源于西班牙语和盖秋亚语，讲英语者可以采用下列正字法近似读音：

基调：

  a＝father（父亲）一词中 a 的读音

  o＝go（走）一词中 o 的读音

  ay＝day（白天）一词中 ay 的读音

  ai＝ice（冰）一词中 i 的读音

  e＝bed（床）一词中 e 的读音

  ee＝beet（甜菜）一词中 ee 的读音

  oo＝food（食物）一词中 oo 的读音

·＝音节划分　／＝重音在前一个音节

  Camayo＝［ca·mai/o］

  ceque＝［say/kay］

---

① 城邦：建立在对当地无地劳工进行集中剥削的基础上，政治上有组织的社会。

② 结构：根据马文·哈里斯的文化唯物主义理论，一种文化的经济、政治和社会组织由技术基础或基础设施塑造。

Chan Chan＝［chan/chan］
ChÍmÚ＝［chee·moo/］
Cuzoo＝［cooz/co］
huaca＝［wa/ka］
IIama＝［ya/ma］
mita＝［mee/ta］
Orejones＝［or·ay·ho/nays］
panaqa＝［pa·na/ka］
puna＝［poo/na］
Quechua＝［kaych/wa］
quipu＝［kee/poo］
Tawantinsuyu＝［ta/wan·teen/soo·yoo］

本章围绕来自世界不同地区的两个主要古代帝国文明——美索不达米亚文明和秘鲁的印加文明，探讨古代帝国问题。

一、古代文明与精英权力的胜利

文明即社会权力。城市、文学作品、纪念碑和艺术品等都是文明的标志，它们赋予某些人前所未有的巨大权力。文明的主要作用是让统治者能够组织一个相互重叠的社会网络，覆盖意识形态、政治、经济和军事等诸多方面，让特权家庭获得更大利益（Mann，2012）。文明赋予一些个人及其家庭制度化的强制性权力来控制他人的财产和生产劳动。由于强制使用社会权力颠覆了平等满足每个人物质需求的人性化进程，部落人民对此深感困惑。诸如蒂科皮亚岛的简单酋邦，虽然将人划分为不同等级，但是等级制度并未用于剥夺他人满足基本物质需求的权力。政治化是一个国家的精英阶层将社会不平等制度化的文化过程，但是，为什么人们会允许这种情况发生，很难解释清楚。部落人民自觉抵制任何人获得永久性的、强制性的社会权力，因此文明不太可能直接从部落文化发展而来。正如我们所了解的那样，部落世界的战争领袖、萨满和村落领袖都是临时性的，并不具有强制性权力，意识形态权力向所有人开放，不存在可以剥夺任何人生活必需品的文化诱因。

部落领袖是社群的公仆，他们根据社群的意愿提供服务，未建立自己的王朝。但是在帝国世界，政治精英成功将社会分裂成两部分——由少数精英构成的管理阶层和由绝大多数平民构成的劳动阶层，平民从事产品生产和服务，供精英阶层尽情享受。精英阶层设计社会结构，将自己的高等级社会地位传给自己的后代，为他们建立王朝创造了可能性。事实上，为维持世袭的权力精英，贵族将大多数人转化成像驯化牲口一样的平民，迫使他们放弃自由以及政治和经济的平等权利（Adams，1981）。

政治权力高度集中是文明最重要的特征，与经济权力等其他许多文明特征相关，说明聚焦政治权力及其意识形态可能是解释文明起源最富有成效的方法。

(一)解释国家起源:自然发展还是追求权力?

历史学家往往将古代帝国描述成一个社会有机体,直接"出现"或者按照自然进化的预置顺序发展而来,认为进化过程可能受到人口增长等原动力驱动而发展。该过程通常被形容为人们创造性地解决人类问题的过程,随之产生的文化系统有其自身的逻辑。例如,历史学家认为农业的发明促进了人口增长,继而导致粮食生产的压力增大,这种压力反过来迫使人们发明灌溉农业。然后人们借助战争征服,产生了纳贡制和奴隶制,纳贡制和奴隶制又进一步提高社会生产力和发明创造的能力。该观点将文明的发展和帝国征服视为一个渐进和有利的过程,是随着人类活动的增加和人口的增长必然出现的过程。

遵循类似的视角,人类学家朱利安·斯图尔特(Steward,1949)观察到,秘鲁、中美洲、美索不达米亚、埃及和中国的文明都沿着相似的进化路线独立发展。他强调这一过程具有规律性,早期的文明都是在干旱或半干旱环境中通过灌溉农业养活密集的人口而发展起来的。斯图尔特认为,灌溉是促进人口增长的关键技术,并且灌溉系统需要精英阶层进行管理。历史学家威廉·麦克尼尔(McNeil,1987:31)后来将这一过程简化为:农民生产的剩余产品将部分人解放出来去发展专业技能和新的想法,"直至整个社会变得十分复杂、富裕和强大,才可以称之为'文明'"。

上述解释颇有可取之处,但是不够完整,并且具有误导性。即使麦克尼尔所描述的过程在历史上是准确的,事件的发展似乎合乎逻辑,但是该观点不能充分解释这一现象:解决人类问题可能有其他更好的方法,为什么人们只采用这些做法。从进化论角度进行解释,掩盖了精英阶层的决策作用,最大限度地降低了社会变革给人类带来的负面影响,让这一过程显得过于自然和合乎逻辑。其实,古代文明所解决的问题主要是壮大的精英阶层在寻求维持和扩大自身权力时所面临的问题。

文明是经过大幅扩张后的酋邦,要理解文明的起源和发展,可以参照部落领袖如何成功将部落社会转变为酋邦并让自己成为统治者。环境或社会局限性(circumscription)① 概念能够有效解释为什么一些部落人民从一开始就接受酋邦统治(Carneiro,1970)。其理由是,在面临压力或危机时,与流离失所相比,生活在压迫统治之下并没有那么糟糕。当地理或环境障碍与社会环境和历史突发事件共同作用使村民无法摆脱政治压迫时,就会出现局限性或者"社会囚笼"(social caging)效应(Mann,2012)。导致这一效应的关键因素通常是地位竞争引发的武装冲突,或者是酋长之间为了控制有限的粮食产区和劳动人口进行的权力斗争。在这种情况下,被征服领土上的村民别无选择,如果不能逃往别处,就只能向高级酋长进贡。胸怀抱负的统治者利用危机,排除其他对人类更好的可能选项,迫使人们接受精英的利己主义解决方案。

从技术层面解释文明的起源,忽视了谁是技术的创造者以及谁在主导技术的运用。发明不会凭空产生,文明也不会因为某个合适的发明而出现。已知的首个具有纪念意义的石头遗址是大约11000年前(新石器时代伊始,远在"文明"出现之前)由觅食者在

---

① 局限性:罗伯特卡内罗对政治集权发展的解释——如果村民因地理障碍或邻近社会的影响而无法通过迁徙逃离当局,他们可能会被迫放弃自治权。

土耳其南部建造的哥贝克力石阵，巨大的石柱上刻有动物的雕像。同样富有创造力的人民发明了包括农业在内的新石器时代技术，帮助解决人们的生存问题。第 6 章中提到的新石器时代悖论指的是为什么新石器时代的人如此富有创造力，却没有发明文字、城邦、王权和社会阶层。部落社会按照其创建者的意图运行，他们看不到剧烈的社会变革能够为统治者带来什么利益以及让他人纳税和承担风险有什么好处。认识到这样一个事实，这一悖论就有了答案。

国家组织具有一些普遍性的好处。可想而知，专制统治者会将自己的利益最大化，但是过度剥削会适得其反。和酋邦一样，统治者会收集和储存剩余粮食，然后进行再分配，以防发生饥荒。例如，古罗马人发放免费粮食"救济"城市贫民，但这种非常有限的福利再分配形式掩盖了社会不公，正是因为社会不平等，才使得这样的福利成为必要。卡尔·威特福格尔（Wittfogel，1957：126）曾在纳粹集中营体验过生活"福利"，他评论道："只要海盗们的船还行驶在海面上，就不能说明他们对俘虏心存仁慈。"

精英们为满足自己的利益而设计古代帝国，最有力的证据是，统治者将明确无误的物质收益占为己有。例如，在 4 世纪，罗马城拥有 100 万人口，只有不到 2000 的富人住在自己的豪宅中，而在拥有 5000 万人口的罗马帝国中，98％的人穷困潦倒。财富集中的现象在古希腊同样存在，那里近 1/3 的人口为奴隶，4％最富裕的自由家庭拥有超过一半的私人财富（Goldsmith，1987）。一般来说，在古代帝国，家族越大，意味着其亲属网络越广，个人的统治权越大，男性的生殖适度越强。统治者的妻妾数量呈数量级增长，从小酋邦的数十人，增加至较大酋邦和小王国的数百人，再到帝国的数千人（Betzig，1986，1993）。

显然，像国家组织这样复杂的现象不可能有唯一的解释。特定的案例研究也许更有帮助。下一节将在近东史前史和环境的大背景下，探讨美索不达米亚文明发展的一些考古证据，并与安第斯文明进行比较。

（二）美索不达米亚酋邦和早期国家

中东的"新月沃土"是一个极不同寻常的文化区域，人类史前史和历史上几次最重要的社会变革均发生在这里。该区域约 2414 千米长，从波斯湾的源头底格里斯河和幼发拉底河河口蜿蜒向西北伸展，穿过现代伊拉克、伊朗邻近地区和土耳其南部，横贯叙利亚、黎巴嫩、约旦和以色列，直至埃及的尼罗河下游（图 8.1）。这种环境给人们带来了独特的机遇和不同寻常的挑战。底格里斯河和幼发拉底河穿过美索不达米亚干旱的沙漠，周围高低变化的海拔形成草原植被带、干燥的林地和高地森林等多样化地理环境，拥有丰富的植物和野生动物资源。这里的生态系统与区域和全球气候之间维持着动态平衡。自从 10 多万年前现代人首次在这里生活以来，在数千年里，人们一再被迫适应不可预测的环境危机。从 12000 年前开始，随着气候变暖，"新月沃土"愈加湿润，居住在高地的人开始培育小麦和大麦等原始野生驯化植物。在接下来的 2000 年里，他们逐步驯化植物、绵羊、山羊和牛，成为农民和牧民（Riehl 等，2013）。古代 DNA 分析显示，世界上最早成为农民的近东民族并非简单地取代觅食民族（Lazaridis 等，2016）。在"国家"出现之前，这些早期社会有着共同的文化，允许人们相互交流，共享文化和基因。至少有两个早期的西部欧亚种群——高加索南部和伊朗的人民以及黎凡特的纳图夫人，从觅食过渡至新石器时代的农业。农业最早传播至安纳托利亚，被觅食者采纳。随着农民将他们的领土从黎凡特西部扩展到欧洲，从伊朗扩展到印度次大陆（见第9章），新石器时代也随之得到传播。如第6章所述，一些新石器时代的农民从黎凡特迁回至非洲西北部。

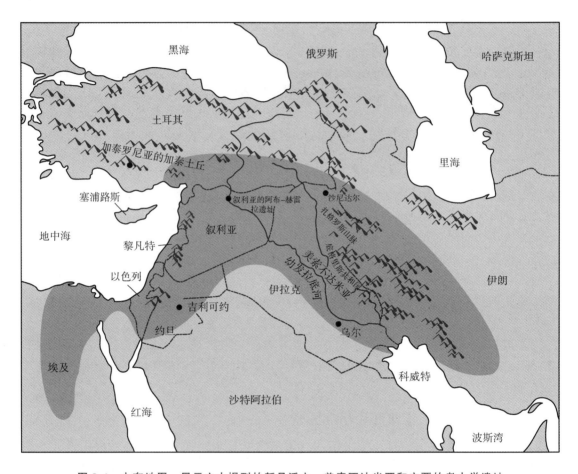

图 8.1　中东地图，显示文中提到的新月沃土、美索不达米亚和主要的考古学遗址

大约在距今5000年，美索不达米亚低地开始完全依赖灌溉农业，标志着美索不达米亚苏美尔城邦体制和青铜时代早期的开始。时间从距今（BP）转变为公元前（BCE），标志着文字的开始以及从史前史（prehistory）到历史（history）的转变。尽管古气候数据记载了干旱、饥荒和文化转型等特别干燥条件下的突发事件，但是早期的文明是在相对稳定和有利的气候条件下发展和繁荣起来的（Sharifi等，2015）。距今4200年前，因严重干旱导致阿卡德帝国不稳定，乌尔第三王朝（后面将作介绍）乘机取而代之，而乌尔第三王朝的崩溃可能源于另一场干旱。

美索不达米亚城邦尤其重要，它们是少数几个原始文明之一，可能不同于先前存在的任何国家，众多领域的专家对这些城邦进行过大量研究，使之成为探索以国家为中心的文明起源的理想案例。在考察美索不达米亚城邦生活之前，本节回顾对该地区的考古

第 8 章　古代王国：美索不达米亚和安第斯精英政治

背景，以揭示少数精英如何以及为什么能够控制城市化和政治化进程，并主导创造这些早期文明的文化变革。

应对环境剧变，古代中东部落民族表现出的民主共识与寻求权力的精英体现出的专制，显示部落世界和帝国世界之间的重要不同。对环境剧变不同的应对方式表明，政治集权并非不可避免，然而在某些情况下，胸怀抱负的精英能够强迫大多数人接受他们的专制领导。

乡村生活和农业常常被历史学家视为迈向文明的第一步，但创造新石器时代与建造城市是截然不同的过程。新石器时代是人们自由民主选择的结果，每个人都从中受益。人们独立耕作和放牧，应对环境变化的最佳反应是自主选择逐步实行生计集约化。新石器时代自治的村庄非常成功，人们在其中生活了上千年，却没有继续创造文明。

位于现在以色列的阿布胡赖拉（Abu Hureyra）考古遗址展示了古代美索不达米亚新石器时代居民的非凡成就。阿布胡赖拉位于幼发拉底河上游，距离现在的巴格达市644千米，从距今11000年开始的4500多年里，阿布胡赖拉一直是部落民族的聚居区（Moore, Hillman & Legge, 2000）。为应对各种环境变化，人们逐渐从觅食转向农业耕种和饲养家畜，他们成功养活了一个5000人的城市社群，却没有留下任何社会分层的痕迹。

在距今7000～8000年前位于美索不达米亚的哈拉夫文化表明，解决可持续发展问题可以有多种方案。当人口增长和环境条件导致哈拉夫村庄生活趋于困难时，可能会有不止一种应对方式。为了提高生活安全性，一些村民开始用软黏土制成的印章和令牌来管理集体储存的食物。这种简单的信息技术在距今9000年前就已经得到普及，在不需要文字或政治集权的情况下，却在大型定居区确保村级领导能够独立识别并公平分配储存的剩余物资（Frangipane, 2000）。

首批美索不达米亚酋邦、神庙和小型行政等级制度并非凭空出现的，他们是由机会主义精英在乌拜德时期（Ubaid Period，前5500—前3800年）逐渐建立起来的。乌拜德早期的村庄被称为酋邦（Frangipane, 2007），尽管一些家庭越来越显赫富裕，但是总体来看，早期乌拜德社群享有经济和政治平等。这个时期有简单的地位分级，但是不存在社会分层。乌拜德人实行共享生活方式，这种生活方式从土耳其南部的地中海一直延伸至阿曼湾，广泛传播冶金、陶瓷、酿酒、面包烘焙、房屋设计等技术和仪式习俗（Wengrow, 2010）。相传在公元前5000年，底格里斯河-幼发拉底河河口洪水泛滥，全球气候变化造成不可预测的干旱和灾难性的作物歉收，许多乌拜德人沦为难民，被迫移居至一些较大的定居点，以便为他们提供储备食品（Hole, 1994）。这些事件为投机者扩大其权力基础创造了可能性。

在乌拜德体制下，来自遭遇不幸家庭的难民成为依附型劳动者，为少数拥有完好小型灌溉系统的家庭工作。由于难民不断增加，这些较大的聚居区发展成为2000人的小城镇，城镇周围是规模有数百人的村庄，这些城镇是乌拜德酋邦扩张的中心，大约有5000人。城镇的创立者成为酋长，并将神庙变为社群粮仓，吸引饥饿的难民。神庙里有祭坛和供桌，酋长们在黏土板上做标记，帮助他们收集、储存和管理剩余的粮食。神庙管理者允许精英们将剩余物资占为己有，让他们比普通人享有更好的物质生活。酋长们居住在城镇中心，他们的房子和神庙一样大，比普通人的房子大3～4倍。精英住宅可供同一个家族的几代人共同生活，容纳整个家族的成员以及依附型工人。不过，在当时精英和普通人的物质生活水平差距并不大。这些社会和之后实行等级制度的城邦之间存在关键区别，这些社会实行的是等级制度，社会地位根据多种标准进行排列，但是不存在单一的等级制度和唯一的统治者（Crumley, 1995）。或许更重要的是，这些社会关注房屋和家庭，因此被称为家屋社会（house societies）①（González-Ruibal & Ruiz-Gálvez, 2016）。有的家庭贫穷，而有的家庭富裕，但不存在统治阶层，这种社会组织形式存在于新石器时代早期类似于恰塔霍裕克（Çatalhöyük）的长期定居点，一直延续至青铜时代等级制度之初。

乌拜德精英控制着以灌溉为基础的粮食生产所需的水、土地和劳动力资源，但他们并未滥用权力。他们依靠宗教思想、仪式和供品将自己对生产资料的控制合法化；没有证据表明，战争、政治不稳定或者由精英主导的远途贸易可以帮助地位高的人获得财富（Stein, 1994）。乌拜德酋邦似乎是一个专注于神庙仪式的和平社会，没有明显的地位标志，人们更容易对建成首个城邦和帝国精英之间的争斗进行限制。事实证明，乌拜德酋邦社会规模相对较小，并且非常持久，在1500年里几乎没有变化，酋邦通过制度移植而不是征服，将领地从苏美尔扩展至美索不达米亚上游的非灌溉旱作区域。

公元前4000年，海平面稳定之后，情况突然发生了变化。由于灌溉更加稳定，于是最为成功的乌拜德酋长通过进一步加强生产、获取特殊物质和发动征服战争，建立更大规模的社会并自封为王。首个城邦于公元前3500年的乌鲁克时期（Uruk Period，前4000—前3000年）建立，标志着苏美尔文明的开始。苏美尔精英实行高度集权的经济体制，为生产财富的劳动者发放定量配给，书吏使用楔形文字在黏土板上做管理记录，因此苏美尔语是世界上最早的书面语言。截至公元前3000年，城市中心人口达到10000人，如果包括当地的村民，人口可能超过10万人。

美索不达米亚城邦可以视为区域互动网络的一部分，和之前的乌拜德时期非常不同，历史学家称之为青铜时代的世界体系，以埃及和美索不达米亚的王国和帝国为中心，其统治者的合法性源自宗教信仰和习俗（Warburton, 2011）。新的体制以精英主导的农业生产、税收、军事力量、法律制度、仪式信仰和习俗为基础，几乎包罗一切。处于中心地位的精英主导者依靠弱小的城邦作为贸易中心，向权力核心运送货物。白银是奢侈品原材料长途贸易的交换媒介，但是税收和口粮使用粮食进行支付和分配。以白银为交换媒介的商品如青金石以及其他贵重物品，其价格因精英阶层对奢侈品的需求而波动。这些商品是精英地位的标志，也是寺庙中献给神的祭品以及精英们用来陪葬的物品。

阿尔加泽（Algaze, 2018）推测，进口替代品带来的无法预见的影响以及随着精英们扩大生产规模所产生的多重效应，加速了美索不达米亚城市的增长与发展。苏美尔精英进行大规模的陶瓷生产，并将家庭式亚麻制品生产转变为大型车间式羊毛制品生产（McCorriston, 1997）。在新石器时代的美索不达米亚村庄，妇女负责纺织品生产，在小块家庭土地上种植亚麻，制作成亚麻线，并在家里进行纺织。在乌鲁克城邦，依附于神

---

① 家屋社会：一种有等级但不分阶层的异质性社会组织形式，拥有财产、以亲属关系为基础的大家庭家屋是代代相传的基本单位。

庙的妇女编织羊毛制品，男人则在精英拥有的牧场里照料大批的羊群，精英们随后将羊毛织品纳入长途贸易。公元前 3500 年左右，叙利亚幼发拉底河上游已出现乌鲁克殖民地，用于获取木材、金属等外来原材料（Oates，1993；Algaze，2005）。

人口学家和历史学家早就认识到，与小村落和游牧民族相比，由于环境拥挤、卫生条件糟糕以及等级和社会阶级不平等导致的贫困，早期的城市非常地不健康，依附关系、恶劣的劳动条件和贫困，加上疟疾、霍乱和天花等疾病，使得许多人生活困难，难以养家糊口和生儿育女。阿尔加泽（Algaze，2018）指出，从英国工业化前城市的死亡率看，为了让美索不达米亚城市人口保持平衡，每 1000 城市人口每年需要新增 7.5 名外来人员。美索不达米亚下游的城市化持续大约 2500 年，大多数城市每年会增加数百人，其中许多为奴隶、战俘或其他依附型劳动者。事实上，记载最古老的美索不达米亚文字（公元前 2600 年）的是一块用大理石雕刻而成的牌匾，文字描述了一个被绳索捆绑的人。文中，基什国王夸耀他将 36000 名俘虏带进城里，这些人被分配至打谷场堆粮垛（Steinkeller，2013）。早期城市的城墙可能有两个目的：一是用于关押被俘劳工；二是在战争和饥荒期间作为避难所。人们也可能被城市丰富的货物储备和令人激动的宗教盛宴吸引。

多个城邦属于同一个社会文化网络，共享同一种语言和宗教，共建同一文明。家庭土地私有制是美索不达米亚城邦的一个重要特征，促进了以不平等土地财富权为基础的等级制度的产生，城邦管理权掌握在特权人士手中，当城邦扩张时，他们从中获利（见方框 8.1）。

方框 8.1

美索不达米亚精英及其统治的回报

为炫耀功绩，统治者们用文字记录下自己的姓名以及他们为扩大美索不达米亚社会规模所进行的一系列文化变革。萨尔贡大帝（Sargon the Great）创建了第一个美索不达米亚帝国——阿卡德帝国（前 2334—前 2279 年）。此后不久，乌尔纳姆国王建立乌尔第三王朝（前 2112—前 2004 年），这是一个以乌尔首都为中心，人口约 500 万的区域性帝国（McEvedy，1978：150）。乌尔第三王朝最早统治乌尔城邦，乌尔纳姆国王及其儿子舒尔吉将乌尔城邦扩张成一个多民族的帝国和家族王朝，在长达四代人的时间里，统治着整个美索不达米亚平原及其周边地区（前 2112—前 2004 年）。

在长达 10 年的时间里，舒尔吉根据他制定的"总体规划"实施了一系列行政机构改革，进一步巩固了他父亲的疆域。舒尔吉的改革包括将自己塑造为神，建立常备军和书吏学校，完善庙户制度、官僚机构、法典、税收、文字、度量衡、会计和历法制度等，将所有的神庙纳入政府管理范围，创立国王领地，将其作为皇家和中央政府经营的工业企业的一部分（Steinkeller，1991）。这一系列社会改革在之后的 25 个世纪里为美索不达米亚文明的主要制度奠定了基础。

> 乌尔第三王朝的国王们将他们的帝国划分为 25 个省，每个省都以先前独立的城邦为中心。他们将 25 个 10000 人以上的城市、48 个 2000 人的城镇、1000 多个村庄纳入贡赋体系，最大的城市接近 10 万人口。在如此规模的帝国里，有更多供精英们选择的职位。国王可以过上比以往任何时候更加奢侈的生活，舒尔吉拥有 3000 平方米的个人神庙宫殿，是乌拜德酋长 300 平方米住宅的 10 倍。乌尔城邦的 4 座主要神庙比乌拜德神庙大 100 多倍，管理神庙的精英和最高政治领导人毫无疑问均来自关系密切的家族。乌尔居住区的贫富差距体现在，贫民居住在 9 平方米劣质简陋的单间，而高级精英家庭居住的是一栋 1500 平方米、60 个房间的三层豪宅（Woolley, 1982）。乌尔平民居住的房子比部落时代标准房屋小，是贫穷的客观指标。
>
> 尼普尔城宁利尔兹姆（Ninlil-zimu）家族的非凡成功可以揭示美索不达米亚帝国低级别精英所获得的个人回报（前 1970—前 1720 年）。黏土板上的记录显示，这个家族统治尼普尔城及其周边地区将近 200 年（Stone, 1987）。他们精心建造的家庭住宅，面积是普通人住宅的 2 倍多，供宁利尔兹姆家族的 6 代人居住。这个家族可能是这座城市最大的固定资产持有者，担任好几个重要官职，包括一些最有权势的神庙职位，拥有 3 栋住宅以及城市周边的田地和果园。在该家族名下还有一块未开发的城市地产，是其住宅区面积的 2 倍，在家族中保留了至少 150 年。该家族还从国王那里获得财产赏赐，拥有奴隶和雇佣劳工。

二、在美索不达米亚城邦和帝国谋生

从考古发掘的房屋平面图、描述古代财产转让的铭文，以及记录家庭账目的黏土板，可以窥见美索不达米亚文明的日常生活（Maisels, 1990）。美索不达米亚社会旨在为精英父系家族服务，这些家族拥有大量的私有土地，依靠依附型劳动者耕种。位于城市中心的核心居住区包括许多大型宅院，每一座宅院由居住在中央大堂的高级族长管理，低级非核心家族成员和无亲属关系的依附家庭，居住在主厅一侧独立的小屋内，依附者拥有少量土地或者完全没有土地。家族档案显示，这些大宅院是管理人员、土地、谷物、牲畜和手工艺品的大型经济实体，这些基于私人宅院的经济单元的领导者构成美索不达米亚城邦的公民，他们还管理神庙和政府。

（一）乌尔第三王朝的粮食配给、圆筒印章和社会权力

乌尔第三王朝，即乌尔帝国（前 2112—前 2004 年），由乌尔纳姆王朝的国王建立，位于底格里斯河-幼发拉底河灌溉区域的主要城邦为该帝国的核心地区，其他支流省份为其外围区域。核心地区和外围省份被并入国家财政系统，统治者通过征税来支撑王室及其企业运行（Steinkeller, 1991）。核心经济部门包括王室领地、神庙和私营部门，王室领地包括皇帝直接控制的大片农田、灌溉系统、牧场和作坊等，用于支撑庞大的王室家

族、军队和中央行政官僚机构（bureaucracy）①。神庙和大家族类似，是由管理者——恩西（ensi，政府官员或神庙负责人）控制的实体机构，他们通过亲属、婚姻或者利益关系与王室联系在一起。神庙的管理者经营手工作坊，掌控大片的土地和牧群。较少见诸历史记载的私营部门主要包括由独立的土地所有者、农民、牧民、工匠和商人等经营的私人家庭。

构成所有经济部门的个人和家族通过巴拉（bala）税收系统连接成一体，实现物资和服务的流动，每一个级别的人都要求向更高一级的权威缴付特定数量的牲畜、谷物、手工艺品或其他物资以及提供各种劳动服务。巴拉税根据特定地区生产的产品征收，个人所得税或财产税则根据个人的级别和土地持有量征收，巴拉税征收的货物被运送到配送中心，经过官僚机构重新分配，最终到达消费者手中。

美索不达米亚早期的城邦分为3个社会等级：等级最高的是城市管理者或国王——卢伽尔（lugal）；中等阶层为行政官员；底层是普通百姓。官员的工资、分配的土地和由官方颁发的圆筒印章是官员等级的直接反映（Winter，1991）。专业人员将指定的文字和图像刻在石头、骨头或金属条上，然后在潮湿的黏土上压制和滚动，将刻写的文字和图像印在黏土板上。黏土干燥后，任何对文字或图像的改动都很容易发现。印章的功能类似于身份证或徽章，象征一个人的行政权力和责任范围，供政府、军事和神庙官员使用，富人也使用印章确认个人的商业交易。每一枚印章上刻有持有者的姓名和头衔，像恩西、萨吉纳（sagina，军队将领，王室领地管理者）和苏卡尔-马（sukkal-mah，大臣，受国王领导的最高文官）等最高级别的官员，印章上绘有标准的印章授予场景图，显示印章持有人站在国王面前接受印章或者由神明引导至国王面前的场景（图8.2）。此外，印章上还刻有颂扬国王的文字，显示持有印章的官员与国王之间的联系。高级官员的妻子拥有私人印章，上面绘的是女神而非国王，该印章可能用于管理家事。商人的印章上没有体现国王的形象，说明他们比最高管理者的级别要低。

图8.2　神灵引导官员接受乌尔第三王朝的国王乌尔纳姆（坐着）授予的印章

---

① 官僚机构：官员按照行政等级排列，接受集中指挥和控制的社会结构。

随着乌尔纳姆将城邦变成帝国、将国王神化，以及社会规模日益扩大，运用书面文件管理信息的需求日益增加，越来越多的乌尔第三王朝的高级官员使用印章。这一时期非常显著的变化是，以前印章上神的位置由国王取代，显示神圣的国王凌驾于原先独立的城邦统治者之上。神圣国王领导的社会发展为 4 个等级，并在政治、军事和意识形态（神庙）的权力结构中得到相应的体现（图 8.3）。第三级别的官员如监工、经营者和书吏携带由二级官员授予的印章，虽然最为重要的商人直接为王室工作，由于美索不达米亚社会缺乏有组织的市场，因此商人通常属于这一等级。长途贸易由精英主导，他们掌控全社会剩余产品的收取和分配。

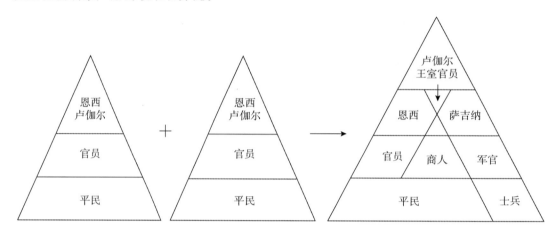

图 8.3　乌尔纳姆将美索不达米亚城邦转变为乌尔第三王朝帝国

分析印章和黏土板上的文字可见，高级职位始终保留在同一家族内，通常是子承父位，证明存在类似于帝国王朝的隐秘王朝。例如，管理位于尼普尔的伊南娜（Inanna）神庙的最高权力在同一家族中保留了至少 5 代人（Zettler，1991：109）。同一个人和家族可能身兼数职，这些职位将他们与宫殿、神庙、军队和商界的权力资源联系在一起。权力精英属于少数世袭贵族，几乎没有向社会上层流动的可能性。

乌尔第三王朝可能有多达 50 万非食品生产者，包括精英家庭和专家（Waetzoldt，1987）。其农业生产系统中，大约 90% 的人口生活在温饱水平并直接从事农业劳动（Hunt，1991），其余的人口大多数是非食品生产者，如低级别管理者、手工艺人和家庭佣人。最底层的普通百姓能掌控的生产资料很少，如果不是神庙或王宫的全职雇员，也不依附于一个大的私人家族，他们的生计难以保障。成年男子每年可以从官方获得 720 升的大麦配给，许多雇工尤其是妇女获得的大麦配给低于该标准（方框 8.2）。

方框 8.2

美索不达米亚的配给制

早期的美索不达米亚城邦拥有大量的全职专家，如牧师、书吏、监工和工匠等。这些人每月依靠所分得的配给维生，在苏美尔语中，粮食配给称为 se-ba（se 意为"大麦"；ba 意为"分配"），按照年龄和性别制定了一套计算配给额度的标准单位，包括 se-ba、i-ba（油）和 sig-ba（羊毛）等。比如，大麦按照西拉（sila）分配，一西拉相当于 1 升。男人通常可以分得 60 西拉，女人分得 30 西拉，男孩分得 25 西拉，女孩分得 20 西拉，婴儿分得 10 西拉。粮食分配较为充足，人们会利用剩余的粮食交换其他基本生活必需品。1 升大麦有 829 克，100 克大麦可以产生 350 卡路里的热量（Johnson，1973）。成人平均每天 45 西拉粮食配给，可以提供 3698 卡路里的热量。大麦是最重要的主粮，但是大麦所提供的热量只占平均热量消耗的 66%，其余的热量来自动物制品、水果和蔬菜。因此，人们可能只需直接消费大约一半的大麦配给。食用油配给通常是动物油脂，有时也可能分配芝麻油，以供食用和用作宗教仪式用的圣油。除了大麦、油和羊毛配给，有时还会不定期地分配小麦、面包、面粉和布。标准的粮食配给可用价值相等的其他物品替代，比如 1 西拉的油可以用 2 西拉的大麦替换。宗教仪式或者特定人群会额外分配肉、乳制品、啤酒、葡萄酒、白酒、鱼、枣、水果和蔬菜等物品。

乌尔第三王朝的皇帝管理着一个非货币化、非市场化的经济体系。虽然没有钱币，但是交换价值由统治者决定。大麦是一种通用的交换媒介，土地的价值根据所能生产的大麦数量进行评估。300 升大麦可以兑换成 8 克银。一头牛值 80 克银，一只羊值 8 克银。低级管理人员和行政人员一年只能收到几千升大麦，几乎无法满足一个 6 口之家每年 1680 升大麦的官方最低生活水平（Waetzoldt，1987），这意味着大多数人必须让所有家庭成员从事雇佣劳动才能维持生计，但是随时发生的不幸可能迫使一家之主成为契约奴隶，甚至不得不出卖自己或家人为奴。

不平等在美索不达米亚社会非常普遍，即使对于生活在温饱水平之上的专业人员来说，级别更高的人收入更高。例如，最大神庙的工资结构显示，120 名经营者平均年收入为 4775 升大麦，而 4 名高级管理人员平均年收入为 30000 升大麦。政府高级官员的固定收入为 60000 升大麦，他所分配到的土地可以额外产出近 18000 升大麦，其总收入相当于 100 名最低薪资工人（即收入 720 升大麦的成年男子）的收入之和（Waetzoldt，1987）。

美索不达米亚精英建立的社会中，他们依靠压迫和剥削平民来提高自己的生活水平。之所以称之为压迫，是因为精英们为了获得对肥沃的耕地和劳动力的不平等控制权，运用文化制度、宗教信仰和习俗征服大多数人；之所以称之为剥削，是因为获得极少资源的人用劳动维持拥有或控制土地和劳动力的少数精英的福祉（Wright，1997）。大多数人没有土地，他们被迫出租自己，或成为土地拥有者的依附劳工。

美索不达米亚帝国的 4 个社会等级大体上与他们所拥有的财富和职业差异相关，社会等级的高低决定一个人是否具有供养家庭的能力。一些人拥有财产，但不从事生产；另一些人拥有财产，他们和无土地的劳动者一道经营自己的土地。但绝大多数人为他人工作，并不拥有生产资料。这些人包括俘虏、奴隶或农奴（Diakonoff，1987；Klengel，1987）。奴隶本身是财产，但并不容易与契约劳工区分开来。

王室家族成员拥有最多的土地。国王与其配偶及子女分别拥有自己的分封土地，他们再将使用权分配给其他人。王室成员雇佣工人作为家臣和普通劳工。第二阶层的官员拥有自己名下的财产，持有大量为王室服务换取的分封土地，同时作为国家官员获得丰厚的薪酬，因此他们有能力租用额外的财产和雇佣劳工。第三阶层的人拥有更少的土地配额，薪酬也更低。

帝国的社会产品（social product）[①]或总收入足以让所有人过上文化上定义的体面生活，但实际上只有前1%的人能够生活富足和有保障。以谷物产量来衡量，假设100万个农民家庭每年平均生产1882升（1246千克）大麦，那么每年的社会产品接近18亿升大麦。这是扣除储存、运输和种子损耗后的净产量，比官方1680升的最低生活保障高出10%。这一差额算不上真正的"盈余"，新石器时代的自治部落村庄的生产水平与此大致相同。人们将高于最低消费需求的社会产品用于宴请宾客和结盟，或者存储起来以备不时之需。在帝国统治下，统治者以各种形式榨取"盈余"，如税收，或者向神、神庙和神圣的国王献祭，或者让被征服者纳贡等形式。这一做法无论是否具有合理性，都几乎没有给生产者留下最基本的生活保障。

10%的税率看起来似乎微不足道，比古代农业系统在生产和运输过程中15%不可避免的损失要少，但是，这是假设每个家庭都被平等征税的情况下估算出的一个平均值。实际上，产量最高的土地税负最重，有些省份50%的大麦收成被统治者征收为巴拉税（Steinkeller，1991）。鉴于帝国规模庞大，乌尔第三王朝仅500人的王室控制着100万个家庭劳动者生产的1.88亿升谷物的社会分配。收取、运输和储存这么多谷物的成本需要税收来负担，直接的行政和管理费用、神庙的运营费用，以及常规的礼仪开销也需要税收来负担。除军队和其他全职专家之外，还有11000多名从事非粮食生产的行政和管理人员。城市中心附近的灌溉粮田所生产的谷物用船进行运输，除此之外，每年有超过30000头牲畜被送到尼普尔城附近的配送中心，分配给神庙、军队和精英人士（Zeder，1994）。这些环节所产生的许多成本是非生产性成本，是社会系统得以维持和循环所必需的，并不直接为大多数家庭提供消费产品。税收是一种规模补贴（scale subsidy）[②]，从组织规模上支持社会系统，否则该系统将无法持续。统治者还迫使大自然为帝国作出牺牲，美索不达米亚洪泛区密集灌溉，导致土壤中的盐分积累，土壤不断退化。

表8.1描述了乌尔第三王朝的社会权力分配情况，对农业产量，不同阶层的人口数量，基于税收记录计算的收入和财富、分配的土地、薪酬、工资或配给额度，官僚结构，以及神庙建设规模等做出合理假设（Hunt，1991；Steinkeller，1991；Waetzoldt，1987；Winter，1991；Zettler，1991）。超级精英、精英、维持生计者和贫民的个人权力等级与乌尔第三王朝社会的4个阶层相对应，不同阶层的人依据各自的社会权力相应获得福祉。级别更高的掌权者控制更多的财富、收入和人，处于维持生计水平的人掌握的资源足够满足基本需求，而穷人往往必须依靠借贷维生。精英们拥有的资源足以维持舒适的生活，并提升手中的社会权力。表8.1清晰地显示，社会规模的增长削弱大多数人

[①] 社会产品：以生产或消费来衡量的一个社会的年度生产总值。

[②] 规模补贴：以税收或贡品等形式提供的社会支持，用于促进规模增长或在利益公平分配时维持大规模社会。

的社会权力并让他们陷入贫困,而少数精英获得极大的利益。作为超级精英的王室家庭,按照720升的年度配给可以供养近350名王室家庭成员之外的成年劳动者,1000个高级行政管理者家庭可以供养80个劳动者和7位家庭成员之外的成年人。更大、更有保障的家庭建制为精英及其子女提供了追求更好生活的机会,99%的人处于社会金字塔的底层,在风调雨顺的年份也只能勉强养活2个成年家庭成员和3个孩子。

表8.1 乌尔第三王朝的财富、收入和社会等级(公元前2000年)

等级	家庭人口比	财富	家庭平均收入(大麦/升)	统治权
皇帝、神圣的国王	1∶50	13000公顷王室领地、王室神庙和宫殿、作坊	9000000	高级精英,占人口的0.01%,获得2%的社会产品
王室大家庭	100∶500	土地、神庙、宅第、奴隶、牲畜、谷物和银	250000	
王室官员、大臣、总督、将军、高级管理者	1000∶5000		60000	精英,占人口的0.1%,获得3%的社会产品
经营者、市长、高级专家、大土地拥有者、商人	10000∶50000		5000	维持生计者,占人口的1%,获得3%的社会产品
独立农场主、牧民、低收入城市劳动者、低收入农村劳动者、契约佣工、奴隶	1000000∶5000000	使用权	1680	穷人,占人口的99%,获得92%的社会产品
总计	1011110个家庭;5055550人	2500000公顷灌溉农田	18亿升大麦的社会产品	1.88亿升税收盈余

注:皇帝的收入代表他管辖的101000个劳工和军队,以及在皇家神庙和作坊工作的5000妇女。

(二)楔形文字、法律和司法制度

随着美索不达米亚城邦行政官僚机构的发展,信息存储的需求急剧增加。最早的铭文是在乌鲁克市发现的象形文字,大约出现在公元前3100年,这些文字具有许多经济控制功能,如记载收入、支出和货物等。到公元前2400年,美索不达米亚已经形成完整的楔形文字系统(Nissen,1986)。楔形文字("楔形"意为"钉子")指当三角形截面的铁笔以一定角度压入软黏土板时形成的独特的钉子形或楔形符号。早期的象形文字通过刻画物体的自然形态来表征该物体,文字的数量有限并且相当笨重,但通过将象形文字

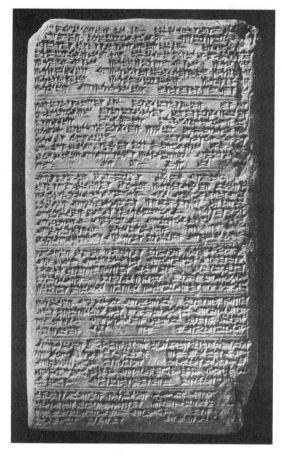

图 8.4 美索不达米亚文字
米坦尼国王图什拉塔与埃及国王阿蒙霍特普三世之间楔形文字往来书信。

简化为抽象的符号并将其中一些字赋予语音意义，象形文字系统得到改进。近东地区的苏美尔人、巴比伦人、亚述人和波斯人使用基本的楔形文字系统长达 2000 多年（图 8.4）。

为了对书写系统进行规范以及为日常管理所需的书写工作或黏土板归档工作培养专业人士，一所名为易杜巴的书写学校正式成立。学生们通过仿写由词表组成的标准文本，记住大约 2000 个不同的楔形符号。这些学术活动让人们了解文明初始阶段的专业化程度和工资差异规模，例如，一个词表包含 100 种职业和头衔等级，比夏威夷的技术专业化水平提高了一个数量级。书写系统在 150 年里快速发展，之后稳定下来（Nissen, 1986）。书写系统是神庙文学、史诗和皇家法令的媒介，但大部分文字记录的是世俗的行政事务和家庭账目，统治者用文字公开对社会的形式结构和官方的司法概念表示支持。例如，汉谟拉比国王（前 1792—前 1750 年）刻在石碑上的著名法典是一系列法律案例或纠纷以及他自己"公正"裁决过的案例集（Johns, 1926），这些案例涉及不同社会地位的男女老少、贵族和平民、自由民和奴隶等，显示国王对其臣民的生死具有至高权力。惩罚有多种形式，从罚款到肢体致残和死刑，不一而足，但是国王的裁决总是会考虑涉案人员的相对社会地位。伤害佣人或穷人只需用银两进行补偿，但是如果受害者是贵族，则会以牙还牙做出判决。如果穷人无力支付罚金，可能被判诛杀。惩罚可以很严酷，但又可能很随意。盗窃可能判死刑，殴打父亲则可能被砍手。不过，从现代商法来看，大多数涉及商业纠纷的裁决则较为合理，离婚案和遗产继承案往往会保护妇女和儿童的权益。

（三）为统治者服务的美索不达米亚宗教

和夏威夷国王一样，美索不达米亚国王领导神圣的宗教，建造和维修神庙，任命神庙官员，以及协调祭祀日程等。他在一年一度的寺庙仪式上扮演生育之神杜木茨或塔木茨，举行一场神圣的婚礼，迎娶一位代表生育女神伊师塔的圣使。与马卡希基仪式中夏威夷国王的做法一样，该仪式象征性地赋予国王控制普天之下自然生育的权力。统治者具有极强的生育力，拥有很多孩子。美索不达米亚的婚姻是典型的一夫一妻制，便于继承王室头衔,但是统治者在婚姻之外可以拥有多个嫔妃,她们生育的孩子生活在大家庭中,由奶妈抚养(Betzig,1993)。

每座城市受到一位来自富庶的苏美尔万神殿的创始神保护,并建有专门的神庙供奉。苏美尔语称神庙为"艾比塔"(ebitum),其本义是"房子",指神居住的房子,神庙的人员是神的照料者。用黏土砖建造的阶梯式金字塔塔庙(zigguart)是供奉城市之神的圣坛,也是苏美尔主要城市的地标建筑。

1927—1928年,伦纳德·伍利爵士在乌尔皇家陵墓中发现了一些古代中东最令人叹为观止的艺术珍品,皇宫附近的墓地出土了一系列王朝早期的皇家墓葬(Woolley,1982),墓葬中有大量的随葬品,如装饰有金牛头的七弦琴、金银武器、珠宝和头饰等。

其中最引人注目的发现是与王室人员一同下葬的身着盛装的侍卫和随从,以及马车和牛车。其中一座坟墓有74具陪葬尸体,包括5~6名男性侍卫、4名女性乐师和64名身着礼服的皇家宫廷女性。作为皇家葬礼的一部分,许多献祭的随从可能在集体自杀仪式中服毒身亡(Woolley,1982)。最近基于现代法医技术的解释表明,受害人被殴打致死,他们的尸体被保存起来,在仪式上进行展示,然后放置于皇家陵墓中,这些都是精心设计的、高度视觉化的公共仪式的一部分(Baadsgaard等,2012)。如此规模的活人陪葬无疑证明了宗教体制的强大力量以及统治者神权与皇权结合的专制权力。这是一种有意设计的政治行为,旨在影响人们对他们的统治者、统治者的要求及其在现实世界中的地位的体验、感受和想象(Smith,2003)。该例子是古代美索不达米亚的一个特殊的极端事件,但它在文化上是可以理解的。相比之下,偶尔采用活人祭祀的夏威夷神庙葬礼就显得微不足道了。

在美索不达米亚宗教中,太阳神——乌图拥有和太阳一样令人敬畏的神力,这种超自然的概念在本质上似乎与部落世界的万物有灵论有着本质的区别,让精英对自然力量的占有合法化。诸神代表特定自然现象的内在力量。由于在许多情况下能够体验到神性,美索不达米亚的宗教属于多神教(polytheism)①。统治者为了召唤超自然力量,他们为神建造神庙和圣坛、举行仪式或建造神像(Jacobsen,1976)。

保存在黏土板上的一系列版画和抒情诗显示,最早的美索不达米亚神是与生育有关的自然神。起初这些神被描绘成它们所代表的自然物体,但是随着时间的推移,它们逐渐被赋予人形。其中突出的是与特定城市相关并代表经济上极为重要的自然资源的神,比如水神恩基(Enki)。

到公元前3000年,神被称为"领主"或"大师",反映人类统治者的行为。主要的城隍神承担新的角色,如宗教财产管理者、法官和武士等。这一发展表明,宗教作为文化上层建筑(superstructure)②的一部分,随着权力结构、社会组织和政治经济的变化而变化。大量的世界文化样本分析显示,至高神与不同等级的政治结构之间存在统计学关联,进一步佐证了上述观点(Swanson,1960)。

---

① 多神教:信仰多个神灵的宗教体系。
② 上层建筑:一种文化的宗教、神话和仪式所表达的精神、意识形态或信仰体系。根据马文·哈里斯的文化唯物主义理论,上层建筑由结构塑造。

整个美索不达米亚宇宙观等级森严，不同的神灵被赋予不同的头衔和职位，有 7 位决定其他神灵和人类命运的主神，大约 50 位大神，以及大量的小神共同构成正式的众神联合体。公元前 2000 年，美索不达米亚的第一部创世史诗《埃努马·埃利斯》（*Enuma Elish*）详细记录了马尔杜克神（Marduk）如何成为宇宙的永恒之王，以及美索不达米亚宇宙政治中的各种基本元素如何各司其职。

三、四方之地上的印加帝国

印加帝国在公元前 1476—前 1532 年达到巅峰，大约 4000 年前，在南美洲安第斯地区，一系列帝国社会文化体系开始独立发展，印加帝国是其中发展最晚的国家。在其鼎盛时期，这个前哥伦布时期的最后一个帝国占地约 984000 平方千米，其版图覆盖今天的厄瓜多尔的安第斯地区、秘鲁、玻利维亚以及智利和阿根廷的安第斯山脉北部地区（图 8.5）。据估计，印加帝国的人口为 600 万～3200 万，规模上可与罗马帝国相媲美，虽然没有轮式车辆、书写工具或役畜，然而通过维持强大的宗教系统组织和复杂官僚架构，能够高效地动员庞大的劳动力群体。

 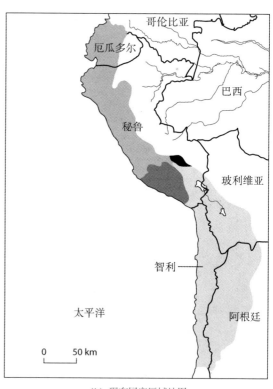

(a) 印加帝国的4个行政区（苏尤）地图： 　　(b) 现有国家区域地图
　　钦察苏尤、安蒂苏尤、孔德苏尤和科利亚苏尤

图 8.5　安第斯地区

(一)与安第斯高原和寒冷的洋流共生存

安第斯人是流动的觅食者,6000多年来,他们在高山上猎捕美洲驼和小羊驼,沿海岸采集植物和海洋动物(Lanning,1967)。在距今5000～6000年,极有可能为了适应冰河时代冰川融化引起的环境变化,他们开始在高原定居和驯化马铃薯、美洲驼及羊驼(Wheeler,1984)。一些人开始在沿海渔村生活,种植棉花和葫芦。最早在距今4000年前,甚至在尚未使用陶器或种植玉米之前(Moseley,1975;Quilter & Stocker,1983),酋长们就已经成功建立第一批大型沿海聚落。在距今3000年前,统治者们可能已经在沙漠河谷发展灌溉农业,以应对温暖的厄尔尼诺洋流对渔业造成的破坏。

安第斯山脉是安第斯地区的主要地理特征,山脉由北向南延伸,形成影响全球气候形态的自然屏障,阻挡来自大西洋的潮湿气流向西流动,并在秘鲁和智利海岸的雨影地带形成世界上最干燥的沙漠之一。一系列短而窄的山谷从安第斯山脉一直延伸至太平洋,孕育着巨大的灌溉潜力,与美索不达米亚平原的洪泛区非常相似。安第斯地区的另一个优势在于,太平洋沿岸秘鲁寒流上涌,将丰富的营养物质从深海海沟带至海洋表面,支撑着世界上最富饶的海洋渔业。不幸的是,难以预测的厄尔尼诺(ENSO,厄尔尼诺南方涛动)现象导致秘鲁寒流被温暖的洋流取代,扰乱了生态系统,破坏了海洋生物,并导致降雨和洪灾(Winsborough等,2012)。

安第斯大部分人口居住在海拔3658～4877米的普那稀树高原上,山区土壤单薄,随时可能发生冰冻,干旱频繁,对农民来说是极富挑战的地区,只能供养最顽强的食草动物,如本地野生骆驼、原驼和骆马。美洲驼和羊驼是非常重要的驯养骆驼,能运载货物,驼肉和驼毛具有较高价值。干羊驼粪便是稀树高原上重要的燃料,还可以用作肥料,有助于保持山地单薄土壤的肥力。天竺鼠是另一种重要的家养动物,以厨房残渣为生,可供食用。马铃薯是主要的高原自给性作物,营养丰富,耐霜冻,易于储存,可以在海拔高达4267米的地方种植。安第斯农民根据不同块茎植物的品性和环境耐受性进行择优选种,开发出大约3000个马铃薯品种(Brush,Carney & Huaman,1981)。藜麦也是重要的早期高地驯化作物,能够在高原恶劣的条件下茁壮生长,其种子类似谷物,富含高蛋白,培育的藜麦品种约有200个。

安第斯帝国的物质基础最终掌握在自给自足的村民手中,在公有土地和互补性劳动力交换的基础之上,他们经营着产量高、集约化的农业系统。如果没有能够有效维持生计的经济领域,就不会有额外的劳动力来支撑印加的精英阶层。安第斯社群一级的农业系统是一项重大成就,该系统中彼此平等的村民相互合作,在低洼地排涝和修筑田埂、在陡峭的山坡上建造梯田,以及修建和维护灌溉沟渠,以便能在恶劣的环境下提高农业产量。社群领导人管理着技术上较为复杂的土地休耕系统,每一块土地在5～15年的生产周期内轮流休耕,种植精心挑选的一年生作物,并在休耕期放牧,让土地在长期保持土壤肥力的同时,最大限度地提高产量。在接下来的几年里,充分利用社群所有的十多种不同环境区域优势,依次种植特定的作物。农业系统服务于每一个人,每个家庭参与合作劳动项目,共同维持这个系统,作为回报,获得足够的土地维持生计(Hastorf,1993)。

由于家庭和村庄在不同海拔的生态区开发资源,无须依赖贸易或市场交换,因此,高度成功的村级生计领域以垂直经济为特征。极其陡峭的安第斯山脉地形通常意味着同一村庄范围之内可能存在几种截然不同的环境。安第斯山脉亚马孙河流域的斜坡上有4个主要区域,随着海拔从高到低,依次用于放牧、种植土豆、玉米和热带作物。

(二)帝国的起源:棘刺牡蛎与青铜刀片

安第斯帝国传统的基本要素在3000年前就已根深蒂固,这些要素包括集权化的政治组织、以玉米和土豆为基础的集约化农业、高海拔的美洲驼畜牧业、纪念性建筑、宗教神庙、城市中心,以及精致的陶瓷和纺织品等。前印加时代的安第斯人是冶金、纺织和陶瓷制作大师,他们使用失蜡铸造等技术,加工铜、金、黄铜和银,以及制作精美的珠宝和简单的工具(图8.6),挂毯、刺绣等高度发达的纺织品以及珠宝是象征地位的重要标志。

图8.6 印加铜制刀片和海菊蛤贝壳项链

印加精英是后起之秀,他们沿袭前人的文化模式,如官僚行政体系、技术和意识形态,特别是秘鲁北部海岸莫切王国(100—700年)和奇穆王国(700—1465年)统治者以及秘鲁的瓦里帝国(600—1100年)和玻利维亚的蒂瓦纳库帝国(300—1000年)统治者的文化模式。印加王朝的直接发祥地可以追溯到约公元前1200年库斯科地区一个讲盖丘亚语的小型酋邦,印加帝国在1438年帕查库蒂统治时期迅速扩张,将先前存在的地区小国、酋邦和家庭规模的社群集合在一起,组建成一个中央管理系统。

壮大的安第斯精英通过控制现有的贸易路线,利用商品价值的地区间差异获利,操纵亲属互惠关系和宗教信仰文化传统,以及剥削不同的族群来建立帝国。印加统治者控制了安第斯山脉的金、银和铜等原材料,厄瓜多尔的海洋贝壳,以及亚马孙地区的古柯等热带植物资源。他们利用这些资源控制劳动力,将它们转化为更有价值的财富产品,日复一日永无止境地积累财富。

安第斯精英还通过帝国军事扩张获得对原材料资源的永久控制，用于生产维持其权力的贵重商品和礼品。和美索不达米亚一样，印加统治者通过控制长途贸易系统并将积累的外来财富分配给他们的政治支持者，稳步扩张其个人统治权。获利最多的人利用其财富和政治权力，指挥庞大的劳动力建造大规模的梯田和灌溉工程、城市、道路和寺庙，构建一个大规模的社会。

垄断秘鲁铜和海菊蛤贝壳交易是印加权力重要的来源之一，海菊蛤是一种产自厄瓜多尔沿海水域的双壳类软体海洋动物（Hornborg，2001：65-87；Paulsen，1974）。印加人将海菊蛤贝壳称为木鲁（mullu），用于制作价值连城的珠子。海菊蛤贝壳被认为是"海洋的女儿"，代表女性，象征水和生育，是神的食物。海菊蛤因其不同寻常的形状及颜色和季节性毒性及致幻性而引人注目，并且仅在厄尔尼诺现象期间出现在秘鲁海岸附近。凤凰螺是一种腹足单壳软体动物，代表男性，凤凰螺吹奏出的声音被认为是"上帝之音"。在宗教仪式上，海菊蛤与凤凰螺配对，两种贝壳均具有神性，可用于占卜，但是海菊蛤比凤凰螺更难采集到（Cordy-Collins，1978）。

用秘鲁铜换取厄瓜多尔海菊蛤贝壳是一项不平等的交易，印加人获利非常丰厚，贝壳对印加人来说比铜制刀片对厄瓜多尔人而言更具价值（Hornborg，2001）。厄瓜多尔精英使用铜器作为新娘嫁妆和随葬品，而海菊蛤则帮助印加精英积累财富，为精英主导的工程提供大量的徭役劳工。从事潜水寻找贝壳、采矿和炼铜工作的劳工得到的报酬比精英得到的回报要少得多。为了能够掌握更多的劳动力，劳工的劳动报酬远比货物的价值低。值得注意的是，安第斯山脉在开发新工艺品方面的许多技术进步并非为了让普通家庭的生活变得更好。金属制品是财富和威望的象征，在普通人眼中并没有实用价值，因此毫不奇怪，这些产品的生产由精英主导。基于宗教和宗教象征的制度掩盖了潜在的物质不平等，这一制度由精英设计，旨在让精英阶层的个人权力合法化。安第斯精英通过控制3种权力资源而获得成功：① 财富物资的长途贸易；② 手工艺品生产；③ 意识形态（Vaughn，2006）。

（三）王室和劳工：自上而下的印加社会

印加帝国是以印加神王为首的王朝皇族，通过获得宗教权力、自然资源、食物、财富、地位和对他人的控制权，形成四大社会等级：① 国王和数百个王室家庭中与国王关系密切的极少数超级精英；② 约6000名由印加远亲组成的上层行政官员和非印加地方统治者组成的贵族精英；③ 6万名低层管理人员和专业技术人员；④ 来自不同民族的数百万平民家庭，大部分兼职为国家服务，以支付劳动税。少数平民是全职的低层国家工人，依靠印加国库的盈余为生。

印加帝国被称为塔万廷苏尤或者以库斯科为中心的四方之地（图8.5）。每一个地区由一名王室成员领导，地区再进一步划分为省，由贵族统治（D'Altroy，2002）。80个左右的省被进一步划分为2个"苏尤"（suyu）或者半省，管理多个艾尤（ayllu，氏族），即本地亲属团，领土单位和亲属团部分由负责管理的个人、神坛或圣地进行定义。

置于领土等级之上的是由职位和社会阶层构成的等级制度，以及各种命名的职业和种族群体。社会地位通过特定的着装规定以及与之相关的特权和义务来定义。

印加神王与夏威夷统治者一样神圣，他同样娶自己的亲姐妹为妻，并领导印加王室——卡帕克·艾尤（Capac Ayllu），由中央嫡系和9个等级的并系血统（cognatic lines）[①]或旁系组成。王室旁系后裔构成贵族，王室家族和王室旁系氏族是级别最高的两大社会阶层，也是官僚机构中权力最大的官员。他们戴着巨大的金耳塞和独特的头饰，西班牙人称他们为"大耳朵"，其社会地位依据他们与印加国王在谱系上的亲疏关系确定。

印加国王与其姐妹结婚从文化上表明，亲属范畴和婚姻形式被象征性地用于渲染印加社会普遍存在的等级制度（Zuidema，1990）。库斯科皇室氏族中的男性属于诸多支系，排列等级的方式有好几种。血统往前追溯五代至一位神话般的印加国王先祖，形成一个六级代际系统。印加统治者的血缘线一直被认为是一条直线，被称为神圣太阳线（ceque），其成员等级最高，而那些支系成员，比如姐妹的儿子，要么随其印加母亲成为高级别"儿子"，或者随其非印加母亲成为低级别"外甥"。儿子之间有长幼之分，年长的儿子级别更高。家族谱系中级别最高的男性离印加统治者最近，被称为贵族，以鹰为标志；离印加统治者距离最远的人则被称为"臭鼬"和"臭东西"，以此强调他们的社会价值相对低下，尽管他们的地位比平民百姓高。

王室后裔中男性的地位高低决定他们在从内婚制到外婚制这一婚姻连续系统中可以娶哪些女性为妻，级别最高的男性与最亲近的亲属结婚。和夏威夷王国一样，国王与其姐妹的婚姻代表最高程度的内婚制，是拥有最高地位的人的特权。与同胞兄弟姐妹之间结婚不符合进化规律，所生育的子女可能存在遗传缺陷，但这种情况并不常见。此外，近亲繁殖有助于强化优良特性，排名仅次于印加贵族的人被允许与同父异母的姐妹以及平表结婚，第三阶层的人可以和交表结婚，五代以外被排除在印加统治阶层的人则与非亲属结婚，这是最大程度的外婚制。

图8.7 印加天选之女——阿克拉

与王室氏族有关的某些女性被选为"阿克拉"（aclla），即天选之女（图8.7）。按照年龄段，阿克拉分为6个等级，年龄段中涉及只可意会不可言传的相貌分级（Zuidema，1990）。年龄—外表分级明显与谱系中的男性等级相对应，比如谱系中与印加统治阶层有亲属关系的女性会被赋予最高阿克拉等级。谱系级别高、年龄为20～24岁的漂亮女性分在最显赫的阿克拉组，她们终身保留在这一等级。她们在最神圣的圣坛举行宗教仪式，永远不被允许和男性说话。谱系中等级较低的女性随着年龄的增长，被选入级别较低的阿克拉组，履行较低等级的司仪职责（Costin，1998）。阿克拉们纺纱织布，织品按照质量分级，

---

① 并系血统：按照父系或母系追溯至共同祖先的血统。

她们还为劳工酿制啤酒。

大部分乡村人口根据十进制和地域组成等级不同的劳工组织，缴纳劳动税，即米塔。一个省最大的劳工组织约有10000名劳工，该组织再被细分为两个5000人的单位，以此类推，最小单位为5人（详细名称参照图8.8）。贵族阶层之下的官员被称为库拉加（curaca），管理500~10000名不等的劳工，这些印加官员的职位属于世袭制，低级单位则由普通人领导。非库拉加的最高职位叫作亚那科纳（yanacona），是贵族阶级的帮办，他们在王室长大成人，被训练成王宫或者神庙的仆人或随从，出类拔萃的亚那科纳被授予印加贵族俄勒洪（Orejon）身份。

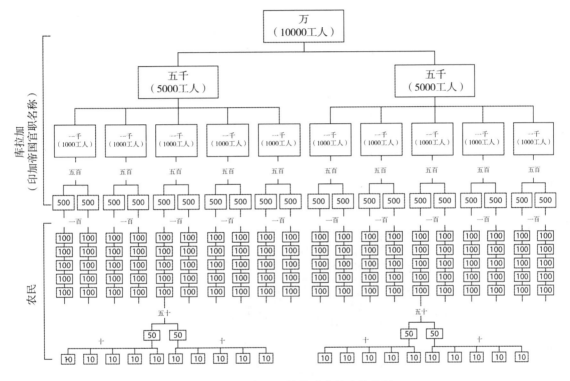

图8.8　印加帝国组织劳动力的官僚体制

为国家提供全职服务的专业劳工被称为卡马悠（camayo），他们有指定的具体职责，比如，驼马牧民、农民和士兵（Rowe，1982）。米蒂马（mitima）是被印加帝国征服并重新安置的少数族群，他们为帝国的大型农业项目工作。劳工可细分为两人组或者五人组，产品作为劳动税（米塔）沿着控制链依次上交。印加官僚机构的社会权力高度集中，只有极少数人能够受益。官员们根据其在等级制度中的地位获得皇帝的物质赏赐。米塔劳工和卡马悠专家生产的货物上交至印加国库，由印加最高统治者进行分配。

印加官僚体制与奇普记录（即结绳记事）系统密切相关（见方框8.3和图8.9）。在被西班牙人殖民几十年后，当地的土著领导人依然能够详细描述其劳动制度，西班牙人很快意识到可以将奇普用作审查和控制手段（Julien，1982）。

方框 8.3

奇普结绳记事：安第斯信息系统

像印加帝国这样复杂的社会需要一个有效的信息存储系统。印加没有文字，而是使用一种被称为奇普的高度专业化的信息系统。奇普即打结的绳索，是印加帝国使用的盖丘亚语 quipu 或 khipu 的音译，意为"绳结"和"打结"，与印加官僚体制紧密相连，如图 8.9 所示。奇普是一套复杂的象征性符号系统，根据物体的分类记录和统计信息。这些符号由一系列绳索构成，一根主绳上悬挂许多根副绳，副绳不仅有位置的变化，其颜色、方向和缠绕方式及股数也不相同，甚至会用多种颜色的绳子编制出数百种颜色组合，在不同的位置悬挂副绳，创建子类别。数量则采用 3 种不同的绳结和十进制位置系统表示。记录和查阅由奇普专家——卡马悠完成，这些专家与美索不达米亚的书吏类似。使用奇普，需要高度专业化的知识（Marcia & Ashcher，1981）。

图 8.9 奇普结绳记事专家

奇普是一个很好的例子，表明文化可以通过各种方式在功能上进行整合。奇普反映了印加美学的诸多方面和印加文化特征，赋予印加独特的民族气质。例如，印加人注重空间关系、图案的对称性、物体的便携性、有条不紊和重复出现的设计以及整体上因循守旧等观念，这一切都体现在印加的政治制度、建筑、陶瓷器皿和纺织品中。从更大范围来看，神圣太阳线（ceque）与氏族（ayllu）

社群和胡亚卡（huaca）圣地在更大的政治体系中联系在一起，代表着同一文化现实。

一件奇普可能包含数千根绳索，沿着水平轴垂直悬挂的每一根绳索占据一个特定的位置。和布料一样，奇普便于随身携带，其设计基于空间关系，一件奇普可以描述印加官僚机构的不同级别，也可以记录不同类别的布料、农作物、运送或储存的动物，以及不同类型的士兵和劳工数量。奇普是记录米塔税和仓库货物库存的理想手段。苏美尔文字和奇普之间的相似之处说明，奇普的制作者实际上是在进行文字记录。奇普专家（图8.9）可以直接口读奇普，结绳行为在触觉和视觉上与在黏土板上做记录以及用笔在纸上写字类似。此外，苏美尔文字和奇普两个系统记录的信息都以服务国家为目的。

安第斯印加中央国库的储存能力为244283立方米（Levine，1992），相当于7000个长为6米的标准集装箱。印加帝国利用庞大的资源为军事活动提供资金并供养大量的官员和专家，但是大量的盈余被转移为私人财富（方框8.4）。在安第斯地区，一些当权者认为，粮食储存是国家组织最重要的功能优势（D'Altroy & Earle，1985；Isbell，1978）。国库对因环境条件导致的粮食波动进行平衡，这种波动是季节性的，与厄尔尼诺现象、干旱和霜冻有关，并且无法预测，大规模粮食储存能提高该地区的整体承载力。食物-能量均衡解释倾向于支持国家起源论中社会收益再分配理论，许多观察家将印加体制描述成一个伟大的社会主义福利国家，但是印加帝国同样可以被视为专制残暴和高度集权的国家，个人自由受到其财富和权力分配方式的限制。国家随意迁移社区，强制推行统一的语言，并进行广泛控制，其真正目的是加强精英特权阶层的权力。

方框 8.4

马丘比丘和王室地产

私人占用印加财富最明显的证据是，从马丘比丘至库斯科的另一边，沿着乌鲁班巴—维尔卡诺塔河上游河谷，绵延数百千米，矗立着一座座大家族庄园。马丘比丘城实际上只是印加统治者帕查库蒂建造的私人家族行宫之一。印加王怀纳卡帕克（1493—1525）最重要的庄园位于尤卡伊，历史上有详细记载（Niles，1999）。该庄园占地约27平方千米，拥有修建完好的道路、桥梁、梯田、专属花园、私人猎场、门房、宫殿大院和集镇，以及容纳约2000户供养家庭的住房。建设该项目需要15万劳工，从事乌鲁班巴河改道、填沼泽地和铲平山丘等工程。

印加皇帝统帅总计约20万人的军队，使用武力扩张帝国，确保人人支持其体制（D'Altroy，2002）。官员可以对有违禁行为的违法者进行严厉处罚（Moore，1958）。他们对盗窃深恶痛绝，拿走印加王室或者神庙的小物品会被处以极刑；在印加王室的猎场打猎、移动界碑、违抗地方长官（curaca）或者旷工会被判处死刑，劳动表现欠佳可能被公开处以鞭刑或石刑；未经允许出行、变换居住地或者逃避审查都是应受处罚的罪行。很明显，在印加统治下，平民为了生存以牺牲个人自由作为沉重代价。

印加帝国是基于"按需供应"的非市场化政治经济体系，而不是基于"供求关系"的市场经济（La Lone, 1982）。帝国经济在功能上分为大宗产品经济（staple economy）①和财富经济（wealth economy）②两大类（D'Altroy & Earle, 1985）。大宗商品经济涉及土豆以及其他主食的生产和储存，为军队和大量全职国家雇员提供保障。玉米是重要的农作物，用于酿造吉开酒（一种玉米酿造的酒），政府官员将酒分配给为宗教仪式庆典兼职的劳工，以换取他们的服务（Murra, 1960）。财富经济涉及国家主导的奢侈品生产，如金银首饰、羽毛制品和精细纺织品等。这些奢侈品是身份的标志，用来回报统治阶级。黄金象征太阳神，是印加贵族的标志。财富物品还用于收买当地的村庄领袖，将他们转变成印加官僚。这些官僚在印加帝国和军队强权的支持下，帮助帝国征收劳动税。印加王室还在官方用于公共宴会的吉开酒罐上印制特定的形状和肖像，和他们衣服上的图案一致，给普通百姓留下王权威严的印象（Bray, 2018）。

（四）印加宇宙观：宇宙即秩序与共享

印加统治者通过灌输共同亲属关系和共同信仰将帝国融为一体，他们共同参拜太阳和月亮，参拜神圣的国王、女王，以及各种地方神庙。统治者将其帝国描绘成一个广袤无垠的神圣酋邦，在神圣国王的领导下，每个人在等级分明的庞大族谱中占有一席之地。统治者用超自然回报和象征性的物质回报换取平民的劳动贡品，创造公平互惠交换的假象，表面上帝国仿佛是一个非常大的平等部落社会，然而正如我们所见，社会现实极度不平等。

印加宇宙观以起源神话为基础，在该神话中，创世兄弟姐妹英雄从一个洞穴中出现，并开始繁衍生息。男女两条平行的血统分别来自太阳和月亮，均起源于创世神维拉科查（Viracocha）（Moore, 2004）。印加社会被喻为一个单一的亲属团体，每个人都是"家庭"中的一分子，但是这个系统在根本上维持着等级制度，与印加帝国创始人的血缘亲疏决定等级的高低。传统的安第斯宇宙观、空间秩序及互惠概念是印加官僚政治的基础，印加统治者非常擅长利用这些概念。

四方之地的概念仍然用于规划安第斯乡村的空间划分（Urton, 1981）。四方之地来源于银河改变位置在天空中形成的大十字架形状，在冬至和夏至时节下午6：00到早上6：00之间，银河移动至地球清晰可见的位置，在天空中形成的十字架围绕其中心将夜空分成四等份，投射至地上，便形成四方之地。每个村庄都有自己的中心，四方之地的每一个地区通常被分为上下两部分，就像想象中的神圣太阳线（即神圣道路）与皇家血统一样，从村庄中心向位于山脉天际线的圣地（huacas）辐射，沿途与特定的神殿或圣地对齐。

---

① 大宗产品经济：由国家控制生活必需品的生产、储存和分配，例如印加案例中的马铃薯和玉米，用于支持非食品生产的专业人员和提供紧急援助。

② 财富经济：标志地位等级的财富物品的生产、储存和分配，通常由国家控制。

在库斯科地区，数百座神殿通过神圣太阳线连接成一个仪式系统。圣地或神圣太阳线系统支撑印加王室神话般的历史及亲属结构，帮助王室将其特权地位合法化（Bauer，1992），这一点与澳大利亚土著部落"梦幻时光"中的圣地和圣途非常相似，最重要的区别在于，印加人的血缘关系、神话和仪式将人们划分为地位极不平等的社会群体。印加的仪式系统和根据天文观测确立的仪式历法相结合，其中，特殊的仪式在一年中的某些天在特定的圣地依次举行，最重要的仪式均和农业相关。

互惠制（ayni）和米塔制（mita，轮流或分享）是村级社群的家庭之间，以及家庭、自然和帝国之间互动的两个最基本的原则（Earls & Silverblatt，1978）。互惠制指不同实体之间进行的服务交换，对宇宙的有序运行至关重要，适用于交换婚姻，用食物和饮品交换公共劳动，收获时向大地母亲和天地之间的水循环进献祭品等。为帝国提供劳动服务也是一种互惠，帝国为劳动者分配吉开酒作为回报。另一种经济上的互助关系是米塔制，在互惠制的基础上增加了时间限制，轮流派遣劳动力定期从事强制性劳动，涉及农作物轮作、动物产犊季节、人类世代，以及个人为国家提供劳动服务的份额。互惠制和米塔制被认为是自然秩序的一部分，在仪式上得到认可。

印加贵族起源神话是印加神圣统治权的基础，神话记载了第一位印加人如何征服库斯科山谷的土著，一年一度的玉米开耕和收获仪式用于纪念这一事件。这些精心设计的仪式由印加统治者本人和贵族主持，在举行这些仪式之前，帝国中没有人可以开始耕种或收割，仪式赋予印加统治者对自然进行有效控制的权力，并将他们的统治合理化（Bauer，1996）。

图 8.10 展示的是印加帝国首都库斯科太阳神庙中的安第斯宇宙观。为了给最高统治者提供意识形态上的支持，印加帝国将创世神维拉科查和太阳神因蒂（Inti）的排位提升到显著位置，排在当地掌管山林、土地和湖泊的诸神之上。宇宙观模型采用安第斯山亚南廷（Yanantin）概念，即平衡对立，显示平行的神灵等级，分别表示男性和女性。印加宇宙观模型清晰地反映了帝国等级制度的核心要素，详细描述了互惠关系，模型底部是国库（collqa）、梯田和一对夫妻。该宇宙系统与之前讨论过的亚马孙部落宇宙观有一些共同特征，毫无疑问，两者之间存在历史联系，只不过印加帝国告诉人们为国家提供劳动是自然秩序的一部分。

印加掌权之前，当地社群的普通百姓可以直接与特定性别相关的超自然力接触。男性和女性平行血统为维持家庭和繁衍后代提供所需的亲属关系资源（Silverblatt，1987）。神赋予人们生命，作为回报，人们在当地的神殿进行膜拜和祭祀。女神帕查玛玛（Pachamama）为大地之母，是生育力的化身，相当于夏威夷的罗诺神，不过帕查玛玛是掌管地球繁衍的女性形象。帕查玛玛的女儿是掌管玉米、土豆、古柯、金属和陶土等基本资源的女神，她在宗教仪式上被具象化为一种特殊的玉米株，这种玉米的果穗比普通玉米更多、更优质，玉米粒的颜色独特。培植特定的优良品种是获得新品种的基因工程，从这个意义上看，玉米之母仪式的确有其道理。

天神和山神象征男性强悍的政治力量，掌控雷电、雨、冰雹、云和风暴。正如政治征服所体现的那样，雷神被视为当地酋长及其后裔群体永不言败的英雄祖先，据说专门供奉雷神的山顶圣坛由家族男性族长维护。山神在安第斯山脉仍然被广为信奉，代表控制泉水和冰川融水的自然力量。神总是根据特定的环境或者相对于其他相关联的神来定

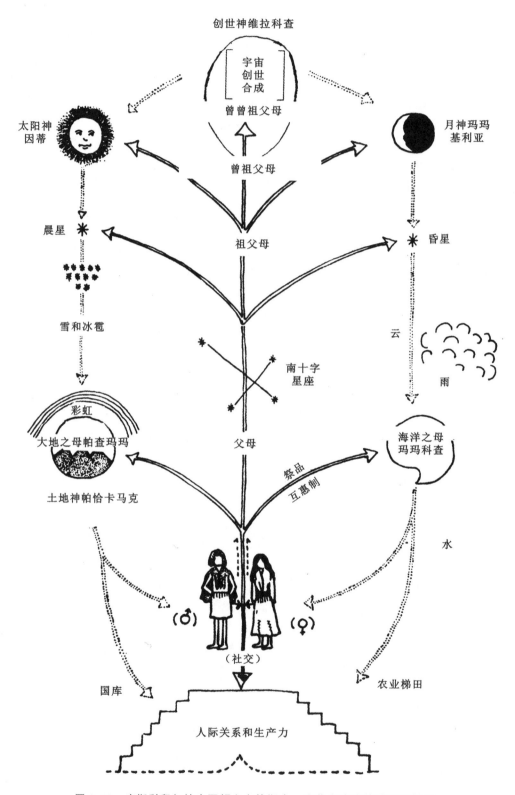

图 8.10 库斯科印加神庙匾额上安第斯人、文化和宇宙能流位置模型

义的。例如，帕查玛玛与雷霆配对，将雨水与帕查玛玛的生育力结合在一起。适当的季节性祭祀仪式有助于在社群文化中固化人们对超自然神灵的敬畏，象征人类对自然力的互惠。印加国王自诩是太阳神因蒂的化身，将自己重新定义为征服神，与夏威夷的战神——库神类似。黄金是因蒂的化身，象征"太阳的汗水"，以此让当地掌握权力的酋长恭敬顺从。同样，国王的妻子和妹妹是月神的化身，掌管水、生育和一切与女性相关的事物。与因蒂和黄金之间的关联相似，银是月神的化身，象征"月亮的眼泪"。

本章小结

本章通过对古代农业文明考察，表明精英主导的文化发展进程既不是自然出现的，也不是不可避免的。如果从广泛提升全人类福祉的角度来衡量"进步"一词，那么它们也不能算是进步的社会。这些文明是少数人决定的结果，得天独厚的地位让他们可以充分利用历史环境来促进自身利益。

美索不达米亚文明和安第斯文明最显著的相似之处在于，两者都是专制社会，都分为四个阶层，由神圣的国王统治，他们宣称可以掌控自然力，可以不受质疑地奴役每一个人。这些帝国文明创造了令人印象深刻的艺术、建筑和技术成就，但是他们的统治者在其社会中实施剥削、压迫和专制，并对相邻的民族发动侵略战争。这些帝国文化的经济生产力很高，创造了巨额财富，但是他们的统治者以极不平等的方式分配经济利益，使大多数人只能勉强维持或无法保障最基本的生计需求。家庭规模的大小是社会不平等的显著体现。这种不平等体现在社会权力过度集中，帝国文化实际上由其主要受益者主导。这一体制得到人们的支持和复制，从这种意义上看，这一文化是成功的，但不是公正的。因此，与其惊叹帝国社会令人印象深刻的"成就"，倒不如质疑它们为什么不能更加广泛地满足人类需求。

印加帝国出现的时间比乌尔第三王朝晚 3500 年，位于 13679 千米以外的另一个半球，但是这两个帝国在设计和目的上非常相似。印加统治者掌管的人口是乌尔第三王朝人口的 2 倍，但最重要的是，这两个帝国都由王室家族和贵族领导。两个帝国都基于神圣王权这一概念，社会都划分为 4 个阶层，其中 97%～99% 的劳动者供养极少数的上层特权阶级，为他们提供奢侈安稳的生活，而自己却只能勉强维持生计。两个帝国的神庙和宗教仪式都是为了崇拜神圣的国王，让极权统治作为自然秩序的一部分得以合法化。

安第斯和美索不达米亚帝国都是非市场、指令性政治经济体制，旨在从维持生计的贫民手中榨取资源。精英统治者主导农业开发项目，以提高农业生产，这是他们的财富和权力赖以存在的基础。国家官僚管理大量的粮食盈余，并指导专家生产专供贵族消费的贵重物品。王室成员住在宫殿中，身边围绕成百上千的军事侍从、仆人、妻子和嫔妃，并拥有大量的私人庄园，可以传给其子孙后代。

和乌尔第三王朝的国王一样,印加贵族在皇家首都过着奢靡的生活,依靠从分散在广阔领土上的乡村平民手中榨取的贡品为生。和美索不达米亚的贵族不同,印加贵族主要依赖对谷物、牲畜或其他商品征税。印加帝国经常转移劳动力,用于生产支撑帝国宗教机构及其行政官僚机构运行所需的大宗产品和财富。与美索不达米亚帝国对比发现,大多数安第斯村民以社群为单位共同拥有土地,基本生活高度自给自足,这是非常显著的区别。

思考题

1. 中央集权以何种方式成为通常定义的"文明"的基本要素？
2. 什么是古代农业文明的关键特征？
3. 在古代美索不达米亚,驯化动植物以及发展城市中心、酋邦和国家与哪些独特的环境条件或危机相关？
4. 描述宗教在早期美索不达米亚城邦中的作用,并与印加帝国的宗教进行详细比较。
5. 保存记录的作用是什么？在古代美索不达米亚和印加帝国是如何保存记录的？
6. 区分财富经济和大宗产品经济,描述它们在印加帝国的运作方式。
7. 比较印加帝国、澳大利亚土著和亚马孙部落的宇宙观,解释三者在社会结构方面的差异。
8. 从哪些方面可以认为印加帝国是一个福利国家而非高压集权体制？

关键术语

官僚主义（bureaucracy）

局限性（circumscription）

城邦（city-states）

并系血统（cognatic line）

家屋社会（house society）

多神教（polytheism）

规模补贴（scale subsidy）

社会产品（social product）

大宗产品经济（staple economy）

机构（structure）

上层建筑（superstructure）

财富经济（wealth economy）

阅读文献

Algaze, G. 2008. *Ancient Mesopotamia at the dawn of civilization: the evolution of an urban landscape*. Chicago: University of Chicago Press.

Alva, W. and Donnan, C. B. 1993. *Royal Tombs of Sipan*. Los Angeles: Fowler Museum of Cultural History, University of California. Describes the discovery and excavation of the best unlooted tombs known from Peru.

Bourget, S. 2016. *Sacrifice, Violence, and Ideology among the Moche: The Rise of Social Complexity in Ancient Peru*. Austin: University of Texas Press.

Bauer, B. S. 1998. *The Sacred Landscape of the Inca: The Cusco Ceque System*. Austin: University of Texas Press. Mono graphic treatment of huacas and ceques and their connection with the Inca royal descent groups.

Crawford, H. ed. 2013. *The Sumerian World*. New York: Routledge.

D'Altroy, T. N. 2015. *The Incas*. 2nd ed. Oxford: Wiley-Blackwell. A comprehensive overview of the Inca civilization.

Malpass, M. A. 2016. *Ancient People of the Andes*. Ithaca, NY: Cornell University Press.

Niles, S. A. 1999. *The Shape of Inca History: Narrative and Architecture in an Andean Empire*. Iowa City: University of Iowa Press. Provides a detailed view of Inca emperor Huayna Capac's estate at Yucay.

Oppenheim, A. L. 1977. *Ancient Mesopotamia: Portrait of a Dead Civilization*. Chicago: University of Chicago Press. https://oi.uchicago.edu/research/electronic-publications-initiative-oriental-institute-university-chicago.

Urton, G. 2017. *Inka History in Knots: Reading Khipus as Primary Sources*. Austin: University of Texas Press. Review by José Carlos de la Puente Luna In Cambridge Archaeological Journal 2018 28 (3).

Wengrow, D. 2010. *What Makes Civilization?* New York: Oxford University Press.

Woolley, Sir Leonard. 1982. *Ur "of the Chaldees."* London: Herbert Press. A detailed account of the royal tombs of Ur by the original discoverer.

第 9 章

亚洲大传统：意识形态基础

> ◇ **学习目标**
>
> - 比较古代中国文明、古印度文明和古代美索不达米亚文明、安第斯山脉文明、夏威夷文明的基本组织，指出他们之间的相似之处和不同之处。
> - 解释部落领袖如何利用萨满教、氏族和世系将氏族部落转变为酋邦和国家，让自己成为神圣的统治者。
> - 指出中国、南亚、美索不达米亚、安第斯和夏威夷等酋邦和国家起源的共有模式。
> - 解释宗教、道德、信仰和习俗如何帮助中国贵族统一帝国，重点讨论儒家大传统。
> - 区分中国的大传统和小传统文化，根据各自独有的特征，结合城市阶层，解释大传统和小传统文化产生的方式和原因。
> - 对比美国资本密集型生产系统和亚马孙部落广泛的土地轮耕系统，描述中国前工业化时期，劳动密集型农业系统如何养活5亿人。
> - 对比部落村庄，描述中国村级社会的权力分布，解释为什么中国部分乡村的贫困可能归因于剥削而非人口过剩。
> - 描述中国家庭的形成和结构，探讨家庭生活的动力如何影响男女老少之间的关系。

第 9 章 亚洲大传统：意识形态基础

- 解释南亚及其相邻地区的语言、大传统和政治组织形式之间的关系。
- 比较美索不达米亚、古代中国和安第斯地区，说明南亚文化发展的主要阶段。
- 比较美索不达米亚、古代中国和安第斯地区，简要概述印度教王国的主要文化组织特征。
- 详细比较印度教王国和其他古代文明及现代国家的社会组织形式、性别关系、宗教信仰和习俗，以及政治体制等文化特征。
- 概述印度种姓制度的关键特点，描述如何通过食物、婚姻、劳务交易显示种姓身份，并解释印度教宇宙观和宗教习俗如何支撑印度社会的等级秩序。

古代中国和古印度及南亚佛教文化区的伟大文化传统，至今依然对世界超过 1/3 的人口产生深刻影响，了解这些文化是了解世界文化的前提，是人类学、历史学和地理学共同研究的重要领域。

古代中国是在前工业化基础上一直存续至 20 世纪初的最大帝制国家。1850 年，中国人口可能已经达到 4 亿，是以礼教和高度劳动密集型农业系统为立国基础的典范，也是有史以来最大的早期有文字记载的文明，城市和货币经济持续存在 2000 多年。那时的中国乡村农民（peasantry）① 与第 4 章中的亚马孙部落村民形成鲜明的对比。

和古代中国一样，印度大传统（Great Tradition）② 具有悠久的历史，同样是将宗教权威和典籍作为等级社会的组织宪章，用于管理家庭结构、性别关系和饮食起居等日常生活细节。数百年来，欧洲人作为基督教大传统的成员，一直对印度教爱恨交加，误会颇深。本章将重点介绍印度教文明，特别关注宗教和社会之间的关系，并解释古印度文化对现代印度的影响。

古代中国文明和印度教文明都是由城邦统治者领导，创造了大致相似的大传统宗教意识形态和精英地位标志。大传统反映上层阶级为保护自身利益，极力维护政治和经济的层级结构；相比之下，小传统（Little Tradition）③ 则关注家庭成员和普通民众的需求。大传统和小传统分别代表人类学家区分的城邦（city-state）④ 和村落定居模式

---

① 农民：自给自足、需要纳税、在政治上和经济上（某种程度）依赖中央和地方政府的乡村居民。
② 大传统：在有国家组织的社会中精英所代表的文化，通常有文字记载，不为不识字的乡村平民共享。
③ 小传统：在有国家组织的社会中不识字的平民，尤其是村民，所遵循的仪式信仰和习俗。
④ 城邦：建立在对当地无地工人集中剥削基础之上、政治上有组织的社会。

(village-states)① 两种不同文化层次的传统以及用于统一古代帝国的两种不同的精英策略（Maisels，1990）。和乌尔第三王朝一样；城邦统治者极力剥削居住在城市和郊区、依附于城市机构和精英阶层的无地平民。印加等实行村落定居模式的国家统治者从大量远离城市、自给自足的农民那里索取劳动成果。安第斯村民以及古代中国和印度的村民维持着更加平等的小传统文化，该传统根植于部落世界，将对家庭的关注摆在首位。

一、古代中国与天命

借鉴公元前5000年始于新石器时代中期的社会等级模式，从商朝晚期（前1250—前1046年）开始，精英主导的政治化进程造就了独特的古代中国文明（Liu & Chan，2012）。中国政体延续了大体相似的文化模式，历经几个世纪的兴衰，直到1949年中华人民共和国成立才发生了一些微小的变化。和安第斯文明一样，古代中国文明的延续依赖于村落定居生产模式下，自给自足的村民以税收、贡品和劳动等形式供养皇室和统治阶级。村民们认为，神圣的君王会维持世界秩序，确保村民的美好生活。中国的城市是上层社会及其家臣居住的政治和仪式中心，依靠从村庄榨取的劳动力和剩余产品维持生计。人们普遍认为古代中国就像一个以父系家族、祖先崇拜（ancestor worship）② 和亲属互惠为基础的巨大村庄。村庄生活主要围绕自给性农业、拜神和祖先祭祀以及完成亲属和社群职责等展开。村民举行仪式，在国家层面，为了国家利益则在皇城举行类似的仪式。统治者由上天安排，只要他们能促进村庄的福祉，保障社会长治久安，就能顺应天意，掌握权力。

读音指南

本章所用到的中文字词的近似发音如下*：

基调：

a＝father 里的 a
j＝jacket 里的 j
ay＝day 里的 ay
ou＝ouch 里的 ou
oo＝food 里的 oo
e＝bed 里的 e
i＝bit 里的 i
ng＝sing 里的 ng

---

① 村落定居模式：以城市行政和礼仪中心为基础的政治集权社会，得到分散于广大地区自给自足的乡村农民的支持。

② 祖先崇拜：一种基于对特定祖先的崇敬，涉及神龛、仪式和祭祀的宗教体系。

ts，tz＝没有准确的英语对等发音 bed 里的 e
ee＝beet 里的 ee

• ＝音节划分　/＝重音在前一个音节

 Zhoukoudian［tzoo•koo•dian/］
 K'ung-Fu-tze［koong•foo•tzoo］
 Meng-tzu［meng•tzoo］
 Hzun tzu［tzen•tzoo］
 Kwei［goo•way］
 Xinjiang［shin•jiang］
 Hsiao［shou］
 T'ien-ming［tian•ming/］
 Huang-ti［wang•dee/］
 An-yang［an•iang］

本章中大部分印度教词汇来自梵语，在英语中的近似读音如下：

发音要领

 a＝father 里的 a
 o＝go 里的 o
 e＝a 里的 fate
 ee＝bee 里的 ee
 j＝joke 里的 j
 ch＝charm 里的 ch
 sh＝she 里的 sh
 oo＝food 里的 oo
 ai＝ice 里的 i
 d＝比英语中的 d 要轻一些
 t＝比英语中的 t 要轻一些

• ＝音节划分

 /＝重音在前一个音节
 Kshatriya［sha/tree•ya］
 Jajmani［jaj•ma/nee］
 Vaisya［vai/shya］
 Harijan［ha•ree/jan］
 Sudra［shoo/dra］
 Siva［shee/va］
 jati［ja/tee］
 kacha［ka/cha］
 varna［var/na］
 parka［pa/ka］

darsan [dar·shan/]

Arthasastra [ar·ta·sha/stra]

* 转写备注：中华人民共和国官方使用拼音系统，用罗马字母拼写汉字。但是多年来，学者们使用多种拼写方式，本章参考的是较早出版的资料，拼写形式可能与官方形式不同。中国的不同地区的发音也存在差异。本文仅为讲英语者提供容易使用的基本发音，未标注音调，但是音调对汉语非常重要，部分单词未标注重音。

（一）中华文明的本质

中国是一个拥有 960 万平方千米的广阔的次大陆区域，面积和美国接近，南接热带，北邻北寒带。中国东部以黄河和长江之间的中间地带为界，分为北温带和南亚热带，北面是黄河，南面为长江（图 9.1）。这两条河流下游肥沃的冲积土壤地带，尤其是海拔低于 200 米的华北平原，是伟大中华农业文明的发祥地。处于温带的黄河流域是小米和小麦生产中心，而温暖湿润的长江亚热带地区是主要的水稻产区，总体上，这些都是主粮。

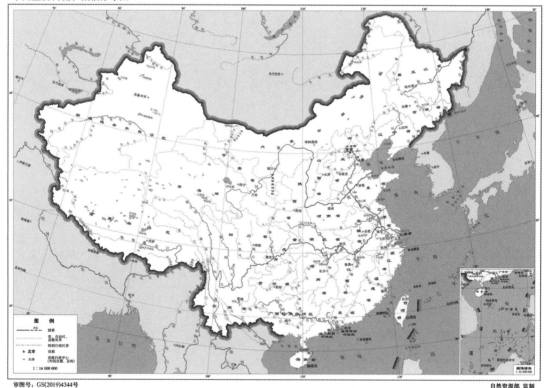

图 9.1 中国主要河流和地区分布图[①]

[①] 参见 http://bzdt.ch.mnr.gov.cn/browse.html?picId=%224o28b0625501ad13015501ad2bfc0432%22。

人类学家马文·哈里斯（Harris，1988）将古代中国描述成一个类似于印加帝国的农业国家。农民需要大规模地服劳役，在资源短缺的时候，他们会得到国家的紧急援助。农民受制于向他们收税和收租的地方政府，与欧洲封建制度（feudalism）① 下的农奴不同，欧洲的农奴向地主缴纳租金和服兵役，以换取世袭的土地使用权。古代中国的农民在一定程度上可以自由搬迁并拥有向社会上层流动的机会，但是他们受到地方政府和中央政府的双重剥削。

商朝末期（前1766—前1045年），祖先崇拜被制度化。商朝建都安阳，是最早有大量史料记载的中国政体，对中华文明未来的发展产生了重要影响（Chang，1980；Keightly，1990；Campbell，2009）。随着祖先崇拜的兴起，君主成为最重要的宗教人物，王国实际上成为一个神权国家（theocracy）②。所有世系的族长都祭拜自己的祖先，整个国家被整合成一个政教合一的大家族，几乎没有产生效忠矛盾的空间。祖先崇拜涉及大量的丧葬物品和活人殉葬的情况，强调社会等级和亲属结构的永久性。只要每个人尽到自己在亲属等级和仪式等级中的义务，那么世俗和神圣之间并无区别，制度也不存在模棱两可之处，万物皆能各行其道。中华文明对古代统治者的神化和乌尔第三王朝、印加帝国以及夏威夷王国的统治者地位非常相似。

商朝血腥的活人祭祀规模和发生在安第斯及美索不达米亚文明的案例同样残忍和令人震惊，同样令人费解和不安（Campbell，2014，2018；Reinhart，2015），所有这些均背离了人类化进程以及我们对道德行为的坚定承诺。从事商朝研究的专家罗德里克·坎贝尔（Campbell，2009）认为，作为皇家祖先崇拜的一部分，商朝官员在祭祀仪式上一次屠杀数百名受害者，在长达200年的时间里，估计有10000人被杀。皇家狩猎、战争和祭祀是商朝君主纪念祖先最引人注目的活动，为皇家提供俘虏、牛和海龟，分别用于祭祀和制作占卜用的牛肩胛骨及龟甲，这一切均由熟练的工匠完成，他们还制造随葬青铜器皿和武器。

古代中国活人祭祀习俗深深植根于新石器时代的祭祀习俗，直至商朝才得到进一步推广（Reinhart，2015）。青铜时代的中国还没有形成一种更人性化的宗教教义模式，也没有像一些理论家所预测的那样，出现一位道德高尚的至高神（Whitehouse，2004，2019）。儒家支持祖先崇拜、忠诚于皇帝和保持社会等级制度完好无损，但儒家摒弃了商朝活人祭祀习俗。有人认为，活人祭祀支持政治权威，从而促进社会分层，因此有利于社会（Watts等，2016）。史蒂芬·平克（Pinker，2011）的著名论断称，文明可以减少暴力。然而真正的问题在于，减少的是什么样的暴力，不平等和贫困会产生"结构性暴力"，这种暴力尽管不是仪式性的杀戮，也会置人于死地。

祖先崇拜是一种"战略习俗"，为后来阐释"孝"（filial pity）③ 的概念奠定了基础。相比之下，在美索不达米亚，尽管神庙和王室的关系并不总能和谐相处，氏族和世系制也未制度化，但是仍然设立了独特的祭司制度。人们尽管可以谈论和分析古代中国的社会阶层，但是从主位视角看，古代中国的社会制度以亲属关系为基础，其核心价值观是

---

① 封建制度：乡村农民通过效忠、租赁或服务等方式换取地主土地耕种权的社会制度。
② 神权政治：基于宗教权威建立的国家政权，国家领导人是最高政治和宗教领袖。
③ 孝：子女有祭拜祖先的仪式性义务，尤其指儿子有照顾父系祖先祠堂的义务。

家庭和谐，这显然将因资源分配严重不平等而产生冲突的可能性降至最小。

和印加时期的秘鲁一样，古代中国的财富和权力直接来源于对劳动力的控制。秦朝时期（大约公元前215年），一支庞大的劳工队伍应征沿着中国北部边境修建了2250千米的长城。值得注意的是，中国主要河谷为东西向，河谷两侧的生态区大致相似，因此降低了贸易的重要性，商人阶层的发展因此失去动力（Keightly，1990）。610年，众多大型水利工程之一的大运河将南部的长江和北部的黄河连接贯通，极大地促进了贸易发展。

和美索不达米亚的城市一样，古代中国的城市建有寺庙、宫殿和城墙，但是两者之间存在重要区别。古代中国的城市设计象征帝王在宇宙的中心位置，城市是一个巨大的方形区域，与四个基本方向对齐，皇宫位于中央，与处于地球中轴的北极星遥相呼应，与印加帝国类似，认为世界围绕皇帝运行（Wheatley，1971；Wright，1977）。与美索不达米亚城邦不同的是，古代中国的很多城市在经济上并不自给自足，而是依靠内陆地区维持基本生活，这些城市最初并非经济中心，而是旨在推广政治及意识形态。

古代中国的帝制是早期商朝制度的扩张，直到1911年末代皇帝被废除之前，该制度除了少许细节发生变化之外，基本维持原状（Dull，1990）。帝国的政治结构随着内战和征服的循环往复、中央政府和地方诸侯力量的此消彼长以及地方家族地位的更迭而变化，政府官员的聘任制度发生了重大变化。周朝统治者推翻商朝之后，正式推出"天命"这一概念，将王朝统治合法化。周王称自己为"天子"，强调其统治是奉上天之命。由于一个王朝只有当君主行为不当而撤回天命时才会结束，于是出现了"末代昏君"等概念。

（二）高级萨满教：中国王朝的出现

最早的古代中国政体由中华共同传统或中华文化圈演进而来（Chang，1986），其关键要素是与仪式权力相关的精英权威、区域共享的意识形态体系，以及由高生产力的农业系统支持的人口增长（Liu & Chen，2012）。我们必须谨慎，不要将我们所了解的国家模型投射于帝国世界，并假设所有的国家都是相似的，同样，我们也不能认为国家一旦建立，就会成为永久的实体，与此相反，它们会经历一个不断建构、维持和解构的过程。坎贝尔（Campbell，2009）将他所称的"网络和边界"方法运用于商代的中国，作为城邦/领土（村庄）国家模式的替代方案。古代中国的疆域在不断变化，政治格局复杂，并且君主权力的体现方式大不相同。地方社区和家庭复制皇家中心的等级结构，显然每个人都参与祭祀、战争和消费，只是规模有所不同。

虽然我们可以在地图上用线条表示国家、王国和帝国的位置，或者在地上建造栅栏标示边界，但是它们都属于心理建构，是想象的共同体（Anderson，1983），而非离散有界的物质，在任何关于国家、王国和帝国的讨论中，认识到这一点非常重要。一些构想和基于社会组织的权力类型，如意识形态权力、经济权力、政治权力和军事权力等，这些是真实存在的权力网络，政治统治者的目标是将这些权力资源控制在自己手中。坎贝尔并不关心被称作早期政治集权的政体，而是想了解它们的运作方式，重点关注特定的精英阶层如何利用他们掌握的社会权力资源。和"精英主导的增长"概念一样，强调精英权力并未忽视"抵抗"的制衡作用及其构成方式，即使精英们试图使自己的领导合法化，也必须考虑到可能遭到的抵抗。

和安第斯及美索不达米亚的基本文化传统类似，中华传统包含的一些元素是中国文化的显著特征，先于中国最早的城市文明。在政治化进程中，城镇成为行政和仪式中心，诸侯成为建立王朝的帝王，发明了简单的书写或信息存储系统，手工艺品和专门的财富物品生产得到大力发展。

有些历史学家认为，古代中国早期的国家直接从部落演变而来，表明这一过程存在某种自然性与必然性。然而，部落并非尚待发展的微型国家，崇尚权力的领导人必须首先说服人们承认自己为统治者并接受世袭的社会等级和不平等的资源分配，才能将部落社会转变为小型酋邦。考古记录显示，与美索不达米亚和安第斯一样，在大约2000年里，这种政治化进程只是在非常特殊的情况下在中国少数地方发生过（Chang，1986）。

由精英主导的部落向酋邦转变，酋邦再扩张成为王国，深刻地改变了相邻部落世界的状况。新的统治者将他们控制下的部落社会转变为族群（ethnic groups）①，固化族群之间的边界，给它们强加上正式的身份标志和文化符号，使其更容易受到控制。这一帝国进程将原先独立的部落民族转变为保留独特语言或文化特征的农民。在其领土的外围，帝国统治者有时建立由不同民族部落组成的属地，允许这些部落保留比农民更多的自治权并管理自己属地的事务，但他们仍然需要纳税或进贡。

尽管古代中国城市文明的出现比苏美尔城邦晚了大约1500年，但是古代中国的城市化显然未受到外部世界的影响（Wheatley，1971）。美索不达米亚并未殖民扩张至中国，未在那里建立城市中心，也没有明显的证据显示中国曾受到美索不达米亚的经济、宗教和政治的影响并间接推动了中国文化的发展。只有当一种文化的特征能够在另一种文化中得到发展，引入外来文化才有可能发生，而不是将一种文化特征直接植入另一文化。

古代中国显然是由政治精英建立的，他们控制宗教系统，利用宗教增加自己的政治权力并不断强化自身的财富和权力，将城镇变为城市，将复杂的城邦扩张成王国（Chang，1983，1986），这表明，政治上人们相信超自然的无形世界可能比他们赖以谋生的技术更为重要。显然，精英可以利用意识形态上层建筑主导文化的成长和发展。

与神灵对话是部落文化的特征。古代中国王朝早期的官方宇宙学融合了由世界树、动物灵媒和转换等相互联系的分层宇宙概念。然而，与亚马孙或澳大利亚萨满教不同，中国的宗教文化与特定的祖先、智慧之源神灵和支撑社会阶层的神灵之间有专门的交流渠道。与祖先之间的交流由全职仪式专家以甲骨占卜（scapulimancy）②的方式进行（Chang，1980）。甲骨占卜的基本技术包含对一块扁平骨头如肩胛骨或龟板进行加热，然后解读甲骨上产生的裂纹。在中国商朝，应君王的要求，甲骨占卜由专家来完成，用于指导朝廷处理公务。

古代中国早期的君王获得王权可能并不仅仅因为他们掌控灌溉系统、贸易或生产手段，也不仅仅因为某些社会阶层获得对战略生计资源的控制权。在国家形成之前，古代中国的农业没有显著变化，青铜冶炼是一项重要的技术创新，但是这项技术被用于制造祭祀用具、武器和战车，为精英政治权力提供宗教和军事支持，早期的中国君王通过巧妙操控意识形态和物质系统来巩固自己的统治。

---

① 族群：从前自治，后来成为国家或者帝国的一部分，具有独特文化背景的群体。
② 甲骨占卜：通过加热动物的肩胛骨或龟甲并解读上面的裂纹进行占卜的方法。

(三)孔子学说与礼治政府

孔子学说是西方的说法,中国称之为儒家,即"文人之家",指以孔子(孔夫子,前551—前479)的人文主义教义为基础的学术传统和道德秩序。儒家思想本身并非宗教,但是由于儒家倡导孝道和主张延续作为中华文明核心的礼制和政治传统,而成为一种国家崇拜。儒家学说认为,社会秩序基于仪式所体现的美德,从家庭层面的祖先崇拜开始,然后上升至对皇帝的崇拜。孔子寻求实施良政、公民身份和家庭生活等切合实际的理想,以维护稳定的社会制度。由于儒家文化由文化精英进行传播,他们直接参与官方仪式和官僚机构的运行,因此儒家思想构成中国的大传统,即精英文化或高雅文化。儒家思想在近代中国仍然非常重要。

根据儒家大传统,宫殿、寺庙、仪式、文学和艺术品等代表皇权,这些东西共同激发平民百姓的敬畏之心和从属感。儒家文化和道教、佛教文化及其制度化元素受到西方历史学家和比较宗教学、艺术学及文学领域学者的广泛关注。然而,占人口98%的平民只是大传统的被动参与者,他们仍然保持着自己的小传统或流行文化。

清朝末期,大约有700人属于最高等级的皇族(见图9.2)。正式的行政官僚约有4万人。在这个群体之下有4个社会阶层:① 学者/士绅;② 商人;③ 工匠;④ 农民。大约750万士大夫是特权精英绅士的一部分,他们控制着地方事务,享有许多特权(Stover & Stover,1976)。

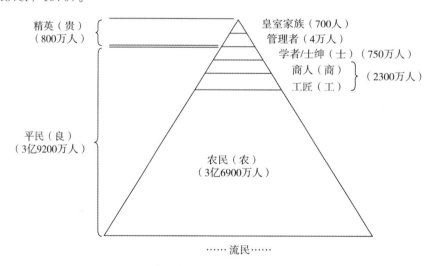

图9.2 1900年清朝的社会结构

城市人口(3080万人)占总人口的7.7%,农村人口(36920万人)占92.3%。

精英阶层与众不同,他们穿着特殊的服饰,严格遵循儒家思想、语言形式和仪式。到1900年,精英及其家属大约800万人,不到总人口的2%(Michael,1964;Wolf,1969)。精英群体又被细分为三类:① 在官僚机构中担任正式职务的上层绅士;② 没有资格担任高级职务的文人;③ 从独立的经济或政治权力中获得精英地位的非文人群体(Eastman,1988)。

19世纪中叶,中国的人口可能已经增长至4亿,拥有少量土地的农民占人口的绝大多数,最底层是土匪和妓女等。

正式的儒家礼仪概念用于规范社会行为，让每个社会阶层的人各得其所（见方框 9.1）。儒家思想创造了一种道德民族主义，将国家凝聚在一起，无须依赖政治或军事力量，因此古代中国被称为礼治政府（liturgical government）[①]（Stover & Stover，1976）。和印加皇帝一样，中国皇帝处于世界的仪式中心，在那里举行奢华的国礼，制定正式的仪式历法。皇族过着悠闲、奢华的生活，将精英的文化理想合法化。西方认为，皇帝是政治上软弱的傀儡，依靠地方贡赋、盐税、对外贸易，以及垄断连接中国南北的大运河养尊处优——这种观点可能只有在特定的历史时期才是正确的，皇帝主要的政治角色是为文人授予学位和任命官员，维护天下太平。

方框 9.1

天下大同

儒家经典之一《礼记》著于公元前 1 世纪，由汉朝儒家学者编纂而成。《礼记》对着装、饮食、礼仪，以及不同级别、职位和亲属类别之间的互动制定了详细的规则。毋庸置疑，印加帝国有着类似的文化准则，只不过印加规则只是口口相传，并未付梓成书。从《礼记》一书可以洞察中国大传统文化的精髓。比如，《礼记》对正月举行的国礼做了详细的规定，包括星辰的排列、黄道吉日的名称、动物、音乐、数字、食物的味道、皇帝祭祀的庙宇、皇家马车的挂铃和马匹、龙袍的颜色、皇冠上的玉饰等。《礼记》中还规定，正月皇帝用代表农作物生根发芽的器皿食用羊肉和小麦（Legge，1967）。

《礼记》对个人、家庭、官员和皇帝对于天下大同的贡献做了详细的描述：

> 四体既正，肤革充盈，人之肥也。父子笃，兄弟睦，夫妇和，家之肥也。大臣法，小臣廉，官职相序，君臣相正，国之肥也。天子以德为车、以乐为御，诸侯以礼相与，大夫以法相序，士以信相考，百姓以睦相守，天下之肥也。是谓大顺。(Legge，1967)

当所有人都各尽其责，则生者得养，死者得安，祖宗之灵得宽慰矣！

地方贵族和精英在农村几乎享有完全的政治和经济自主权。省级精英对中央的物质支持很少，但是需要遵循中央发布的仪式日历，举行磕头或跪拜仪式，以示承认朝廷的优越地位。官员收到皇帝的圣旨时，需要三拜九叩。孟子说："物之不齐，物之情也。"用孔子的话说，即"生死有命，富贵在天"（Stover & Stover，1976）。

[①] 礼教政府：国家级别的社会中，运用仪式所规定的人际关系、宗教和道德权威作为主要的社会控制手段。

二、中国农村的日常生活

(一) 4000年农夫

美国农业部土壤科学家和农学教授富兰克林·金（Franklin F. King）在20世纪初考察了中国和日本的农业，了解"4000年农夫"如何能够养活如此密集的人口，并在多年持续耕种之后仍然能够保持土壤肥力。他将中国农业的成功归因于有利的气候和土壤、作物的优选、劳动密集型复种、中耕和梯田，以及高效利用水资源和有机肥。据他估算，大约有321800千米的灌溉水渠支撑水稻种植，并通过堆肥、运河淤泥再利用、施肥和广泛使用粪便维持土壤肥力。有时将土壤和底土运到村庄与堆肥混合，然后再返回田间。金教授对中国人节约利用资源的印象极其深刻，认为中国人在地里巧妙轮作豆类作物，有效提高了土壤肥力。

> 几乎每一寸土地都可用于生产粮食、燃料和织物，一切可食用的东西都可作为人或家畜的食物，任何不能吃或不能穿的东西都可以用作燃料。人和动物的排泄物、燃料残渣和磨损的织物都可以重新返回地里。在这样做之前，富有远见和智慧的中国农民将这些废物放置于室内，以免受到天气的影响而造成浪费，经过1个月、3个月甚至半年的耐心等待，废物便会转化成有效的土壤或作物肥料（King, 1911: 13）。

辛亥革命前，5亿中国人依靠平均不足2公顷的小农庄生活，耕地面积只占国土面积的8%，中国农业发展策略是大量投入劳动力，保证每一亩土地达到最高产量。古代中国农业系统依靠资本保全、劳动力吸纳和集约化人工种植，其中真正起作用的是人，事实上，人们在尽可能小的空间里以最低的能源成本生活（Stover & Stover, 1976）。

为了保证水稻高产，他们首先在育秧田里培育秧苗，然后将秧苗手工移栽至准备好的围田里。水稻种植是一项高强度、高技能的工作，需要细心调节河水灌溉流量来维持田里微妙的生态系统和保证水稻高产所需的营养物质、真菌和细菌。尽管移栽水稻收成最好，但是拔秧苗、移栽和收割需要投入大量的劳动力，因此除非人多地少，否则不切实际。由于劳动力充足，土地较少，早期村民认为机械化等资本密集型技术创新并不具有优势。因此，1313年出版的《中国传统农业手册》中描述的77种农具，由于非常实用，直到20世纪中叶几乎全部都在使用（Perkins, 1969）。村级劳动密集型农业系统比美国工厂化农业产量高（方框9.2）。

方框9.2

中国农业产量：1940年云南禄村

劳动密集型中国农业生产力非常强，1940年，中国学者对中国西南地区的云南省611人的禄村进行了调查（Fei & Chang, 1945）。他们发现，在肥沃的土地上每投入152小时的劳动力进行多种作物耕作，一块标准为250平方米大小的土地每年可以产出372千克大米和豆类，相当于1146600千卡的食物（表9.1）。与1975年需要投入大量化肥、杀虫剂和化石燃料的美国个人种植业相比，中国每英亩土地的产量是美国的6倍之多。中国的农业生产系统平均每投入1千卡的人力劳动，可以产出50千卡的食物，但在美国，由于使用化石能源种植水稻，水稻产量一直处于亏本状态。

表 9.1　1940 年中国云南禄村劳动密集型农业生产力（千卡/弓/年）

类别	石	千克/年	千卡/千克	总千卡数
去壳大米	3.8	192	3600	691200
蚕豆	2.6	130	3380	439400
青豆	1.0	50	320	16000
总千卡数/年				1146600

禄村产量比

投入：20.3 天×7.5 小时×150 千卡热量＝22837 千卡

投入-产出比：50.2∶1，每投入 1 千卡产出 50 千卡

对比美国能源密集型大米生产力	千克/英亩	千卡/英亩
美国 1975 年去壳大米	828	298080
禄村 1940 年多种农作物	5952	18345600

引自：Fei & Chang, 1945。

注：不包括用作动物饲料等的"废物"副产品如豆角、稻壳和稻草的热量值。

1 石＝50.1 千克，1 弓＝250 平方米土地，40 弓＝1 公顷；1 弓地的劳动＝每人每天劳动 7.5 小时；1 小时的劳动＝消耗 150 千卡热量。

由于有限利用役畜或动物蛋白，古代中国的生计系统具有高能效和可持续性（Stover & Stover, 1976）。中国人的饮食通常为素食，所摄入的热量只有 2%～3% 来自肉类（Eastman, 1988）。家养的鸡、鸭和猪等动物可以用稻壳和豆茎喂养，以供食用。如果需要用肥沃的农田种植动物草料，大型役畜的饲养成本会很高。在一些地区，鱼塘也是重要的食物来源。

古代中国集约型农业系统在中华文明的黄河腹地实际上已经持续长达约 5000 年之久。大约 5000 年前，在温暖潮湿的全新世气候最佳时期，农民扩散至肥沃但易受侵蚀的黄土高原，成为推进政治化进程的一股力量。厄尔尼诺现象周期性地造成严重干旱，致使黄土高原的土壤更容易受到侵蚀，迫使农民进入集约化循环耕种，导致土壤侵蚀进一步加剧。黄土高原受侵蚀而产生的淤泥顺流而下，在黄河下游洪泛平原和华北平原的三角洲形成肥沃的土壤，但同时导致灾难性的洪灾，致使河道反复发生改变。人类活动，不仅是农业本身，还包括数千年来国家主导的大规模灌溉、运输和防洪治河工程。

(二)古代中国的乡村制度

古代中国农民的日常生活以高度自给自足的村庄为中心,村庄一般有 400～500 人,与澳大利亚"部落"或亚马孙森林最大的村庄人数大致相同。然而,与结构大致相同、邻村之间平行互动的部落社会不同,中国乡村是连接帝国中心的等级机构中最低的一级。等级制度是将社会、经济、礼仪、政治融合在一起并将大传统下的知识精英与小传统中的农民联系在一起的系统,被称为城乡连续体(folk-urban continuum)① (Redfield, 1941)。大传统是城市非常显著的文化要素,但是从城市到乡村,其影响力越来越小,在乡村小传统的影响力最大。

美国人类学家威廉·斯金纳等发现,辛亥革命前的中国,每个地区中心都是一个标准集镇,周围平均有 18 个村庄,村民们可以在有限的范围内用农产品换取自己无法生产的商品和提供的服务(Skinner, 1964; Hammel, 2009)。粮食通常自给自足,但他们需要购买灯油、蜡烛、香、针、肥皂和火柴等物品,偶尔也会需要铁匠、制作棺材的木匠、医生、书写员和仪式专家等。

根据农历,一个月分为三旬,市场按照固定的时间在邻近的集镇开市,同一集镇每 5 天开市一次,这样,流动小商贩或专业人员可以每天去不同的市场,从而大大增加了潜在的客户。虽然没有欧洲和北美工业化国家昂贵而又耗费燃料的运输技术,集市仍然可以有效满足庞大而密集的农村人口的需求。

使用标准化集镇的村民构成中国小传统或乡村社会的基本单位,大约 7000 人形成一个相对离散的社交网络,定期在赶集日互动,并通过亲属和姻亲关系联系在一起。他们认为自己属于同一个社群,有相同的服饰、礼仪和方言,甚至还有自己的度量衡。集镇是村民交租和交税的地方,有宗教祠庙和茶馆,秘密社团和互助会的成员在这里聚会。集镇具有多种特殊功能,通常是某一个大家族或氏族的权力基地,其家族成员可能居住在集镇周围的村庄里。

(三)乡村宇宙观与小传统

平民信奉的民间宗教自由融合了正规儒教、道教和佛教的元素。兼职道士并不住在寺庙里,他们作为仪式专家,应邀为婚礼、葬礼和治疗仪式提供服务。精英和平民共同享有的最显著的文化元素包括强调父系血统和祖先崇拜的基本家庭制度以及基本的宇宙学传统。最低级的神是掌管家庭的灶神或厨神,象征家庭和睦。灶神代表官僚机构,可以直接向超自然官僚中象征皇帝的神陈情(Wolf, 1974)。

互补对立是澳大利亚和亚马孙神话中一个突出元素,也是古代中国通俗文化的一个基本特征。互补在中国哲学中用阴阳概念表示,如图 9.3 所示,阴代表女性、被动、黑暗、阴冷,与地球、冬天、山谷、老虎和蓝色相关。阳代表男性、光和热,与天堂、夏天、山、龙和橙色相关。在朝代出现的早期,大传统文化将阴阳概念化,并结合其他哲学特征如金、木、水、火、土五行概念,这 5 种元素连接成一个运动变化的转换周期,

---

① 城乡连续体:人类学家罗伯特·雷德菲尔德提出的概念,指乡村平民的小传统文化与城市精英的大传统文化在政治规模文化中的列第次区别。

强调平衡、和谐、变化和连续性。根据五行哲学，"水生木，克火；火生土，克金；金生水，克木；木生火，克土；土生金，克水"（Chai & Chai, 1967）。

五行的各元素与颜色、方向、音符及中国历史的各个时期相关联，形成复杂玄妙的宇宙学。颜色象征在中国通俗文化中非常重要，白色被认为是哀悼之色，与西天相关，蓝绿色代表东方，红色象征吉祥和南方，黑色代表北方，黄色与皇帝相关（Rawski, 1987）。

这种大众信仰体系有时被称为关联宇宙观，为精英和平民所信仰，让日常生活和宇宙的力量同步，确保生活繁荣兴旺。城市、寺庙、墓葬和房屋的布局，仪式活动的时间

图 9.3 阴一阳

安排，以及择偶和客人的座次排列，无一不反映人们对于同轴度的重视。为了选择吉利的宅基地和墓地，风水师利用线条和图形的空间关系占卜，同时考虑宇宙的力量，仔细研究房屋和墓地选址的地形细节。关联宇宙观还对医学、饮食和占星术等产生影响。

（四）家庭生活与女性角色

鉴于古代中国社会是父系继嗣制，理想的古代中国核心家庭会生育多个儿子，儿子们带着妻子和父母同住，或者至少住在父亲所在的村子里，这样可以增加世系的力量，并确保世系得以延续，富裕家庭还可以通过收养子女来增加家庭成员。莫里斯·弗里德曼（Freedman, 1979）按照规模将中国家庭分为两大类，理想的家庭是大家庭，有 2 个或更多的已婚儿子，通常为复合家庭；小家庭是没有已婚儿子的核心家庭，或者是只有一个已婚儿子的主干家庭。复合家庭相对富裕，可以形成大的宗族，而小家庭通常是世系中正在衰落的贫困成员。古代中国家庭无论大小，其男性成员均拥有共同财产，这些财产通常会平均分配。

西方观察家普遍认为古代中国社会的妇女地位低下，儿子比女儿更受青睐，女性无权拥有世袭财产。重男轻女意味着在封建时期的古代中国女婴比男婴更容易死于疏忽或被杀害。此外，童养媳由婆婆支配，在多代同堂的大家庭中长辈拥有更大的控制权，有时会收养女孩给自家的儿子做童养媳（Wolf, 1968）。婚姻往往是包办婚姻，即使实行一夫一妻制，男人依然可以纳妾。离婚非常困难，寡妇再婚通常不为社会所接纳。结婚之后，女人几乎完全融入丈夫的家庭。婚姻对女性来说非常重要，如果未婚去世，可能会为她们的灵魂举行与努尔冥婚类似的阴婚。

缠足导致女性脚变小，足部发育不良，一些人几乎因此瘫痪。缠足习俗体现男人的富裕程度，意味着其妻子不必承担繁重的家务（图 9.4）。但是缠足显然并不局限于精英家庭，人们认为缠足让女性更有魅力，并且缠足的妇女难以单独外出，合乎理想中的妻德（Ebrey, 1990）。

图 9.4　19 世纪中国清朝的缠足妇女和孩子

对于女性从属地位的描述并不准确。中国女性在出嫁时需要携带数量可观的家庭用品和个人财富作为嫁妆（Freedman，1979）。女人可以管理丈夫在家庭财产中的份额，并且拥有自己的私房钱。作为妻子，女性对家庭仪式负有重要责任，去世之后，她的牌位放置在丈夫家族的祠堂里。

三、南亚印度教大传统

南亚印度教文化区涵盖一系列的语言和文化，以印度次大陆为中心，面积不到美国的 2/3。该区域主要信奉印度教和伊斯兰教，包含重要的佛教元素，与其他多种部落文化共存。南亚最大的文化群体由 10 亿以上印度教教徒组成，集中分布在印度、尼泊尔、孟加拉国和斯里兰卡，主要讲印欧语系中印度语族的语言。在鼎盛时期，印度教大传统一直扩张至东南亚，远至现在印度尼西亚的爪哇和巴厘岛。

（一）早期的印度教文明

印度河流域最早的南亚文明（前 3300—前 1900 年）哈拉帕与后来的吠陀文明（前 1500—前 500 年）之间没有明显的联系。《吠陀经》源于吠陀文明，作为神圣的教义，《吠陀经》是印度宗教和印度大传统文明的基础。原始印度教吠陀文明起源于早期印欧语系的雅利安牧民，可能早在公元前 1800 年，他们已从中亚来到印度东北部（方框 9.3）。

这些民族属于武士酋邦，最终定居在旁遮普以及印度河和恒河之间，据《吠陀经》记载，这个地区是婆罗门国的圣地。之后，雅利安人不断向东扩展，到达肥沃的恒河平原，公元前600年，他们很快占领了整个地区，逐步定居下来并产生等级分化。在接下来的400年里，古印度文明完全形成，直到今天，城市、文字、国家、帝国以及印度教和佛教大传统仍然对印度文化产生重要影响。

> **方框9.3**
>
> ## DNA分析与南亚文化及生物起源
>
> 基因分析（Lazaridis等，2016；Narasimhan等，2018；Reich，2018）显示，当代南亚人（本章指印度人）的基因是两个不同祖先群体的基因组合——北方祖先群体和南方祖先群体。北方祖先群体起源于欧亚，人口拥有混合型基因，来自古代伊朗的农民和来自中亚的牧民的基因各占50%，他们的语言属于印欧语系，大约在5000年前汇聚在印度北部的印度河流域。伊朗农民带着他们的庄稼和动物，大约在9000年前最先扩散至印度，与讲德拉威语的觅食民族——南方祖先群体混居。
>
> 研究者发现，所有的印度人都是混合型基因，拥有20%~80%的欧亚血统，由北向南呈梯度分布在印度各地。拥有北方祖先群体血统的现代印度人中更多人讲印欧语系的语言，而那些拥有南方祖先群体血统的人很可能讲德拉威语。统计学显示，较多的高种姓群体，尤其是婆罗门，属于北方祖先群体。印度血统还受到性别的影响，对男性基因中的Y染色体的DNA分析显示，许多印度男性和东欧男性在5000年前拥有共同的男性祖先，但是反映女性血统的线粒体DNA分析表明，女性几乎均属于南方祖先群体的后裔，这是早期以男性为主的移民的证据，也是性别关系中男性比女性拥有更大的社会权力和存在极端偏见的文化历史模式的证据，同样也反映了印度教对女性仪式洁净的要求。进一步的DNA分析显示，北方祖先群体和南方祖先群体基因混合可能发生在3000~4000年前。这些基因证据都支持《吠陀经》中关于雅利安人在哈拉帕垮掉之时入侵印度的说法。帝国时代的王朝对基因产生巨大影响，成吉思汗死于1227年，他的男性近亲后裔拥有独特的基因特征，这种基因在前蒙古帝国的男性血统中非常具有代表性（Zerjal等，2003）。
>
> DNA分析还显示，种姓内婚制在印度具有悠久的历史，而不是像德克斯（Dirks，2001）所称的那样，是印度殖民政策的产物。尽管目前南印度人口非常庞大，但其同样巨大的遗传多样性反映了几千年前该地区所遭遇的人口瓶颈。当时，种姓制度被《吠陀经》的婆罗门作者制度化。了解种姓内婚制的深层次起源及其在印度文化中的持续性对于治疗遗传性疾病非常重要。

早期的印度教文明的兴起主要是一个政治过程，大约发生在公元前600—前200年，与之前所探讨的美索不达米亚、安第斯或古代中国的国家起源模式有所不同。印度教文明是在雅利安人侵者征服恒河流域早期的部落居民并将他们纳入大规模中央集权政体之后发展起来的，之后，这些政体的统治者之间开始相互发动战争。由于恒河下切侵蚀严重，难以用于灌溉，恒河流域早期的国家均不具备水利技术，这些国家的统治者并不控制农业灌溉工程。此外，由于人口密度的显著增加发生在政治集权之后，因此人口压力和环境限制不可能是国家形成的重要原因。

（二）考底利耶时期的印度教王国：公元前250年主位政治模式

早期印度教国家的理想组织在考底利耶所著的《政事论》（Arthashastra）中有详细的描述（Shamasastry，1960）。《政事论》是一本关于古代印度治国安邦策略的著作，一般认为该书由孔雀王朝的宰相考底利耶在公元前250年所著，但是该书很可能是在公元纪年最初的几百年里由几位作者共同完成的。这是一本为有抱负的国王撰写的政治学专著，行文直截了当，愤世嫉俗，独具洞察力。作为公共行政管理者的指南，《政事论》类似于儒家经典，但不同的是，儒家倡导职业道德和礼仪，而《政事论》提倡使用军队、警察、法院和秘密特工等专制权力。《政事论》描绘的是在印度教王国文明早期几百年中假想的印度教王国的理想化结构和功能。从主位视角看，《政事论》由精英政治专业人士所著，不是某个特定王国的准确写照，理想的规则可能并未得到遵守。然而，该书描述的总的体制为与部落组织和其他国家体制进行比较提供了一个有用的模型。

《政事论》从官僚机构内部视角，对国王利用个人地位操控国家权力为自己谋求利益提出看法。书中充满了关于宫廷阴谋的实用建议，包括政治暗杀的操作示例和测试政府官员忠诚度的方法。该书中，宗教只是另一种治国工具，比如建议国王利用宗教仪式和朝圣增加收入，甚至有人提出故意制造一些预兆，比如神灵附身于树并在树上说话，以激起人们的恐惧，从而增加对宗教的捐赠。

印度教王国的政治统治者以及部落首领都可能利用欺骗和背叛等手段谋取个人利益，他们的区别仅仅在于部落文化限制了政治权力，部落首领没有可供支配的常备军、警察部队和秘密特工，无法掌控千家万户的基本生活用品供给，并且部落人民害怕并回避滥用权力的人，拒绝受到控制。而生活在王国世界里的村民是统治者的棋子，统治者尽力将征税额度控制在一定范围内，防止心怀不满的村民加入敌对王国。

公元前500年，印度北部大约有18个大王国，集中分布在恒河平原（Erdosy，1988）。根据《政事论》记载，一个理想组织的王国分为4个区，每个区包含800个村庄，以设防坚固的城市为中心，城市下面按等级依次分为2个小城市、4个镇和80个地方中心。这种等级制度便于管理和资金流动，2个小城市的政府官员分别负责400个村庄，4个区的官员各掌管200个村庄，大约80个地方中心的官员分别负责各中心管辖的10个村庄的人口普查、税收和警务工作（图9.5）。该制度与考古发现非常吻合，表明一个王国可能拥有约160万人口，其中近10%的人口居住在2000人及以上的城市中。

和拥有5000万～5亿人口的庞大的古代中国或后来的印度教—穆斯林莫卧儿帝国相比，一个拥有160万人口的王国更容易直接行使政治管辖权。对比古代中国和早期的印度，虽然两个国家都属于前工业时代的农业文明，但是两者之间存在显著的文化差异。正如所见，古代中国主要依靠伦理规范、礼仪、道德权威和父系继嗣来维持社会秩序。

第 9 章 亚洲大传统：意识形态基础

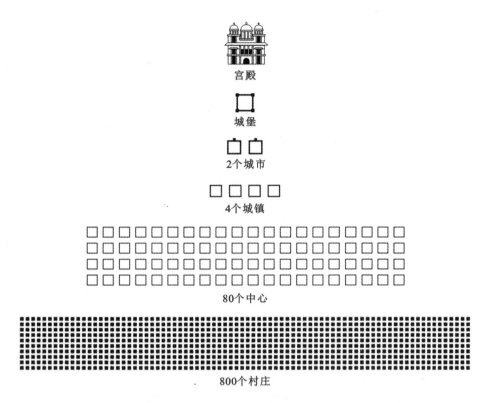

图 9.5 公元前 250 年理想化的印度王国区级居住等级体系

与此相反，印度教王国则利用宗教的道德权威来支撑内婚制种姓（caste）① 制度，并在很大程度上依赖强制性政治权威。父系继嗣、宗族和孝道等规则在古代中国占据主导地位，印度教王国虽然主要依靠种姓制度，但复杂的世系和宗族在印度许多乡村地区同样重要。两个国家均依靠军事力量维持其文化系统中的道德秩序。印度教国王们建立一代又一代的帝国，其中阿克巴大帝（1542—1605 年）建立的莫卧儿帝国最为强盛，拥有 1.1 亿人口。阿克巴的帝国如此之大，军事扩张成为头等大事，耗费了帝国的大部分社会产品。

理想化的印度教王国大致的社会结构显示，数量极少的精英阶层享有绝对的权力。领取最高行政级别俸禄的精英可能不到 150 人，政府雇员、官僚、专业人员和用现金纳税的商人不到 5 万人，农场主大约 27.5 万人。绝大多数人（约 85%）生活在乡村，他们为另外 15% 的人生产生活必需品。虽然国家供养的手工艺专家的确为村民生产消费品，但是大部分产品直接上交国家。

由国家控制的财富集中在首都和地区要塞，皇家地下国库藏有黄金、珠宝、钱币和珍贵的纺织品，有专门的仓库存放谷物和以实物税的形式征收的产品或在王室土地上生产的产品。农民平均缴纳的粮食税为 16%，在紧急情况下提高到 25%～33%。另外还有乡村税、寺庙税、门市税、销售税、所得税、通行费、罚金和各种消费税，部分村民用服劳役或服兵役代替粮食税。

---

① 种姓：由等级和职业定义的内婚制群体，以仪式的洁净与不洁为基础，在印度又称作贾提（jati）。

229

示范性首都城市划分为12个主要区域,居民按照类别居住在特定的区域和特定类型的房屋中,并从事特定的经济活动(图9.6)。吠陀社会分为4个等级——婆罗门、刹帝利、吠舍和首陀罗,分别由4个种姓代表,种姓又称为瓦尔纳(梵语,意为颜色或等级),4个种姓的人被分配到城市的特定区域,从事与他们等级相对应的经济活动。

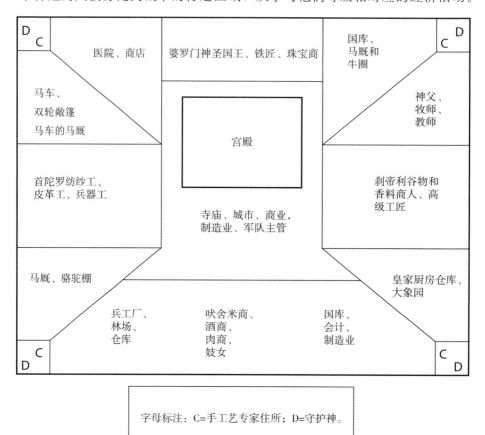

图9.6 公元前250年印度教王国首都的多元化功能

瓦尔纳分类与古代中国儒家社会的等级制度类似,是后来高度发达的印度教种姓制度的基础。在印度教文明的早期,瓦尔纳已经与内婚制、洁净(purity)[①]和职业联系在一起。例如,首陀罗是排名最低的瓦尔纳,被分配到城市的西区,从事皮革加工,这是一项极度污染灵魂的工作。皇宫占据城市1/9的区域,位于市中心的正北方,面朝婆罗门、珠宝商和神圣国王居住的区域。商人、高级手工艺专家与政府部长及刹帝利一起居住在东区。

(三)印度教王国的法律制度

印度教王国的法治体系用于维护国家权威和瓦尔纳社会制度,赋予上层社会宗教优先权和经济优势地位。此外,法院判处的罚款是国家收入的来源,并强制执行税收制度。

---

① 洁净:高级别的仪式地位,与"不洁"相对立。

印度王国的法律以传统法或习惯法、佛法或神圣的宗教法律为基础,类似于古代中国的礼制。"达摩"和"礼"均涉及义务、道德和行为举止规范;不同之处在于,"礼"强调对皇帝、祖先和家庭的责任,而"达摩"对不同级别的瓦尔纳以及处在人生不同阶段的个人提出不同的道德要求,并且国王是掌管法律的政治统治者。

印度教王国所有法律的最终解释权归国王所有,国王由其部长和达摩神职人员辅佐。据《政事论》的作者称,国王的传统法凌驾于佛法之上,可以运用国家权力和体罚来维护今生和来世(Shamasastry,1960)。

法律显然旨在维护瓦尔纳制度,为每个等级的相对价值提供量化标准。比如,一个人如果让婆罗门违反食物禁忌会被罚款,首陀罗男性与婆罗门女性通奸会被活活烧死,婆罗门通常不用纳税和缴纳罚款,并且免受惩罚。无法用帕纳(银币单位)支付罚款的人,根据其等级,可以用割除等量的睫毛或身体部位代替罚款。一根拇指值 54 帕纳,右手值 400 帕纳,两只眼睛值 800 帕纳。身体攻击按照暴力严重程度量刑,同时考虑犯罪所使用的工具、被攻击的身体部位和社会等级。向低等人的脚上扔泥巴是轻罪(罚 0.5 帕纳),而向上等人的脸上扔粪便是非常严重的罪行(罚 96 帕纳),最严重的案件往往涉及极端的社会等级差异。虽然用手或腿攻击只是一种温和的犯罪,但是依据《政事论》,"首陀罗用肢体攻击婆罗门,该肢体将被砍掉"(Shamasastry,1960)。拿走任何价值超过 8 帕纳的政府财产、散布谣言、放走囚犯,或者未经授权使用政府文件都可能被判处死刑。

(四)种姓和正统印度教:婆罗门的佛法观

印度文明以其种姓制度而广为人知,强调等级以及仪式和宗教的洁净与不洁,时至今日,种姓制度仍然是印度生活中的重要现实。种姓是生来具有的属性,每个种姓在理想情况下是一个内婚制群体。种姓一般被定义为一个社会群体,"由按照出身划分的群体组成,具有等级差异和文化独特性。等级涉及评价、回报和社会联系等方面的差异性"(Berreman,1979)。作为一种意识形态的分类系统(Dumont,1970),种姓以下列 3 个方面为基础:① 按照等级排列的社会群体;② 群体间详细的分离规则;③ 劳动分工。

印度王国最初有 4 种吠陀瓦尔纳,分别是婆罗门、刹帝利、吠舍和首陀罗,它们被认为是最普遍的种姓。但是种姓又被分割成许多局部的亚种姓,形成精细排列的区域系统。亚种姓的成员声称自己是一位共同创始人的后裔,并确定一个原始的群体专长,比如放牧、耕作、锻造或编织等,这些专长可能不会完全得到实践。

我们熟知的"传统"印度种姓是几个世纪以来帝国建立及文化知识选择性传播和创造的产物,印度社会建立在长达几个世纪不断演化发展的道德体系之上(图 9.7)。最初,印度知识分子中的少数精英在梵文经典中记载了道德体系的主要构成,在之后的数百年中,历代政治和经济统治者以及普通民众对这一文化系统进行不断重塑。在此过程中,由于精英占据主导地位且最具影响力,有权界定这一体系的边界,这种做法属于文化霸权(cultural hegemony)①。在近代,1757—1947 年,英国殖民统治者对印度社会产

---

① 文化霸权:精英在形成和发展社会道德秩序以及相关的文化信仰、符号或习俗等方面,具有支配地位或权威影响。

生了主要影响。在统治印度庞大而多样化的社会的同时，他们运用法律、地图和人口普查等方式，以军事和经济实力为后盾，将种姓制度变成印度社会占主导地位的社会事实。在此过程中，英国殖民者废除了印度教统治者，并对种姓制度进行了改革（Cohn, 1996；Dirks, 1989, 2001）。前文中关于考底利耶王国的讨论显示，在英国人统治之前，作为政治领袖的国王是社会的领导者，而非婆罗门祭司。

(a)劳动者　　　　　　(b)商人　　　　　　(c)苦行僧

图 9.7　19 世纪印度普通劳动者类别

种姓制度得到印度教意识形态的支持，现代印度教融合了起源于吠陀时期的多种信仰和习俗，由婆罗门祭司依据神圣《吠陀经》中的仪式规程，按照"大传统"非常正式地执行和实施。印度教的中心特征是信奉轮回，指人类灵魂经历生死轮回的无尽循环。再生或灵魂转世与因果报应的概念密切相关，指一个人在前世的所作所为决定其来世的生活境遇，这解释了一个人在种姓制度中的地位，并提出在更高种姓中获得重生的可能性。因果报应还强调遵循适当的仪式行为的重要性，仪式是寻求转世救赎的唯一途径。位于恒河中游的瓦拉纳西（贝拿勒斯）城（图 9.8）不仅是所有印度教徒的中心圣城和朝圣地，而且在这里去世的人可以摆脱生死轮回。对婆罗门来说，要想接近至高无上的大梵天，必须接受《吠陀经》中对仪式洁净的规定。一旦有《吠陀经》中禁止的行为，会导致仪式污染或不洁（impurity）①，需要举行仪式化洁净。

---

① 不洁：由于接触或者涉及污染性生理事件或物品所导致的低仪式地位。

图 9.8　19 世纪末恒河中游的印度教圣城瓦拉纳西（旧称贝拿勒斯）

种姓制度和仪式洁净的相关概念对印度的婚姻和家庭生活具有重大影响。种姓内婚制要求人们在种姓内部通婚，有助于界定种姓界限，但亚种姓通常被进一步细分为外婚制世系分支和氏族。不同亚种姓之间通婚通常以高攀婚姻（hypergamy）①为特征，即低种姓的女性嫁给同等级或高种姓的男性，这一做法可能会严重限制女性只能在高级亚种姓中择偶，而男性的低配婚姻（hypogamy）②并非难事。

婚姻是印度教最重要的仪式之一，涉及新娘家庭的巨额支出以及对仪式洁净和地位的极度关注。通常情况下，婚姻由新娘和新郎双方的家庭安排。贞洁是仪式的要求，尤其是对最高种姓而言，贞洁与娃娃婚、禁止离婚和寡妇再婚以及自焚殉夫等习俗相关。在印度教中，"贞洁的女人"投身于丈夫的火葬柴堆，化身为女神。许多这样的习俗只有最严格的婆罗门亚种姓遵循，他们对仪式洁净的要求最为严格。必须强调的是，婚姻并不总是符合人们预期的模式，但是如果违反人们的预期，可能会丧失仪式地位。

种姓制度的三个基本方面——等级、分离和劳动分工，可以简单概括为一条规则，即洁净与不洁的对立（Dumont，1970）。洁净的种姓更为高级，而低种姓因其从事的职业低下而被认为不洁。对印度教教徒而言，不洁意味着地位的丧失，与"污染"有机产品和生理事件（如出生、青春期、月经和死亡）相关。在部落社会中，这样的事件会在

---

① 高攀婚姻：与地位更高的人结婚。例如，印度教女性可能会嫁给更高亚种姓的男性。
② 低配婚姻：与地位较低的人结婚。

一段时间里给个人带来超自然危险，但印度教意识形态将特定的社会群体与不洁的生理事件或有机产品永久地联系在一起。印度教与酋邦制度的逻辑相反，在酋邦中，酋长被赋予神圣的曼纳，对于低等人来说，酋长是不可触碰的禁忌。但是在印度，低等级的人对高等级的人构成威胁。

身体接触是传播不洁最为极端的方式。低种姓成员首陀罗由于处理动物尸体和人类粪便，被认为不洁，他们吃牛肉，欧洲人视他们为不可触碰者（贱民），和这些人以任何形式产生接触后，都需要举行仪式化洁净，比如洒水。在印度，不可触碰者（贱民）被称为哈里亚（Harijans），又称为"外来种姓"。由于他们不能参加仪式，因此被排除在众多公共活动之外。虽然印度和巴基斯坦宪法分别于1949年和1953年正式宣布废除贱民制度，但这一制度的影响仍然非常深远。

种姓的神话宪章出自普鲁沙神话，该神话是《摩奴法典》（*Dharma Shastras of Manu*）关于创世的论述（Buhler，1886；Burnell，Coke & Hopkins，1884，见方框9.4）。根据该神话，创造之神大梵天"为了世界的繁荣"，用自己的嘴巴、胳膊、大腿和脚分别创造了婆罗门、刹帝利、吠舍和首陀罗4个瓦尔纳（Buhler，1886），并为每一个瓦尔纳分配不同的职责。作为创造之主的大梵天是达摩（神圣法律）的永久化身，他们是牧师、教师、献祭者和礼品收取者。由于他们"出身优越和显赫"，有权得到"宇宙中存在的一切"（Buhler，1886）。刹帝利是人民的守护者，承担统治者和武士等政治角色；吠舍负责放牧、耕作和贸易；首陀罗则"毫无怨言地"为前面3个等级的瓦尔纳提供服务，只有前面3个等级的种姓才可以举行一系列的成人礼，让自己获得"重生"，经过重生的人才能请求婆罗门祭司主持祭祀活动。

方框9.4

普鲁沙神话：瓦尔纳和种姓的神话章程

为保存完整的创造，无上光荣的神，对于从口、臂、腿、足创造出的人类规定了不同的职司。

神命婆罗门学习和传授吠陀，执行祭祀，主持他人的献祭，并授以收受之权；

他将保护人民、行布施、祭祀、诵读圣典、屏绝欲乐规定为刹帝利的义务；

照料家畜、布施、祭祀、学习经典、经商、放贷、耕田，是给予吠舍的职司；

但是无上尊主对首陀罗只规定了一种义务，即服役于上述种姓而不忽视其功绩。

——《摩奴法典》（Buhler，1886）

现代印度有数以千计的种姓，对种姓进行分组和排序的方式有很多，通常情况下，特别是在人口普查中，按照瓦尔纳等级进行分组，但是种姓群、种姓和亚种姓可能有所区分。

(五)印度的饮食文化和种姓制度

种姓成员的等级一般由职业专长和内婚制决定,但是饮食规则也非常重要。某些种姓群体奉行严格的素食主义,回避猪和家禽,不饮酒,不吃猪肉或牛肉。村级种姓成员按照共生等级划分,种姓成员之间根据等级制度互相给予或接受特定的食物或水,或者一起抽烟(Mayer,1970)。如果将食品交易视为等级游戏,则规则是不应将食物赠予上级或从下级接受食物(Marriot,1968)。

印度食物是印度知识分子作品中的中心元素。根据人类学家拉温德拉·卡瑞(Khare,1976)的分析,印度教制度中,食物所反映的宇宙观与安第斯宇宙观非常相似。这两种宇宙观中,能量和物质存在清晰的流动和层级结构。印度教宇宙观区分物质存在和灵魂存在,认为存在一个三级宇宙:基础层为自然,分为有机和无机两个部分;中间层为人类,分为个人和社会群体;最上层属于超自然,分为人类祖先和神灵。该宇宙模型类似于人类学的分析框架,即将人类社会的结构划分为 3 个层次——物质基础设施、社会结构和意识形态上层建筑。

食物以 4 个相互联系、依次更加包容的循环系统在印度教宇宙中流动,4 个循环系统如下:① 穿过人的身体;② 个人和群体之间的仪式交流;③ 神、人和自然之间象征性的灵魂纽带;④ 从原生物质演变为圣神秩序。在这些循环中,食物的物理存在和文化存在以不同的方式得到分解、再生和退化,从无机到有机、洁净到不洁,再从不洁变为洁净。作为一种自然类别,"食物"既能以食物的形式存在,也能以垃圾或粪便的形式存在。在超自然秩序中,食物用于祭神,之后每个人都能够分享神食(prasad),还有一些食物则和社会地位及等级相关。

食物是生的还是熟的,如何烹饪,用什么器皿烹饪,以及由什么人来烹饪,这一切对于等级的要求非常重要。谷物、面粉和糖等原料食品,在所有种姓成员之间可以相互赠送,当然,猎人和清洁工等最底层的种姓除外,他们可以接受其他人赠送的食物,但是只能在同一种姓之间互相赠送食物。熟食通常有 2 种,水煮饭咔嚓(kacha),或者油炸食物帕卡(pakka)。咔嚓有严格的洁净规则,给予和接受食物的人存在细微的等级区分。例如,人类学家麦克金·马里奥特(1968)根据垃圾处理方式以及咔嚓和帕卡食物不同的交换形式,将北印度一个村庄里的 24 个种姓成员分为 12 个等级。

在正统婆罗门教的印度人家庭,烹饪区和取餐区严格分开,生食和熟食分区存放(Khare,1976a)。储藏区在靠近祷告区的房屋内或者房屋的洁净端,必须远离不洁的废物处理区。烹饪区就像寺庙中最神圣的地方,属于专属空间,只有厨师才能进入,取餐区略微开放一些。依据洁净等级和开放等级,取餐区和用餐区的内部再分为 3 个不同等级的小区域。用餐结束后,烹饪区和取餐区便不再洁净,剩菜和烹饪器具必须在单独的清洗处清洗。最低种姓的成员负责处理最后的厨余,较高种姓的成员负责清洗餐具。每天两餐饭后,低种姓工人对食物区进行两次仪式化洁净,必须清除地板、壁炉、烹饪器皿和家具上所有可见的污垢斑点,墙壁用牛粪抛光,让这些区域恢复到最初的高级状态。重要的是,高种姓的人需要低种姓的人为他们服务来恢复他们的高级仪式地位。厨师必须是婆罗门或者家中级别最高的人,并处于仪式洁净状态,事前需要在水中彻底沐浴清洁,并且穿着新近用手洗过的衣服。

（六）村级种姓的不平等

20世纪50年代，人类学家阿德里安·迈耶（Mayer，1970）通过研究印度中部拉姆赫里村的种姓关系，揭示了种姓制度对印度村民日常生活的影响。拉姆赫里是一个大村庄，共有912位村民，分别属于27个不同的种姓。经过一致认可，这些种姓被分为5个群体，11个等级，最上层为婆罗门，底层是5个贱民种姓。等级相同的种姓群体集中居住在村里某个特定的区域。种姓之间通过贾曼吉尼制度（jajmani）运作，这是一种种姓之间固定的、相互依存的劳动分工模式。比如，某些种姓会担任理发师、木匠、铁匠、运输工、皮鞋匠和清洁工等，为整个社区提供服务。例如，担任清洁工的种姓负责清洗厕所，处理死去的动物，这是一项极其污秽的工种，但是却能惠及所有的人，作为回报，这类种姓成员会定期获得食物。另一些种姓成员如农民和裁缝等在镇上售卖自己的产品，其他村民用现金购买这些货物。

所有种姓成员都可以从村里的水井中取水，但是贱民只能使用自己的水井，甚至必须在溪流偏僻之处洗衣和洗澡，他们不能进入村里的寺庙，在社群聚会时，也只能躲在隐蔽之处。

拉姆赫里村的案例说明种姓制度对社会分层产生显著影响。与低种姓的人相比，高种姓的人拥有更多的财产。然而，贫富差距并不极端，人们把这种差异部分归因于对职业能力的期望值不同。高种姓享有的经济优势在一定程度上被种姓之间互惠互利的劳动分工抵消，人们似乎愿意将这些传统的职业当作宗教义务去接受。印度教中的因果报应和轮回转世印证了这一观点，暗示一个人的因果报应（行为或行动）可以反映前世并塑造来生，下一世的生活可能会更加美好。

印度种姓制度是一种被制度化的极度不平等的社会等级形式，显然，种姓制度是雅利安人入侵印度之后在建立国家的过程中形成的（Berreman，1979）。众所周知，许多种姓在历史上都是独立的部落群体，印度教王国通过不断扩张，吸纳了这些部落。在此过程中，部落社会中的亲属等级被国家体系内的种姓等级取代。新的等级制度让前部落群体既依赖国家又彼此分裂，有助于维护政治精英的特权地位。

从当代征婚广告中可以看出，种姓制度仍然非常重要（Shaadi，2015）。很明显，高种姓的人往往享有"决定性的支配权"（Srinivas，1959），他们接受最好的教育，拥有最多的土地和最好的工作（Parry，1979）。实际上，种姓代表拥有不同经济机会的社会阶层，因此许多西方观察家关注种姓的经济层面，将种姓制度视为社会分层和剥削的典型方式。然而，法国人类学家路易斯·杜蒙（Dumont，1970）认为，物质层面是种姓制度一个非常重要的维度，但是他指出，如果仅仅强调物质层面，就会陷入种族中心主义，掩盖种姓的主位观，即种姓是一套理性的知识体系。杜蒙认为将种姓视作一种"心理状态"进行考察更具意义，他并不认为心理事实导致了种姓制度产生，更确切地说，心理事实让种姓制度更易于理解。

英国人类学家赫顿曾在印度殖民地担任行政官员，在其经典研究（Hutton，1963）中指出，种姓关系到个人的职业、生活方式和人身安全。单个种姓群体在维持自我生产体系的同时，又像企业集团一样运作，为自己提供许多本应该由国家提供的服务。赫顿进一步指出，种姓制度能够将不同的社会群体凝聚成一个"多元社会"，有助于印度国家稳定。赫顿同时批评种姓制度的不平等，特别是妇女所遭受的不公平对待，但作为一名功能主义者，他谨慎地得出结论：对于具有改革意识的政府管理者来说，种姓制度对于印度教文化太重要了，没法公开批评。

无论唯理智论者还是唯功利主义者如何描述，无论种姓成员自己如何理解，种姓制度都是一种不平等的制度，在物质上以牺牲其他群体的利益为代价，让精英群体获利。种姓制度得以延续，在根本上依靠的是政治权力。正如贝里曼（Berreman, 1979）所言，"以人种、民族、种姓或阶级的名义将贫穷和压迫合理化并持续容忍，并非因为人们认同其合法性，而是受到既得利益者的强迫。"

（七）印度教美学：印度神像与艺术的宗教力量

尽管存在各种不平等，种姓制度仍然受到印度宗教的认可和支持。然而，除了相信灵魂转世，印度教还为那些希望摆脱由种姓造成的物质不平等的人提供重要的情感补偿。信奉一神论的基督徒和穆斯林很难理解印度教，从基督教的角度看，印度教建立在对"偶像"崇拜的基础之上，并且在宗教艺术中突显情色主题，模糊了西方对神圣和世俗的界限，让印度教显得非常凡俗。进一步考察发现，印度教包含一个美学体系，从文化上对艺术、崇拜以及凡俗和神圣之间的关系提出独特设想。印度教将宗教艺术作为强大的工具，帮助各个社会阶层的人体验与终极和永恒现实接触的感觉，以超越凡人之忧。基督教和伊斯兰教通过不同的方式实现相同的目标。

从印度教的两个关键概念，"味"（rasa）和"见"（darsan）可以看出西方和印度在宗教和艺术观念上的差别。人类学家理查德·安德森（Anderson, 1990）指出，早期的印度哲学家认为，艺术是印度教的一个非常重要的组成元素，被称为"第五吠陀"，等同于神圣经文，不同的是，艺术对所有人开放，不针对特定的种姓。印度教的艺术首先是指戏剧、诗歌、音乐和舞蹈，所有这些都强调时间维度，其次是指相对静态的绘画、雕塑和建筑。印度教学者认为，艺术是提升道德和愉悦感的无意识的载体，两种艺术形式相辅相成。

"味"指艺术体验所带来的情感愉悦。印度教艺术被认为是令人愉快的，可以帮助人们实现印度教中关于美好生活的重要目标，如正义、灵性、繁荣和愉悦（Anderson, 1990）。将愉悦与宗教联系在一起冒犯了一些基督徒，虽然他们也欣然承认"行善"让人感觉愉悦。印度教中善的概念将正义和灵性这一"神圣"目标与物质繁荣和感官享受的"凡俗"目标融为一体。因此，对印度教教徒来说，情色宗教艺术并不违和。性在宗教中的运用在坦陀罗教中体现得更加明显，作为印度教和佛教的一个教派，坦陀罗教将食物和仪式化的性作为宗教冥想的一种形式。

"味"指的是艺术可以激发的转瞬即逝的巅峰体验，与印度教中起重要作用的宗教冥想不同。从更世俗的意义看，"味"指食物的味道、香料或调味品。学术上，将"味"定义为8种普遍的人类情感——快乐、骄傲、欢笑、悲伤、愤怒、厌恶、恐惧和惊奇——这些情感可以当作"味"来体验，一些印度权威人士将"宁静"增加为"味"的第九种情感。宗教艺术利用文化的特定符号来操纵人们的情绪，让他们感到愉悦。正如安德森所解释的那样，宗教艺术可以将我们的心灵从困扰我们日常生活的烦恼和焦虑中解放出来。"味"提供了一种方法，让我们可以超越周围的感官世界，进入一种超凡的愉悦、实际的改善以及终极快乐的状态（Anderson，1990）。

印度教假定存在一个终极的神圣世界，并鼓励文化上运用多种方式去表达和接近这一世界。与之相反，基督教是一种非常排他性的宗教，只承认圣父、圣子、圣灵和圣母玛利亚等少数几个神像。

梵语词汇 darsan 的宗教意义指"见"。对印度教徒来说，观看神像本身就是一种崇拜或致敬的形式（Eck，1985），具体表现为朝拜印度教圣地和圣人，以及对宗教艺术、雕塑、寺庙和神殿的关注。在宗教层面，"见"是一个双向过程，印度教神灵化身为具体的形象，观察者需要接受并供奉它们。印度多神教有各种各样的宗教图像或符号，可以是具象化的神像，比如象征性的绘画或雕塑等（见方框9.5和图9.9），神像中的动物和人的形体通常表现为多臂、多头或多眼，象征神的不同方面。印度教的神也可以是抽象无形的，比如彩石和火焰。对于印度教徒来说，宗教神像绝非空洞的偶像，它们是神性的不同表现形式。神像是神圣的，人们重点关注其神性。印度教徒用谦恭的手势为神像供奉鲜花、食物、水或其他特殊礼物，吟诵圣歌和赞美诗以表达对神的虔诚。

方框 9.5

湿婆神的化身

湿婆神，作为最灵的主神，是印度教最具代表性的神灵之一，反映了印度教多神论及其化身的复杂性。湿婆神融合了多种普遍存在的互补对立性和模糊性，是创造之神，也是毁灭之神，是苦行者和仁慈者，也是复仇者。他以多种形象出现，有3只眼、4只手臂。湿婆神可以是男性，也可以是女性，通常的形象是火环中的舞者（图9.9）。宗教学者黛安娜·艾克（Diana Eck）对湿婆神的舞蹈形象做过简明扼要的描述：

图 9.9 舞王湿婆神像

湿婆神舞蹈的火焰之环是创造与毁灭之环，被称为轮回（尘世的生死轮回）或玛雅（虚幻的世界）。在变化的世界里，正在舞蹈的湿婆神手持创世之鼓和毁灭之火，将恶魔踩于足下，以示神力。同时，他对信众抬起一只手掌，象征无所畏惧，另一只手指向自己踩在地上的脚，意指信徒的避难之所，以示慈悲。湿婆神的舞蹈狂野豪放，苦行僧似的卷发左右飞扬，但他的面容平静，四体协调。他的一只手臂

> 绕着蛇神那伽，以此融合蛇神的力量。他的头发间住着从天而降的美人鱼——恒河。湿婆神的舞蹈形象利用简单、细微、浅显易懂的手势和象征，引人入胜，将湿婆神的本质表现得一目了然（Eck，1985）。

和亚马孙河流域的部落宗教一样，印度教的超自然习俗建立在隐喻、联想和具有复杂多重意义的符号基础之上。在对印度教湿婆神、他的妻子帕尔瓦蒂和孩子甘尼什和穆鲁坎的描述中，性、生育和情色是最为突出的主题（Good，2000）。在印度教象征手法中，湿婆神的化身是一个圆顶男性生殖器林伽（linga，linkam）形状的石柱，石柱的底座是女性生殖器约尼（yoni），代表女神沙克蒂（权力或女性权力）或帕尔瓦蒂。林伽和约尼组合象征男性和女性的结合是人类存在的基础，没有女性的能量，神是不完整的。这一观点与澳大利亚土著和亚马孙部落的对立互补概念类似。

(八) 印度教圣牛之争

牛被视为印度教的神灵，也是仪式洁净情结的一个重要特征。牛的 5 种产品——鲜奶、酸奶、黄油、尿液和粪便是重要的洁净剂，而食用牛肉和使用牛皮制品则会造成污染。根据《吠陀经》，牛不应受到侵扰或伤害。年老或者被遗弃的牛则会被安置在类似于寺庙的地方予以照料，这些做法反映印度教对待人类和动物的非暴力、不杀生的教义。牛崇拜是印度教文化的一个显著标志，随着食牛肉的穆斯林和英国人的到来，牛的神圣地位得到进一步提高。印度人是否主要出于宗教原因而饲养"过多"的牛，他们的"圣牛情结"一直是人类学家、经济学家和地理学家们争论的焦点，人类学家马文·哈里斯（Harris，1965，1966）指出，这些看似浪费和不合情理的做法有其实际的经济原因。

对于哈里斯来说，印度人和牛是共生互利的关系。牛依靠粮食生产系统的副产品为生，反过来，牛又帮助维持粮食生产。他指出，生态压力促使人们饲养看似无用的牛和形成不杀生的思想。哈里斯坚持认为，在印度，牛最重要的贡献是作为役畜，牛的粪便可以用作燃料和肥料，支撑以谷物为基础的基本生活保障系统。公牛用于拉犁和拉车，帮助生产和运输谷物，人们所需的 80% 卡路里来自谷物。对于大多数农民家庭来说，购买和使用拖拉机的成本很高，根本行不通，因此饲养牛是绝对必要的。由于每年受到周期性的季风和降雨的影响，总有一段时间耕作活动密集，牵引动物非常短缺。并且多达一半的牛粪被用作家庭烹饪的燃料，其余的则用作肥料。像印度这样人口稠密的国家，其能源需求量巨大，如果用商业生产的化石燃料替代牛粪，成本非常昂贵。哈里斯因此得出结论，如果没有重大技术和环境创新，人口也没有大幅度减少，很显然印度无法容忍大型的牛肉生产企业，表明就吃牛肉禁忌有助于抑制牛肉产业的发展而言，这是生态调整的一部分，最大限度地提高而不是减少生产过程中卡路里和蛋白质产出（Harris，1966：56）。

牛奶和牛肉为印度人摄入动物蛋白做出了重要贡献。同样重要的是，在印度，穆斯林、基督徒和有购买能力的贱民种姓成员食用牛肉。牛是贱民生产的皮革的重要来源。即使有的牛喂食不足，效率低下，但仍是贫苦农民的好帮手。印度牛在旱季营养不良，但随着季风季节放牧条件的改善，它们会在最需要作为役畜时快速回膘。和东非牛一样，它们比大型动物更能耐受干旱,而且长膘更快。自由放养的牛由公共资源供养,毫无疑问,在某些情况下牺牲了富裕农民或者地主的利益,因此,可能对财富再分配产生影响,这些地方往往存在严重的经济不平等。

本章小结

中国文明始于4000多年前的商朝,直到清朝最后一位皇帝于1911年被推翻之前,其显著特征并未发生巨大变化。中华文明为关于国家起源的讨论提供了重要视角,古代中国的政治精英对于宗教的控制似乎在国家体制的起源和长期延续中发挥了关键作用。中国皇帝虽然不是神,但他们受命于天意,政治秩序被描述为一个在军事力量支持下、以道德权威为基础的礼治政府,祖先崇拜和相关的孝道等概念是这一制度的关键要素,在家庭层面尤为重要。整个意识形态反映在基于互补对立、复杂而又相互关联的宇宙观中,比如阴阳概念以及五行所代表的颜色、音乐、方位和历法仪式等。

古代中国农业是小家庭农场由人力驱动的园艺农业系统,在高效的乡村体制下运作,以最低的能耗成本为庞大密集的乡村人口提供基本的生计保障。该劳动密集型系统与第12章介绍的美国工业化农业和化石燃料系统形成鲜明对比。

早期的印度教王国是在雅利安人入侵之后与次大陆原有的部落文化融合而成。根据《政事论》的描述,印度教王国是以复杂的政府官僚机构为中心建立起来的。该官僚机构以世俗政治权力为基础,以正式的法律体系为支撑,对违法者处以罚款和体罚,此外,还依赖宗教系统,将社会分为4个等级的种姓群或瓦尔纳。迄今为止,印度社会的主导结构仍然是种姓制度,每个人归属于一个阶层不同的内婚制职业群体,种姓制度导致严重的社会不平等,但是这种不平等被印度宗教信仰合理化并得到支持。印度教强调宗教义务、期望在更高层次实现灵魂转世,以及社会各阶层人民享有与神灵进行超自然接触的机会。印度宗教信仰还为牛举行保护性仪式,牛是穷人的重要燃料、食物和牵引力的重要来源,没有牛,穷人难以为生。

思考题

1. 定义或讨论下列古代中国意识形态概念:儒家、道家、五经、五行、孝道、礼、天命、八神、阴阳、灶神、祖先牌位和磕头。

2. 以古代中国为例,讨论生计集约化的各个方面:复种、中耕、永续农业、劳动密集型、资本密集型和人口密度。

3. 古代中国国家起源是否符合有关国家起源的各种理论?

4. 讨论祖先崇拜作为古代中国文化核心整合手段所起的作用。

5. 对比分析古代中国劳动密集型农业与美国工厂化农业。
6. 描述早期印度教王国的基本社会结构。早期的印度教王国如何利用直接的政治权力统治和扩张国家？
7. 比较和对比古代中国和印度教王国的国家组织异同。
8. 印度教的法律体系如何体现印度社会的不平等？
9. 描述印度种姓制度的基本结构特征，种姓制度与阶级和宗族有何差别？
10. 在什么情况下仪式洁净成为印度教文化的核心特征？
11. 区别瓦尔纳、贾提、婆罗门、刹帝利、吠舍和首陀罗。讨论种姓制度在经济上的关联，评价种姓制度是具有积极的社会功能还是具有剥削性。
12. 印度教圣牛情结在哪些方面具有积极的适应功能？圣牛情结的宗教解释的论据是什么？

关键术语

祖先崇拜（ancestor worship）
种姓（caste）
城邦（city-state）
文化霸权（cultural hegemony）
封建制度（feudalism）
孝（filial pity）
城乡连续体（folk-urban continuum）
大传统（Great Tradition）
高攀婚姻（hypergamy）
低配婚姻（hypogamy）
不洁（impurity）
小传统（Little Tradition）
礼治政府（liturgical government）
农民（peasantry）
洁净（purity）
甲骨占卜（scapulimancy）
神权政治（theocracy）
村落定居模式（village-states）

阅读文献

Campbell, R. 2018. *Violence, Kinship and the Early Chinese State: The Shang and Their World*. Cambridge, UK: Cambridge University Press.

Chang, K. C. 1986. *The Archaeology of Ancient China*. 4th ed. New Haven, CT: Yale University Press. An authoritative first overview of Chinese prehistory.

Liu, Li. and Chen, Xingcan. 2012. *The Archaeology of China: From the Late Paleolithic to the Early Bronze Age*. Cambridge: Cambridge University Press.

Ropp, P. S. 1990. *Heritage of China: Contemporary Perspectives on Chinese Civilization*. Berkeley: University of California Press. An interdisciplinary collection of articles on China including such topics as Confucianism, the origin of Chinese civilization, and the development of government, economy, and family.

Stover, L. N. and Takeko S. 1976. *China: An Anthropological Perspective*. Pacific Palisades, CA: Goodyear. A wide-ranging analysis of Chinese culture.

Wheatley, P. 1971. *The Pivot of the Four Quarters: A Preliminary Enquiry into the Origins and Character of the Ancient Chinese City*. Chicago: Aldine. Examines the physical organization of Chinese cities through time in relation to worldview and cosmology.

Allchin, B. and Allchin, F. R. 1982. *The Rise of Civilization in India and Pakistan*. Cambridge: Cambridge University Press. An archaeological overview of South Asian prehistory and the early development of Harappan and Hindu civilization.

Basham, A. L. 1954. *The Wonder That Was India: A Survey of the Culture of the Indian Sub-Continent before the Coming of the Muslims*. London: Sidgwick & Jackson. A widely respected basic textbook on South Asian history and culture.

Bear, L. 2015. *Navigating Austerity: Currents of Debt Along a South Asian River*. Stanford, CA: Stanford University Press. Describes how people use Hindu ritual to cope with the impacts of financial crisis in contemporary India.

Eck, D. L. 1985. *Darsan: Seeing the Divine Image in India*. Chambersburg, PA: Anima. An in-depth treatment of the visual aspects of Hindu religion.

Tyler, S. A. 1986. *India: An Anthropological Perspective*. Prospect Heights, IL: Waveland Press. An anthropological overview of many aspects of Indian culture with an emphasis on linguistic and cognitive categories.

第 10 章

规模的极限：国家崩溃

> ◇ 学习目标
>
> - 有政治组织的社会崩溃之后，它的人民和文化会发生怎样的变化？
> - 比较有政治组织的社会和部落社会可能发生崩溃的脆弱性。
> - 比较美索不达米亚文明、哈拉帕文明和安第斯文明的崩溃过程，并分析其原因。
> - 确立限制古代帝国规模及可持续性的主要规模阈值。
> - 确立限制大型文化系统规模及可持续性的系统过程，包括收益递减、机构职能和成本，以及帕金森定律。

第 7~9 章反复提及一个问题，即如何解释社会复杂性的增加最终导致社会分层、国家政治组织和大传统文明的出现。多年来，国家起源一直是人类学研究的中心问题，但是鲜有研究涉及同样重要的国家存续问题以及国家频繁崩溃的原因。本章探讨国家崩溃话题，迫使我们重新思考文化发展理论和国家的本质。历史证明，国家是不稳定的实体，容易因内部冲突和外部侵略而崩溃以及受到各种环境变化的影响。鉴于国家易于受到多种相互关联的潜在威胁，值得注意的是，这些威胁很早就出现过，我们却未能给出令人满意的解释，这说明国家的形成并不是一个完全可以预测的过程。同样，国家频繁发生

243

崩溃，这说明文化系统并非朝着一个方向呈线性发展。尽管人们坚信社会一直在进步，但是文化的发展并不是不可逆转和无法规避的。

今天思考当代全球体系的现在和未来之时，国家崩溃和文明终结自然成为我们非常关注的问题。过往社会的命运可以帮助我们厘清潜在的问题，避免这些问题在全球化和商业化的世界中被无限放大。任何情况下，我们都不能忽视精英的作用，在这些文化世界里，精英是最具影响力的决策者。

人类学的分析发现，古代国家和文明的崩溃并非主要或完全由人口过剩以及与之相关的环境危机所致，然而现代商业世界里，人口过剩和环境问题却常常被视为危机的根源（Yoffee，2010）。如果按照地理学家贾里德·戴蒙德（Diamond，2005）对"崩溃"的理解，将"崩溃"视为大量人口死亡以及大范围内社会和文化复杂性永久丧失，那么情况似乎如此。兴衰似乎是古代有政治组织的社会政体的固有特征。研究古代国家和文明的人类学家诺曼·约菲（Norman Yoffee）对此简要总结如下：

如果说政治稳定/不稳定存在风险"规则"，那就是政府越集中，官僚机构越大，国家的军队越多，政府就越不稳定，国家崩溃就会愈加激烈和彻底（Yoffee，2010：181-182）。

但是，大规模政体的内在问题仍然存在，并且影响不断扩大，化石燃料的使用对物理世界的影响日益严重，环境管理不善和对社会不平等处理不当这一双重问题已成为现在人类面临的最严峻的考验，目前的情况前所未有。

一、国家官僚机构与精英权力结构

在思考国家崩溃的原因时，首先有必要回顾国家和帝国是什么，它们的建构方式、发展模式以及各部分和整体运行机制如何。古代帝国的最高权力机构是国王、法院和法官，它们与寺庙、国库、文字系统、警察部队和军队等共同组成政府，集中在一座城市里。这些机构共同维护社会秩序，但在此过程中，人们被限制在"社会囚笼"中（Mann，1986）。完全发达的国家在有界的领土内运行，可能创建固定的社会和族群，但是在此之前，曾经的社会和族群是小型的、高度灵活和自给自足的社会，允许人们剥夺有可能成为暴君的领导人的权力，转而效忠于其他领导人。"社会囚笼"既有益处，也需要付出代价，人们可能更难控制日常生活状况，更容易受到国家权力崩溃的影响。

古代帝国均不是由全体人民直接或间接行使统治权的民主国家，2500人的规模是参与面对面互动、达成共识决策或直接参与民主的政治社会的上限。统治者为了增加个人所能指挥的人口，从而获得更大的社会权力，需要扩大社会规模和增加整个文化系统的复杂性，于是精英们创建新的组织形式、新的社会信仰和符号，在某些情况下还创造新的技术。这些新的文化特征相互关联，统治者按照一定的逻辑顺序进行增加。统治者可以通过将现有人口置于等级社会的官僚控制之下，从而扩大社会规模。当统治者掌握控制经济的制度结构时，他们以要求人们提供更多的劳动力为由促进人口增长。当税收和纳贡制取代亲属互惠制度时，为了减轻税收或纳贡的负担，人们开始扩大家庭规模，统治者可以推广更加集约化的粮食生产技术，例如利用大规模灌溉技术增加粮食总产量，让同样的土地能够养活更多的人口。

图 10.1 显示文化复杂性增加如何让权力追逐者将社会权力集中于个人手中。该尺度图显示 50 种文化特征在 15 个社会中存在与否，包括 3 个澳大利亚觅食者部落，3 个亚马孙村落，2 个非洲游牧部落，4 个太平洋岛国和 3 个古代帝国（美索不达米亚、印加和古代中国）。这 50 种文化特征是从成百上千的组织特征中筛选出来的，事实证明，它们经过世代累积，最强烈地反映了文化复杂性及其规模增长（Carneiro & Tobias，1963）。尺度图显示，如果某个社会有一个 10000 人以上的城市，那么这个社会很可能具有列表中排名靠后的 41 个特征，这些特征均与城市化相关，意味着大城市是文明的本质特征。

排名显示，8 个部落社会在文化复杂性、规模，以及最大个人统治权方面非常相似；4 个太平洋岛屿酋邦和夏威夷王国比部落社会更加复杂，领导人的个人统治权比任何一个部落社会要大几个数量级；美索不达米亚、印加帝国和古代中国皇帝的个人统治权更大。但是，除太平洋岛民之外，精英阶层的权力扩张至少需要 17 个额外的特征，包括官僚检查员、人口普查员、法律和城市等级制度等。

从太平洋岛屿酋邦到拥有数百万纳税臣民的帝国，社会规模发生了飞跃性扩张，并为此付出高昂的代价。城市、信息管理系统和社会控制成本增加，并且随着社会有形财富总量的扩大，防御需求与日俱增。组织层面面临的主要问题是应对潜在社交互动的大量增加，以及不平等导致的不满情绪。如第 7 章所述，夏威夷国王需要管理数百亿次潜在的人际互动。但是，1911 年，中国清朝皇帝领导的庞大社会，理论上可能有多达 12.5 亿亿次的社交互动，可能需要庞大复杂的官僚机构来管理，数百万人因此丧失个人自由。为管理规模庞大的社会，最高统治者建立以阶级为主要特征的官僚机构，官僚等级成为统治者分配利益的决定性因素。

韦伯（Weber，1968）称官僚体制是一种制度化的统治形式，在该制度下，拥有"绝对权威"的统治者将自己的意志强加于他人。官僚统治由最高统治者以及不同等级的官员构成，在古代，官僚统治通常建立在利益交换和裙带关系基础之上，但理想情况下，官僚机构如同机器一样运转，不考虑人的感受和情感。对最高统治者来说，官僚机构具有很多好处，但给人民带来诸多问题。官僚体制下始终存在一位最高统治者，但低级别官僚可能继而又在自己管辖的范围内成为专制统治者。

为了管理比部落更大的社会，统治者建立官僚机构，将社会划分为精英阶层和平民阶层，数量不断增多的统治者共同管理越来越多的人。强大的统治者可以建立和维系更大的家业，维持更加奢靡的生活方式。在酋邦、王国和帝国典型的行政等级制度下，精英的权力以 10 的幂次方集中，与社会规模的增长成正比（见图 10.2 和方框 10.1）。统治阶层的精英家族只是占社会百分之一的最上层，不包括他们的家臣和侍从。规模的增长有利于精英阶层提高最高统治者的地位，并增加低级别统治者的人数。然而，即使在整体权力分配保持不变的情况下，最高统治者实际上可以获得不成比例的权力增长，其原因在于，最高统治者的家庭永远是第一位的，而不是按照固定的比例增加，即使经济增长将其社会权力扩大 10 倍，其家庭在所有家庭中所占的比例仍然在下降，权力的增加赋予最高统治者进一步促进经济增长的强大动力。

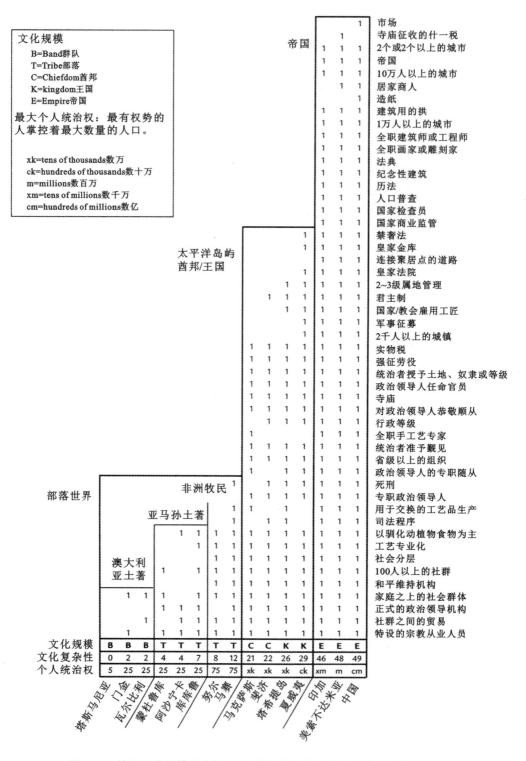

图 10.1 按照文化规模划分的 15 个社会的文化复杂性和统治权范围尺度

方框 10.1

统治者地位等级和权力等级

帝国世界的文化过程由精英主导,其证据是,在统治者扩大社会规模的同时,社会权力稳步集中于精英手中,规模和官僚等级可以用数学函数表示。为了说明函数如何运作,图 10.2 展示了 5 个模拟社会中的统治阶层,5 个社会从部落世界到帝国世界,按照规模从小到大依次排列。这些线条显示统治者、官员和领导者的人数或他们统治的人口数量,代表他们的个人统治权。每一条斜线代表一个模拟社会,斜线上的每个点代表社会权力等级中的一个等级。每条线从一个人的自治延伸至五口之家,然后将每个等级乘以 10,产生下一个更高的等级。例如,一个部落只有 4 个社会权力等级,每个等级都有自己的"统治者",4 个等级分别为个人、五口之家、50 人的亲属团体、500 人的村落。在这个模拟的部落社会中,户主之上只有亲属族长和村长 2 个职位,共计 11 名"统治者"(村长 1 名,亲属族长 10 名。实际上,他们只是领导者而非统治者)。部

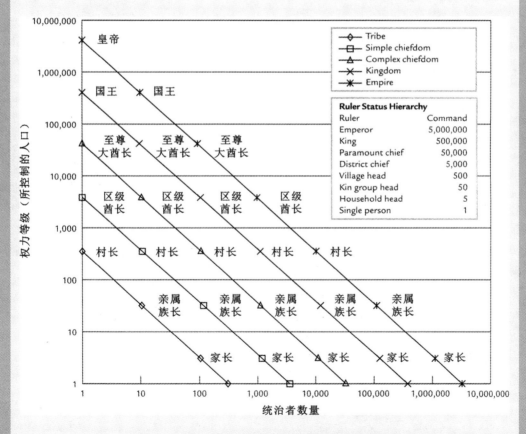

图 10.2 统治者地位等级和权力等级与社会规模

> 落社会中，人们享有高度的自由，并且经济上提倡平等，意味着部落"统治者"拥有的强制权力非常有限。相比之下，国王或皇帝的权力比村长大3～4个数量级，这样的统治者能够统治成千上万的人，因此被称为"超级精英"。

二、国家的生命力

（一）崩溃的概念

本节重点探讨国家和帝国频繁分解成更小的政治单位或完全消失的过程，这种制度性的崩溃必须与朝代的衰落和被其他统治者取代区别开来。朝代更迭是古代文明政治不稳定的典型形式，通常与普通民众的艰难时世相关，也可能与导致整个文化系统崩溃的某些事件有关。本节重点讨论古代前资本主义制度的命运，其遗留的势能对现代世界体系的国家产生的影响，这些新的因素将在第Ⅳ部分和第Ⅴ部分的第11～14章中探讨。

面对动态的文化系统和生物系统，如何定义一个实体何时停止存在以及何时转变为不同的系统始终是一个问题。尽管王朝领导层发生变化是决定一个文化系统是否幸存的实用标准（Rappaport，1977），但是总会存在一些模棱两可之处，需要对特定的文化、国家或文明是否灭绝做出初步判断。本章涉及的政府崩溃和城市被遗弃的例子都是非常显著的案例。同时，本章还将探讨某些大传统完全消失的问题。

和任何文化系统一样，文明的构成要素包括决定文明存续的个人或社会，以及让文明得以延续的技术、组织模式和意识形态系统。一个国家可能发生崩溃，而它的人民会继续传播其文化的重要元素。一个民族及其语言和文化完全丧失是不太可能发生的事件，除非现代国家为了民族扩张，采取种族灭绝政策，消灭部落民族和文化。

我们需要重点了解的问题是国家崩溃会经历怎样的变化。国家衰亡不仅是重大的政治体制变化，还会为此付出巨大的人力和环境成本。虽然国家制度建立在社会不平等和剥削基础之上，但它确实提供了重要的社会服务，比如为大量的人提供某种程度的安全保障。在古代文明中，由于人民是国家财政收入的主要来源，军队常常从其他国家掠夺资源，实现领土扩张或保卫国家不受他国入侵，因此统治精英通过维持大量生产性人口获得既得利益。受国家控制的人民可能对纳税不满，但是，无论喜欢与否，他们的人身安全取决于政府机构，如警察、法律、法院和军队。国家提供饥荒救济，促进灌溉系统等资本密集型农业发展。无论在古代还是现代，国家都注重发展和维持商业及对外贸易所需的通信系统和公共服务。随着贸易和营销网络崩溃，人民的生活水平可能急剧下降，人们可能死于极端的政治动荡。当一个国家的社会控制机制消失或被外国人接管，许多人可能惨遭杀害。崩溃的国家也可能耗尽珍贵的不可再生资源，导致生态系统严重退化。

（二）不平等和政治等级制度的脆弱性

尽管没有一种文化可以称得上结构完美，并且经久不衰，但是在关注崩溃问题时，我们清晰地看到，大规模政治集权社会的生活比小规模部落社会可能会更加不稳定。国家是一个非常复杂的系统,构成该系统的所有部分和环节都有可能出现问题,这不仅仅是数量的问题。部落不会发生崩溃是因为部落不具备可以崩溃的政治结构。而村落和游群可以不断重组和迅速解散,对家庭、社会和文化不会产生特别的影响。相比之下,区域性大国则会分裂为地方王国或城邦,继而又可能进一步分裂为酋邦或自治村落和游群。

国家包含基于财富和权力严重不平等的社会阶层,这使得国家对危机的应对复杂化,因此极易发生崩溃。国家建立特殊的利益集团,这些利益集团为了提高自己的地位,不惜冒着让整个系统陷入崩溃的风险。对政治职位的数量进行限制会引发无休止的竞争。财富和权力的不平等可能是国家最关键的定义特征,也是导致国家崩溃的最重要原因。创造财富需要收入,但通过税收获取收入具有双重风险。国家当局寻求尽可能多地增加收入,但如果税收太高,农民可能造反。税收过高会迫使生计活动进一步集约化,导致自然生态系统的压力增加。

财富的不平等集中,无论是奢侈品、储藏食品还是劳动密集型建设项目,似乎都是国家组织运行的先决条件,然而,财富不平等集中会导致极度的不稳定,需要储备粮养活从事非粮食生产的专家和维持可能受到生产波动威胁的稠密人口。奢侈品是必不可少的身份标志和酬劳,仓库是一个国家内部及外来抢劫者的首要目标,需要建造昂贵的城墙并派驻常备军进行防御,生产性财产和奢侈品分配不公也使得警察机关和法院系统成为必要。

创造和捍卫国家财富是对邻国发动代价高昂的军事行动的主要原因,维持专职的军官团、皇家卫队和边防军是一项永久性的军事开支,而动员大量的农民士兵参与一场战役,其成本高昂。军费可能是许多国家预算中最大的一项支出,给不稳定的收入增长造成持续的压力。

与部落文化世界相比,国家在区域系统中引入性质完全不同的文化动力。长期的争斗在部落系统中经常发生,但领土征服是国家的永恒特征。部落袭击和血仇不需要固定的领导人或常备的专业军队,因此不能成为增加生产的动力。然而,在没有国家的地区出现了国家,促进了贸易发展,导致部落团体对国家发动突袭,有时会推动部落的政治发展,导致财富不平等和部落不稳定。

二、失败的国家体制

下面以前面章节中讨论过的文化为例,探讨政治崩溃的可能原因,以及崩溃与特定的文明或大传统延续性之间的关系。外来入侵终结了美索不达米亚长达 3500 年的兴衰轮回,导致美索不达米亚文明在几个世纪后消失。虽然哈拉帕城市文明在大约 1000 年后崩溃,但对南亚后来的文化发展做出了重大贡献。安第斯文明大约有 4500 年连续的历史,其间不时有个别国家和帝国崩溃,但直到受到外国入侵而终结。在安第斯山脉,尽管西班牙征服者摧毁了拥有独立的、政治上集中的文化系统的安第斯文明,但安第斯土著仍然在传承许多文化习俗,包括语言、生计、社会组织和意识形态等。本章未涉及古代中国,尽管古代中国的某些王朝更迭频繁,但是其历史显示超过 4000 年的连续性。在古代中国,外国侵略者被其大传统吸纳,尽管政治上发生了变化,其大传统依然存在。这些案例说明政治崩溃和文明存续问题的复杂性。由此可见,文化的连续性显然强于政治结构。

首先，我以太平洋岛民为例，以此说明在任何情况下，要确定发生崩溃的原因是何等困难。简单的解释并不总是正确的（见方框10.2）。

> **方框 10.2**
>
> ### 拉帕努伊岛（复活节岛）因种族灭绝而非生态杀戮而崩溃
>
> 地理学家贾里德·戴蒙德（Jared Diamond）将人口过剩视为社会崩溃的主要原因，并以太平洋岛屿社会复活节岛（Rapa Nui）为例，说明人口过剩造成的环境问题导致了崩溃，认为这是"一个非常明显因过度开发岛上资源而自毁的例子"（Diamond，2005：118）。最近的考古研究和对历史记录的仔细研读表明，在这种情况下，人口崩溃更可能是在欧洲人到来之后由疾病和暴力引起的，而非人口过剩造成的环境破坏。这一结论得到碳年代测定法的支持，表明在欧洲人到来之前没有废弃的定居点（Mulrooney，2013）。环境破坏涉及棕榈林被毁，这是伴随波利尼西亚定居者的老鼠造成的。首批定居显然是在1200年左右，并且人口很快稳定在3000人左右，但是1722年欧洲人到来之后不久，人口很快减少至约100人（Hunt & 2006；Hunt & Lipo，2006，2010）。

（一）美索不达米亚：大传统的终结

如果说国家组织始于公元前4000年乌鲁克时期的美索不达米亚，波斯大帝居鲁士于公元前539年征服巴比伦标志着独特的美索不达米亚政治体系的终结，那么以国家为基础的美索不达米亚政治体系持续大约3500年。根据现存最晚的楔形文字记载，美索不达米亚文明大约于公元前75年结束（Yoffee，1988）。此后，尽管某些特定的文化联系在后来的文明中仍然存在，但美索不达米亚语言、经济或信仰体系已经不复存在。今天仍有人认为亚述人和曾经的美索不达米亚帝国存在联系（Yoffee，2010）。这就提出一个问题：美索不达米亚文化或文明是否可以视为一个实体。叶斐将美索不达米亚文明定义为："脆弱但可复制的文化边界，包括各种民族、政治和社会制度，以及标记为美索不达米亚的地理区域，并且重要的是，包括政治中心的概念。"（Yoffee，1988：44）

正如第8章所述，美索不达米亚文明显然是一个复杂的多民族体系，包括讲不同语言、从事不同生计活动，崇拜不同神灵的人民。文字记载的传统和相关宗教信仰赋予美索不达米亚文明巨大的延续性。美索不达米亚的政治体系以城邦网络为基础，这些城邦在不同历史时期被合并成地区性的国家或帝国。不同城市的统治者之间权力斗争不断，在军事失败或者主要河流改道之后，城市被废弃或搬迁。由于外部入侵或内部冲突，王朝因此发生更迭。

《苏美尔王表》显示，美索不达米亚的政治局势非常不稳定，这份古老的记录记载了统治美索不达米亚帝国的诸位国王的执政顺序及其首都。《苏美尔王表》记录的早期王朝大约始于公元前2900年，一直延续至公元前2000年最后一个苏美尔王朝，虚构了完美的连续性，一个统治者控制着整个地区，因此，《苏美尔王表》不能被视为文字史料。各个朝代之间的时间跨度纯粹是隐喻性的,并且《苏美尔王表》从不完全的主位观表达了出于政治目的理想化视角。尽管如此,《苏美尔王表》还是为我们展示了美索不达米亚特有的动荡和巨变。

《苏美尔王表》一共列出 900 年间 26 个王朝的 146 位统治者(表 10.1),平均每位国王在位 6 年,每个王朝平均持续 35 年,无一例外,王朝的覆灭都是因为军事失败。一些人(Jacobsen & Adams,1958)认为,国家管理下的过度灌溉可能对美索不达米亚南部城市遭到废弃和乌尔第三王朝崩溃发挥了作用,标志着苏美尔时期的结束。过度使用灌溉水会无意中升高地下水位,导致地下咸水污染土壤并破坏农作物,其他人则质疑这一观点(Powell,1985),认为将生态因素确定为王朝崩溃的唯一原因是一种误导,真正的潜在原因是政治因素导致灌溉系统管理不善和对增长的需求。

表 10.1 《苏美尔王表》中记载的朝代顺序(前 2900—前 2000 年;Kramer,1963)

城市	政权来源	统治者(位)	失败原因	推定持续时间(年)
埃利都(Eridu)	上天	2	城市被遗弃	54800
巴德提比拉(badtibira)	权力移交	3	城市被遗弃	108000
拉尔拉克(Larak)	权力移交	1	城市被遗弃	28800
西帕尔(Sippar)	权力移交	1	城市被遗弃	21000
舒鲁帕克(Shuruppak)	权力移交	1	洪灾	18600
基什(Kish)	上天	23	战争	24510
埃安纳(Eanna)	征服	1	权力移交	324
埃雷克(Erech)	转移	12	战争	2310
乌尔(Ur)	征服	4	战争	177
阿万(Awan)	征服	3	战争	356
基什(Kish)	征服	8	战争	3195
哈玛兹(Hamazi)	征服	1	战争	360
埃雷克(Erech)	征服	3	战争	187
乌尔(Ur)	征服	4	战争	116
阿塔卜(Adab)	征服	1	战争	90
马里(Mari)	征服	6	战争	136
基什(Kish)	征服	1	战争	100
阿克沙克(Akshak)	征服	6	战争	99
基什(Kish)	征服	7	战争	491
埃雷克(Erech)	征服	1	战争	25
阿加德(Agade)	征服	11	战争	197

续表

城市	政权来源	统治者（位）	失败原因	推定持续时间（年）
埃雷克（Erech）	征服	5	入侵	30
古提（Gutians）	征服	21	战争	91
埃雷克（Erech）	征服	1	战争	7
乌尔（Ur）	征服	5	战争	108
伊辛（Isin）	征服	14	战争	203

注：这是正式记录的特定朝代的持续时间，许多朝代持续的时间显然被夸大。

尽管古代气候数据显示突然发生的旱情导致干旱、饥荒和文化变革，但是早期的城邦和帝国是在相对稳定和有利的气候条件下发展起来的（Sharifi 等, 2015）。乌尔第三王朝遭遇过好几次严重干旱的打击，第一次干旱可能导致前阿卡德帝国的稳定性遭到破坏并最终于公元前 2200 年垮台，接下来的一次干旱可能导致乌尔第三王朝在公元前 2000 年左右垮台。公元前 2200 年的干旱事件是持续大约 250 年特大干旱的开始，该地区的降雨量几乎减少了一半，大面积的旱地无法耕种，极端的气候条件迫使农民搬迁至可以生存的地方或成为游牧民族，这也是阿卡德帝国崩溃的诱因（Weiss, 2017）。

阿摩利人、凯喜特人和古提人等外来入侵者或"野蛮人"时常被认为是摧毁美索不达米亚国家的罪魁祸首，然而美索不达米亚文明融合了不同的族群，实际上有利于该文明的持续发展，只有当来自更强大帝国的波斯侵略者征服美索不达米亚之后，其政治制度以及后来的整个文明才被摧毁，以前发生的崩溃并未阻止城邦重新组建为区域性国家（Yoffee, 1988）。

美索不达米亚案例显示，尽管长期处在政治动荡之中，其文化传统依然可以延续很长时间。最终，美索不达米亚文明在一个以广泛朝贡帝国为基础的西亚世界体系中被一个更强大的区域文明所取代。美索不达米亚文明失去了在当地世界体系中的中心地位，实力明显被削弱，无法从常规的王朝崩溃中恢复过来。世界体系概念将在第 11 章中进行详细讨论。

（二）哈拉帕：逆城市化与文化延续性

截至公元前 1500 年，与印度河流域前印度教哈拉帕文明有关的城市大约在建立 1000 年之后遭到废弃，没有了城市，国家和文字系统随之消亡，该文字系统迄今仍未被完全破译。在那个时期，最著名的城市哈拉帕和摩亨佐-达罗（图 10.3）显然被重建过好几次，但文明最终屈服于"逆城市化"过程（Gosh, 1982）。逆城市化与城市化进程相反，意味着最高政治权威的崩溃。城市人口、全职专家、手工艺人和管理人员减少，奢侈品长途贸易停止。考古记录显示，哈拉帕城的住房质量持续下降，在被彻底废弃之前实际上已经沦为贫民窟（Possehl, 1977）。

图 10.3　已发掘的印度河流域文明遗址——摩亨佐-达罗

注：图中间的凹处为大浴池。

由于没有相关文献记载，哈拉帕文明的消亡原因长期以来一直是一个谜。不过，针对该事件，人们提出 4 种不同的解释：① 外敌入侵导致的毁灭；② 印度河洪水造成的自然破坏；③ 过度消耗导致的资源枯竭；④ 印度夏季风突然减弱造成的干旱。多种解释表明，很难对文明崩溃这样的复杂事件给出令人满意的解释。

外敌入侵论认为雅利安人是罪魁祸首，摩亨佐-达罗的街头堆积的骷髅是他们征服和屠杀的证据。但是仔细分析发现，这种解释似乎站不住脚。雅利安人确实具有武士传统，但是如前所述，他们的到来与哈拉帕文明的沦陷并不完全相关，也没有确凿证据表明，外部势力曾经入侵哈拉帕或摩亨佐-达罗。

考古学家乔治·戴尔斯（Dales，1964）认为，著名的大屠杀可能是个神话。20 世纪 60 年代，他在摩亨佐-达罗指导考古发掘工作，6 个不同的小组一共发现 35 具遗骨，死亡并非发生在同一时间或大多数可能是有意埋葬的，两具尸体可能在不经意间埋在同一条古老的街道上，成为"街头尸骨"神话的佐证。没有证据显示有武器或防御工事遭到破坏或曾经发生过袭击，也没有证据显示"受害者"死于外伤（Kennedy，1982）。城市因其他原因被遗弃之后，强盗们可能杀死过一些留在城内的人。

关于哈拉帕崩溃最具戏剧性的解释可能是戴尔斯（Dales，1965，1966，1982；Dales & Raikes，1968）及其助手水文学家罗伯特·雷克斯（Raikes，1964，1965）提出的理论，即一系列特大洪水导致城市被废弃。该理论显示，哈拉帕文明被摧毁的原因不是由于印度河季节性洪水波动，而是因为灾难性地质构造隆升以及与之相关的地震和洪水。

摩亨佐-达罗地下发生的隆升可能形成数座巨大的土坝，阻塞了印度河，印度河上游的聚居区遭到洪水袭击后被淹没在泥潭中。整个地区的地震很可能摧毁了其他定居点并中断了贸易，多次尝试重建或迁移主要城市均以失败而告终。戴尔斯将他的自然灾害观点总结如下：

> 洪水是摩亨佐-达罗人和印度河下游河谷哈拉帕时期所有居民的主要敌人，来自附近俾路支斯坦丘陵的袭击者很可能利用洪水后的混乱状况进行突袭，但这显然不是造成城市崩溃的原因（Dales, 1965）。

一些研究人员对戴尔斯-雷克斯的洪水理论进行了严厉抨击。兰布里克（Lambrick, 1967）发现，地球物理证据不足以证明在印度河上曾经形成一座超过 30 米高、48 千米长的土坝。他还认为，哈拉帕城市的沉积物可以用其他方式进行解释。格雷戈里·波塞尔（Possehl, 1967）同样对大坝的物理证据提出疑问，并认为，即使摩亨佐-达罗被如此摧毁，这也不足以解释整个文明的消亡。毕竟，洪水是印度河沿岸的常见现象，因此波塞尔认同摩亨佐-达罗可能多次被洪水淹没后重建，但是支持哈拉帕文明因资源枯竭而不是因洪水泛滥而崩溃的生态论点。

波塞尔引用沃尔特·费尔斯维斯（Fairservis, 1967）收集的推测性证据，来说明像摩亨佐-达罗这样规模的城市的资源需求水平。根据当代印度河流域村民的数据，费尔斯维斯估计，摩亨佐-达罗可能拥有 41250 人口，至少需要 9200 公顷的土地才能为每人年均供应 174 千克的粮食。如果一头公牛犁 3 公顷地，则需要 8755 头牛，另外还需要 1254 公顷地种植 25% 的牛饲料和大量的牧场，但是为了提供建筑材料和燃料，大肆砍伐森林必定导致周围大部分地区生态退化。

与洪水论和过度开发论不同，基于与人类活动完全无关的气候变化论，研究者提出一种较新的方案。从该地区湖泊沉积物中提取的地球物理证据——蜗牛壳表明，在哈拉帕城市发生崩溃的同时，正常的夏季风突然减弱，可能导致严重干旱，干旱持续的时间足以使这个原本就干旱的城市难以为继（Dixit 等，2015）。

广阔的印度河地区环境多样，夏季和冬季降雨量充足，来自喜马拉雅山的径流汇聚于此，最大的中心区域位于水域情况各异的河流沿岸，大部分农村人口则分散于许多不同的生态区，与其他古代帝国世界的社会相比，印度河文明非同寻常，所占据的地区比大多数旧的世界文明更大、环境更加多样化。最近的考古证据显示，农民们开发了一套适应能力非常强的应对气候变化的系统，能够根据需要改变他们的定居点和生计方式。虽然城市中心更难维持，但是仍然持续约 700 年之久（Petrie 等，2017）。

无论哈拉帕城市文明发生崩溃的具体原因是什么，在 200～300 年内，奢侈品产量逐年减少，这在很大程度上标志着经济持续下滑（Rao, 1982）。正如一些人（Miller, 1985）所认为的那样，与其他古代文明相比，哈拉帕社会阶层并不明显，逆城市化过渡相对平稳，具有相当好的文化连续性。普遍公认的后哈拉帕考古文化显示，哈拉帕农民保留了许多早期的文化和民间传统，公元前 600 年发生在恒河的第二次城市化体现了许多重要的文化元素，最终形成了印度教大传统（Allchin, 1982）。

和美索不达米亚一样，哈拉帕文明可能被认为是局部进程不连续的一个例子。然而，哈拉帕的衰落与古印度教文明的兴起之间存在漫长的时间间隔，很难说哈拉帕被一个更加进步的文明所取代。印度有许多国家兴衰的例子，在哈拉帕之后，公元前 500—1970 年的二十几个世纪里，印度先后有 62 个区域国家崛起和衰落（Schwartzberg，1977）。

（三）安第斯文明：脆弱的帝国，强大的文化

印加帝国因其衰落的方式广为人知，同样因其庞大的规模和巨额财富而闻名。占地 984200 平方千米的庞大帝国，人口多达 3200 万，在不到 5 年的时间里被外来入侵者征服，印加的大部分财富后来被首都位于 8045 千米之外的西班牙帝国掠夺。值得注意的是，征服印加帝国的西班牙军队只有 180 人，可见，遵循安第斯文明的悠久传统而快速发展起来的印加帝国，其政治上层建筑是何等脆弱。安第斯文明的基本性质和政治权力发展及帝国扩张方式，有助于解释这些复杂系统的相对脆弱性及其潜在的文化连续性。下面的分析主要基于杰弗里·康拉德（Geoffrey Conrad）和亚瑟·德玛斯特（Arthur Demarest）（1984）的研究。

印加帝国充满活力的关键因素是在意识形态上强调祖先崇拜。1000 年，秘鲁沿海列国实行的祖先崇拜开始为印加扩张创造条件，印加帝国与早期位于秘鲁北部海岸的奇穆王国共享一种与祖先崇拜相关的关键文化模式，被称为分裂继承制（split inheritance）（Conrad，1981）。奇穆国王和印加国王死后被奉为神，并且继续拥有他们在统治期间积累的巨额财富的所有权。国王职位由已故统治者的长子继承，其他继承人被任命为皇家木乃伊和国库的受托人。

和古代中国一样，安第斯祖先崇拜也是为了巩固统治者的合法性。然而，对于帝国建设更重要的是，分裂继承制的附加特征迫使新上任的统治者进行军事征服，以积累个人财富，为自己的祖先崇拜奠定基础，因此，这种意识形态模式为安第斯地区的国家扩张提供了明确的动机。

被西班牙征服之后记录下的民族史料对印加祖先崇拜制度进行了详尽的描述，揭示了亲属关系以及土地和政治权力之间的功能联系，这些都是古代中国祖先崇拜的特点。在印加，死者的木乃伊被当作圣物马奎斯（mallquis），专业占卜师——马奎普-维拉克通过这些木乃伊与祖先进行交流。胡亚卡（huaca）又被称为神龛或圣物，与马奎斯（木乃伊）、阿伊鲁（氏族继嗣群）和亲属称谓维尔卡（Vilca，曾祖父或曾孙）等相关联，所有这些术语可以互换使用。此外，特定的祖先与特定的神龛相联系，认为子孙后辈的幸福取决于对胡亚卡和木乃伊应有的仪式祭拜。在前印加时代，每个阿伊鲁继嗣群照顾自己的木乃伊和胡亚卡，妇女为葬礼编织特殊的织品。阿伊鲁成员耕种特定的地块，用于支持小规模祖先崇拜仪式。

分裂继承制为印加王室后裔提供主要的仪式功能和物质保障，否则他们的首脑可能会要求拥有印加头衔。印加皇家木乃伊崇拜是国教的一个显著特征，并非低级的安慰。木乃伊被认为是建立印加王朝的太阳神或天神的化身，拥有特定的自然力，因此是国家合法化的关键象征，可以确保普通民众的福祉。

当西班牙人到来时，至少有 5 位印加王朝早期统治者的木乃伊保存在首都库斯科的主要神庙——太阳神庙科里坎查（Coricancha）中，这些木乃伊可以追溯至 1438 年去世的创世之神维拉科查（图 10.4），每一具木乃伊都像活着的时候一样受到奢华对待，它们的后代作为家臣参与其中，并组成一个后裔群。皇室木乃伊崇拜团体的成员

是印加世袭精英的一部分，在印加官僚机构中占据高位，他们组成一个皇家宫廷，专门照料被视为神圣胡亚卡的已故统治者。崇拜团体的成员为皇室木乃伊举行重要仪式，供奉食物和饮品并管理其财产。事实证明，木乃伊是西班牙入侵者首先需要摧毁的目标。

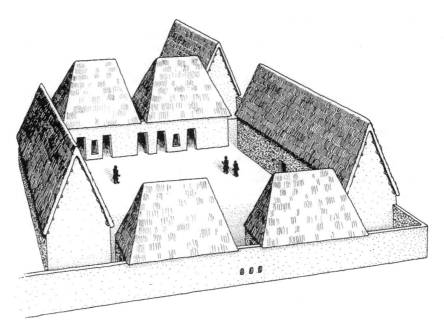

图 10.4　重建后的太阳神庙科里坎查

注：科里坎查是印加首都库斯科的主要寺庙和国家宗教中心。

由于统治者的个人财富来源于个人拥有的土地生产和从其领地中收取的米塔税，因此印加分裂继承制促进了帝国的扩张。如第 8 章所述，国王需要控制土地，以便用食物和饮品回馈他人的劳动和服务。国王所有的王室财产都用于自己未来的木乃伊崇拜，极大地减少了整个国家和继任统治者可以利用的资源。因此，新就位的国王有义务扩大帝国的领土，为政府提供资金，通过生产剩余粮食积累自己的财富和支持自己未来的木乃伊崇拜。

显然，1438 年在印加王帕查库提统治下开始实施的分裂继承制和皇室木乃伊崇拜制度化让印加统治者在与邻国的斗争中取得决定性的优势。然而，持续扩张很快被证明难以维持，不到一个世纪，帝国发展达到极限。离开了熟悉的安第斯环境，印加军队在亚马孙雨林的边缘挣扎，沿着安第斯山脉向北或向南延伸均因为通信困难而受阻，并且管理成本日益增大。已故皇帝富有天赋的木乃伊崇拜团体不断挑战印加统治者的权威，他们都是前任皇帝或现任皇帝的兄弟，永远是潜在的篡位者，除此之外，还有被强行并入帝国的少数民族叛乱问题。

即使没有更多的疆域可以轻松征服，分裂继承制仍然继续推动精英阶层扩大生产，但是，这意味着为了支持木乃伊崇拜，需要从公民手中没收优质土地和提高劳动税，并在长期作物歉收的贫瘠土地上实施大规模、高成本的农业开发项目。为了进一步应对日益增长的经济压力，家臣和少数民族殖民者成为全职的农业工人，为国家和贵族提供服务。与历史悠久的安第斯传统相反，这些变化导致统治者不再有义务与农民保持互惠关系，并且破坏了村庄自给自足的生活方式。

1525 年，印加统治者华伊娜·卡帕克去世，他的两个儿子在继承权问题上引发争斗，华斯卡（Huascar）在库斯科登基继位，而阿塔瓦尔帕（Atahuallpa）控制着军队，危机由此爆发。而此时，帝国的经济已经严重恶化，为了稳定局势，华斯卡试图废除皇家木乃伊崇拜。然而，此举威胁到崇拜团精英的地位，他们和阿塔瓦尔帕联手掀起一场反对华斯卡的内战。阿塔瓦尔帕获胜，但在巩固胜利之前于 1532 年被西班牙人用计将其俘虏（图 10.5）。

历史学家可以列举许多西班牙人取得巨大成功的原因，但最重要的是他们运气好。他们是带着钢剑、金属盔甲、枪支和马匹的老兵，最初甚至被认为是超自然的存在。1524 年，欧洲流行性疾病传播至秘鲁，印加人受到严重打击，而 8 年之后西班牙人才受到影响

图 10.5　1532 年被西班牙人俘虏的印加皇帝阿塔瓦尔帕

(Dobyns & Doughty, 1976)。然而，尽管西班牙具有物质和心理上的优势，但是如果没有内部矛盾推动，印加帝国也不会如此容易沦陷。在印加案例中，分裂继承制和形式独特的祖先崇拜似乎引发了一段自我毁灭的疯狂扩张时期，导致帝国在不到 100 年的时间内崩溃。华斯卡的改革或许可以成功，但为时已晚。帝国陷入无望的分裂境地，随后分崩离析。西班牙军队遇到印加农民，但是农民们不能从印加支持木乃伊崇拜的精英以及在位的国王那里得到任何既得利益。心存不满的武士加入西班牙人的行列，他们可能是对抗印加的决定性因素。

1559 年，西班牙人成功摧毁最后一批皇室木乃伊，尽管分崩离析的印加政府在1572 年之前存在于内陆地区，但是西班牙人于 1533 年占领库斯科之后，印加文明实际上被彻底摧毁。安第斯文化传统，包括生活习俗、社会组织、物质文化和信仰，在村庄层面几乎没有显著变化。西班牙征服者取代了印加精英阶层，并将印加的劳动税转变成一种残酷的剥削制度，使乡村更加贫困。安第斯农民保留了他们的语言和文化，但他们被迫融入由欧洲主导的新兴世界体系，西班牙人杀死阿塔瓦尔帕是这一转变的象征。阿塔瓦尔帕遭到俘虏并被勒索赎金，为了获释，他筹集了超过 5889 千克的黄金和 11778 千克的白银，这些财富是西班牙探险家科尔特斯（Cortez）从墨西哥拿走的财富的 3 倍。但是阿塔瓦尔帕依然遭到西班牙人杀害，并被掠夺所有的财富（Dobyns & Doughty，1976）。

正如戴蒙德（Diamond，1997）所说，印加帝国崩溃并非因为没有钢铁。事实上，印加文明比同一时期的西班牙文明更加"先进"，印加的行政结构、通信系统、信息存储、公共基础设施和农民的整体福祉远比西班牙优越（Cahill，2010）。印加帝国崩溃也并不是因为人口过剩、环境管理不当或气候变化等问题，而是因为扩张太快，并且由于受到历史环境的限制，无法快速实施必要的政治改革，最终，印加无法逃脱困扰所有古代文明固有的兴衰轮回。

对秘鲁首都利马郊外的普鲁楚柯—华克罗尼斯（Puruchuco-Huaquerones）考古学遗址中的两处墓葬的发掘提供了引人注目的物证，显示帝国征服对人类产生巨大的影响（Murphy 等，2017）。两处墓地位于依切玛王国（Ychsma Kingdom，1475—1540 年）的行宫附近。大约 1470 年，印加以和平的方式将依切玛王国并入印加帝国，1535 年，西班牙征服者将利马定为国都。通过对 389 具墓葬牙齿和骨骼进行详细分析，明确的证据表示，在西班牙征服期间发生过严重的暴力和伤害。研究人员还发现，墓葬遗留的身体痕迹表明，早期印加和平吞并依切玛王国之后，人民的生理痛苦和疾病增加，尤其是儿童和青少年，这可能是强制移居和劳动强度增加所致，所有这些人类痛苦很容易归咎于统治者实施的活人祭祀。

四、进步的极限

（一）古代帝国的增长阈值和规模极限

统治者追求政治权力是帝国世界文化发展和增长的主要原因，意欲扩张其政治帝国的统治者不可避免地会受到人口规模和领土面积以及城市数量和规模的限制。当达到规模阈值时，帝国社会或被迫稳定在一定的规模，或瓦解并缩小规模，或统治者通过文化创新超越规模极限。

自 7000 年前首个政治上集权的社会成立以来，世界政治史可以概括为三大趋势：① 独立政体的数量减少，反映政治权力日益集中（Carneiro，1978）；② 最大政体的规模和权力增加（Taagepera，1978a，1978b，1997）；③ 城市的数量和规模增加（Chandler，1987）。这些趋势与全球人口数量和技术集约化程度增加相关，并且还与上文考察的整体文化复杂性增加相关。

公元前 1000 年，世界上大部分地区仍然属于部落世界，大约只有不到 1 亿人口和 60 万个自治政体，主要是一些完全独立的小规模游群和村落（Carneiro，1978），可以说，存在如此多的小政体，说明部落世界曾经享有人类政治自由的最高境界。从那时起，政治权力一直在无情地集中。500 年，随着政治帝国的扩张，全球人口达到近 2 亿，但是政体的数量却下降至仅 20 万。2000 年，联合国只有 188 个民族国家，几乎占据全世界人口，大多数人成为统治者之间权力斗争的旁观者。

政治帝国的增长似乎遵循"不可阻挡的历史规律"（Boas，1945），但是，帝国并非一日而就，它们由追求征服战争的统治者建立。当然，战争并非无法避免，如果决策更加民主，如果战争的成本和回报能够公平分配，那么作为解决冲突的手段，战争可能为外交手段所取代。历史上的帝国属于极权社会，统治者有权决定是否对邻国发动战争。

由于权力的天平转向有利于胜利者一方,因此成功的军事征服导致征服变得愈加频繁,军事技术从青铜武器到铁制武器,再到骑兵和轮辐战车,迅猛发展。约公元前 500 年,武器的火力和杀伤力达到阈值,直到 1600 年之后,欧洲人获得用于火器研究的财政支持,有效利用火药和移动大炮,致使单兵武器的理论杀伤力实现数量级增加(Dupuy,1979)。

随着军事能力增强,统治者成为"大型寄生虫",他们通过掠夺、有组织的抢劫、暴力和暴力威胁围猎他人(McNeil,1982)。统治者继续通过征服不断扩张帝国,直至他们的官僚能力无法企及,或者其军事后勤承载力达到物理极限(Naroll,1967)。例如,1600 年,阿克巴(Akbar)的莫卧儿帝国军队从印度中北部的首都法塔赫布尔·西格里(Fatehpur Sikri)城调遣至缅甸边境,1609 千米的路程需要一个月的时间,并且野战部队的规模还受到携带的物资的限制。65000 名士兵和 3000 只动物组成的亚历山大大帝的马其顿军队,每天需要消耗 127272 千克谷物,数量惊人,严重限制了军队行动和保持一体化的能力(Engels,1978)。在化石燃料时代到来之前,即使是最大规模的帝国,其整体武装力量从未超过几十万人,并且大多数帝国军队的规模要小得多。对大帝国进行军事控制非常困难,这解释了为什么大传统宗教作为社会控制的手段如此重要,以及为什么统治者鼓励发展农业以增加人口密度。

大型城市中心的发展也会达到极限。公元前 3000 年以前,由于统治者掌握的资源有限,最大的城市通常不足 10000 人,大城市需要广泛的交换网络和交通基础设施。在化石燃料、工业资本主义和电子通信问世之前,最大的城市通常只有几十万人,超过 100 万人口的城市很少,并且持续时间非常短暂(Fletcher,1995)。

数千年来,随着帝国不断扩张,政体的领土规模发生了巨大变化(图 10.6)(Taagepera,1978b)。1000 年,世界上三个最大的政治帝国所控制的领土约为 1000 万平方千米,占地球近 10% 的陆地面积,这样的规模增长需要分阶段实施重大的文化变革。

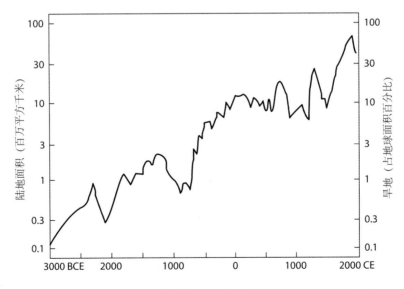

图 10.6　前 3000—2000 年世界三大政治帝国的陆地领土面积之和

在缺乏发达的官僚机构和通信技术的情况下,最早的简单酋邦的规模限制在 2500 平方千米左右,酋长在半天的行程里可以亲自到访部分地区(Spencer,1990)。在军事技术和官僚体制得到改善之前，统治者可以掌控的人口数量取决于集约化农业生产力的高低。早期的美索不达米亚城邦控制约 50000 平方千米的领土，而乌尔第三王朝控制的领土可能多达 675000 平方千米。随着文化的稳步发展，1450 年，中国明朝控制的领土达到 650 万平方千米。

根据这些帝国增长的趋势以及自公元前 7000 年以来政治集中的趋势，可以预测单个政府可能统治世界的时间。人类学家拉乌尔·纳罗尔（Raoul Naroll）认为，到 2200 年，通过不同的方式，有 50% 的可能性会出现一个世界政府（Naroll，1967）。其他人则预测，世界政府可能在 2300—3800 年出现（Carneiro，1978；Marano，1973；Taagepera，1997）。但是，技术和组织集约化导致的收益递减（diminishing returns）[①] 表明，单个帝国要想运用政治手段或军事力量统治世界，代价过于昂贵。历史记录证明国家权力有其极限，过去 5000 多年中，大型政体中仅有一半能持续 130 年，很少能持续超过 200 年，如图 10.6 曲线中的峰值和谷值所示。

（二）国家动态：人口结构和文化进化理论

社会学家和历史学家杰克·戈德斯通（Jack Goldstone）在他的著作《早期现代世界的革命与反叛》（1991）中提出人口图形/结构理论，并运用 1600—1850 年旧世界的历史数据，证明动态过程能有效解释国家的兴衰轮回。人口图形/结构理论以全新的方式，将早期的人口压力和社会冲突理论相结合，强调人口因素与社会阶层结构共同作用，决定政治发展的轨迹以及对人民产生何种影响。生态学家及人类学家彼得·图尔钦（Turchin，2003）运用数学模型和戈德斯通框架（Goldstone's framework），对公元前 3000—前 1800 年的帝国农业社会进行了分析。

图 10.7 显示人口图形/结构理论分析中考虑的 3 种主要人类行动者：① 国家（统治者和官僚）；② 总人口（主要是普通民众）；③ 精英（富人）。这三类人群的利益并不一致，但是他们的信念和决策产生的累积效应决定整个社会的兴衰（Turchin，2013）。当部落社会的承载力达到极限时，人们或采取更加集约化的生计方式，或搬迁至其他地方。与部落社会不同，当生活在帝国社会的人们面临资源极限时，情况和决策更加复杂。在大规模社会中，当政府收入减少时，人口失衡导致精英之间为争夺政府利益和数量有限的官僚机构职位而激烈竞争。随着竞争加剧，民众对政府失去信心，民众骚乱与精英内讧导致派系纷争、政局不稳、国家收入不足和政府崩溃。伴随着政治不稳定，暴力冲突、贫穷、杀婴和疾病所导致的死亡率增加，迫使人们移居他乡、推迟结婚和少生孩子。

人口和社会结构相互作用，导致家庭规模缩小和人口增长放缓，这些影响造成人口失衡，波及数代人，在 200~300 年中反复发生，社会兴衰循环往复。人口和社会结构研究人员运用时间序列记录人口、承载力、国家收入和内战，用峰值和谷值来体现这一动态变化过程。例如，古代中国从公元前 200 年至 1850 年存续时间超过 2000 年，经历了 8 个朝代，平均每个朝代约 250 年（Goldstone，1991；Turchin，2003；Turchin & Nefedov，2009；Turchin，2009）。

---

① 收益递减：某一生产系统中当投入增加时产出出现减少的情况。

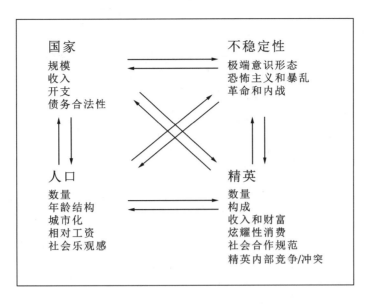

图 10.7　结构人口理论的主要逻辑要素

（引自 Turchin，2013. *Modeling Social Pressures Toward Political Instability*. Cliodynamics 4：241-280. 图 1）

进化生物学家及人类学家大卫·斯隆·威尔逊（David Sloan Wilson）和彼得·图尔钦（Peter Turchin）于 2010 年成立非营利性进化研究所，并在 2011 年创建《全球历史数据库》，从人类学和历史学视角对文化进化论进行验证，之后，有关社会文化规模和文明兴衰的研究取得突飞猛进的发展（Turchin 等，2015）。《民族志地图》（*Ethnographic Atlas*）重点关注的是"民族志在场"（the enthrographic present）所涉及的小规模社会，与此不同，《全球历史数据库》则强调按年代顺序呈现政治集权社会，可以依据时间顺序追踪单个社会。比如，图尔钦等人（2017）与世界上 30 个地区的政治机构合作，将 51 个变量分为 9 个相互关联的复杂性组件（图 10.8）。他们发现，复杂性可以使用单一的数字维度来表示，运用该复杂性衡量标准，研究者得出结论：以政体人口数量衡量的规模是"国家形成的主要进化驱动力"（Turchin 等，2018：1）。这一分析和结论与卡内罗和托比亚斯（Carneiro & Tobias，1963）展示的文化规模、复杂性和个人权力尺度图（图 10.1）一致。

文化进化学会等进化研究所对各种项目予以支持，所有项目均运用进化论的观点探讨当代社会问题。文化多层次选择理论是进化论方法的另一个关键组织理论，该理论试图在早期功能主义和社会复杂性发展冲突理论之间达成平衡，功能主义观点强调政治集权带来的广泛社会利益，认为这一过程是自愿和合作，然而冲突理论则强调胁迫、征服和剥削等层面。文化多层次选择理论将二者的观点相结合，认为合作发生在家庭和地方层面，而政治胁迫发生在更高层次的社会融合过程中。

图尔钦（Turchin，2016）将人类与数百万互无关联的人合作建立并维系社会的能力称为"超社会性"。从进化视角看，要想实现社会规模增长，当自私自利的人既想得到好处又拒绝合作时，需要解决"集体行动问题"，让人们共同合作创造公共利益。超社会的支持机构包括职业官僚；公共教育（比如古代中国）和普及宗教，如儒教、佛教、印度教，以及亚伯拉罕诸教，如犹太教、基督教和伊斯兰教。这些国家机构鼓励不同民族和

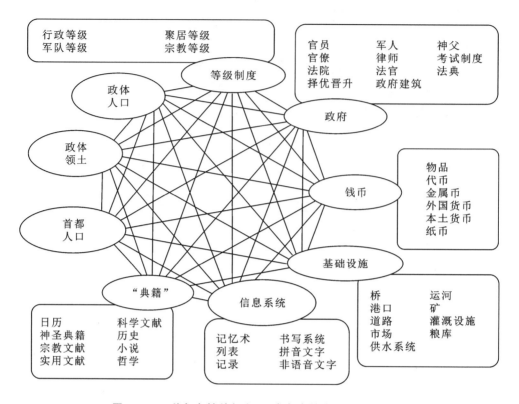

图 10.8　9 种复杂性特征和 51 个复杂性变量之间的联系

社群的成员之间相互合作和信任。然而基于《全球历史数据库》的分析显示，复杂政体的兴起实际上可能先于基于道德化神的制度化宗教（Whitehouse 等，2019），毕竟战争和活人祭祀是国家形成的最具决定性的因素（Watts 等，2016）。

根据多层次选择理论，当代表整个社会的国家发动战争时，规模最大、组织最好的国家将会获胜，进化论术语称之为"被选择"的一方（Turchin 等，2018），由此可见，当不同组织的社会之间发生激烈战争时，进化选择最有利于超社会性。例如在欧亚大陆，正是因为以农业为主的国家领导人成功运用源于草原牧民、以马为基础的军事技术，超社会机构才得以兴起。为了检验这一理论，图尔钦等人（2013）设计了一套计算机模拟系统，系统的运行方式和电子游戏类似，相互竞争的政体占据地图上标注的方块。游戏从公元前 1500 年至公元 1500 年，一个运行周期为 2 年，由一个因果链驱动，依次将军事技术、战争强度、超社会特征与大规模社会联系起来。模型运行成功重现了历史上记载的这一时期的帝国扩张。

进化论明确承认，从个体到整个社会进化是多层次的，成本昂贵的超社会机构由当地社区的多数低层平民负担，统治者及其上层官僚和专业人士实际上获得绝大多数利益，这与本书的观点，即精英主导的规模和复杂性增长理论相同。国家崩溃意味着超社会机构可能会消失。

（三）权力的过度集中：阿克巴大帝和莫卧儿帝国

规模的增长为印度莫卧儿王朝的穆斯林皇帝阿克巴（Akbar，1556—1605）带来惊人的权力集中。阿克巴的帝国如此之大，1605年他实际上控制着世界上20%的人口（Goldsmith，1987）。如果算上与阿克巴帝国同时期的中国明朝帝国，当时两位皇帝统治世界上一半的人口，他们利用个人拥有的社会权力过着非常奢华的生活。

阿克巴统治期间，印度莫卧儿王朝的详细信息全部记录在案，《阿克巴治则》一书由阿克巴大帝的一位部长阿布·法兹（Abu Fazl）于16世纪90年代编撰而成（Blochmann，1939）。该记录表明，帝国6.5亿卢比（1卢比=11克银）的国民生产总值中，至少18%由阿克巴及其1672名高级贵族拥有（Goldsmith，1987），1.08亿卢比用于政府和精英购买奢侈品。阿克巴大帝每年用于私人家庭的开支约为2000万卢比，约占帝国年度国民生产总值的3%，这似乎只是一个小数目，但是考虑到一个普通村民家庭每年的生活支出只相当于20卢比，阿克巴大帝的个人消费比最低生活水平高出100万倍。2/3的政府收入用于支持军队建设，包括保护阿克巴大帝的9万名私人警卫，大量的支出用于购买奢侈品。

阿克巴的后宫拥有5000名妇女，外出狩猎时，超过2000名男性、500头骆驼和100头大象一同随行，这是后宫和个人家庭的实际上限，但是宫殿可以成倍增加，财富可用于购买艺术品，建纪念馆和购买其他陈列品。1570年，阿克巴下令建造豪华的法塔赫布尔-西格里（Fatehpur-Sikri）城，这是一座全新的带围墙的皇家首都和宫殿建筑群，设有后宫、礼堂、清真寺、住宅、花园、水厂和陵园（Brand & Lowry，1987）。这座城市是辉煌建筑的代表，但是阿克巴大帝及其精英们只是在1572—1588年居住于此，之后，这座城被完全废弃。

（四）收益递减和崩溃

美索不达米亚和哈拉帕崩溃案例提示这样一个问题：将环境因素和外敌入侵作为导致国家崩溃的唯一原因，这一说法有多少可信度？根据国家起源理论，国家的出现有助于缓解资源短缺，如果认为环境问题是国家崩溃的主要诱因，这会令人相当惊讶（Tainter，1988）。粮食生产系统崩溃是政治崩溃的原因这一论点很难成立，现有考古证据无法确定两者之间的因果关系。此外，一旦发生政治崩溃，由国家支持的复杂生产系统很可能被放弃。

环境失衡只是收益递减所导致的普遍问题之一，收益递减几乎对所有的国家职能和大多数人类活动产生影响（Tainter，1988）。增加或维持文化复杂性的技术或组织变革最终都会面临收益递减问题，而当维护文化复杂性的成本非常高时，就会发生"崩溃"。

收益递减涉及概念上截然不同的3种收益：边际收益（marginal returns）[①]、平均收益和总收益。3种收益表现各不相同，但是边际收益对系统的预测最为敏感。当边际收益下降时，无论是粮食生产还是文化复杂性，投入的生产要素越来越多，而产出却越来越少。边际收益下降意味着平均收益也会随之下降，即使总收益在一段时间里可能维持增长，但是最终会经历衰减。

图10.9显示的是某个假想国家与税收增长相关的文化复杂性规模收益递减情况，该

---

① 边际收益：由于额外投入所产生的收益增量。

例子假定，每增加一个单位的收益，其复杂性平均收益最多增加至8个单位，之后稳步下降。随着官僚机构越来越臃肿，效率低下和腐败加剧必然导致收益下降。在这种情况下，当投入达到6时，边际收益开始下降，但是在投入达到9时，总复杂性才会下降。一个漫不经心的统治者想在国家建设方面一蹴而就，因此可能会大幅提高税收，而无视边际收益递减这一警告信号。

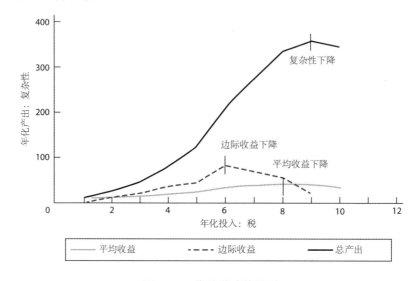

图10.9 收益递减的原则

（五）农业集约化

国家统治者面临的首要问题是如何增加主粮产量，通过对粮食进行征税以促进人口中非粮食生产部门的发展。提高农业生产力有两条直接途径，增加农民数量或增加耕地数量。但是，由于劳动回报减少，这两种方法最终都需要依赖技术变革。丹麦农业经济学家埃斯特·博塞拉普（Boserup, 1965）认为，粮食生产集约化通常遵循可预见的收益递减顺序，包括休耕期缩短、单位土地的劳动强度增加和技术变革。为了增加单位土地的总产量，即便人们加倍努力，也只能获得较少的回报。

典型的农业集约化过程始于轮作栽培生产系统，比如第4章中介绍的亚马孙河流域的模式，即森林休耕（forest fallow）①制度，让一块地在重新耕种之前复原成森林，以保持土壤肥力。采用轮作栽培，单位劳动投入的生产率相对较高，但是如果将森林计入生产系统，单位土地产量其实很低。理论上，如果没有因人口增加而产生额外的需求或因政治压力需要提取生产盈余，森林休耕制度可以保持稳定。如果需要增加产量，可以通过缩短休耕期，将更多的土地投入生产。问题在于，再生林灌木丛生，比原始森林更难清理，需要增加劳动投入。随着休耕期进一步缩短，需要用锄头除去杂草，施用堆肥以保持土壤肥力。当休耕期缩短至1年时，需要使用犁和役畜翻耕早已取代森林的草地。

图10.10和表10.2显示的数据为估算值，但是它们可以具体说明抽象的农业集约化收益递减原则。由于很难记录某一文化在一段时间内的集约化过程，图10.10利用亚马

---

① 森林休耕：在一定时间内停止耕种，让森林重新生长以恢复土壤养分的栽培制度。

孙河流域的轮作栽培系统以及古代中国农村灌溉水稻种植系统生成的数据，沿直线连续体定义极值，通过外推法计算出中间值。由于基础数据是估算值，存在抽样误差，并且不同的系统之间本身可能不具有严格的可比性，因此计算结果可能缺乏精确性。比如，并非所有的轮作栽培生产一直都能获得收成，园子在休耕过程中，在某种程度上可以继续生产。此外，由于估值不同，所生成的曲线则不同。尽管如此，这些数据显示，对劳动力要求不高的粗放型生产与需要投入大量劳动力的高度集约化生产之间存在巨大差异。

这些数据还有助于解释为什么粗放型生产系统更有可能出现在规模较小、更加平等的社会中。可以肯定地说，除非迫于人口增长或政治压力，否则人们不会愿意转向劳动强度显著增大的集约化生产系统。税收等政治因素可能是农业集约化的最重要的决定因素，当统治者从拥有固定土地的农民那里收取的"剩余产品"的额度不断提高，要降低不断上涨的劳动力成本，唯一的办法就是供养更大的家庭，共同分担劳动。因此需要注意的是，人口增长的根本原因在于国家的政治政策，而非人口的固有趋势。我认为，部落家庭可以自由设定生产目标，生计收益递减可能为部落社会限制家庭规模提供了文化动因。

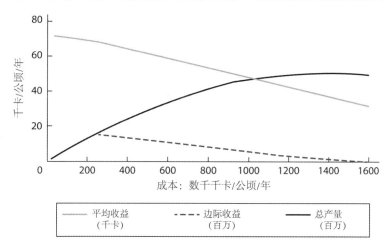

图 10.10　农业集约化收益递减

表 10.2　农业集约化收益递减

谋生形式	投入/公顷（千千卡）	平均收益（千卡）	总产量（百万万千卡）	边际收益（百万千卡）
森林休耕	24	72	1.7	—
灌木林休耕	250	68	17.0	15.3
短期休耕	475	62	29.0	12.0
一年生作物	700	56	39.0	10.0
复种作物	912	50	45.8	6.8

森林休耕系统数据依据亚马孙河流域木薯轮作栽培估值〔13590 千克木薯／（英亩·年），1 英亩＝6 亩〕，休耕期为 25 年。复种作物系统的数据来源于中国禄村（第 9 章）。中间系统数据依据亚马孙和中国数据使用外推法得出。灌木丛休耕期为每 8 年使用锄头轮作一次。短期休耕为每 2 年采用犁耕轮作一次。

(六)国家机构的职能和成本

随着国家体制的发展,出现了一系列新问题,导致其他更多领域的成本增加和收益减少。国家试图从制度上解决这些问题,但是每一次的回应都导致非粮食生产专家人数、额外的资本成本和维护成本进一步增加。国家在回应现有问题的同时又导致其他新问题的出现,这些新问题又需要新的制度上的解决方案,在不断扩大的正反馈系统中,收益持续递减。

图 10.11 说明各种因素之间的复杂联系。为了维持生存,国家必须支持一些关键职能,包括主粮生产、财富生产、维持成本、技术、协调、储存、运输、信息、社会控制、防御和征服。如图左侧所示,徭役劳工和工匠等专家与他们所服务的职能相对应。图右侧展示的是有形建筑或资本成本,如广场、灌溉系统、仓库等。国家职能、问题的制度性回应和新问题沿着图中的纵轴按照从上至下的一般发展顺序排列。

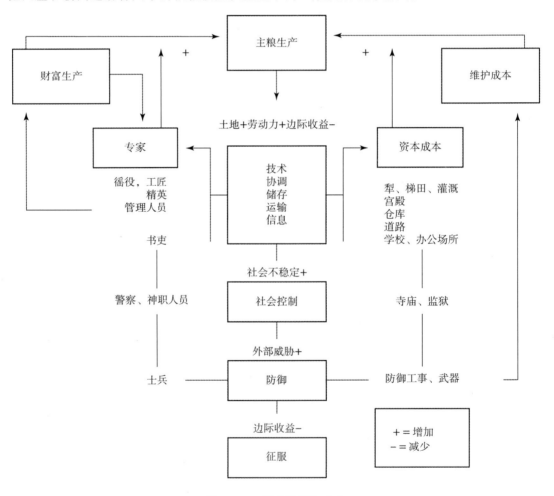

图 10.11 国家职能和成本

国家最为关键的职能是增加主粮产量,首先通过税收来实现这一职能,迫使农民缩短休耕期,将更多的土地投入生产,并鼓励他们扩大家庭规模。但是,土地和劳动力压力增加导致边际收益递减和土壤贫瘠,耕作变得越加困难。国家需要资助一系列技术变革,在单位土地上投入越来越多的劳动力。需要全职工匠制造新的工具,比如金属锄头和犁;需要动员大量的徭役劳工修建梯田和灌溉渠。这些发展需要进一步增加主粮生产和更多的精英管理者协调各种活动、收集和储存收益,还需要建造和维护宫殿、仓库、道路和办公场所。但是税收增加和社会不平等现象导致社会动荡,需要神职人员和警察以及寺庙和监狱提供其社会控制职能;拥有大型仓库和富丽堂皇的宫殿的成功国家往往会遭到邻国入侵,因此,需要拥有士兵、武器和防御工事等。最终,随着所有地区的边际收益下降,通过征服进行领土扩张和掠夺成为让该制度存续下去最具吸引力的手段。

国家职能的相对成本见表10.3。和上文一样,这些数字只是估值,但是可以说明古代统治者必须应对的一些制约因素。该表显示美索不达米亚早期城邦(比如乌尔)的基本建设成本。这些数值代表大麦的千克数,表示用于支付给劳工的基本配给。乌尔城及其周边社区的总人口可能只有5800人,需要从外部调用大量临时劳工,才能保证在短时间内完成项目建设。表10.3显示,如果在5年内建成运河、仓库、宫殿、塔庙和城墙,每年则需要11000多名建筑工人,缩短施工时间会非常困难。

表 10.3　美索不达米亚早期王朝城邦——乌尔的国家财政

基本建设	年度成本(大麦/千克)	总成本(5年)(大麦/千克)
灌溉渠	308965	1544825
仓库	100000	500000
宫殿	193103	965515
塔庙	479062	2395310
城墙	100000	500000
总建设成本	1181130	5905650

数据来源:建设成本数据引自 Erdosy(1988)和 Wheatley(1971)。

* 基本建设成本按照供应给工人 60 升/月、507 千克/年的官方大麦配给所需的谷物千克数表示(参见第 8 章)。

根据乌尔周围 6000 公顷耕地潜在的谷物产量,按照 25% 的税率计算,粮食储备必须累积 6 年才能为每年的建设提供足够资金,与此同时,库存损失也会随之增加。在农作物歉收的情况下,国家仅仅用 2 年的时间就能积累足够的剩余粮食,以满足普通民众每年所需的一半粮食。

由于国家职能的资本成本相对较高,因此只有在绝对必要时才会承担这些成本。建设项目可能会按照表中列出的顺序进行,而农业生产的技术改进排在首位。大规模庙宇建设和昂贵的皇家陵墓建设可能是后来精心设计的,旨在赋予国家机构更大的宗教合法性,以减少社会动荡。

从事非粮食生产的精英或其他政府专家人数增加会加重国家的财政负担。但是,正如诺斯考特·帕金森(Parkinson,1957)所指出的那样,即使总收益下降,官僚机构仍然表现出固有的扩张趋势。根据帕金森定律,无论实际工作如何,行政人员将以每年 5.75% 可预测的速度增加,过度劳累的官员更愿意增加至少 2 名下属,而不是与潜在的对手分工合作。同时,官员数量增加导致信息传递速度减缓,工作量随之增加。官僚机构的潜在增长速度大大超过人口的增长速度，这有助于解释为什么随着文化复杂性增加而收益递减。

理论上，10名员工在300年内可扩张至约1.92亿人。同时，基础人口如果以每年3%的速度增长，可从250人增加到180万人以下，这个增长率很高但是有可能发生。当然，这样的结果最终不可能实现，因为如果官僚机构确实以每年5.75%的速度增长，那么在官僚机构的人员增长需求超过总人口之前，该系统早已崩溃。不断减少的农业劳动力无法维持用于支撑非粮食生产管理者的税收收入，在这种情况下，国家可能在环境恶化之前崩溃。

本章小结

国家崩溃和国家崛起一样，是多种因素共同作用的结果，也就是说，国家崩溃可能是由许多不同的、通常又相互关联的因素所致，因此很难确定哪一个因素最为重要。由于国家是政治组织的一种形式，可以说从政治层面解释其崩溃是最佳选择。然而，如案例所示，特定的环境问题、意识形态因素和外部入侵都可能放大国家组织固有的政治弱点，任何特定情况下，最佳的解释都需要基于详细的历史信息。国家最严重的弱点是，许多重要的国家职能容易受到收益递减的影响。

思考题

1. 什么是国家崩溃？如何识别国家崩溃？请举例说明。
2. 限制政治帝国规模最重要的增长阈值是什么？统治者如何克服这些极限？
3. 收益递减原则和帕金森定律与国家崩溃问题有何关联？将边际收益递减、平均收益和总收益等概念纳入讨论。
4. 解释收益递减在农业生产中的运作方式。
5. 批判性地讨论关于哈拉帕文明灭亡的各种解释：外敌入侵、洪水和资源枯竭。
6. 为什么西班牙征服印加帝国如此容易？
7. 政治集权社会的哪些方面使它们比部落社会更加容易崩溃？
8. 人口结构和文化进化理论如何解释古代帝国的动态变化？

关键术语

收益递减（diminishing returns）
森林休耕（forest fallow）
边际收益（marginal returns）

阅读文献

Faulseit, R. K., ed. 2016. *Beyond Collapse: Archaeological Perspectives on Resilience, Revitalization, and Transformation in Complex Societies*. Carbondale: Southern Illinois University Press.

Johnson, S. A. 2017. *Why Did Ancient Civilizations Fail?* New York: Routledge.

Kohler, Timothy A. and Michael E. Smith, eds. 2019. *Ten Thousand Years of Inequality: The Archaeology of Wealth Differences*. Tucson: University of Arizona Press.

Middleton, G. D. 2017. *Understanding Collapse: Ancient History and Modern Myths*. Cambridge, UK: Cambridge University Press.

Tainter, J. A. 1988. *The Collapse of Complex Societies*. Cambridge: Cambridge University Press. A nice review of explanations for collapse that includes many case studies and treats the Romans, Maya, and Chaco Canyon in detail.

Turchin, P. 2003. *Historical Dynamics: Why States Rise and Fall*. Princeton, NJ: Princeton University Press.

Yoffee, N. and George L. C., eds. 1988. The Collapse of Ancient States and Civilizations. Tucson: University of Arizona Press. A collection of case studies by specialists covering Mesopotamia, the Maya, Teotihuacan, the Romans, and Han China.

第Ⅳ部分
全球商业系统

尽管商业世界仅有几百年的历史，但是和帝国世界相比，商业世界在全球范围内对人类社会、文化和物理世界带来快速和巨大的改变。商业化（commercialization）① 是一个激进的、革命性的文化过程。商业世界中，商业公司的成功和金融财富的积累比维持政府和家庭的需要更为重要。以下各章表明，这种大规模的文化变革方式与帝国世界的建构过程极为相似，极少数精英决策者设计了特定的商业文化机构，如银行和股票市场等金融体系、大型跨国公司和财政-军事国家，允许最富有的投资者根据自己的需要塑造整个世界。和以往的任何文明相比，更多的金融资本聚集在更少的人手中。这些文化发展给人类社会带来一系列的问题，从绝对数量来看，商业世界比以往任何文明在更短的时间内造成更为严重的贫困、疾病和人类痛苦。长期以来，在金融财富的不断积累过程中，储存于生态系统中的自然资本（natural capital）② 被大量消耗，化石燃料的消耗速度对生物圈和商业世界的长期可持续性造成严重威胁。

第 11 章以英国为主要关注对象，考察资本主义的独特文化特征及其欧洲起源史，以及对普通人所产生的影响。第 12 章从财富和贫困两个方面探讨美国资本主义、民主、企业发展，以及工厂化食品生产系统。

---

① 商业化：利用人性化和政治化过程，将生产和维持私营营利性企业作为积累资本手段的文化过程。
② 自然资本：有利于维持人类生存的自然系统，如地球、生态系统和一般自然资源，为人类提供生存资源和环境服务，要替代这些资源，需要付出高昂的代价。

第 11 章

欧洲和商业世界

◇ 学习目标

- 描述部落、帝国和商业世界中人均能源使用和总能源使用的差异,解释这些差异与人口规模之间的关系以及对人类福祉和文化可持续性的重要性。
- 与部落制度和前资本主义制度相比,描述作为世界体系的资本主义及其生产和分配方式的显著特征。
- 与部落和前资本主义制度相比较,描述资本主义作为一种意识形态和宇宙观的显著特征,说明资本主义信仰与现实之间的冲突之处。
- 说明资本主义和商业世界由精英主导的关键文化过程以及独特的历史环境。
- 描述随着商业世界的发展,英国贫困加剧的状况,分析导致贫困的关键性因素并与部落和帝国世界的家庭福祉进行比较。
- 描述英国殖民帝国发展过程中精英主导的证据。
- 描述 1945 年以来后殖民时期全球商业秩序发展过程中精英主导的证据。

第 11～13 章探讨现代世界的文化转型。由商业驱动、与现代工业技术相关的生产及分配速度和数量的增长以及社会权力组织的相关变化促使文化发生转型，这就是我们所说的经济增长与文化转型之间的因果关系。在整个帝国世界中，经济权力由政治统治者控制。但是，在适当情况下，企业家们有可能建立超越政治权力的强大商业帝国。从权力追求者的角度来看，古代帝国持续崩溃的重要原因之一是其政治等级制度中权力职位的绝对数量存在严重限制。有抱负的人要想进入权力上层或者为他们的家庭成员获得权力职位变得愈加困难。商业化无疑创造了更多的财富，并让无限增长似乎成为可能。

1000—1600 年，少数欧洲商人、金融家和投资者逐渐为早期的商业世界打下基础。476 年，西罗马帝国灭亡后，在工业革命的新技术得到普及之前，各类经济精英迅速建立较为完整的现代资本主义的关键制度机构，包括银行、商业公司、证券交易所和保险公司。这些金融机构共同合作，成为全球商业体系的核心，并且独立于任何特定的政府运作。而商业世界的缔造者们没有宏大的愿景，无法预见其行为所造成的后果，他们就像政治统治者们一样，利用自己发现和创造的机会提升个人的经济实力，集中经济增长带来的收益，并将成本转嫁给整个社会。

商业利益成为影响政治制度、政治精英以及全世界人民的日常生活和福祉的主要因素。在商业化进程中，世界人口增长近 10 倍，从 1750 年的 8 亿增长至 2015 年的 72 亿（U. S. Census Bureau，2010），工业中心的人均资源消耗率随之飙升至前所未有的水平。少数人变得异常富有，富裕的中产阶级在西欧国家诞生，但与此同时，全世界仍有数百万人生活在贫困之中。

如今，全世界所有的社会和文化都处在一个单一的经济分层的民族国家（nation-states）① 体系中，彼此之间相互关联，由大公司的董事、财务经理、金融家和投资者主导，每个人都依赖金融资本的不切实际的流动。这些戏剧性的文化变革给人类学家和其他社会科学家提出重大挑战，他们试图了解这些变化是如何发生的，以及为什么会发生，试图缓解这些变化对人类造成的影响，采用机械化大规模生产和使用化石燃料等技术变革是这场文化变革的关键因素。最近，数字信息技术的发展加速了财富生产过程，但是主导技术和潜在文化变革的人类行动者所做的决策才是推动这一非凡进程的最根本原因。

许多人将自由市场的资本主义视为人类自由、民主、经济增长和物质繁荣的表现，然而，资本主义是在没有民主的情况下发展和壮大起来的，其最初目的并非为人类大众创造繁荣或自由。自由和民主是最近才出现的概念，而非必然的历史发展趋势，与资本主义可能只是间接相关。不幸的是，如果经济按照目前的趋势持续增长，最终将会损害大多数人的自由、民主和繁荣。促使社会和经济规模增长的文化变革是人为主导的，从造福于全人类的意义上看，这一文化变革并非不可避免，也可能算不上是一种"进步"。

本章探讨人类主导的文化变革，这些变革不仅扩大了欧洲的社会规模，还形成了一个商业组织的世界体系（world system）②。这些变革既不是必然的，也并非不可避免。

---

① 民族国家：以一个或几个民族为国民主体的国家。

② 世界体系：一种国际等级制度，不同社会和文化在不平等交换基础之上融入单一的经济体，让财富向核心国家聚集。

这一观点与当下流行的文化发展"必然性"解释形成鲜明对比,后者将文化发展归因于:① 自然的人口增长;② 自然的技术进步;③ 自然的经济进步。由于部落文化中人口相对稳定,人口突然扩张发生在有政治组织的文化中,因此人口增长可以被认为是一个文化调节过程,而非自然常量,并且技术和经济组织显然属于文化现象而不是自然现象。

在一本关于全球经济的畅销书中,经济学家莱斯特·瑟罗(Thurow,1996)运用地质学板块构造原理解释了经济力量如何塑造世界,这一解释反映出人们普遍相信市场的力量不可抗拒,但却忽略了人的能动性。本书中一个主要假设是,经济增长不是一个"自然"过程,而是一种文化过程,是许多个人决策者在一些领域寻求更大经济权力的结果。

现在,许多设计和主导商业技术的人坚持认为技术变革是一种必然。例如,微软创始人比尔·盖茨说:"没有人可以投票决定技术是否会改变我们的生活。从长远来看,没有人能够阻止富有成效的变革,因为市场会无情地拥抱变革……我相信,进步无论如何都会到来,我们需要充分利用它,而不是试图阻止它。"(Gates,1996:11)

个人决策者利用特定的文化制度和文化进程来促进或限制增长,并引导文化朝着特定的方向发展。在前面章节中,我们看到政治统治者利用人口增长、技术和经济组织来扩大社会规模和增加社会复杂性,从而扩大自己的社会权力。这种人为主导的文化变革的缺点在于,决策者无法知道最终会产生怎样的后果,也不知道有多少人因此遭殃或受益。盖茨乐观地谈到计算机技术所带来的革命性甚至"地震"效应,他坚信计算机将改变我们生活的各个方面。但是,当他谈及工作的变化以及贫富悬殊是否会继续无法逆转地扩大时,他承认现在的确存在一些棘手的问题,尚无解决方案(Gates,1996)。这些问题非常严重,自1600年以来,以商业为导向的技术变革使少数人拥有巨额财富和巨大的权力,但是数百万人却陷入贫困。21世纪世界上大部分地区出现的政治不稳定部分归因于持续的社会不平等。

商业化主导的当今世界和以往的世界存在本质上的差异。商业化作为一种全新的、未经检验的文化过程,已经取代政治化和人类化过程。政治化是产生和维持高度集权的过程,已经成为商业世界的一个从属的文化过程和维持经济增长的条件,为商业化进程提供支持。世界上占主导地位的国家机构和国际机构主要关注如何促进金融资本(capital)① 积累持续增长以及促进作为商业生产、交换和商品及服务消费衡量标准的资金流动持续增长。

过分关注财富积累和集中,将其作为目标本身,这样的文化发展极不寻常。在大多数部落文化中,生产在家庭层面进行,以满足家庭需求,因此既不存在财富集中,也不存在贫困。只有在更加复杂的部落社会中,才会从文化层面激励某个家庭比其他家庭积累更多的财富,或生产超出当前需要的剩余产品。在古代美索不达米亚、安第斯山脉、古代中国和古印度,财富被用于维持政治化进程,财富积累本身并不是目的。在古代文明中,从农民手中榨取的财富用于修建寺庙、灌溉工程和防御工事。财富用于维护国家权力的基础设施,财富物品是政治地位的象征,用于奖励忠诚,并作为陪葬品埋葬于皇家陵墓和放置于木乃伊中。

---

① 资本:马克思使用该术语表示土地和工具等生产资料,通常指用于生产目的的财富累积。

第 10 章讨论的古代国家和帝国的罕见崛起和经常性崩溃,说明政治上有组织的社会并不是最可靠的人类生存环境,商业文化只有几个世纪的历史,但它以不同寻常的方式对世界带来改变和破坏,从长远看,其文化优势仍有待证明。在审视这一显著文化变革的主要特征基础之上,本章主要介绍欧洲宇宙学、封建主义、农耕制度、特定的商业资本家和伦敦穷人的民族史料,以追踪商业化发展。

一、增长的悖论

经济增长是当代商业世界的主要意识形态特征,是政府、企业和许多非政府组织的首要目标,也是制定无数政策和采取行动的主要依据。经济增长在文化信仰和习俗中根深蒂固,其至高无上的地位不容挑战,但它对人类和世界的真正影响并未得到很好的理解。从人类学视角看,经济增长是值得关注的文化现象,"经济"和"经济增长"这两个概念都是最近的文化发明,尽管人类以这两个概念的名义所采取的行动产生了巨大、真实和物质的后果,但是自相矛盾的是,经济增长与现实的物理世界只是发生部分联系。我们将经济想象成一种能够以多种方式增长的东西,就像部落和帝国世界的人一样,将自然力视为物体或者人格化的存在。关键问题在于,经济属于文化建构,经济增长本身并没有普遍惠及人类,相反,为人类带来许多负面影响。

(一)什么是增长?经济学家如何衡量增长?为什么增长如此重要?

国内生产总值(gross domestic product,GDP)[①]、国民生产总值(gross national product,GNP)[②]、国民总收入(gross national income,GNI)和股票市场平均指数是 20 世纪衡量经济增长的重要指标(方框 11.1)。这些经济指标的影响力体现在,已公布的国内生产总值数据和股票价格数据会左右人们的看法,继而对国内生产总值和股价产生影响。在文化建构的市场经济中,占主导地位的制度和意识形态特征所具有的反思性对理性的市场经济理论提出挑战。经济理论和经济学家对此表示支持,甚至成为当前许多政治意识形态以及国家和国际政治决策的基础(Fox,2009;Soros,2008)。尽管国内生产总值和市场的经验基础还不完全为人所知,但二者会对人类造成巨大影响。

> **方框 11.1**
>
> ### 经济学家如何衡量经济增长
>
> 在当代商业世界的资本中心,关于"经济"的讨论聚焦在以货币价格(利率)和公司股票价格指数(如道琼斯工业平均指数)衡量的国内生产总值

[①] 国内生产总值:一个国家所有常住单位在一定时期内的生产和服务活动按照货币价值计算的最终结果。

[②] 国民生产总值:一个国家在一定时期内的生产和服务活动按照货币价值计算的最终结果,包括外国投资或生产活动的净收益。

和"市场"。GNP 或 GNI 常用于衡量一个经济体的规模,"收入"指的是产品减去资本折旧。GNI 指一个国家国内生产的价值以及投资者在其他国家投资获得的回报,减去流向外国投资者的资金。在计算 GDP 或 GNI 时,还必须注意使用的是何种货币,是否根据通货膨胀率进行了调整,使用的是全球市场汇率还是购买力平价(PPP),后者根据各国国内基本商品的货币价值进行调整。GDP 和 GNP 中的"国内"和"国家"之间的区别非常重要,它提醒人们注意固定资本的作用,而不是资金流动和资本所有者的所在地。在社会权力的分配方面,收入流动与资本积累及财富之间的差异与人均 GDP 之间的差异一样重要。人均 GDP 是一个平均值,而不是按人口百分比或中位数实际分配给人们的收入或财富,中位数指个人收入或财富由高到低排序,处于中间位置的值。然而,过分关注 GDP 和人均 GDP 掩盖了所有问题。

GDP 是一个国家的年度货币流量,以收入或消费来衡量,政府和经济学家通常将这些描述为国家总量或人均国民平均水平。在大多数现代货币体系中,货币是无形的,是一种没有内在价值的交换手段,主要以数字信息的形式存在于账户中。货币衡量人与人之间的权利和义务,是社会权力的主要来源。货币可以作为收入流动,也可以作为财富或金融资本积累起来,财富分配往往比收入流动更不公平。同样重要的是,必须认识到还有其他重要的资本形式,如自然资本、人力资本和文化资本,它们以存量而非流动形式进行积累,但在国民经济话语中通常被忽视。

(二)发现经济

在国民经济核算概念提出之前,无法对经济增长进行衡量。这提醒我们,"经济"只是一个概念,并非实体。定义"经济"主要特征的经济措施从一开始就与政府政策以及如何利用这些措施促进资本积累(capital accumulation)①密切相关。经济和商业利益相关,这些利益驱动政治实践和政府政策。

威廉·普莱费尔(William Playfair)所著的《商业与政治图解集》(*Commercial and Political Atlas*)于 1785 年工业时代之初出版,这是经济学概念的一个重大突破,人们更容易将"经济"想象成位于时空中的物理对象。普莱费尔是一位苏格兰工程师兼经济学家,他的《商业与政治图解集》中包括一张 1700—1782 年英国进出口数据简表,这是有史以来出版的首张图表(图 11.1),表中的横轴表示年份,纵轴表示经济价值(以百万英镑计),陡峭上升的曲线表明,1780—1800 年近 20 年间经济显著增长。在该著作的第三版"统计学摘要:展现全新原则,欧洲各国和王国的资源"一节中,普莱费尔首次采用饼图,以生动的方式向人们展现经济形象。

---

① 资本积累:扩张财富和生产资料,用于进一步扩大生产。

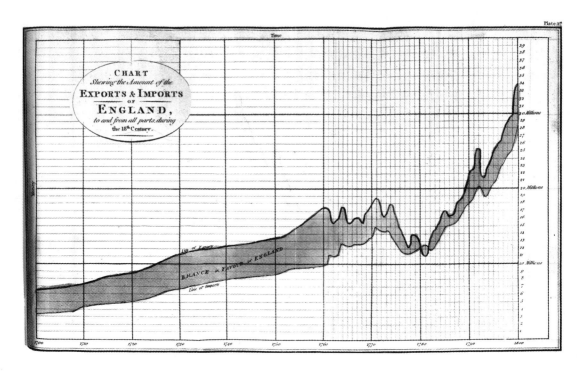

图 11.1　威廉·普莱费尔 1801 年绘制的 "18 世纪英国进出口数据图表"

尽管普莱费尔富有创意的图表让人们能够了解经济增长，但他本人对用这种方式衡量的增长收益表示怀疑，他认为最引人注目的增长已经过去，未来的增长不是无限的：

> 看到如此迅速的发展，我们不免会得出这样的结论：增长一定会达到某个不可逾越的极限，因为没有什么是无限的。尽管财富或者通常所说的商业繁荣能否为一个国家带来真正的好处是一个值得讨论的问题。但是，毫无疑问，在曾经享有财富之后再失去财富，是件非常不幸的事情。(Playfair, 2005: 2)

他指出，对于那些"从未富裕过"的民族（nations）[①] 来说，"一切都很好"。

二、资本主义文化

（一）人类经济学：生产与交换

现代资本主义经济和以往所有的生产和交换系统完全不同，资本主义的鲜明特征塑造了全球政治经济。本书所使用的政治经济学概念强调经济学与政治紧密相关这一事实，这意味着商业世界既关乎物质基础设施和意识形态上层建筑，还关乎由政治权力维持的社会结构。当今资本主义是一种特殊的财产制度，财富分配极不平等，最终依靠政府的

---

① 民族：在国际体系中拥有共同文化和身份的民族（参照小民族，small nation）。

强制力来执行。资本主义经济组织利用社会不平等,以人类历史上前所未有的规模促进财富积累和政治扩张。

独立于其他社会而存在的经济概念始于欧洲独特的文化建构,虽然所有社会都拥有生产和分配的文化系统,但是只有欧洲人相信人类的福祉取决于经济的增长。在部落社会中,欧洲人所称的"经济"完全嵌入日常家庭活动中。

区分亲属制、纳贡制和资本主义3种完全不同的生产和分配系统或经济制度,有助于对三者进行比较(Wolf,1982)。这3种经济制度分别对应部落、帝国和商业3个文化世界,并突显它们之间最重要的区别。

在第3~5章中讨论的亲属制生产方式(kin-ordered production)①是部落世界的文化特征。在该系统中,亲属关系构成文化所定义的社会类别,生产活动围绕这一类别展开。通过婚姻或家庭关系建立个人之间真实的或虚构的关系,确定粮食生产和分享的群组形式。在完全由亲属关系支配的社会制度中,生产主要是用于直接消费或实现使用价值(use value)②而非交换价值(exchange value)③。像蒂科皮亚岛这样的太平洋岛屿小酋邦,虽然世系群被划分为不同的等级,但是生产和分配仍然主要基于亲属关系。然而,太平洋大酋邦和夏威夷王国属于纳贡制政治经济体,大部分生产和分配由统治者掌控。

第7~9章描述的纳贡制生产方式(tributary production)④是古代文明的特征。在该制度下,平民或农民自己生产的粮食,而统治者依靠以贡品或税收形式提取"剩余"产品维持生活。一旦统治者提取的"剩余"产品威胁到生产者的安全或导致生产者生活水平低下,便构成剥削。土地所有权由国家所有,政治权力和意识形态迫使农民将剩余产品上交给国家。通过将主要生产者置于相对于非食品生产精英的从属地位,来维持提取剩余产品的制度。大量积累的财富用于购买奢侈品或修建令人敬畏的庙宇以及举行奢华的葬礼,以显示地位上的差别。由官僚组织的贡品提取通常与商人管理的远距离面向市场的交换系统并存,发达的市场体制有助于统治者获得具有异国情调的奢侈品,但是完全商业化的生产和分配体制会破坏支撑纳贡制的地位结构,并且理论上会像历史上那样将纳贡制生产方式转变为资本主义生产方式(capitalist production)⑤。

(二)资本主义和资本主义经济学的意义

值得注意的是,对于"资本主义"这样一个常见的术语,经济学家们却很难就其定义达成一致(Scott,2011),该术语背负了太多无意义的意识形态色彩,他们有时甚至完全摒弃这一术语。通俗思维将资本主义看作社会主义的对立面。然而,首先,笔者更倾向于按照其字面意义将资本主义理解为"对资本的信仰",而资本是财富的一种形式。同样,社会主义可以理解为"对社会的信仰",一个成功的社会文化世界既需要财富,又需要社会,因此,资本主义和社会主义之间不应该是对立关系。然而,概念上资本主义

---

① **亲属制生产方式**:在家庭或亲属关系之间组织劳动生产,所生产的产品主要供家庭使用,而不是用于交换。
② **使用价值**:为家庭消费而生产的商品的价值,通常存在于亲族制生产模式下。
③ **交换价值**:货物被用作商品时的价值。
④ **纳贡制生产方式**:自给自足的农民通过纳贡的形式向国家上交剩余产品的生产模式。
⑤ **资本主义生产方式**:少数人占有生产资料,剥削雇佣工人的生产方式。

和资本主义经济学是一种强有力的文化工具,能够影响人们的思想、做法和行为。例如,当前盛行的资本主义新自由主义意识形态优先考虑"自由市场"概念,并将经济增长和资本的持续积累作为人类最重要的目标。

历史上发展起来的资本主义生产体系可以有效区别于亲属制和纳贡制。在资本主义经济学中,商品化(commodification)①过程占主导地位,土地、劳动力、技术、货币、原材料,以及商品和服务均可成为可以买卖以获取利润的商品(commodities)②。资本主义生产体系概念的用处在于,它让人们注意到这样一个事实:生产所需的一切以及商品和服务的分配都可能由少数人即"资本家"决定性地拥有和控制,他们从商业交易和所控制的财富中获得社会权力。实际上,资本家是商业世界的精英主导者,他们还可能是特定国家的政治机构和意识形态系统的领导者,因此他们会对全球体系产生影响。

劳动力货币市场的历史性出现是资本主义的一个显著特征,与纳贡制相比,对雇佣劳动的依赖更加明显地降低了家庭自给自足的程度。政治经济学家和理论家卡尔·马克思认为,当资本家将农民与构成他们生产资料的土地和其他资源分离,迫使农民出卖劳动力为生,劳动力市场就在历史上出现了。劳动者逐渐形成一个社会阶级,其特征是与生产资料相分离。土地和工具成为只有少数人能够拥有的资本,基本产品变成可以销售的商品,这就是商业化过程中的资本化(capitalization)③子过程。

资本家或资本所有者作为一个社会阶层,通过占用除劳动力及资本成本之外的剩余产品来获利。在该生产模式下,为增加利润,资本家想方设法积累盈余,比如降低劳动者工资和提高技术水平等。资本家维持低工资以增加利润的意愿与劳动者增加劳动产品份额的意愿背道而驰。资本家之间为了增加利润相互竞争。追求利润的动机以及因获取资本的机会不同而产生的社会阶级之间的利益矛盾,鼓励经济精英对政治统治者施加影响力来增加自己的社会权力。精英们游说政府出台政策,将公共资金用于改善基础设施和增加社会机构,从而促进资本密集型技术的发展、提高产量和扩大市场。资本家还倾向于支持扩张主义的外交政策,以便能够获得新的劳动力、市场、原材料和土地资源,进一步实现个人财富积累目的。

哲学家亚里士多德描述的古希腊经济概念说明帝国世界和商业世界之间存在显著差别,古希腊人将经济理解为家庭经济(oikonomia),并非脱离日常生活而存在,他们设想一个稳定的嵌入式经济(embedded economy)④,就像部落世界一样,并不关心经济的增长。古希腊人虽然容忍那些沉醉于赚钱的商人,但是认为商人从不平等交换(unequal exchange)⑤中谋取不当利益而鄙视他们。

理想情况下,古希腊社会应该由相对平等的公民组成。财富积累可能导致奢侈浪费和不当行为,因此会受到质疑,但是如果将财富用于服务公共利益,财富可能成为一种荣誉。古代城邦阿提卡(雅典)2/3的财富是建筑物和硬币,其余的则是农田、奴隶、

---

① 商品化:将土地、劳动力、货币、基本商品和服务等用于市场交换和买卖。
② 商品:市场经济中为出售和产生交换价值而生产的基本商品,以获得利润和积累资本为目的。
③ 资本化:生产资料所有权与劳动相分离。
④ 嵌入式经济:经济系统嵌入整个社会和文化系统之中,只能在特定的社会、政治和宗教文化背景下观察和理解的经济。
⑤ 不平等交换:基于市场的交换,其中一方始终能够获得更多的利润和财富。

牲畜和动产（Goldsmith，1987），一半以上的财富掌握在公众手中。同样值得注意的是，大多数公共财富不产生经济效益，其中近 1/4 的财富来自宗教建筑和宗教物品。相比之下，2000 年美国绝大部分财富为金融资产（75%）和建筑物（23%），土地和所有动产只占总资产的 2%（图 11.2）。1995 年，美国联邦政府、州政府和地方政府只拥有全国财富的 11%。

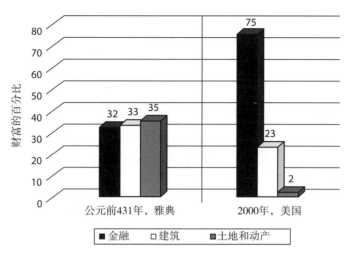

图 11.2　古希腊和美国的国民财富构成

（三）西方宇宙观与工业革命

马歇尔·萨林斯（Sahlins，1996）指出，正如《创世纪》中所述，犹太教和基督教宇宙观将世界上的邪恶归因于人类的自由意志所导致的行为，在文化传统中显然是独一无二的。西方宇宙观认为，由于人类在伊甸园犯下的原罪，人类天生就是邪恶的，他们所遭受的苦难是对邪恶人性的自然惩罚。这种悲观的宇宙观源于宗教信仰，但关于人性和经济稀缺性的基本假设似乎已经渗透于西方的科学和世俗思想之中。

欧洲启蒙运动代表了一种思想上的改变，在保持原罪和人类弱点这一基本信念完好无损的同时，让追求财富成为值得拥有的目标。物质进步被认为是理所当然的，尽管这种观点忽略了这样一个矛盾，即物质进步会促使人类的需求增加，永远无法满足。商业、工业技术和经济学旨在帮助人们减弱贪婪人性所暗示的不可避免的稀缺性。萨林斯（Sahlins，1996：401）所称的"工业启示录"反映了一种悲哀的现实——在世界上最富有的社会中，稀缺的主观体验与财富的客观产出成正比。事实上，经济增长必然导致贫困。

在西方宇宙观中，人们受自然法则的驱使，追求快乐和避免痛苦。就像市场供求"规律"或"自由贸易"会为经济商品提供最佳分配方式一样，社会本身被认为是自私的个体追求自我满足的产物。正如前几章所述，这种人类生存观与部落民族的信仰截然不同。部落民族认为生活是美好的，他们可以通过自己的努力满足所有的物质和情感需求。文化上的解放和赋权让部落民族最大限度地实现个人自由和自治，而不是将社会视为一种强制性权力。

和部落社会相比，从奥古斯丁主教到霍布斯等西方哲学家以及许多现代社会学家和人类学家，均认为社会是一种强制性的权力结构，这一观点将社会等同于政府，并将社会视作对自私和险恶人性的自然反应。萨林斯甚至认为，亚当·斯密（本章稍后进行讨论）提出的"无形之手"（invisible hand）[①] 理论以及人类学和社会学提出的功能主义理论，均起源于中世纪宇宙学中对神圣天意的阐释。我们身边所发生的一切均代表上帝的意志或社会的计划，并让集体受益。启蒙哲学家提出的自然法则为经济学、自然科学、政治科学和国家宪法奠定了基础。

人类普遍认同精神灵魂脱离肉体而存在，但是只有西方人认为身体和灵魂相互冲突。中世纪哲学家将身心二元论运用于人类社会和自然，将人类置于动物和神灵之间的等级"存在链"中，赋予人类动物的肉身和神灵般的智慧（Lovejoy，1936）。犹太—基督教信仰人类主宰自然，将自然物化并将自然之物视为商品，从而为资本主义铺平了道路。二元论和普遍商品化思想不同于其他任何文化，在其他文化中不存在有别于超自然的自然概念。基于西方宇宙观的人性邪恶说、自然稀缺性、人类无穷无尽的欲望、人类与自然相分离，以及基于自由贸易的完美市场，让人们相信他们的文化自然进化是为了满足全人类的需求，而不是由特定的人设计，用于满足少数人的特殊需要。

（四）伊曼纽尔·沃勒斯坦论资本主义不平等与不稳定性

根据社会学家伊曼纽尔·沃勒斯坦（Wallerstein，1974）指出，16世纪随着资本主义在欧洲出现，组织独特的全球性世界经济体系在20世纪早期诞生。资本主义作为一种社会制度之所以能够成功，是因为事实证明，和早期的纳贡制帝国相比，资本主义能更有效地占有剩余生产。运用强制手段榨取剩余生产的帝国，其维持成本高，并且非常脆弱。早期的非资本主义国家实际上属于"稳态系统"，往往因政治组织不稳定在一定时期内经历兴盛和衰亡。与早期部落文化相比，早期的国家和帝国人口密度和总数要大得多，但是绝对规模仍然受到有效限制。

资本主义世界体系可以在没有全球性政治权力机构的情况下运行，因此，理论上资本主义可以实现全球扩张，各国只需要维持国内秩序、执行合同和鼓励国际市场经济。资本主义扩张的关键在于，市场经济推动技术进步，从而提高生产力，但与此同时，国际化分工却允许成本和收益分配不公。

新兴资本主义世界体系是一个多层级的经济体系，分为欧洲核心（core）[②] 和东欧及新大陆外围（periphery）[③]。每个区域都有其独特的地理环境、政治组织、经济生产和劳动控制形式，而外围区域国家通过不平等交换与核心区域国家联系在一起，帮助核心区域国家积累资本。受剥削的下层阶级集中在外围，被迫成为欧洲核心区管理者的奴隶和农奴。劳工们为了工资而工作，小农户们耕种自己的土地，而商人和实业家们作为不平等交易的主要受益者，利用特权地位获得巨额利润。

---

① 无形之手：指市场的自我调节作用。资本家相信，通过供求关系的作用，市场的力量将促进经济持续增长，让所有人受益。

② 核心：处于世界体系核心的富裕工业国家，是不平等交换的受益国。

③ 外围：资本贫困地区，核心国家通过征服和胁迫手段，将这些地区纳入早期资本主义世界体系，为核心国家提供原材料和劳动力。

在这样的背景下，必须注意世界和全球之间的区别。资本主义世界体系最初并不涵盖全球，而是始于欧洲并逐步向外扩展。该体系起源于一场经济危机，至1450年，那场危机破坏了欧洲封建制度，并以牺牲农民利益为代价鼓励资本积累。从新大陆掠夺来的黄金和白银刺激了扩张，资本主义世界体系在1640—1815年得到巩固。工业革命将煤炭作为新的能源基础，进一步促进扩张。

沃勒斯坦（Wallerstein，1990）列出6种代表现代世界体系特征的不稳定现实：① 等级分工；② 定期扩张和合并；③ 持续积累；④ 持续进步；⑤ 个体和群体两极分化；⑥ 永续增长的不可持续性。

这些特征反映了资本主义体系中的关键矛盾，催生了倾向于模糊现实并有助于维持系统运行的意识形态。

全球分工将世界整合成一个基于剥削和不平等的单一生产系统，自相矛盾的是，该生产系统受到强调和平与世界秩序等普世价值的意识形态支持，种族主义意识形态被用来为外围群体的弱势地位辩护，根据不同群体假定的内在价值和能力，经济回报实行差异化分配方式。

1450年之后，资本主义世界体系经历多轮扩张，其特点是其他文化群体持续不断地融入外围，这一趋势受到意识形态的支持，呼吁所有民族融入西方文化，认为其他文化根本无法依靠自己的力量"进步"。21世纪，全球资本主义经济并非仅仅由"西方"核心驱动，曾经的外围，比如中国，已经形成自己的聚集中心。

当工人们被意识形态说服，以努力工作和提高竞争力为美德，持续的资本积累就会变得更加容易。德国社会学家马克斯·韦伯在其著名论著《新教伦理与资本主义精神》（Weber，1930）一书中指出，极端的加尔文主义新教而非天主教鼓励资本积累。根据韦伯的说法，德国加尔文主义者认为，不断努力工作是证明一个人注定得到救赎的最好方式，这一信仰对新经济精英的行为在宗教上予以认可。

资本主义通过不断扩大贫富差距让社会两极分化，然而这样的社会本身是不稳定的。因此，世界体系中主流神话在文化上遭到否定，该体系忽视人口增长、健康问题、繁重的工作量和不利的环境影响，这些都是生活水平下降的明显指标。处于核心的精英们告诫外围国家要加大"发展"力度，同时暗示，未能实现发展一定是因其种族或文化劣势所致。

通过超越以国家为基础的政治经济的限制以及建立以资本主义市场交换为基础的跨国商业帝国，精英阶层进一步集中社会权力。向跨国商业帝国的转变对人类具有重要意义。商业化组织、全球一体化的文化之所以重要，是因为文化多样性正在以前所未有的规模减小，绝对贫困人口数量急剧增加，全球一体化文化最终可能受到生物圈完整性限制或受到人类承受大规模贫困的能力的限制。这些问题将在第13章详细探讨。

三、资本主义的欧洲起源

商业化过程植根于大多数古代农业文明中的初级市场、贸易结构、货币体系以及手工艺专业化，但政治统治者为了保护自己的个人权利，对商业活动进行谨慎监管。在罗马帝国崩溃后的几个世纪里，欧洲商人和商业逐渐成为文化发展的主导力量，政治经济学家卡尔·波兰尼将"市场社会"的兴起称为"大变革"（Polanyi，1944）。巨大的文化变革是如何发生的成为一个有趣的人类学问题。由于在政治化过程中，几乎所有的资源均由教会和国家控制，严格的社会等级制度根深蒂固，经济增长已明显达到极限。既定的世袭统治者对崛起的商业精英态度矛盾，他们试图限制商业精英的活动并与之结盟，建立一种可持续的模式，关键在于商人以各种方式逐渐成为文化发展的推动力。

21 世纪，为应对来自中东的移民，种族主义—民族主义运动在整个欧洲蔓延，因此在考察资本主义如何在欧洲发展之前，有必要将这些事件与欧洲祖先深厚的史前史联系起来。现代人占领欧洲至少长达 45000 年，很显然，欧洲血统非常复杂，对古代和现代欧洲人的 DNA 分析显示，历史上与全球气候变化相关的人口流动和基因混合以及与基因无关的民族之间的文化共享非常频繁。迁徙人口本身就是遗传和文化的混合体，最早的欧洲民族显然没有留下任何遗传痕迹。但是那些生活在距今 14000～37000 年（包括盛冰期）的人是单一觅食种群的后代，他们在当地生活长达几千年，与澳大利亚的情况类似。距今 14000 年前，随着气候变暖，来自中东的觅食民族到达欧洲，并与当地人混杂在一起。距今 5000～9000 年，来自中东的新石器时代的农民和来自东欧的草原牧民涌入中欧，并蔓延到西欧的大部分地区，远至英国。这两个群体显然都讲印欧语系的语言（Fu 等，2016；Olalde 等，2018；Reich，2018：77-121）。

（一）封建君主制度下的商业化

1086 年诺曼征服后不久，征服者威廉开展的英格兰土地调查（domesday survey of England，英国国家档案馆，2015）为衡量商业化带来的文化转型提供了极好的基准。这项调查戏剧性地揭示了社会权力的显著集中，并显示在商业活动很少的前工业技术条件下权力的局限性。当时的英国是一个典型的帝国主义世界王国，大约 200 万居民中，90% 以上是农场工人，生活在乡村的庄园和附属村庄里。农民在家庭、村庄或庄园里兼职做磨坊工、铁匠、陶工和织布工，生产大部分食物和制造家庭消费品，只有 12000 人住在最大的城市伦敦。海外贸易和大部分工业活动主要为世袭贵族提供奢侈品，贵族的人数可能不到 40000 人，包括男性、女性和儿童，约占总人口的 2%（表 11.1）。政治权力和土地所有权掌握在国王和贵族手中，根据皇家宪章，40% 的土地由 32 位大地主控制，其他大部分生产性土地则在转租人控制的庄园里，所有地主都是国王的代表。

表 11.1 1806 年按照财富、收入和社会阶层划分的英格兰诺曼王朝

阶级	等级	家庭数（个）	人口（人）	平均收入（£）	人口百分比	收入百分比
贵族	超级精英				0.06%	41%
	国王	1	5	20000		
	男爵	10	50	1500		
	产业巨头	171	855	130		

续表

阶级	等级	家庭数（个）	人口（人）	平均收入 £	人口百分比	收入百分比
贵族	精英				2%	14%
	地主	900	4500	8		
	转租人	6000	30000	2		
平民	维修工				8%	5%
	市民	4000	120000	0.3		
	穷人				90%	40%
	自由农民	38511	192555	0.2		
	非自由农民	236568	1182840	0.2		
总计		306161	1530805		100%	100%

资料来源：数据引自 Snooks 1993，Roberts 和 Roberts（1980），Bodley（2003）。

大部分英国人口是农奴（非自由农民），他们拥有小块生活用地的使用权，作为回报，每周为地主或庄园主工作 2~3 天，并提供各种额外的服务以及支付税收和款项。这些小块土地在敞田制（见方框 11.2）下合作经营，允许农奴充分保留家庭生活的优势。大约 10% 的人口属于动产奴隶，除贵族和少数富有的城镇居民及神职人员，大多数人无法控制日常生活的条件。在接下来的 300 年里，大部分农民的生活水平持续下降，但少数地主和商人进入不断增长的国际羊毛市场，生活条件日益改善。英国人口增长了 3 倍，达到 600 万左右，其中大约 15% 的人生活在不断扩张的城市中心（Miller & Hatcher, 1995）。

方框 11.2

敞 田 制

地主、实业家和商人为了获得增加财富所需的劳动力和原材料，迫使自给自足的欧洲农民放弃几千年来敞田制下赖以生存的土地使用权。依靠合作犁耕农业的平等农民合作社实行敞田制，主要是为了满足生存需要，而不是生产用于销售的剩余产品（Orwin & Orwin, 1967; Seebohm, 1905）。在政治动荡时期或市场准入受到限制时，敞田制有助于个体农民在变幻莫测的环境中最大限度地减少因农作物歉收带来的风险（McCloskey, 1976; Townsend, 1993）。尤其是在每个农民不一定都拥有犁和牵引役畜的情况下，农民合作耕种更加重要。

敞田制下，农民独自拥有的狭长地块被合并成一块更大的土地，每块土地的面积约为 6 亩，相当于一个犁队一天的工作量。地主为每位农民分配约 180 亩土地的使用权，狭长的地块分散在庄园各处（图 11.3）。农民耕种其中一半的土地，足以满足家庭一年的生活需求，另一半土地处于休耕期，以保持土壤肥力。每个农民拥有的地块并不集中，这样的分配方式更加公平，确保每个农民拥有同等质量、离村庄距离相同的地块。土地被犁成约201米长的块状（平行的窄条地块），形成拼布效应，土地的形状决定耕作的方向。只要耕地没有围栏，收获之后就可以用于放牧。每个家庭还可以使用耕地以外的公共牧场、草地和林地进行狩猎、放牧和采集木材。

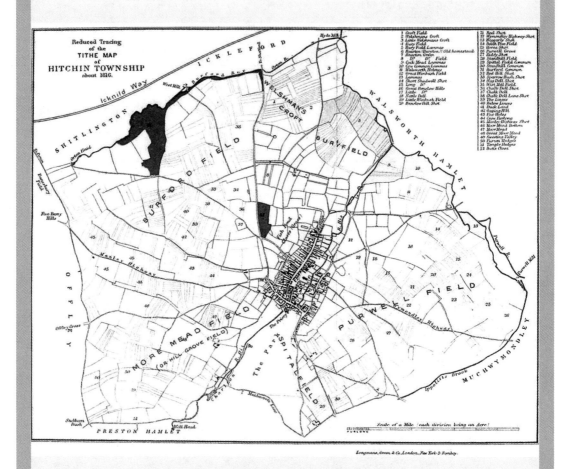

图11.3　1816年英国希钦村实施的敞田制
显示个人持有的地块，希钦村位于地图中心的十字交汇处，数字表示地名。

部落敞田制出现在罗马人之前，并在中世纪的欧洲以各种形式运作，但是敞田制不符合大规模商业化农业的需求。到15世纪，英国地主开始实施封建土地制度，敞田制不再适应新兴城市和国际市场带来的新机遇。土地所有者用栅栏围住土地，用来饲养大量的绵羊，以满足城市日益增长的羊毛市场需求。在此过程中，自给自足的佃农和小农场主被赶出土地。18世纪，由于引进新的农作物品种和采取更加集约化的生产系统，引发第二次圈地浪潮。

(二)金融革命与财政—军事国家

直到19世纪,支持大规模生产的工业技术才开始产生重大影响,但资本主义的基本制度结构,如股份制公司、证券交易所和投资银行,在1700年前就已经在欧洲打下坚实的基础,垄断、贿赂和市场操纵等不光彩的文化特征已经司空见惯。在资本主义出现之前的中世纪欧洲,商业活动受到教会和国家的严格管制,严禁个人聚敛钱财,价格通常被固定在"合理价位",放债者和富人遭到鄙视,有专门的法律限制奢侈品消费、赌博和禁止放高利贷(收取过高利率),垄断、高价倒卖等牟利行为被列为"破坏公共贸易罪"而遭到禁止。

货币仅用于为市场提供相对稳定的硬币供应,并且没有银行。但是随着区域间贸易的稳步增长,统治者开始发动时间更长、耗资更多的军事行动,他们采用更加灵活的方式处理货币,并将货币概念化。钱具有象征性和真实性双重特征,其主要功能是储存,钱既是存在于账户里的一串数字,又是流通中的货币,还可以存在于人们的想象之中。"信用"(来自拉丁语 credere,意为"相信")基于对回报的信任,使得人们能够以惊人的方式增加和操纵货币。信用概念基于手中掌握的财产和即将获得的财产之间的区别,从合同概念简单延伸而来。当信贷、利息、银行、纸币和证券在文化上被接受时,一场金融革命随之爆发,资本主义应运而生,这一文化变革与新石器时代革命一样具有重大意义。

1600—1850年,政治动荡是欧洲、俄罗斯、中国、奥斯曼帝国以及日本等君主政体的特征,历史学家称这一时期为"早期现代世界"。受利己主义精英之间的竞争所驱动,这一阶段是商业世界一些重要特征形成的关键时期。至少在欧洲,精英们成功创造了以自我利益为主导的政治经济。所有这些君主制国家均以农业为主,但都是以市场为基础的政治集权社会,由政治和宗教官员、各类精英及平民组成。在这一时期,除政治统治者外,宗教领袖也属于部分自治的精英。总体而言,精英阶层属于富裕家庭,代表土地所有者、商人、管理者、军事和宗教领袖,他们的利益各不相同,但又相互重叠,精英们可能为了争夺财富和对国家的控制权而相互竞争。广大民众愿意为国家缴纳合理的税赋,以保障他们的基本安全、就业、基础设施和基本生活用品的供应。如果情况不如意,民众可能对当地的精英以及国家产生不满情绪。和古代帝国世界不同,早期商业世界的人,无论是农村还是城市,通常依赖市场以及租金、工资和市场定价的商品来满足基本需求。无论精英或平民,每一个人和国家均受到市场的影响。

公司化(corporatization)① 即商业公司的形成,是商业化的一个重要的子过程,允许商业企业成为虚拟法人,并对个体所有者的责任进行限制,理论上可以让企业永远存续并积累无限的权力。相比之下,个人独资企业受到其所有者寿命的限制。

1609年成立的阿姆斯特丹汇兑银行或许是第一家大型银行,之后不久,阿姆斯特丹证券交易所诞生,作为现代纸币和支票前身的首张纸币由斯德哥尔摩银行于1661年发行,纸质汇票和纸币极大地促进了国际贸易、政府和商业金融以及资本投资,富有进取心的银行家发现,他们可以贷出比他们实际持有的存款还要多的钱,经济因此得到快速增长。金融资本是资本主义的核心,而货币作为一种文化符号,让经济无限增长看起来

---

① 公司化:企业形态完全脱离个人色彩。

是可能的、不可避免的和顺理成章的。

金融系统演变成一个小型个人网络，游走于政府、军队和金融机构之间，想方设法积累财富。政治统治者向富人借贷，用于军费开支，银行家们将债券再卖给富人。他们鼓励军备竞赛，但投资者、银行家和军事承包商均从中受益，并将成本转嫁给纳税人。投资者既可能是借钱的政客，也可能是银行家，这种安排是金融化（financialization）[①]过程的一部分，有助于创建"财政-军事国家"，并成功推动经济增长（Brewer，1989；Carruthers，1996）。

金融革命突然为富人提供了一种强有力的手段，让文化发展为个人利益服务。人们普遍认为金钱就是权力，但是成功的金融家不需要个人富有，信贷和新设立的金融机构允许金融家通过利用他人的钱来扩大自己的权力。

资本主义并非凭空产生的，经济历史学家将资本主义的出现归因于不断增长的消费需求。但是市场需求来自有钱人，而不是努力维系生计的广大欧洲人民。这些"需求"包括建造宫殿和豪宅、购买奢侈品和维持军事力量，以满足贵族的需求，并供养他们的侍从、工匠、士兵和朝臣。除此之外，富人们还需要掌握有利可图的投资机会，金融方面的需求为最有权势的商人和金融家管理巨额资本创造了令人兴奋的机会。

一些显赫的家族，如奥格斯堡的富格斯家族（1367—1641年）、佛罗伦萨的美第奇家族（1434—1737年）和法兰克福的罗斯柴尔德家族（1770年至今），是欧洲资本主义的主要金融架构师。这些家族以及少数银行和贸易公司的所有者和董事，如阿姆斯特丹银行（1609年）、英国银行（1694年）、英国东印度公司（1600年）和荷兰东印度公司（1602年）是财富积累、交换和货币营销背后的驱动力，早在工业革命之前就开始扩大文化规模并改变世界。到19世纪，英格兰银行已成为世界的中央金融机构（见图11.4和方框11.3）。

图11.4　19世纪末位于伦敦的英格兰银行

[①]　金融化：涉及金融资本、货币和证券流通，而不是商品和服务的实际生产和分配的文化过程。

> **方框 11.3**
>
> ## 伦敦的英格兰银行
>
> 图 11.4 拍摄于 1892 年,照片及文字显示当时英格兰银行在文化上的重要性。
>
> 在伦敦市中心,矗立着一座低矮、巨大的建筑,上面布满烟尘,外墙没有一扇窗户,这就是英格兰银行。无窗设计能够更好地保障银行内贵重物品的安全,室内光线来自庭院和天窗。这座建筑占地 24 亩,看起来就像一个巨大的、坚固的盒子。英格兰银行虽然属于国家机构,但本身是一家私营公司。当时,该银行资本约为 7500 万美元,仅金条的价值至少达 12500 万美元。银行事务由 1 名行长、1 名副行长、24 名董事和 900 名职员共同管理。这座建筑地下的房间比地上还要多,让人充满敬畏之情。仅从外观上看,这座建筑毫无魅力,但它是这个世界上最富有、最具影响力的帝国的代表,它掌握大英帝国的命脉,能够调节金融世界的脉搏。在这座巨大建筑的墙内,无论做出何种决策,都会波及世界的另一端。如果公众对这座金融机构的信心发生动摇,将对整个世界带来难以估量的冲击,可以用曾经描述罗马斗兽场的话来形容英格兰银行:"当英格兰银行巍然屹立时,英格兰亦将屹立不倒;当英格兰银行倒塌之时,英格兰亦随之崩溃;英格兰倒塌之时,世界亦将倒下。"(Stoddard,1892:93)

(三)欧洲的婚姻与家庭

中世纪欧洲的亲属关系和婚姻制度受到经济不平等的严重制约。虽然欧洲文明仍以农耕文明为主,但人们在结婚和建立新家庭之前需要获得个人土地所有权。庄园制度下,土地供应极为短缺,甚至农民租用小块土地的权力也是一项需要保护的重要遗产,必须予以保障。土地权通常通过继承传给男性,而女性则在结婚时获得动产或钱作为嫁妆,这意味着男性可能要到 25 岁以上才能结婚,还意味着许多男性和女性永远无法结婚,最后他们遁入宗教寺院,成为僧侣或修女。

欧洲婚姻以阶级内婚制为特点,即新娘的嫁妆和新郎的遗产必须门当户对才能结婚,遗产和嫁妆是衡量社会地位的大致标准,意味着父母通常会在自己的阶层内为孩子安排婚姻,但与此同时,人们试图高攀结婚(Goody,1976)。嫁妆有助于上层阶级保持其财富完整性,由于一个家庭不可能分出多份嫁妆,因此,一夫一妻制是欧洲首选的婚姻形式。欧洲重视女性婚前贞操、年长女伴陪护和包办婚姻,以防下层男性和上层女性结婚而稀释家族财产(Stone,1997:229-234)。

大多数欧洲家庭是小型核心家庭,农民家庭平均为 4.5 人。庄园里有许多单身家庭,这种情况在部落世界无法想象。除了非常富有的人之外,贫穷的农民资源很少,无法形成有价值的共同财产,因此不存在共同的后裔群体。欧洲农民远比大多数部落社会的人贫穷,部落社会中每个人都能获得丰富的物质、社会和精神资源。与农民相反,为数不多的欧洲上层社会通常维持着庞大的家庭,家庭成员和佣人众多。一个极端的例子是,法国国王路易十四(1643—1715年在位)的家庭侍从多达500名。家人和亲属对贵族来说非常重要,他们拥有大量的共同财产和财富可以传给下一代。英国的公爵、侯爵、伯爵、子爵和男爵等贵族需要大量的家谱来记录他们复杂的亲属关系及继承的头衔。

四、大英帝国时期的增长与贫困

(一)工业革命与消费文化

1760—1830年,伴随着现代世界体系的建立,最显著的变化是人口和资源消耗急剧增加。在工业革命之前,世界人口增长相对缓慢,大约250年里人口翻了一番。然而1850年之后,随着工业化(industrialization)①的迅速发展,欧洲人口在短短80年内翻了一番,而美国、加拿大、澳大利亚和阿根廷的欧洲人从1851年至1900年间增加了2倍,部分原因在于大规模移民,大约3500万人离开欧洲(Woodruff, 1966)。

随着人口的增长,消费模式逐渐发生转变,标志着与帝国世界相对稳定的经济彻底决裂。资本主义经济增长需要人均消费持续增加,将不可避免地耗尽核心国家的资源。例如,到1850年,英格兰境内的谷物、木材、纤维和皮革已经无法满足需求。新兴工业化国家最初通过扩大贸易网络和殖民地等方式,从世界其他地方获取更多的资源。同样重要的是能源的转变,从使用具有古代文明特征的可再生太阳能驱动的燃料,如木柴、风和水,以及依赖牵引动物和人力等,转变为使用不可再生的化石燃料如煤炭等为工业机器提供动力,这一转变被称为燃料革命(fuel revolution)②。许多早期的文明运用复杂的劳动分工、流水线批量生产技术,以及各种简单的机器,然而,他们对可再生能源的依赖符合相对稳定的消费模式。

19世纪,煤炭为西欧和北美的工厂、轮船和火车提供动力,并为石油时代铺平了道路。从短期来看,化石燃料的使用使工业资本主义世界体系能够以不可持续的水平消耗全球资源,以实现本不可能的增长。工业资本主义作为一种消费文化在人类历史上是独一无二的(Bodley, 2008),在该文化中,经济、社会和信仰体系必须适应于"不可持续的资源消耗水平,并不断提高人均资源消耗量"。从生物学角度看,这是过度消费(Odum, 1971)。城市生物失衡和不断增加消费带来的压力迫使工业资本主义成为全球体系,否则难以为继。

历史学家经常用工业革命这一标签来解释资本主义的崛起,过分强调技术因素的作用。然而和新石器时代一样,推动改变的不仅仅是技术,引发工业革命的不仅仅是某个特定民族的天才创新者们,社会制度和意识形态领域发生的文化变革使得强大的经济精英们得以推动技术创新。资本主义发展所遵循的特殊形式并不是提高生活水平和增进人类福祉的唯一途径。

---

① 工业化:商品和服务的大规模生产、分配和消费。
② 燃料革命:大规模使用煤和石油等化石燃料。

增加产量并不是为了应对人口压力,而是由组织变革所导致,比如前面描述的圈地运动(enclosure movement)①。通过圈地将更多的土地投入生产和促进技术变革,比如采用新的作物品种和种植制度(Ashton,1969)。圈地过程得到政府法令的支持,被赶出土地的人被认为可以自由从事其他工作,但实际上,他们要么成为流浪者,要么在城市里新建的工厂中接受收入低廉的工作。历史学家和经济理论家承认,社会不平等甚至可能"不公正",是鼓励资本积累,为工业革命的技术创新提供支持的关键,但是他们仍然声称,增长会让所有人受益(Ashton,1969)。

圈地运动只是一系列大规模文化破坏的开始,随着资本主义世界体系的不断扩张,这样的文化破坏最终蔓延至全球。下面以糖的生产、分配和消费作为案例,探讨资本主义世界体系扩张的第二个阶段。

(二)糖、奴隶制度和世界体系

随着欧洲企业家开始积累资本,他们抓住通往亚洲和美洲的新贸易路线带来的机遇。英国海外商业帝国基础由 6000 名投资者在 1575—1630 年的几十年内形成,他们来自 33 家总部设在伦敦的股份制公司,以寻求海外利润为投资目标,例如,某一年里,约有 2500 名投资者参与其中,大部分投资人是富商、地主贵族和国会议员。这些投资公司的董事也许只有 100 多人,他们为北美洲的弗吉尼亚和马萨诸塞殖民地、英国东印度公司,以及非洲、东欧和其他地方的各种殖民地提供资金(Rabb,1967)。他们的决策创造了现代殖民主义,并最终改变了世界。

正如人类学家悉尼·明茨(Mintz,1985)所说,精制糖或蔗糖在英国殖民主义和现代世界体系的兴起中发挥了重要作用,有助于促进资本积累,并帮助英国下层阶级适应生活条件的变化。在工业革命期间,糖从 1750 年前欧洲罕见的奢侈品转变为 1850 年的家庭必需品,在此过程中,英国的生计系统从传统上依赖当地生产的廉价复合碳水化合物——小麦,转变为进口的、高能量简单碳水化合物——蔗糖,并让蔗糖成为中下阶层的主要食物之一。

1650—1750 年,在英国资本主义发展的早期阶段,糖是从殖民地进口的重要产品。英属西印度群岛种植园的奴隶生产的糖支撑着一个重要的三角贸易区,帮助资本主义核心国家进一步积累利润。布料、工具和铁镣铐等制成品从英国运往非洲,奴隶从非洲运至西印度群岛,糖从西印度群岛运往英格兰,在那里进行精炼(图 11.5),因此糖在为制成品提供市场的同时,有助于创造直接利润。在此过程中,数百万的非洲奴隶被迫每天工作 12 小时,为自己赚取食物。19 世纪 30 年代,英国殖民地废除奴隶制后,大约有 5000 万亚洲人(主要来自印度)作为合同劳工被送到产糖区。

只有少数人从糖的贸易中获得丰厚的利润,例如,1688 年英国只有大约 2000 名资本家商人(King,1936),1812 年,大约有 3500 名知名商人和银行家(Colquhoun,1815)。1735—1784 年,只有 4 个彼此联系在一起的杰出伦敦商人家族及其 19 名合伙人在糖贸易区持有和经营企业财产(Hancock,1995)。其中一位名叫理查德·奥斯瓦尔

---

① 圈地运动:17—18 世纪的欧洲,开放的公共牧场和林地转变为封闭的、私人控制的财产,以市场为导向的农业取代了村庄的自给自足的生存系统,并迫使人们成为新兴工业化城市的雇佣劳动者。

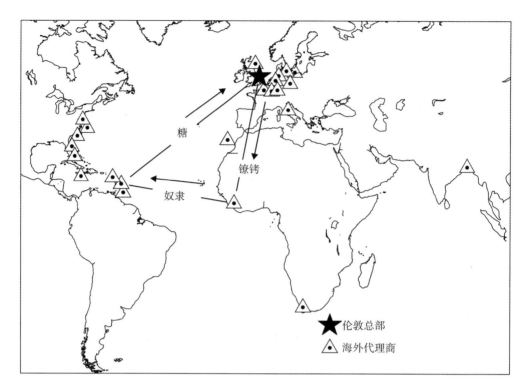

图11.5　1735—1785年蔗糖贸易三角区以及理查德·奥斯瓦尔德的伦敦总部和海外代理商

德，是英国东印度公司的主要投资者，他将约13000名奴隶从他在塞拉利昂的驻地"出口"至他的加勒比甘蔗种植园（图11.5）。1784年奥斯瓦尔德去世时，留下500000英镑的遗产，这笔财产是当时年度平均最低工资的10000多倍。

糖在三角贸易区中具有重要作用，同样重要的是，糖给工业革命中付出辛劳的工人提供能量补给并带来慰藉。当时，在饮食中大量添加高能量的加工糖是不健康"营养转型"的开始，导致许多"与生活方式相关的疾病"，至今仍然困扰着当代商业世界的人们（Popkin，1998；WHO，2003）。糖特别具有吸引力，能很快代谢和吸收，但是由于糖提供的是空热量（empty calories，指含高热量却缺乏矿物质、蛋白质和维生素），使得人们渴望摄入更多的糖。随着种植园制度的扩张，糖的供应量更加充足。事实证明，糖是17世纪英国茶、咖啡和巧克力等热带食物的理想添加剂，糖在工业化中的作用逐渐显现。茶、咖啡和巧克力属于刺激性饮品，味苦，不含卡路里，添加糖能让它们增加甜度。从1660年开始，一家英国贸易垄断公司从中国进口茶叶，1840年英属印度建立茶园之后，茶叶成为英国最受欢迎的饮料。对英国工人阶级来说，来自英属印度的茶加上来自英属西印度群岛的糖，是比啤酒更加便宜的刺激性饮品。

随着糖摄入量的增加，面包的消费量下降，一些历史学家由此推断，人们一定消费了更多的肉，营养状况也得到了改善。然而，在大多数底层家庭，工人吃肉，而他的妻子和孩子们则只能吃含空热量的糖，从而导致系统性营养不良。家庭成员认为这是合理的，因为丈夫必须保持最佳身体状况，才能保证工作效率，然而，营养不平等必然导致婴儿死亡率上升。

糖可以刺激不断增长的消费需求，为资本主义永无止境的发展理想提供有力支撑，因此糖在世界体系的资本主义转型中尤为重要。糖成为第一大消费品，是一种人们似乎永远无法满足的物质，这说明人类的基本需求可以在文化上进行重新定义并演变为国家政策工具。

英国之所以成为一个喜欢食糖的国家，部分原因在于这一转变符合政治掌权者的个人利益（Mintz，1985）。许多早期的西印度群岛甘蔗种植户本身就是议会议员，他们和支持他们的投资者以及那些受益于糖销售、奴隶贩卖、航运、糖精炼的投资者一起，形成一个重要的利益集团，对政府政策施加影响。毫不奇怪，1731年英国政府将糖分发给劳动教养院的囚犯，用西印度群岛糖蜜制成的朗姆酒作为英国海军的官方配给，每日0.5品脱（1品脱≈586毫升），很快配给额度提高至每日1品脱。英国政府从食糖贸易中获得利润，并通过将糖的价格维持在高位，间接补贴加勒比甘蔗种植者。19世纪50年代，政府转而支持自由贸易政策，以降低糖的价格，从而增加糖的供应量，让糖变得更加普及。

（三）贫穷与市场的无形之手

苏格兰哲学家、政治经济学家和资本主义的奠基人亚当·斯密，就早期资本主义市场经济在理论上如何运作，曾提出深刻而坦率的主位观。在其著作《国富论》（1776）中，他将劳动专业化、土地私有化以及随之出现的地主、制造商、劳动者、租金和利润等确定为市场或"商业"经济的基本要素。其中，地主以地租的形式获得生产分成，并预支一部分给劳动者作为工资维持生计。虽然制造业的劳动专业化要求制造商积累库存或资本，但同时允许大幅度扩大生产，财富不平等有助于该系统发挥作用。

亚当·斯密认为，大多数工人"天生"需要雇主在非收获季节帮助维持生计，并完成生产任务，工人们相对贫困的状况让制造商和地主在工资纠纷中处于优势地位。尽管制造商和地主最终需要依赖工人，但如果工人罢工，强制要求增加工资，多数雇主拥有大量的财富，依然能够维持一年以上。如果工人没有工资，大多数人没有足够的储蓄维持一周以上的生活。

亚当·斯密认为，只要政府不过度干预，人们自强不息的本能欲望所引起的经济竞争就会像一只无形之手维持经济有序增长。他主张工人获得"符合普通人性"的最低工资（Smith，1776）。工人的最低工资数额大约是工人维持短期生活所需金额的2倍，保障工人拥有足够的能力繁衍家庭。虽然亚当·斯密没有对工人的最低工资进行精确量化，但他假设一个工人要养活一个妻子和4个孩子，其中只有2个孩子能够长大成人。他认为，在经济增长时期，劳动力需求增加和劳动力供给增加之间存在直接的反馈作用，由于工资必然会上涨，意味着穷人可以更好地养活他们的孩子，更多的孩子长大后成为工人。然而如果工人太多，工资就会下降，随之而来的贫困将增加婴儿的死亡率，从而减少工人数量，使工资回升。提高工资会增加产量，从而为工人带来希望，促使他们更加努力工作。因此，持续的经济增长（"累进状态"）似乎是最理想的状态。

尽管亚当·斯密对"无形之手"持乐观态度，但是随着工业时代的开启，英格兰的下层阶级仍然在农村不断下降的农业生活水平和城镇极低的工资之间挣扎。早在亚当·斯密时代之前，不断增长的货币经济已经让贫困成为一个严重的社会问题，即使工资不足以维持生计,也必须采取严厉的强制措施迫使人们就业。当家庭无法抚养儿童和老人,家庭随之解体,国家被迫采取措施处理这一问题。1531—1536年,英国第一部济贫法要求强制就业,故意失业属于犯罪行为,可判处强迫劳动、断肢和死刑。后来,处罚的形式更具创造性和多样化,如鞭刑、火刑、烙刑、奴役、锁链苦役等,并对再犯处以死刑。1601年的改革要求将寡妇和无法劳动的贫民安置在济贫院里,而穷人的孩子则在济贫院里当学徒。适度的福利补贴原本是为了让贫困的劳动者维持生计,但是这项政策却鼓励雇主为工人提供低于维持生计标准的工资。

1086—1812年,英国穷人的绝对数量增加清楚地说明,经济增长过程由精英主导,他们更关心的是为自身利益提高产量和积累资本,而不是致力于共同富裕,造福于全社会。表11.2显示,贫困家庭的数量急剧增加,造成这一负面后果是因为统治者将公共资金用于军事和基础设施建设,以支持商业发展,而不是用于公共教育、公共卫生或有意义的社会福利。同时,对于无缘出生在富裕家庭或嫁入豪门的人来说,向社会上层流动的障碍巨大(Earle,1989)。穷人被迫将大部分微薄的收入用于衣食住行,没有任何余钱可用于投资。几个世纪以来,英国工人的工资逐渐增长(Lindert & Williamson, 1982,1983),但是物质条件仍然不足,在经济困难时期,由于儿童时期营养不良,穷人的平均身高实际上降低了(Komlos,1998)。

表 11.2　1086—1812 年按照王朝排列的英国家庭数量(个)①

社会阶层	1086 年诺曼王朝	1688 年斯图亚特王朝	1812 年乔治王朝
超级精英	182	187	4937
精英	6900	31400	128824
维持生计	24000	480000	1021395
穷人	275079	879000	24136250

19世纪30年代,英国工人阶级的状况严重恶化,政府不得不采取进一步措施以减少损失。据官方统计,依据济贫法获得救济的人口约为140万人,占总人口近10%,但这只是对贫困人口的不完全统计,所提供的援助严重不足。1842年,社会改革家埃德温·查德威克(Chadwick,1842)向议会提交的一份大规模调查报告显示,穷人被迫生活在拥挤和不卫生的环境中,导致传染病流行、高生育率和高死亡率以及预期寿命缩短等问题。例如,1840年在利物浦,每个人的健康状况都非常差,查德威克发现,工人平均死亡年龄只有15岁,而上层社会的人平均死亡年龄为35岁,英国死于贫困的人比在多次战争中丧生的人还要多。查德威克认为,这种代价高昂和不必要的生命损失由公共卫生问题导致,他倡导改善污水排放设施和实施行政改革,许多人呼吁进行彻底的社会变革。对贫困的工人来说,其根本问题在于工资发放不足和不能正常发放以及工业化发展不平衡所导致的对生活资源失去控制。1811—1816年摧毁纺织机械的卢德派(Luddites)以及19世纪30年代打砸新型脱粒机的农场工人并不反对技术进步本身,他们只是不想放弃自己的经济自主权(Noble,1993)。

---

① Colquhoun,1815;G. King,1936;Roberts, Roberts,1980;Snooks,1993.

（四）伦敦穷人

19世纪40年代，由于移民和国内经济增长，伦敦大都会的人口增加至200多万，但就业机会仍然不足。伴随着伦敦工业的快速发展，人类生存环境恶化不可避免，小说家查尔斯·狄更斯（Charles Dickens）、新闻记者亨利·梅休（Henry Mayhew）以及航运巨头出身的社会学家查尔斯·布斯（Charles Booth），在其著作中对人类的生存状况进行过生动描述。梅休在民族志领域开展的先驱性工作显然属于人类学范畴，他认为，在富裕的伦敦存在如此贫困的现象是"国耻"。英国公众对遥远部落的了解更多，而对最贫穷的伦敦人了解甚少，这些穷人甚至没有被纳入全国人口普查，他对这一现状非常愤怒。他想"让富人更深入地了解这些苦难以及在这些苦难中经常表现出的英雄主义"。梅休多年观察伦敦街头的生活，收集了数百名街头人士的生活故事和个人叙述，并用他们自己的话详细记录下来。

梅休的民族志学研究主要关注伦敦的穷人，包括约5万名街头小贩、垃圾收集者、街头艺人、工匠、灭虫者和其他体力劳动者。街头小贩，又称为水果蔬菜小贩，依靠出售新鲜农产品、鲜花、旧书、狗项圈、鸟、二手衣服和旧玻璃器皿等为生。梅休发现，这些叫卖小贩勤劳诚实，足智多谋，令人敬佩。孩子们只要会走路和说话就开始在街上叫卖东西；大多数孩子没有上过学，可能在14岁之前就已经非正式地结婚。街头小贩的收入微薄，那些比较幸运而且善于谨慎理财的人可能过上相对舒适但并不稳定的生活，其他人只能在肮脏的环境中挣扎谋生。

由于经济上被边缘化，许多街头小贩过于贫穷，买不起手推车、驴和工作所需的各种设备，他们收入微薄且不稳定，很容易成为经济上层人士的牺牲品，一辆简易手推车的年租金是手推车价值的2倍多，按照这一费率，善于赚钱的小资本家将手推车投资变成一项有利可图的生意。比如，一个人依靠150辆手推车建立起一个经济帝国，以非常高的周租金将手推车租给街头小贩，以获得可观的回报。压力沉重的小贩们很容易成为无良放债人和典当行老板的目标，借款利息如此之高，以至于小贩们借25英镑，一年之内连本带息需要还65英镑。他们住在特定的社区，彼此相互支持，有时甚至举行抽奖售卖活动为困难家庭筹款。在经济繁荣时期，街头小贩的年均收入可以提供最低生活保障，但是如果连续的恶劣天气导致销售低迷，成千上万的人将面临饥饿，许多街头小贩的生活异常凄凉（方框11.4）。

方框11.4

泥百灵与骨头挖掘者

拾荒者在街上四处翻找可以售卖的垃圾，如雪茄烟头、金属碎片、破布、绳子、煤块以及用于工业生产的骨头和狗粪等，梅休认为他们是伦敦最潦倒的人。1.4千克骨头碎片值1便士（100便士＝1英镑），一位能干的骨头挖掘者（图11.6）一天能挣6便士，一位街头小贩每天可以挣120便士，骨头挖掘者的收入相当于街头小贩的 1/20。苹果售价为 1 便士 6 个，一条 1.8 千克的面包值 4 便士。幸运的骨头挖掘者可以从微薄的收入中拿出 2 便士用于住宿，但只能选择最便宜的住处，剩下的 4 便士可以用来买些糖、咖啡和 1/4 条面包。梅休还采访了其他拾荒者，如旧木收集者、挖泥工、下水道猎手和泥百灵，梅休认为泥百灵是最悲惨的拾荒人，他们只能在退潮时从河泥中捡拾垃圾，他这样描述他们：

> 许多泥百灵是老年妇女。特别是在冬天，她们年老体弱，弯腰驼背，在湿泥中搜寻小煤块、木片或任何被潮水冲上河岸的垃圾，非常可怜。这些妇女总是随身带着一只旧篮子或一只旧锡壶，将任何碰巧找到的东西放在里面。通常需要经过多次潮水冲刷，捡到的东西才够装满容器，然后慢慢地搬回家（Mayhew，1851—1862）。

图 11.6　伦敦的骨头挖掘者

（五）马克思和恩格斯：共产党宣言

社会革命家卡尔·马克思（1818—1883）和弗里德里希·恩格斯（1820—1895）都生活在伦敦，他们亲身经历了梅休描述的悲惨状况。恩格斯的著作《英国工人阶级状况（根据亲身观察和可靠材料）》于 1845 年出版，旨在引发一场社会革命。1848 年，马克思和恩格斯（1967）在伦敦合著出版了著名的《共产党宣言》。他们把人类的商业化问题概括为"两大敌对阵营"——资产阶级（资本家）和无产阶级（工人）之间的阶级斗争，要解决这一问题，必须"强行推翻一切现存的社会制度"。《共产党宣言》最后庄严号召："让统治阶级在共产主义革命面前发抖吧。无产阶级在这场革命中失去的只是锁链，他们获得的将是整个世界。全世界无产者，联合起来！"

更具体地说,马克思和恩格斯主张由工人阶级执政,消灭私有制,政府控制生产、通讯和运输,实施免费教育,消除社会阶级。尽管马克思和恩格斯认为物质条件是影响社会秩序的主要因素,但他们相信,知识精英和他们一样,可以组织群众有目的地改造社会。为了迅速实现这一目标,他们倾向于用另一种形式的极权政治来取代现有制度。他们对消除社会阶层的可能性过于乐观,认为进一步的经济增长或物质进步是一种解决方案,而不是问题本身,因此,他们没有解决如何在大规模社会中公平分配社会权力的问题。尽管如此,马克思和恩格斯清楚地认识到政治经济的重要性以及商业化过程中产生的人类问题。马克思主义的政治思想无疑塑造了现代历史的进程,但是简单地将商业置于国家控制之下,并不能解决所有与规模和权力相关的问题,苏联的经验证明了这一点。

(六)英国商业帝国秩序

到1878年,全球体系中的政治等级制度已经清晰确立,世界上一半以上的陆地面积由英国、俄罗斯、中国和美国4个大国及其相关地区占据,这些主要国家与其他7个殖民地国家一起,拥有世界2/3的领土(Clark,1936)。非洲大部分地区仍然处于传统王国、酋邦和部落制度的控制之下,拉丁美洲出现了一些独立的小型现代国家,但是大部分地区仍被自治部落占领。

从19世纪80年代开始,主要殖民国家领导人争先恐后地扩大对非洲和太平洋区域的政治控制。到1913年,世界陆地面积的3/4以上仅由13个国家控制。1800—1945年整个现代殖民时期,只有大英帝国一个国家始终占据主导地位。在20世纪30年代的鼎盛时期,大英帝国横跨全球,大约占据世界陆地面积和人口的1/4(图11.7)。大英帝国是一个松散的联邦,通过不同的政治关系和各种政治单位中统治精英共同的英国血统及语言联系在一起。

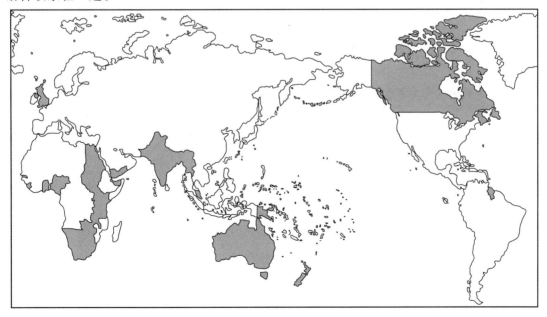

图11.7 20世纪30年代大英帝国的殖民地、领土

在大部分殖民地，大多数土著人在结构上处于劣势，极少数欧洲殖民者享有特权地位，他们利用强制性军事力量建立和维持行政控制，但共同的目标是为资本主义开发生产资源、扩大市场和扩张贸易，而不是像古代帝国那样榨取贡品。

经济利益不平等地流向精英阶层是显而易见的。例如，1750年，只有不到1000名股东从英国东印度公司获得近90%的利润，而49位最大的股东获得年度利润总额的1/4（Dickson，1967）。与莫卧儿帝国相似，当时东印度公司是一个庞大的帝国，总部设在伦敦，公司设有1名首席官员和14名董事，管理着6.3万名员工、16万名士兵和4000万名本地工人（Colquhoun，1815）。

在英国殖民主义初期，商业精英在英国海军的支持下，对大传统文明国家和部落世界进行掠夺，以扩大个人财富。"征服"为王室和私人投资者带来巨大收益，事实上，英国对西班牙运送从印加和阿兹特克人手中抢劫的黄金和白银船只实施的海盗抢劫，给英国的投资者带来高额回报。然而，被占领的领土需要治理和监管，需要修建和维护道路及其他基础设施，除少数最大的私人投资者之外，殖民主义为所有人带来的是净亏损（Clark，1936）。享有特权的经济精英迅速将殖民主义成本"社会化"，将其转嫁给被征服国的人民，并通过税收转嫁给广大的英国公民。资产负债表显示，1860—1912年，大英帝国扩张的巅峰时期，主要的经济利益流向由大约20万名大股东组成的一小部分英国精英，如银行家、军官、政府官员、国会议员和最大的地产所有者等，因此，真正的受益者是3300万英国公民中前0.6%的超级精英，不包括殖民地领土上的数百万本地居民（Davis & Huttenback，1986）。

投资者将商业企业扩张至大英帝国的疆域之外，资本家的财富规模迅速扩张，形成以伦敦为中心的非正式的全球金融帝国，他们主宰市场，充分利用世界各地的投资机会。例如，1900年，伦敦金融家和大地主查尔斯·莫里森控制了英国在阿根廷10%的投资，这笔投资很快增长至4.8亿英镑（Cain & Hopkins，1993）。1909年，莫里森去世时留下价值1090万英镑的遗产，是当时30位英国千万富翁之一（Rubinstein，1981）。

大英帝国鼎盛时期，经济增长和自由市场是商业世界崛起的主要特征，但是矛盾的是，1879—1902年，多达5000万人饿死于席卷热带和亚热带"发展中国家"的饥荒（Davis，2001），这场令人震惊的人类悲剧发生之时，这些区域正在融入全球经济，其劳动和产品正在为伦敦全球"核心"的资本积累做出贡献。饥荒由一系列与厄尔尼诺现象相关的干旱气候导致，但是大批人（尤其是在印度和中国）死于饥饿是殖民主义侵略的后果，英国在将这些国家融入全球市场的过程中破坏了当地粮食系统的承载力（Polanyi，1944）。受灾地区虽然能够维持粮食供应，但高昂的价格让穷人望而却步。"市场"不断地从贫困地区榨取粮食，然后转移至具有购买力的富裕地区，信仰"自由市场"的政府官员不愿意向挨饿的人民提供食物是导致大规模死亡的根本原因。

（七）现代性与后现代性

至1700年"现代"（modern）[①] 阶段或"现代性"已经牢固确立，商业世界已成为一个以工业生产、资本主义市场经济、启蒙哲学和特殊形式的社会为特征的主权民族国家

---

① 现代：拥有工业生产和市场经济的民族国家的国际体系。

的国际体系。现代性被认为是殖民征服的最后阶段,在该阶段,非洲、亚洲大部分地区、太平洋地区以及几乎所有的部落世界都处于欧洲政治和经济控制之下。现代性先于工业化,但是现代启蒙科学和哲学无疑为工业技术以及民主、宪政和代议制政治制度铺平了道路。

现代民族国家是一个拥有主权政府、共同领土、文化、历史和共同身份的社会。早期的现代商业世界里,国王、王子、公爵或总统,而不是神灵,是最高统治者。1651年,托马斯·霍布斯(Thomas Hobbes)首次采用视觉表征的形式,将主权国家描绘成拥有超自然力量的利维坦形象。霍布斯笔下的利维坦是一位巨型男性,他头戴王冠,手持利剑和权杖,手臂和身体由无数的小人组成(Hobbes,1907)。

1648年签订的《威斯特伐利亚和约》结束了天主教徒和新教徒之间长达30年的战争,承认主权国家及其主权统治者,标志着"现代"民族国家的国际体系正式在欧洲出现。《威斯特伐利亚和约》允许每个欧洲国家指定一个占主导地位的民族宗教,以区分不同的国家。由于现代国家太大,人们无法面对面相互了解,因此,与部落社会不同,现代国家是想象的共同体(imagined communities)①(Anderson,1983),人们必须想象彼此存在一种共同的联系或共享的身份。最初,识字和印刷媒体的普及促进了这一想象过程,但是现在的数字媒体让想象的共同体超越地域限制成为可能。

法国社会哲学家米歇尔·福柯(Foucault,1977)将现代社会描述成一个规训社会(disciplinary society)②,在该社会中,个人受到警察、法庭、监狱、福利机构、慈善机构、学校和日常生活习俗等的约束,在依靠宗教仪式和暴力威胁的古代帝国世界中,这样的机构很少存在。现代制度用自己的思维塑造逻辑,竭力对抗不合作者的抵抗,现代社会的规训机构实际上无所不知,其运作方式是强迫个人进行自我监督,因为人们相信自己一直处于监视之下。权力用于控制人类生活的方方面面,包括他们的思想和身体,这意味着越来越多的生活领域从家庭或公众转移到商业和政府部门,比如,大多数现代人必须为工资而工作,用工资换取基本生活必需品和耐用消费品。也许更重要的是,21世纪,随着数字信息系统对人类生活的全面控制,商业世界已进入"监视资本主义时代"(Zuboff,2019)。

"后现代"(postmodern)③社会又被称为"后工业社会",指从工厂制造业为主向服务业为主的转变,尤其是电子信息技术行业和其他知识型技术服务行业(Touraine,1971;Bell,1973)。后现代社会中,金融资本开始主宰整个世界,全球市场取代殖民主义,成为精英财富积累的最重要形式。这一转变被贴上各种各样的标签,一些理论家称之为晚期资本主义(late capitalism)(Mandel,1999;Jameson,1991),但"后现代"一词已获得广泛认可。在后现代商业世界里,资本或财富越来越非物质化,或变得不真实,比如数字货币。这种转变意味着,涉及使用语言、符号、信息和沟通网络的工作,

---

① 想象的共同体:通过识字、印刷术和电子网络等传播技术建立文化身份的大型社区。
② 规训社会:个人受到警察、法院、监狱、福利机构、学校和日常生活习俗等规训机构约束的现代社会。
③ 后现代:金融精英是主要决策者的控制社会,非物质生产和通信技术是其核心特征。

以及塑造思想、情感和行为等非物质生产（immaterial production）[①] 在整个后现代社会文化体系中扮演着至关重要的角色，广告业和大众传媒通常是非物质生产的主要例证。商业精英利用信息技术和电子通信系统将社会文化系统中的经济、政治和意识形态层面结合起来，为大多数人创造社会现实（Hardt & Negri，2000），这种权力和印度的种姓制度一样，是精英文化霸权的体现（Gramsci，1992）。

当然，后现代商业世界的显著特点是21世纪初已经完全成型的全球经济。经济全球化取代了早期现代世界体系划分为资本主义核心和殖民地外围的做法，同样，冷战时期将世界划分为第一世界（美国及其盟国）、第二世界（苏联及其盟国）以及第三世界（中立国）也早已过时。

（八）21世纪全球市场组织

殖民主义是一种由政府和纳税人补贴的成本高昂的经济增长体系，现在已经被国际体系（由金融机构和监管机构构成）组织起来的去中心化全球市场取代。商业化战胜政治化进程，创造了一个由富裕投资者及其拥有的跨国公司主导的世界。

（九）商业化过程和子过程

发达商业世界以现代民族国家的政府组织及占主导地位的商业化进程为特征，即商业企业的生产和维护以金融资本和金融市场为基础。商业化过程与人性化和政治化过程相结合，共同促进经济增长和金融资本积累，表11.3列出主要的商业化子过程。前几节介绍了商品化、工业化、公司化、资本化和金融化，外部化（externalization）和超本地化（supra-localization）将在下一章讨论。

表11.3 商业化过程和子过程

商业化：一种文化过程，即结合人性化和政治化过程，将生产和维持私营企业作为资本积累的手段
商品化：土地、劳动力、货币、基本商品和服务等的交易。
工业化：商品和服务的大规模生产、分销和消费。
资本化：生产资料所有权与劳动相分离。
公司化：公司形态脱离个人色彩。
外部化：将商业增长的成本社会化。
超本地化：企业超越传统的社区范围。
金融化：一种文化过程，涉及金融资本、货币和证券的流通，而不是商品和服务的实际生产和分配

[①] 非物质生产：物质生产以外的生产活动，如语言、符号、计算机软件、信息技术和通信网络等。

（十）全球商业帝国

政治哲学家迈克尔·哈特（Michael Hardt）和安东尼奥·内格里（Antonio Negril）[①]认为，后现代世界正处在向一个包罗万象的单一帝国体系转变的过程中，与之前的现代世界完全不同，因此，理解后现代世界的转型需要完全不同的理论工具。主权民族国家不再像现代主义时期那样处于帝国的中心，在后现代时期，世界只有一个帝国，殖民者和被殖民者之间没有核心和外围之分，所有的社会和国家都是帝国的一部分，这意味着帝国的敌人不再是其他民族国家，而是恐怖分子和非国家行为者。在帝国中，人类的情感和心理不只是受到熟悉的社会制度的影响。与现代世界体系相反，后现代帝国是一个更加包容的体系，忽略种族、性别和文化差异，包容性使得达成正式的法律共识或让帝国定义的普遍的善与真合法化成为可能。不带政治色彩的文化差异受到欢迎，并被用于管理劳动力。哈特和内格里将帝国描绘成一个用于指挥和控制的三层金字塔，顶层为君主统治，保障帝国的统一性和连续性（图 11.8）。顶层又被划分为 3 个子层，美国处于 3 个子层的最高层，在军事上处于垄断地位，核弹是其毁灭性力量的终极象征。显然，从进入 21 世纪的前 20 年来看，最上层存在明显的不稳定性，也许没有其他任何一个国家能够取代美国，但是美国已不再处于商业帝国的巅峰。3 个子层中的第二层由非

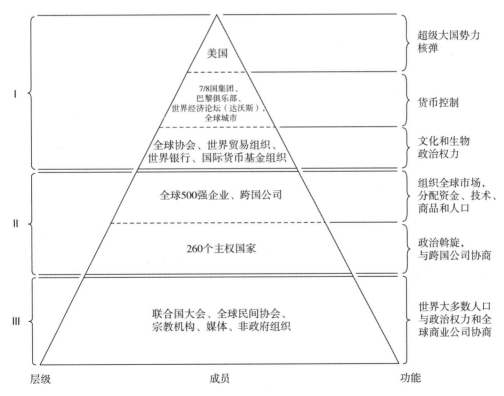

图 11.8　后现代商业世界的帝国（Hardt & Negri，2000）

[①] 迈克尔·哈特（Michael Hardt）和安东尼奥·内格里（Antonio Negril）的帝国系列包括：《帝国》（2000）、《诸众：帝国时代的战争与民主》（2004），以及《大同世界》（2009）3 本著作。

正式的国际精英组织构成，如8国集团、巴黎俱乐部和世界经济论坛以及更正式的全球机构，如世界贸易组织等。尽管俄罗斯在2014年被终止8国集团的成员资格，8国集团变成7国集团，但是这些机构基本上保持稳定，所有的顶层组织成员国控制着全球货币体系，并对全球实施文化霸权。

第二层为贵族统治，由全球最大的商业公司和其他主权国家构成，负责组织全球市场和资本、技术、商品和人员的分配，大多数精英主导者属于这一层次。

最底层是代表世界人民的公民社会，哈特和内格里称之为"大众"，对应于一种潜在的民主政体形式，由联合国大会、非政府组织、各种宗教组织和媒体构成。公民社会是公民与政治权力和全球商业公司进行协商的渠道。

即使是最积极的君主制、贵族统治和民主也往往会沦为消极的专制政体、寡头政治和暴民政治（或暴民统治），而帝国是一个没有单一中心的动态网络，随着大众的抵抗而改变，因此这是一个充满希望的全球体系模式。然而，迅速发展的通信系统和社交媒体赋予大众通过转变人们的观念、情感和心态让帝国发生改变的可能性。这表明意识形态上层结构，即人们的想法、认识和感受，而不是物质基础设施，才是文化转型和社会文化可持续性的关键。

在一个以技术为基础、非物质生产占据主导地位的后现代社会里，生活中面临的关键问题是，人们的现实可能会变成"一维"（Marcuse，1964）。例如，相信提高物质消费和推动经济持续增长是可取的，这种单一的文化合理性可能完全主宰全世界，对社会造成意想不到的负面后果。德国社会学家赫伯特·马尔库塞（Marcuse，1964）就这一后果提出警告。第13章提供的证据表明，这种情况实际上正在发生。与此同时，即使私营企业完全吞并公共财产共同体，并对社会造成进一步损害，当前主流的经济理论仍然将这些自私自利的人看作经济发展的基础。

本章小结

资本主义是一种生产和交换的商业体系，将土地、劳动力、技术、货币、原材料以及商品和服务视为可以买卖以获取利润的商品。资本主义作为独一无二的文化体系已经完全改变了整个世界。富裕的精英们从资本主义市场经济中获得最大利益，他们利用基于化石燃料能源、殖民主义和不平等交换的工业生产，将世界上不同的社会和文化融入一个单一的全球经济体系中。经济持续扩张和高消费意识形态是这一体系的核心特征，这些特征源于欧洲人的基本信仰，即自然稀缺性、永无止境的需求以及心与身、人与自然的二元论。

中世纪英国商业化初期，贫困人口数量实际上大幅增加。资本主义急需一场金融革命，将货币变成组织社会权力的主要手段。最成功的商业资本家利用亲属和婚姻关系在各地建立企业，并将不断增长的商业资产代代相传。亚当·斯密等早期资本主义理论家认为，追求自我利益的企业家主导的资本主义发展最终将惠及所有人。然而，19世纪在伦敦收集的人种学资料显示，无节制的经济增长造成极度贫困和严重的公共卫生问题。

> 糖的生产和消费是全球体系早期扩张的标志。以鼎盛时期的大英帝国为代表，受商业驱动的殖民帝国在19世纪上半叶控制着世界的大部分地区。第二次世界大战之后，殖民体系崩溃，许多超国际政治机构和经济机构，如联合国和世界银行，开始正式领导全球体系。但是，这些机构的政策受到从全球不平等结构中获益的强国及大型跨国公司的影响。由最富有的个人和金融机构控制的新的文化进程——金融化，正在成为世界的主导力量。
>
> 第12章将以美国为例，探讨当今全球体系中最具主导地位的民族文化之一。第13章将探讨富裕的工业核心"外围"国家中的贫困问题。

思考题

1. 定义下列概念：嵌入式经济、亲属制生产方式、消费文化、资本主义生产方式、纳贡制生产方式。
2. 区分市场经济和非市场经济。
3. 定义资本主义政治经济，并解释资本主义政治经济与古代国家经济制度的不同之处。
4. 描述作为世界体系的全球商业经济结构。
5. 根据亚当·斯密和现代经济学家的观点，解释资本主义世界体系的主要意识形态特征。
6. 结合技术、人口、资本积累、不平等和圈地运动的作用，讨论伴随英国工业革命的文化组织的具体变化。
7. 哪些证据可以说明1086—1890年，席卷英国的文化变革导致更多的人愈加贫困而不是更加富裕？
8. 1086—1890年的欧洲经济状况如何影响家庭组织、亲属关系和婚姻模式？
9. 欧洲宇宙观和意识形态的哪些特征为资本主义提供支持？
10. 解释英国的饮食变化（糖和茶）与工业革命和不断扩大的世界体系有何关系。
11. 比较安第斯印加帝国和现代世界的大英帝国，描述与过去帝国形成鲜明对比的现代殖民主义政治和经济结构。
12. 在哪些方面可以将当代全球体系视为帝国？

关键术语

资本（capital）
资本积累（capital accumulation）
资本主义生产方式（capitalist production）

资本化（capitalization）
商业化（commercialization）
商品化（commodification）
商品（commodities）
核心（core）
公司化（corporatization）
规训社会（disciplinary society）
嵌入式经济（embedded economy）
圈地运动（enclosure movement）
交换价值（exchange value）
外部化（externalization）
金融化（financialization）
燃料革命（fuel revolution）
国内生产总值（GDP）
国民生产总值（GNP）
想象的共同体（imagined communities）
非物质生产（immaterial production）
工业化（industrialization）
无形之手（invisible hand）
亲属制生产方式（kin-ordered production）
现代（modern）
民族（nation）
民族国家（nation-state）
自然资本（natural capital）
外围（periphery）
后现代（postmodern）
超本地化（supralocalization）
纳贡制生产方式（tributary production）
不平等交换（unequal exchange）
使用价值（use value）
世界体系（world system）

阅读文献

Bodley, J. H. 2003. *The Power of Scale: A Global History Approach*. Armonk, NY: M. E. Sharpe.

Crosby, A. W. 1986. *Biological Imperialism: The Biological Expansion of Europe*, 900-1900. Cambridge: Cambridge University Press. Discussion by a historian of the biological consequences of European colonialism on ecosystems and people throughout the world.

Ferguson, N. 2003. *Empire: How Britain Made the Modern World*. London: Allen Lane, Penguin.

Goldstone, J. A. 1991. *Revolution and Rebellion in the Early Modern World*. Berkeley: University of California Press.

Hann, C. and Keith H., eds. 2009. *Market and Society: The Great Transformation* Today. Cambridge: Cambridge University Press.

Piketty, T. 2014. *Capital in the Twenty-First Century*. Cambridge, MA: Belknap.

Scott, B. R. 2011. *Capitalism: Its Origins and Evolution as a System of Governance*. New York: Springer.

Smith, A. 1776. *An Inquiry into the Nature and Causes of the Wealth of Nations*. Vol. 1. London: Strahan and Cadell. The classic formulation of the key features of the early capitalist economy.

Wallerstein, I. 1974. *The Modern World-System: Capitalist Agriculture and the Origins of the European World-Economy in the Sixteenth Century*. New York: Academic. The pioneer statement of world system theory.

Wolf, E. R. 1982. *Europe and the People without History*. Berkeley: University of California Press. An anthropological treatment of European expansion since 1400, focusing on the political economy and showing how the capitalist system incorporated tributary and kin-based systems.

第 12 章

美国的财阀统治：美国资本主义

◇ 学习目标

- 与部落和帝国宇宙观进行比较，描述美国宇宙观或意识形态的显著特征。
- 区分美国进步主义和新保守主义政治意识形态，并解释从进步主义到新保守主义的转变。
- 评估美国社会现实在多大程度上反映其文化理想。
- 从家庭生活、经济行为和核心价值观三个方面对中美文化进行详细比较。
- 确定大型商业公司与规模相关的显著特点，描述这些特点在成为美国文化的主要特征过程中精英决策者所起的作用。
- 描述早期美国纺织厂的社会结构，解释成本和收益如何在家庭层面进行分配。
- 与部落及大传统体制进行比较，描述美国工厂化农业食品生产系统的社会结构和物质基础设施，分析这些体制中的人力成本和收益。
- 评估物质条件、文化象征和有意识的人为决策对塑造美国消费文化模式的重要性。
- 评估与美国社会权力分配、人力成本和收益分配相关的增长过程以及精英主导的证据。

得益于物质、文化等方面的巨大成功，美国成长为世界其他国家和地区的榜样，因此美国是人类学合适的研究对象。对许多人来说，美国是自由、民主、平等和物质丰富的理想代表，规模和经济实力赋予美国巨大的影响力。这意味着像美国人对牛肉的食物偏好这样看似微不足道的事情，也会对地球上遥远的地区产生深远影响。此外，经济上的成功让美国对全球自然资源和生态系统产生巨大的需求。

了解美国这样庞大、复杂的国家是一项艰巨的工程，长期以来许多人类学家和社会科学家都参与其中，需要美国人类学家对美国文化及其在世界文化中所处的地位等基本问题进行探讨。本章重点讨论美国文化的一些主要方面，这些方面与第3至第10章中所讨论的部落文化和以纳贡制为基础的帝国文明形成鲜明对比。第一部分考察美国文化独特的宇宙观和意识形态特征，重点关注美国人对其政治制度以及企业、政府和家庭之间的关系的看法。基于美国华裔人类学家的观点，对比分析美国个人至上主义与中国对亲属关系和家庭的重视。该部分还将探讨美国《独立宣言》和《宪法》产生的历史背景。接下来本章分析19世纪美国商业企业演变和大公司崛起背后的组织和技术变革，重点关注美国的商业化过程。通过对宾夕法尼亚州一个纺织厂所在的村庄、20世纪的工厂化农业（factory farming）① 以及养牛业的民族志案例进行研究，揭示商业化对美国文化诸多方面的影响。本章最后基于美国人种学文献对啤酒的深入追踪，评估经济增长过程中人类所面临的风险和获得的回报。

一、美国的文化理想与现实

美国是世界上陆地面积第四大国家，仅次于俄罗斯、加拿大和中国。到2018年，美国人口增长至约3.29亿，成为世界人口第三大国，仅次于中国和印度（Central Intelligence Agency，2019）。美国辽阔的疆域为其文化多样性创造了条件，成为真正的复杂文化体。美国也是一个高度城市化的国家，大约82%的人口居住在拥有2500人以上的城市。按购买力平价计算，美国2017年的GDP为19.4万亿美元，是世界第二大经济体，占世界GDP的15%，中国经济在2014年成为世界第一大经济体。2016年，美国的能源消费所产生的二氧化碳排放量约占全球的15%，这意味着美国使用了全球17%的一次能源（U. S. Energy Information Administration，2019）。美国还主导全球市值（上市公司发行的股票的美元价值），拥有世界上规模最大的公司、最大的军事支出和最多的亿万富翁。在2018年联合国人类发展指数（United Nations Development Program，2018）中，美国排名第12位，低于2014年的第5位。在2019年脆弱国家指数（Fund for Peace，2019）中，美国仅排名第26位，属于"非常稳定"类别，低于"可持续"和"非常可持续"类别。自2017年以来，美国的政治稳定性明显下降，每年被列入20个最糟糕的国家之一。

---

① 工厂化农业：基于化石燃料能源、机械化、农药、化肥和大规模单一农作物种植的商业化农业。

(一)美国概况：拼布之国

对比全球统计数据，美国在文化上是一个极其多元的国家。受到人口流动和被迫迁移的影响，美国拥有长达500年美洲土著、欧洲和非洲血统的民族相互融合的历史，因此美国人的基因非常多样化，但这些生物学现实并不能反映人们如何通过祖先进行自我身份认同（Bryc等，2015）。

美国社会的多样性有助于解释为什么美国难以在全国范围内达成共识，尤其是在经济危机时期。美国太过于多样化，2008年总统大选启动计划依据2000年美国人口普查数据（Chinni & Gimpel，2010），将美国称为"拼布之国"。为了更好地了解选民的意向，政治学家詹姆士·金贝尔发现，根据一系列社会和经济特征，将美国3142个县分为12个类别对选举非常有帮助。这12个类别像12块拼布一样，按照人口数量降序排列，分别是：富人聚居区、繁荣的城镇、工业化大都市、服务行业工作者聚居区、移民聚居区、基督教福音派聚集地、少数民族聚居区、校园和职场、空巢家庭、军事基地、农民聚集地、摩门教徒聚集地。每一块拼布代表一个社区，他们具有相似的价值观、文化和阅历，很可能按照可预期的方式进行投票。

依据人口数量，最大的一块拼图属于富人聚居区，2006年有近6900万人口，约占总人口的23%。他们分布在全国各地，但主要集中在美国东北部和加利福尼亚。富人家庭收入中位数为51234美元，他们接受过高等教育，几乎没有文化多样性，倾向于投票支持民主党。繁荣的城镇分散在全国各地，覆盖约20%的人口，经济增长迅速，但是受到金融危机的严重影响，经济逐渐衰退。1996—2006年，繁荣的城镇人口增长速度是全国平均水平的2倍，在2008年大选中他们以微弱但稳定的优势投票支持共和党。工业大都市由高于平均收入水平、人口稠密的城市中心组成，这些地区倾向于投票给民主党。富人聚居区、繁荣的城镇和工业化大都市人口占总人口的60%。这些社区中的大多数人对经济增长可能具有共同的兴趣，但是他们的政治观点却不同。居住在基督教福音派聚集地和摩门教徒聚集地的人可能在一些非常有争议的文化问题上达成政治共识，但是他们仅约占美国人口的5%。

(二)乌托邦资本主义：美国宇宙观

透过美国显著的文化多样性，才有可能发现20世纪中后期绝大多数美国人文化中潜在的宇宙观、信仰和价值观。21世纪，有关美国文化的基本共识引发了广泛争议，但是下列论述可以谨慎地视为基线文化，用于衡量所发生的变化。

美国基线文化中存在一个始终如一的宇宙观，跨越政党或宗教差异，展现出主流的世界观，与前面几章中探讨的部落文化和古代农耕文明的世界观大不相同。最显著的区别是，在美国文化中经济至上，大多数的货物和服务由市场监管。经济体制分为3个部门：① 商业企业（劳动力主要雇佣者、资本以及产品的生产者）；② 政府（征税、支出、发行和借贷）；③ 家庭（提供劳动力，自有资金，投资和消费产品）。美国人非常重视经济增长，认为物质稀缺性定义整个世界，这一观点在第11章关于欧洲资本主义宇宙观中已探讨。大多数美国人相信超自然现象，但特定的宗教信仰在主流信仰面前显得黯然失色，大家普遍相信经济是一种物质，必须保持经济增长才能确保每个人的福祉。自然在美国宇宙观中的地位与在澳大利亚土著及亚马孙宇宙观中的地位非常不同。美国人将自然视为环境的一部分，与人类和经济的需求相分离，并且在许多情况下自然与人类和经济的需求相矛盾。

和经济一样，市场被认为是独立于任何有形市场的实体，正如亚当·斯密所设想的那样，自由市场被认为可以造福于人类和整个社会。尽管美国人意识到，特定的市场可能由大公司主导或受到政府的法规控制，但在许多人看来，市场反映消费者需求，消费者选择购买的东西代表了他们的需求。美国人认为市场是自然形成的，是社会福祉的神秘决定者。美国人觉得自己的文化世界独特并且优越，能最大限度地满足个人和经济自由，这是美国的强大力量。在这种乌托邦式的资本主义体系下，只要个人可以自由买卖以及为市场创造和生产商品，就可以确保经济繁荣。人们一心谋利的行为能够促进经济持续增长和物质不断进步，最终让所有人受益。许多保守派认为，这种制度面临的唯一威胁是政府干预市场、限制个人自由和私有财产权，以及过多的福利导致个人失去斗志。

在强调自由的同时，人们认为美国不存在世袭贵族制，并且社会阶层也不重要，每个人都可以通过自己的智慧、努力和创造力达到任何可能企及的经济水平。财富是个人价值的间接衡量标准，而贫困则表明个人的失败或不负责任。美国社会和文化被认为反映广大中产阶级的利益，这一群体引导美国经济走向并以民主的方式选举政府领导人。

美国人在概念上将社会划分为两大部门：① 由政府组成的公共部门；② 由个人和商业公司组成的私营部门。政府提供军事防御、公共教育、高速公路建设、强制履行合同以及保护私有财产等方面的服务，并利用最优化的货币、税收和支出政策促进经济增长。商业公司提供就业，生产产品和创造利润，让每个人受益，并且根据"人民资本主义"这一论断，每一位雇员都是企业潜在的所有者（以股票市场份额的形式），个人既是雇员又是消费者。只要政府的势力范围不过于庞大，政府不干涉商业自由，个人对自己的生活负责，整个系统就会正常运行。美国人通常认为自己没有种族、民族或宗教偏见。

宇宙观是一种文化建构，可能无法准确地反映特定社会的真实现状。美国的企业与政府之间在权力平衡方面存在派系分歧，表明美国基本的宇宙观中所蕴含的和谐并非总是存在。美国人对财富和权力的看法模棱两可，一方面人们非常渴望获得财富，另一方面嫉妒和不信任富人。美国被认为是一个民主国家，每个人都享有平等的投票权，但是财富不平等显然赋予某些人更大的经济权力，经济权力可能演变为政治权力。下一节讨论美国宇宙观与历史及民族志现实之间是否存在一致性。

（三）中国人眼中的美国

美籍华裔人类学家许烺光（Francis Hsu）在中国长大，但在美国生活多年，是一位心理人类学家，主要研究社会化、价值观和人格等方面。他对中美两国文化具有深刻的了解，能够对两者进行富有洞察力的对比，并有效平衡许多美国人类学家所持有的唯物主义偏见。他认为，中美文化在经济生活和阶级结构方面的许多关键性差异可以归因于美国人自力更生的核心价值观与中国人的家庭依赖模式和孝道之间的不同（Hsu, 1972, 1981）。美国人坚定的个人主义理想和害怕依赖的思想代表他们对自力更生的重视。例如，美国孩子在成长过程中学会了重视隐私、独立和自我表达，父母不会干涉成年子女的家庭生活。当然许烺光的分析以心理人类学研究的特殊范式为基础，现在已经不再流行，但是他采用"民族志在场"的方式描述了20世纪中期的历史。

许烺光认为中国人重视亲属关系和父系血统的连续性，说明依赖是一种美德。中国孩子成长的家庭包含至少三代人以及其他亲属，孩子由多位长者照顾。在中国家庭里，几乎没有个人隐私，但是每个人的周围都围绕着许多人，能够在物质和精神上随时给予支持，没有文化诱因驱使个人追求长期的经济利益，个人主要承担对父母和大家庭的责任，而不仅仅对自己负责。对年迈的中国父母来说，能够得到孩子的照顾是一种自豪。相比之下，美国人则希望独立，接受孩子的经济援助可能被认为是件尴尬的事情。

现实中，人类的许多需求的确需要依赖他人，因此许烺光认为，在文化上否认这种依赖性可能产生心理问题，美国人自力更生的理想很容易造成情感上的不安全感，这一观点有助于解释美国人看似矛盾的性格，比如种族和宗教偏见与公开表达的平等观念共存。他指出，个人不安全感迫使美国人积累物质财富，以此作为补偿和展现自我价值，这不仅使美国人极为争强好胜和对他人不宽容，而且符合以增长为中心的资本主义经济的需要。与之相反，中国人将他们的收入用于举办家庭仪式，如生日、葬礼和祭祀等，坚信自己会受到后代的照顾。由于中国经济向市场经济转化，中国家庭生活的许多方面已经发生了变化，和许烺光描述的不太一样。

许烺光认为"自力更生"是美国的核心价值观，然而美国的生活现实却质疑了此观点，美国最贫穷阶层的亲属之间也会互相扶持。此外，最富有的美国人，其财富继承的重要性和以经济为基础的亲属关系表明，大家庭中的依赖关系可以与资本积累共存。

许烺光赋予美国自力更生价值观的角色，非常契合这样一种观点：商业化和营利是商业组织文化中占主导地位的文化过程。中国文明是在不需要永久性经济扩张的政治化过程中创造的，为支持这一解释，许烺光指出，前工业时代中国的少数富裕阶层由政府官僚而非商人构成，现代中国才实现工业化，并且中国大多数大城市是政治中心，而美国的大多数大城市是商业中心。美国人的贪婪促进了经济增长并催生了相对庞大的中产阶级，这并不是说美国价值观本身塑造了美国文化，而是说美国文化是价值观、个性与其他经济及社会变量一起共同作用的结果。

（四）神话框架：创始人和神圣文件

美国宇宙观受到神话历史以及《独立宣言》《宪法》《联邦主义者文集》等功能上同样神圣的一系列文件的支持，这些文件由美国的开国元勋制定。56位《独立宣言》签署人坚定地主张以自然法为基础，在《独立宣言》中指出："我们认为下面这些真理是不言而喻的：人人生而平等，造物主赋予他们若干不可剥夺的权利，其中包括生命权、自由权和追求幸福的权利。"

《宪法》是美国联邦政府的法律框架，以"我们合众国人民"之名起草于1787年。美国联邦政府的宗旨是"我们合众国人民，为建立更完善的联邦，树立正义，保障国内安宁，提供共同防务，促进公共福利，并使我们自己和后代得享自由的幸福"。

许多关于美国建国的大众信念与历史记录不符（McDonald，1958，1979，1985）。1776年爱国志士们本可以建立一个松散的、由若干小规模农业国组成的联邦，拥有高度的地方自治权和个人自由。人们普遍不认为，通过发展制造业和金融资本来实现经济增长是一个理想的目标，或者需要一个强大的联邦政府来保护商业企业。相反，包括美国第三任总统兼《独立宣言》作者托马斯·杰斐逊（Thomas Jefferson）和被称为《宪法》之父的美国第四任总统詹姆斯·麦迪逊（James Madison）在内的许多人，都担心不受管制的商业增长和由此导致的财富不平等现象会破坏民主。

一些人支持建立强大的联邦政府，主要基于以下几个原因。首任财长亚历山大·汉密尔顿（Alexander Hamilton）希望建立强大的银行和关税系统来推进工业化，以及一支强大的海军以保护国际贸易。开国元勋是理想主义政治家，但是《宪法》并未经过全民投票。历史学家的结论是，大约只有160000人（约占总人口的5%）选出的代表参加了各州的制宪会议并批准《宪法》。当时只有自由的成年男性才有投票权，有些州要求，投票者必须是财产持有人或拥有一定的财富。历史学家查尔斯·比尔德（Beard,1913）坚持认为，《宪法》是一份经济文件，由一个小集团负责起草和推广实施，意在保护个人、国家和国际经济利益。起草《宪法》的55人中有大地主、商人和专业人士，但是没有贫苦的农民。他们中一半以上的人持有政府发行的证券，19人是奴隶主，10人持有银行股份。尽管彼此之间经常发生经济利益冲突，但他们都相对富裕，拥有强大的经济实力，所起草的文件的确有利于经济增长。

开国元勋对拥有财产的公民和无产者进行明确区分。无产者被认为依赖性太强，无法成为知情的公民，因此不适合担任公职或参与投票。开国元勋担心，一旦"占压倒性的大多数人"获得权力，并寻求财富再分配，可能导致社会混乱。因此参议院实行的是"自然贵族制"，以制衡众议院可能过于强大的民主力量。在一些历史学家看来，1787年掌权的联邦党人的社会意识形态与过去欧洲的地主及富裕贵族的精英主义信仰没有根本不同。唯一的区别是，在美国不存在可以继承的头衔。然而，《宪法》是一个不断发展的动态宪章，依据宪法产生的复杂而平衡的政治体系可以代表全体人民的民主意愿。

美国《宪法》是一份激进的文件。几千年来"君权神授"的信仰一直支撑着帝国世界专制的君主制度。1688年，英国革命颠覆了这一信仰，意识形态的变革促进了美国宪法的发展。由人民建立的政府来满足人民需求的思想非常激进，但更为激进的是1791年通过的《人权法案》中定义的人类自由理想，即保障个人的宗教、言论和新闻自由以及其他各项公民权利。人人享有平等机会的观念与前商业时代帝国世界的基本原则彻底决裂。

二、美国企业的建立

（一）开创政治事业的开国元勋

美国地域辽阔，各地区发展极不均衡，无法实行直接民主制，取而代之的是代议制民主，由各政治分区选举产生公职人员。美国政治在很大程度上是各种商业利益集团之间为了获得有利的政府政策而相互竞争，在国家层面表现为政党之间的斗争。开国元勋们十分清楚，大规模商业组织文化中存在许多固有的经济冲突。《宪法》为持续存在的政治斗争制定了基本规则,但是《宪法》忽视了社会阶级这一现实,因此无法解决潜在的社会矛盾。

麦迪逊列举了土地利益、制造利益、商业利益、金融利益,以及其他许多次要的利益,但未提及作为文明国家必要特征的家庭利益。麦迪逊预见到,政府有责任保护财产并制定法律,通过各个派系和政党的政治运作,在不可避免的商业利益冲突之间寻求平衡。汉密尔顿(1787)将政治和政府的首要目标定义为促进商业发展,有效杜绝美国社会中可能出现的经济增长无法解决的重大阶级分化。他预料到会出现出口依赖型农业,并认为,商业和农业之间不存在利益冲突,可以通过增加贸易让双方受益。他反对按照社会阶层选举政治代表,认为工匠和劳动工人更愿意投票给商人,商人被视为"当然的代表"、赞助人和朋友,他们在议事会议上更具有"影响力和分量"。

虽然麦迪逊明白,当选的立法委员不一定能完全公正,但他认为多元化和利益多样性可以防止滥用政治权力。汉密尔顿认为,最贫穷的租户和最富有的房东在维持低税收的问题上会"绝对地团结",不存在阶级冲突,最贫穷和最富有的人被选上的机会均等,但是选民只会选择他们最信任的人。汉密尔顿期待政府能由土地所有者、商人和律师共同组成(Hamilton,1787—1788:35)。

19世纪,在杰斐逊和汉密尔顿关于美国最初构想的争论之中,一个简单的二元政党制度逐渐发展起来。杰斐逊建立农业国家的理想认同奴隶制、西部扩张、财产权、农民和劳工,并逐步演变为现代民主党。汉密尔顿领导的联邦党人提倡雇佣劳动而非奴隶制,支持工业化、国家银行体系和大规模资本主义。1854年,联邦党演变成现代的共和党。这意味着历史上民主党在政治上属于保守派,而共和党是自由派。现在两个政党所代表的意义发生了转换,就像"大政府"(big government)一样,在人们的思维中从最初的亲商业转变成现在的反商业形象。

(二)美国大企业(1790—1920年)

21世纪的美国由拥有、管理或经营数百家大型商业公司的人主导。相对于普通人,大型商业公司如同神一般地存在着,具有超越凡人的形态,永生不朽,无所不能。它们是一种文化建构,扮演着神圣国王的角色,计算机技术让这些公司更加神通广大。这一现象看似完全自然和不可避免,但是,赋予公司如此规模和重要的权力是人类的创举,并非不可避免,也不是组织商业生活的唯一方式。美国企业由少数精英创建,他们有目的地利用政治和经济权力制定法律,设计体制结构,以便能够扩大商业组织规模,积累更多的财富,同时建立一个全国性的社会和市场。在公司化过程中,数百万居住在农村和小镇上的农民和商人虽然顽强抵制,仍然被剥夺权利,其日常生活遭到彻底改变。

1790年第一次人口普查发现,可能只有不足2000名美国人足够富有和有能力主导新型商业经济,并对政治决策和主要的文化发展产生重大影响。美国领导人将杰斐逊扩张农业的愿景与汉密尔顿商业工业化方法相结合,最大限度地促进经济增长,这是最富有阶层继续扩大财富的最佳途径,同时为来自欧洲的移民带来新的机会,他们曾经被家乡的世袭贵族剥夺了改善生活水平的全部希望。

1787年美国《宪法》起草之后,新的政治经济政策非常有利于加强商业活动。在接下来的一个世纪中,美国的领土面积因军事征服扩大了2倍,而原住民的人口数量减少了95%。美国海军为海运保驾护航，来自贫穷农村的欧洲移民提供了稳定的劳动力资源。在此情况下，精英们通过开发新的生产方法和加快货物流通的新技术获得巨额回报。

人们很容易将公司化归因于新技术，认为它们是自然发生和无法避免的。然而，维持大型商业公司正常运作的轮船、铁路和工厂生产系统既是技术的变革，也是社会组织结构的变革（Noble，1977）。这些变革由主导美国早期公司化进程的人设计、实际拥有和控制（见方框12.1）。同样合理但形式不同的所有权和控制权会产生截然不同的人类结果，富有的投资者创立巨型商业公司是一种独特的社会化财产形式（Roy，1997；Zeitland，1989）。

> **方框 12.1**
>
> ### 波士顿商会：1810—1850年美国公司化进程中的精英主导者
>
> 1810—1850年，在少数主要位于新英格兰和东北部的商人、投资者和知识分子的指导下，美国公司化进程的文化框架迅速建立起来。他们帮助美国形成全国性的商业文化（Hall，1982），创办培养领导者的精英大学，这些领导者反过来又创办公立学校和学院、信托基金和捐赠会、慈善机构、银行、保险公司和工厂等，将美国从农业国家转变成一个由大型公司组成的全国性商业社会。
>
> 1813年，波士顿商会的12位投资人在美国建立纺织品生产的工厂系统，说明参与这一过程的人极少（Dalzell，1987）。到1845年，只有77位合伙人的商会控制着1200万美元的资本和9家公司，拥有工厂、宿舍、城镇、自来水厂、房地产投资、银行和铁路等，其中一名合伙人在12家公司、1条铁路、2家银行和1家保险公司拥有权益，另一位杰出的企业家约翰·雅各布·阿斯特（John Jacob Astor）凭借其政治影响力，通过在西部的皮草贸易、纽约的房地产开发，以及对华贸易，建立个人帝国，成为美国第一位百万富翁商业巨头。1845年，波士顿、布鲁克林、纽约和费城等地共有715名超级精英，人均拥有超过10万美元的财产。他们利用自己的财富和影响力，成为美国文化变革的主要推动者（Pessen，1973）。

公司规模庞大，其所有权由成千上万甚至数百万小业主拥有，使得企业精英能够集中权力并将成本社会化，这意味着他们获得主要利益，而其他人则分担成本。随着公司的发展，公司化取决于联邦和州立法，并且法院的判决有利于大型企业（Hall，1982；Newmyer，1987）。

19世纪80年代，为保护小企业，一些州的法律限制大型公司进入本地市场，但是大公司在挑战州法律的官司中往往能获得胜利（McCurdy，1978），使得全国制造商旗下的零售连锁店和走家串户的推销员能够打败本地生产商和商人。

1886年，根据《宪法》第14条修正案，美国最高法院支持公司法人享有"正当法律程序"和"平等保护"的权利，并赋予公司拥有其他公司的权利。尽管在法律上公司已拥有无所不包的权利和比普通公民更多的话语权，2010年，在对"联合公民"

（Citizens United）一案的审理中，联邦最高法院做出判决，赋予公司"言论自由"的权利。

只要能够确保能源和原材料供应，大规模生产消费品就会相对容易。商业精英们面临的难题是如何促进产品的大规模分销和消费。19世纪50年代，第一家广告公司创立，19世纪80年代，广告被用于推销大规模生产的消费品，如香烟和早餐食品等。品牌、专利和商标很快成为重要的新型财产形式，用于控制全国市场中产品的生产和销售，以及建立客户对公司的忠诚度。20世纪初，新的广告旨在说服人们相信大公司的道德合法性。例如，通用汽车公司的广告将公司描绘成一个大家庭，将国家描述为邻里。实际上，法院创造了企业的主体，而广告商试图塑造企业的灵魂（Marchand，1998）。

19世纪80年代，美国经济由大型垂直一体化公司主导，这些公司由经理级别的企业管理者掌控，属于多功能、多部门的跨国企业。这些企业巨头创造了寡头垄断（oligopolies）①，由商业官僚协调生产和销售决策，从而有效取代市场的"无形之手"（Chandler，1977）。制度上的变化提高了生产力和利润，和小型公司的管理者相比，大公司的高层管理人员在供求信息不完善、市场分散的竞争中，能够更有效地分配资源。美国公司的最大变革发生在1898—1905年，当时股票市场的成交量突然从数千万美元增长到数十亿美元（Roy，1997）。

（三）罗克代尔：美国工业村（1825—1865年）

1825—1865年的40年间，人类学家安东尼·华莱士（Wallace，1978）对宾夕法尼亚州东南部罗克代尔县的小型纺织品生产社区进行的历史民族志研究引人注目。他花费8年时间仔细研究公共档案、报纸、传记、信件和收藏品，以便对罗克代尔县进行详尽的描述。他的研究揭示了美国工业资本主义早期新的机械技术和工厂系统所导致的人类问题。19世纪20年代，有意建立新纺织厂的资本主义制造商开始在费城西南部的罗克代尔县购买废弃的小型面粉厂、造纸厂和木材厂。他们的企业得益于联邦政府的政策支持，相关政策对进口商品征收高额关税，而对国内制造商不予征税，鼓励发展美国制造业和增加收益。到1850年，大约2000多人共计351个家庭居住在切斯特河沿岸的7个小村庄里。每个小村庄都有一个水力驱动的棉纺厂为当地居民提供主要的就业机会。华莱士将当地的3个家族称为"山谷之王"，他们拥有罗克代尔县大部分的土地和工厂，决定着当地人的生活方式。

由制造商、商人和乡绅组成的约12个家庭位于社会等级制度的顶端，形成一个紧密、一体化的经济阶层。他们住在舒适、设备齐全的山顶石头豪宅中。男人们支持亲商政治，经常造访波士顿、纽约、华盛顿和附近的费城，并带着家人去海滩胜地度假。罗克代尔县精英们的妻子和女儿则形成紧密的姐妹联盟，联盟涵盖邻近地区的精英家庭。这些妇女受过良好的教育，博览群书，思维活跃，在音乐和艺术方面才华卓越。她们有足够的闲暇时间彼此通信，频繁往来，写日记和创作诗歌。精英团体之下是"中产阶级"，包括专业人员、教师、牧师和工匠等，大约150人。中产阶层之下是162个生活简朴的磨坊工人家庭。

---

① 寡头垄断：由于经济权力集中，少数卖方通过控制商品价格和供货量主导买方市场的状态。

工人们住在山脚下工厂附近的廉价公寓里，住所的位置低下反映他们在上层社会人士心中的社会、知识和情感地位同样低下，属于底层人民。例如，罗克代尔县上流社会杜邦家族的成员索菲·杜邦（Sophie Du Pont），在其日记中对工人阶级的妇女可能会因为孩子生病而情绪沮丧表示惊讶，她认为处在这一"生活阶层"的人情感不会特别敏感。

顶层社会和底层社会之间经济悬殊。一家工厂及其机器的最低资本成本为12000～35000美元，只有富人才有经济能力支付。一个典型的工人家庭一年的收入约250美元，另外可能从寄宿者那里赚得175美元，总计425美元。食品、燃料和租金等基本生活支出为300美元，余下125美元用于购买衣物和其他支出。这意味着，如果省吃俭用，一个劳动力健全的家庭可能会在几年之内攒下200美元，这笔钱可以帮助他们迁到西部，并在那里购买一个小农场，但不指望能够购买一间纺织厂。绝大多数工人希望他们的工作只是临时性的，其中许多人是来自英格兰和爱尔兰的移民，很显然这些工人并不富裕。

雇主和工人之间的关系大体上令人满意，但是他们之间仍然存在固有的利益矛盾，这有时会导致公开冲突。工厂主决定每个工人的生活质量，他们有权随意雇用和解雇工人，制定工资和工时标准，购买新机器取代工人岗位，并决定工人的健康和安全状况。在工厂主看来，利润永远比工人家庭的安全和福祉更为重要，工厂主通常依据每户能提供的具体劳动力数量招工，许多儿童，包括一些10岁以下的儿童，经常在工厂工作，尽管他们挣的钱可能比在英国的工厂里要多一些（图12.1）。罗克代尔县的工厂主认为，虐待只是一种糟糕的人事管理手段，并不侵犯工人的权利。工厂主约翰·克洛泽1837年证实："附近最早建工厂时，工人们经常会遭受严厉的鞭打，但后来管理者发现这并非最佳管理模式，并且在很大程度上已被摒弃。"（Wallace，1978：180）

工人每天工作14个小时，早上5点开始，晚上7点结束，开工和收工时分别响铃1次，早餐和晚餐时间稍做休息。一周工作6天，不包含休息时间，工作时长共计84小时。工厂内温度很高，通风不畅，空气中弥漫着浓厚的棉纤维粉尘，工人们长期咳嗽。工作非常辛苦，小孩子们有时会在工作时睡着。众所周知，这样的工作条件不利于儿童的心理、道德和身体健康，即便对成年人来说也非常糟糕。然而，宗教改革者们并不要求从根本上改革工厂的运行方式，而是希望工人通过上"主日学校"来提高自己，成为更加负责任的父母。

工厂主知道，这些打工的孩子没有时间上学，许多工人是文盲。罗克代尔县的工厂主原则上支持通过立法来缩短工作时间，并禁止雇用12岁以下的童工，但他们拒绝进行这项社会改革，认为除非所有州都执行同样的法律，否则他们的工厂在经济上将失去竞争力。他们并不承认工人的工资低下，而是指责寡妇、懒惰的父亲以及缺乏对童工的公共援助。他们建议让这些白天工作的孩子去上夜校，但是罗克代尔县有许多由女性支撑的家庭，家中的小孩需要照顾，而且许多家庭非常贫穷，没有能力送孩子上学。

工厂显然没有创造一个健康的社会环境，但是克洛泽以无可挑剔的逻辑为童工的经济必要性进行辩解，他声称："不能缩短童工的工作时间，也不能缩短成年人的工作时间，一个人的劳动和另一个人的劳动相互衔接，属于工厂系统的一部分，如果系统中的某个环节断裂，工厂运行链就会遭到破坏。"（Wallace，1978：328）

图 12.1 南卡罗来纳州纽伯里市

一位年幼的纺纱工,她像一位老纺纱工一样笔直地站着,双手紧贴大腿外侧。但是当我拍完照片后,监工走过来以歉意的口吻告诉我,她是个可怜的孩子,只是"碰巧过来",之后他又将此话重复了一遍。工厂里似乎挤满了"碰巧过来"或者"给姐姐帮忙"的孩子。

萨拉·海因(Sara Hine)1908年12月3日摄。

1836年,罗克代尔县的纺织工人成立工会,并分别在1836年和1842年举行了两次罢工,要求缩短工作时间并增加工资。在工会的组织者遭到工厂解雇后,罢工者们以破坏财产的方式进行报复,后来,有些人遭到罚款和监禁。商界精英们迅速与宗教组织结盟,谴责工会是反基督教、反美国和不道德的组织。社会改革成为基督教事业,但并未对现有的社会秩序构成威胁。

(四)工厂化农业的兴起

20世纪中叶,欧洲和美国已经出现农业工业化和食品系统普遍商业化的现象,这是一场文化变革,对于人类而言,这与新石器时期的动植物驯化一样重要。这一伟大变革是生计集约化大趋势的延续,伴随着人类文化规模的每一次增长,所生产的食品越多,能源成本就越高,环境退化就愈加严重。这种描述似乎有悖常理,但工业化的真正成本被文化建构的、仅强调人力和货币成本的会计制度掩盖。在美国这样的工业文化中,大型农场像工厂一样运作,通常以尽可能低的货币成本大规模生产单一农作物,以获得最大的现金回报。经济需要迫使农民使用省力的机器来降低成本,并使用农药、化肥和转基因作物和动物来增加产量。

从长远的文化生态视角看，人们广泛认为，工厂化农业会导致社会和环境不可持续。工厂化农业不是自我维持的生物过程，而是以城市为基础的文化过程；不依赖可再生能源——太阳能，而是大量消耗不可再生的化石燃料（Odum，1971）。工厂化农业简化了自然生态系统，在人类消耗大量能源的同时，生态系统变得更加不稳定。工厂化农业的另一个显著问题在于，大量消耗化石燃料让土壤变得贫瘠，不具有可持续性。图 12.2 显示，2014 年美国社会文化系统所消耗的能源有 80% 属于化石能源，近 2/3 来自石油和天然气，这些能源对粮食生产至关重要。同样令人惊讶的是，由于美国社会的庞大规模和高度复杂性，美国人消耗的能源总量中有一半以上没有得到有效利用，1/4 的能源浪费在发电和输电环节，另有 1/4 的能源在传输系统中转化为热量（Whitesides & Crabtree，2007）。

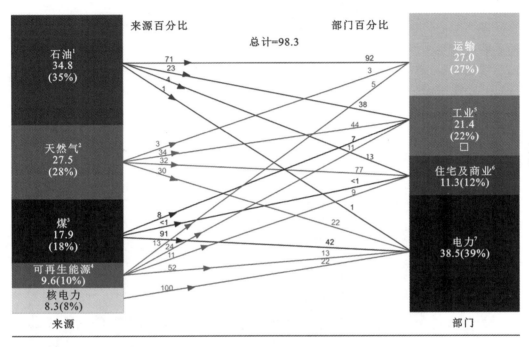

图 12.2　2014 年根据来源和领域划分的一次能源消耗量（热力单位：万亿英热）

工厂化农业只需要较少的劳动力就能实现每亩高产，因此工厂化农业貌似生产力极高。1970 年，从全国范围来看，美国农场工人每消耗 1 千卡能量可以生产 210 千卡热量的粮食，是中国劳动密集型水稻种植效益的 4 倍。但是，如果计算生产过程中所消耗的电、化肥和农用机械等全部能源成本时，就会发现，每消耗 2 千卡的能量只能生产 1 千卡热量的粮食（表 12.1）(Steinhart & Steinhart，1974)。

表 12.1　1940 年和 1970 年美国食品系统的能源消耗（10^{12} 千卡）[①]

项目	1940 年	1970 年
食品生产*	124.5	526.1
食品加工†	285.8	841.9

---

① Steinhart，1974.

续表

项目	1940 年	1970 年
食品生产*	124.5	526.1
食品分销‡	275.2	804.0
总计	685.5	2172.0

* 农业生产包括燃料、电力、肥料、灌溉,以及生产农用钢铁、农业机械和拖拉机等成本。

† 加工包括生产、机械、包装、运送燃料,以及卡车和拖车等。

‡ 分销包括商业和家庭冷藏和烹饪等,但不包括营销。

上述成本数据没有计入运输成本,特别是私家车往返杂货店的使用成本,为商业化食品做广告的成本,以及处理垃圾和副产品的成本,因此美国食品生产系统实际消耗的总能源成本被严重低估。1994 年针对工厂化农业额外成本的研究表明,生产一个家庭所需的 1 千卡热量的食物需要消耗 7 千卡的能源(Heller & Keoleian,2000)。只有大量利用化石燃料,才有可能实现这种赤字性生产(deficit production)①。

1940 年之后,使用化石燃料驱动的农用机械及化学品得到广泛运用,美国的农业生产完全实现了工业化(图 12.3)。这些技术变革带来的必然后果是,农村人口数量下降,个人实际拥有的农场数量减少,能够幸存下来的农场规模比以前要大得多。

图 12.3 1910—1940 年美国从畜力到机械化农业的过渡

---

① 赤字性生产:食物生产过程中所消耗的能量多于食物所产生的能量。

在美国大规模生计系统中,从农民到消费者之间的食物链变得十分复杂,从而推高了食品价格。20 世纪 20 年代,生产者和消费者之间存在很多繁杂的环节,消费者花费 1 美元购买面包,农民最终只能得到 28 美分(Borsodi,1929)。1949 年,一项国会议案记录了从小麦到面包这一生产网络惊人的复杂性(图 12.4)。他们发现,市场规模和复杂性的增加往往伴随着经济权力的集中,大型食品制造商和零售商收购其供应商和竞争对手,竭力扩大市场并增加食品"价值"(U. S. House Committee on the Judiciary,1949)。2017 年,美国农业部的一份报告称,家庭每花费 1 美元购买食品和饮料,农场只能得到 12 美分(Canning,2011)。

美国食品系统中的许多文化偏好导致成本增加,比如越来越多的人倾向外出就餐。当按照重量计算食物系统中的原材料流转时,非常明显,在美国食品系统中,大量的谷物被用来喂养牲畜和家禽。据估计,1995 年食物系统中 1.6 万亿吨粮食、干草、水果和蔬菜原料流经食品系统,但其中只有 15% 被人消费,60% 用于喂养牲畜(Heller & Keoleian,2000)。显然,美国人严重依赖肉、家禽和奶制品,当大规模生产系统要求集约化养殖时,所消耗的能源和材料成本非常高。

(五)表土层小麦种植:惠特曼县的土壤侵蚀和富裕程度

华盛顿州东部惠特曼县的人口普查数据可以说明农业工业化对当地的影响。惠特曼县是帕卢斯地区的中心地带,属于丘陵地区,地形陡峭,经过数十万年的风力作用堆积形成了厚厚的黄土层(图 12.5)。帕卢斯的气候和土壤条件非常适合旱作农业,惠特曼县因此成为世界领先的小麦产地之一。直到 19 世纪 80 年代,帕卢斯地区仍然将小麦作为单一作物种植(monocrop farming)①。

人口普查数据显示,1910 年,惠特曼县有 27000 农业人口,农产品所创造的经济价值中约 75% 来自粮食生产。惠特曼县有近 3000 个农场,平均占地面积 155 公顷,农场生产主要依靠人力和马匹,饲养 38000 匹马和骡子的大部分饲料由当地种植,能源供给实现高度自给。

1987 年,人口普查数据十分清晰地显示,帕卢斯的农业已经转向工业化发展模式,农业人力投入大量减少,马匹基本消失,化石燃料和化肥使用量大幅度增加(图 12.6)。每英亩的小麦产量突然增产 2~3 倍。1910—1940 年,每英亩谷物产量约为 30 蒲式耳(1 蒲式耳≈27 千克),但是 1987 年开始种植新开发的"神奇谷物",这种谷物经过优选培育,能最大限度地利用农业化学品和机械优势,令每英亩谷物平均产量达到 69 蒲式耳,有时甚至达到 100 蒲式耳。这种能源密集型生产系统被称为绿色革命(Green Revolution)②,20 世纪 70 年代和 80 年代被广泛引入发展中国家。

帕卢斯小麦种植技术变革对社会和环境产生了显著影响。随着劳动力需求下降,到 1987 年,农村人口减少至不足 1910 年的一半。更值得注意的是,农场数量锐减,而农场的总面积却基本未变,这意味着单个农场的规模比原来大了 2 倍,土地资源被集中掌握在越来越少的人手中,15% 的农场占有 46% 的土地。

---

① 单一作物种植:大规模成片种植某一种作物或者一种作物的某一个品种。
② 绿色革命:通过培育和推广高产杂交谷物品种和使用化肥及杀虫剂,以快速提高农业产量。

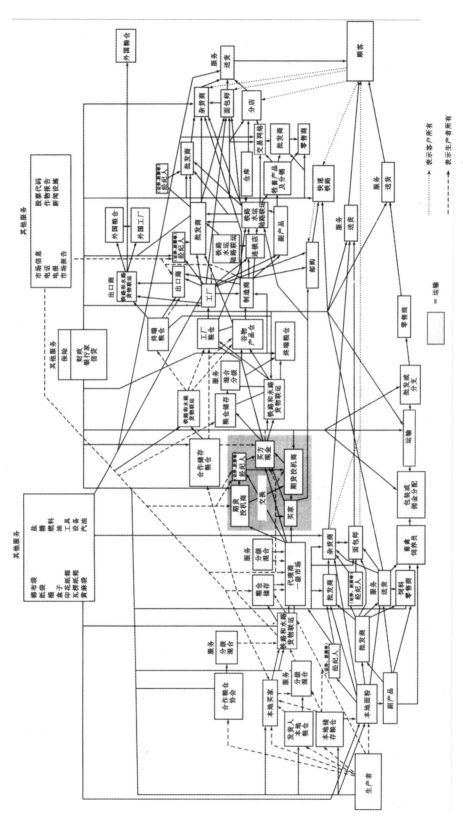

图12.4 从小麦到面包的制作和分销过程

图 12.5　华盛顿惠特曼县的麦田水土严重流失
(注意图片上方陡峭山坡上塌落的土壤)

最不利的变化是，由于使用重型机械深耕坡地，土壤因此受到侵蚀而持续流失（Duffin，2005，2007）。1939 年，美国农业部开始对土壤流失问题进行年度监控。1978 年美国农业部发布的一份报告称，根据 10% 的土地表土流失量计算，估计每英亩土地每年平均流失 14 吨土壤，这意味着每生产 1 吨小麦，就会导致 13.5 吨表土流失，工厂化农业的确对土壤造成了严重破坏，这种生产方式不能长期持续下去。随后为了减少土壤侵蚀，惠特曼县实行免耕小麦种植试验，越来越高的燃料和化学品投入成本最终可能迫使农业系统更具有可持续性。然而，数百万美元的联邦农业补贴有助于维持农业系统正常运行（EWG，2015）。

为什么会将目光短浅的技术体系制度化，这是一个文化问题。竞争性商业生产的主要目的是快速获得现金回报，认识到这一逻辑所扮演的主导性文化角色，才能深入理解这一问题。这种逻辑迫使美国生产商为实现经济规模，稳步加快农业产出，技术创新和经济控制越来越集中，促使产出加速增长，同时也导致更严重的社会不平等，并衍生出许多其他长期成本。

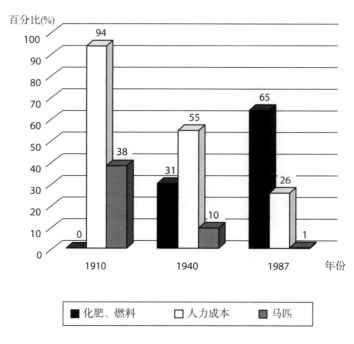

图 12.6　1910—1987 年帕卢斯地区的农业投入

（六）美国人的牛情结：卖得好

和东非一样，美国同样存在牛情结文化（Rifkin，1992）。牛在美国文化中非常重要，不仅因为牛肉"好吃"，更重要的是，正如人类学家马文·哈里斯（Harris，1985）所说，因为牛"卖得好"。

商业精英主导美国的养牛业，从牧场直至市场，采用最集约化的生产技术，以最大的经营规模获取最高额的经济回报。出乎意料的是，很少有牧场主和牧场经理人从这个国家的牛肉市场获利。例如，2012 年农业普查显示，美国排名前 8% 的农场或牧场拥有美国一半的肉牛。佛罗里达州的德萨律牧场是美国较大的牧场之一，牛的数量维持在 42500 头（Deseret Ranches，2015），相当于约 2000 个户均拥有 20 头牲畜的美国家庭牧场。按照每人 4 头牛的数量计算，如此规模的牧场能够维持超过 10000 名东非牧牛人的生计。加利福尼亚的哈里斯牧场（Harris Ranch，2015）年度饲养能力达 25 万头牲畜，比每年流经乌尔纳姆皇帝位于尼普尔城牲畜配送中心的动物数量要多得多。

牛肉加工同样高度集中化。2013 年，泰森食品、JBS 美国、嘉吉和国家牛肉等 4 家牛肉包装公司，在美国肉牛屠宰业和商业化中占比高达 75%（Tyson Foods，2013）。其中，泰森食品是最大的公司，每周可屠宰 13.5 万头牛、4000 万只鸡和 39.1 万头猪，2013 年销售额达 340 亿美元。由极少数人全方位掌控如此重要的民生要素，这是一种不同寻常的文化模式，在任何国家文化或古代文明中没有先例，如此规模的企业必定获利丰厚。公司的主要受益人是泰森家族成员及其关系密切的商业伙伴。2014 年，6 名泰森公司高管的薪水和报酬总计超过 5000 万美元，除此之外，他们还从公司 10 亿多美元的盈利中获得分红（Tyson Foods，2014）。

生产规模决定如何对食用牛进行屠宰、处理、分类、分级，以及如何对牛肉进行命名、包装和分销。在东非部落文化中，牛被高度人性化，屠宰是一种公共的仪式行为。部落根据亲属关系分配牛肉，然后立即食用。而在美国，市场上的牛和牛肉则是一种去人性化的商品，由专人进行生产；很少有人清楚自己吃的肉是怎么来的（Stull & Broadway，2004）（方框 12.2）。

方框 12.2

工厂化牛肉生产

牛肉生产要求尽快让动物达到符合要求的屠宰重量，通常需要 24 个月，牛犊不足 3 个月就会被宰杀，制成牛肉。给小牛喂食诱食剂，并在耳朵内植入激素，以加快生长速度。小牛在 6～9 个月时断奶，它们要么作为"菜牛"进一步育肥，要么接种疫苗，作为"育肥牛"出售给饲养场育肥之后"屠宰"。饲养场会给牛接种更多疫苗并植入更多的生长激素，喂食有助于增重的谷物、蜜糖、牛肉脂肪及其副产品，并补充含有抗生素、维生素和类固醇的植物蛋白等，促使牛快速增肥（Thomas，1986）。

牛肉的整个生产过程由联邦法和州法律管控。联邦检查员按照性别将牛分为：小阉牛、阉牛、公牛、母牛和小母牛等；按照等级将肉分为：极佳（prime）、优选（choice）、可选（select）、合格（standard）、商用（commercial）、可用（utility）、切块（cutter）和制罐（canner）8 个级别；法规对屠宰过程的每一个细节，甚至对检查员检查动物特定部位的速度（以每小时为单位）都做了明确规定。在复杂的买卖关系链中快速进行牛肉交易时，买卖双方都会寻求最大化货币回报，为了确保质量，详细的规则和分类非常必要。规模经济是影响屠宰的一个主要因素。大型工厂采用高度专业化的技术，将屠宰速度从 20 世纪 70 年代的 100 头/小时增加至 80 年代的 300～350 头/小时，加工单价降低了 25%（Pietraszek，1990）。屠宰速度更快，意味着需要更多的机械化工具，如去角器、去皮器、畜体分割器、开膛锯、骨锯和基本的切割锯等。对牛肉进行进一步加工，需要使用电剪、切片机、搅拌式滚揉机、滚筒式滚揉机、绞肉机、去筋膜机、肉饼机和真空填充机等设备。切肉是一项高强度的技术工种，提高工作效率容易导致高工伤率。

大规模工厂化肉类加工导致工作岗位工资极低、社区贫困和环境恶化（Olsson，2002；Schlosser，2001；Stull & Broadway，2004）。这种生计方式的规模、复杂性及生产速度导致非法处理动物和受污染肉类的可能性增加。2008 年，美国农业部下令召回加利福尼亚州韦斯特兰/霍尔马克牛肉加工厂生产的 1.43 亿磅（1 磅≈0.45 千克）牛肉，这是美国历史上规模最大的一起牛肉召回事件。这家屠宰场在未按照要求对牛进行适当检验的情况下，加工生产了不健康的"躺牛"（downer cattle）（USDA，2008）。

(七)消费的文化建构

人类学家马文·哈里斯认为,对特定肉食的文化偏好在很大程度上受到功利主义、生态因素和经济因素的影响(Harris,1985)。美国人偏爱牛肉,是因为19世纪70年代大平原地区的野牛和原住民遭到强行驱逐,野牛被牛取代,牧场主继而由种植谷物的农场主取代,牲畜只能在干旱地带和西部的伐木林中牧养。真正的牛肉繁荣期出现在第二次世界大战之后,当时大量的美国女性开始外出工作,汉堡包等快餐食品突然为牛肉打开庞大的新型市场。汉堡包成功的关键在于,法律规定汉堡包必须是全牛肉,可以添加30%的牛肉脂肪,让牛肉在烹饪过程中更加紧实。因此,汉堡包由相对紧实、圈养小牛的牛肉末,再加上从围栏育肥牛的牛肉中修剪下来的脂肪制作而成。围栏育肥牛的牛肉还可以制成细嫩、带大理石纹路的昂贵肉块。

从功利主义视角对文化习俗进行解释,暗示文化发展是一个无法避免的自然过程,文化变化是一个适应性和渐进的过程。但是这一观点没有考虑人们脑海中萌生的文化意义,也忽略了在广告上花费大量资源来创造这些意义的精英决策者。马歇尔·萨林斯(Marshall Sahlins)拒绝经济功利主义(utilitarianism)[①],提醒我们,人们所消费的东西以及我们对经济稀缺性和贫困的概念都是文化建构。萨林斯曾将觅食者描述为"最初的富裕社会",他观察到,部落觅食者很容易满足自己的欲望。然而,对美国人来说:

> "商业经济特别痴迷于稀缺性,稀缺性是所有参与者可以计算的条件。市场提供的产品琳琅满目,应有尽有,所有这些'好东西'触手可及,但却无法拥有,因为一个人永远不可能购买所有的东西。在市场经济中生存,就是在双重悲剧中度过一生,始于不足,终于匮乏。所有经济活动均始于短缺……一个人的资源不足以满足所有可能的用途和欲望。"(Sahlins,1968:168)

稀缺性或贫穷并不是严格意义上的技术问题,也不是本身固有的问题。稀缺性是一种文化创造,受到商业组织的工业文化的影响。人类学家朱尔斯·亨利(Henry,1963)认为,美国文化依赖刻意创造对商品和服务的需求,掀起一场"心理革命",对人类的思想和行为产生了深远影响。

萨林斯(Sahlins,1976)对美式饮食习惯进行了文化象征性分析,认为在美国文化中,由于牛肉与男子汉气概和力量之间悠远的文化联系,牛肉尤其是牛排在饮食中占据中心位置。猪肉作为不太受欢迎的肉类排在第二位,而食用狗肉或马肉则被视为禁忌。

萨林斯注意到,在美国文化中,牛和猪以及马和狗,形成结构性的对立关系(图12.7)。牛和猪被视为未命名的客体,可以食用,狗和马为命名的主体,不可以食用。狗和马被认为通"人性",人们会同它们交谈并抚摸它们。狗可以住在房子里,死后会被埋葬,吃狗肉就如同吃自己的亲属,意味着同类相食。马则更像仆人,吃马肉的禁忌稍小一些。猪肉不如牛肉受欢迎,部分原因是,猪以人类的残羹剩饭为食,与人类更加亲密,因此吃猪肉也有同类相食的意味。

---

① 功利主义:使用经济利润、直接的物质优势,或食物、住房等物质福利解释文化行为。

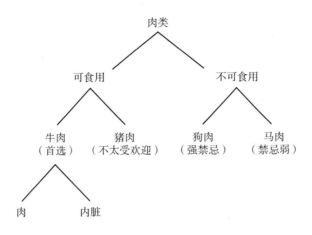

图 12.7　美国食用肉的文化结构

牛肉还有另一个被强加的可食用的文化标签。肉在文化上被认为是动物身上最适宜人类食用的部分，与动物心脏、舌头和肝脏等"内脏"相对立，而食用内脏等部位和吃猪肉类似，意味着同类相食。牛肉被细分为数十种命名的品类，每一个品类根据其文化定义的需求进行定价，比如，吃特定部位的牛肉能显示一个人的社会地位。萨林斯（Sahlins，1976）强调，牛肉的价格和需求与供应和营养价值之间没有明显关系，例如肝脏营养丰富，并且相对稀缺，但却比相对充裕的牛排要便宜得多。

运用文化产品对不同类别的人之间存在的社会差异进行编码，这一点和部落文化中使用动物种类作为图腾区分不同的文化群体类似。然而，这一分析侧重于"文化意图"，表明文化系统的运行独立于人类的意图。然而现实中，美国人吃什么以及他们应该吃什么，都是人为刻意的改变。1940—2000 年，随着食品行业公司董事的决策、广告、营销和政治游说，美国的饮食习惯发生了巨大变化。快餐行业集中发展，塑造了美国人的饮食模式（Ritzer，2000）。1940 年，美国人主要吃猪肉；到 1960 年，变成主要吃牛肉；而到 2000 年，以吃鸡肉为主，按照重量计算，美国人食用的禽肉比牛肉要多（U.S. Statistical Abstract，2002）。1940—2000 年，美国人每日摄入的蛋白质、脂肪、碳水化合物均有所上升，摄入的卡路里总量平均增加 16%。每年人均消耗的精制糖和玉米糖浆从 107 磅增加至 148 磅，增幅约为 40%。1980—2000 年，软饮消费量从 35 加仑（1 加仑≈3.8 升）飙升至 49 加仑。官方数据显示，一半以上的人口超重，20% 以上的人口肥胖，这一现象与饮食习惯的变化存在显著关系（U.S. Statistical Abstract，2002；Jacobson，2005）。2015—2016 年的数据显示，成人肥胖率已上升至成年人口的 39.8%（Ogden 等，2015；Hales 等，2017）。

数百万的美国人在饮食习惯上发生如此巨大的变化，并非源于某种间接的、象征性的文化意图。与此相反，美国的饮食习惯明显受到精英所主导的营销策略的影响。例如，2013 年，整个食品行业在各类广告上花费 8.14 亿美元，用于推广含糖饮料（Harris 等，2014），将近 75% 的广告来自百事可乐、可口可乐和胡椒博士 3 家公司，但是广告费用只是这些公司 2013 年 1190 亿美元全球业务收益中的很小一部分，这类广告的大部分受众是儿童和年轻人，他们对家庭支出产生重要影响。

三、美国的增长、规模和权力

经济增长是美国文化中起主导作用的元素,进一步审视经济增长与文化规模扩大和社会权力分配变化之间的关系非常重要。本节援引美国自 1776 年建国以来的大量民族史资料以及更为详细的纽约民族志,考察世界上最成功的商业文化在 200 多年(1776—1997 年)间经济持续增长的社会现实。

(一)美国的增长:财富与机遇(1776—1997 年)

法国政治学家亚历西斯·德·托克维尔(Alexis de Tocqueville)在 1831—1832 年访问美国,历时 9 个月,他笔下的美国是一个人人平等的民主国家,大部分人属于中产阶级,只有少数人非常富有或非常贫穷。在他看来,丰富的资源、技术创新和辛勤劳动为美国创造了平等的经济机会。一些观察家指出,富人数量上升,证明美国经济自由带来的益处,证实经济增长有望使每个人都变得富裕(Gilder,1981)。然而,遗嘱遗产认证记录、人口普查数据和税收评估这 3 类独立证据显示,在美国历史上绝大部分时间里,社会和经济现实很少与"经济增长让美国成为机会均等的国家"这一观点相符。

历史学家爱丽丝·琼斯(Jones,1977,1980)为了估算 1776 年美国独立战争前 13 个殖民地的财富和收入分配,利用 1773—1775 年个人动产和不动产的详细遗嘱认证清单,辅之以税单、相关新闻报道、契据登记簿和政府赠地记录,以及教堂和城镇的洗礼、婚姻和葬礼记录,研究结果显示,1776 年的货币收入分配模式同 1994 年一样,都是头重脚轻型,前 5% 的家庭所获得的收入占全国家庭收入的 20%,20% 的中产家庭收入占全国家庭收入的 15%,20% 处于社会底层的家庭收入仅占全国家庭收入的 4%。

值得注意的是,历史学家李·索尔托夫(Soltow,1975)对 1798 年、1850 年、1860 年和 1870 年美国人口普查记录的财产所有权分配的分析显示,政治独立和长达一个世纪的经济增长对美国的财富分配没有产生显著影响。索尔托夫发现,财富集中与宪法的支持率之间存在非常强的关联性。他得出结论:穷人认为强大的联邦政府没有任何好处,因此宪法不会通过全民投票批准。

其他历史学家利用税收评估数据,考察了 19 世纪纽约市的财富分配情况,当时城市经济发展十分迅速(Jaher,1972,1982;Pessen,1971,1973)。根据佩森(Pessen)的记录,19 世纪上半叶财富迅速集中。1845 年,前 1% 最富有的人拥有全部社会财产的一半。令人难以置信的是,前 4% 的富人拥有全部社会财产的 81%,其中包括纽约新兴公司(主要是银行和保险公司)的股票。在此期间,纽约市的财富增长超过其人口增长速度,人均拥有的财富实际上增长至以前的 4 倍,但是富人变得更加富有。

仔细分析经济精英的家庭关系显示,19 世纪的纽约并不是一个机会均等的城市,个人需要继承一定的社会地位和财富才能成功。事实证明,纽约的经济精英彼此之间因亲属关系和姻亲关系紧密结合在一起,甚至与欧洲贵族联姻。1898 年,纽约 1368 名百万富翁中,42% 的人彼此之间存在血缘或姻亲关系(Jaher,1982)。在纽约最富有的人群中,95% 的人出生于富裕家庭,只有 2% 的人白手起家。富人持有的财富非常安全，即使遭受严重经济衰退，大多数人一生中可以保持财富完好无损，并成功将其传给下一代。

尽管19世纪美国的财富高度集中于社会的最顶层，但与欧洲几乎固化的社会等级相比，美国仍然存在明显向上流动性，这主要得益于家庭老龄化和小额储蓄逐渐累积，美国低收入家庭能够提升自己在经济阶梯中的位置。索尔托夫（Soltow，1975：53）估计，在1870年，美国43%的成年男性是穷人，每个人拥有的财产总值不足100美元，大约52%的美国人属于中产阶级，每个人拥有的财产在100美元以上，富人的比例不到10%。

根据当代一些观察者的说法，19世纪50年代，6万美元的财富可以产生3000美元的年收入，足以提供舒适的生活，包括一套住房、佣人、酒、马匹、书、乡间住所、足够多的衣橱，以及待客的能力（Pessen，1971），但是只有财富排名前0.5%的城市人口属于这一类别。如果19世纪中期仅仅6万美元的财富积累就足以提供舒适的生活，那么15万美元算是一笔相当可观的财富。索尔托夫估计，1860年美国已有41位百万富翁，1870年达到545位，1898年仅纽约市就有1368位百万富翁。

到1890年，小农场迅速被大农场兼并，小企业被大公司兼并。随着美国关闭边疆地区和制造业的崛起，一半人口成为城市居民，大多数人需要依赖一份工作带来的收入为生，大约2500万人无法获得足够的收入以满足基本的生活需求，他们成为新的贫困人口。20世纪，城市发展导致贫困进一步加剧。

图尔钦（Turchin，2012，2016）用图形表明，自1780年以来，美国不平等峰值与社会福祉谷值相吻合，反之亦然，社会在政治稳定和不稳定之间按照大约50年一个周期交替循环，这与第10章中描述的帝国社会以及第11章中人口结构理论对早期商业社会所做的预测相似。

经济历史学家罗伯特·戈登（Gordon，2016）将1870—1970年称为美国经济增长的"特殊世纪"，他认为，工人的生产力和繁荣已在1970年左右达到顶峰，此后一直在下降。对大多数19世纪的美国人来说，日常生活非常困难，但是，1867—1914年，一系列技术创新在欧洲和美国发展起来并实现商业化，生产力显著提高，生活水平因此得到广泛改善（Smil，2005；Gordon，2016）。对家庭来说，照明电和家用电器、电话和机动车等新技术就像新石器时代的陶瓷、纺织和农业技术一样具有革命性。并且到1940年，无线电、公共供水和污水处理系统、罐装食品和医学进步等在美国的城市得到普及，使生活水平和预期寿命显著提高。戈登认为，20世纪70年代以来，计算机、互联网和手机等新的数字技术改进了现有通信、数据处理和娱乐方式，但并未提高工人的整体生产力。由于社会不平等、全球化和全球气候变暖所带来的"逆风"，戈登预计经济增长将放缓。

自1970年以来，认为经济增长会带来广泛共享繁荣的"美国梦"，随着收入流动性迅速下降，正在破灭。人口普查数据显示，当1940年出生的孩子在1970年达到30岁时，超过90%的人比他们的父母挣的钱多，但是1980年出生的孩子中只有50%的人超过他们父母的收入（Chetty等，2016）。研究人员通过将人口普查地点与1978—1983年出生的群组的纳税申报表合并，绘制出"机会地图集"，地图集显示，那些出生在"正确的"社区并与有工作的邻居一起长大的人，仍然有可能向社会上层流动（Chetty等，2018）。

(二)纽约市的经济精英与城市贫困(1863—1914年)

19世纪,纽约市经济增长迅猛,由此产生的社会压力让纽约市成为研究规模与权力问题的理想之地。至1845年,纽约市出现引人注目的权力地理格局,市政府、党派政治、公司金融和巨额私人财产比肩而立(见方框12.3)。市政厅位于曼哈顿下城,两翼是紧邻东河的坦曼尼厅和哈德逊河一侧当时的美国首富约翰·雅各布·阿斯特的宅第,纽约证券交易所位于华尔街金融区以南约800米处。1890年,纽约成为继伦敦之后世界上最庞大、最富裕的城市。作为自由女神像所在地,纽约成为移民的主要入境口岸,美国一半以上的国际贸易在该口岸进行交易,许多大公司在纽约设立总部。当时纽约市有250万人口,是美国最大的城市中心,种族和宗教极具多样性。也许在我们看来,最重要的是纽约市还拥有最强大的经济精英和最糟糕的城市贫民窟。

方框 12.3

1845—1873年纽约市的"机器政治"

19世纪中叶,纽约市的发展规模如此之大,普通个人几乎没有什么政治影响力,需要一个有组织的政治官僚机构来选择候选人,并争取得到选民的支持。介于个人和政府之间的政党通常被称为"机器政治"(machine politics)。例如,1845年,纽约市40万人口中,68000名潜在的选民由2400人规模的民主党控制。政党官僚机构分为3个级别:最高层是由51人组成总委员会;中间层是17个选区委员会,每个委员会负责2~8个选区,每个选区约500名选民(Gronowicz, 1998);最底层是几十个隶属政党的协会,它们为纽约社会各阶层的人营造活跃的社交生活。

纽约的政治机器(political machine)被称为"坦曼尼厅",坐落于坦曼尼协会总务委员会大楼背后,该协会是一个具有政治倾向的社交俱乐部,其初衷是为移民提供帮助。坦曼尼"机器政治"负责选择候选人,并为大约91个选举或任命的职位投票,上至州长、美国参议员和议会代表,下至警察局长和街道督查等。1868—1873年,"机器政治"完全由城市老板威廉·特威德控制,他此前曾在美国国会、纽约州参议院和纽约市担任过一系列政府公职,控制着纽约市财政部,利用虚假账目有组织地从国库窃取了数百万美元。

城市老板特威德和坦曼尼厅成为贿赂、腐败和政治庇护的代名词。但是纽约的民主党跨越所有的社会阶层,将手工艺人和劳工,尤其是爱尔兰天主教移民纳入旗下。然而,由于支持奴隶制,民主党对纽约市的非裔美国人秉持极端的种族主义。毫无疑问,纽约的政党政治对劳工阶层适应城市生活的不确定性有所帮助,但是同样也帮助该市最强大的商业利益集团扩大金融帝国。

1890年,纽约富有的经济精英大概不到2500人,仅占美国家庭的0.5%。精英阶层来自不同的背景,包括英美新教徒、德国基督教徒和德国犹太人。很多精英是贵族商人

和地主家庭，还有一些精英是新富裕起来的银行家、企业家和专业人士。背景迥异的精英群体属于不同的社会、专业和商业协会，有时会在政治和经济方面产生利益冲突。但是他们之间因为亲属和婚姻关系联系在一起，从巨大的经济增长中获得利益，尤其是在铁路、银行、石油和制造业等领域。

纽约最富有的前 200 人中，最著名的是约翰·洛克菲勒（John D. Rockefeller）。19 世纪 90 年代，他的个人资产已达到 2 亿美元。排名第二的可能是约翰·摩根（John P. Morgan），1913 年他的资产价值为 7760 万美元。从这些超级富豪所拥有的社会、政治和经济权力本身来考察他们的个人财富非常重要，他们控制的公司和基金会的总资产是其权力的体现。

洛克菲勒和摩根处于以纽约为中心的金融帝国网络的顶端。1904 年，投资分析师约翰·穆迪以赞许的口吻将洛克菲勒—摩根的"家谱"描述成一个相互关联的信托联盟，主导着美国的金融、商业和工业利益（图 12.8）。信托是控股公司的早期形式，控股公司是拥有其他公司的巨型公司。穆迪认为权力集中是件好事，无法避免，也是"自然法则""公众的盲目反对和限制性立法都不能阻止公司规模持续扩大"（Moody，1904：44）。他断言，"现代信托是社会条件和伦理标准自然演变的结果，当今人们承认并将这些标准确立为文明发展的必要因素"（Moody，1904：44）。

1912—1913 年，众议院银行和货币分委员会——普约委员会（the Pujo Committee）在华盛顿特区举行听证会，让摩根大通难得一见的金融权力得到展现。最高法院大法官路易斯·布兰代斯（Brandeis，1914）对听证会的总结显示，作为摩根大通的投资银行家，摩根处于复杂的商业关系网络的顶端。摩根通过其控股公司的董事，对 34 家大型银行和信托公司、10 家保险公司、32 家运输系统、12 家公用事业公司和其他 135 家公司施加直接和间接影响，总资产达 450 亿美元。其权力如此之大，几乎控制了国民经济的所有部门。

摩根有效控制他人资金，在其投资的公司之间进行巨额资本转移，并从中抽取巨额佣金。摩根及其同僚所做的决策影响美国数百万低收入工人的就业条件和生活福祉。摩根的经济重心遍及美国及全世界，尽管他是纽约著名社交俱乐部的主席，但是他对纽约市的问题没有多少兴趣或影响力。作为曼哈顿高架铁路线的主要拥有者，摩根未能成功抵制该市的地铁建设计划。纽约的精英们在公共政策上分歧如此之大，即使是最强大的经济精英，也难以将自己的意愿强加于所有领域。

外来移民导致纽约市区人口数量在 1850—1880 年增加了 1 倍以上，1880—1910 年，纽约市的人口再次翻番，房屋租金成为贫民窟房东的财源。纽约面临巨大的住房压力，大房东纷纷将原本修建在狭窄地段的独立住宅改建成至少能容纳 3 户人家居住的公寓，以获得更高的租金收益，但是租户的生活质量却大大降低。在此过程中，成本与收益清晰可见，当时，纽约房地产市场是自由市场的天堂，没有令人讨厌的建筑法规"要求修建消防通道"，开发商可以随心所欲地追求利润最大化。其结果是，纽约市绝大多数极度贫困的人口居住的房屋价格昂贵，但是粗制滥造，甚至是危房，严重危害租户的身体健康。社会改革者谴责拥挤的生活条件助长了穷人的不道德行为。一系列霍乱疫情以廉租公寓为中心在纽约市爆发，一批具有改革思想的医生据理力争，说服纽约市政府在 1866 年建立大都会卫生委员会，政府被迫勉强承认，廉价劣质住宅的确是公共卫生的一大隐患。

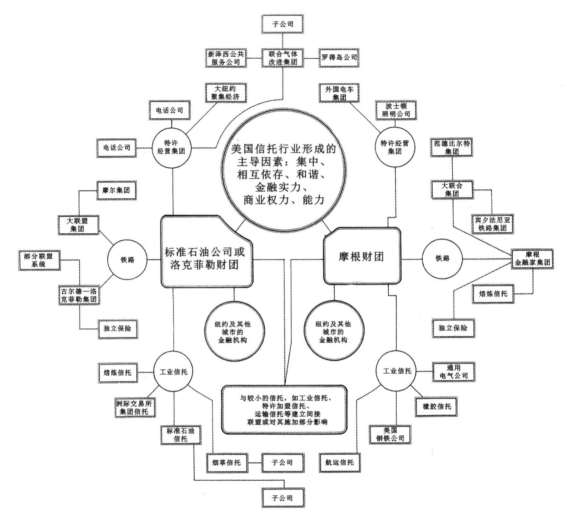

图12.8 1904年洛克菲勒—摩根工业信托和金融机构商业帝国联盟

摄影记者雅各布·里斯（Jacob Riis）在《另一半人如何生活》（*How the Other Half Lives*，1904）一书中，生动描述了纽约市拥挤的廉租公寓的居住条件。该书成功激起公众的愤怒，迫使政府采取行动。纽约廉租房委员会调查员发现，1900年，230万人居住在拥挤、卫生条件差的廉租房内，占纽约城市人口的70%（DeForest & Veiller，1903）。在这些小型公寓中，人均居住面积仅为4.7平方米，该数字与查尔斯·布斯（Charles Booth）所记录的伦敦贫困人口人均4.6平方米的居住面积几乎完全一致。出乎意料的是，该居住面积大约是一个典型的阿沙宁卡家庭居住面积的一半，远低于前商业文化中的跨文化常数——人均6~10平方米居住面积（Brown，1987；Naroll，1962）。

纽约的第10区为犹太区，共计45个街区，位于曼哈顿下东区（Lower East Side）。76000人住在3~7层不等的廉租公寓中，每一栋公寓居住多达200人（图12.9）。住宅光线昏暗，通风不畅，许多楼栋只有一个外接水龙头和供所有家庭使用的坑式厕所，有的楼栋在每一层装有抽水马桶，可供2~4户人家共用，没有浴室或淋浴。不出所料，对其中一栋住有2781人的廉租公寓进行抽样调查发现，5年内共计出现32例肺结核和13例白喉病例，660户家庭请求过公共援助。

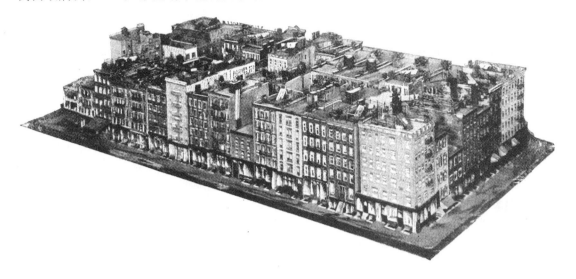

图12.9　1900年曼哈顿下东区第10区的典型街区模型

悲惨的生活条件致使纽约在世纪之交成为劳工动乱、工会运动以及社会主义运动的中心，最终导致劳工的工资小幅增加并实行8小时工作制，建筑法规逐步得到修改。在城市政策方面，由于精英阶层往往存在分歧，因此工薪阶层有机会通过选票对事件产生影响。部分精英倾向于"市政社会主义"，即运用税收和私人投资改进公共交通系统、公共教育、公共卫生和住房、市政府和文化机构，以改善城市的商业前景（Hammack，1982）。最大的经济精英群体不愿意支持改革，他们怀疑政府会干涉"自由市场"，不希望增加税收，对纽约之外的地方更具有经济兴趣。其他人则将纽约市的问题归咎于社会主义者、无政府主义者、不道德以及种族和宗教的多样性。

四、田野探险：在美国从事人类学研究

我将在秘鲁亚马孙河流域对阿沙宁卡的研究描述为一次野外探险。在充满异国情调的地方工作令人兴奋，但真正令人激动的是，无论你身处何方，都可以运用人类学工具以全新的方式认识世界。和国外相比，在美国国内从事人类学研究同样令人振奋。1966—1977年这10年间，我在秘鲁完成了3个人类学研究项目。然而20世纪70年代中期，我在美国国内开展了一系列新的研究项目。我发现，关于美国及其商业世界的发现和我对亚马孙流域的任何一项研究一样，令人振奋，并且受益匪浅。

根据我对部落世界生活的了解，我开始将部落文化和美国文化进行比较，思考美国文化中的问题。我从完全不同的角度观察美国文化中的日常生活，首先，我考察了华盛顿州马铃薯的种植和加工方式，并与亚马孙流域的木薯种植和加工进行比较，之后考察了我家附近的小麦种植情况以及当地房地产所有权和企业的组织形式。这些研究项目中的新问题让我认识到，规模原则有助于理解社会权力在不同文化中的分布。下面讨论我的一些发现和所采用的研究方法。

（一）美国人类学研究：研究方法框架

长期以来，美国人类学家总是用批判的眼光审视自己的文化。例如，心理人类学家朱尔斯·亨利（Jules Henry）以及文化唯物主义学者马文·哈里斯（Marvin Harris）分别在其著作《文化与人之战》（*Culture Against Man*，1963）和《当下美国》（*America Now*，1981）中提出了完全不同的观点。当然，置身于自身文化背景中的人很难做到完全客观，本章中将尽可能做到客观公正。读者可以随时质疑我的看法，对如何理解某一文化提出怀疑，这正是文化人类学的意义所在。美国文化处于不断变化之中，2007—2008年的金融危机和经济大衰退的余波让美国人对长期以来认可的文化运作方式提出了挑战。

如第1章所述，人类学家进行田野研究最基本的方法就是对目标文化中的研究对象进行直接观察和广泛访谈，这是对没有文字记载的部落世界进行调查研究的唯一方法，但是在商业世界里，大量研究可以通过查阅图书馆资料和远程在线的方式完成。不过，完全沉浸于所要研究的亚文化并学习其语言，仍然是非常必要的。美国是一个非常理想的研究对象，联邦政府、州政府、地方政府、非政府组织和企业不断生成的统计资料涵盖美国人生活的方方面面。无数的报纸、电影、书籍和网站提供了非常详细的文化记录。文化人类学家面临的挑战是对现有数据进行筛选和分类，并针对复杂的文化得出有用的结论。

民族志法也许是最重要的人类学方法，涉及详细准确的描述，以及了解某一文化的成员如何理解自己的文化及其在文化中的作用。人类学家还需要对事物进行记录，寻找事物之间的联系，需要考虑历史发展，并借鉴其他学科的材料、特殊工具和观点，从跨学科的视角开展研究。在回答具体问题时，若不进行选择，不从特定的角度去观察，这些研究活动将毫无意义。当然，研究问题永远是最重要的。

本书从规模和权力视角，探寻社会、政府和企业的绝对规模和权力分配方式及决策方式之间的联系，试图回答下列关键问题：增长是否由精英主导？如果是，那么由精英主导的增长在集中收益和分摊成本方面，是否让整个社会的大多数家庭受益？

对美国的规模和权力问题提出疑问，需要确定合适的关键机构、企业、组织和个人。特定工商业的资料有助于研究董事们所遵循的关键价值观、目标和策略，还可以查询公开的公司年度报告及网站，贸易协会也是可靠的信息来源，同时，还需要确定哪些是主要因素，哪些是次要因素。下面描述我对华盛顿州社会权力分配进行的首次广泛调查，并对美国啤酒业进行人类学案例分析。

（二）帕卢斯地区的财产、增长和权力（1997年）

美国的社会权力分配显然是精英主导的结果，对华盛顿州东部家庭的经济状况进行的民族志研究印证了这一观点。该研究表明，城市规模增长与财产所有权集中及贫困之间存在关联。我对华盛顿州东部帕卢斯地区不同规模社区的家庭生活水平进行了考察，试图检验财富增长以及由此带来的人口增长和经济价值增长是否致使贫困家庭增多（Bodley，1999），也想弄清楚是否有地方层面的证据显示，社区规模增长由其中最大的受益者所主导。

衡量帕卢斯家庭的经济状况，我没有依据收入普查数据、侵犯隐私的调查问卷，或者官方给出的贫困定义，而是采用公开的财产评估数据来衡量帕卢斯家庭的福祉。我推断，财产低于10000美元的家庭属于特困户，无法轻松满足其基本生活需求；财产为10000~75000美元的家庭可以生活舒适，但是难有储蓄；只有财产在75000美元及以上的家庭才有能力储蓄、投资，并稳步提高经济水平。

通过仔细整理来自县评估员的计算机数据，我发现个人在帕卢斯拥有的城市财产近100亿美元，这似乎足以让整个家庭维持舒适的生活。但是事实相反，排名前20%的财产拥有者实际占有个人财产总量的近70%，许多富有的财产拥有者并不居住在帕卢斯。令人难以置信的是，前三名拥有的财产比20个小城镇的10200人拥有的财产总和还要多。

社区规模被证明是预测家庭福祉的最佳指标。人口少于2500人的小社区拥有更多的富裕家庭，财产所有权的平均价值随着社区规模的增长而增加，但是最富裕的家庭所获得的财产增值异常高，并且大城镇中贫困家庭的绝对数量大幅增加。规模最小的村庄拥有更高比例的温饱水平的家庭，更多的人拥有房产。贫穷的村民很少，他们的生活比大城镇里的贫困人口要宽裕得多。规模增长最小的社区财富集中程度最低，并且大型资产所有者对市政府的影响力似乎较小。伴随着城市的发展，房地产精英通过推高房价创造财富，他们需要促进城市增长的政策来扩大城市边界，改变区域限制。毫不奇怪，发展最快的社区被证明是大型地产所有者在市政府中代表最多的地方。

这些发现表明，促进财富增长的政策由富人设计，用于满足富人的需求。过高的房价使低收入家庭对房屋市场望而却步，财富增长似乎与大多数家庭的利益背道而驰。

（三）美国啤酒：权力与规模不经济

2015年底，媒体在显著位置宣布，全球啤酒巨头百威英博（Anheuser-Busch InBev）和南非米勒（SAB Miller）拟以1060亿美元的惊人价格合并（Bray，2015）。以下是美国排名前4的啤酒品牌：百威淡啤（Bud Light）、银子弹啤酒（Coors Light）、米勒淡啤（Miller Lite）和百威啤酒（Budweiser）。这个排名听起来很有意思，我决定运用本书中所遵循的规模和权力方法，将啤酒作为案例进行人类学分析。仔细分析这次的并购及其影响就会发现，这是一个了解美国资本主义如何运作和如何适应当代商业世界的机会。与啤酒和酒精饮料相关的商业和经济学术语及其定义，在文化上非常重要（见方框12.4和方框12.5）。

方框12.4

美国的啤酒词汇

全国药物使用和健康调查（NSDUH）：自1988年以来，美国药品滥用和精神健康服务管理局每年进行一次的调查。

国家酒精滥用和酒精中毒研究所（NIAAA）：隶属于美国卫生与公共服务部，由药品滥用和精神健康服务管理局提供资助，从事酒精与健康方面的研究。

药品滥用和精神健康服务管理局（SAMHSA）：隶属于美国卫生与公共服务部，每年负责进行全国药物使用和健康调查。

适度饮酒（moderate drinking）：根据药品滥用和精神健康服务管理局制定的标准，女性每天饮酒1标准杯，男性每天至多饮酒2标准杯。

过量饮酒（binge drinking）：根据药品滥用和精神健康服务管理局制定的标准，2小时内，女性饮酒4标准杯，男性饮酒5标准杯。

大量饮酒（heavy drinking）：根据药品滥用和精神健康服务管理局制定的标准，一个月内饮酒超过5次，每次饮酒5标准杯以上。

酒精饮料（alcohol drink）：酒精饮用量的标准酒度。1标准杯酒精饮料相当于12盎司酒精含量为5%的啤酒，或者5盎司酒精含量为12%的葡萄酒，或者1.5盎司1杯的烈性酒（威士忌、杜松子酒、朗姆酒、伏特加等）。

啤酒桶（beer barrel）：31加仑的啤酒。

方框 12.5

美国商业和经济学词汇

私人股本（private equity）：作为投资持有，但未公开交易的金融资产，如股票等。

控股公司（holding company）：通过持有其他公司一定数量的股份，而对该公司拥有控制权的公司。

控股权益（controlling interest）：持有足够有表决权的股份，对公司具有决定性的控制权。

公开交易（publicly traded）：商业公司将其股票在证券交易所上市，任何人都可以购买。

股票市值（market capitalization）：在特定时间公司所有流通股的市值，即股票价格乘以股票数。

已发行股票（share outstanding）：由所有股东、个人、其他公司和机构持有的一个公司的所有股份。

二八定律（80-20 rule）：一种分配结果，前20%的人在收入或财富等方面获得多达80%的价值。数学上又称为帕累托法则或对数正态分布。

自由流通股（free float）：股票未被大股东或长期投资者持有或被限制出售、在市面上自由流通的股票。

资本收益（capital gains）：出售股票或房地产等金融资产或不动产所获得的利润。

规模经济（scale economies）：随着产量的增加，单位商品的生产成本随之降低。

> 规模不经济（scale diseconomies）：生产规模扩大后，收益反而减少。
> 外部成本（external cost）：一般由公众而非生产者所支付的经济成本。

当然，啤酒是美国文化的重要组成部分。正如前面章节所述，啤酒也是阿沙宁卡日常生活的核心，可以用来补充营养、招待客人。在部落世界，每个家庭生产啤酒供自己消费，然而美国供家庭消费的家酿啤酒只占1%（American Homebrewers Association，2013）。印加统治者集中控制啤酒生产，用于国家祭祀和作为福利分发给米塔劳工，同时，安第斯村民家庭酿制啤酒，供自己消费。当然，在商业世界中，啤酒生产和销售主要是为赚钱。因此我的研究问题是：美国啤酒生产和销售规模与获利最多者及成本支付者之间存在何种关联？市场份额是否重要？

啤酒在美国很受欢迎。2014年，啤酒市场总额超过1000亿美元，接近2亿桶（Brewers Association，2015）。按照数量计算，美国人消费的酒精饮料中80%以上为啤酒（U.S. Drinks Conference，2013）。根据美国啤酒贸易协会旗下的啤酒研究所的数据，啤酒产业直接或间接创造了170万个工作岗位，酿造业工人的消费支出又创造了其他的工作和收入。据估计，啤酒酿造行业产生的综合经济效应超过2500亿美元，其中包括酿造、啤酒批发和零售业以及向该行业提供包装等材料的公司的工资（Beer Institute，2015；Statista，2015）。此外，啤酒行业还为政府创造了近500亿美元的税收。

令人惊讶的是，虽然啤酒在美国文化中十分重要，但在2014年的一个月内，12岁及以上的美国人中，只有略多于50%的人表示自己饮过酒（Center for Behavioral Health Statistics and Quality，2015）。超过20%的人过量饮酒，16%的人大量饮酒。2014年，报告显示，只有1/3的高中生饮酒，这一数据明显低于1981年近3/4的高中生饮酒的数据（Eagan等，2014），这表明大学新生可能没有为大学的饮酒文化做好准备。2014年，18～22岁的大学生中大约60%的人饮酒，而2/3的饮酒者自称过量饮酒（National Institute on Alcohol Abuse and Alcoholism，2015）。

（四）追踪啤酒之王

我知道美国的"啤酒之王"——百威啤酒由安海斯布希公司（Anheuser-Busch）酿造，但不知道这个公司的市场规模有多大，谁是公司的真正拥有者，也不知道为什么我会关心它是否和南非米勒公司（SAB Miller）合并。作为民族志调查研究的第一步，为了弄清楚公司的所属权问题，我查询了安海斯布希公司的官网。我发现安海斯布希公司是一家已有160年历史的美国公司，其总部位于密苏里州圣路易斯，旗下的各种产品占据美国啤酒市场近一半的份额。但令人惊讶的是，这些产品不再归美国所有，早在2008年安海斯布希公司就被比利时啤酒制造商英博（InBev）以520亿美元的价格收购。随后，安海斯布希公司成为安海斯布希英博（简称为"百威英博"，AB InBev）旗下的全资子公司，被称为世界上最大的啤酒酿造商（Anheuser-Busch InBev，2015）。

在与南非米勒公司合并之前，百威英博公司2014年的年收入为470亿美元，是全球第一大饮料公司，领先于可口可乐、百事可乐和第四名位于伦敦的南非米勒公司，后者当时是世界第二大啤酒生产商，这意味着世界上最大的两家啤酒制造商正在合并。

此次合并是全球资本主义发展的一种趋势，金融家投机买卖现有的公司，以期建立更大的企业集团，从而增加个人财富和权力。这实际上是一种金融化过程（参见第11章），精英们通过投资组合进行重新洗牌，与酿造更好的啤酒无关。百威英博与南非米勒公司合并是2015年规模最大的一次并购，一年之内，超过4万亿美元的财产通过公司并购易主（Peltz, 2015；Dealogic, 2015）。百威英博和南非米勒公司的并购计划需要全球最大投资银行的律师、顾问和证券经纪商为它们提供服务。

南非米勒公司中的"米勒"前身是威斯康星州密尔沃基市著名的米勒酿造公司，成立于1855年，于2002年被南非酿酒厂（South African Breweries）收购。大约80%的美国啤酒由国内最大的两家啤酒厂酿造，即安海斯布希公司和米勒康盛公司（Miller-Coors，南非米勒和摩森康盛啤酒酿造公司的合资企业）。这里提出另一个问题：除了百威英博的所有者、经理和协助他们的投资银行家，还有哪些人从这次并购中受益？

我仍然不知道谁是百威英博的所有人，为什么并购最大的竞争对手并成为美国乃至全球啤酒市场的绝对巨头如此重要。百威英博已经拥有200多个啤酒品牌，再收购一些新的品牌有何意义？毕竟该公司声称他们希望成为"最佳啤酒公司，携手你我，酿造更美好世界"。

百威英博在2014年度报告中援引啤酒的社会价值和650年的公司传统，赞扬理性饮酒、环境管理和社区参与等美德，并未明确指出谁是公司的最大股东，谁将从不断扩张的公司中获得最大利益。即使仔细阅读公司的年度报告，也很难明确该公司最大的所有人和合并计划的最大受益者。百威英博发行的股票超过10亿股，总市值超过1800亿美元，股东结构图如同令人生畏的十级台阶，由总部设在巴哈马、荷兰和卢森堡的默默无闻的控股公司组成。

我在网站上搜索百威英博股东结构图最顶层的一个公司股东"MH Telles"，出乎意料地发现巴西亿万富翁马塞尔·赫尔曼·泰列斯（Marcel Herrmann Telles）的名字，另外2位持有股权最多的是亿万富翁——巴西人卡洛斯·阿尔伯特·西库皮拉（Carlos Albert Sicupira）和瑞士裔巴西人豪尔赫·保罗·莱曼（Jorge Paulo Lemann）。对于南非米勒公司一方而言，合并意味着3位美国亿万富翁及其亲属共同享有15%的所有权和100多个啤酒品牌。这3位股东持有百威英博超过40%的股份，因此拥有控股权，他们都在百威英博董事会任职，3人净资产总额接近500亿美元。

对于百威英博一方，泰列斯、西库皮拉和莱曼看起来无疑属于精英董事，仔细观察发现，他们和其他亿万富翁联系在一起，其影响力远远超越啤酒。他们忙于收购世界各地的其他大公司，并将它们组建为更大的公司和控股公司。3人是私人股本公司3G资本（3G Capital）的合伙人，该公司从事许多其他风险投资业务。通过3G资本以及与身价720亿美元的全球第三大富豪沃伦·巴菲特（Warren Buffett）合作，合并番茄酱巨头亨氏（H. J. Heinz）公司和卡夫食品集团（Kraft Foods Group），创立了卡夫亨氏（Kraft Heinz）。他们还将汉堡王和加拿大甜甜圈连锁公司蒂姆·霍顿斯（Tim Hortons）合并，创立餐厅品牌国际（Restaurants Brands International）（Schaefer, 2015；Trefis Team, 2015）。

百威英博董事还担任其他公司的董事会成员，这些公司拥有许多世界上最有名且最有价值的消费品品牌，管理着大型的生物技术、制药、出版和金融公司。百威英博董事会成员的资产总额超过 1 万亿美元，拥有无法想象的权力（方框 12.6），即便间接控制如此巨大的金融权力，也能让这些人处于全球经济的顶层。

方框 12.6

难以想象的金融权力

对大多数人来说，很难理解掌控 10 亿美元意味着什么，更不用说掌控 500 亿美元或 10000 亿美元，这是难以想象的数额。为了更加形象地理解 10 亿美元，可以将 10000 美元想象成一叠半英寸厚的 100 美元钞票。100 万美元的百元钞票可以装进一个杂货袋或一个公文包；1 亿美元的百元钞票可以装满一个运输托盘，重约 1 吨；10 亿美元将占用 10 个托盘，并且需要一辆非常大的卡车才能移动。这意味着百威英博的 3 位亿万富翁实际上需要一批卡车才能移动他们的财富。但是钱本身并不是重点，重要的是财富在赋予他人和商业世界文化的权力中所代表的意义。1 万亿美元与 10 亿美元是完全不同的数量级，需要 10000 个装满 100 美元钞票、重达 1 吨的运输托盘，并且无法轻易移动。

（五）规模的意义与二八定律

百威英博实际售卖的啤酒数量对其最大股东而言至关重要，公司的总收入从 2010 年的 360 亿美元增长至 2014 年的 470 亿美元。依据公司的市值、销售额、利润和总资产，公司在 2015 年福布斯全球企业 2000 个最大的上市公司排行榜中位列第 57 位（Forbes，2015b）。百威英博的所有者们获得丰厚的回报，例如 2014 年，泰列斯、西库皮拉和莱曼在百威英博持有 5 亿股份，董事会决定按照每股 3.52 美元分配股息，3 人获得近 20 亿美元的年度股息回报。

规模的确非常重要。2010—2014 年，由于市场规模扩大了几个档次，3 位亿万富翁个人持有的百威英博股份的总市值翻了一番，达到 750 亿美元，这就是金融精英们监测股票市场，如此看重股票价值增长和"经济增长"的原因所在。百威英博的小股东获得相对较少的利益，2014 年，以每股 128.46 美元的价格购买 100 股，总共花费 12000 美元以上，但股息仅为 352 美元。丰厚的回报来自足够多的股权份额，从股值增长中甚至可以获得比股息更多的收益。

百威英博的大部分非控股股份广泛分散在许多小股东手中，只是大约 10 亿流通股中的一小部分，因此小股东无法单独对公司董事的决定施加任何影响。

在美国，股票所有权的集中方式与收入和财富的集中方式相似，因此只有极少数人拥有异常多的股份。2014 年，尽管约有一半的美国家庭以共同基金形式直接或间接持有公司股票，但是按照收入排名，前 20% 的家庭持有 80% 以上的公司股票（Bricker 等，2014），这意味着只有极少数美国股东持有百威英博的股份。

类似于百威英博经济权力的分配解释了企业管理者所称的二八定律的运作方式，该定律又被称为"关键少数法则"（Koch，2004）。根据二八定律，无论是财富、收入、销售额或其他任何领域，顶层 20% 的人有望拥有 80% 的价值。该定律同样适用于酒的消费，按饮酒量对饮酒者进行排名时发现，排名前 20% 的重度饮酒者消费了 80% 的酒（Cook，2007）。同样，2014 年福布斯 2000 家最大的上市公司榜单中，百威英博位列第 64 位，属于排名前 20% 的公司之一，在这 2000 家公司持有的 160 万亿美元资产中，排名前 20% 的公司恰好占有 80% 的资产，二八定律并非"正态分布"，价值增长偏向富裕的顶层。

二八定律说明，为什么原本富裕的人会随着规模的增长而变得更加富裕，只要这一分配方式维持不变，并且文化对规模增长不进行任何限制，精英董事们就会继续从规模增长中获得不成比例的高收益。

从美国家庭 1989—2013 年净资产和收入曲线图可以看出，当分配向顶层倾斜时，增长产生的规模效应最为明显，顶层 10% 的家庭所持有的财富实现巨额增长，紧跟其后的 10% 的家庭财富增长也相当可观，而其他家庭的经济状况几乎保持不变，绝对值略微增加或下降。对这一现象的解释是，只有处于顶层 20% 的家庭拥有足够的收入让他们成为真正的资本家，他们有能力进行投资，并从经济增长和资本收益中获益（Moriarty 等，2012）。

美国经济状况排名前 10% 的家庭及百威英博的所有者与古代帝国世界的超级精英在许多方面极为相似，他们都可以积累巨额财富并成为金融帝国的决策者，从而对数百万人产生影响。精英们只要能抓住规模经济，就能促进增长，并将规模不经济转嫁给全社会，这一做法非常奏效。

（六）分享啤酒帝国的不经济

正如我们所见，百威英博啤酒帝国的所有者经理人所获得的巨额经济回报取决于该公司庞大的国内和全球市场规模及其经济实力的稳定增长，这反映了第 11 章中列出的商业化过程的所有子过程：商品化、工业化、资本化、公司化、外部化、超本地化和金融化。啤酒标签让啤酒成为商品，酿酒厂即工业化，资本化指酿酒厂的工人不是工厂的所有者。只有规模最小的手工酿酒厂属于个人独资，而非公司。超本地化指啤酒厂开始在国内或国际市场上销售。金融化指通过买卖债券或企业股票来赚钱，而不是简单地生产和销售啤酒。本节讨论啤酒行业的外部化过程或规模不经济，这些是每个人需要支付的成本。

啤酒行业经济集中对小型啤酒厂带来负面影响。20 世纪，精酿啤酒厂或微型啤酒厂在与主导美国市场的大型啤酒工厂的竞争中取得了重大进展，于 20 世纪 80 年代开始复兴。精酿啤酒厂正在重振美国早期小规模食品生产和分销传统，大多数人都能买到本地或本区域生产的啤酒、农产品、肉类和奶制品。2014 年有 3418 家精酿啤酒厂，占美国啤酒酿造厂的 98% 以上，但是市场份额仅占 20%。

最大两家啤酒公司——安海斯布希公司和米勒康盛公司——在全美积极推广它们的品牌，并利用特殊协议控制分销商和超市货架。它们还生产蓝月布鲁姆（Blue Moon）和比利时白啤（Shock Top）等品牌，把二者伪装成精酿啤酒售卖。小型酿酒厂面临的更大威胁是，啤酒巨头可以轻松地以 10 亿美元的价格收购这些小厂（Pierson，2015）。小型酿酒厂消失不仅意味着当地失去本地特色的啤酒和工作机会，还意味着啤酒巨头从当地经济中提取收益，惠及已经超级富有的富豪。

就负面影响而言，据估计，2010 年，过度饮酒造成的经济损失约为 2500 亿美元，每位成年人平均损失 1046 美元（Sacks 等，2015），相当于每杯酒损失 2 美元以上，与整个啤酒业对总体经济带来的积极影响相抵消，2 美元远高于一次购买 6 罐装百威淡啤时平均每罐的价格。

过度饮酒包括狂饮、酗酒、未成年人饮酒和孕妇饮酒。研究人员将生产力减损、医疗保健和刑事司法等 26 种不同的损失纳入考虑，其中近 3/4 的损失由生产力减损、旷工和死亡所致，同样，将近 3/4 的损失因酗酒导致。

40% 的消极成本由政府支付，由所有纳税人间接承担，其余部分由受影响的个人和家庭直接支付。这些成本的不公平之处在于，它们由少数过量饮酒者导致，经济学家认为这些成本无法通过税收收回，属于外部成本，又称为外部性。当外部性与经济增长等规模增长相关时，可以视为规模成本，即每个人为扩大市场规模所支付的成本。

本 章 小 结

毋庸置疑，美国是全球体系中占主导地位的经济和政治军事力量，美国公民将自己的国家视为全世界理想的文化模式。但是，美国文化的某些方面让人们质疑该文化能否有效保障全体公民的健康和福祉、增强社会凝聚力和稳定性等。美国个人至上的文化理想与中国人对亲情的重视形成鲜明对比，而后者更能代表部落文化，个人至上主义让美国人的生活缺乏安全感。

经济增长是美国宇宙观的关键特征。对任何文化而言，持续的经济增长意味着自然资源和生态系统难以维持平衡。美国自建国至 19 世纪的民族志历史，揭示了经济及社会规模增长所导致的社会权力集中与美国强调民主、经济自由及机会均等这一理想之间的矛盾。美国最关键的文化转型是企业充分利用工业技术的商业优势，将商业发展成规模越来越大的组织形式，这一文化转型为美国文化奠定了真正的基础。

对 1825—1865 年宾夕法尼亚州罗克代尔工业村进行的民族志案例研究表明，社会不平等维系着美国的商业发展。工厂化农业和养牛业的民族志案例显示，食品生产和消费的商业化及工业化如何塑造美国人的日常生活。

经济权力分配不平等可能是对美国社会凝聚力和文化延续性的最大威胁。美国社会的不平等现象表现为获得社会地位、声望、生产资源、收入以及经济和政治权力的机会不平等。在一个享有形式民主和高度个人自由的国家里，这种不平等现象的存在是一个客观矛盾。美国文化表明，人类

> 社会不平等问题似乎是国家的固有特征，通过资本主义市场经济和不断的经济扩张不一定能解决这些问题。由于全球范围内最富有的工业国家处于世界国家等级制度的顶端，大多数人却极度贫困，因此了解美国不平等现象的文化意义及其生产和消费方式至关重要。

思考题

1. 结合单一作物、绿色革命、能源投入产出比、社会后果、稳定性和生态系统退化等概念，讨论工厂化农业的文化及生态特征，并与集约化程度较低的生计系统进行比较。
2. 美国的经济和社会权力是如何分配的？
3. 美国"牛情结"在何种意义上具有合理性？详细比较美国文化和东非文化中牛的作用，简要描述美国牛作为商品从生产到消费所经历的过程。
4. 以美国牛肉产业为例，说明市场力量如何影响具体的生产和加工方式，如何加剧不平等现象和社会冲突。
5. 讨论美国的社会现实如何反映美国的宇宙观。
6. 运用罗克代尔案例，说明工业发展和雇佣劳动对人类产生的影响。
7. 开国元勋们代表哪些经济利益？这些利益是否反映在美国《宪法》中？
8. 美国社会存在社会阶层，这一说法在何种程度上具有合理性？社会阶层的决定性因素是什么？
9. 以1890年的纽约市为例，说明特定的增长方式所导致的城市问题。
10. 从1790年至今，美国的增长在何种程度上与社会权力分配相关？
11. 哪些文化生态因素促使牛肉在美国变得非常重要？这些因素与影响饮食习惯的象征性因素和意识形态因素有何异同？
12. 描述美国如何从文化上建构稀缺性和消费概念。
13. 解释规模效应如何在啤酒行业运作，如何影响成本和收益的分配。

关键术语

赤字性生产（deficit production）
工厂化农业（factory farming）
绿色革命（green Revolution）
单一作物种植（monocrop farming）
寡头垄断（oligopoly）
功利主义（utilitarianism）

阅读文献

Devita, P. R. and Armstrong, J. D. 1993. *Distant Mirrors: America as a Foreign Culture*. Belmont, CA: Wadsworth. Interpretations of American culture and descriptions of their experiences as outsiders by fourteen foreign scholars, primarily anthropologists.

Gordon, R. J. 2016. *The Rise and Fall of American Growth: The U. S. Standard of Living since the Civil War*. Princeton, NJ: Princeton University Press.

Hsu, Francis L. K. 1981. *Americans and Chinese: Passage to Difference*. Honolulu: University Press of Hawaii. A comparative analysis of American and Chinese culture by a Chinese psychological anthropologist.

Mayer, J. 2016. *Dark Money: The Hidden History of the Billionaires Behind the Rise of the Radical Right*. New York: Doubleday. Examines how financial elites can shape American politics.

Phillips, K. 2002. *Wealth and Democracy: A Political History of the American Rich*. New York: Broadway Books. This is a detailed historical overview and critical analysis of wealth concentration in America since 1776, by a leading authority on political and economic issues.

Spradley, J. P. and Rynkiewich, M. A. 1975. *The Nacirema: Readings on American Culture*. Boston: Little, Brown. A collection of ethnographically based studies of diverse aspects of American culture.

Turchin, P. 2016. *Ages of Discord: A Structural-Demographic Analysis of American History*. Chaplin, CN: Beresta Books.

第 V 部分

结　论

　　最后两章探讨目前商业世界的社会和环境可持续性问题以及可能改善其长期前景的文化变革。第13章审视商业世界的全球生态系统和生物圈以及民族和文化产生的历史影响，并评估在极不平等的有限世界中商业增长的极限性。

　　第14章探讨商业世界中的土著民族和小型国家以及它们作为可持续发展模式的可能性。小国有其政体，大多数为前殖民地独立国家，人口不足1000万。小国和土著民族属于小型社会，通常远离全球金融和经济中心，是发展真正可持续的社会文化系统，从而最大限度地实现人性化进程的理想之地。本章还将考察最新的未来主义思想和情景，探讨如何在国家和全球层面实现可持续发展，目前已提出多种可持续性社会模式。

第 13 章

不可持续的贫穷世界

◇ 学习目标

- 了解预测未来与采用趋势预测和模拟未来进行政策制定之间的区别。
- 以"人类世"和"大加速"为标志,了解人类对物理和生物环境的影响程度。
- 了解世界银行、联合国开发计划署等国际组织如何根据经济水平和人类发展水平对国家进行排名。
- 解释为什么认为贫困是分配和政治问题而不是技术和生产问题。
- 根据巴西案例研究,描述贫困世界中日常生活的民族志现实,确立导致这一现状的政治和经济原因。
- 描述 1945 年以来联合国及其专门机构(如世界银行)应对全球贫困所采取的各类措施,并评估其有效性。
- 描述乌托邦式的资本主义意识形态设想,运用证据检验这一假设对进步的预测。
- 参照人性化过程和社会及环境可持续性,了解社会文化系统的可持续性。

当代商业世界主要存在三大全球性问题：环境问题、贫困问题和冲突问题。最明显的是环境问题，包括全球变暖、自然资源退化、自然生态系统遭到破坏和生物多样性减少。数以亿计的人营养不良或无法满足基本物质需求。20世纪，大约2亿人在武装冲突、种族灭绝和内政暴乱中丧生。一些政府因为腐败或资金不足而无法正常运作。这些社会文化问题愈加严重和复杂，目前难以得到成功解决。社会权力如此集中，导致整个社会无法与自然资源保持可持续的平衡，也无法提供足够的社会支持帮助人们维系家庭，推动人口繁育和文化传承，这意味着政治化和商业化进程在许多方面已经战胜了人性化进程。从某种意义上看，功能失调的社会文化系统可能变得非人性化。本章讨论这种不稳定状况的危险程度。

第二次世界大战以后的几十年里，富裕的工业国家和其他国家之间在物质福利方面的差距持续扩大，各国内部贫富悬殊不断扩大，甚至在去殖民化和科学技术进步的过程中，全世界仍有数百万人口陷入绝对贫困。到1980年，估计有7.3亿（不包括中国）人口的饮食未达到国际标准，所获得的物质资源极度有限。20世纪80年代后期，世界各地的贫困人口急剧增加。由于许多国家向第一世界国家的贷款机构欠下巨额债务，社会公共服务支出持续减少，实际生活水平大幅下降。根据世界银行（2019）的计算，2013年，超过8亿人（不包括中国）生活在极度贫困（extreme poverty）之中，相当于1750年全世界的总人口。1995年，联合国将极端贫困或绝对贫困定义为"严重剥夺人的食物、安全饮用水、卫生设施、卫生、住房、教育和信息等基本需求"（联合国，1995）。客观上看，精英主导的商业世界增长似乎是文化发展的不良形式。

在整个20世纪的大部分时间里，"发展"对许多农村社区的自我维持能力造成系统性破坏，导致这些社区非常脆弱，极易受到外部剥削。全球将近一半的人口已经城市化，大多数人完全依赖就业和自己无法掌控的物质资源生活。精英主导经济增长在意识形态上的主要合理性在于，增长最终会改善每一个人的生活，但是如今几十年的发展结果表明，可持续性的真正问题在于发展被误导。经济增长的利益没有得到合理分配，地球的物质极限没有受到尊重。商业世界的主导者在经济和物质方面取得了惊人的进步，但其代价是，这样的发展不具有可持续性。下面回顾过去2000年里经济增长的总体情况，并探讨可持续性问题。

（一）长达2000年的全球经济增长

经济学家安格斯·麦迪逊（Maddison，2003，2007）[①]对全球商业世界的历史发展进行了最为全面的概述。他对公元1年至2001年长达2000年的经济增长进行了跟踪考察，并换算为GDP总量（以1990年不变美元价格计算）。以400美元作为公元1年的人均最低收入基线，麦迪逊估计，当时全球75%的经济活动集中在人口最多的印度和中国。

麦迪逊指出，全球经济总量从公元1年的1020亿美元增长至2001年的37万亿美元（图13.1），大部分经济增长发生在1700年以后，与欧洲资本主义兴起和商业化进程相

[①] 荷兰格罗宁根大学，格罗宁根增长和发展中心的研究人员一直在更新麦迪逊的研究成果，参见 https://www.rug.nl/ggdc/historicaldevelopment/na/。

关。同期，全球人口从 2.3 亿增长至 60 亿，意味着人均 GDP 从 445 美元增加到 6049 美元，表明物质方面取得了实质性进步，很多人毫无疑问从物质增长中获益。但是，人均 GDP 数字掩盖了全球贫困的现实，忽略了经济利益的实际分配问题。并且，GDP 衡量标准掩盖了环境成本。GDP 侧重于收入，并未考虑所有形式的资本，尤其是自然和文化资本。

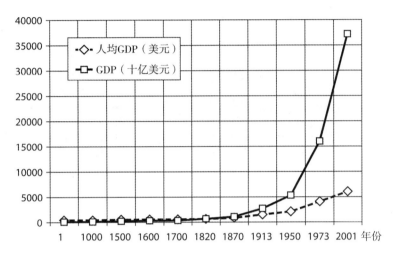

图 13.1　世界 GDP 和人均 GDP 水平（公元 1—2001 年）

麦迪逊提供的数据显示，在过去 2000 年中，经济活动的地理分布发生了巨大变化，出现了大规模不平等现象。2000 年前，亚洲人口占世界总人口的 74%，GDP 占世界总量的 75%，主要是中国和印度两个国家，而西欧的人口和 GDP 仅占全球 11%（图 13.2）。1950 年，西欧以及在北美和澳大利亚的域外国家在全球经济中所占的份额最大，达到 57%，而亚洲国家的 GDP 占比跌至 15%。至 2001 年，亚洲经济份额上升至 38%，而西欧国家（仅占全球人口 12%）的 GDP 仍占全球经济的 45%。非洲（占全球人口的 13%）处于最低经济水平，仅占全球 GDP 的 3%。如果经济生产反映人类利益的分配情况，那么这样分配非常不公平。商业化过程伴随着全球财富的再分配，经济增长的悖论在于，过度倾向于增加生产和追求财富积累最大化，却显然未能合理分配利益并最大限度地改善人类福祉。

（一）能源、原材料和人口增长

1943 年，文化人类学家莱斯利·怀特（Leslie White）提出一个简单的公式，将文化进化描述为人均每年有效投入工作的能量结果（White，1943）。那个时候尚不清楚，人类对能源（特别是化石燃料）和原材料的消费是有限度的，如果超过这个限度，可能会适得其反，甚至导致严重后果。无论商业活动的增长是否被视为"进步"，很明显，商业世界的发展伴随着能源和原材料消耗难以想象的增加，现有状况无法持续。

在前资本主义帝国时代，精英阶层的权力来源于数量相对有限的纳税人，但在商业世界里，经济精英依靠从日益增加的市场交易中提取货币利润来积累社会权力，市场交易似乎只受到能源和原材料供应、市场规模以及人类生产和消费能力的限制。从不同文化的人均能量消费随时间的变化很容易看出，伴随着商业化，全球生产和消费发生了革命性转型（图 13.3）。

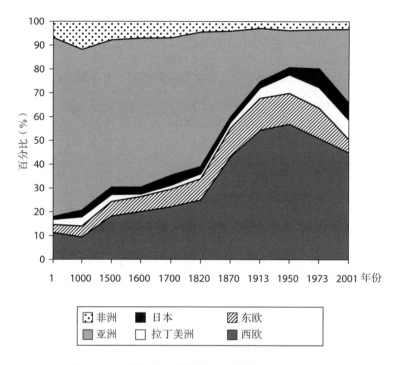

图 13.2　世界 GDP 地区分布（公元 1—2001 年）

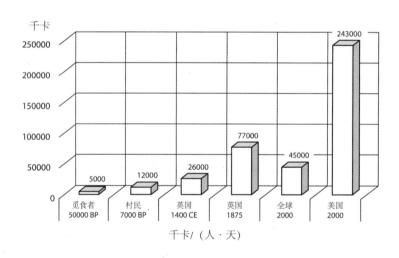

图 13.3　不同文化人均每日能量消耗量（距今 50000 年至公元 2000 年）

部落觅食者仅从食物和柴火中获得能量，估计每人每天消耗 5000 千卡热量，依靠驯养家畜的部落村民人均每天摄入的能量可能达到 12000 千卡。帝国世界中，为支撑城市化发展，随着水能和风能的逐步利用，能量消费略有增加。至 1400 年，在商业化进程发生革命性变革前夕，由于额外使用少量的煤炭，英国人均每日能量消费提高至 26000 千卡（Cook, 1971）。

化石燃料进入能源结构被称为燃料革命（fuel revolution）[①]（White，1959），20世纪，石油、天然气、核能和水力发电进一步推动燃料革命。至1875年，化石燃料——煤炭的广泛使用推动商业化顺利发展，城市化和工业化进程不断加快，英国平均能量消费达到77000千卡。到2000年，全球人均消费能量45000千卡，远低于美国人均能量消耗243000千卡，显示全球能量消费极不平等。

经济增长、贫困和城市化前所未有地交织在一起，导致人口首次呈指数级增长，人口增长创造了丰富的廉价劳动力和更大的市场。凭借前工业化时期的农业技术优势，食品和原材料实现了洲际商业转移，1804年左右，全球人口突破10亿大关。从那时起，在经济加速发展的同时，全球人口在123年内翻了一番，至1927年，人口达到20亿；1974年，全球人口在47年内再次翻番，达到40亿（图13.4）。

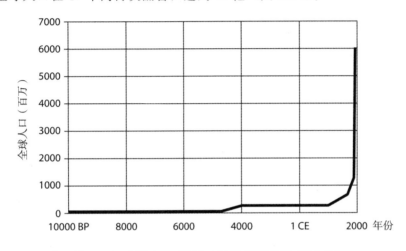

图13.4　全球人口（距今10000年至公元2000年）

化石燃料对商业世界的人口增长起到了推波助澜的作用。例如，2000年，全世界60亿人口中，大多数人严重依赖大型工厂化农业生产的食品。除农用机械消耗的石油产品之外，工厂化农业还消耗了约1.3亿公吨的合成氨肥（NH_3），其成本和1000万亿千卡天然气相当。人口增长及人均消耗的能量增加共同作用，导致全球能量消费总量飙升了10000倍。

伴随着能量消费急剧增加，原材料流动加快。据估计，人均每年消费的食物、木材、饲料、化石燃料、矿物质、金属和塑料等原材料（不包括水和空气）增加了3倍——从部落时代的1公吨上升至前资本主义帝国时代的4公吨；至20世纪晚期，工业化国家人均每年消费的原材料达到近20吨，此外，工业社会中人均用水量是部落觅食者的60倍（Fischer-Kowalski & Haberl，1998）。

（二）增长的极限

罗马俱乐部赞助的《增长的极限》（*Limits to Growth*）一书于1972年出版。该书第一次尝试使用计算机模拟方法对全球系统的可持续性进行分析，试图为广大读者预

[①] 燃料革命：大规模使用煤和石油等化石燃料。

测人口和经济增长的趋势（Meadows 等，1972）。书中以 1900—1970 年的数据变化模式为依据预测 2100 年的趋势，以曲线形式向人们展示全球系统的不可持续性（图13.5）。该书作者并未预测全球系统将会崩溃，但是该书表明，如果经济增长继续以大量消耗能源和原材料为基础，人口持续增长，那么这种增长无法维持 200 年，最终会成为问题。当然，这一观点与全球精英倡导的永续增长和资本积累的流行范式相冲突，作者因此受到不公正的诋毁和人身攻击。尽管他们的发现得到许多其他研究反复详细的验证，批评的声音仍然不绝于耳（Meadows & Randers，1992，2004，2007）。需要强调的是，《增长的极限》并不是指任何一种特定自然资源的极限，该书综合考虑了社会、生物和原材料等众多因素之间的相互作用，这些因素最终将导致增长不可持续。

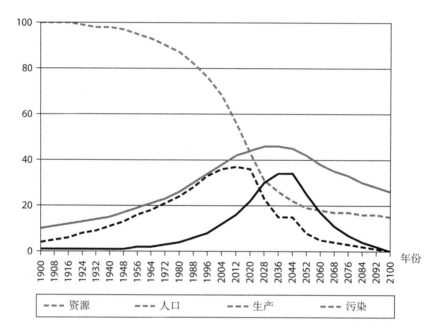

图 13.5　潜在的全球系统崩溃曲线图

1972 年出版的《增长的极限》一书中，根据计算机模拟分析，如果人口和经济增长的历史趋势持续不变，全球商业文化很可能在 2100 年之前崩溃。

《增长的极限》出版 20 年后，忧思科学家联盟于 1992 年共同起草签署了《世界科学家对人类的警告》，这是对一触即发的不可持续性最强有力的科学预测之一。在这份措辞强烈的宣言中，来自世界各地约 1700 名高级科学家，包括 5 位人类学家、大多数诺贝尔科学奖获得者，以及美国科学促进协会主席。他们共同宣告："如果不加以遏止，我们目前的很多做法将会导致人类社会、植物和动物王国在未来面临严重危险。我们生存的世界将发生剧变，无法继续以我们熟知的方式维持生命。如果我们要避免目前的发展所导致的后果，迫在眉睫的是从根本上进行改变……我们面临的最大危险是陷入环境退化、贫穷和动荡的旋涡，从而导致社会、经济和环境崩溃。"（Union of Concerned Scientists，1992）

科学家们警告，必须采取行动，在 10~20 年内避免人类生存的前景无限度地继续恶化。他们描述的不可持续的全球社会和环境已经摆在我们面前，呼吁我们采取行动。他们传递的核心信息是：能源和原材料大量消费以及严重的不公正和不平等现象，不能维持一个可持续的全球社会。下一节综述有关不可持续性方面的证据。

另一组科学家对1992—2016年的环境趋势进行了评估，他们发现，大多数风险领域更加恶化，不幸印证了先前的警告。科学家发出第二份通告——"对人类的警告"："为了防止广泛的痛苦和灾难性的生物多样性丧失，人类必须采取一种更环保的方式来替代以往的做法。"（Ripple等，2017）这份警告迅速得到来自184个国家的21000多名科学家的认可，其中包括笔者在内的173位人类学家。

（三）不可持续性警告："联合国政府间气候变化专门委员会"与"生物多样性和生态系统服务政府间科学政策平台" 2018—2019年报告

忧思科学家联盟发出第二份警告之后，受主要政府间组织委托，于2018年和2019年发布了两份令人震惊的气候变化和物种灭绝的全球风险报告。这两份报告详细地说明世界体系不可持续性程度及未来走向。第一份报告由联合国政府间气候变化专门委员会（2018）应2015年《巴黎协定》的要求编写，审查全球气温比工业化前水平高出1.5℃时所产生的潜在影响。这份报告得出的结论是，地球温度已经升高1℃，如果一切照旧，全球温度很可能在2030—2052年的某个时间升高1.5℃。届时，南极冰盖将变得不稳定，格陵兰冰盖可能不可逆转地消失，海平面将上升数米，紧随其后可能会发生一系列灾难性事件——总体上威胁生物多样性和生态系统、小岛屿、低海岸地区、三角洲、珊瑚礁、干旱地区、北极地区、山区、基础设施、农作物、人类健康和生计，以及众多土著群体，经济增长会受到负面影响。当全球平均气温上升2℃时，一切将会更加糟糕，如果不采取任何措施，将在2060年达到这一温度。

"生物多样性和生态系统服务政府间科学政策平台"（IPBES）成立于2012年，是"联合国政府间气候变化专门委员会"（IPCC）的附属机构，重点关注全球生物多样性和自然系统的加速衰退。由于市场和技术本身不能为人类福祉和有价值的生活提供所需的一切，因此生物多样性消失事关重大。IPBES发布的《生物多样性和生态系统服务全球评估报告》（2019），对联合国环境规划署早期发表的《全球生物多样性评估》进行了信息更新（Heywood & Watson，1995）。这份新报告广泛听取了人类学家和土著人的见解，由数百名专家在3年多时间里编写而成。

IPBES发布的报告称，人类活动正在全世界范围内破坏自然，肆意挥霍自然为人类提供的资源。在过去的50年里，环境急剧恶化，几十年内可能会有100万个物种消失，现在物种灭绝的速度要比过去1000万年的平均水平高数十至数百倍。生态系统的范围和健康状况平均下降了47%，陆地物种的丰富性下降了23%，野生哺乳动物的生物量下降了82%，这一切似乎证实了先前多位学者在《自然的终结》（McKibben，1989）、《第六次大灭绝》（Kolbert，2014）以及《生命的未来》（Wilson，2002）等著作中提出的警告。

IPBES报告的分析框架（图13.6）描绘了自然与文化的相互作用，显示自然资源如何流向人类，并确定了威胁自然系统的"驱动因素"（Diaz等，2015）。该框架有助于确定导致大自然以如此惊人和前所未有的速度退化的最重要文化原因，将影响自然的直接的"自然驱动因素"如厄尔尼诺-南方涛动天气周期、潮汐和风暴，与直接的"人为驱动因素"如景观改造、污染以及由人类行为引起的气候变化区别开来。如前几章所述，部落世界的民族很容易适应自然驱动因素，并最大限度地减少直接的人为驱动因素，而精英主导的帝国世界政体在直接驱动力的影响下遭遇困难，有时甚至崩溃。IPBES 报告承认，根本问题在于图 13.6 所显示的"机构、治理及其他间接驱动因素"。这些因素是表 2.5 中列出的社会文化变量，这些变量定义了商业世界的物质基础设施、社会和意识形态的关键特征。

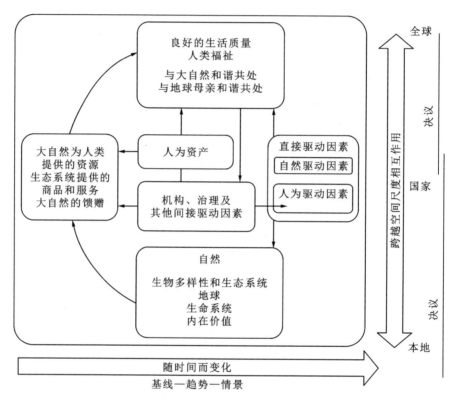

图 13.6　生物多样性和生态系统服务政府间科学政策平台概念框架
引自：Diaz, Sandra, Sebsebe Demissew, Carlos Joly, W. Mark Lonsdale, Anne Larigauderie. 2015. "A Rosetta Stone for Nature's Benefits to People." PLoS Biology 13（1）：e1002040. doi: 10.1371/journal. pbio. 1002040 图 1.

IPCC 关于全球平均气温上升 1.5℃的报告以及 IPBES 发布的生物多样性报告得出结论：解决可持续性危机仍然存在可能性，但需要对社会文化进行变革，第 14 章将讨论如何实现这些变革。有关气候变化令人欣慰的消息是，尽管因人为排放导致的全球暖化效应已经存在于大气层中，并将持续数个世纪或数千年，但是如果情况不进一步恶化，全球升温 1.5℃以上这种情况不会发生。这意味着必须快速采取行动，减轻排放造成的损害，但是需要"对能源、土地、城市和基础设施（包括交通和建筑）以及工业系统进行迅速而深远的变革"，并对"根本的社会和制度进行变革和转型"（联合国政府间气候变化专门委员会，2018：17，240）。显而易见的结论是，商业世界不可持续。

二、人类世：人类的全球足迹

（一）人类世：寻找金道钉

2000年，因研究臭氧消耗问题获得诺贝尔奖的荷兰大气化学家保罗·克鲁岑（Paul Crutzen）和海洋生物学家保罗·斯托默（Paul Stoermer）就人类活动对物理世界和全球大气影响的最新证据发表了一篇简要概述，并得出结论：人类已进入一个新的地质时代——人类世（Anthropocene）①（Crutzen & Stoermer，2000）。全新世始于10000~12000年前最后一次冰川前进期结束，人类世标志着全新世的结束。大多数人类生物进化发生在大约250万年前开始的更新世之前。克鲁岑和斯托默注意到，1700—2000年短短3个世纪中，世界人口数量惊人地增长了10倍，人均资源消耗随着人口数量同步增长；全球家庭养牛数量增加至14亿头；在过去一个世纪里，城市化进程提高了10倍。

克鲁岑和斯托默还指出，人类在几个世纪内耗尽了大自然在数亿年里生成的化石燃料，在此过程中，以2倍于自然资源的速度向大气中排放二氧化硫。二氧化硫生成硫酸，形成酸雨，损害植物和海洋动物，侵蚀建筑物和纪念碑。人类现在以高于植物的速度生成合成氮，比自然产生更多的一氧化氮，导致空气严重污染。正如IPBES所述，人类使用一半以上的淡水，致使许多自然景观发生改变，动植物灭绝率大幅升高。人类通过物理方式改变淡水湖泊和河流中的地球化学循环，从而在水生生物产生的沉积物中留下痕迹，并从海洋中获取25%~35%的海洋生物量。到2000年，人类已经消耗至少25%的陆地生物产品，至2001年，如果将人类使用的化石燃料的生物当量计算在内，人类在全球留下的生态足迹可能已经达到自然界潜在产量的122%。2007年的估算数据显示，全球生态足迹已达到自然生物承载力的150%（Pollard，2010），并且还在持续增加（WWF，2018）。当然，人类对地球最明显的影响可能是二氧化碳等温室气体排放引起的气候变化。

克鲁岑和斯托默选择将18世纪末期作为人类世开始的标志，是因为当时在冰川的冰核中首次发现人为导致的温室气体骤然增加，18世纪也是"化石燃料革命""工业革命"和蒸汽机的开始，并非巧合的是，首张显示经济增长的图表也发明于这个时期。

其他地质学者也认同人类世概念，国际地层学委员会考虑将人类世认定为新的地层时代（Zalasiewicz等，2008）。研究人员建议，除工业革命之外，欧洲入侵新大陆和核爆炸等事件也可以作为人类世的起点（Zalasiewicz等，2014；Lewis & Maslin，2015）。人类世概念之所以重要，是因为这一概念鼓励人们关注商业世界中人类对自然造成的巨大影响以及商业世界的不可持续性。然而，正如曼恩和温赖特所说（Mann & Wainwright，2018），人类世概念不应该被用来指责广大的人类，这并不是人类的自然结果，而是商业世界精英主导的过程。

---

① 人类世：大约始于18世纪末期，在此期间人类活动对地球上的生物、化学和物理过程造成明显的影响。

（二）改变自然：人为划分的生物群落和行星边界

现在，人类已经成为自然界中一股重要的力量，生物地理学家最近承认，自然生物群落和生态区的标准分类和分布图，不再是理解当代世界的可靠指南。在许多情况下，热带森林、落叶林、针叶林、草原、沙漠、北极和高山冻原等自然生物群落已变得明显地"不自然"。在部落世界里，人们对自然的生态系统进行改造和管理，通常利用自然生态系统循环来提高生物生产力。数千年来，自然生态系统一直相对稳定，人类只是该系统的一部分，但是自人类世以来，人类活动已经让从前的自然生态系统完全退化或被人为取代。人类实际上创造了自己的生物群落，人成为其中的主导者，这对人类赖以生存的生物圈的可持续性造成严重威胁。

地理学家利用卫星图像数据对人口、土地利用和土地覆盖情况进行分析，依据分析数据，将世界划分为19个人为生物群落（anthropogenic biomes）①和2个野生生物群落，并绘制成地图，完全取代以前的自然生物群落（Ellis & Ramankutty，2008）。生物世界突然发生的人为转变可以明确地归因于商业化过程。1700年，即工业革命前100年，世界上大约95%的土地仍然是几乎看不见人类存在的"荒地"，或者是人类很少利用的"半自然"状态（Ellis等，2010）。当时大多数"自然"土地在文化上仍然属于部落世界的一部分。到2000年，地球一半以上土地已经转化为牧场、农田和定居点。自1800年以来，大部分的变化因急于生产商业产品所致。

在谷歌地球和谷歌地图中，可以查看不同世纪里全世界人为划分的生物群落分布情况（Laboratory for Anthropogenic Landscape Ecology，2015）。例如，可以看出阿沙宁卡领土现在位于半自然或野生林地内，而在1800年，这里几乎完全是野生林地。仔细查看这些地图可以发现，现有的自给自足的部落群体和许多土著人生活在受人类影响最小或者人类足迹最少的地区。这些地图清楚地回答了一个问题：与充分参与当代商业世界活动的民族相比，部落民族与自然相处得更加"和谐"。大多数部落民族在地球上留下的足迹非常少。

商业世界的关键问题在于，人类在拥有能够维持生存的世界的同时，在多大程度上可以改变地球系统（earth system）②。研究人员以预防原则（precautionary principle）③为指导提出的行星边界（planetary boundary）④概念是解决这一问题的另一种方法（Steffen等，2015）。行星边界试图定义地球的"增长的极限"和"安全运行空间"，以此告诉我们，人类可以在多大程度上安全地改变气候、土地、大气、海洋和生物多样性等条件，这些条件是全新世地质时代物理世界的特征。全新世是理想的后冰河时期的最后10000年，在此期间，我们的祖先开始在乡村定居生活，并发展帝国世界和商业世界。我们

---

① 人为生物群落：根据人口密度、定居形式和土地利用等情况人为定义的地理区域。
② 地球系统：地球上的土地、海洋、大气、冰和生命形式。
③ 预防原则：有备无患，未雨绸缪。当影响环境的行动可能造成严重环境破坏，科学上的不确定性不应成为继续行动的理由。
④ 行星边界：可测量的阈值，低于该阈值，自然地球系统过程能够将地球上最关键的变量（如温度、海平面、大气）控制在适宜居住的范围之内。

知道自 1800 年以来，人类的行为已经彻底改变世界，尊重预防原则意味着，当我们不能完全确定我们的行为是否可能造成灾难性损害时，应该保持在安全范围之内。

行星边界即阈值，一旦跨越这一阈值，地球系统的复原能力可能会降低至危险水平，地球的复原能力是维持人性化进程持续繁荣发展的条件。研究人员参照 7 个行星边界（生物圈多样性损失、气候变化、平流层臭氧消耗、海洋酸化、生物地球化学循环、淡水利用和土地系统变化），对地球系统的状况进行了评估。他们发现，由于遗传多样性丧失，生物圈完整性已经超越边界，处于高风险状态；由于滥用磷和氮，行星生物地球化学循环也处于高风险区域；气候变化和土地利用面临的风险正在日益加大，但尚未跨越边界。部分学者认为，应将淡水利用也视为高风险状态（Jaramillo 等，2015），一些批评者指出，只能确定海洋酸化和气候变化的全球边界（Nordhaus 等，2012），其他边界可视为地方和区域问题。

（三）人为的气候变化

目前正在发生的人为引起的全球气候变化，可能是商业世界的增长对环境带来的最显著和最深远的影响。气候变化是不祥的征兆，表明我们正在接近最关键的自然临界阈值，一旦超越该阈值，人类将无法安全发展。过去 200 万年的自然气候循环表明，世界最近一次间冰期已经大致结束，现在的气候应该正在变冷，并进入下一个冰期，但是由于温室效应，实际上全球一直在变暖。自 19 世纪以来，人为导致温室效应在理论上被认为是可能的，这意味着大气中的二氧化碳和其他气体，尤其是燃烧化石燃料所释放的气体不断增多，像温室的玻璃一样，吸收地表太阳热量，使地表温度升高。

在 10000 年前的全新世初期，全球二氧化碳平均水平已从冰河时期的平均值 0.189‰ 增加到 0.265‰（Monnin 等，2001）。随着人类进入间冰期，全球逐渐变暖。按照 250 万年前开始的更新世（Pleistocene Epoch）循环模式，目前二氧化碳水平应该下降至约 0.240‰，气候开始变冷，标志着此次间冰期的结束。然而人类活动改变了一切，自全新世以来，大气中的二氧化碳浓度从未降至 0.271‰ 以下。这些数字看似差异很小，但是影响巨大。2019 年 2 月，全球大气中的二氧化碳浓度月平均值达到 0.410‰；2019 年 5 月 16 日，莫纳克亚天文台监测的二氧化碳浓度日平均值（NOAA，2019）[①] 为 0.415‰。大气中的二氧化碳浓度可能最快在 2030 年达到以往任何间冰期，甚至 3000 万～5000 万年前南极洲被雨林覆盖时的上新世或始新世以来从未见过的水平（Hansen 等，2013；Burke 等，2018）。毫无疑问，大气中二氧化碳浓度增加是人为造成的，毕竟我们属于优势物种。大部分二氧化碳浓度增加发生在 1960 年以后，并且大多伴随着温度急剧上升。考虑到这些数字的含义，将 0.350‰ 作为合理的、广泛接受的目标水平，以最大限度地减小恶性气候变化的可能性，这是非常重要的（Hansen 等，2015）。

1979 年举行的联合国第一届世界气候大会展示了人类活动影响全球气候的证据。经大会同意，世界气象组织和联合国环境规划署于 1988 年成立联合国政府间气候变化专门委员会（IPCC），目前有 195 个成员国。IPCC 的 3 个工作组接受委托，对气候变化的科学层面、所产生的影响和可能采取的对策进行考察。来自世界各地成千上万的科学家和

---

① NOAA，美国国家海洋和大气管理局，参见 http://co2now.org。

数十个研究机构纷纷自愿做出贡献，并提供了大量专题报告和技术论文予以支持。自1991年以来，IPCC定期推出气候变化评估报告，编号为AR加上序号。第五次评估报告（AR5）进一步强调气候变化的现实和重要性（2014），第六次评估报告（AR6）在2022年2月发布。这些报告对未来可能达到的二氧化碳水平和气候变化的影响进行模拟和趋势预测，但是由于该委员会为政府间机构，因此其调查结果在本质上非常谨慎和保守。

2014年发布的AR5指出，已观察到全球气候变化对物理系统（冰川、雪、冰、永冻层、干旱、洪水、海岸侵蚀和海平面）、生物系统（陆地和海洋生态系统以及森林大火），以及对近几十年来世界所有地区的人类和文化系统（食品生产、人民生计、健康和经济状况）产生了影响（图13.7）。第五次评估报告中，已观测到的气候影响分布图仔细确定了气候变化产生的主要因素和次要因素以及气候变化在各区域作为各种因素的置信度。例如，气候变化是影响太平洋小岛屿、北美洲西部、北大西洋、中美洲、东非和东南亚海洋生态系统的主要因素，具有高置信度。同时，气候变化是造成美洲西部、南美和非洲干旱、积雪减少和冰川退缩，以及东亚和澳大利亚西部干旱的主要原因的相关结论，同样具有高置信度。气候变化也很可能是影响北极、安第斯山脉、南美洲南部和澳大利亚东南部的粮食生产、生计、健康和经济的主要因素（IPCC，2014b）。

针对气候变化和未来海平面上升的危险，独立于IPCC的气候研究人员措辞更加严厉（Bamber等，2019；Cheng等，2019）。物理学家和气候学家詹姆士·汉森曾担任美国宇航局戈达德空间研究所所长，是美国国家科学院院士和杰出的气象专家。他领导的国际团队警告称，二氧化碳水平持续处于高位，所产生的影响可能比IPCC报告中指出的后果更加严重，出现的时间可能更早（Hansen等，2015）。他们在报告中指出，在上一次间冰期，温度比现在的水平升高不到1℃，结果导致了冰川融化和超级风暴，海平面迅速上升5～9米。这表明地球的能量系统可能已经失衡，次表层海洋变暖和风暴会迅速破坏南极和格陵兰岛的冰架和冰盖，IPCC之前的模拟实验预测海平面会呈直线上升，但实际情况要比IPCC模拟的速度快得多。汉森模型显示，在短短50年内，而不需要几个世纪，海平面可能呈指数级或"非线性"上升数米，这一观点的新颖之处在于，它强调海洋变暖可能带来的灾难性影响，意味着114个国家于2009年签署的《哥本哈根协议》中将温度升高的上限设定为2℃可能太高，无法保障人类安全。

接下来讨论我个人的研究。1976年，我的第一本人类学和人类问题著作（Bodley，1976）引用了1969年《科学》杂志上的一篇文章，该文章按照强度和时间对人类面临的危机进行排序（Platt，1969），冰盖融化排在最后，被认为是"夸大了的危险"，在未来20～50年不可能发生。但是，1997年本书的第一版已经将海洋热膨胀和冰川融化作为2050年影响海平面上升的"关键变量"进行讨论。当时，我引用IPCC的"最佳预估"数据，认为如果不对碳排放量进行限制，到2100年，全球平均海平面或将上升68厘米。事后看来，这一数据过于保守，现在可能需要将冰川融化和海平面上升视为迫在眉睫的威胁。报告的结尾描述了如果碳排放"一切照旧"可能发生的情形："海平面上升数米实际上已不可避免，将带来大规模的社会破坏和毁灭性的经济后果。不难想象，被迫迁徙和经济崩溃所引起的冲突可能让地球失去控制，人类文明将受到威胁。"（Hansen等，2015）

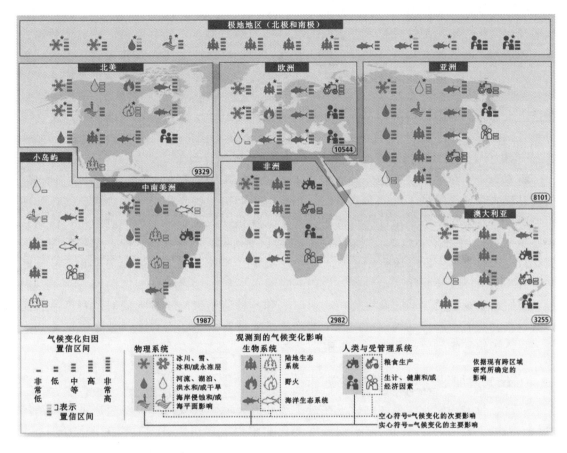

图 13.7　IPCC 第四次评估报告以来的现有科学文献中有关气候变化造成的广泛影响

引自：IPCC，2014，*Climate Change* 2014：*Synthesis Report*. Contribution of Working Groups Ⅰ，Ⅱ and Ⅲ to the fifth Assessment Report of the Intergovernmental Panel on Climate Change ［Core Writing Team，R. K. Pachauri and L. A. Meyer（eds.）］. IPCC，Geneva，Switzerland，FIG. SPM 4，p. 7.

一些研究者对海平面快速上升可能对美国城市带来的影响进行了评估（Strauss，Kulp & Levermann，2015），认为最为极端的情况是，西南极冰盖坍塌形成的冰雪融水与气温升高导致的热膨胀效应相互叠加。汉森的模型显示，未来 10 年，融水量会增加 1 倍，2100 年之前海平面将上升 5 米。

（四）文化错觉、意识形态两极分化和气候骗局

许多观察家感到疑惑不解，为什么美国公众如此广泛地拒绝接受气候现实：气候变化正在发生，人类正在改变气候，我们需要对文化进行重大改革，将损失减至最小。在气候变化问题上，美国的政治和意识形态极端分化，这是人们对政治领导人、媒体和科学丧失信任的表现，使得改善全球系统的可持续性变得异常困难。美国人民看待气候变化的态度对美国国内和国际政策的制定产生深刻影响，使得他们难以采取全球性措施来减少碳排放。这不仅仅是信仰和态度问题，也不仅仅是个人心理问题，需要回答的问题是，这样的态度是如何形成的。

耶鲁大学社会学家贾斯汀·法雷尔（Justin Farrell）收集并分析了大量的文本数据，证明气候变化否定论是精英主导者炮制的教科书式的范例，他们利用另一种文化话语造成一种错觉，即气候变化并不存在，即便存在，也是自然产生的而并非人为导致的结果（Farrell，2015）。精英主导的话语涉及 164 个反气候变化组织（游说者、智囊团、贸易和宣传团体、基金会）以及 4556 名个人（董事、研究人员、顾问和政客），形成一个复杂的金融和组织网络，构建另一种完全不同的气候话语。法雷尔运用复杂的计算机文本分析技术，对这些组织和相关个人的 40000 多份公共文档进行了整理，他们在 1993—2013 年属于反气候变化运动的成员。

埃克森美孚和科赫家族基金会是这个具有强大影响力的网络的主要资助者。很明显，他们对气候否定论的具体主题和政治意识形态内容起决定性作用。一小批堪比演员的精英们为反气候变化网络中超过一半的组织和个人提供财政资助。颇为讽刺的是，埃克森美孚早在 1981 年已承认气候变化的现实，并认识到他们企业存在的风险，却仍然为气候变化否定论者提供资助（Banerjee 等，2015）。这并不意味着只有埃克森美孚和科赫家庭基金会需要对反气候变化运动负责，他们只是精英主导的塑造文化观念的一个例子。同样，我们看到精英主导下的商业公司利用广告和各种营销策略引导人们对消费产品和品牌的看法。我们不能将气候危机归咎于特定的个人或富人，还有许多其他经济精英和投资者群体了解气候问题，并正在寻求解决方案。[①]

（五）大加速与可持续性问题

部落、帝国和商业 3 个文化世界在过去约 6 万年里，其人口、经济生产、物质消耗总量、大气二氧化碳含量与全球平均温度变化在图中呈现出整齐的对应关系（Costanza 等，2007）。部落世界历经数万年，帝国世界延续数千年，而商业世界的发展主要在最近数十年（图 13.8）。3 个文化世界在时间上的差异反映出其相对可持续性，如表 13.1 所示。表 13.1 说明了为什么在商业世界中，可持续性突然成为人类的关键问题。从这个角度看，部落世界非常稳定，即使在更新世冰河期，全球温度剧烈波动，部落世界的人口和经济产出基本平稳。在帝国时代的数千年里，全新世间冰期气候处于最佳状态，当时的人口略有增加，但是由于帝国兴衰不定，整体上人口规模并不稳定。

商业世界与人类世处于同一时期，大多数人类活动在此期间急剧增长，20 世纪中叶标志着大加速（Great Acceleration）[②] 的开始。通过监测人类环境系统中的世界生产总值、人口数量和生活用水量等关键指标，可以发现商业世界在第二次世界大战结束后不久就拉开了序幕。当今文化对物理世界的影响如此巨大，已经对文化可持续性形成威胁。同时，除了政治制度的不稳定性之外，金融系统周期性兴衰成为一种新的文化不稳定形式。

---

① 例如，澳大利亚和新西兰气候变化投资者团体，参见 http://www.igcc.org.au/about。
② 大加速：1945 年之后，人口快速增加，科技迅速发展，加剧了人类对自然的影响。自 1800 年人类世以来，人类对自然的影响最为显著。

第 13 章 不可持续的贫穷世界

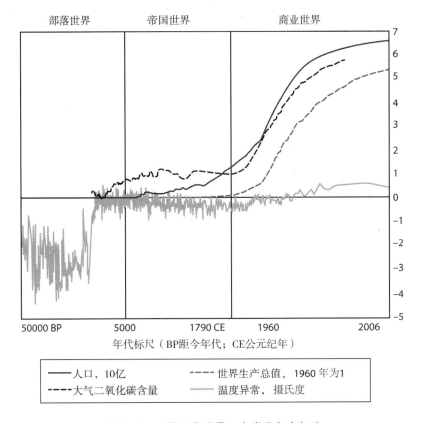

图 13.8 三种文化世界、人类世和大加速

表 13.1 3 个文化世界的规模与可持续性

文化世界	全球人口	时间跨度	人口最大值[1]	能源消费[2]（千卡）	生态足迹[3]（公顷）	物质足迹[4]（吨）
部落文化世界	距今1万年前8500万人	90000年	地方人口数百人，区域人口数千人	人均12000千卡，全球372万亿千卡	人均1公顷，9400万人，占全球生物承载力的1%	人均1吨，全球8500万吨
帝国文化世界	公元元年2.31亿人	6000年	城市人口100万，帝国人口1亿	人均26000千卡，全球3夸德（1夸德相当于2400百万吨石油）	人均1公顷，2.54亿人，占全球生物承载力的2%	人均4吨，全球6.24亿吨

续表

文化世界	全球人口	时间跨度	人口最大值[1]	能源消费[2]（千卡）	生态足迹[3]（公顷）	物质足迹[4]（吨）
商业文化世界	2001年60亿人	500年	城市人口1000万，国家人口10亿	人均45000千卡，全球110夸德	人均2.2公顷，占全球生物承载力的122%	人均10吨，全球600亿吨

引自：1. Bodley, 2012a, ACHP, table 2.8；2. Cook, 1971；3. Bodley, 2012a: 85—89；WWF, 2010；4. Fischer-Kowalski & Haberl, 1998, figure 1；Wiedmann et al., 2013b。

人类学权力和规模视角有助于我们确定可持续性问题的关键原因。考古学家费克里·哈桑指出，在复杂的社会中存在一种"固有矛盾"，作为复杂社会系统的精英管理者以牺牲大多数人利益为代价，提升生产力和促进经济增长，结果导致人口增长和资源枯竭（Hassan, 2007）。精英们利用强制性权力和霸权手段塑造人们的信仰，让自己的发展计划获得批准，这就是"精英主导的增长"，普通民众无法参与其中。哈桑特别指出，历史上最近崛起的跨国公司和强大的国际政治及社会机构，极力宣扬他们的意识形态和文化习俗，这些做法削弱了政府的合法性，让人民陷入绝望。

大加速和随之而来的信息技术已明显加剧人们的疏离感，财富和权力的悬殊让他们感觉被冷落，因此哈桑提出警告：当人们认为政府没有能力解决他们面临的多重问题而失去希望时，社会和政治崩溃很可能早于环境崩溃。人类的社会和心理因素在这一动态变化中起主要作用，全球营销者将获得物质商品视为实现自我价值的决定因素，但是在当今世界里，收入和财富极不平等，数百万人无法获得所需的商品。当全球体系无法满足人们日益增长的期待时，这种不公正感会愈加强烈。这些问题不能简单归结为"文明冲突""人口过多"或国家和整个社会之间的竞争冲突。在后殖民时期，世界各地的人民都需要接受教育和就业，渴求社会平等、社会正义、物质繁荣与和平。

哈桑和本书作者一道，共同探寻政府矛盾和可持续性问题的根源，我们发现这些问题产生于权力和财富形成过程之中，"隶属于权力中心的人和人民在财富和权力上的差距，是产生强制性控制手段以及制造贫富之间撕裂和不满的根源，是我们这个时代的主要弊病之一"（Hassan, 2007: 176）。

过去5000年里，社会权力悬殊问题一直存在。从这一角度看，新技术不仅仅是技术，更是精英们设计的"权力技术"，其目的是维持对人的控制并得到认可，让他们支持精英规划的神圣使命或者相信精英的确愿意为人民服务和改善民生福祉。精英们利用宗教信仰、习俗和政治意识形态说服非精英群体，让他们相信，要想与自然和谐相处，维持社会秩序稳定，以及保护他们免受敌人侵犯，一切福祉取决于精英决策者。

当今世界里，广告和信息无处不在，金融和工业精英占据主导地位，被认为可以为多元民族塑造身份认同的现代主权国家，其合法地位面临越来越大的挑战。人权和民主理想与全球贫困和无力感这一现实之间的矛盾，可能是大加速驱动的商业世界的中心矛盾。几乎无法避免的结论是，全球体系按照目前的建构无法永远维持下去。幸运的是，现在一些金融精英已经意识到,民众对不平等和不公正现象的日益不满成了全球政治经济的严重风险因素,必须予以重视(Fordham 等,2016)。

三、失信的经济增长诺言

第二次世界大战结束时,各国领导人非常清楚,世界上许多地方已经处于严重贫困状态。从人道主义的角度看,许多国家大量的民众生活处于无法忍受的条件下。此外,贫穷人口在全球经济中成为贫苦的生产者和消费者,是政治动荡的潜在根源,因此降低世界贫困水平符合富裕工业化国家的"自身利益"。战争导致的贫困可以通过重建来解决,但是大多数政府认为,全球贫困是由疾病、无知和贫穷的恶性循环所致,从富国向穷国转移工业技术和教育资源可以消除贫困。

1948 年,新成立的联合国发布《世界人权宣言》,开启了改善人类境况的国际运动。该宣言提出:"人人有权享受足以维持自己和家人健康和福祉的生活水平,包括食物、衣服、住房和医疗。"(UN Department of Social Affairs,1952:22)这的确是一份革命性的文件,在支持人类自由方面可与美国《独立宣言》和《人权法案》相提并论。《人权法案》框架是消除贫困的关键,不幸的是,目前盛行的是严格由精英主导的经济和技术手段。

决策者认为,无论以何种手段发展经济,都会在世界范围内提高生活水平,减少贫困,但现实情况是,贫困人口数量一直持续增加。1950 年,全世界有 25 亿人口。发展专家估计,当时 2/3 的人口(约 16 亿)被认为"欠发达"。百分比数据通常展现进步的水平,但从人类视角看,贫困人口的绝对数量更能说明问题。

到 2014 年,在经历 60 多年所谓的"进步"之后,仍有 33 亿人,接近全球人口的一半,处于人类发展等级的中低水平(见方框 13.1)。联合国将极度贫困定义为"以严重剥夺人类基本需求为特征的状况,包括食物、安全饮用水、卫生设施、健康、住所、教育和信息"。联合国定义的极端贫困人口的绝对和相对数量最近有所改善,1990 年极度贫困人口达到近 20 亿人,至 2015 年,该数字减小了一半以上,降至 8.36 亿(United Nations,2015),接近联合国 2015 年列为营养不良的 7.95 亿人口(FAO,IFAD & WFP,2015),但是上述两个数据均超过 1750 年工业革命前夕所估计的 7.91 亿世界总人口(*Population Division of the Department of Economic and Social Affairs of the United Nations Secretariat*,1999)。

方框 13.1

联合国人类发展指数

联合国人类发展指数(HDI)是广泛用于衡量国际人类福祉的综合指标(UN Development Program,2015),HDI 用一个综合指标代表人类发展的 3 个维度:①健康长寿的生活,用出生时预期寿命表示;②知识,用成人识字率

（占 2/3 的权重）及入学率（占 1/3 的权重）表示；③ 体面的生活水平，用人均 GDP 表示。这里的 GDP 指数试图衡量除长寿健康和知识水平之外所有能创造美好生活的条件。GDP 指数反映这样一个现实，即随着收入的增加，生活水平的改善会迅速趋于平缓，并且不会无限度地提高，这些措施包含了这样一个假设——生活有可能达到充足水平。实现人类发展的目标并不需要无限地提高生活水平。人类发展指数偏向于预期寿命和人均 GDP 等物质指标，而识字率是对知识、文化、精神、道德等非物质福祉的不完整衡量。尽管人类发展指数不够全面，它所衡量的人类维度是世界银行排名所忽略的方面。

人类发展指数的 3 个基础变量——高预期寿命、知识水平和生活水平，具有同等权重，平均得出一个介于 0 到 1 之间的综合指数。2018 年人类发展指数（采用 2017 年数据）显示，在参评的 189 个国家中，尼日尔共和国的指数最低，仅有 0.354，排名第一的国家指数为 0.953，59 个国家属于超高水平发展国家（表 13.2）。这 59 个国家的总人口只有 14 亿，若加上高水平发展国家，相对富裕的国家数量达到 112 个，总人口为 38 亿，略高于全球人口的一半。然而，国家内部的不平等意味着，并非所有居民都能享有该国指数级别所隐含的利益。

表 13.2　2018 年联合国人类发展指数人口和国家分布情况（UNDP）

人类发展	数量			百分比（%）		
	国家（个）	人口（亿）	国民总收入（万亿美元）	国家	人口	国民总收入
非常高	59	14	56.1	31	19	49.1
高	53	24	36.9	28	32	32.3
中等	39	27	18.7	21	37	16.4
低	38	9.1	2.5	20	12	2.2
共计	189	74.1	114.2	100	100	100

过分关注 GDP（国内生产总值）或 GNI（国民总收入）的增长而不是财富的增加，以及忽视成本和收益的分配，导致经济发展的诺言无法实现。贫困不仅仅是生产问题，还是规模和权力问题。这些宏观经济统计数据以及与之相对应的收入水平和现实中的人毫无关联，它们衡量的是市场价值，未计入家庭内部服务或亲属之间不涉及钱的交换，也未包括导致贫困的负外部性，比如耗尽自然资源或破坏社区等活动，这些均不属于市场范围。即使以人均水平来解释国家之间的人口差异，直至 1990 年，这些措施并未考虑不同国家按收入等级分配的实际收入情况或者全球不同收入等级之间的差异。总体经济措施让人们对经济增长的益处持乐观态度，但是这些措施掩盖了这样一个现实：如果不

采取政策措施改变财富聚集的趋势，以产品和总收入作为衡量标准的庞大经济体中通常只会让少数人受益。

四、脆弱国家中的贫困与权力

除了世界上持续存在的令人震惊的人类贫困数据之外，能证明当今社会政治制度不可持续的最确切的证据，也许是 2006 年以来联合国世界和平基金会发布的脆弱国家年度评估指数。脆弱国家指数（Messner，2019）采用 12 项指标对涵盖 75 亿人口的 178 个联合国成员国的经济、社会和政治水平进行衡量。12 项指标包括：人口压力、难民安置、族群矛盾、人口外流（人口逃离该国）、经济不均衡发展、经济衰退、国家合法性丧失、公共服务欠缺、人权状况差、安全设施不足、精英阶层分裂和外部势力干预。在仔细阅读现有最佳证据的基础上，对每个国家的各项指标进行评分，评分区间为 0~10 分，0 分表示没有问题或最稳定，10 分表示最糟糕或最不稳定。总分达到 90 分及以上的国家被评为"警戒级"或最脆弱的国家；得分在 30 分以下的国家被认为具有可持续性。脆弱国家无法正常运行，正在失去对领土的控制和治理国家的合法性。最显著的发现是，只有 18 个国家被列为可持续发展国家，人口共计 2.43 亿，仅占联合国成员国总人口的 3%（表 13.3）。这 18 个可持续发展国家中，有 12 个是人口不到 1000 万的繁荣小国家（芬兰、瑞典、挪威、丹麦、卢森堡、瑞士、新西兰、冰岛、新加坡、斯洛文尼亚、爱尔兰和奥地利）。美国是 2016—2019 年恶化最严重的二十个国家之一，从 2015 年"高度稳定"降至"非常稳定"，但被认为这一状态无法持续，在群体恩怨、发展不平衡和精英派系分化等方面评分很差。

（一）人类需求和文化规模：翻转社会金字塔

极端贫困是整个社会文化系统没有能力满足人民需求最明显的标志，有清晰的证据证明这一点。一些人得出结论，社会不平等和贫困是资本主义的根本特征，这是由于个人不愿为自己的生活承担责任。毫无疑问，在许多情况下，个人通过克服极端困难能够获得成功。但非常明显的是，那些人类发展措施最好以及政府和自然环境最具可持续性的社会，正是财富和机会分配更加公平的社会。

表 13.3 2019 年脆弱国家排名（Messner，2019）

类型	数量（个）		百分比（%）	
	国家	人	国家	人
可持续型	18	243700000	10	3
监控型	41	962400000	23	13
预警型	88	5177800000	49	69
警戒型	31	1120800000	17	15
总数	178	7504700000	100	100

注：由于四舍五入，总数可能不等于 100%。

在商业化过程中，人们赖以生存的一切东西几乎都被转化为商品用于牟利。精英们利用政府权力或大企业的垄断权力，鼓励或迫使人们成为雇佣劳动者，参与生产、购买和消费等活动，而不是经营小型独立企业或从事非商业性生计活动。这一制度的固有问题是，现在数百万人不再能够获得基本的生计资源，无法赚取足够的工资维持体面的生活，食物、住房、清洁水和纯净的空气等基本需求无法得到满足。婴儿死亡率急剧上升，营养不良现象非常普遍。与帝国世界和部落世界相比，从贫困人口的绝对数量上看，商业世界显得更加不人道。从全球范围来看，长达2000年的经济增长并未改变社会权力的总体分布。和帝国世界一样，在商业世界中，只有少数人掌握权力和财富，并决定大多数人的日常生活条件。同部落世界相比，精英导向的增长已经颠覆了社会金字塔（图13.9）。

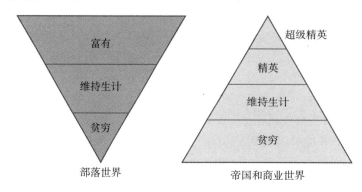

图 13.9　被翻转的社会金字塔：部落世界、帝国世界和商业世界的社会权力分布

部落文化只专注于满足人类的基本需求，每个家庭可以获得所需的生活资源，可以控制自己的生产和消费。在帝国世界中，政治化过程剥夺了家庭和社群的决策权和控制权。但是，劳动力资源仍然非常重要，社会仍然需要劳动力来满足大多数人的需求。社会权力、财富和地位的巨大差异将社会划分为不同的阶层，下层阶级遭受剥削，但是人数相对较少，通常外来者遭到奴役或者被用于献祭，大多数家庭能够维持生存。

（二）世界银行国家经济排名

2019年世界银行从经济角度按年度人均国民总收入（GNI）将国家分为4个经济等级：低收入国家（995美元或以下）；中低收入国家（996～3895美元）；中高收入国家（3896～12055美元）和高收入国家（12056美元及以上）。国民总收入是国内生产总值（GDP）加上从国外获得的收入。截至2017年，36亿人（几乎占世界人口的一半）生活在80个中低收入和低收入国家，只有12亿人生活在高收入国家（表13.4）。世界上最底层50%的人生活在收入仅占全球收入9.5%的国家，而排名前16%的人生活在收入占全球收入近64%的国家。这些数字都是平均数。世界银行对国家如何分配收入或者收入如何体现人类的实际生活条件并未提及。在高度不平等的国家中，庞大的支出有助于推动经济增长，但是不会给大多数人带来实际的好处，人均国民总收入数据可能严重低估了贫困的程度。

表 13.4　2017 年世界银行经济排名中的国家和人口分布

等级	数量			百分比（%）		
	国家（个）	人口（亿人）	收入（万亿美元）	国家	人口	国民总收入
高	57	12	49.6	31	16	64
中高	49	25	20.5	26	34	27
中低	54	31	6.55	29	42	9
低	26	6	0.37	14	8	0.5
共计	186	74	77.02	100	100	100

注：由于四舍五入，各栏数字相加可能与总计有出入。引自：World Bank, WV.1 World Development Indicators, Size of the Economy, Gross national income, Atlas method. http://wdi.worldbank.org/table/WV.1# Downloaded 5/19.

（三）分配不公如何导致世界贫困

社会权力可能是影响商业世界系统可持续性最根本的文化变量。社会权力本身主要取决于支配财富和收入分配的政治权力，而财富和收入分配又与人类的福祉息息相关。全球财富和收入分配的现实状况清楚地表明，为什么贫困是一个问题以及为什么要想消除贫困，财富和权力必须进行再分配，而不仅仅只是继续扩大生产。

直到最近才出现关于全世界家庭收入和财富的可靠信息。第一份关于世界家庭收入分配情况（非人均国民收入）的详细估值于 2002 年发布（Milanovic，2002）。与以前的官方估值相比，该数据显示，收入明显向上层精英人士倾斜。1993 年，全球最底层 20% 的人口获得的收入仅占全球总收入的 2%，排名前 20% 的人的收入占全球总收入的 73%，而全球 20% 的中产阶级的收入只占全球总收入的 6%（图 13.10）。这一结果接近早期美国家庭持股数据反映的二八定律。

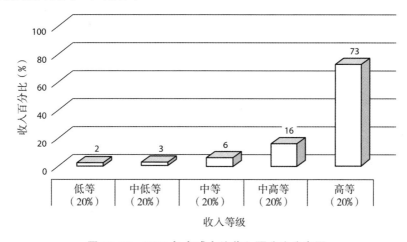

图 13.10　1993 年全球人均收入百分比分布图

部落世界普遍相对平等，没有收入排名，20% 的家庭均可获得 20% 的生计收入。值得注意的是，在商业世界里，1988—1993 年，全球收入排名后 80% 的人口实际收入占全球总收入的份额下降,而排名前20%的人口,其收入上升近5个百分点,意味着收入被重新分配给了那些最富有的人。

财富确实有必要作为中心问题进行讨论。财富是收入的来源,收入不足意味着贫困。值得注意的是,直到2006年,位于芬兰赫尔辛基的联合国大学的研究人员首次逐国估算家庭财富分配,计算其金融资产和非金融资产的净值(Davies等,2006)。这项研究发现,财富比收入更加集中,排名前10%的家庭拥有全球85%的财富(图13.11)。排名后50%的家庭仅拥有全球1%的财富,而排名前1%的家庭拥有全球40%的财富。财富很少或没有财富的人不能作为资本家参与全球经济,必须完全依靠自己的劳动获得收入。

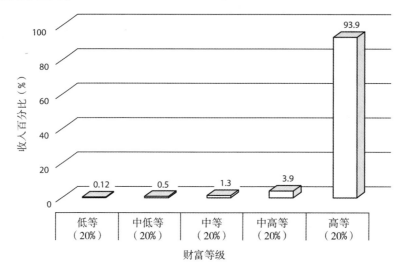

图13.11 2000年全球家庭财富五分位数百分比分布图

瑞士大型金融服务公司巨头瑞士信贷(Credit Suisse)从2010年开始发布年度《全球财富报告》,评估个人财富的分配状况。《2018年全球财富报告》涵盖211个国家,共计75亿人口,持有财富净值约317万亿美元(Shorrocks等,2018a,2018b)。财富净值是家庭金融资产和非金融资产的市场价值减去其债务。报告显示,美国仍然是全球最富有的国家,全球财富高度集中在美国和欧洲。10个最富有的国家(美国、中国、日本、英国、法国、德国、意大利、加拿大、澳大利亚和西班牙)的个人财富净值总额达到近250万亿美元,约占世界个人财富的80%。除中国和日本外,这些国家都是原殖民列强及其分支所建立的商业世界。有人可能感到疑惑,短短几个世纪里,私人财富快速集中于商业世界的金融中心,为这些国家的国民带来巨大优势。毫不奇怪,这10个国家的经济总量达到万亿美元,是世界最大的经济体,全球前2000家上市公司约80%的资产以及全球一半以上的亿万富翁集中在这些国家。

如果将全球体系视作一个不分国籍的单一社会,就会发现,由于财富惊人地集中在金字塔的顶端,世界上的贫困现象如此普遍。瑞士信贷发布的报告将财富持有者定义为20岁及以上的成年人,因此低估了持有财富的人口集中度;比较贫穷的成年人可能比富人养育更多的孩子。即便如此,财富集中现象依然非常严重。财富金字塔分为4个等级,与我划分的超级精英、精英、维持生计和贫困家庭大致对应(图13.12)。全球64%的成年人处于最低水平,净资产不到10000美元,仅约占全球财富的2%。

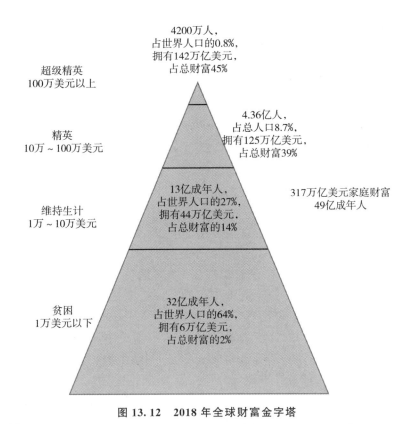

图 13.12　2018 年全球财富金字塔

（引自：Shorrocks，Anthony，Jim Davies，Rodrigo Lluberas. *Global Wealth Report*，2018. Zurich：Credit Suisse. https：// www. credit-suisse. com/corporate/en/research/research-institute/global-wealth-report. html 图 1）

超级精英处于财富金字塔顶端，只有 4200 万人，大致相当于同时期乌干达的人口，个人净资产超过 100 万美元。尽管拥有高资产净值的精英人口不到世界成年人口的 1％，但是他们拥有的财富达到 142 万亿美元，占全球财富的 45％，其中近一半的精英是美国人。金字塔塔尖由 4390 名拥有超高资产净值的成年精英构成，平均个人净资产超过 5 亿美元。其中，2208 名亿万富翁的资产价值达 8.7 万亿美元，约占全球财富的 3％。

财富如此集中的现象，既荒谬又不公正。财富主要集中在美国这个世界上最富裕的国家，2018 年最富有的 400 名美国亿万富翁总资产达到 2.9 万亿美元（Forbes，2018）。据乐施会（Oxfam）估计，2017 年，全球最富有的 26 位亿万富翁拥有的财富与全球 38 亿底层人口的财富总和一样多（Lawson，2019）。5 位最富有的美国人净资产总和为 4650 亿美元，超过孟加拉国同期 1.65 亿人口的所有家庭净资产。这种不平等的悲剧在于，317 万亿美元的全球个人财富足以满足全球 70 亿人口的需要，为他们提供体面的生活。

（四）贫困世界的日常现实：巴西婴儿死亡率

国家层面的统计数据显示，对于依靠工作生活的人来说，低工资和失业会导致营养不良、婴儿高死亡率和生活条件极度恶劣等问题。但是，冷冰冰的统计数据并不能完全反映人类的生活现实。仔细观察真实的人、家庭和社区，能够更加全面地了解商业世界中由精英主导的增长造成的贫困问题。残酷的现实是，当追求经济增长和财富积累主导了人性化进程时，儿童可能被剥夺食物这一最迫切的人类需求。相比之下，部落文化将人类需求放在首位，保证每个人的粮食安全。

20世纪80年代，人类学家南希·谢珀-休斯（Scheper-Hughes，1992）对生活在巴西东北部棚屋区邦热苏斯镇的妇女进行了广泛的调查。自20世纪50年代起，该地区大型甘蔗种植园不断发展，自给自足的农民不得不离开土地，依靠微薄的工资为生。20世纪80年代，在甘蔗地工作的男性法定最低工资为每周10美元，而女性只有5美元。然而，由于无法种植豆类等基本食物，一个四口之家每周需要40美元才能满足他们的最低食物需求，因此，制糖工人及其家人长期营养不良。正如亚当·斯密（Smith，1776）所预言的那样，婴儿正在慢慢死去，不幸的是，由于巴西劳动力充足，巴西穷人不掌握政治或经济权力，因此工资难以提高。

贫困的甘蔗种植工人平均每天依靠1500卡路里的热量生活，和集中营的配给标准差不多。区域统计数据显示，大约3000万人处于贫穷的下层阶级，约占总人口的80%。谢珀-休斯惊讶地发现，尽管2/3的孩子营养不良，1/4的孩子因饥饿导致身材矮小，人们仍然能够在这样的条件下生存。妇女流产率很高，许多婴儿出生时体重不足。最令人不安的是，1987年邦热苏斯镇的婴儿死亡率达到211‰。至1998年，仅有马拉维、马里、莫桑比克、尼日尔和塞拉利昂5个非洲国家的婴儿死亡率超过这一数字，死亡率为213‰～283‰。相比之下，日本、瑞典和瑞士的婴儿死亡率仅为5‰。巴西东北部的婴儿死亡率为116‰，这一区域统计数据部分掩盖了社会不平等所导致的人类成本的现实。这显然是非常高的死亡率，但是该数据被1993年巴西国家统计局发布的57‰的婴儿死亡率进一步掩盖。将人均国民生产总值作为经济增长和繁荣的主要指标同样令人困惑，巴西确实经历过经济"奇迹"。1971年，巴西的人均国民生产总值仅为421美元，而在1993年达到2930美元。2003年，世界银行将巴西列为中高等收入国家，其人均国民生产总值为3070美元。然而1997年的世界银行数据显示，大约800万巴西人生活在"极度贫困"中，人均日收入不到1美元，另有2800万人为"贫困"人口，人均日收入少于2美元。在邦热苏斯镇，一家四口人均每日生活费为54美分。

低工资让巴西劳动阶层的家庭陷入困境。人类学家丹尼尔·格罗斯和芭芭拉·安德伍德（Gross & Underwood，1971）对同一地区的剑麻种植工人进行调查后发现，和甘蔗工人一样，剑麻工人被迫购买最便宜的高热量食物，他们不得不让孩子挨饿，以便将食物留给家里的主要劳动者，保证他们能够在田间继续工作。

蛋白质热量缺乏症，临床上表现为消瘦和恶性营养不良综合征，这会导致身体组织消瘦，对儿童产生重大影响（Towell，1954）。众所周知，婴儿早期营养不良会损害大脑发育（Montagu，1972），导致婴儿精神萎靡，智力发育缓慢。幸运的是，新的研究表明，如果营养不良的儿童能够尽早获得足够的营养，有些影响可以逆转（Brown & Pollitt，1996）。

要衡量贫困带来的实际人类成本，就需要真实而全面的调查工作。为了解婴儿的死亡人数，谢珀-休斯拜访了邦热苏斯镇的公墓，并拿到手写的出生和死亡登记簿，她还收集了100名妇女完整的生育记录，发现平均每位年长妇女（已绝经）有4.7个孩子死亡。在最糟糕的情况下，邦热苏斯镇的婴儿死亡率在一年内飙升至493‰。

邦热苏斯镇的妇女了解他们贫穷的根源。正如一位妇女所说："我们的孩子死于贫穷和饥饿"（Scheper-Hughes，1992：313）。然而，和美国的下岗工人一样，邦热苏斯镇的穷人也会自责。他们将自己健康状况不佳视为"神经"问题，可以用从药房购买的镇静剂和维生素治疗。谢珀-休斯强调，在邦热苏斯镇，疾病和死亡的真正原因是：

> "我不想吹毛求疵，但是25年来，我在邦热苏斯镇的贫民窟——阿尔托·德克鲁塞罗（Alto de Cruzeiro）看到的不仅仅是"营养不良"，还有其背后的政治和经济原因，尽管这个地方没有公开的政治冲突或战争。的确，成年人可能因为'长期营养不良'和身体虚弱，容易受到感染和罹患机会性疾病。但人们看到婴幼儿挨饿，成为普遍而又无情的'饥荒'的受害者，这一现象背后有其政治和经济根源。"（Scheper-Hughes，1992：146）

全球金融化背景下，贫困进一步加剧。为刺激经济增长，巴西政府大量举债以刺激经济增长，1985年政府削减了公共卫生支出，以帮助偿还贷款。

医学人类学家保罗·法默尔（Paul Farmer）既是医生又是人类学家，从1983年开始在海地最贫穷的地区工作，他发现海地的情况和巴西东北部一样极端。国家数据显示，1987年有65%的海地人处于贫困状态。海地人每天在咖啡种植园工作，工资为每天7~15美分，他们还面临着结核病和艾滋病等流行病威胁以及饥饿、强奸和政治酷刑等危险（Farmer，1994，2001，2003）。历史上，16世纪西班牙入侵者消灭美洲印第安人之前，海地已陷入贫困。紧随其后，在18世纪的贸易三角中，英国人和法国人将非洲奴隶贩卖至海地，20世纪海地处于政治暴力和独裁统治之下。

法默尔称海地贫民的日常状况为结构性暴力（structural violence）①，这意味着贫困不仅仅涉及经济剥夺，他提醒人们关注导致这种本可预防的人类痛苦的社会权力不平等。结构性暴力，指相对强大的个人能够在社会和文化上侵犯弱小的个人和社会的最基本的社会、经济、公民和政治权利，让他们遭受痛苦，比如丧失尊严，遭受酷刑、强奸、疾病、营养不良，以及导致脆弱和死亡等。结构性暴力的表现形式包括收入和资源不足等基础层面，滥用国家政治和军事力量压迫穷人，经济精英非人道地使用集中的经济权力，以及基于种族、性别和族群的上层建筑压迫。结构性暴力产生的原因是社会权力的高度集中，在整个人类历史中，这一直是由精英主导的经济增长所致的可以预见的后果。

20世纪，结构性暴力的规模前所未有。政治统治者通过战争、种族灭绝大屠杀和内部镇压等直接暴力手段，造成多达2亿人死亡，绝大多数死者为穷人和没有权力的人，死亡人数比1500年前世界总人口还要多（Rummel，1997）。纳粹在1933—1945年杀害约2100万平民，苏联在1917—1987年杀死约6200万平民（Rummel，1997）②，大型商业公司生产的化石燃料和新型武器问世，让大规模结构性暴力成为可能。

（五）全球富人经济：少数富人的政治经济

法国经济学家托马斯·皮凯蒂（Thomas Piketty）在仔细研究欧洲和美国从1700年

---

① 结构性暴力：由社会和文化结构所导致的人类苦难，让更有权势的人侵犯弱势群体的基本人权。

② 译者注：该数据可能存在问题。

至今与经济增长相关的资本积累和分配历史后指出，资本回报率大于经济增长的长期趋势有助于解释不平等和贫困加剧现象。他展示了一种"富者愈富"的模式，表明在缺乏政府干预和制衡的情况下，日益严重的不平等可能是资本主义经济的内在特征（Piketty，2014）。皮凯蒂的经济理论意味着不平等在根本上是一个政治问题，这种解释与本书中认为精英主导增长的人类学规模和权力理论一致。

全球财富不平等加剧得到霸权主义叙事的支持，人类学家杰森·希克尔称之为"发展错觉"（Hickel，2017a）。希克尔的评估与第 2 章中讨论的"文化错觉、幻想与现实"非常吻合，可适用于本节。这种错觉是精英董事们仍在宣扬的一种信念，即全球不平等源于贫穷、无知和贫穷国家的技术落后，而不是源于需要进行变革的不民主、不公正和不可持续的全球体系。错觉的解决方案是让所有国家继续遵循新自由主义或自由市场经济理论规定的国际发展模式，目前这一发展模式已被联合国、世界银行和相关贸易和金融机构制度化。希克尔（Hickel，2017b：25）指出，自 1980 年以来，遵循这一发展模式导致贫穷国家向发达国家的贷款方和投资者净转移 26 万亿美元；所谓的"结构调整"和其他减少"发展中国家"的公共支出以支持偿还债务和出口的政策促进了这一转移。

第二次世界大战结束之后，世界强国创立了国际金融系统，他们拥有决策投票权，因此政治不平等渗透到国际金融机构，使得全球精英能够对该系统施加影响力，有利于世界金融中心国家而非外围国家积累财富（Hickel，2017c：2213-2216）。由于采用离岸银行业务和广泛避税，实际上这种不平等比目前已知的状况可能要严重得多（Zucman，2015；Alstadsæter 等，2017）。

美国金融系统内部人士也认识到，经济不平等已经达到极端程度，并且明白形成这一局面的原因。2005 年，为花旗集团研究部门工作的全球金融股票策略师，从庞大的集团内部视角披露了一些惊人的、颇具启发性的真相（Kapur 等，2005）。这种情况下，"equity"一词不是指社会公正，而是指在全球股票市场交易中，大公司股票的市场价值。花旗集团的股票策略师从股票投资组合顾问的视角，审视了全球财富的分配情况。他们肯定地得出结论：全球经济主要由美国、英国和加拿大等富裕经济体的主要投资者驱动，他们在市场上买卖公司股票。这些富豪及其最大的投资者是最近全球财富积累激增的主要动因（Kapur 等，2005）。世界由财阀统治（plutocracy）[①]，即富人统治，小投资者、小经济体和普通百姓无关紧要。

富人经济（plutonomy）[②] 概念将财富与法律相结合，既是法治财富，又是财富经济，体现了商业化进程对政治化进程的支配地位。富人管理着全球经济和政府，以富人经济组织起来的世界意味着增长由少数富人主导，并最大限度地让自己受益。这就是我提出的规模与权力假设，即精英主导增长、利益集中化和成本社会化。

物理学家和系统专家对 2007 年全球公司及其股东的海量数据进行分析，进一步证明全球富人经济的存在。世界上大多数大型股份制公司实际上都是由极少数机构拥有者控制，他们是各国全球股票市场的"支柱"（Glattfelder & Battiston，2009）。少数精英控股股东不断出现在各个国家，美国金融公司在全球范围内掌握主要控制权。同样，研究

[①] 财阀统治：富人占据统治地位。
[②] 富人经济：由富人管理和主导的经济。

人员发现，50家紧密相关的公司组成了一个"超级实体"，其中大多数是金融公司，控制着由数百万家公司组成的全球网络（Vitali，Glattfelder & Battiston，2011）。这就是上面讨论的花旗银行研究人员观点背后的现实。

（六）增长机器：财阀统治在作祟

商业世界里，精英主导的增长是财阀统治在发挥作用，即增长机器由管理商业化过程以获取主要利益的富豪精英所驱动。1988—2014年，增长机器创造了大量财富，全球GDP翻了一番（以美元的不变价格计算），但同时10多亿人处于人类发展低水平，数亿人陷入极度贫困。即使在美国和欧洲，随着收入和财富向富裕阶层转移，数百万中下层人口收入下降或停滞不前。

增长机器的工作原理非常简单（图13.13）。在全球财富金字塔顶端的4200万高净值人士中，精英董事是全球最大公司的公司董事、首席执行官和主要股东。为促进经济增长，他们投资新技术以增加产量、开拓更大的市场以及重组资产以获得最大回报。他们还利用政治影响力为自己的项目获得政府补贴以及各种税收减免和优惠，并制定"有利于商业"和经济增长的法规和监管政策。

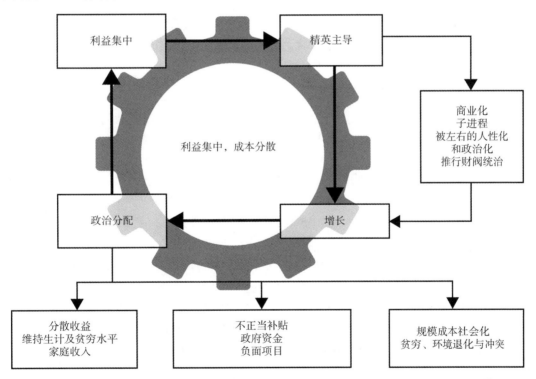

图13.13　增长机器：精英主导的规模增长的恶性循环导致商业世界的政治分配不平等

从美国政治和经济精英之间正反馈互利关系可以看出，精英主导的增长有助于提升他们的政治影响力，这是商业世界中广为人知的现象。许多与顶级证券市场中坚力量有关系的政治精英跨入美国著名的政商"旋转门"，于不同时期分别在联邦政府和大公司担任要职（见图13.14和方框13.2）。

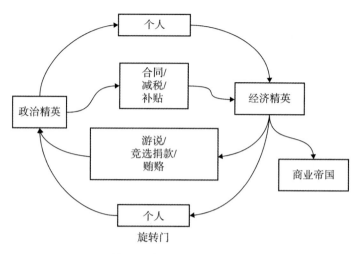

图 13.14　旋转门：富人经济和财阀统治的运作模式

方框 13.2

金融精英、旋转门与全球金融危机

2007 年世界金融业位居第 2 的实权公司——富达管理与研究公司在 32 个国家或地区股票市场中处于领导地位，曾有 2 名前合伙人担任商务部部长（2001）、财政部部长（2004）、能源部部长（2005）和美国联邦政府国防部部长（2006）。富达管理与研究公司本身是美国亿万富翁内德·约翰逊（Ned Johnson）拥有的私人控股公司。大多数美国高级政府官员是高净值精英和全球投资者。毫不奇怪，2007 年全球金融危机前夕，国会议员和行政部门中，最大的个人持股项目在金融服务业，所持有的资产高达 15 亿美元，共有 52 名国会议员持有摩根大通集团的股份（Open Secrets，2009）。摩根大通是 19 个国家的经济支柱，在全球范围内持股达到 2 万亿美元。政治精英为经济精英提供利润丰厚的合同、减税和补贴政策。作为回报，经济精英为政治精英提供政治支持、竞选捐款、游说、各种恩惠和贿赂。2000—2009 年，金融服务部门为州级政治竞选捐款超过 12 亿美元，为联邦竞选捐款 11 亿美元，为联邦游说捐款 30 亿美元。

国际货币基金组织前首席经济学家西蒙·约翰逊（Simon Johnson）表示，2008 年全球金融危机至少有部分原因是 1980 年以来美国金融业迅速扩张的影响。1948—1985 年，金融业的利润未超过国内企业利润的 16%，但 2000 年以后利润达到 41%。金融行业的专业人员薪水飙升，至 2007 年，薪酬从所有行业的平均水平上升至平均水平的 181%（Johnson，2009）。

随着增长机器对经济增长的促进，高薪、红利和资本收益等诸多利益转移至金字塔顶层，与此同时，普通工人失去了工作、工资和福利，家庭遭受不幸，人性化进程被无限制的商业化和政治化左右。财富集中于金字塔顶部并向下扩散，并非偶然现象，而是一种政治分配（political distribution）①，是政治上制定的政府政策所导致的结果。政府可以决定是优先考虑公民的就业、收入、医疗保健、教育和基础设施需求，还是通过扩大生产规模、市场以提高GDP，为任何符合商业利益的项目提供资金。这一切都是政治选择，在民主社会里，选民可以获得各方面的信息，要想在整个社会需求和金融精英利益之间达成公正、人道的平衡是可能的。

图13.13下半部分的3个方框显示，对精英主导的增长的成本和收益进行政治分配，会产生以下问题：分散收益（dispersed benefits）②、不正当补贴（perverse subsidies）③和规模成本社会化（socialized scale costs）④。分散收益指通过政治分配，将很小一部分财富和收入留给中下阶层社会，将绝大部分的财富和收入分配给处于金字塔顶端的精英，导致前文所描述的人类发展水平低下和贫困问题。不正当补贴指政府的项目支出没有真正地促进发展，导致成本社会化或由社会大众分担。例如，众所周知，世界能源需要过渡至低碳燃料，2014年G20成员每年提供近500亿美元补贴化石燃料的生产（Bast等，2015）。规模成本社会化指个人为消除贫困和处理气候变化等环境问题，以及解决因超大规模市场、企业、经济体和国家发展所导致的冲突等问题所支付的成本。

当精英们能够成功推动社会规模和经济增长，并从中获得最大收益，将成本转嫁他人时，他们就能够集中社会权力，进一步促进经济增长。这是增长机器内部形成的恶性循环，最终将导致发展不可持续。增长意味着规模扩大和复杂性增加，必然要为此付出成本。增长的社会成本包括官僚机构增加、专业化程度提高、冲突和贫困加剧等。最明显的规模成本之一是在生产和分配过程中使用化石燃料。其他规模补贴包括国际和国内广告以及维持大型国防设施的费用，这些规模成本大部分集中在经济规模最大的国家。

有一套综合衡量指标有助于衡量被误导的增长成本，即美国所称的真实发展指数（Genuine Progress Indicator，GPI）⑤（Venetoulis & Cobb，2004）与GDP之间的差距。1950—2002年，美国的GDP增长了5倍，而真实发展指数几乎持平。真实发展指数衡量的是实际惠及家庭的福利，如耐用消费品服务、高速公路和街道服务，以及个人消费服务等，该指数扣除了犯罪、通勤、交通事故和失业等导致的社会成本。到2002年，GPI与GDP之间的差距越来越大，以至于人们认为只有27%的GDP增长也算是一种进步。GPI与GDP之间的差距本身也是一种规模成本，这些例子说明，流向经济的大部分资金没有直接惠及大众和家庭，但的确创造了更大的经济规模。

至2017年，根据国民总收入排名，全球有15个国家的经济规模超过万亿美元（澳大利亚、巴西、加拿大、中国、法国、德国、印度、意大利、日本、韩国、墨西哥、俄罗斯、西班牙、英国和美国），这些国家是世界上的富豪及大部分市场资本、大型公司、

---

① 政治分配：由中央政治机构实施和执行的成本和收益的不平等分配。
② 分散收益：将较少的收入和财富分配给社会中下阶层，分配高度不均衡。
③ 不正当补贴：政府资助的项目未能真正地促进进步。
④ 规模成本社会化：由于市场、商业和经济体规模的增长，整个社会为贫困、环境问题和冲突付出巨大的代价。
⑤ 真实发展指标：衡量直接促进人类福祉的消费，包括有益于家庭、社区、社会和自然环境的所有方面，是国内生产总值的替代方案。

大多数亿万富翁和家庭财富及增长机器中最具全球影响力的精英董事所在地。到2014年，韩国加入了这一榜单，当时这15个万亿级经济体几乎占全球国民总收入的77%。

万亿经济体的产生和维护成本非常高，世界上大多数不正当补贴和规模成本社会化均发生在这些国家。据估计，2010年为维持和发展全球规模经济，这些经济体共计花费了9万亿美元，用于支付4项成本（化石燃料4.6万亿美元，全球最大公司利润2.4万亿美元，军队1.6万亿美元，国内广告4650亿美元）（Bodley，2013）。1990—2005年，世界上大部分生态足迹（WWF，2012）和物质足迹（Wiedmann等，2013b）都是这些万亿级经济体留下的，其化石燃料和水泥生产产生的二氧化碳占全球二氧化碳排放量的72%（气候分析指标工具，2012）。

万亿经济体国家也是碳巨头和碳寡头聚集地。碳巨头是由90个实体公司组成的集团，1751—2010年，碳排放量占人为碳排放总量的近1/3（Heede，2013）。化石燃料寡头包括50位亿万富翁，他们大量投资高碳污染行业，或者斥巨资对气候变化的现实提出怀疑（Menotti等，2011）。碳巨头和碳寡头是"否认气候变化"这一错误信息网络的罪魁祸首。

气候变化本身就是最大规模的成本社会化（见方框13.3）。我们只能对未来的成本进行建模和预测，但是有些成本估算已在测量中。发展援助研究协会是总部位于西班牙的一个人道主义非政府组织，该组织发表的2010年《气候脆弱性监测报告》详细考察了184个国家基于化石燃料的经济和气候变化人为成本，得出的结论是，气候变化每年致40万人死亡，还导致全球经济减少超过1万亿美元（Mckinnon，2012）。

> **方框 13.3**
>
> ## 碳排放和气候变化的社会成本
>
> 碳排放引起的气候变化导致许多问题，这些问题统一被称作"碳排放社会成本"，指特定年份每增加1吨二氧化碳排放所带来的经济成本。广泛确定的碳排放社会成本部分清单如下：
>
> 农业和劳动生产力丧失、贸易和能源供应中断、负面公共卫生后果、海洋酸化、极端天气事件、洪涝、野火、害虫和病原体增加、水资源短缺、移民、区域冲突、生物多样性丧失和生态系统退化（Howard & Schwartz，2015）。
>
> 碳排放社会成本估计在50美元/吨至300美元/吨，甚至更高，问题非常严重。例如，某些情况下，至2050年全球碳排放量可能达到1000亿吨。如果碳排放社会成本按照300美元/吨计算，总成本将达到30万亿美元。

世界银行警告，截至2030年，可能超过1亿人会因气候变化陷入极端贫困（Hallegatte等，2016）。到2100年，如果气候变化现象没有缓解，全球收入可能减少近1/4，全球超过3/4的国家可能更加贫穷（Burke, Hsiang & Miguel，2015）。其他研究者表示，除非建造昂贵的海堤和防波堤，否则全球数亿生活在低洼地区的人和数万亿资产可能因海平面上升而被淹没（Hinkela 等，2014）。许多经济学家和金融专家警告，尤其是当投资者开始剥离对化石燃料公司的投资组合或者当股市遭遇无法对冲的风险时，经济可能遭受重大损失（Coburn 等，2015）。潜在的气候冲击可能是由不可预测的事件引起的气候突变，例如永久冻土中的古碳被融化、海洋水合物分解，或者温盐环流翻转等释放大量的碳和甲烷至大气中（Hope & Schaefer，2015）。所有这些规模成本都会被社会化，由全世界共同分担，但是如果全球大多数人审慎实施文化变革，这些风险仍然可以避免或大大降低。

本章小结

自 20 世纪 50 年代以来，贫困一直被视为发展或现代化问题。发展规划者认为，人们之所以贫穷，是因为他们不够发达，而不发达的原因是他们技术落后和文化保守。为了减少贫困，发达国家乐观地资助农业技术转让、水坝和公路建设以及其他旨在促进全球经济增长的大规模开发项目。不幸的是，这些努力并未明显减轻贫困。

最初，人类学家积极支持这种发展模式，并在小型社区中了解阻碍经济发展的文化障碍。然而，传统文化显然不是造成贫困的主要原因，在许多情况下，国际国内通过加重债务和依赖提高国民生产总值所做的努力让当地的社区更加贫困，并进一步加剧内部的不平等，从而更难有机会获得基本资源。人类学数据还表明，发展规划者可能认为，某些文化特征导致贫困，但这些文化特征实际上是应对极端贫困的合理机制。同样，人口过剩也不是贫困的唯一原因，尽管人口增长无疑加剧了贫困，但人口与贫困之间的关系非常复杂，贫困和发展进程本身都有可能促进人口增长。

规模和权力方法表明，扩大生产规模或者让人们依赖全球市场交换，并不能解决贫困问题。前几章提供的证据表明，在自治部落文化中基本上不存在贫困，贫困首先是政治规模文化中社会等级所固有的不平等造成的。殖民主义进程和伴随着商业化出现的全球分层体系进一步加剧了贫困。要想有效减少贫困，必须努力解决存在于全球体系各个层面的财富和权力不平等问题。

思考题

1. 1950 年，联合国专家如何看待全球贫困问题？他们参照的不发达指标有哪些？什么是恶性循环？他们呼吁采取什么样的解决方案？

2. 参照贫困指标、贫困人口绝对数量和国家间国民生产总值排名，有何种意义上，可以说 1950 年以来贫困现象日益严重？

3. 参考《联合国宪章》《世界人权宣言》和世界银行相关信息，描述联合国发展方针的正式章程和制度基础。

4. 描述1950年以来的几十年中,联合国发展战略和所关注的问题发生了哪些变化。
5. 定义"欠发达"和"贫困",讨论限制这一定义的概念和文化问题。
6. 什么是可持续性?如何定义和测量可持续性?
7. 什么是结构性暴力?结构性暴力对理解贫困有何帮助?
8. 在何种意义上,全球体系可以被视为富人经济和财阀统治?全球体系为何重要?

关键术语

人类世(Anthropocene)
人为生物群落(anthropogenic biomes)
分散收益(dispersed benefit)
地球系统(earth system)
极度贫困(extreme poverty)
燃料革命(fuel revolution)
真实发展指标(GPI)
大加速(Great Acceleration)
不正当补贴(perverse subsidies)
行星边界(planetary boundary)
财阀统治(plutocracy)
富人经济(plutonomy)
政治分配(political distribution)
预防原则(precautionary principle)
规模成本社会化(socialized scale cost)
结构性暴力(structural violence)

阅读文献

Fordham, T. M. Techau, J. and Rahbari, E., et al. 2016. *Global Political Risk: The New Convergence Between Geopolitical and Vox Populi Risks, and Why It Matters*. Citi GPS: Global Perspectives & Solutions. https://www.citivelocity.com/citigps/Report-Series.action?recordId=48.

Hamilton, C., Bonneuil, C. and Gemenne, F., eds. 2015. *The Anthropocene and the Global Environmental Crisis: Rethinking Modernity in a New Epoch*. New York: Routledge.

Heywood, V. H. and Watson, R. T. 1995. *Global Biodiversity Assessment*. Cambridge: Cambridge University Press, for the United Nations Environment Programme.

Hickel, J. 2017a. *The Divide: Global Inequality from Conquest to Free Markets*. New York & London: W. W. Norton.

Malm, A. 2016. *Fossil Capital: The Rise of Steam Power and the Roots of Global Warming*. London: Verso.

Stiglitz, J. E. 2002. *Globalization and Its Discontents*. New York: Norton. A critique of globalization and development policy by a former World Bank economist.

UNDP (United Nations Development Programme). Human Development Report. Annual since 1990.

第 14 章

展望可持续发展的世界

◇ 学习目标

- 列举小国家的关键特征。
- 解释为什么小国家非常适合可持续发展。
- 具体比较小国家和大国家的可持续性和人类福祉。
- 解释为什么太平洋小岛屿国家特别关注全球变暖问题。
- 了解收入、财富和社会权力在小国家中的分配方式,这种分配方式与可持续性之间有何关联。
- 解释如何衡量世界各国的人类福祉和可持续性。
- 批判性地评估可持续性危机的权力和规模解决方案,并将该方案与其他方法进行比较。
- 描述北欧模式与美国企业资本主义之间的不同之处。
- 描述如何用其他形式的商业组织解决公司规模过大所产生的问题。
- 描述未来可持续的行星社会的模式。
- 讨论如何变革资本主义以实现可持续发展。

第 14 章　展望可持续发展的世界

最后一章聚焦大国家和高度发达的富裕国家构建可持续系统的前景。前 60 年，国际发展由发达国家的精英主导，本章介绍的方法将颠覆现有做法，考虑如何让全球非精英人士主导国际发展。需要思考的问题是，发达国家如何借鉴小型社会的运行模式，以积极的方式实现转型。现在是时候弄清楚，要实现可持续发展，经济和社会应该维持多大的规模。1950 年以来发达国家在技术、生产、消费和全球化等方面的大加速，目前已经威胁到整个全球体系的可持续性，因此现在讨论这个问题正合时宜。此时，人类的未来取决于发达国家在未来几十年里能否快速、成功地转型其社会和文化系统。

处于全球商业世界边缘的土著民族和小国家（small nations）① 能够建构和维持可持续的社会文化系统，既能满足人类的基本需求，又能够保护自然环境。这些小规模社会为我们带来的主要启示是，社会正义、民主决策以及财富和收入分配平等比经济增长本身更加重要。土著民族和小国家的经验表明，发展需要着眼于满足人类的真正需求，尤其是健康的家庭和当地社区能够提供的个人自主与自我实现的需求。

一、迈向可持续发展的世界

大多数全球规划者一致认为，全球体系要想在 21 世纪末仍然保持完好，就必须进行重大的文化变革。联合国大会于 2015 年正式通过《改变我们的世界——2030 年可持续发展议程》（United Nations，2015）。1987 年，布伦特兰委员会（Brundtland Commission）在关于环境恶化的报告中正式倡导将可持续发展作为解决全球贫困和环境恶化的途径（WCED，1987：43）。该委员会将可持续发展定义为："既满足当代人需求，又不损害后代人满足自身需求能力的发展。"

目前，可持续发展是一个广泛认可的规划目标，比如，人们经常使用"可持续农业"和"可持续经济增长"等矛盾表述。然而，制度化的规划往往设定相对短期的目标，通常聚焦于技术上定义的单一问题，如全球变暖或粮食生产等。政治和经济权力再分配等更根本的问题没有得到充分解决。小国家的成功经验表明，可持续性属于社会规模和权力问题，并非严格意义上的技术问题。

现在如果将进步等同于可持续发展，乌托邦资本主义在经历了 500 年的持续增长后，显然未能建立一个可持续发展的文化体系，这表明增长带来的规模扩大和社会权力集中本身可能是真正进步的主要障碍。由于增长、规模和权力属于可以改变的文化结构，使用这些术语表述可持续性问题，为解决这一问题找到了令人振奋的可能性，人们可以对导致不稳定性的文化过程进行控制。

（一）全球危机与文化应对（前 12000—2050 年）

人类在 21 世纪面临的全球危机并非史无前例。如前几章所述，为应对 4 次重大全球危机，人类已经对其文化进行转型（表 14.1），这表明人类具有适应新形势的巨大潜力，说明没有什么特定的文化发展是不可避免或是人类无法控制的，尝试其他的文化世界也是可能的。

---

① 小国家：商业世界中，按照领土组织的社会文化体系，人口少于 1000 万。

表 14.1 前 12000—2050 年全球危机与文化应对

决策者	决策	结果
Ⅰ. 旧石器时代危机：后冰河期全球变暖和海平面上升，距今 12000~5000 年		
部落觅食者	缩小社会及领土规模	流动觅食世界的文化延续
部落觅食者	生计技术集约化、定居	建立新石器时代村民世界
权势人士、政治精英	政治权力集中、城镇化、征服	建立帝国世界
Ⅱ. 封建主义危机：帝国世界的规模限制，1300—1790 年		
欧洲精英	废除神圣君主制、经济权力集中，推行殖民主义、资本主义和民主政体	建立商业世界
Ⅲ. 资本主义危机：周期性经济萧条和战争，1929—1950 年		
欧美精英	收入分配向下倾斜，推行去殖民化、能源和资本密集型增长、全球机构、人权	创立进步的全球秩序
Ⅳ. 资本主义危机：经济衰退、社会抗议，1970—2010 年		
全球精英	财富和收入分配向上倾斜，推行跨国公司、能源和资本密集型发展	创立全球经济
Ⅴ. 可持续性危机：环境退化、贫困、社会抗议，2010—2050 年		
全球公民	推行人类经济和社会权力、自由、社会平等和可持续性；再分配社会权力；缩小社会规模	创立可持续的全球社会

10000 年前，在上一个冰河时代末期，面临全球变暖和海平面不断上升的状况，人们采用了至少 3 种不同的适应方式。一些人，如澳大利亚土著，在逐渐缩小总人口和领土规模的同时，保持原有的文化系统完好无损，这一选择让流动觅食群体得以维持其部落世界。另一些人，如亚马孙土著和非洲牧民，采用更集约化的粮食生产系统和家庭生产技术，选择生活在更小的区域和更密集的社群中，这一选择创造了新石器时代村民的部落世界。部落变迁由所有人主导，并且一定是循序渐进的，让所有人受益。第三种选择需要以某些条件为前提，即允许少数有权有势的个人集中社会权力，让大多数人能够维持生计，但是需要以降低身体健康水平和自由度为代价。这一选择最终创造了太平洋岛屿酋邦帝国世界、古代美索不达米亚的乌尔纳姆帝国、安第斯帝国，以及南亚的大传统（Great Tradition）文明，但同时对人和自然造成许多负面影响。

帝国世界的酋邦、王国和帝国反复经历周期性的增长和崩溃，但是，在全球气候恶化、文化达到有效增长的极限之前，这些事件并未导致全球性危机。欧洲精英通过集中经济力量并最终将商业世界打造成为全球资本主义体系以应对封建主义危机。全球资本主义允许少数个人和机构集中大量权力，但是，1929 年，资本主义遭遇第一次重大危机——全球经济崩溃，随之而来的是大规模的社会动荡和毁灭性的全球战争。为应对这一局面，欧美精英基于人权、社会正义，以及资本和化石燃料密集型经济增长等理想，构建一个进步的全球社会秩序。不幸的是，在实践中，经济增长导致的社会权力集中效应却践踏人权和正义的理想。

到 1970 年，资本主义第二次危机来临。显而易见，资本主义制度没有像人们期望的那样让他们受益。这一次全球精英应对危机的方式是更进一步集中权力和促进更集约化的增长，以创建更大、更一体化的全球经济。到 1990 年，全球变暖已成为事实，全球贫困仍未解决，社会动荡和冲突加剧，全球恐怖主义蔓延，动植物栖息地遭到大规模破坏和毁灭，很明显，全球体系不可持续。2008 年的全球金融危机进一步证明商业世界的不稳定性。

一次重大文化转型势在必行。仅全球变暖这一项危机就将迫使人们花费很长一段时间来适应。即使到 2050 年，二氧化碳排放逐渐稳定并开始减少，可能需要几个世纪气温才能稳定下来，预计海平面将在数千年内持续上升。

（二）权力与规模的文化转型

认识到增长、规模和权力之间的相互作用是当前可持续性危机的根源，我们需要关注土著民族和小国家行之有效的解决办法。在过去 5000 年里，精英主导的增长给人类制造了一系列的危机。在有限的世界里，社会和经济不可能永续增长并幸存下去，精英们自私自利，目光狭隘，只关注维持眼前的社会，显然，他们的解决方案是失败的。同样，社会权力集中赋予极少数人强大的能力，他们为达到自我目的而改变世界，事实证明，权力过于集中会导致适应不良。

要实现可持续的全球文化，我们的首要任务是让大众普遍接受这样一个原则：全人类或全世界的所有公民必须成为文化转型的决策者和推动者。这需要全面执行包括经济和社会权力以及基本公民权利在内的现有人权公约。其次，需要重组国际机构，以充分保护人类自由，重新分配社会权力，并在全球体系中努力维护社会正义，还需要有效的国际法庭，对侵犯人权的暴行追究相关个人和企业的责任。

将社会权力重新分配给全世界的所有公民是一项重大事业，这意味着需要在地方、地区、国家和全球各级普及真正民主的政治制度。为了让公民更有效地控制民选官员以及在更具代表性的论坛上发挥更大的影响力，在某些情况下，可以将政治单位重新划分为规模较小的政治单位来实现。民主政治秩序的原则已经被广泛接受，但是缺乏实践。问题必须在它们发生的层面进行解决。通过有效执行现有的国际武器公约，特别是大规模杀伤性武器公约，缩小军事力量规模。

重新分配意识形态权力，需要充分落实适用于宗教信仰和习俗的现有人权；需要普遍承认美国《权利法案》和欧盟《基本权利宪章》中所包含的新闻、言论和集会自由，并全面适用于所有媒体；需要防止媒体的商业所有权和控制权过于集中，并对商业广告进行限制。

重新分配经济权力需要采用更加广泛的财富概念，财富将包括传统的金融和有形财富，以及自然资本、社会文化资本和人力资本。在一个可持续的世界秩序中，鼓励私人金融资本的无限积累不是政治经济的主要目标。为了保护资本和满足人类需求，可能需要建立不同的财产制度来规定哪些财产属于公共共享财产。自然资本为人类提供数万亿美元的全球服务，包括气候调节、水分调节、土壤形成，以及生产可食用生物量和有机材料等重要的生态系统服务（Costanza 等，1997），因此自然资本不能让私人免费获取，用于谋取短期利益。GDP 包含不正当补贴，用 GDP 衡量收入需要进行调整，为了满足社会正义和可持续性要求，民主的公共机构需要设计出合理的收入分配方式。

这些文化变革的目标不仅是为了构建一个可持续的全球体系，同时也是为了创造以最佳规模组织社会单位和机构的世界，以实现人类福祉最大化，让人们能够享受"美好生活"或特定文化所定义的"至善"。"至善"这一概念承认个人需要维持和繁育一个成功的家庭、进行社交、安居乐业，并能享受表演性文化（表 14.2）。很可能，所有这些个人需求都能在一个最佳规模的社会中得到满足，该社会的本地社区人口为 500 人，城镇人口为 5000 人，区域城市中心人口为 50000 人，大都市拥有数十万人，整个国民社会的总人口为 1500 万人（Kohr，1977）。随着社会规模扩大，个人需求被"社会化"，例如经济增长或国家荣誉等成为整个社会追求的目标，这些都是"后最优"目标。个人需求社会化需要集中权力，并进一步促进增长，社会化很快成为满足人类需求的一种非常昂贵且低效的手段。许多能源密集型技术可以被看作"规模商品"或"规模成本"，其主要功能是用于维持后最优规模系统。

表 14.2　社会规模和至善（Kohr，1977）

个人目标	组织、机构	最优人口规模	后最优社会化目标
人性化 繁育、维持生计	家庭 多代同堂的大家庭、亲属	5～25 人	社会健康
社会交往 友情	村庄 俱乐部、酒馆	500 人的村庄、社区	社会福利
繁荣 休闲、财富	集镇 工厂、集市	5000 人的集镇、地区	经济增长，国民生产总值
安全 和平、正义、防卫	城市 法庭、市政厅、军械库	10000～20000 人，最多 1500 万人	军事力量，帝国
表演性文化	大都市、州 剧院、教堂、博物馆、展览馆、大学	10 万～1500 万	国家荣耀

"至善"概念与意大利社会哲学家和经济学家维尔弗雷多·帕累托(Vilfredo Pareto)提出的帕累托最优(Pareto Optimality)①概念密切相关,帕累托还发现收入的幂律分布和第12章中讨论的二八定律(Pareto,1971)。帕累托最优指经济增长应该停止的某个极限值,没有人可以在不使他人境况变坏的同时让自己取得成功。超过帕累托最优是大多数后部落世界中经济增长所带来的问题,可以理解为帝国世界和商业世界中贫穷和剥削的根源。

(三)解决全球性问题的小国家体制

生活在社会文化系统规模较小国家的人民更容易限制其领导人的权力,作为公民,小国人民可以保留为自身利益行事的权利,从而使个人自由最大化,将制度失败的风险降至最低;小国人民能够直接体验其行为带来的后果,可以更清楚地了解物质世界的实际现实,更有可能生活在大自然所能承载的限制范围之内。那些纵容自己的社会文化系统不断发展,允许自己的领导人成为统治者,并且甘愿被社会现实和物质世界所欺骗的人,制造了不可持续的帝国主义和商业世界。

全世界2/3的政治独立国家属于小国家,每个国家的人口不到1000万,这些小国家的总人口仅占全球人口的1%。但现实情况是,几十年来,这些少数人一直默默地为解决全球问题制定切实可行的解决方案,这些解决方案可以成功地预防、减少或缓解其领土内的环境、贫困和冲突问题。

而另一种极端情况是,占全球人口1%的超级富豪和最主要的决策者将世界推向灾难的边缘。大国领导人,尤其是全球超级大国的领导人,以及全球精英,主导全球经济,并从中获利,却未能解决全人类面临的最为关键的全球性问题。许多小国家提供的解决方案(Bodley,2013)正在发挥作用,但是,如果大国和占主导地位的决策者们继续一意孤行,小国方案最终将失败。小国方案没有得到世界领导人广泛认可的原因在于:① 小国家规模小;② 占主导地位的世界领导人将它们视为全球体系的外围国家;③ 小国方案与精英主导的经济全球化主流路径背道而驰。鉴于世界目前的状况,是时候考虑进行一场巨大变革,小国家是大国家效仿的典范,小国家能够成功运行,而大国却失败了。

(四)多米尼克:加勒比海的自然岛国

虽然长期以来我一直将规模视为一个关键的社会文化变量,但是我的大部分田野研究主要关注规模的极端情况——部落社会或者美国和全球体系。2007年,应罗伯特·昆兰(Robert Quinlan)和玛莎·昆兰(Marsha Quinlan)的邀请,我访问了加勒比小国多米尼克,之后我的研究兴趣发生了变化。自1993年以来,昆兰夫妇在多米尼克经营一所文化人类学田野学校,并在那里从事村级医学和民族志研究(Quinlan,2004)。我的主要兴趣是将多米尼克视为一个处于全球体系中的完整的国家制度进行考察。

---

① 帕累托最优:没有任何一个人可以在不损害他人的情况下取得成功,因此增长达到某个极限值之后便会停止。

多米尼克是一个小火山岛，位于东加勒比海小安的列斯群岛的迎风岛上，从法属瓜德罗普岛和马提尼克岛可以眺望多米尼克岛（图14.1和图14.2）。该岛长约30英里，最宽处有12英里，但是茂密崎岖的森林内陆被高达近5000英尺（1英尺≈0.3米）的火山峰占据，几乎没有可供旅游的海滩。该岛以拥有东加勒比海保存最完好的热带森林而闻名，岛上有2种当地特有的极度濒危的野生鹦鹉物种，其中之一是帝鹦鹉，又称为"帝王亚马孙鹦鹉"，是多米尼克的国鸟。在我访问之时，岛上总人口约为7.2万，其中包括2000名土著加勒比人。

图14.1　2007年多米尼克南端的斯科茨角渔村

多米尼克最初由来自南美洲的土著人居住。1493年哥伦布到达多米尼克时，多米尼克已被称为加里纳戈人的乡村园丁和渔民占领，他们讲阿拉瓦克语和加勒比语，其近亲属在大亚马孙地区。后来，西班牙、英国和法国的冒险家、传教士和殖民者相继来到多米尼克。多米尼克曾一度被视为中立领土，由加里纳戈人控制。18世纪80年代，英国人完全控制了多米尼克，并建立起以咖啡、糖和进口非洲奴隶劳工为基础的多元化种植园经济。1805年，多米尼克成为英国殖民地。1834年奴隶制被废除，尽管定居者试图保留大片庄园的所有权，但是从前的奴隶成功控制了政府和土地。自1978年从英国独立出来之后，多米尼克联邦共和国一直是一个政治独立的国家（Honeychurch，1975）。

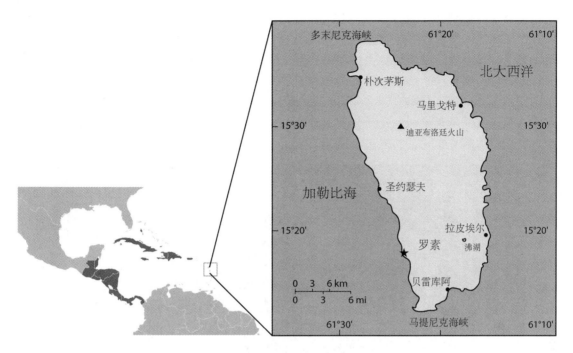

图 14.2 多米尼克地图

（五）多米尼克成功的小规模经济和小型政府

多米尼克是一个特别有趣的国家，2006 年幸福星球指数（Happy Planet Index，HPI）[①] 排名第 4（Marks 等，2006）。HPI 是一套用于衡量人类福祉的综合指标，由总部设在伦敦的英国新经济基金会发布。HPI 的优势在于，它将通过调查得来的个人生活满意度或自述的幸福（主观测量）与平均预期寿命（客观测量）相乘，然后除以人均生态足迹，生成一个单一的指数，该指数反映生活满意度以及人均消耗资源量。值得注意的是，在对 179 个国家进行的幸福星球指数排名中，多米尼克排名第 4，靠近榜首，这是由于多米尼克人报告的高生活满意度以及 76 岁的高预期寿命，并且人均生态足迹非常低，低于 2 全球公顷（一种计量单位，即生产资源和吸纳废物所需的土地），而美国的人均生态足迹接近 10 全球公顷。

多米尼克在联合国人类发展指数中排名也很高，该指数由健康寿命、教育程度和人均可支配收入 3 项指标构成。值得注意的是，多米尼克实际上是一个经济规模非常小的国家，2007 年被世界银行列为中等偏上收入国家，基于购买力平价计算的人均收入仅为 8296 美元，名义上属于相对欠发达国家，人均国内生产总值只有 3854 美元。购买力平价明显高于人均国内生产总值，这主要归功于多米尼克本地生产的大宗商品价格低廉，间接归功于其强劲的自给自足经济。但是当多米尼克人参与全球贸易时，汇率对他们极为不利。

---

① 幸福星球指数：根据预期寿命、对生活的主观满意度和生态足迹，衡量一个国家在满足人类需求方面的有效性。

多米尼克本地企业规模较小（图 14.3），但是这些企业与全球经济息息相关。该国没有股票市场，因此没有市值排名，但是有 4 家上市公司的总部设在多米尼克，即多米尼克椰子产品公司、多米尼克电力服务公司、多米尼克国家银行和多米尼克啤酒和饮料公司。这些公司在位于 150 英里外的圣基茨东加勒比证券交易所上市。该国最大的商业银行拥有 2.46 亿美元的资产，2007 年收入接近 2200 万美元。多米尼克是东加勒比国家组织成员国，其货币东加勒比元与其他 7 个东加勒比岛国政府共享，东加勒比银行是这 8 个岛国的货币管理机构，2009 年该银行的总资产为 8.92 亿美元。

图 14.3　多米尼克小型企业——2007 年加勒比保留地路边的木薯面包店、面包师和供应商

多米尼克的发展悖论在于，尽管该国在人类幸福指数方面排名很高，但是，根据加勒比开发银行 2003 年发布的一份特别报告，当时官方定义的贫困线为每位成年人每年 1260 美元，按照这一标准，多米尼克 29% 的家庭和 39% 的人口属于"收入不足"（Halcrow Group，2003），15% 的人收入在 740 美元以下，被视为"贫穷"或"非常贫穷"。银行报告对这一悖论进行了详细阐述，指出：人们自己"谈到良好的基础设施、住房和自然环境、充足的水供应、良好的医疗和教育机会、融合良好和自给自足的社区传统。这表明收入不足和幸福之间显然缺乏相关性"，许多人强烈谴责这一观点（Halcrow Group，2003）。

此外，银行报告还指出，多米尼克是一个民主国家，犯罪率低，人权不受侵犯，孩子获得良好的教育，食物充足，饮用水干净，整体健康状况良好。生活条件听起来相当不错，全国各地都有诊所，不存在就医困难；免费提供避孕药具和大规模免疫接种，与贫困相关的健康问题很少出现或根本不存在。报告还发现，大多数人拥有自己的住房，他们指出，"传统的健康饮食——根茎类作物（山药和木薯）和鱼仍然非常普及，肥胖或营养不良非常少见"。官方认定的"贫困人口"中，近 90% 的人拥有自己的住房，将近一半的人拥有电视和电话，1/3 的人拥有汽车。

我的观察印证了加勒比开发银行报告中的乐观描述。我发现多米尼克人健康、自信，将自己的生活掌握在自己手中。在首都，只有大约12名无家可归的流浪汉。其中一名流浪汉告诉我，他之前在纽约工作，后来失业了，有时睡在城市公园里。许多多米尼克人居住在国外，将钱汇回家。尽管如此，当地的商业却蒸蒸日上。当地几乎没有快餐连锁店和购物中心，农贸市场和街头小贩是首都新鲜农产品的主要供应商，整个岛屿是一个由小企业主、小农场主和渔民构成的国家。农村家庭以母亲为中心，妇女在生计经济中发挥重要作用，她们还将自己的农产品销往其他岛屿。

我认为，多米尼克成功的部分原因也许能从这个国家的建国文件中找到答案，于是我花了几乎一个上午的时间，在其首都寻找1978年生效的多米尼克《宪法》印刷本，该《宪法》于1984年修订。《宪法》的序言将人权与经济权力、社会正义和对上帝的信仰联系在一起，宣告："多米尼克人民已确认多米尼克联邦建立在下列原则之上：承认上帝的至高无上，信仰基本人权和自由，信仰家庭在人权自由和组织自由的社会中的地位，信仰人的尊严和造物主赋予人类大家庭的所有成员平等的和不可剥夺的权利。"

序言的b部分非常重要，全文引述如下：

> 尊重社会正义的原则；认为经济制度应确保资源分配能够促进共同利益，保障所有人享有足够的生活资料，不应剥削劳动力或出于经济需要迫使劳动者在不人道的条件下工作，而应在其优点、能力和品格得到认可的基础之上享有晋升的机会。

显然，多米尼克人民非常清楚他们的经济制度的组织形式，希望该制度公平，并能为人类利益服务。对于一个由被解放奴隶的后裔掌控的政府来说，经济权力和社会正义如此强大也许并不奇怪。政府在岛上有非常强的存在感，人民积极参与政治。除3个市议会、加勒比议会和37个村议会外，还有10个地方教区政府，规模为1500人至1万余人不等。其首都罗索是多米尼克的最大城市，人口不到2万。多米尼克政府设有1位总统和1位总理，以及由30名议员组成的议会，共有4个政党。

（六）比较多米尼克与考艾岛

多米尼克这样的小国家表明，经济的组织形式非常重要。如果分配合理，即使通过家庭、企业和政府的资金流很少，也能满足人类需求和为公共利益服务。仔细比较多米尼克和夏威夷考艾岛，就会发现一些关键性的区别。我之所以将二者进行比较，是因为我在2005年访问过考艾岛，2年之后当我来到多米尼克时，两者之间的差异给我留下深刻印象。这两个岛屿表面上非常相似，是进行对照研究的理想选择。它们都属于热带岛屿，陆地面积小，人口数量相似（表14.3）。两者都有土著居民、相似的殖民和种植园历史，两者的经济均依靠引进外来劳动力，都将开发自然旅游作为重要的发展目标。

两者之间最大不同之处在于，作为美国的一部分，考艾岛拥有高度发达的商业经济。这两个岛屿的人均预期寿命都很高，但由于考艾岛环境足迹很高，在幸福星球指数排名中与美国并列第150位，反映了考艾岛庞大的能源密集型经济。依据个人总收入衡量，考艾岛的经济规模为20亿美元，相比之下，多米尼克的购买力平价GDP不到10亿美元，换算成美元 GDP 为 2.79 亿美元。将各自的人口纳入考虑，考艾岛的人均收入是多米尼克的 3~8 倍。两国政府的年度预算大致相同，但是多米尼克政府年度预算占购买力平价 GDP 的 25%，占美元 GDP 的 2/3，而在考艾岛，政府年度预算只占个人总收入的 8%，这意味着私营商业经济在考艾岛更为重要。

表 14.3 比较多米尼克与考艾岛（2007）

国家/地区	面积（平方英里）	人口	经济，GDP	人均 GDP	政府预算	政府预算占 GDP 百分比
多米尼克	291	72386	7.12 亿美元（购买力平价）	9838 美元	1.85 亿美元	26%
			2.79 亿美元（美元汇率）	3854 美元	1.85 亿美元	66%
考艾岛	622	62800	20 亿美元	33336 美元	1.71 亿美元	8%

自相矛盾的是，尽管考艾岛经济高度发达，但 2000 年一份关于考艾岛的基线报告显示，考艾岛超过 1/3 的家庭没有用于维持生计的工资，符合"经济贫困"标准（Kauai, 2015），这与多米尼克官方公布的贫困水平大致相同。但关键区别在于，多米尼克人拥有土地，经济上可以自给自足。而考艾岛的大部分农业用地属于大型私有财产，占地 70 平方英里（1 平方英里≈2.6 平方千米）的偏远岛屿尼豪岛由 2 个家族拥有。历史悠久的种植园时代的影响在考艾岛依然存在，而多米尼克实际上已经将土地重新分配给居民，而考艾岛的发展并未让所有人受益。

鉴于普遍存在的高房价和低工资，2000 年考艾岛只有不到一半的家庭拥有住房（Kauai, 2015），许多住房为非本地居民的第二居所，或出租给游客，这意味着货币和资源在区域经济中的实际分配方式可能比总收入和财富更加重要。与增长相比，所有权和利益的实际分配似乎更加重要。例如，虽然旅游业在这两个岛屿的经济中都很重要，但是在多米尼克，酒店主要是当地人经营的小型酒店，最大的旅馆只有 70 个房间。相比之下，考艾岛有许多大型酒店，最大的酒店由大公司所有。比如，考艾岛南岸的喜来登度假酒店（Sheraton Kauai Resort）拥有 394 间客房，隶属于总部位于纽约的喜达屋酒店及度假酒店国际集团（Starwood Hotels and Resorts Worldwide）。喜达屋在全球拥有 53 家酒店，18000 间客房，2007 年总收入接近 60 亿美元。根据每间客房的平均回报计算，据估计，其旗下的考艾岛度假酒店收入为 5000 万美元。喜达屋的最大股东是富达管理与研究公司（FMR），这样，考艾岛与全球富豪联系在一起。第 13 章讨论过，富达管理与研究公司是全球股票市场中坚力量的第二大所有者与经理人，在 32 个国家的股票市场中占据主导地位，管理的全球资产达到 1 万亿美元，公司本身为私人所有，由美国亿万富翁内德·约翰逊经营。

2 个岛屿上的零售机构规模和所有权也表现出明显差异。例如，多米尼克最大的零售商是一家本地企业，收入仅为 2000 万美元。而考艾岛上的沃尔玛收入约 4000 万美元，但是利润的 40% 流向沃尔顿家族的 5 个亿万富翁，他们分别居住在阿肯色州、得克萨斯州和怀俄明州。沃尔玛最大的股东也是富达管理与研究公司，获得沃尔玛近 3% 的利润。

沃尔玛的利润很可能只有很小一部分流向考艾岛居民，而考艾岛沃尔玛许多员工的收入极低。这些显著的文化差异代表了商业系统截然不同的组织形式。

二、迈向多尺度的文化世界

我们可以创造可持续的文化，但是需要构建一个由许多独立的区域文化组成的世界系统，在该体系中，每一种文化均致力于在维持家庭和社区、政体及商业活动的文化进程之间建立人性的平衡。以家庭为组织形式的土著文化可以在多尺度的世界里蓬勃发展，同时，国家政治可以维持安全。西班牙北部的巴斯克人显示，可以设计一个可持续的文化系统，在现有民族国家范围之内有效整合工业技术和商业化（见方框14.1）。

方框 14.1

蒙德拉贡合作社

从20世纪50年代开始，一个成功、高度民主和经济公正的文化系统在西班牙北部悄然运行（Morrison，1991；Whyte & Whyte，1988）。顽固独立的巴斯克人基于众多以蒙德拉贡镇为中心的小型工人所有制合作社，创建了一个约25万人的综合区域社会。每一个蒙德拉贡合作社的人员不超过500名成员，每个成员在管理决策中拥有平等的投票权，不存在大型远程控制的公司。巴斯克人知道，大型生产单位几乎不可能保持真正的民主，因此，限制规模至关重要。同样，在薪酬标准方面，员工的最高工资比最低工资不得超过6倍，这样既可以奖励辛勤工作的员工，又为高管薪酬设定了上限。每个人共享年度利润，一部分利润用于支持当地社区项目和保护巴斯克文化遗产。

蒙德拉贡合作社系统的关键原则是工人和社区比资本更加重要，工人既是所有者又是管理者，基于民主原则制定决策（Mondragon，2008）。工人的首要地位体现在工资标准上，2005年初级工人的工资为16480美元，最高收入为98880美元。工人购买合作社的股份并获得年度股息。

蒙德拉贡合作社能够制造世界一流的电脑机器人以及各种出口工业品和耐用消费品。他们还经营自己的消费者合作社和合作银行、社会保险、教育和儿童保育服务，直接满足当地人的需求。蒙德拉贡的使命是将就业、社区、公平、教育和环境作为首要目标，而巴斯克文化自治是实现这一目标的关键。巴斯克人是一个独特的民族，他们自称是3万年前冰河时代在法国拉斯科和西班牙阿尔塔米拉洞壁上创作伟大壁画的民族的后裔，事实上，他们的语言和基因与一些最早的欧洲农耕民族联系在一起（Günther等，2015）。巴斯克人知道，当每个人都能管理创造财富的人力资源、文化资源和自然资源时，可以最大限度地获得公共福祉和实现家庭康宁。

> 蒙德拉贡合作社的案例展示了如何在特定的地区实施本地化过程。巴斯克人力图在经济自力更生的基础上保持高度的地方文化自治，他们在工人所有的小型企业综合网络中，运用工业技术和资本主义经济，在支持家庭和当地社区的同时，努力保持高度民主和平等。
>
> 到 2015 年，蒙德拉贡一共有 103 家合作社、157 家其他企业以及 15 个技术中心，拥有 74115 名员工，年收入达到 130 亿美元（Mondragon, 2015）。蒙德拉贡合作社是西班牙大型商业集团之一，也是世界上最著名的合作社系统，其附属合作公司遍布世界各地，所有公司均遵循同样的合作原则。

设计可持续的文化需要经历本地化过程，通过限制增长和缩小政府及商业企业规模以分散社会权力。如果本地化建立在现有地方和地区政府基础之上，那么所有成年人都能参与民主决策将成为现实，工人能够更加容易成为企业的业主兼经理人，使企业利润惠及当地社区。分散社会权力可以使当地社区调节增长和规模，将维持和繁育健康家庭放在首位，各个文化共同体可以在政治权力和经济权力之间以民主的方式达成最佳平衡。

要做出这些改变，世界各地的人民需要根据各自特定的文化和自然环境，以最可持续的方式，自由地管理文化规模和社会权力。真正的可持续发展应该就是如此，但是这恰恰与全球金融精英和金融专家推动的财富集中增长计划相背离，他们将全球商业竞争力作为首要任务。不幸的是，美元并不民主，在这样的世界中，穷人不享有平等的机会，地区之间相互竞争。

下一阶段的文化大发展必须将全体人民的利益放在首位，让当地社区和家庭决定增长和发展的重点。帕累托最优概念可以提供有用的指导原则，这是发展停止的理想点，即没有人能在不使他人更贫穷的情况下让自己变得更富有。可持续发展政策最容易在同质文化的本地社区中施行，土著人民便是最好的例证。大型城市中心通常包含不同文化的社区，但在许多情况下，政治动员必然以地区而不是以文化为基础。不同社区和政治选区的人可以在实现现有人权宪章如联合国《世界人权宣言》中制定的人道主义目标方面找到共同点。

从自身长远利益考虑，我们必须分散社会权力，并将文化规模缩小至人类可以管理的范围。我们现在可以着手制定公共政策，开始进行重要的修正。这些政策将加强家庭、地方和区域社区，以及非商业机构（包括志愿协会）的政治权力和经济权力。我们需要摒弃将经济持续增长作为目标的做法，专注于设计我们的文化系统，真正实现社会权力民主化；我们需要关注分配而不是生产；促进慈善事业的累进税法可以减少对财富集中的激励；可以将企业福利输送给小企业；滥用职权或从事犯罪行为的公司可能被撤销特许权；可以对国际货币交易征收托宾税，并取消奖励兼并和投机性金融的税法。也许最重要的是，我们必须拒绝任何拥有巨大权力的人匿名，公众必须全面了解权利网络和权利使用的方式。

商业文化存在两个悬而未决、相互关联的问题，一是社会权力集中导致的贫困，二是在有限的世界里实现永续增长的不可能性，这两个问题都因为规模不断扩大而愈加严重。一种更加人性化的文化是，运用市场的力量鼓励公平和可持续的物质财富分配，通过民主过程控制规模和权力。依靠当地资源的地方和区域市场可以增强每个社区自力更生的潜力，这一点和部落土著文化类似，其成功的基础是在特定地方保持永久性利益。当地居民将他们的金融资本从遥远的共同基金和外国公司转移到当地企业，投资者可以直接、永久地持有这些企业的股份。通过降低运输成本、减少广告投入以及降低首席执行官的巨额薪酬和不断增加的股东利润，本地小型企业所获得的效益可以抵消远程大型企业现在享有的规模优势。随着能源成本以及全球商业的人力成本不断上升，发展小规模企业将更具吸引力，人们将选择将资金带回当地。许多社区已经开始尝试使用本地货币和振兴区域农产品市场。随着人们对遥远而反应迟钝的政治制度越来越失望，他们转向本地和区域政府寻求解决方案，充满活力的积极反馈即将开始，全球体系中的经济危机只会加速这一不可避免的文化发展进程。

文化人类学家和当地社区一道共同参与社会正义文化转型项目具有悠久的历史。例如，1952—1963年在秘鲁安第斯山脉的维科斯庄园进行的"康奈尔—秘鲁计划"是最著名的应用人类学项目之一（Dobyns等，1971）。这是一个独特的长期项目，由人类学家策划和指导，采用参与介入（participant intervention）①法实行文化变革，旨在赋予农民权力。该计划由当时在康奈尔大学执教的美国人类学家艾伦·霍姆伯格以及秘鲁人类学家马里奥·巴斯克斯联合承担，研究基金来自纽约卡内基公司，他们租用维科斯殖民地风格的庄园，那里大约有2000名土著村民（农夫或农民），像农奴一样生活在面积为155平方千米的庄园里。人类学家利用自己作为庄园管理者的身份，逐渐将政治权力交还给村民，并帮助他们重新获得对祖传土地的控制权。这一方法非常成功，其关键特征是该项目关注社会权力和资源分配。

16世纪，西班牙人征服印加帝国之后创立殖民社会结构，1952年秘鲁安第斯山脉庄园制度是殖民制度的延续。最初的西班牙征服者在最肥沃的土地上建立庞大的庄园，西班牙语称之为"安科米恩达"（encomiendas），和欧洲庄园一样，西班牙人从居住在这片土地上的当地人那里榨取劳动力和农产品。秘鲁从西班牙独立出来之后，西班牙征服者的后代仍然在安第斯社会中占据主导地位，大庄园和种植园等许多大型地产保留下来。

安第斯庄园属于农业地产，由占统治地位的地主和依附型劳动者构成，生产的产品主要用于维持生计和供应本地市场（Mintz & Wolf，1957；Miller，1967）。20世纪，庄园通常由缺席地主管理，他们故意让当地居民陷入贫困，迫使他们成为廉价劳动力。庄园被明确划分为两个阶层，每个阶层又进一步分层。权力集中在最上层，即西班牙大庄园主及其雇佣的管理者手中。他们利用所持有的土地提升个人财富和地位，并得到地区和国家政治当局以及教会的支持。

被西班牙语称为"peone"的庄园劳工，是当地讲盖丘亚语的土著居民，他们获准租种少量土地以维持生计，这些土地通常处于边缘地带，庄园主允许劳工们在庄园里放牧。劳工们每周为庄园主工作3天，获得象征性的工资用于冲抵土地租金，如果有需要，劳工们还得为庄园提供免费服务和役畜。庄园主和管理者将劳工当作无知的孩童一样对待，作为农奴，劳工们必须对管理者毕恭毕敬，不配合的劳工会被处以监禁和罚款，还会遭到毒打。庄园管理者对劳工施予小恩小惠，以获得他们的支持，或者给特定的土著家庭

---

① 参与介入：一种文化变革形式，其中控制者是寻求对制度进行变革的成员。

的孩子当教父,这种仪式性的共同父母身份有助于在不同社会阶层的家庭之间建立非正式的联盟。

维科斯参与介入实验开始时,人类学家和承租人将劳工抽调至庄园的行政管理岗位,取代以前的经理。接下来,他们废止无偿劳动,开始向土著雇员支付合理的工资,将农业生产利润交还给社会,用于改善农业和普及学校教育。他们还成立了一个正式的社区领导人小组,直接参与整个计划的策划工作,每周与工人们开会讨论。1957 年,该计划的负责人请求政府颁布征用令,允许村民获得庄园的全部所有权,这一行动激起当地精英的愤怒,他们指责该计划是共产主义阴谋。但是经过 5 年的不懈努力,在美国驻秘鲁大使和秘鲁政府内部支持该计划的官员的干预下,维科斯庄园于 1962 年被卖给它的前农奴们,康奈尔—秘鲁计划于次年终止。

霍姆伯格认为,他的实验之所以取得显著成功要归因于对政治权力的处理:"权力因素是康奈尔—秘鲁计划打开变革之门的关键;事实证明,将权力交还给维科斯人民是让新制度得以实施的机制。"(Holmberg,1971:62)

强调改变维科斯地方权力结构,无疑是发展人类学的一项创新,然而,回过头来看,很难对该计划产生的长期影响进行准确评估。1964 年之前所做的调查显示,该地区在营养、教育和物质繁荣的某些指标方面有显著改善,社区在其"现代化"过程中的确做出了关键性妥协。为响应该计划的指示,他们按照资本主义路线,组织成立了一家以营利为目的的农业合作社。这一举动削弱或取代了前印加时期的生计方式,带来了巨大的风险。为了购买土地,新成立的维科斯公司向政府欠下巨额长期债务,债务总量相当于购买总价的一半。为支付营利性市场生产所需的昂贵的新农业投入,许多维科斯家庭还在秘鲁政府农业银行欠下巨额个人债务。

采用新型生产技术,比如选择种植更适合于全国市场的杂交高产马铃薯,需要权衡利害关系。新品种在安第斯社区有许多缺点(Brush 等,1981),作为单一作物种植,新品种土豆需要额外举债,进行生产投入,并且这种土豆必须在国家政府控制的市场上销售。与之相反,生产和销售本地土豆所需的技能和其他投入均由当地社区掌控,生产所需的牛由本地养殖,脚踏犁在本地进行生产和维修,与拖拉机不同,它们不需要使用燃料,并且非常可靠。传统土豆有 2000 多个品种,每个品种具有特殊的口感、耐贮性和耐寒性,深受安第斯人民的喜爱,很容易在当地市场上交换和出售。

1960 年人类学家保罗·道提首次访问维科斯,1997 年他重访维科斯,总结了该计划取得的成就和存在的问题(Doughty,2002)。他发现,物质繁荣这一趋势仍在继续。然而,1996 年维科斯人民正式解散了他们的农业合作社,取而代之的是更传统的组织形式和土地使用权。关于该计划有许多引人深思的问题,问题之一是,如果没有人类学的参与介入,事件将会如何发展(Greaves 等,2011)。

维科斯计划与秘鲁后来在 1969 年实施的土地改革计划非常相似,该计划的主要内容同样是征用庄园土地,促进商业化农业发展。然而,值得注意的是,在新的土地改革方案下,尽管许多安第斯社区渴望对土地拥有控制权,但他们甚至诉诸暴力,顽固地拒绝组建合作社,抵制农业"现代化"。他们拒绝配合政府的改革计划,并不是因为他们无知和落后,他们只是不想让政府成为他们的新庄园主,理性上,他们更喜欢自己的农业生产方式(Hopkins,1985)。

在地方层面，安第斯制度基于社区之间食品以货易货、劳动力互助交换，以及家庭对分散的地块的所有权，这种土地所有制形式是一种独特的亲属关系文化模式，在实现相对平等和自给自足的同时，能有效利用当地资源，将风险降至最低。在安第斯山脉，集约化耕种小块土地，尽管遭到农业经济学家诟病，但是土地的产量却很高。国家土地改革计划呼吁农民依靠向政府借贷和市场经济的农业合作社融入国民经济。这种安排为政府带来的好处是，政府对农民具有更大的控制权，并为城市工业化提供廉价食品。这种农村发展模式可能会让部分农民富裕起来，但会带来巨大风险，如地方控制系统可能瓦解并丧失可持续性。这些问题在今天尤其重要，全球变暖导致安第斯冰川融化和灌溉用水减少。

三、变革发达国家

政府、政府间组织和企业采用许多未来主义设想和预测，指导他们实现可持续发展，但是，这些预测大多将永续增长视为一种必然，他们的努力大部分集中在气候变化方面。气候变化是创造可持续发展的最为显著的全球性风险，但是气候变化是一系列深层次问题的表象，这些问题由精英主导的增长、规模和权力集中所导致，但这些问题并未纳入规划议程。

联合国政府间气候变化专门委员会 2014 年第五次评估报告使用多个共享社会经济路径（SSPs）和代表性浓度路径（RCPs）构建情景和气候模型，试图探索它们对全球未来碳排放的影响（O'Neil 等，2015）。最乐观的未来主义情景被命名为"SSP1（共享社会经济路径一）可持续性：走绿色之路"，设想通过使用可再生能源、保护环境和减少贫困，以减少碳排放和适应气候变化的影响。该路径被认为"更有可能"将大气二氧化碳浓度水平保持在 0.450‰ 以下，并将全球平均气温升幅较工业化前水平控制在 2℃ 之内。即便如此，IPCC（2018）关于气温升高超过 1.5℃ 影响的特别报告明确指出，这一路径远远未达到阻止"人为因素危险地干扰气候系统"这一目标。

"绿色之路"的另一个重要问题是，其设定的经济增长远远超过可持续性极限。该路径预测：全球经济仍将大幅度增长，从 2005 年的 57 万亿美元，增加至 2050 年的近 300 万亿美元，并在 2100 年达到 578 万亿美元。与此同时，全球人口将增加 10 亿以上，在 2050 年达到 85 亿。问题在于，如果按照这一预期持续增长，全球环境和社会系统早已无法持续，因此很难想象，经济增长能够安全地达到这一水平。

如果不对权力结构进行重大变革，SSP1 模式下的未来很可能仍然由富豪和财阀主导。随着快速的增长，经济将可能由 1000 名万亿富豪投资者主导，而不是像现在一样由数百万个高净值富人主导。SSP1 并未考虑进行社会文化转型和彻底改变财富和权力的分配方式，而这是实现真正可持续发展所必需的。由于涉及政治和意识形态等问题，政府间组织尚未将这一层面的可持续性问题列入议程。企业界正在与慈善基金会合作解决全球变暖的问题，但是他们仍倾向于将全球变暖问题归结为技术问题或市场设计问题。

IPCC 在谈到需要找到一条可以适应和缓解气候变化的"气候适应性"发展道路时使用了"转型变革"一词，这是充满希望的征兆（IPPC，2014a）。变革意味着包括社会、经济和文化系统在内的"自然和人类系统基本属性的改变"。IPCC 第 5 次评估报告涉及

"占主导地位的文化信仰和世界观"等文化人类学关注的所有主题。甚至有人建议，当现有的发展路径都行不通，并且路径本身可能就是可持续性问题的"根源"时，有必要进行"更广泛的政治、经济和社会制度转型"。权力关系被确定为需要变革的领域，指的是上一章中讨论的被误导的、由精英主导的增长机器。要想有效实施SSP1中概述的绿色道路，需要挑战现有的财富和权力结构，改变必须将经济增长放在首位这一"大前提"（O'Brien，2013）。

本节将考察一些富裕国家现有的社会文化结构案例，这些社会文化结构以公平的方式分配财富和权力，可以作为可持续发展的典范，并广泛采用。和小国家案例一样，这些都是现存的行之有效的解决方案。解决方案就摆在我们面前，但是由于人们没有认清现实，这些方案并未被广泛采纳。真正的问题在于，自私自利的精英们通过欺骗、迷惑和错觉改变多数人的看法，并利用文化上层建筑将权力进一步集中。提高透明度将有助于解决这一问题，但人们必须清楚，商业世界还有许多更好的组织方式。

（一）行动人类学与未来世界

国际著名人类学家、美国人类学协会前主席索尔·塔克斯是将文化人类学应用于解决人类问题的先驱者。1951年，塔克斯在芝加哥大学设立"行动人类学"计划。和维科斯计划一样，该计划是人类学家和美洲原住民之间的应用研究和合作行动，但塔克斯的研究兴趣更加广泛（Stapp，2012）。与他在芝加哥的人类学同事罗伯特·雷德菲尔德一样，塔克斯也在思考战争与和平以及世界未来等当代全球问题。1947—1948年，雷德菲尔德起草了一份基于法律和正义的未来主义世界宪法，目的是赋予普通人权力，但是1948年联合国通过了一项更加保守的决议，该计划很快黯然失色。塔克斯设想运用规模原则设计一个更加安全的世界，因此这一解决全球问题的方法非常有希望获得成功。1935—1941年，他实地考察了位于危地马拉高地自给自足的玛雅印第安人社区，受到此次考查的启发，他以当地社区和应用文化相对性为基础，构想一个去中心化的未来世界，希望将权力高度集中的危险降至最低，让不同文化地区的人民能够有效掌控自己的生活。

作为一项思想实验，1977年塔克斯构想了一个拥有50亿人口的未来世界。在这个世界里，跨国公司成功地废除民族国家，取而代之的是一个由数千个相对自给自足、政治上独立的地方领土构成的全球体系，平均人口只有数十万（Tax，1977，1988）。他将这些小领土称为"地区"（localities），和20世纪90年代的互联网发展一样，地区之间的互动将通过分散的全球公共通信系统来协调。①

塔克斯后来详细阐述了他的构想："根据民主宪法，人口约25万、不具有权力的'地区'取代权力强大的民族国家，确保信息公开和自由流动，但不具备结盟的可能性。"（Tax，1988）地区"不具有权力"，指不会对相邻地区怀有敌意，也不具备武力干涉其他地区的能力。地区是通过和平和合法的变革产生的"自愿社区"，这种变革将扭转许多当地社区，特别是土著社区，失去对生活条件控制权的历史进程。正如塔克斯所解释的

---

① 本节参考 Bodley 2012b。

那样，每个地区"生产大部分用于消费的产品和服务以及用于交换的额外产品。人们在这里生活和工作，自行组织聚会和保持距离，拥有完全的地方控制权。各地区在自由市场中进行贸易，仅为满足基本需要"（Tax, 1977: 229）。塔克斯发现，这些特征与危地马拉高地讲玛雅语的印第安社区中蓬勃发展的互联系统类似。

当时，危地马拉印第安人是坚定的商人和企业家，在他们自己的区域市场经济中使用货币经营（Tax, 1937, 1939, 1941），塔克斯将他们的经济体系称为"便士资本主义"，是纯粹的资本主义自由市场经济，和亚当·斯密在《国富论》中所设想的一样，以民营企业为基础。20世纪30年代危地马拉印第安市场是家庭消费型购物中心，由当地和区域印第安企业家供货。与今天的全球超市不同，这些市场是公有的非营利型企业。危地马拉印第安人未经营大型商业和企业，他们的区域市场体系支撑着可持续的稳态经济，财富和收入用于分配而不是集中，只有少数进口制成品来自地区以外，如火柴和金属制品等。当地自力更生的水平相当于秘鲁亚马孙河流域非市场经济下的阿沙宁卡部落，但是危地马拉高地的人口密度更大，约有25万人。

1960年初，当我作为一名野外博物学家参加培训时，亲眼见证了这些令人印象深刻、自信和充满活力的危地马拉社区，我决心成为一名人类学家。在整个地区陷入军队与左翼叛军之间的血腥内战（1960—1996年）之前的几个月，我访问了这个地区，数以万计的印第安人在冲突中被军队杀害。

如果自治和自力更生是对内战之前危地马拉高地文化系统特征的准确概述，由于该文化体系规模小和本地化，并且不存在内部垄断权力，因此能够成功运行。玛雅印第安人使用的是前工业化时代的技术，有助于将生产水平和资本积累保持在非常低的水平。塔克斯还描述了我所观察到的民间宗教等级制度和相关仪式，这些重要的文化细节有助于村庄之间的融合和稳定，通过仪式盛宴重新分配社会权力和消费品，为资本积累设定了实际的上限。危地马拉案例表明，商业世界的可持续性问题是规模问题，而不是商业和资本主义本身的问题。

塔克斯强调，人们在面对全球化经济和核威胁时非常无助，人类学家知道"人类最想要的是控制自己的生活和命运"（Tax, 1988: 19）。他认为人们将采用新的技术构建小型社区，"种种迹象表明，即使在复杂的城市社会中，许多人会选择使用新技术，构建可控的小型社区……因此，新的变革即将开始，将取代新石器时代让村落受制于民族国家的制度"。将新石器时代的村庄称为"独立"，表明塔克斯对过去和现在的部落民族高度尊重和对当代土著民族的同情。

不同地区在区域文化方面具有相似性，因此塔克斯所描述的整个危地马拉土著地区像一个小型、分散的内部国家，和部落社会一样，在联邦国家体系中没有政治官员代表这个国家。塔克斯得出的结论是，印第安人自己认识到危地马拉各城市或社区之间的文化差异，人们将地方差异视为文化"特色"，而非可供选择的不同文化。他们认识到文化差异，同时接受这种差异。塔克斯认为，这有助于保持文化融合。

文化在危地马拉是一种"地方"现象，当地人认识到，对自己有用的文化习俗在其他地方不一定行得通。实际上，印第安人是将文化相对论这一人类学概念运用于实践中并在文化上"相互包容"的典范。塔克斯后来认为，人类学家最重要的角色之一是向人们传递应用文化相对论概念，让人们为未来世界做好准备。这与当代未来学家保罗·拉斯金所说的"异质性"原则直接相关，该原则是下节讨论的区域多元化未来"行星社会"（planetary society）[①] 中"限制性多元论"的关键基础（Raskin，2006：5）。

塔克斯在民族志中描述道，为应对全球变暖、社会不平等、金融危机和经济衰退等问题，目前欧洲和北美正在进行经济再本地化和"后碳"社会运动，这样的图景听起来很像危地马拉印第安人已经实现的目标。高地村民已经开始购买本地产品，他们的大部分货币在内部流通，拥有社区支持的农业、农贸市场、粮食控制权和微不足道的碳足迹。他们没有商业公司、银行、工厂、机器或信贷，但是他们拥有钱和商业。然而，即使我们认为，塔克斯"未来主义一级地区"（Level 1 Locality）概念受到理想化的危地马拉高地的启发，重要的是，不能将危地马拉高地视为一个完美的小型社会。塔克斯一再强调，当地日常生活困难，健康状况糟糕。他详细描述了当地人繁重的劳动，总体物质水平低下和公开的人际冲突。塔克斯并未忽视历史现实，20世纪30年代危地马拉中央政府的政策旨在迫使印第安人在种植园出口经济中从事低薪劳动，当地非印第安精英仍然控制着大部分优质农田。然而，这个案例为通向更可持续的世界提供了一条可能的文化路径。

（二）小国家方案[②]

20世纪70年代后期，在完成对秘鲁亚马孙地区土著民族的实地考察后不久，在思考部落社会运作方式的同时，我开始探索如何为当代民族国家设计一条可持续发展的路径。在我的著作《人类学与当代人类问题》（1976）第一版出版的后一年，塔克斯未来主义模式问世，我正好仔细阅读了1978年出版的利奥波德·科尔的《国家崩溃》一书。科尔得出的结论让我深受启发："因此，我们看到，小国家不仅可以解决社会暴力和战争问题，还可以解决同样可怕的压迫和暴政问题，总之，小国家可以解决所有由权力导致的问题。"（Kohr，[1957] 1978：79）

这些新想法逐渐让我认识到，必须将规模本身作为解决全球问题方案的关键维度。1978年，我短暂访问了丹麦和挪威，并为土著民族演讲，其间我对规模与全球问题解决方案之间的联系有了进一步的认识。随后，1980年我在丹麦居住了几个月，1985年又在瑞典居住了数月。这些小国家显然比大国家具有显著的优势，而且明显更关注公民的福祉，但是目前没有理论可以解释为什么小国家可能比大国家更具有可持续性。在《人类问题》（1983）第二版中，我提出了"小国替代方案"。该方案中，拥有100万或更少人口的"部落国家""也许能够可持续满足人类的基本需求"（Bodley，1983）。我将塔克斯的未来主义模型看作一个独立产生的而又与"小国替代方案""惊人相似"的全球问题解决方案。与塔克斯模型不同的是，"小国替代方案"不会取代民族国家，也无法完全阻止战争。

后来，为将权力和规模视角应用于我提出的"小国替代方案"中，我创建了一个由260个独立民族国家和自治或半自治区域领土组成的规模分级样本，并试图探索与规模相关的模式（Bodley，2013）。我将小国家定义为：人口不超过1000万的领土管辖区，共享社会文化系统，共同做出决策，以及拥有管理自己内部事务的权力。符合大多数标

---

① 行星社会：由大转型产生的一种虚构的全球社会组织。
② 本节论述仅代表作者本人观点。

准的小国家在样本中占 70%,但这些国家只有 4.25 亿人口,仅占全球人口的 5%。小国家很小,所以可以预期小国比大国社会权力集中程度低,财富和收入分配会更加公平,最低生活标准更加实际,贫富差距更小,用于促进增长的补贴更少。增长补贴属于社会和环境成本,为拥有更繁荣的经济、更强大的企业、更广阔的市场和更庞大的政府,每个人都必须承担这些成本。小国家能够实行民主决策,由于必须依赖本国自然资源,它们具有更强的动力对以物质资源为基础的经济增长进行限制。

许多小国家已经开始着手解决全球性问题,它们表明,国家不需要拥有庞大的经济规模,也不需要特别高的人均 GDP,甚至不需要一个不断增长的经济体,就能实现高预期寿命、高人类发展指数和低环境影响。这些都是维持可持续发展的主要措施,例如,哥斯达黎加、乌拉圭、佛得角、圣卢西亚、圣文森特/格林纳丁斯、多米尼克、特克斯和凯科斯群岛等 7 个小国家正在有效消除贫困,预期寿命超过 70 岁,在联合国人类发展指数排名中获得高评级的同时,已经实现国际碳排放目标(Bodley,2011:523-526)。所有这些国家的经济规模都很小,但其人均 GDP 达到至少 7500 美元的发展门槛,当时这一数字被认为足以让一个国家满足其基本生计需求,并实现千年发展目标。

许多小国家已经满足塔克斯对终止危险军备威胁的具体关切,并且可以解决一系列其他政治和经济问题。国民经济规模与军费开支直接相关,高额的军费开支可以被视为一种增长补贴,似乎是产生或维持超大型企业和经济必不可少的。大型经济体中,大型国防企业与高度发达的金融系统及其富豪投资者和机构密切相关。相比之下,经济规模较小的小国家显然未出现在经济增长和军费开支趋势图中。许多小国家没有军事开支,它们的经济总量远远低于一艘航空母舰 60 亿美元的建造成本。可以想象,它们没有能力发展和维持远程导弹或核武器。许多小国家没有股票市场,甚至不在国际市值排行榜上。它们的市场很小,不需要巨额的广告支出,大部分财富属于有形资产而非金融资产。它们不会受到全球金融市场剧烈波动的影响,尽管也有例外,比如冰岛的银行家曾给该国造成巨额经济损失。由于小国家不大可能拥有非常大的公司,因此不太可能有公司通过巨额竞选捐款破坏国家的政治政策。

小国家即将获得成功和已经取得成功的事实表明,大国人民现在可以通过分散和缩小规模,形成由功能更强大、更民主的小国家构成的网络或联盟,并采用小国家已经发展成熟的社会和文化结构来解决自己的问题,这与塔克斯提出的未来世界模型没有明显不同。塔克斯模型中的第二级是一个类似于互联网的全球公共通信系统,每个人都可以输入和访问该系统。他表示,各方利益都会体现在该系统中,但他并未解释系统如何运作。该系统受"平等主义和自由主义"宪法的约束,旨在限制个别地区的权力增长,防止通过联盟扩大地区权力的安排(Tax,1977:229)。该系统非常适合小国家,其中没有一个国家有能力或动机维持昂贵的军事系统。就像互联网一样,有一个"操作系统"来维持塔克斯系统运行,但没有官方的二级政治统治者和全球政府。地方一级的个人和团体按照"程序"对宪法提出问题,并可能推动顶层制度的变革。塔克斯没有详细说明第二级系统在实践中如何运行,也没有设想如何建立这一系统。相反,他更倾向于关注什么样的人适合管理这种由小型自治区组成的分散世界。在这方面,和危地马拉高地一样,文化相对主义的人类学价值观让这个系统发挥作用,人类学家的工作则是对该系统进行推广。

全球问题属于规模和社会权力问题，也是价值观问题，因此单靠技术无法解决这些问题。具有代表性的小国家需要建立一个能够接受文化多样性和正确决策的国际体系，小国世界需要执行类似于欧盟实施的辅助性原则（subsidiarity）①，即只有在下级无法解决某一特定问题时才需要上层决策，比如全球气候变化等问题需要在全球层面进行解决。阻碍这一转型的最大障碍来自现有相对集中和全球化的金融权力，事实上，金融权力赋予少数精英主导者巨大的政治和经济决策权。

现在已经有很多小国一体化的机构。例如，原住民"因纽特人北极圈理事会"和"亚马孙流域原住民协调机构"，西伯利亚的"俄罗斯北方土著人民协会"，6个凯尔特国家组成的"凯尔特联盟"，8个国家组成的"北欧理事会"，以及由39个主要太平洋岛屿国家组成的"小岛屿国家联盟"，主要关注环境保护和可持续发展问题。

现有的小国家形成的国际组织在形式和功能上与大国主导的政府间组织（如经合组织、世界银行、国际货币基金组织和世界贸易组织等）截然不同。这些大国组织主要是为了促进全球化，它们代表的是世界上最富有的投资者和大型跨国公司的利益，而不是全球多数人的利益。

大国家在缩小规模之后，可以依靠小企业、小政府和小市场繁荣发展，也可以和已经成功的小国家一道，建立真正民主的国际和全球机构，在重建后的全球体系中有效解决世界性问题。这一做法不一定要废除民族国家，但它建立在辅助性和代表性国际决策层级结构或网络之上，与塔克斯构想的第二级系统非常相似。

塔克斯认为，第二级系统的确得益于互联网的许多功能，但随着互联网的进一步发展，该系统与互联网在重要方面存在不同。和广播、电视、电话一样，互联网并不像塔克斯所期望的那样完全公开或随时可以访问。按照目前的结构，互联网本身已嵌入并完全依赖现有的大型跨国公司的全球网络，而这些全球网络又由全球经济金融部门的决策者控制。数字设备、电缆、发射器和接收器等系统基础设施属于商业产品，互联网服务的提供商通常（但并不总）是商业企业。虽然互联网各种基础设施组件的个人所有权分布广泛，但互联网作为一个整体被包含在一个由商业实体组成的全球公司所有权网络中，并在该网络中运行。

尽管互联网由超级金融实体和世界高净值人士控制，但是其组织结构是分布式重叠网络的理想模式，与塔克斯1977年的设想非常相似。互联网名称与数字地址分配机构是一家非营利性公司，万维网联盟是一家指导互联网政策和程序的主要咨询机构，属于非法人组织。但是最近的政治事件也表明，互联网具有强大的权力，可以通过社交媒体上的机器人群发消息，让任何具有破坏性的代理人有能力左右公众舆论和推动大规模的文化变革。归根结底，最为关键的问题是如何减少精英对文化符号的支配权，避免他们根据自己的利益塑造大众的信仰和行为。大多数非精英阶层的人民需要利用自己的政治和经济权力重塑占主导地位的文化进程，优先考虑人类福祉而不是政府和商业需求。正如塔克斯所构想的那样，维持多数控制权的最佳方式可能是由小型自治民族或地区组成的世界。

---

① 辅助性原则：管理机构仅在下级机构无法履行职能时才承担其职能的原则。

（三）挪威、北陆和成功的北欧模式

挪威堪称是世界上最具可持续性和最成功国家的典范（图 14.4）。挪威是一个拥有 500 万人口的小国，从生活质量、可持续性和人类发展等方面看，挪威是一个非常成功的国家。自 1980 年以来人类发展指数值稳步提高，2018 年人类发展指数排名稳居榜首（UNDP，2018），而美国仅名列第 13 位。2018 年，挪威人均预期寿命为 82.3 岁，人均购买力平价 GDP 为 68012 美元。

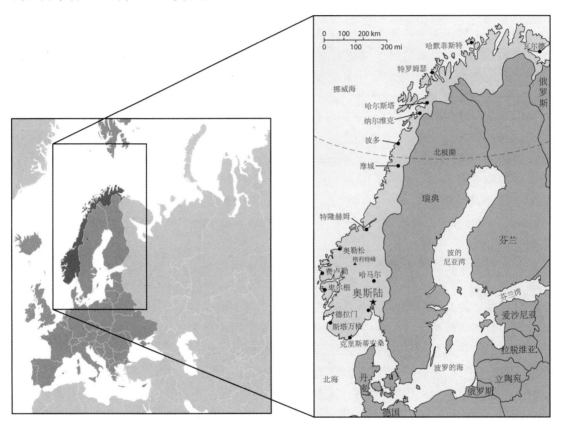

图 14.4 挪威地图

挪威并非在所有可持续性措施方面都堪称典范。作为一个小国家，虽然挪威对环境的总体影响很小，但是它的人均生态足迹是全球平均水平的 2 倍，不过仍低于其他 29 个国家。2007 年，挪威年人均碳排放量为 9.1 吨，明显低于美国的 19.9 吨（U. S. Energy Information Administration，2009）。2008 年官方可持续发展战略涵盖社会发展和环境问题，特别重视土著萨米人的诉求。挪威认同 2006 年受英国政府委托、由前世界银行首席经济学家尼古拉斯·斯特恩主持完成的《气候变化影响及其适应的经济学评估——斯特恩报告》中的结论（英国财政部，2007），并将该报告作为政府支持减少碳排放紧急措施和国际条约的有力论据。该报告认为，从经济角度上看，气候变化"是有史以来规模最大、范围最广的市场失灵"（英国财政部，2007）。值得注意的是，当时的挪威政府能够就应对气候变化的行动紧迫性达成共识，然而美国要做到这一点却非常困难。

北欧国家对可持续性的坚定承诺可以归因于其社会文化系统中固有的重要特征，这些特征有助于促进社会、政治和商业部门之间的平衡，并且这些国家的人口和经济规模普遍较小，这种平衡因此而更具可行性。例如，仔细比较 1980 年的瑞典和美国，可以发现两国在规模上存在显著差异（Ahrne & Wright，1983）。瑞典和美国的服务业规模大致相同，但是美国的商业服务占比要高得多，而瑞典的社会服务占比更高。其中美国企业劳动力成本较高，可能是由支撑大规模经济和市场所需的规模补贴所致。瑞典的教师、专业人员和技术人员的比例高于美国，而美国的文员和管理人员比例更高。瑞典在国有部门的就业比例较高，这有助于解释为什么瑞典的专业人员比例更高。国有部门的工作人员和专业人员通常比在大公司经理手下工作的普通雇员更具有自主性。与普通雇员相比，更加自主的国有部门员工更有可能控制自己的日常生活条件。

北欧国家的总体社会文化特征可能部分取决于他们在近代商业世界演变中的历史境遇。这些国家从来不是殖民大国，但是在经济困难时期，确实有许多人移民到美国。小国家的经济体量较小，资本积累受到约束。和美国相比，北欧国家的资本家和工人之间的政治斗争比美国更为平和，部分原因在于其特定的文化历史差异，社会福利国家背后的经济哲学在斯堪的纳维亚具有深厚的渊源。芬兰人和瑞典人称启蒙哲学家及牧师安德斯·奇德尼乌斯（Anders Chydenius，1729—1803）为自由市场的倡导者，他的主要著作《国家的增益》（The National Gain）（1766）比亚当·斯密的《国富论》（Wealth of Nations）提前 10 年出版，书中明确支持包括穷人在内的所有人享有民主和人权。

挪威的组织结构及其独特的文化特征有助于说明哪些特征可能适用于其他国家。挪威曾经是大约 1000 年前建立的斯堪的纳维亚王国的一部分，1814 年成为瑞典君主统治下的自治领土，1905 年成为一个完全独立的君主立宪制国家。挪威是北欧理事会和北欧部长理事会的成员国，北欧理事会是一个政府间组织，由位于北大西洋和波罗的海地区的 8 个民主小国家组成，共同致力于解决区域问题（图 14.5 和表 14.4）。北陆（Norden）包括 3 个君主立宪制国家（丹麦、挪威和瑞典）、2 个共和国（冰岛和芬兰）和 3 个自治领土（格陵兰岛；法罗群岛，丹麦的海外自治领地；奥兰岛，芬兰的自治岛屿）。目前有 2500 万人生活在北陆，是北半球多元文化的典型代表，他们讲 3 种不同语系的语言——因纽特—阿留申语系、印欧语系和乌拉尔语系。这些民族和语言的直系分支遍布整个北亚、欧洲和北美，包括北极猎人和驯鹿牧民以及维京人的后裔。

当我们为了避免长期的灾难必须做出代价高昂的长远决策时，共识可能是最关键的变量。北欧国家都是小国家，文化上具有同质性，更容易就基本价值观达成共识，尤其是关于可持续性含义及其实现方式等问题，因此北欧国家更具可持续性。如果能像北欧一样，就人权和社会平等的重要性达成共识，在挪威这样的小国家里，相互竞争的精英就会比大国家更少，财富和权力可能也不如大国家集中。例如，对 1967 年挪威精英的仔细分析发现，在 370 万挪威人口中，只有 894 名精英，涵盖商界人士（59%）、政治家（20%）、公务员（12%）和劳工（9%）（Higley 等，1976），其中，商界精英包括在 122 家最大的公司中任职的 527 名董事和高管。

第 14 章 展望可持续发展的世界

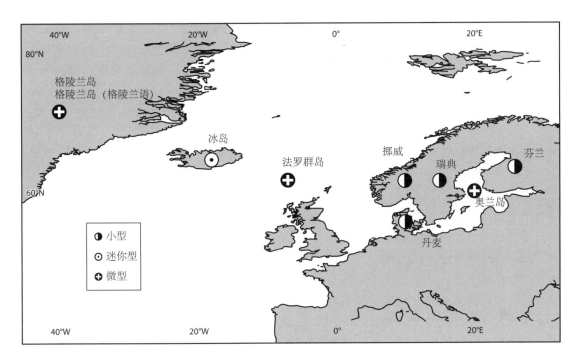

图 14.5 北陆地图

表 14.4 2015 年北陆小国家（CIA World Factbook）

国家/地区	规模	人口（万人）	政府	GDP（亿美元）
奥兰岛	微型	2.9	芬兰自治区	15
丹麦	小型	500	君主立宪制	2500
法罗群岛	微型	5	丹麦自治领土	14
芬兰	小型	500	共和国	2210
格陵兰岛	微型	5.8	丹麦自治领土	20
冰岛	迷你型	33.2	共和国	140
挪威	小型	500	君主立宪制	3430
瑞典	小型	980	君主立宪制	4500

注：数万人口为微型国家；数十万人口为迷你国家；数百万但不超过 1000 万人口为小国家。

2008 年，挪威是一个拥有 470 万人口的小国家，国民总收入为 2790 亿美元，行政上划分为 19 个郡、431 个市和 1278 个教区。共有 7 个主要政党（人口百分比四舍五入按降序排列：工党 36%；进步党 22%；保守党 14%；社会主义左派 9%；基督教民主党 7%；中间派 7%；自由党 6%）参加 2005 年的全国大选，因此需要组建联合政府。

挪威深度参与全球资本主义经济，但是通过民主决策分配资本，确保利益分配公平，这与良好的商业和市场原则并不矛盾。2008 年，挪威政府是大约 80 家挪威公司的重要股东，雇员达 28 万人，约占就业总人数的 11%，此外，政府和公共服务机构的雇员比例

401

也很高。2005年在奥斯陆证券交易所上市的1900亿美元股票价值中,挪威州政府和市政府约占35%。2008年,在挪威重要的国有企业中,挪威政府持有挪威国家石油公司(Statoil Hydro) 63%的股份,该公司是世界上最大的石油和天然气公司之一,收入高达1160亿美元,跻身世界上最大的上市公司之列,挪威国家石油公司的利润进入挪威石油基金(见方框14.2)。

> **方框14.2**
>
> ## 挪威石油基金
>
> 挪威石油基金由挪威政府的中央银行——挪威银行(Norges Bank)管理,其目的是"确保合理份额的石油财富用于造福子孙后代"。石油转化为金融财富,因此必须设法获得"长期良好的回报,这取决于经济、环境和社会意义上的可持续发展"(Norway, Ministry of Finance, 2005)。他们投资外国或全球金融资产而不是挪威公司,并严格遵守职业准则。这些资金不得用于助长"不道德行为或无所作为,例如违反基本人道主义原则、严重侵犯人权、严重腐败,或严重破坏环境"等,这意味着所投资的公司必须遵守联合国全球契约以及经济合作与发展组织的公司治理指南。该基金的道德委员对所有投资进行审查,并将违规公司排除在外,尤其是集束炸弹、反步兵地雷和核武器等违禁军事武器制造商,或与非法军事独裁组织进行军事贸易的公司。他们不会投资烟草公司,并因侵犯劳工权益将沃尔玛排除,因为允许印度转基因棉籽供应商雇佣童工而将孟山都公司排除,以及因严重破坏环境将矿业巨头力拓股份有限公司(Norway, Ministry of Finance, 2008a) 排除。
>
> 2009年,挪威石油基金价值超过4500亿美元,即平均每户约22万美元,是欧洲最大、世界第四大养老基金,基金规模相当于美国教师退休基金会(TIAA-CREF)管理的4350亿美元,后者为340万美国学者和专业人士提供退休金。

挪威政府还拥有挪威最大的金融服务、银行、保险和资产管理公司——挪威银行34%的股份。挪威银行管理的资产约为2700亿美元,数额巨大,但是远低于美国大型金融服务公司之一——花旗集团(Citigroup)管理的2万亿美元。在高管薪酬方面,挪威和美国的文化差异也很明显。挪威银行首席执行官的年薪仅为70万美元,而花旗集团的首席执行官年薪约为1000万美元。

2008年挪威政府的国家预算为1400亿美元,人均约3万美元,约占国民总收入的一半。相比之下,2007年美国联邦预算为2.5万亿美元,人均约8000美元,占国民总收入的18%。并且两国政府在分配开支方面存在重大差异,挪威向地方政府转移人均数千美元,而不是人均数百美元,主要用于社会支持、交通、警察和司法以及农业。挪威人均对外援助经费比美国高得多,但国防支出远比美国少,这些差异反映了两国在文化、规模和权力等方面的差异。

2005—2008 年世界价值观调查（Medrano，2005）[①] 显示，挪威和美国之间呈现出有趣的差异。挪威人的健康水平、生活满意度和个人自主性显著高于美国人，而美国人的自由度稍高一些。和美国相比，挪威人对国家的司法系统和议会的信心要高得多，但对军队的信心要低得多（Medrano，2005）[②]，更多的挪威人认为自己是当地社区的一部分，他们更信任自己的邻里，不认为水资源、污水和空气质量是严重的问题。

北欧模式以享有和平的劳动关系、公平的收入分配和社会凝聚力而闻名。尽管批评者警告，高税收、高水平的社会平等和社会保障会降低工人的生产积极性，但北欧国家仍然能够发展经济并保持可持续性。北欧模式的核心特征是集体承担风险（Andersen 等，2007）。北欧属于福利国家，将国有收入转移至家庭，并从所得税和消费税中为社会服务提供公共资金；国家在儿童保育和教育、医疗保健、退休福利和老年人护理、基础设施建设和研发等方面投入大量公共资金；工会力量强大，薪酬公平，失业救济金丰厚。这些综合措施既能创造经济效率和促进社会平等，又能将公共腐败保持在低水平。人们信任政府和公共机构，愿意接受有利于经济发展的"自由企业"和全球化浪潮。一些经济学家认为，北欧体制属于"促进增长"的模式，该体制下，自由市场中的赢家对输家进行补偿，经济可以持续增长（Andersen 等，2007），这就是为什么一些观察家将该模式看作阿戈里亚式（Agoria-type）区域制度的典范，下一节将对该制度进行讨论。然而，北欧国家的福利成本上升速度长期高于 GDP 增长，必须进行改革才能实现福利国家的可持续发展。

（四）商业组织的替代形式

如果过于强大的公司业务是商业世界的主要问题，那么好消息是，有许多可行的小企业模式可以解决规模问题。企业不需要超大型规模，不需要跨国公司，也不需要成为垄断巨头或寡头。其实替代方案随处可见，并且正在发挥作用，只是没有引起大众的关注，我们过于注重大型企业。美国小企业管理局的数据显示（2009），如果将小企业定义为员工少于 500 人的企业，美国大多数企业（2008 年 99.7% 的公司员工少于 500 人）都属于小企业。它们就像小国家，无处不在，但其重要性没有得到普遍认可。

美国大多数企业的组织形式为独资或合伙企业，企业形式本身可能是增长和规模问题，如前文所述，公司根据定义可以永远存在和永续增长，但独资企业仅在企业主的生命周期内存在，而合伙企业在合伙人发生变更时，合伙关系便会解散。

美国最常见的商业公司形式是 S 公司，其规模和形式受到限制。美国国税局（2009）将 S 公司定义为：股东必须是居民个人或家庭，或个人拥有不动产或信托基金，股东人数不超过 100 人。S 公司不能由其他公司或非居民外国人拥有，但 S 公司可以拥有非独立公司的全资子公司。股东的优势在于，S 公司属于有限责任公司，公司利润免征税收，股东只需要按照其利润数额交税。从规模和权力角度看，S 公司的关键优势在于，公司规模受到股东数量和股东真实性等要求的限制，即股东必须是真实的自然人，而非其他公司。

[①] 变量 10、11、22、46、214 引自 2005—2008 年世界价值观调查数据：http://www.worldvaluessurvey.org。

[②] 变量 132、136、137、138、140、141。

自 2010 年以来，另一种营利性商业公司形式——福利公司得到美国许多州法律的承认，福利公司在盈利之余，将造福于社会、员工和环境纳入其法律目标，甚至处于比盈利更重要的地位，这种公司形式有助于解决因单纯追求利润所带来的许多问题，如果福利企业成为占主导地位的商业形式，资本主义的运行方式将被彻底改变。

对于规模稍大的公司，公司资产可能由具有共同文化和历史、规模相对较小的亲属团体所有。例如，梅纳沙公司是一家总部位于威斯康星州尼纳市的私营企业，拥有 4 家生产包装材料的子公司（2008），在全美 20 个州以及加拿大、墨西哥和中国开展业务。梅纳沙公司由伊丽莎·史密斯创立，1852 年她在威斯康星州的梅纳沙市收购了一家木桶制造公司，2002 年，这家公司的 140 名股东都是伊丽莎·史密斯的后代，但是家族另外雇有管理人员和工人。9 名公司董事会主席中有 3 名是伊丽莎·史密斯的后代，包括董事会主席和史密斯家族理事会主席。史密斯家族理事会的 7 名成员居住在美国中西部、新英格兰和遥远的西部地区，该理事会负责协调家庭利益，致力于"维护家庭价值观"。

另一个有趣的模式是美国原住民部落政府，公司由具有共同文化的小型团体拥有和管理，以实现互惠互利。类似的例子不胜枚举，包括信用合作社、合作社（蒙德拉贡）和公共事业区等。显然，建立真正可持续的商业世界有很多种方式。

（五）资本主义与可持续发展不相容吗？

为实现可持续发展，全球体系能否实现转型以及如何转型是最大问题。从前几章介绍的文化世界框架中得出的最重要的结论是，不受约束的资本主义国家中精英主导的增长是当前全球不可持续危机的主要驱动力。部落世界具有可持续性，是因为其主导性文化进程是受到维持文化共识意识形态支持的人性化进程，人性化进程创建了稳态经济和社会，聚焦家庭需求，实现了成本和收益共享（图 14.6）。帝国世界和商业世界受到政治化进程和不同程度的商业化进程的驱动，均呈现由精英主导的规模和复杂性增长的恶性循环，随之产生的成本社会化使得社会和环境不可持续，如图 13.13 所示。构想一个未来可持续的世界是完全可能的，在这个世界中，具有文化共识的人性化进程而非商业化进程将占据主导地位，民主决策以及成本和收益共享将产生一个可持续的文化系统。

如果民主导向的全球体系转型失败，那么商业世界的资本主义统治者如何应对气候变化将受到社会不平等和不可持续的增长等固有问题的影响。正如第 11~13 章所述，精英主导者将商业世界设计成一个极不平等的资本主义制度，其主要功能是让金融资本控制者从市场竞争和商业交易中积累更多的资金。资本主义在实现财富永续积累的单一目标上已经取得巨大成功，但是制度本身却变得不可持续。竞争性积累腐蚀了政治进程（旋转门，见图 13.13 和方框 13.2），破坏了民主和人性化进程，甚至将生产提高至远远超出满足人类福祉所需的水平而破坏自然。严重的不平等导致民主机制难以运行，家庭难以谋生。精英主导的以化石燃料为基础的增长机器（图 13.12）让精英阶层更加富有，但只有当政治领导人继续无视其人力和环境成本并将成本转嫁给大多数人时，增长机器才能运行，这意味着贫困和环境退化本质上是政治失败，政治统治者或领导人必须通过支持社会正义的民主进程来解决这些问题。

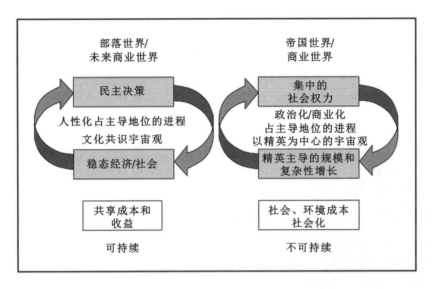

图 14.6 3 个文化世界的动态过程和可持续性结果

资本主义精英制造了当前的危机，但他们掌握着政治权力。目前的局势类似于第 11 章中描述的现代世界早期周期性的政治不稳定状态，与美国历史上的社会动荡周期存在明显的相似之处（Turchin，2016）。随着商业世界被打造成帝国，巨额财富使得资本主义精英成为主要决策者。在全球范围内，他们控制着世界上最具影响力的政府、机构和公司，控制着大众传媒，塑造大多数人对这个世界的认知和信仰。即使多数人对无所作为的现状感到愈加不满，然而，精英之间的竞争使得他们很难就如何最好地应对当前危机达成共识。比如一些精英致力于减少排放，但另一些人，特别是那些受益于化石燃料行业的精英们，已经成功地让许多人相信气候变化并非真实存在或者是完全的自然现象，否认气候变化，并拖延有意义的气候缓解和应对措施。

精英们是可以有所作为的。问题不在于精英导向本身，而是在于精英们所构建并主导的世界类型。前几章指出，部落世界向帝国世界的转变和帝国世界向商业世界的转变都是精英主导的过程，最近商业世界为应对表 14.1 中列出的多重危机而进行的文化变革也是如此。不同的是，资本主义的增长造就了一个不可持续的全球规模系统，必须改变这一现状。如今，可持续性危机的蔓延如此迅猛和显著，在本章结尾部分，我们不妨思考一下，在不久的将来可能采取哪些"适应性"措施，是否进行变革，以及由精英主导的可持续性前景如何。

（六）气候利维坦与气候 X

我们知道，防止全球变暖超过 1.5℃ 在技术上是可能的。例如，由莱昂纳多·迪卡普里奥基金会（Leonardo DiCaprio Foundation）（Teske，2019）资助的"地球气候模型"计划详细探讨了如何实现这一目标（图 14.7），但是选择可持续路径是一个政治问题。政治经济学家乔尔·温赖特（Joel Wainwright）和杰夫·曼恩（Geoff Mann）（2018）也将气候变化危机视为一个政治问题，并认为任何适应性应对措施都将受到高度质疑。他们研究了 4 种可能的未来，代表全球体系中不同的政治经济适应性形式，每一种未来位于一个简单的单元格中,按两条轴排序(表14.5),第一条轴显示全球政治组织是否具有单一的全球管理机构或行星主权,主权概念可以追溯到帝国世界的神圣国王,他们掌握生死大权,并拥有控制自然生育力的权力。第二条轴将经济组织形式区分为资本主义和非资本主义。根据主权形式,两种资本主义的未来世界分别被标记为"气候利维坦(海怪)"和"气候贝希摩斯(巨兽)"。

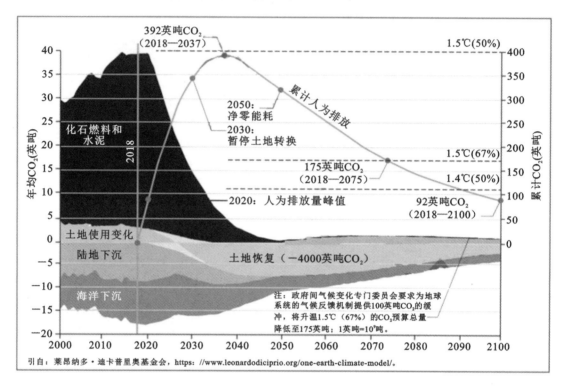

图 14.7 将气候变暖阈值控制在 1.5℃ 以下的地球气候模型

表 14.5 适应气候变化的 4 种潜在的政治经济体(温赖特和曼恩,2018)

分类	行星主权	反行星主权
资本主义	利维坦气候	贝希摩斯气候
非资本主义	中国式气候	气候 X

将行星资本主义主权贴上"利维坦"标签,借鉴了霍布的《利维坦》(1651)一书中的海怪形象,书中以海怪利维坦比喻掌控民众的万能统治者,比如君主或现代国家的政府。在商业世界形成之初,霍布斯构想了一个可以采取一切必要措施来防止"全民战争"(战争和内部冲突)的政府。为将地球从气候危机中拯救出来,未来的行星"利维坦"将由富裕的政府——主要是西方政府——领导,他们会认真应对气候变化,并联合起来,将自己的政治权力强加于整个世界。"利维坦"将采取极端措施应对气候变化,如限制碳排放,规定每个国家的排放总量,在何处建造堤坝以阻止海平面上升,甚至如何分配援助和安置气候难民。可能会牺牲某些地区以拯救其余地区,由于人类的未来岌岌可危,这被称为"紧急权力和危机应对"。考虑到目前的权力分配状况,温赖特和曼恩认为,利

维坦是一个可能但不可取的结果,利维坦将无视人们对气候正义的担忧,转而保护富人的利益,尽可能持久地维持现有的全球政治经济。

"气候贝希摩斯"以陆地怪兽贝希摩斯命名,喻指资本主义政治和经济保守派,他们反对"世界政府",将国际气候协定看作对国家主权的威胁,并拒绝为气候正义呼吁。贝希摩斯受到化石燃料行业及其支持者的青睐,他们担心经济会受到损害,以及因为限制排放等行星规则而蒙受损失。其主要代表是气候变化否定论者,出于种族或宗教原因,他们害怕移民,成为其他国家的外来异族。否认气候变化的行为还以其他形式出现在英国、欧盟、美国和巴西等右翼政治运动中。

一些人认为,任何形式的资本主义都无法有效地向可持续性转变(Klein,2014;Li,2009)。"中国式气候"是非资本主义模式的行星主权,依靠强大的中央政府,在推动大规模社会文化变革、控制全球排放和决定人类成本分配等方面几乎不存在制约因素,可以快速和直接地实现向可持续发展的文化转型。中国已经采取大规模环保措施,作为世界上人口最多、经济规模最大的国家,中国采取的气候应对措施将对全球产生影响。如果印度采取类似的革命性转变,可能会出现更广泛的亚洲现象。

气候X是一种分散的社会运动,以世界各地展开的公民的气候正义和人权运动为基础,旨在抵制全球资本主义财富积累价值观,反对资本主义或非资本主义主权所隐含的不公正现象。气候X中的"X"变量代表该运动的多样性,指这些组织、网络和运动是多样化的,人们通过游行、罢工、抵制、法律行动和正式提案等方式表达诉求。虽然这些运动没有单一的领导者,但是制定了统一的原则,即平等、尊严和团结;也没有统一的政治、宗教或精神层面的诉求,没有发布宣言,气候X显然是对资本主义视为核心的物质及金钱至上的价值观的挑战。温赖特和曼恩(Wainwright & Mann,2015)指出,该运动关于人权、环境和社会正义的核心价值观与教皇方济各于2015年就气候变化及环境问题发表的通谕《愿你受赞颂:保护我们共同的家园》非常相似。然而,天主教或几乎所有其他制度化的宗教本质上属于排他性的组织。气候X有不同的领导者,而不是统治者,因此毫不奇怪,世界各地的土著民族都是这场运动的杰出领导者,他们将平等、尊严和团结视为其文化遗产的根基。另外,社会正义行动主义也可能催生某种形式的民主政党(Patomäki,2019),该政党属于全球公民社会的一部分,全球公民社会是一个可持续的行星社会,而不是一个世界政府。

(七)向行星社会大转型

大转型倡议(Tellus Institute,2005)[①]是由泰勒斯研究院的保罗·拉斯金(Paul Raskin)于1995年发起的一项全球倡议,旨在通过改变人们的信仰和习俗来促进人类福祉和保护环境,建设可持续的社区和全球体系。大转型(Great Transition)[②]是对当今世界向真正可持续的行星社会转变的展望,代表了转型的必要性和幅度。

在虚构的未来场景中,拉斯金(Raskin,2006)构想2068年即阿波罗8号登月一个世纪之后大转型行星社会的样貌,他预计至2085年行星社会将得到全面发展。行星社会

[①] 参见 http://www.greattransition.org。
[②] 大转型:改变文化信仰和习俗,构建一个真正可持续的全球体系。

基于以前已经存在的民族、国家或前国家分裂形成的联盟，由数百个地区组成。地区是根据流域或其他自然区域定义的生物区域，或者是以城市或文化群体为中心发展起来的地区。文化多样性是这些地区的基本特征，这些地区可分为 3 种类型：阿戈里亚（Agoria）①，艾科德米亚（Ecodemia）② 和阿卡迪亚（Arcadia）③。

阿戈里亚让人们联想到古希腊雅典以市场为中心的城邦模式，其商业生活处于政府监管之下。该社会在许多方面类似于 21 世纪早期标准的商业世界民族国家，但两者之间存在显著区别。大约 40 亿人（约占 2085 年全球一半的人口）居住在以股东所有制公司和私人财富为主的阿戈里亚地区，为保持可持续性，公司业务受到严格控制，经营行为必须符合社会占主导地位的价值观。20 世纪后期，与阿戈里亚地区最接近的例子是按照北欧模式发展的小型国家，如上文介绍的挪威等国。

大约 20 亿人口（占全球人口的 1/4）生活在艾科德米亚。艾科德米亚代表经济民主的社会，企业由工人所有，许多企业为非营利组织、合作社，或者由政府或社区所有，类似于蒙德拉贡合作社模式。这种所有权形式可以降低追求增长的动力，更容易实现环境可持续性，成本和收益分配更加公平。在这种情况下，工人们寻求缩短工作时长以获得更多的闲暇时间，追求时间富裕而非金融资本积累将成为主导性目标。

阿卡迪亚地区也有大约 20 亿人口，保留了部落社会、土著民族和一些小国家的许多特点，强调面对面民主决策，经济上自力更生，以及通过通信和信息技术与行星社会建立联系。阿卡迪亚地区可能非常重视可持续农业和小规模能源系统的先进技术，工业以手工艺为主，可能包括生态和民俗旅游。与其他行星社会的地区相比，阿卡迪亚地区的政治参与度、社会凝聚力、生态系统保护和独立性最高，但是该地区的收入、GDP 和时间富裕程度可能最低。

将阿戈里亚、艾科德米亚和阿卡迪亚社会分别等同于 20 世纪的资本主义、社会主义和无政府主义，是一种误导，但是它们之间的确存在一些相似之处和明显的历史联系。最关键的区别在于，大转型行星区域社会中没有绝对的贫困，这些社会可以有效实现千年发展目标，它们都是可持续、民主、有文化的社会，人们认为自己是当地社区、区域自治社会和行星社会的公民。行星社会以"受限制的多元主义"政治哲学为基础，以世界宪法中不可约性（irreducibility）④、辅助性和异质性（heterogeneity）⑤ 3 个关键原则为支撑。不可约性指这样一种现实：全球变暖和普遍人权等问题在性质上属于全球性问题，对地球上的每一个人产生影响。许多其他问题也需要在全球层面进行决策，例如管理海洋渔业和海洋污染，保护生物多样性、候鸟、自然保护区和河流盆地等。国际和平与安全属于全球性问题，全球规模的市场、金融系统、通信系统、教育和科学也是如此。

---

① 阿戈里亚：未来主义行星社会中一种假想的区域社会，强调股东所有制商业企业和市场，如北欧模式。

② 艾科德米亚：未来主义行星社会中一种假想的区域社会，企业由工人所有，按照合作社形式组织，类似于蒙德拉贡模式。

③ 阿卡迪亚：未来主义行星社会中一种假想的区域社会，其组织形式可以最大限度地实现当地自力更生、自治和生态系统保护，主要代表有土著民族和小国家。

④ 不可约性：拉斯金的行星社会的基本原则，认为有些问题是全球性的，需要全球决策权。

⑤ 异质性：拉斯金的行星社会的基本原则，承认地方、区域和文化多样性。

承认不可约性的另一种方式是辅助性原则，即管理机构只有在下级机构无法履行职能时才会行使职能。

异质性体现在区域多样性和文化多样性方面。实现受限制的多元主义有多种方式，例如，在全球范围内设定温室气体排放限度，以人均为基础制定区域分配政策，但如何达到限额等细节问题将由地方社区和下级区域因地制宜，通过民主程序详细制定。世界宪法规定每个人都有权享受"体面的生活水准"，如何达到这一目标，每个地区和下级区域在文化上有其定义。

行星社会的政治体制以世界宪法为基础，包括政府立法、行政和司法等部门。立法部门以当选的区域和全球代表组成的世界大会为基础，有组织的全球政党、持续的政治活动和不同级别的抗议运动，其中大部分由全球通信和信息系统推动。

在一系列因素的共同作用下，行星社会的人口稳定在80亿左右，远低于预测标准。与2000年的情况相比，在两性平等、教育、计划生育、福祉和社会公平等方面都有很大的改善。与此同时，全球经济产品增加，平均收入增加3倍。由于这一阶段全球平均生态足迹减少，如此规模的经济增长在环境上仍然是可持续的。从物质消费转向"非物质化"经济，强调人类服务和基于信息的文化产品，如知识、艺术和手工艺等，使生态足迹减少成为可能。与20世纪的消费文化相比，这种经济活动需要的能源和物质都要少得多。在许多方面，这是一种生活方式的改变，其特点是摒弃将物质主义和资本积累作为目标本身。

拉斯金将他构想的2084年的行星社会描述如下："对金钱的追求正在让位于对技能、人际关系、社区以及思想和精神生活的培养。"（Raskin，2006：13）非物质化的经济可以在最少使用化石燃料的情况下蓬勃发展。全球平均收入当然达不到美国在2000年的水平，但是，更高比例的经济产品实际上有助于提高人类实际的福祉或体现"真正的进步"。此外，由于收入分配更加公平，平均收入更接近中位数，而平均值越小，人类的结果则越好。由于像阿卡迪亚收入相对较低的地区能够从他们的经济产品中获得更高的人类利益，因此文化差异可以提高全球人类收益的平均水平，同时消除了局部地区的极端贫困。

所有大转型社会比大多数20世纪的商业社会更加平等，大转型社会中没有超级富豪，基本消除贫困。这些成果通过达到累进所得税的政治共识来实现，对最高收入和遗产税设定限制，使得少数家庭难以积累大量财富。不同地区会采取不同的文化对策，如最低收入保障、充分就业计划或者其他收入分配方式，所有措施均基于人人有权享有体面的生活水平的原则，类似于不可约最小值（irreducible minimum）这一部落概念。这些社会正义政策有助于维持收入平衡，其中最富有的10%的收入仅为最穷的10%的3～5倍。相反，2000年美国最富有的10%的收入是最穷的10%的16倍，要实现人人享有社会保障，需要女性、土著人民和人权活动家与强大的精英进行数十年的政治斗争。与此同时，普遍的化石燃料成本上升以及随处可见的全球环境显著恶化加快了政治转型的步伐。

由于日益重视地方和区域经济生产，运输成本不断增加，以及对区域间贸易和金融交易进行征税，全球贸易的重要性被削弱，就跨区域贸易额而言，经济全球化水平低于2000年。地区和社区有一定的自由裁量权来限制对外贸易，以实现其文化定义的社会和环境目标利益，而不仅仅是为了使其产品更具全球竞争力。

本章小结

人类面临的最根本问题是：以永续增长和不平等为基础的全球商业文化如何在有限的世界中生存？真正成功的文化适应需要在现有资源和消费之间维持长期平衡。理论上文化存在可以预测的极限性，一旦超越该极限，文化扩张必然导致资源枯竭，其生存将受到威胁。而主要依赖化石燃料的工业系统必然成为一种短暂现象，最多持续几个世纪。相比之下，为低消费水平设计的文化系统能与可再生太阳能资源维持平衡，因此可以存在数百万年。

鉴于目前商业文化的结构，很可能已经超过临界承载力的极限，这是一种不祥之兆。无论人为导致的全球变暖是否已经开始，人们现在显然正在以200年前无法想象的方式破坏地球生命支持系统。世界上许多地区的粮食生产系统处于紧张状态；如果不改变分配系统和消费模式，即便是最乐观的技术解决方案也难以阻止灾难发生。

要想构建更安全的人类未来，还有其他解决办法。从人类学文化学的规模视角，对当前的文化系统进行比较分析可知，要构建一个平等、安全的世界需要结合家庭规模、政治规模和商业规模文化模式的最佳特征。要维护社会正义和保护生物圈，需要高度自治的地方社区、民主的区域政府和具有充分代表性的全球机构进行有效管理。

小国家案例表明，无须成为大国或者大型经济体，也无须很高的人均收入，就能够实现高水平的人类福祉。由此，商业世界将经济增长作为人类发展的主流意识形态受到质疑。小国家的成功经验表明，将大国家变为规模更小、功能更强大、更民主的国家，并采取小国家发展成熟的重要社会和文化变革，大国家就可以解决自身的问题。转型后的大国家可以与成功的小国家一道，建立真正民主的国际和行星尺度机构，有效解决小国世界中的行星尺度问题。

全球问题主要是规模、社会权力、人类感知和人类行为问题，因此，技术本身无法解决全球问题。小国家的经验表明，对于社会来说，为了实现人类最大利益而合理分配社会权力和资源可能比不断提高整体生产力以建设更大的经济体更为重要。我们有很好的模式可以遵循，我们需要超越现有的超级大国，它们是20世纪失败的创举。通过建立21世纪全新的社会制度和有效的社会文化系统，我们可以创建一个真正可持续的全球体系，将我们的子孙后代安全地带入下一个世纪，乃至更远的未来。小国世界可能是解决全球问题的最佳方案。

思考题

1. 定义下列与拉丁美洲和安第斯农民相关的术语和概念：庄园承租人（patron），庄园劳工（peone），共同父母（compadrazgo），庄园（hacienda），互惠关系（ayni）。
2. 描述1952年"康奈尔—秘鲁计划"开始时维科斯庄园（Vicos）的社会结构。解释如何进行"参与介入"实验，并讨论实验结果。
3. 为什么一些安第斯社区拒绝全面参与秘鲁土地改革计划？结合生产技术、合作社、互惠关系、风险、债务、市场经济、自给经济和土地所有权等方面，指出具体的冲突之处。
4. 结合具体事例，说明以技术为主解决世界问题的方法和更广泛的文化方法之间的区别。
5. 将财富再分配作为可持续问题解决方案的依据是什么？
6. 从基本价值观、文化、规模和权力以及商业组织等方面，详细比较"福利国家"挪威和美国。
7. 什么是大转型，它将如何解决可持续性问题？
8. 解释不可约性、辅助性和异质性原则如何为行星社会的形成提供依据。
9. 描述可持续行星社会的3个区域变体——阿戈里亚、艾科德米亚和阿卡迪亚，并将它们与现实世界中的国家相对应。
10. 以最近的真实事件为例，讨论如何实现向可持续世界大转型。
11. 什么是小国家？
12. 多米尼克在哪些方面可以被视为一个成功的小国家？
13. 多米尼克和考艾岛在可持续性和人类福祉方面最重要的区别是什么？
14. 解释多米尼克如何能够在经济规模小、人均收入低的情况下维持高预期寿命。
15. 小国家为什么能够成功？

关键术语

阿戈里亚（Agoria）

阿卡迪亚（Arcadia）

艾科德米亚（Ecodemia）

大转型（Great Transition）

幸福星球指数（Happy Planet Index，HPI）

异质性（heterogeneity）

不可约性（irreducibility）

帕累托最优（Pareto Optimality）

参与介入（participant intervention）

行星社会（planetary society）

小国家 (small nation)
辅助性 (subsidiarity)

阅读文献

Bodley, J. H. 2013. *The Small Nation Solution: How the World's Smallest Nations Can Solve the World's Biggest Problems*. Lanham, MD: AltaMira.

Callenbach, E. 1975, 2004. *Ecotopia*. Berkeley, CA: Heyday. A fictional futuristic account of Oregon, Washington, and Northern California forming an environmentally sustainable, independent, Arcadia-like nation.

Kohr, L. (1957) 1978. *The Breakdown of Nations*. New York: Dutton. The classic argument for why large nations are unsustainable.

Lewis, M. and Conaty, P. 2012. *The Resilience Imperative: Cooperative Transitions to a Steady-State Economy*. Gabriola Island, BC, Canada: New Society.

Mann, G. and Wainwright, J. 2018. *Climate Leviathan: A Political Theory of Our Planetary Future*. London & New York: Verso.

Raskin, P. D. 2006. *The Great Transition Today: A Report from the Future*. GTI Paper Series 2, Frontiers of a Great Transition. Boston: Tellus Institute.

Raskin, P., Banuri, T., Gallopín, G., and Gutman, P., et al. 2002. *Great Transition: The Promise and Lure of the Times Ahead*. Global Scenario Group. Boston: Stockholm Environment Institute, Tellus Institute.

术语表

（按照音序排序）

A

阿戈里亚（Agoria）：未来主义行星社会中一种假想的区域社会，强调股东所有制商业企业和市场，如北欧模式。

阿卡迪亚（Arcadia）：未来主义行星社会中一种假想的区域社会，其组织形式可以最大限度地实现当地自力更生、自治和生态系统保护，主要代表有土著民族和小国家。

艾科德米亚（Ecodemia）：未来主义行星社会中一种假想的区域社会，企业由工人所有，按照合作社形式组织，类似于蒙德拉贡模式。

B

拜物教（fetishism）：相信某些物体对人具有特殊的力量。

半偶族（moiety）：一个社会按照血统分成两半，其中的一半是一个半偶族。

边际收益（marginal returns）：由于额外投入所产生的收益增量。

并系血统（cognatic line）：按照父系或母系追溯至共同祖先的血统。

部分体制（section system）：社会划分为4个部分或8个小部分，形成命名的群组，每个群组的成员只能与另一个特定的群组的成员结婚，该体制是对土著社会关系的总结。

不洁（impurity）：由于接触或者涉及污染性生理事件或物品所导致的低仪式地位。

不可约性（irreducibility）：拉斯金的行星社会的基本原则，认为有些问题是全球性的，需要全球决策权。

不平等交换（unequal exchange）：基于市场的交换，其中一方始终能够获得更多的利润和财富。

不受控制的边界（uncontrolled frontier）：部落领土受到来自有国家组织的社会的殖民入侵，但是该政府对其殖民者行为不加以任何约束。

不正当补贴（perverse subsidies）：政府资助的项目未能真正地促进进步。

部落（tribe）：政治上自治、权力分散、经济上自给自足、有明确的地域，并且能够繁衍独特文化和语言的内婚制群体。

C

参与介入（participant intervention）：一种文化变革形式，其中控制者是寻求对制度进行变革的成员。

财富经济（wealth economy）：标志地位等级的财富物品的生产、储存和分配，通常由国家控制。

财产（estate）：由一个后裔群体共同持有的领土、圣地和仪式等财产。

财阀统治（plutocracy）：富人占据统治地位。

超本地化（supralocalization）：企业超越传统的社区而存在。

城邦（city-states）：建立在对当地无地劳工进行集中剥削的基础上，政治上有组织的社会。

城乡连续体（folk-urban continuum）：人类学家罗伯特·雷德菲尔德提出的概念，指乡村平民的小传统文化与城市精英的大传统文化在政治规模文化中的一系列第次区别。

赤字性生产（deficit production）：食物生产过程中所消耗的能量多于食物所产生的能量。

从夫居（patrilocality）：新婚夫妇随男方父母或在亲戚家附近居住的文化习俗。

从夫居游群（patrilocal band）：基于外婚制和随夫家居住的游群组织形式。

从妻居（matrilocal residence）：又称为从妇居或从母居，即新郎在结婚后搬到新娘母亲家庭附近生活的居住模式。

村落定居模式（village-states）：以城市行政和礼仪中心为基础的政治集权社会，得到分散于广大地区自给自足的乡村农民的支持。

D

大传统（Great Tradition）：在有国家组织的社会中少数精英所代表的文化，通常有文字记载，不为不识字的乡村平民共享。

大家庭（extended family）：与父母和已婚子女合住的家庭。

大加速（great Acceleration）：1945年之后，人口快速增加，科技迅速发展，加剧了人类对自然的影响。自1800年人类世以来，人类对自然的影响最为显著。

大人物（bigman）：部落社会中自封的领袖，其职位是暂时的，取决于领导者的个人能力和其追随者的认同。

大转型（Great Transition）：改变文化信仰和习俗，构建一个真正可持续的全球体系。

大宗产品经济（staple economy）：由国家控制生活必需品的生产、储存和分配，例如印加案例中的马铃薯和玉米，用于支持非食品生产的专业人员和提供紧急援助。

单一作物种植（monocrop farming）：大规模成片种植某一种作物或者一种作物的某一个品种。

刀耕火种（slash and burn）：在森林中清理出一块地，用火将地上的草木烧成灰用作肥料，就地耕种园子的方法，森林休耕系统取决于森林再生，这一方法又称为烧荒垦田。

等级制度（heterarchy）：等级社会中有众多领导人，如村长、牧师、萨满、战争领袖等，领导人之间没有地位等级之分。

低配婚姻（hypogamy）：与地位较低的人结婚。

地球系统（earth system）：地球上的土地、海洋、大气、冰和生命形式。

递延交换（deferred exchange）：一种以货易货的贸易形式，一方送出物品之后，另一方隔一段时间再回送物品，有利于与可能敌对的族群保持联络和缔结联盟。

多神教（polytheism）：信仰多个神灵的宗教体系。

F

非市场经济（nonmarket economy）：没有市场和货币的情况下直接进行商品和服务交换和互换。

非物质生产（immaterial production）：物质生产以外的生产活动，如语言、符号、计算机软件、信息技术和通信网络等。

分散收益（dispersed benefit）：将较少的收入和财富分配给社会中下阶层，分配高度不均衡。

封建制度（feudalism）：乡村农民通过效忠、租赁或服务等方式换取地主拥有的土地耕种权的社会制度。

富人经济（plutonomy）：由富人管理和主导的经济。

父系家族（patrilineage）：以父系血统为基础，可追溯至一位共同的男性祖先以及共有财产的世系。

辅助性原则（subsidiarity）：管理机构仅在下级机构无法履行职能时才承担其职能的原则。

G

概化互惠（generalized reciprocity）：直接分享物质或服务的分配形式，不需要记账，但长时间来看给与和收回持平。

高攀婚姻（hypergamy）：与地位更高的人结婚。例如，印度教女性可能会嫁给更高亚种姓的男性。

工厂化农业（factory farming）：基于化石燃料能源、机械化、农药、化肥和大规模单一农作物种植的商业化农业。

功利主义（utilitarianism）：使用经济利润、直接的物质优势，或食物、住房等物质福利解释文化行为。

功能主义（functionalism）：认为特定的文化特征可能对维护该文化发挥作用。
公司化（corporatization）：企业形态完全脱离个人色彩。
工业化（industrialization）：商品和服务的大规模生产、分配和消费。
寡头垄断（oligopoly）：由于经济权力集中，少数卖方通过控制商品价格和供货量主导买方市场的状态。
官僚机构（bureaucracy）：官员按照行政等级排列，接受集中指挥和控制的社会结构。
鳏夫娶亡妻姐妹制（sororate）：男性娶已故妻子的姐妹为妻。
规模补贴（scale subsidy）：以税收或贡品形式提供的社会支持，用于促进规模增长或在利益公平分配时维持大规模社会。
规模成本社会化（socialized scale cost）：由于市场、商业和经济体规模的增长，整个社会为贫困、环境问题和冲突付出巨大的代价。
规训社会（disciplinary society）：个人受到警察、法院、监狱、福利机构、学校和日常生活习俗等规训机构约束的现代社会。
贵族制（aristocracy）：少数特权精英统治的政治体系，即精英统治。
国民生产总值（Gross National Product，GNP）：一个国家在一定时期内的生产和服务活动按照货币价值计算的最终结果，包括外国投资或生产活动的净收益。
国内生产总值（Gross Domestic Product，GDP）：一个国家所有常住单位在一定时期内的生产和服务活动按照货币价值计算的最终结果。

H

核心（core）：处于世界体系核心的富裕工业国家，是不平等交换的受益国。
核心家庭（nuclear family）：由父亲、母亲和孩子组成的基本家庭单位。
合法父亲（pater）：文化上合法或者社会学定义的孩子的父亲。
互补对立（complementary opposition）：一种结构原理，即一对互相对立的概念，如男性和女性，构成逻辑上更大的整体。
后现代（postmodern）：金融精英是主要决策者的控制社会（Society of control），非物质生产和通信技术是其核心特征。
互渗律（law of participation）：一个事物可以同时参与或成为两个或多个事物的一部分的假设。
婚役（bride-service）：文化上期待新婚丈夫为新娘家庭履行某些特定的义务。

J

极度贫困（extreme poverty）：人类的基本需求如食物、安全饮用水、卫生设施、健康、住所、教育和信息等被严重剥夺。
集体表象（collective representations）：整个社会共有的思想、观念和情感，尤其是超自然现象，又称为群体思想。

季节性移牧（transhumance）：牲畜季节性迁移至不同海拔或纬度的环境区域。

继嗣群（descent group）：谱系关系中具有共同祖先的社会群体。

甲骨占卜（scapulimancy）：通过加热动物的肩胛骨或龟甲并解读上面的裂纹进行占卜的方法。

家庭（household）：社会的基本单位，通常是核心家庭或者多代同堂的大家庭。一家人住在同一屋檐下，一起吃住，共同参与食品生产、烹饪等家务活。

家庭生产方式（domestic mode of production）：在家庭层面组织物质生产，并基于互惠共享原则在家庭间进行分配。

家屋社会（house society）：一种有等级但不分阶层的异质性社会组织形式，拥有财产、以亲属关系为基础的大家庭家屋是代代相传的基本单位。

交表（cross-cousin）：父亲姐妹或母亲兄弟的孩子，即姑表或舅表。

交感律（law of sympathy）：詹姆斯·弗雷泽（James G. Frazer）对魔法、巫术和萨满教的解释，他认为部落民族相信任何与个人有关的东西，如头发或血液，都可以被操纵用来影响这个人。

交换价值（exchange value）：货物被用作商品时的价值。

结构（structure）：根据马文·哈里斯（Marvin Harris）的文化唯物主义理论，一种文化的社会、经济和政治组织由技术基础或基础设施塑造。

结构性暴力（structural violence）：由社会和文化结构所导致的人类苦难，让更有权势的人侵犯弱势群体的基本人权。

结构主义（structuralism）：一种探索人们如何利用符号之间的对比关系（即结构）来表达意义的理论方法，比如语言中通过声音（音素）的对比表达意义。

洁净（purity）：高级别的仪式地位，与"不洁"相对立。

金融化（financialization）：涉及金融资本、货币和证券流通，而不是商品和服务的实际生产和分配的文化过程。

静止人口（stationary population）：人口停止增长，出生率和死亡率保持平衡。

具体性科学（science of the concrete）：列维-斯特劳斯创造的术语，指基于感知、符号、意象及事件的思想，与基于概念的形式科学相反。

局限性（circumscription）：罗伯特·卡内罗对政治集权发展的解释——如果村民因地理障碍或邻近社会的影响而无法通过迁徙逃离当局，他们可能会被迫放弃自治权。

K

可分父权（partible paternity）：信仰来自不同男性的精液有利于同一胚胎的发育，因此一个孩子可能有多个父亲。

L

老人政治（gerontocracy）：最年长的年龄组处于控制或支配地位的年龄等级制度。

礼治政府（liturgical government）：国家级别的社会中，运用仪式所规定的人际关系、宗教和道德权威作为主要的社会控制手段。

裂变世系群制（segmentary lineage system）：没有永久领导人，个人可以根据自己所认为的谱系亲疏关系与其他群队结盟的部落制度。

龄级制（age-class system）：年龄相仿的人被归入一个命名的群组，一个群组作为一个整体，依据文化上定义的人生阶段向上升迁，特定的仪式标志着年龄状态的每一次变化。

绿色革命（Green Revolution）：通过培育和推广高产杂交谷物品种和使用化肥及杀虫剂，以快速提高农业产量。

M

曼纳（mana）：存在于特定的人和物体中的非人格化的超自然力量或神力。在太平洋诸岛，曼纳是酋长的权力基础。

民族（nation）：在国际体系中拥有共同文化和身份的民族（参照小民族，small nation）。

民族国家（nation-state）：以一个或几个民族为国民主体的国家。

N

纳贡制生产方式（tributary production）：自给自足的农民通过纳贡的形式向国家上交剩余产品的生产模式。

男性至上情结（male supremacy complex）：一系列功能上相互关联、以男性为中心的特质，如从夫居、一夫多妻制、劳动分工在性别上不平等、男性在头人和萨满职位中占支配地位，以及妇女在仪式上处于从属地位等。

内含适应性（inclusive fitness）：进化生物学概念，指个体将更高比例的基因成功遗传给下一代的程度。

内婚制（endogamy）：在特定族群或等级内部选择配偶的婚姻规例。

年龄等级（age grade）：文化上定义的龄级制中的各个年龄阶段，如童年、青春期、为人父母，以及老年等。

农民（peasantry）：自给自足、需要纳税、在政治上和经济上（某种程度）依赖中央和地方政府的乡村居民。

P

帕累托最优（Pareto Optimality）：没有任何一个人可以在不损害他人的情况下取得成功，因此增长达到某个极限值之后便会停止。

聘礼（bride-wealth）：为使夫妻双方的婚姻和子女合法化，新郎家庭转送至新娘家庭的物品，通常为牲畜。

Q

亲属称谓（kinship terminology）：以"自我"为中心的称谓体系，表明一个人详细的血缘关系和姻亲关系。

亲子关系（filiation）：父母与子女之间的关系纽带，是世系成员的基础。

亲属制生产方式（kin-ordered production）：在家庭或亲属关系之间组织劳动生产，所生产的产品主要供家庭使用，而不是用于交换。

嵌入式经济（embedded economy）：经济系统嵌入整个社会和文化系统之中，只能在特定的社会、政治和宗教文化背景下观察和理解的经济。

圈地运动（enclosure movement）：17—18世纪的欧洲，开放的公共牧场和林地转变为封闭的、私人控制的财产，以市场为导向的农业取代了村庄的自给自足的生存系统，并迫使人们成为新兴工业化城市的雇佣劳动者。

R

燃料革命（fuel revolution）：大规模使用煤和石油等化石燃料。

人类世（Anthropocene）：大约始于18世纪末期，在此期间人类活动对地球上的生物、化学和物理过程造成明显的影响。

人为生物群落（anthropogenic biomes）：根据人口密度、定居形式和土地利用等情况人为定义的地理区域。

韧性（resilience）：人类以及自然系统能够抵抗干扰，保持其基本结构完好无损的能力。

人性化（humanization）：以家庭或家庭层面组织的社会权力为基础的人类、人类社会以及人类文化的产生和维持。

S

萨满（shaman）：兼职宗教专家，擅长和神灵世界沟通，通过治病、占卜，以及利用超自然力量抵抗敌人，为社群提供帮助。

萨丕尔-沃尔夫假设（Sapir-Whorf Hypothesis）：语言对人的世界观产生影响，讲不同语言的人对世界的感知可能会不同。

森林休耕（forest fallow）：在一定时间内停止耕种，让森林重新生长以恢复土壤养分的栽培制度。

上层建筑（superstructure）：一种文化的宗教、神话和仪式所表达的心理、意识形态或信仰体系。根据马文·哈里斯的文化唯物主义理论，上层建筑由结构塑造。

商品（commodities）：市场经济中为出售和产生交换价值而生产的基本商品，以获得利润和积累资本为目的。

商品化（commodification）：将土地、劳动力、货币、基本商品和服务等用于市场交换和买卖。

商业化（commercialization）：利用人性化和政治化过程，将生产和维持私营营利性企业作为积累资本手段的文化过程。

社会产品（social product）：以生产或消费来衡量的一个社会的年度生产总值。

社会达尔文主义（Social Darwinism）：一种政治"哲学"，认为有些社会在生物学和文化上处于劣势，因此"不适宜"生存。

社会地位（social status）：社会成员在社会系统中所处的位置，通常根据年龄、性别、亲属关系或其他文化标准进行定义并涉及特定的行为期望。

社会分层（social stratification）：不同社会群体的成员由于获取社会资源、权利和特权的机会和能力不同而被区分为高低不同的社会地位等级。

社会阶层（social class）：社会成员按照等级划分为不同的群体，例如精英阶层和贫民阶层，相同阶层的人享有类似水平的资源、权利和特权。

社会权力（social power）：尽管可能遭他人反对，个人凭借所拥有的社会资源获得他或她想要的利益的能力。

社会智能（social intelligence）：了解他人思想的认知能力。

剩余产品（surplus）：超出生产者家庭需求的自给性生产产品，由政治领导人提取，用于支持非食品生产专家。

神话（myth）：一种叙述超自然生物活动的故事，是对一种文化的宇宙观和宇宙起源的概括，并为文化所规定的行为提供正当理由，往往通过宗教仪式来体现。

神话思维（mythical thought）：列维-斯特劳斯关于神话和魔法的思考；逻辑上类似于科学思想，但基于具体的科学，用于服务美学目的和解决存在问题。

神权政治（theocracy）：借助于宗教权威建立的国家政权，国家领导人是最高政治和宗教领袖。

生父（genitor）：孩子的亲生父亲。

生计集约化（subsistence intensification）：在同一土地面积上生产更多食物，但通常需要更多的技术创新。

生态足迹（ecological footprint）：将人们所消耗的各种生物产品量折合为全球统一的、每公顷土地（或水域）所生产的生物产品量，以评估人类对生态系统的影响。

生物量（biomass）：植物和动物的重量。

世界体系（world system）：一种国际等级制度，不同社会和文化在不平等交换基础之上融入单一的经济体，让财富向核心国家聚集。

使用价值（use value）：为家庭消费而生产的商品的价值，通常存在于亲族制生产模式下。

氏族（clan）：一个自称来自共同但通常遥远的祖先并享有共同财产的命名团体。

收继婚（levirate）：又称为亡夫兄弟娶寡嫂制，即守寡的女方与亡夫兄弟结婚的文化模式。

收益递减（diminishing returns）：某一生产系统中当投入增加时产出出现减少的情况。

T

塔布（tabu）：受到超自然力惩罚的被禁止的行为。塔布由酋长强制执行，得到酋长神力的支持。

通过仪式（rite of passage）：一种标志性仪式，表明一个人生命周期中在文化意义上的重大变化，比如出生、青春期、婚姻、老年和死亡。

同化（assimilation）：一个民族放弃自己的自治权，丧失其独特的文化身份，完全融入另一个占主导地位的社会和文化，种族或文化消亡的原因并非由种族灭绝所导致。

统治权（imperium）：个人的权利网络，包括所掌控和主导的人和机构组织。

头人（headman）：负责协调族群活动的政治领导人物，是村落的发言人，但是只能在得到社群同意的情况下提供服务，不具有强制性权利。

图腾（totem）：特定的澳大利亚动物、植物、自然现象或其他起源于"梦幻"的物体，是原住民后裔群体的神灵祖先。在其他地方，图腾指特定的自然物品与人类社会族群之间的文化联系。

突袭（feuding）：缺乏中央政权的情况下，社群之间存在长期的冲突，可能涉及难以破除的报复性袭击和杀戮的恶性循环。

W

外部化（externalization）：将商业增长的成本社会化。

外围（periphery）：资本贫困地区，核心国家通过征服和胁迫手段，将这些地区纳入早期资本主义世界体系，为核心国家提供原材料和劳动力。

万物有灵论（Animism）：相信植物、动物和人类都具有灵魂的信仰。灵魂是超自然现象，通常不可见，但是可以转变为其他形式。文化进化论者认为万物有灵论是最简单、最原始的宗教形式。

万物有灵思维（animistic thinking）：部落个人使用的灵魂概念，是爱德华·泰勒关于宗教起源的泛灵论的一部分，用于解释生命、死亡和梦境体验等。

外婚制（exogamy）：在文化定义的群体之外选择配偶的婚姻规例。

文化（culture）：通过社会传播和传承的思维方式、物质产品和行为方式，是塑造人类行为并规范社会，确保人类生存和繁衍的象征性信息。文化有心理文化、行为文化和物质文化三个层面，文化有其模式，为恰当的人类行为提供典范。

文化霸权（cultural hegemony）：精英在形成和发展社会道德秩序以及相关的文化信仰、符号或习俗等方面，具有支配地位或权威影响。

文化客位（etic）：从某一文化的外部视角去理解该文化的意义，比如通过翻译和跨文化比较。

文化主位（emic）：从某一文化的内部视角去理解该文化的意义，并认为是该文化所特有的属性。

无首（acephalous）：无中央权力机构或永久领导人的政治体制。

无形之手（invisible hand）：指市场的自我调节作用。资本家相信，通过供求关系的作用，市场的力量将促进经济持续增长，让所有人受益。

X

现代（modern）：拥有工业生产和市场经济的民族国家的国际体系。

先赋地位（ascribed status）：一个人出生时就拥有的社会地位，包括性别、出生顺序、血统、氏族隶属关系以及与精英祖先的联系。

想象的共同体（imagined communities）：通过识字、印刷术和电子网络等传播技术建立文化身份的大型社区。

孝（filial pity）：子女有祭拜祖先的仪式性义务，尤其指儿子有照顾父系祖先祠堂的义务。

小传统（Little Tradition）：在有国家组织的社会中，不识字的平民，尤其是村民，所遵循的仪式信仰和习俗。

小国家（small nation）：商业世界中，按照领土组织的社会文化体系，人口少于1000万。

新石器悖论（neolithic paradox）：列维-斯特劳斯创造的术语，指部落人民发明了满足家庭需要的所有主要家庭技术，如烹饪、纺织和陶瓷，但并未继续发明服务于政治目的的冶金术和文字。

幸福星球指数（Happy Planet Index）：根据预期寿命、对生活的主观满意度和生态足迹，衡量一个国家在满足人类需求方面的有效性。

行星边界（planetary boundary）：可测量的阈值，低于该阈值，自然地球系统过程能够将地球上最关键的变量（如温度，海平面和大气）控制在适宜居住的范围之内。

行星社会（planetary society）：由大转型产生的一种虚构的全球社会组织。

兄弟共妻制（fraternal polyandry）：一个女人嫁给两个或两个以上互为兄弟的男人。

血亲关系（consanguine）：来自同一祖先，文化上认为具有血缘关系的亲属，又称作血亲。

需求共享（demand sharing）：向亲属索要食物或其他东西，亲属有义务予以分享。

Y

一夫多妻制（polygyny）：一位男性同时与两个或两个以上的女性保持夫妻关系的婚姻形式。

一妻多夫制（polyandry）：一位女性嫁给两个或两个以上的男性。

异质性（heterogeneity）：拉斯金的行星社会的基本原则，承认地方、区域和文化多样性。

姻亲（affine）：因婚姻关系而产生的亲属。

音素（phoneme）：语音中具有意义的最小单位，特定语言的使用者可以分辨其特征。

游群（band）：一起居住，一起觅食的群体，规模在25～50人。

预防原则（precautionary principle）：有备无患，未雨绸缪。当影响环境的行动可能造成严重环境破坏，科学上的不确定性不应成为继续行动的理由。

宇宙观（cosmology）：用于解释宇宙的秩序和意义以及人类在宇宙中所处的位置的意识形态系统。

宇宙起源（cosmogony）：一种试图解释万物（人、自然和宇宙）起源的意识形态系统。

Z

再分配（redistribution）：在中央政权的控制之下，将食品等商品集中之后进行重新分配的交换形式。

长子继承制（primogeniture）：由一对夫妇的长子（女）或最年长的幸存子女优先继承父辈财产和其他权益的制度；可能是建立社会等级制度的基础。

真实发展指标（Genuine Progress Indicator，GPI）：衡量直接促进人类福祉的消费，包括有益于家庭、社区、社会和自然环境的所有方面，是国内生产总值（GDP）的替代方案。

政治分配（political distribution）：由中央政治机构实施和执行的成本和收益的不平等分配。

专家（specialist）：在等级社会中为精英阶层提供商品和服务的人。他们不从事粮食生产，而是依靠中央政府利用政治手段提取的剩余食品维持生计。

姊妹共夫制（sororal polygyny）：一位男性和两个或两个以上互为姐妹的女性结婚。

自然象征（natural symbols）：特定动物和植物的固有品质被用作符号或隐喻，象征对人们重要的问题。

自然资本（natural capital）：有利于维持人类生存的自然系统，如地球、生态系统和一般自然资源，为人类提供生存资源和环境服务，要替代这些资源，需要付出高昂的代价。

自致地位（achieved status）：凭借个人的能力获得的社会地位，而非出生时赋予的社会地位。

政治经济（political economy）：一种文化模式，该模式下中央集权的政治权力干预商品和服务的生产和分配。

至善（summum bonum）：文化上定义的最美好的生活。

种姓（caste）：由等级和职业定义的内婚制群体，以仪式的洁净与不洁为基础，在印度又称作贾提（jati）。

种族灭绝（genocide）：是对一个民族或一些人口进行灭绝性屠杀。

种族文化灭绝（ethnocide）：一个种族的文化体系遭到强行摧毁。

种族中心主义（ethnocentrism）：认为自己的文化优于其他文化，并用自己的文化价值去评价其他文化。

资本（capital）：马克思使用该术语表示土地和工具等生产资料，通常指用于生产目的的财富累积。

资本化（capitalization）：生产资料所有权与劳动相分离。

资本积累（capital accumulation）：扩张财富和生产资料，用于进一步扩大生产。

资本主义生产方式（capitalist production）：少数人占有生产资料，剥削雇佣工人的生产方式。

自给经济（subsistence economy）：生产和分销在社区和家庭层面进行，主要供本地消费。

族群（ethnic group）：从前自治，后来成为国家或者帝国的一部分，具有独特文化背景的群体。

族群形成过程（ethnogenesis）：人们在与其他族群交往过程中，将自己与其他族群区分开来，形成新的族群。

祖先崇拜（ancestor worship）：一种基于对特定祖先的崇敬，涉及神龛、仪式和祭祀的宗教体系。

最小限（irreducible minimum）：文化上定义的衣食住行等物质生活的标准。部落世界里，每一个成员都享有这一物质生活标准。

参考文献

Reference

Adams, R. M. 1981. *Heartland of Cities: Surveys of Ancient Settlement and Land Use on the Central Floodplain of the Euphrates*. Chicago and London: University of Chicago Press.

Ahrne, G. and Wright, E. O. 1983. "Class in the United States and Sweden: A Comparison." *Acta Sociologica* 26(3/4): 211-235.

Algaze, G. 2005. *The Uruk World System: The Dynamics of Expansion of Early Mesopotamian Civilization*. 2nd ed. Chicago: University of Chicago Press.

Algaze, G. 2018. "Entropic Cities: The Paradox of Early Urbanism in Ancient Mesopotamia." *Current Anthropology* 59(1): 23-54.

Alkire, W. H. 1965. *Lamotrek Atoll and Inter-Island Socioeconomic Ties*. Studies in Anthropology No. 5. Urbana: University of Illinois Press.

Allchin, F. R. 1982. "The Legacy of the Indus Civilization." In *Harappan Civilization: A Contemporary Perspective*, edited by G. Possehl, 325-333. New Delhi: Oxford and IBH.

Allen, N. J., Callan, H., and Dunbar, R., et al. 2008. *Early Human Kinship: From Sex to Social Reproduction*. Oxford, UK: Blackwell.

Alstadsæter, A., Johannesen, N. and Zucman, G. 2017. "Tax Evasion and Inequality," *NBER Working Papers* 23772, National Bureau of Economic Research, Inc. https://www.nber.org/papers/w23772.

Altman, J. C. 2001. *Sustainable Development Options on Aboriginal Land: The Hybrid Economy in the Twenty-First Century*. Brisbane: Centre for Aboriginal Economic Policy Research. Australian National University. Discussion Paper No. 226.

Altman, J. C. 2006. *In Search of an Outstations Policy for Indigenous Australians*. Centre for Aboriginal Economic Policy Research. Canberra: Australian National University. Working Paper No. 34.

Altman, J. 2014. "The Political Ecology and Political Economy of the Indigenous Land Titling 'Revolution' in Australia."*Maori Law Review*(March):1-17.

Ambrose, S. H. 1984. "The Introduction of Pastoral Adaptations to the Highlands of East Africa." In *From Hunters to Farmers: The Causes and Consequences of Food Production in Africa*, edited by J. D. Clark and S. Brandt, 212-239. Berkeley: University of California Press.

American Anthropological Association. 2012. *Principles of Professional Responsibility*. http://ethics.aaanet.org/category/statement.

American Homebrewers Association. 2013. *Homebrewing Stat: Who Is the American Homebrewer?* http://www.homebrewersassociation.org/membership/homebrewing-stats.

American Psychiatric Association (APA). 1980. *Diagnostic and Statistical Manual of Mental Disorders*. 3rd ed. Washington, DC: American Psychiatric Association.

American Psychiatric Association (APA). 2000. *Diagnostic and Statistical Manual IV. Text Revision (DSM-IV-TR)*. Washington, DC: American Psychiatric Association.

Andersen, T. M., Holmström, B., and Honkapohja, S., et al. 2007. *The Nordic Model: Embracing Globalization and Sharing Risks*. Research Institute of the Finnish Economy (ETLA). Helsinki: Taloustieto Oy.

Anderson, B. 1983. *Imagined Communities: Reflections on the Origin and Spread of Nationalism*. London: Verso.

Anderson, R. L. 1990. *Calliope's Sisters: A Comparative Study of Philosophies of Art*. New York: Prentice-Hall. Anheuser-Busch. http://anheuser-busch.com.

Anheuser-Busch, I. 2015. *Our Dream: Best Beer Company Bringing People* Together for a Better World. Annual Report 2014. http://www.ab-inbev.com/content/dam/universaltemplate/abinbev/pdf/investors/annual-and-hy-reports/2014/AB_InBev_AR14_EN_full.pdf.

Aristotle. 1981. *The Politics*. Translated by T. A. Sinclair. London: Penguin.

Ascher, M. and Ascher, R. A. 1981. *Code of the Quipu: Study in Media, Mathematics, and Culture*. Ann Arbor: University of Michigan Press.

Ashton, T. S. 1969. *The Industrial Revolution* 1760-1830. London: Oxford University Press.

Atholl, J. C., Gagan, M., Grove, R. 2006. "Prehistoric Maritime Migration in *the Pacific Islands: An Hypothesis of ENSO Forcing*." Holocene 16(1):1-6.

Atkinson, Q. D., Coomber, T., and Greenhill, S. J., et al. 2016. "Cultural and Environmental Predictors of Pre-European Deforestation on Pacific Islands." *PLOS ONE*. https://doi.org/10.1371/journal.pone.0156340.

Australia, Director of National Parks. 2005. *Welcome to Aboriginal Land: Uluru-Kata Tjuta National Park Visitor Guide and Maps*. Canberra: Department of the Environment, Water, Heritage and the Arts. https://www.environment.gov.au/parks/publications/uluru/visitor-guide. html.

Australia,Director of National Parks. 2009. *Uluru-Kata Tjuta National Park*. Draft Management Plan 2009-2019. Canberra:Department of the Environment, Water, Heritage and the Arts. http://olr. npi. gov. au/ parks/publications/ uluru/draft-plan. html.

Australian Bureau of Statistics. 2013. *Estimates of Aboriginal and Torres Strait Islander Australians*. June 2011. Cat No. 3238. 0. 55. 001. http://www. abs. gov. au/ ausstats/abs@. nsf/mf/3238. 0. 55. 001.

Baadsgaard, A. ,Monge,J. and Zettler,R. L. 2012. "Bludgeoned, Burned, and Beautified: Reevaluating Mortuary Practices in the Royal Cemetery of Ur. " In *Sacred Killing : The Archaeology of Sacrifice in the Ancient Near East*, edited by A. M. Porter and G. M Schwartz, pp. 125-158. Winona Lake,IN:Eisenbrauns.

Baccini,A. ,Walker, W. , and Carvalho, L. , et al. 2017. "Tropical Forests Are a Net Carbon Source Based on Aboveground Measurements of Gain and Loss. " *Science* 358 (6360):230-234.

Baddeley,A. D. 2007. *Working Memory, Thought and Action*. Oxford:Oxford University Press.

Bailey,Robert C. , and Head, G. , et al. 2009. "Hunting and Gathering in Tropical Rain Forest:Is It Possible?" *American Anthropologist* 91(1):59-82.

Bamber,J. L. ,Oppenheimer,M. ,and Koppd,R. E. , et al. 2019. "Ice Sheet Contributions to Future Sea-Level Rise from Structured Expert Judgment. " *PNAS*. https://doi. org/10. 1073/pnas. 1817205116.

Banerjee, N. ,Cushman, J. H. , and Hasemyer, D, et al. 2015. "Exxon: The Road Not Taken. " *Inside Climate News*. http://insideclimatenews. org/content/ Exxon-The-Road-Not-Taken.

Barletti, J. P. S. 2015. "' It makes Me Sad When They Say We Are Poor. We Are Rich!': Of Wealth and Public Wealth(s) in Indigenous Amazonia. " In *Images of Public Wealth or the Anatomy of Well-Being in Indigenous Amazonia*, edited by F. Santos-Granero,139-160. Tucson:University of Arizona Press.

Barnard,A. 2002. "The Foraging Mode of Thought. " In *Self and Other-Images of Hunter-Gatherers*, edited by H. Stewart, A. Barnard, and K. Omura, 1-24. Senri Ethnological Studies No. 60. Osaka:National Museum of Ethnology.

Bast, E. ,Doukas, A. ,and Pickard, S. , et al. 2015. *Empty Promises :G20 Subsidies to Oil ,Gas and Coal Production*. London: Overseas Development Institute and Washington, DC: Oil Change International. http:// priceofoil. org/content/uploads/2015/11/Empty-promises_main-report. 2015. pdf.

Bauer,B. S. 1992. "Ritual Pathways of the Inca:An Analysis of the Collasuyu Ceques in Cuzco. " *Latin American Antiquity* 3(3):183-205.

Bauer,B. S. 1996. "Legitimization of the State in Inca Myth and Ritual. " *American Anthropologist* 98(2):327-337.

Beard, C. A. 1913. *An Economic Interpretation of the Constitution of the United States*. New York: Macmillan.

Beckwith, M. W. 1951. *The Kumulipo: A Hawaiian Creation Chant*. Chicago: University of Chicago Press.

Bedelian, C. and Ogutu, J. O. 2017. "Trade-Offs for Climate-Resilient Pastoral Livelihoods in Wildlife Conservancies in the Mara Ecosystem, Kenya." *Pastoralism: Research and Practice* 7(10): 1-22.

Beer Institute. 2015. *Beer Serves America: A Study of the U. S. Beer Industry's Economic Contribution, Analysis, Methodology and Documentation*. Washington, DC: Beer Institute, and Alexandra, VA: National Beer Wholesalers Association. http://www.beer-institute.org/assets/uploads/general-upload/BSA-2015-Report.pdf.

Behrens, C. A. 1986. "Shipibo Food Categorization and Preference: Relationships Between Indigenous and Western Dietary Concepts." *American Anthropologist* 88(3): 647-658.

Beidelman, T. O. 1966. "The Ox and Nuer Sacrifice: Some Freudian Hypotheses About Nuer Symbolism." *Man* 1(4): 453-467.

Beidelman, T. O. 1971. "Nuer Priest and Prophets: Charisma, Authority, and Power Among the Nuer." In *The Translation of Culture: Essays to E. E. Evans-Pritchard*, edited by T. O. Beidelman, 375-415. London: Tavistock.

Bell, D. 1973. *The Coming of Post-Industrial Society: A Venture in Social Forecasting*. New York: Basic.

Bell, D. 1983. *Daughters of the Dreaming*. Sydney: McPhee Gribble/Allen & Unwin.

Bell, D. 1987. "Aboriginal Women and the Religious Experience." In *Traditional Aboriginal Society: A Reader*, edited by W. H. Edwards, 237-256. South Melbourne: Macmillan.

Bergman, R. W. 1980. *Amazon Economics: The Simplicity of Shipibo Indian Wealth*. Dellplain Latin American Studies, No. 6. Department of Geography, Syracuse, NY: Syracuse University.

Bernardi, B. 1985. *Age Class Systems: Social Institutions and Polities Based on Age*. Cambridge: Cambridge University Press.

Berreman, G. D. 1979. *Caste and Other Inequities: Essays on Inequality*. Meerut, Uttar Pradesh, India: Ved Prakash Vatuk, Folklore Institute.

Berry, J. W. and Irvine, S. H. 1986. "Bricolage: Savages Do It Daily." In *Practical Intelligence: Nature and Origins of Competence in the Everyday World*, edited by R. Sternberg and R. Wagner, 271-306. Cambridge: Cambridge University Press.

Betzig, L. L. 1986. *Despotism and Differential Reproduction: A Darwinian View of History*. New York: Aldine.

Betzig, L. L. 1993. "Sex, Succession, and Stratification in the First Six Civilizations: How Powerful Men Reproduced, Passed Power on to Their Sons, and Used Power to Defend Their Wealth, Women, and Children." In *Social Stratification and Socioeconomic Inequality*, edited by L. Ellis, 37-74. Westport, CT: Praeger.

Bird, M. I., Hutley, L. B., and Lawes, M. J., et al. 2013. "Humans, Megafauna and Environmental Change in Tropical Australia." *Journal of Quaternary Science* 28(5): 439-452.

Bird, M. I., O'Grady, D. and Ulm, S. 2016. "Humans, Water, and the Colonization of Australia." *PNAS* 113(41): 11477-11482.

Bird-David, N. 1992. "Beyond 'The Original Affluent Society': A Culturalist Reformulation." *Current Anthropology* 33(1): 25-47.

Birdsell, J. B. 1953. "Some Environmental and Cultural Factors Influencing the Structuring of Australian Aboriginal Populations." *American Naturalist* 87(834): 171-207.

Birdsell, J. B. 1957. "Some Population Problems Involving Pleistocene Man." *Cold Spring Harbor Symposium on Quantitative Biology* 22: 47-70.

Birdsell, J. B. 1973. "A Basic Demographic Unit." *Current Anthropology* 14(4): 337-350.

Blochmann, H., trans. 1939. *The Aini Akbari by Abu Fazl'Allami*. 2nd ed. Calcutta: Royal Asiatic Society of Bengal.

Blundell, V. 1980. "Hunter-Gatherer Territoriality: Ideology and Behavior in Northwest Australia." *Ethnohistory* 27(2): 103-117.

Boas, F. 1911. *The Mind of Primitive Man*. New York: Macmillan.

Boas, F. 1945. *Race and Democratic Society*. New York: J. J. Agustin.

Bocquet-Appel, Jean-Pierre and Masset, C. 1981. "Farewell to Paleodemography." *Journal of Human Evolution* 11: 321-333.

Bodley, J. H. 1970. "Campa Socio-Economic Adaptation." PhD diss., University of Oregon. Ann Arbor, MI: University Microfilms.

Bodley, J. H. 1972a. "A Transformative Movement among the Campa of Eastern Peru." *Anthropos* 67: 220-228.

Bodley, J. H. 1972b. *Tribal Survival in the Amazon: The Campa Case*. IWGIA (International Work Group for Indigenous Affairs) Document No. 5. Copenhagen: IWGIA.

Bodley, J. H. 1973. "Deferred Exchange among the Campa Indians." *Anthropos* 68: 589-596.

Bodley, J. H. 1975. *Victims of Progress*. Menlo Park, CA: Cummings.

Bodley, J. H. 1976. *Anthropology and Contemporary Human Problems*. Menlo Park, CA: Cummings.

Bodley, J. H. 1981. "Deferred Exchange among the Campa: A Reconsideration." In *Networks of the Past: Regional Interaction in Archaeology*, edited by F. J. Kense, P. Francis and P. G. Duke, 49-59. Calgary: University of Calgary Archaeological Association.

Bodley, J. H. 1983. *Anthropology and Contemporary Human Problems*. 2nd ed. Palo Alto, CA: Mayfield.

Bodley, J. H. 1992. "Anthropologist at Work: Inequality and Exploitation in the Peruvian Amazon." In *Discovering Anthropology*, edited by D. R. Gross, 483. Mountain View, CA: Mayfield.

Bodley, J. H. 1993. "Human Rights, Development and the Environment in the Peruvian Amazon: The Asháninka Case." In *Who Pays the Price? Examining the Sociocultural Context of Environmental Crisis*, edited by B. R. Johnston, 158-162. A Society for Applied Anthropology Report on Human Rights and the Environment Submitted to the United Nations Commission on Human Rights Subcommission for the Prevention of Discrimination and Protection of Minorities. Oklahoma City: Society for Applied Anthropology.

Bodley, J. H. 1996. *Anthropology and Contemporary Human Problems*. 3rd ed. Mountain View, CA: Mayfield.

Bodley, J. H. 1999. "Socio-Economic Growth, Culture Scale, and Household Well-Being: A Test of the Power-Elite Hypothesis." *Current Anthropology* 40(5): 595-620.

Bodley, J. H. 2003. *The Power of Scale: A Global History Approach*. Armonk, NY: M. E. Sharpe.

Bodley, J. H. 2005. "The Rich Tribal World: Scale and Power Perspectives on Cultural Valuation." Paper presented at the Annual Meeting of the Society for Applied Anthropology, Santa Fe, NM.

Bodley, J. H. 2008. *Anthropology and Contemporary Human Problems*. 5th ed. Lanham, MD: Altamira.

Bodley, J. H. 2011. *Cultural Anthropology: Tribes, States, and the Global System*. 5th ed. Lanham, MD: AltaMira.

Bodley, J. H. 2012a. *Anthropology and Contemporary Human Problems*. 6th ed. Lanham, MD: AltaMira.

Bodley, J. H. 2012b. "Sol Tax's Global Futurist Model and Small-Nation Solutions." In *Action Anthropology and Sol Tax in 2012: The Final Word?* edited by D. C. Stapp, 165-182. Richland, WA: Journal of Northwest Anthropology, Memoir 8.

Bodley, J. H. 2013. *The Small Nation Solution: How the World's Smallest Nations Can Solve the World's Biggest Problems*. Lanham, MD: AltaMira.

Boers, N., Marwan, N., Barbosa, H. M. J. and Kurths, J. 2017. "A deforestation-induced tipping point for the South American monsoon system." *Scientific Reports* 7: 41489.

Bolnick, D. A. (Weiss), Shook, B. A. (Schultz), and Campbell, L., et al. 2004. "Problematic Use of Greenberg's Linguistic Classification of Native American Genetic Variation." *American Journal of Human Genetics* 75: 519-523.

Booth, C. 1903. *Life and Labour of the People in London*. London: Macmillan.

Mulder, M. B., Bowles, S., Hertz, T., et al. 2009. "Intergenerational Wealth Transmission and the Dynamics of Inequality in Small-Scale Societies." *Science* 326(5953):682-688.

Borsodi, R. 1929. *The Distribution Age: A Study of the Economy of Modern Distribution*. New York: D. Appleton.

Boserup, E. 1965. *The Conditions of Economic Growth*. Chicago: Aldine.

Bouckaert, R. R., Bowern, C. and Atkinson, Q. D. 2018. "The Origin and Expansion of Pama-Nyungan Languages across Australia." *Nature Ecology & Evolution* 2:741-749.

Bourget, S. 2016. *Sacrifice, Violence, and Ideology Among the Moche: The Rise of Social Complexity in Ancient Peru*. Austin: University of Texas Press.

Bourliere, F. and Hadley, M. 1983. "Present-Day Savannas: An Overview." In *Ecosystems of the World* 13: *Tropical Savannas*, edited by F. Bourliere, 1-17. New York: Elsevier.

Bowdler, S. 1977. "The Coastal Colonisation of Australia." In *Sunda and Sahul: Prehistoric Studies in Southeast Asia, Melanesia and Australia*, edited by J. Allen, J. Golson, and R. Jones, 205-246. London: Academic.

Boyer, P. 2000. "Functional Origins of Religious Concepts: Ontological and Strategic Selection in Evolved Minds." *Journal of the Royal Anthropological Institute* 6:195-214.

Braidwood, R. J. 1964. *Prehistoric Men*. 6th ed. Chicago: Chicago Natural History Museum, 122, cited in Winterhalder, Bruce. 1993. "Work, Resources and Population in Foraging Societies." *Man* 28(2):321-340.

Brand, M. and Lowry, G. D. 1987. *Fatehpur-Sikri*. Bombay: Marg.

Brandeis, L. D. 1914. *Other People's Money and How the Bankers Use It*. New York: Frederick A. Stokes.

Bray, C. 2015. "Anheuser-Busch InBev Completes Agreement for SABMiller." *New York Times*, Nov. 11. http://www.nytimes.com/2015/11/12/business/dealbook/anheuser-busch-inbev-sabmiller-deal.html.

Bray, T. L. 2018. "Partnering with Pots: The Work of Objects in the Imperial Inca Project." *Cambridge Archaeological Journal* 28(2):243-257.

Brewer, J. 1989. *The Sinews of Power: War, Money and the English State*, 1688-1783. New York: Knopf.

Brewers Association. 2015. *Insights & Analysis: National Beer Stats, Economic Impact, Market Segments, Craft Brewer Defined*. https://www.brewersassociation.org/category/insights.

Bricker, J., Dettling, L. J., and Henriques, A., et al. 2014. "Changes in U. S. Family Finances from 2010 to 2013: Evidence from the Survey of Consumer Finances." *Federal Reserve Bulletin* 100(4):1-41.

Brooks, T. M., Mittermeier, R. A., and Da Fonseca, G. A. B., et al. 2006. "Global Biodiversity Priorities." *Science* 313(7 July):58-61.

Brown, B. M. 1987. "Population Estimation from Floor Area: A Restudy of 'Naroll's Constant.'" *Behavior Science Research* 21(1-4):1-49.

Brown, J. L. and Pollitt, E. 1996. "Malnutrition, Poverty and Intellectual Development." *Scientific American* 274(2):38-43.

Brush, S. B., Carney, H. J. and Huaman, Z. 1981. "Dynamics of Andean Potato Agriculture." *Economic Botany* 35(1):70-88.

Bryc, K., Durand, E. Y., and Macpherson, J. M., et al. 2015. "The Genetic Ancestry of African Americans, Latinos, and European Americans across the United States." *American Journal of Human Geneatics* 96(Jan 8):37-53.

Buell, R. L. 1928. *The Native Problem in Africa*. Vol. 1. New York: Macmillan.

Buhler, G. 1886. "The Laws of Manu." In *The Sacred Books of the East*, edited by F. M. Muller. Vol. 25:1-513. Oxford: Clarendon.

Burke, K. D., Williams, J. W., and Chandler, M. A., et al. 2018. "Pliocene and Eocene Provide Best Analogs for Nearfuture Climates." *PNAS* 115(52):13288-13293.

Burke, M., Hsiang, S. M. and Miguel, E. 2015. "Global Non-Linear Effect of Temperature on Economic Production." *Nature* 527(7577):235-239.

Burnell, A. C. and Hopkins, E. W. eds. 1884. *The Ordinances of Manu*. London: Trubner.

Burton, John W. 1980. "Women and Men in Marriage: Some Atuot Texts (Southern Sudan)." *Anthropos* 75:710-720.

Burton, J. W. 1981. "Ethnicity on the Hoof: On the Economics of Nuer Identity." *Ethnology* 20(2):157-162.

Cahill, D. 2010. "Advanced Andeans and Backward Europeans: Structure and Agency in the Collapse of the Inca Empire." In *Questioning Collapse: Human Resilience, Ecological Vulnerability, and the Aftermath of Empire*, edited by P. A. McAnany and N. Yoffee, 207-238. New York: Cambridge University Press.

Cain, P. J. and Hopkins, A. G. 1993. *British Imperialism: Innovation and Expansion 1688-1914*. London: Longman.

Caldwell, J., Missingham, B. and Marck, J. 2001. "The Population of Oceania in the Second Millennium." https://www.researchgate.net/publication/267818571_The_Population_of_Oceania_in_the_Second_Millennium.

Campbell, R. B. 2009. "Toward a Networks and Boundaries Approach to Early Complex Polities: The Late Shang Case." *Current Anthropology* 50(6):821-848.

Campbell, R. B. 2014. "Introduction: Toward a Deep History of Violence and Civilization." In *Violence and Civilization: Studies of Social Violence in History and Prehistory*. edited by R. Campbell, pp. 1-22. Oxford, UK and Oakville, CT: Oxbow Books.

Campbell, R. B. 2018. *Violence, Kinship and the Early Chinese State: The Shang and Their World*. Cambridge, UK: Cambridge University Press.

Cann, R. L. , Stoneking, M. and Wilson, A. C. 1987. "Mitochondrial DNA and Human Evolution. " *Nature* 325(6099):31-36.

Canning, P. 2011. *A Revised and Expanded Food Dollar Series: A Better Understanding of Our Food Costs*. ERR-114, U. S. Department of Agriculture, Economic Research Service.

Cannon, W. B. 1942. "Voodoo Death. " *American Anthropologist* 44(2):169-181.

Carneiro, R. L. 1960. "Slash-and-Burn Agriculture: A Closer Look at Its Implications for Settlement Patterns. " In *Men and Cultures: Selected Papers of the International Congress of Anthropological and Ethnological Sciences*, edited by A. Wallace, 229-234. Philadelphia: University of Pennsylvania Press.

Carneiro, R. L. 1967. "On the Relationship between Size of Population and Complexity of Social Organization. " *South-western Journal of Anthropology* 23(3):234-243.

Carneiro, R. L. 1970. "A Theory of the Origin of the State. " *Science* 169:733-738.

Carneiro, R. L. 1978. "Political Expansion as an Expression of the Principle of Competitive Exclusion. " In *Origins of the State: The Anthropology of Political Evolution*, edited by R. Cohen and E. R. Service, 205-223. Philadelphia: Institute for the Study of Human Issues.

Carneiro, R. L. 1981. "The Chiefdom: Precursor of the State. " In *The Transition to Statehood in the New World*, edited by G. Jones and R. Kautz, 37-79. Cambridge: Cambridge University Press.

Carneiro, R. L. and Stephen F. T. 1963. "The Application of Scale Analysis to the Study of Cultural Evolution. " *Transactions of the New York Academy of Sciences* (ser. 2)26:196-207.

Carruthers, B. G. 1996. *City of Capital: Politics and Markets in the English Financial Revolution*. Princeton, NJ: Princeton University Press.

Cavalli-Sforza, L. Menozzi, P. and Piazza, A. 1994. *The History and Geography of Human Genes*. Princeton, NJ: Princeton University Press.

Cawte, J. 1974. *Medicine Is the Law: Studies in Psychiatric Anthropology of Australian Tribal Societies*. Honolulu: University Press of Hawaii.

Center for Behavioral Health Statistics and Quality. 2015. *Behavioral Health Trends in the United States: Results from the 2014 National Survey on Drug Use and Health*. HHS Publication No. SMA 15-4927, NSDUH Series H-50. http://www.samhsa.gov/data.

Central Intelligence Agency. 2015. *The World Factbook*. https://www.cia.gov/library/publications/the-world-factbook.

Central Intelligence Agency. 2019. The World Factbook. https://www.cia.gov/library/publications/the-world-factbook/.

Cerling, T. E. 2015. "Dietary Changes of Large Herbivores in the Turkana Basin, Kenya from 4 to 1 Ma. " *PNAS* 112(37):11467-11472.

Chadwick, S. E. 1842. *Report on an Inquiry into the Sanitary Conditions of the Labouring Population of Great Britain*. London: W. Clowes and Sons.

Chagnon, N. A. 1968. "Yanomamo Social Organization and Warfare." In *War: The Anthropology of Armed Conflict and Aggression*, edited by M. Fried, M. Harris, and R. Murphy, 109-159. Garden City, NY: Doubleday.

Chagnon, N. A. 1979. "Is Reproductive Success Equal in Egalitarian Societies?" In *Evolutionary Biology and Human Social Behavior: An Anthropological Perspective*, edited by N. Chagnon and W. Irons, 374-401. North Scituate, MA: Duxbury Press.

Chagnon, N. A. 1983. *Yanomamo: The Fierce People*. 3rd ed. New York: Holt, Rinehart and Winston.

Chagnon, N. A. 1988. "Life Histories, Blood Revenge, and Warfare in a Tribal Population." *Science* 239(4843):985-992.

Chai C. and Chai, W. 1967. "Introduction." In *Li Chi: Book of Rites*. Vol. 1. Translated by James Legge, xxiii-lxxxiv. New Hyde Park, NY: University Books.

Chandler, A. D., Jr. 1977. *The Visible Hand*. Cambridge, MA: Harvard University Press.

Chandler, T. 1987. *Four Thousand Years of Urban Growth*. Lewiston, NY: St. David's University Press.

Chang, K. C. 1980. *Shang Civilization*. New Haven, CT: Yale University Press.

Chang, K. C. 1983. *Art, Myth, and Ritual: The Path to Political Authority in Ancient China*. Cambridge, MA: Harvard University Press.

Chang, K. C. 1986. *Archaeology of Ancient China*. 4th ed. New Haven, CT: Yale University Press.

Cheng, H., Sinha, A., and Cruz, F. W., et al. 2013. "Climate change patterns in Amazonia and biodiversity." *Nature* Communications 4:1411.

Cheng, L., Abraham, J. and Hausfather, Z., et al. 2019. "How Fast are the Oceans Warming?" *Science* 363(6423):128-129.

Chetty, R., Grusky, D. and Hell, M., et al. 2016. *The Fading American Dream: Trends in Absolute Income Mobility Since 1940*. Cambridge, MA: National Bureau of Economic Research, NBER Working Paper No. 22910.

Chety, R., J. Friedman, N. and Hendren, N., et al. 2018. *The Opportunity Atlas: Mapping the Childhood Roots of Social Mobility*. https://opportunityinsights.org/wp-content/uploads/2018/10/atlas_paper.pdf.

Chewtow, M. R. 2001. "The IPAT Equation and Its Variants: Changing Views of Technology and Environmental Impact." *Journal of Industrial Ecology* 4(4):13-29.

Chinni, D. and Gimpel, J. 2010. *Our Patchwork Nation: The Surprising Truth About the "Real" America*. New York: Gotham Books.

Chydenius, A. (1766)1931. The National Gain. London: Ernest Benn.

CIBA Foundation. 1977. *Health and Disease in Tribal Societies*. CIBA Foundation Symposium 49. Amsterdam: Elsevier/Excerpta Medica/North-Holland.

Clark, G. 1936. *The Balance Sheets of Imperialism: Facts and Figures on Colonies*. New York: Columbia University Press.

Clarkson, C. 2017. "Human Occupation of Northern Australia by 65,000 Years Ago." *Nature* 547(7663): 306-310.

Clastres, P. 1977. *Society Against the State: The Leader as Servant and the Humane Uses of Power Among the Indians of the Americas*. New York: Urizen.

Cleave, T. L. 1974. *The Saccharine Disease*. Bristol: John Wright.

Climate Analysis Indicators Tool(CAIT), Version 9.0. 2012. Washington, DC: World Resources Institute.

Coburn, A., Copic, J. and Crawford-Brown, D., et al. 2015. *Unhedgeable Risk: How Climate Change Sentiment Impacts Investment*. Cambridge: University of Cambridge Institute for Sustainability Leadership(CISL). http://www.cisl.cam.ac.uk/publications/publication-pdfs/unhedgeable-risk.pdf.

Codding, B. F., Bird, D. W. and Bird, R. B. 2015. "The Real Cost of Closing Remote Communities: The Contribution Made by Traditional Indigenous Economies." *Arena Magazine* 135: 5-7.

Coe, M. T.. 2013 "Deforestation and Climate Feedbacks Threaten the Ecological Integrity of South-Southeastern Amazonia." *Philosophical Transactions of the Royal Society* B 368: 20120155. http://dx.doi.org/10.1098/rstb.2012.0155.

Cohen, M. N. 1989. *Health and the Rise of Civilization*. New Haven, CT: Yale University Press.

Cohn, B. 1996. *Colonialism and Its Forms of Knowledge*. Princeton, NJ: Princeton University Press.

Collier, J. F. 1988. *Marriage and Inequality in Classless Societies*. Stanford, CA: Stanford University Press.

Colquhoun, P. 1815. *A Treatise on the Wealth, Power, and Resources of the British Empire*. London: Joseph Mawman.

Committee to Frame a World Constitution. 1948. *Preliminary Draft of a World Constitution*. Chicago: University of Chicago Press.

Conklin, B. A. 2015. "Biopolitics of Health as Wealth in the Original Risk Society." In *Images of Public Wealth or the Anatomy of Well-Being in Indigenous Amazonia*, edited by F. Santos-Granero, 60-88. Tucson: University of Arizona Press.

Conrad, G. 1981. "Cultural Materialism, Split Inheritance, and the Expansion of Ancient Peruvian Empires." *American Antiquity* 46: 3-26.

Conrad, G. and Demarest, A. 1984. *Religion and Empire: The Dynamics of Aztec and Inca Expansionism*. Cambridge: Cambridge University Press.

Cook, E. 1971. "The Flow of Energy in an Industrial Society." *Scientific American* 224(3):134-144.

Cook, P. J. 2007. *Paying the Tab: The Economics of Alcohol Policy*. Princeton, NJ: Princeton University Press.

Coolidge, F. L. and Wynn, T. 2001. "Executive Functions of the Frontal Lobes and the Evolutionary Ascendancy of Homo Sapiens." *Cambridge Archaeological Journal* 11(2): 255-260.

Coolidge, F. L. and Wynn, T. 2005. "Working Memory, Its Executive Functions, and the Emergence of Modern Thinking." *Cambridge Archaeological Journal* 15(1):5-26.

Cordy-Collins, A. 1978. "The Dual Divinity Concept in Chavin Art." *El Dorado* 3(2): 1-31.

Costanza, R. D'Arge, R., and De Groot, R., et al. 1997. "The Value of the World's Ecosystem Services and Natural Capital." *Nature* 387(6630):253-259.

Costanza, R., Graumlich, L. and Steffen, W., et al. 2007. "Sustainability or Collapse: What Can We Learn from Integrating the History of Humans and the Rest of Nature?" *Ambio* 36(2):522-527.

Costin, C. L. 1998. "Housewives, Chosen Women, Skilled Men: Cloth Production and Social Identity in the Late Prehispanic Andes." *Archaeological Papers of the American Anthropological Association* 8(1):123-141.

Cowlishaw, G. 1978. "Infanticide in Aboriginal Australia." *Oceania* 48(4):262-283.

Cox, P. M., Betts, R. A. and Jones, C. D., et al. 2000. "Acceleration of Global Warming due to Carbon-Cycle Feedbacks in a Coupled Climate Model." *Nature* 408(6809): 184-187.

Crumley, C. 1995. "Heterarchy and the Analysis of Complex Societies." In *Heterarchy and the Analysis of Complex Societies*, edited by R. M. Ehrenreich, Carole L. Crumley, and Janet E. Levy, 1-5. *Archaeological Papers of the American Anthropological Association* 6. Arlington: American Anthropological Association.

Crutzen, P. J. and Stoermer, E. F. 2000. "The 'Anthropocene.'" IGBP *Newsletter* 41:17-18. International Geosphere-Biosphere Programme (IGBP): A Study of Global Change of the International Council for Science (ICSU).

Curry, O. S., Chesters, M. J. and Van Lissa, C. J. 2019a. "Mapping Morality with a Compass: Testing the Theory of 'Morality as Cooperation' with a New Questionnaire." *Journal of Research in Personality* 78(Feb):106-124.

Curry, O. S., Mullins, D. A. and Whitehouse, H. 2019b. "Is It Good to Cooperate? Testing the Theory of Morality-as-Cooperation in 60 Societies." *Current Anthropology* 60(1):47-69.

D'Altroy, T. N. 2002. *The Incas*. Oxford: Blackwell.

D'Altroy, T. N. and Earle, T. K. 1985. "Staple Finance, Wealth Finance, and Storage in the Inka Political Economy." *Current Anthropology* 26(2):187-206.

Dales, G. F. 1964. "The Mythical Massacre at Mohenjo-Daro." *Expedition* 6(3): 36-43.

Dales, G. F. 1965. "Civilization and Floods in the Indus Valley." *Expedition* 7(4):10-19.

Dales, G. F. 1966. "The Decline of the Harappans." *Scientific American* 214(5): 92-100.

Dales, G. F. 1982. "Mohenjodaro Miscellany: Some Unpublished, Forgotten, or Misinterpreted Features." In *Harappan Civilization: A Contemporary Perspective*, edited by G. Possehl, 97-106. New Delhi: Oxford and IBH.

Dales, G. F. and R. L. Raikes. 1968. "The Mohenjo-Daro Floods: A Rejoinder." *American Anthropologist* 70(5):957-961.

Dalzell, R. F., Jr. 1987. *Enterprising Elite: The Boston Associates and the World They Made*. Cambridge, MA: Harvard University Press.

David, B. and Lourandos, H. 1998. "Rock Art and Socio-Demography in Northeastern Australian Prehistory." *World Archaeology* 30(2):193-219.

Davidson, E. A., De Araújo, A. C. and Artaxo, P., et al. 2012. "The Amazon Basin in Transition." *Nature* 481(7381):321-328.

Davidson, I. 2010. "The Colonization of Australia and Its Adjacent Islands and the Evolution of Modern Cognition." *Current Anthropology* 51(S1):S177-S189.

Davies, J. B., Sandstrom, S. and Shorrocks, A., et al. 2006. *The World Distribution of Household Wealth*. Helsinki, Finland: World Institute for Development Economics Research.

Davis, L. E. and R. A. Huttenback. 1986. *Mammon and the Pursuit of Empire: The Political Economy of British Imperialism*, 1860-1912. Cambridge: Cambridge University Press.

Davis, M. 2001. *Late Victorian Holocausts: El Niño Famines and the Making of the Third World*. London: Verso.

Dawkins, R. 1989. *The Selfish Gene*. New York: Oxford University Press.

Dealogic. 2015. *Market Insights—M&A Statshot*. http://www.dealogic.com/media/market-insights/ma-statshot.

DeForest, R. W. and Veiller, L. 1903. *The Tenement House Problem: Including the Report of the New York State Tenement House Commission of* 1900. 2 vols. New York: Macmillan.

Deino, A. L., Behrensmeyer, A. K., and Brooks, A. S., et al. 2018. "Chronology of the Acheulean to Middle Stone Age Transition in Eastern Africa." *Science* 360(6 April): 95-98.

De Menocal, P., Ortiz, J., and Guilderson, T., et al. 2000. "Abrupt Onset and Termination of the African Humid Period: Rapid Climate Responses to Gradual Insolation Forcing." *Quaternary Science Reviews* 19:347-361.

Dennett, G. and Connell, J. 1988. "Acculturation and Health in the Highlands of Papua New Guinea." *Current Anthropology* 29(2):273-299.

Descola, P. 2013. *Beyond Nature and Culture*. Chicago: University of Chicago Press.

Deseret, R. 2015. *Cattle*. http://www.deseretranches.com/Home/Cattle.

Diakonoff, I. M. 1987. "Slave-Labour vs. Non-Slave Labour: The Problem of Definition." In *Labor in the Ancient Near East*, edited by M. A. Powell, 1-3. American Oriental Series, Vol. 68. New Haven, CT: American Oriental Society.

Diamond, J. 1997. *Guns, Germs, and Steel: The Fates of Human Societies*. New York: Norton.

Diamond, J. 2005. *Collapse: How Societies Choose to Fail or Succeed*. New York: Viking.

Diamond, S. 1974. *In Search of the Primitive: A Critique of Civilization*. New Brunswick, NJ: Transaction.

Dickens, C. (1852-1853) 1953. *Bleak House*. Garden City, NY: Literary Guild of America.

Dickson, P. G. M. 1967. *The Financial Revolution in England: A Study in the Development of Public Credit* 1685-1756. London: Macmillan.

Di Piazza, A., Di Piazza, P. and Pearthree, E. 2007. "Sailing Virtual Canoes across Oceania: Revisiting Island Accessibility." *Journal of Archaeological Science* 34(8):1219-1225.

Dinerstein, E., Olson, D., Joshi, A., et al. 2017. "An Ecoregion-Based Approach to Protecting Half the Terrestrial Realm." *BioScience* 67(6):534-545.

Dirks, N. B. 1989. "The Original Caste: Power, History and Hierarchy in South Asia." *Contributions to Indian Sociology* 23(1):59-77.

Dirks, N. B. 2001. *Castes of Mind: Colonialism and the Making of Modern India*. Princeton and Oxford: Princeton University Press.

Divale, W. and Harris, M. 1976. "Population, Warfare and the Male Supremacist Complex." *American Anthropologist* 78(3):521-538.

Dixit, Y., Hodell, D. A. and Petrie, C. A. 2015. "Abrupt Weakening of the Summer Monsoon in Northwest India ~4100 Yr Ago." *Geology* 42(4):339-342.

Dobyns, H. F., Doughty, P. L. and Lasswell, H. D. eds. 1971. *Peasants, Power, and Applied Social Change: Vicos as a Model*. Beverly Hills, CA, and London: Sage. For history and more current background, see also the Vicos Project website at Cornell University: http://courses.cit.cornell.edu/vicosperu/vicos-site/cornellperu_page_1.htm.

Dobyns, H. F. and Doughty, P. L. 1976. *Peru: A Cultural History*. New York: Oxford University Press.

Doughty, C. E., Wolf, A. and Malhi, Y. 2013. "The Legacy of the Pleistocene Megafauna Extinctions on Nutrient Availability in Amazonia." *Nature Geoscience* 6(Sept):761-764.

Doughty, P. L. 2002. "Ending Serfdom in Peru: The Struggle for Land and Freedom in Vicos." In *Contemporary Cultures and Societies of Latin America*, edited by D. B. Heath, pp. 222-243. Prospect Heights, IL: Waveland.

Douglas, M. 1966. *Purity and Danger: An Analysis of Concepts of Pollution and Taboo*. New York: Praeger.

Dow, J. 1986. "Universal Aspects of Symbolic Healing: A Theoretical Synthesis." *American Anthropologist* 88(1): 56-69.

Drewnoski, A. and Popkin, B. M. 1997. "The Nutrition Transition: New Trends in the Global Diet." *Nutrition Review* 55(2): 31-43.

Duffin, A. P. 2005. "Vanishing Earth: Soil Erosion in the Palouse, 1930—1945." *Agricultural History* 79(2): 173-192.

Duffin, A. P. 2007. *Plowed Under: Agriculture and Environment in the Palouse*. Seattle: University of Washington Press.

Dull, J. L. 1990. "The Evolution of Government in China." In *Heritage of China: Contemporary Perspectives on Chinese Civilization*, edited by P. Ropp, 55-85. Berkeley: University of California Press.

Dumont, L. 1970. *Homo Hierarchicus: An Essay on the Caste System*. Chicago: University of Chicago Press.

Dunbar, R. I. 1993. "Neocortex Size as a Constraint on Group Size in Primates." *Journal of Human Evolution* 20: 469-493.

Dupuy, T. N. 1979. *Numbers, Predictions and War: Using History to Evaluate Combat Factors and Predict the Outcome of Battles*. New York: Bobbs-Merrill.

Durham, W. H. 1991. *Coevolution: Genes, Culture, and Human Diversity*. Stanford, CA: Stanford University Press.

Dyson-Hudson, R. and Dyson-Hudson, N. 1969. "Subsistence Herding in Uganda." *Scientific American* 220(2): 76-89.

Eagan, K., Stolzenberg, E. B. and Ramirez, J. J., et al. 2014. *The American Freshman: National Norms Fall 2014*. Los Angeles: Higher Education Research Institute, UCLA.

Earle, P. 1989. *The Making of the English Middle Class: Business, Society and Family Life in London 1660—1730*. Berkeley and Los Angeles: University of California Press.

Earle, T. 1978. *Economic and Social Organization of a Complex Chiefdom: The Halelea District, Kaua'i, Hawaii*. Anthropological Papers No. 63. Ann Arbor: Museum of Anthropology, University of Michigan.

Earle, T. 1987. "Specialization and the Production of Wealth: Hawaiian Chiefdoms and the Inka Empire." In *Specialization, Exchange, and Complex Societies*, edited by E. Brumfiel and T. Earle, 64-75. Cambridge: Cambridge University Press.

Earle, T. 2001. "Institutionalization of Chiefdoms: Why Landscapes Are Built." In *From Leaders to Rulers*, edited by J. Haas, 105-124. New York: Kluwer Academic/Plenum.

Earls, J. and Silverblatt, I. 1978. "La Realidad Fisica y Social en la Cosmologia Andina." *Proceedings of the International Congress of Americanists* 42(4):299-325.

Eastman, L. E. 1988. *Family, Fields, and Ancestors: Constancy and Change in China's Social and Economic History*, 1550-1949. New York: Oxford University Press.

Eastwell, H. D. 1982. "Voodoo Death and the Mechanisms for Dispatch of the Dying in East Arnhem, Australia." *American Anthropologist* 84(1):5-18.

Ebrey, P. 1990. "Women, Marriage, and the Family in Chinese History." In *Heritage of China: Contemporary Perspectives on Chinese Civilization*, edited by P. Ropp, 197-223. Berkeley: University of California Press.

Eck, D. L. 1985. *Darsan: Seeing the Divine Image in India*. Chambersburg, PA: Anima.

Edgerton, R. B. 1992. *Sick Societies: Challenging the Myth of Primitive Harmony*. New York: Free Press.

Ehrlich, P. R. and Holdren, J. P. 1971. "Impact of Population Growth." *Science* 171(3977):1212-1217.

Eisenburg, J. and Thorington Jr., R. 1973. "A Preliminary Analysis of a Neotropical Mammal Fauna." *Biotropica* 5(3):150-161.

Ellis, E. C., Goldewijk, K. K., and Siebert, S., et al. 2010. "Anthropogenic Transformation of the Biomes, 1700 to 2000." *Global Ecology and Biogeography* 19:589-606.

Ellis, E. C. and Ramankutty, N. 2008. "Putting People in the Map: Anthropogenic Biomes of the World." *Frontiers in Ecology and the Environment* 6(8):439-447.

Enard, W., Przeworski, M., and Fisher, S. E., et al. 2002. "Molecular Evolution of FOXP2, a Gene Involved in Speech and Language." *Nature* 418, pages 869-872.

Engels, D. W. 1978. *Alexander the Great and the Logistics of the Macedonian Army*. Berkeley: University of California Press.

Engels, F. (1845) 1973. *The Condition of the Working Class in England*. Moscow: Progress.

Erdosy, G. 1988. *Urbanization in Early Historic India*. BAR International Series 430. Oxford: Oxford University Press.

Evans-Pritchard, E. E. 1940. *The Nuer: A Description of the Modes of Livelihood and Political Institutions of a Nilotic People*. New York: Oxford University Press.

Evans-Pritchard, E. E. 1951. *Kinship and Marriage Among the Nuer*. Oxford: Oxford University Press.

Evans-Pritchard, E. E. 1953. "The Nuer Conception of Spirit in Its Relation to the Social Order." *American Anthropologist* 55(2, pt. 1):201-214.

EWG, Environmental Working Group. 2015. http://farm.ewg.org/progdetail.php?fips=53075&progcode=wheat.

Fairservis, W. A., Jr. 1967. "The Origin, Character, and Decline of an Early Civilization." *American Museum Novitates* 2302:1-48.

FAO, IFAD, and WFP. 2015. *The State of Food Insecurity in the World* 2015. Meeting the 2015 International Hunger Targets: Taking Stock of Uneven Progress. Rome: FAO.

Farmer, P. 1994. *The Uses of Haiti*. Monroe, ME: Common Courage Press.

Farmer, P. 2001. *Infections and Inequalities: The Modern Plagues*. Berkeley: University of California Press.

Farmer, P. 2003. *Pathologies of Power: Health, Human Rights, and the New War on the Poor*. Berkeley: University of California Press.

Farrell, J. 2015. "Corporate Funding and Ideological Polarization about Climate Change." *PNAS* 113(1)92-97.

Feher, J. 1969. *Hawaii: A Pictorial History*. Bernice P. Bishop Museum Special Publication No. 58. Honolulu: Bishop Museum Press.

Fei, Hsiao-Tung and Chang, C. 1945. *Earthbound China: A Study of Rural Economy in Yunnan*. Chicago: University of Chicago Press.

First Peoples Worldwide. 2015. "Thousands Evicted for Clean Energy and Tourism." *Corporate Monitor*. http://firstpeoples.org/wp/thousands-evicted-for-clean-energy-and-tourism.

Firth, R. (1936)1957. *We the Tikopia: A Sociological Study of Kinship in Primitive Polynesia*. 2nd ed. New York: Barnes & Noble.

Firth, R. (1940)1967. *The Work of the Gods in Tikopia*. 2nd ed. London: Athlone Press.

Firth, R. (1965)1975. *Primitive Polynesian Economy*. New York: Norton.

Fischer-Kowalski, M. and Haberl, H. 1998. "Sustainable Development: Socio-Economic Metabolism and Colonization of Nature." *International Social Science Journal* 50(158):573-587.

Fittkau, E. and Klinge, H. 1973. "On Biomass and Trophic Structure of the Central Amazonian Rain Forest Ecosystem." *Biotropica* 5(1):2-14.

Fletcher, R. 1995. *The Limits of Settlement Growth: A Theoretical Outline*. Cambridge: Cambridge University Press.

Flood, J. 1980. *The Moth Eaters*. Atlantic Highlands, NJ: Humanities Press.

Flood, J. 1983. *Archaeology of the Dreamtime*. Honolulu: University of Hawaii Press.

Flowers, N. M. 1983. "Seasonal Factors in Subsistence, Nutrition, and Child Growth in a Central Brazilian Indian Community." In *Adaptive Responses of Native Amazonians*, edited by R. Hames and W. Vickers, 357-390. New York: Academic.

Folkard, H. C. 1870. *The Sailing Boat: A Description of English and Foreign Boats and Yachts*. 4th ed. London: Longmans, Green.

Forbes. 2015a. *Forbes 400*. http://www.forbes.com/forbes-400.

Forbes. 2015b. *The World's Biggest Public Companies: The List*. http://www.forbes.com/global2000/list/#search:anheus.

Forbes. 2018. *Forbes 400*. www.forbes.com/forbes-400.

Fordham, T. M., Techau, J. and Ebrahim Rahbari, S. M., et al. 2016. *Global Political Risk: The New Convergence Between Geopolitical and Vox Populi Risks, and Why It Matters*. Citi GPS: Global Perspectives & Solutions. https://www.citivelocity.com/citigps/ReportSeries.action?recordId=48.

Foucault, M. 1977. *Discipline and Punish: The Birth of the Prison*. New York: Pantheon.

Fox, J. 2009. *The Myth of the Rational Market: A History of Risk, Reward, and Delusion on Wall Street*. New York: HarperCollins.

Frangipane, M. 2000. "The Development of Administration from Collective to Centralized Economies in the Mesopotamian World: The Transformation of an Institution from 'System-Serving' to 'Self-Serving.'" In *Cultural Evolution: Contemporary Viewpoints*, edited by G. Feinman and L. Manzanilla, 215-232. Fundamental Issues in Archaeology. New York: Kluwer Academic/Plenum.

Frangipane, M. 2007. "Different Types of Egalitarian Societies and the Development of Inequality in Early Mesopotamia." *World Archaeology* 39(2): 151-176.

Fratkin, E. 1989. "Household Variation and Gender Inequality in Ariaal Pastoral Production: Results of a Stratified Time-Allocation Survey." *American Anthropologist* 91(2): 430-440.

Frazer, Sir J. (1890)1990. *The Golden Bough*. 3 vols. London: Macmillan.

Freedman, M. 1979. *The Study of Chinese Society*. Stanford, CA: Stanford University Press.

Fu, Q., Posth, C. and Hajdinjak, M., et al. 2016. "The genetic history of Ice Age Europe." *Nature* 534(9 June): 200-205.

Fund for Peace. 2010. *Failed State Index 2009*. Http://www.fundforpeace.org/web/index.php?option=com_content&task=view&id=99&Itemid=140.

Fund for Peace. 2015. *Fragile States Index 2015*. http://library.fundforpeace.org/library/fragilestatesindex-2015.pdf.

Fund for Peace. 2019. *Fragile States Index Annual Report 2019*. http://fundforpeace.org/wp-content/uploads/2019/04/9511904-fragilestatesindex.pdf.

Gallimore, R. and Howard, A. 1968. "The Hawaiian Life Style: Some Qualitative Considerations." In *Studies in a Hawaiian Community: Namakamaka O Nanakuli*, edited by R. Gallimore and A. Howard, 10-16. Pacific Anthropological Records No. 1. Honolulu: Department of Anthropology, B. P. Bishop Museum.

Gates, B. 1996. *The Road Ahead*. 2nd ed. New York: Penguin.

Gelb, I. J. 1965. "The Ancient Mesopotamian Ration System." *Journal of Near Eastern Studies* 24(3): 230-243.

Gibbons, A. 2018. "Complex Behavior Arose at Dawn of Humans." *Science* 359 (6381): 1200-1201.

Gilder, G. 1981. *Wealth and Poverty*. New York: Basic.

Gladwin, T. 1970. *East Is a Big Bird*. Cambridge, MA: Harvard University Press.

Glattfelder, J. B. and Battiston, S. 2009. "The Backbone of Complex Networks of Corporations: Who Is Controlling Whom?" *Physical Review* E 80(1): 1-33.

Gluckman, M. 1956. *Custom and Conflict in Africa*. New York: Barnes & Noble.

Goldman, I. 1970. *Ancient Polynesian Society*. Chicago and London: University of Chicago Press.

Goldsmith, R. 1987. *Premodern Financial Systems: A Historical Comparative Study*. Cambridge: Cambridge University Press, 16-33.

Goldstone, J. A. 1991. *Revolution and Rebellion in the Early Modern World*. Berkeley: University of California Press.

González-Ruibal, A. and Ruiz-Gálvez, M. 2016. "House Societies in the Ancient Mediterranean (200—500 BC)." *Journal of World Prehistory* 29: 383-437.

Good, A. 2000. "Congealing Divinity: Time, Worship and Kinship in South Indian Hinduism." *Journal of the Royal Anthropological Institute* 6: 273-292.

Goodland, R. 1982. *Tribal Peoples and Economic Development: Human Ecological Considerations*. Washington, DC: World Bank.

Goodman, A. H., Moses, Y. T. and Jones, J. L. 2012. *Race: Are We So Different?* Malden, MA: Wiley-Blackwell.

Goodwin, I. D., Browning, S. A. and Anderson, A. J. 2014. "Climate Windows for Polynesian Voyaging to New Zealand and Easter Island." *PNAS* 111(41): 14716-14721.

Goody, J. 1976. *Production and Reproduction: A Comparative Study of the Domestic Domain*. Cambridge: Cambridge University Press.

Goody, J. 1977. *The Domestication of the Savage Mind*. Cambridge: Cambridge University Press.

Gordon, R. J. 2016. *The Rise and Fall of American Growth: The U. S. Standard of Living Since the Civil War*. Princeton & Oxford: Princeton University Press.

Gosh, A. 1982. "Deurbanization of the Harappan Civilization." In *Harappan Civilization: A Contemporary Perspective*, edited by G. Possehl, 321-324. New Delhi: Oxford and IBH.

Gould, R. A. 1969. "Subsistence Behavior among the Western Desert Aborigines of Australia." *Oceania* 39(4): 253-273.

Gould, R. A. 1980. *Living Archaeology*. Cambridge: Cambridge University Press.

Gould, S. J. 1981. *The Mismeasure of Man*. New York: Norton.

Goulding, M. 1980. *The Fishes and the Forest: Explorations in Amazonian Natural History*. Berkeley: University of California Press.

Graeber, D. 2001. *Toward an Anthropological Theory of Value: The False Coin of Our Own Dreams*. New York: Palgrave.

Gramsci, A. 1992. *Prison Notebooks*. New York: Columbia University Press.

Gray, J. P. 1999. "A Corrected Ethnographic Atlas." *World Cultures* 10(1): 24-85.

Gray, R. D., Drummond, A. J. and Greenhill, S. J. 2009. "Language Phylogenies Reveal Expansion Pulses and Pauses in Pacific Settlement." *Science* 323(5913): 479-483.

Great Britain, United Kingdom, Treasury. 2007. *The Economics of Climate Change*, edited by N. Stern. Cambridge: Cambridge University Press.

Greaves, T., Bolton, R. and Zapata, F. eds. 2011. *Vicos and Beyond: A Half Century of Applying Anthropology in Peru*. Lanham, MD: AltaMira.

Greenberg, J. and Ruhlen, M. 2007. *An Amerind Etymological Dictionary*. Stanford, CA: Stanford University, Department of Anthropological Sciences.

Greenberg, J. H. and Ruhlen, M. 1992. "Linguistic Origins of Native Americans." *Scientific American*, 267(5): 94-99.

Grey, P. 2014. *How Many (More) Products Does Amazon Sell? ExportX*. http://export-x.com/2014/08/14/many-products-amazon-sell-2.

Gronowicz, A. 1998. *Race and Class Politics in New York City before the Civil War*. Boston: Northeastern University Press.

Gross, D. R. 1975. "Protein Capture and Cultural Development in the Amazon Basin." *American Anthropologist* 77(3): 526-549.

Gross, D. R. and Underwood, B. A. 1971. "Technological Change and Caloric Costs: Sisal Agriculture." *American Anthropologist* 73(2): 725-740.

Guaman Poma de Ayala, F. 1615. *El primer nueva corónica y buen gobierno*. Ms. Gammel Kongelig Samling (GKS) 2232, 4. Copenhagen: Det Kongelige Bibliotek (Royal Library of Denmark).

Gulliver, P. H. 1955. *The Family Herds: A Study of Two Pastoral Tribes in East Africa, the Jie and Turkana*. London: Routledge & Kegan Paul.

Gunderson, L. H. and Hilling, C. S. eds. 2002. *Panarchy: Understanding Transformations in Human and Natural Systems*. Washington, DC: Island Press.

Günther, T., Valdiosera, C., Malmström, H., et al. 2015. "Ancient Genomes Link Early Farmers from Atapuerca in Spain to Modern-day Basques." *PNAS* 112(38): 11917-11922.

Gurven, M., Stieglitz, J. and Trumble, B., et al. 2017. "The Tsimane Health and Life History Project: Integrating Anthropology and Biomedicine." *Evolutionary Anthropology* 26: 54-73.

Guzmán-Gallegos, M. A. 2015. "Amazonian Kichwa Leadership: The Circulation of Wealth and the Ambiguities of Mediation." In *Images of Public Wealth or the Anatomy of Well-Being in Indigenous Amazonia*, edited by F. Santos-Granero, 117-138. Tucson: University of Arizona Press.

Hails, C., Humphrey, S. and Loh, J., et al. 2008. *Living Planet Report* 2008. Gland, Switzerland: World Wide Fund for Nature.

Halcrow Group Limited. 2003. *Dominica Country Poverty Assessment*. Final Report. Caribbean Development Bank, Government of the Commonwealth of Dominica.

Hales, C. M., Carroll, M. D. and Fryar, C. D., et al. 2017. *Prevalence of Obesity Among Adults and Youth: United States*, 2015—2016. NCHS Data Brief No. 288. U. S. Department of Health and Human Services, National Center for Health Statistics. https://www.cdc.gov/nchs/data/databriefs/db288.pdf.

Hall, P. D. 1982. *The Organization of American Culture*, 1700—1900: *Private Institutions, Elites, and the Origins of American Nationality*. New York: New York University Press.

Hallegatte, S., Bangalore, M. and Bonzanigo, L., et al. 2016. *Shock Waves: Managing the Impacts of Climate Change on Poverty*. Climate Change and Development Series. Washington, DC: World Bank.

Hallpike, C. R. 1979. *The Foundations of Primitive Thought*. Oxford: Clarendon.

Hamilton, A. 1961(1787-1788). *Federalist Papers No. 12 and 35*. New York: Mentor, Signet Classics.

Hamilton, A. 1979. "A Comment on Arthur Hippler's Paper 'Culture and Personality Perspective of the Yolngu of Northeastern Arnhem Land: Part 1.'" *Mankind* 12(2): 164-169.

Hammack, D. C. 1982. *Power and Society: Greater New York at the Turn of the Century*. New York: Russell Sage Foundation.

Hammel, E. A. 2009. *George William Skinner* 1925—2008: *Biographical Memoir*. Washington, DC: National Academy of Sciences.

Hancock, D. 1995. *Citizens of the World: London Merchants and the Integration of the British Atlantic Community*, 1735—1785. Cambridge: Cambridge University Press.

Handy, E. S. C. and Handy, E. G. 1972. *The Native Planters in Old Hawaii: Their Life, Lore, and Environments*. Bernice P. Bishop Museum Bulletin 233. Honolulu: Bishop Museum Press.

Hansen, J., Kharecha, P. and Sato, M., et al. 2013. "Assessing 'Dangerous Climate Change': Required Reduction of Carbon Emissions to Protect Young People, Future Generations and Nature." *PLOS ONE* 8(12): 1-26.

Hansen, J., Sato, M. and Hearty, P., et al. 2015. "Ice Melt, Sea Level Rise and Superstorms: Evidence from Paleoclimate Data, Climate Modeling, and Modern Observations That 2℃ Global Warming Is Highly Dangerous." *Atmospheric Chemistry and Physics Discussion Paper* 15, 20059-20179. http://www.atmos-chem-phys-discuss.net/15/20059/2015/acpd-15-20059-2015.pdf.

Hardt, M. and Negri, A. 2000. *Empire*. Cambridge, MA: Harvard University Press.

Hardt, M. and Negri, A. 2004. *Multitude: War and Democracy in the Age of Empire*. New York: Penguin.

Hardt, M. and Negri, A. 2009. *Commonwealth*. Cambridge, MA: Belknap.

Harner, M. 1980. *The Way of the Shaman*. New York: Harper & Row.

Harner, M. 2013. *Cave and Cosmos: Shamanic Encounters with Another Reality*. Berkeley, CA: North Atlantic Books.

Harris, J., Schwartz, M. B. and LoDolce, M., et al. 2014. *Sugary Drink FACTS 2014: Some Progress but Much Room for Improvement in Marketing to Youth*. Rudd Center for Food Policy & Obesity. http://www.sugarydrinkfacts.org/resources/SugaryDrinkFACTS_Report.pdf.

Harris, M. 1965. "The Myth of the Sacred Cow." In *Man, Culture, and Animals*, edited by A. P. Vayda and A. Leeds, 217-228. Washington, DC: American Association for the Advancement of Science.

Harris, M. 1966. "The Cultural Ecology of India's Sacred Cattle." *Current Anthropology* 7(1): 51-59.

Harris, M. 1971. *Culture, Man, and Nature: An Introduction to General Anthropology*. New York: Crowell.

Harris, M. 1974. *Cows, Pigs, Wars, and Witches: The Riddles of Culture*. New York: Random House.

Harris, M. 1981. *America Now: The Anthropology of a Changing Culture*. New York: Simon and Schuster.

Harris, M. 1984. "A Cultural Materialist Theory of Band and Village Warfare: The Yanomamo Test." In *Warfare, Culture, and Environment*, edited by R. B. Ferguson, 111-140. New York: Academic.

Harris, M. 1985. *Good to Eat: Riddles of Food and Culture*. New York: Simon & Schuster.

Harris, M. 1988. *Culture, People, Nature: An Introduction to General Anthropology*. 5th ed. New York: Harper & Row.

Harris R. 2015. *The Harris Farms Family of Companies*, Harris Feeding Company. http://www.harrisranch-beef.com/aboutus/companies.html.

Hassan, F. 1981. *Demographic Archaeology*. New York: Academic.

Hassan, F. 2007. "The Lie of History: Nation-States and the Contradictions of Complex Societies." In *Sustainability or Collapse? An Integrated History and Future of People on Earth*, edited by R. Costanza, J. Graumlich Lisa, and W. Steffen, 169-196. Cambridge, MA: MIT Press.

Hastorf, C. A. 1993. *Agriculture and the Onset of Political Inequality before the Inka*. Cambridge: Cambridge University Press.

Headland, T. N., Pike, K. L. and Harris, M. 1990. *Emics and Etics: The Insider/Outsider Debate*. Newbury Park, CA: Sage.

Heckenberger, M., Kuikuro, A. and Kuikuro, U. T., et al. 2003. "Amazonia 1492: Pristine Forest or Cultural Parkland?" *Science* 301: 1710-1714.

Heckenberger, M. J., Russell, J. C. and Fausto, C., et al. 2008. "Pre-Columbian Urbanism, Anthropogenic Landscapes, and the Future of the Amazon." *Science* 321(29 Aug): 1214-1217.

Heede, R. 2014. "Tracing Anthropogenic Carbon Dioxide and Methane Emissions to Fossil Fuel and Cement Producers, 1854-2010." *Climatic Change*, 122(1-2): 229-241.

Heller, M. C. and Keoleian, G. A. 2000. *Life Cycle-Based Sustainability Indicators for Assessment of the U. S. Food System*. Center for Sustainable Systems Report No. CSS00-04. Ann Arbor: University of Michigan.

Hemming, J. 1978. *Red Gold: The Conquest of the Brazilian Indians*. Cambridge, MA: Harvard University Press.

Henry, J. 1963. Culture Against Man. New York: Random House.

Henshilwood, C. S. and D'Errico, F. eds. 2011. *Homo Symbolicus: The Dawn of Language, Imagination and Spirituality*. Amsterdam/ Philadelphia: John Benjamins Publishing Company.

Herskovits, M. J. 1926. "The Cattle Complex in East Africa." *American Anthropologist* 28(1): 230-272, 28(2): 361-388, 28(3): 494-528, 28(4): 633-664.

Hewlett, B. 2016. "Evolutionary Cultural Anthropology: Containing Ebola Outbreaks and Explaining Hunter-Gatherer Childhoods." *Cultural Anthropology* 57(S13): S27-S37.

Heywood, V. H. and Watson, R. T. 1995. *Global Biodiversity Assessment*. Cambridge: Cambridge University Press, for the United Nations Environment Programme.

Hiatt, L. R. 1984. "Your Mother-in-Law Is Poison." *Man* 19(2): 183-198.

Hickel, J. 2017a. "The Development Delusion: Foreign Aid and Inequality." *American Affairs* 1(3): 160-173.

Hickel, J. 2017b. *The Divide: Global Inequality from Conquest to Free Markets*. New York & London: W. W. Norton.

Hickel, J. 2017c. "Is Global Inequality Getting Better or Worse? A Critique of the World Bank's Convergence Narrative." *Third World Quarterly* 38(10) 2208-2222.

Higley, J. G., Field, L. and Grøholt, K. 1976. *Elite Structure and Ideology: A Theory with Applications to Norway*. New York: Columbia University Press.

Hinkela, J., Lincke, D. and Vafeidis, A. T., et al. 2014. "Coastal Flood Damage and Adaptation Costs Under 21st Century Sea-Level Rise." *PNAS* 111(9): 3292-3297.

Hippler, A. 1977. "Cultural Evolution: Some Hypotheses Concerning the Significance of Cognitive and Affective Interpenetration During Latency." *Journal of Psychohistory* 4(4): 419-460.

Hippler, A. 1978. "Culture and Personality Perspective of the Yolngu of Northeastern Arnhem Land: Part 1. Early Socialization." *Journal of Psychological Anthropology* 1(2):221-244.

Hobbes, T. (1651)1907. *Leviathan; or, The Matter, Form and Power of a Commonwealth, Ecclesiastical and Civil*. London: Routledge and Sons.

Hodgson, D. L. 2000. "Introduction." In *Rethinking Pastoralism in Africa: Gender, Culture and the Myth of the Patriarchal Pastoralist*, edited by D. L. Hodgson, pp. 1-28. Ohio: Ohio University Press.

Hoffecker, J. F. 2017. *Modern Humans: Their African Origin and Global Dispersal*. New York: Columbia University Press.

Holden, C. J. and Mace, R. 2003. "Spread of Cattle Led to the Loss of Matrilineal Descent in Africa: A Coevolutionary Analysis." *Proceedings of the Royal Society of London* B 270:2425-2433.

Hole, F. 1994. "Environmental Instabilities and Urban Origins." In *Chiefdoms and Early States in the Near East*, edited by G. Stein and M. S. Rothman, 121-152. Madison, WI: Prehistory Press.

Holmberg, A. R. 1971. "The Role of Power in Changing Values and Institutions of Vicos." In *Peasants, Power, and Applied Social Change: Vicos as a Model*, edited by H. F. Dobyns, P. L. Doughty, and H. D. Lasswell, 33-63. Beverly Hills, CA: Sage.

Holtzman, J. 2002. "Politics and Gastropolitics: Gender and the Power of Food in Two African Pastoralist Societies." *Journal of the Royal Anthropological Institute* (JRAI) 8(2):259-278.

Hommon, R. J. 2013. *The Ancient Hawaiian State: Origins of a Political Society*. New York: Oxford University Press.

Hommon, R. J. 1986. "Social Evolution in Ancient Hawai'i." In *Island Societies: Archaeological Approaches to Evolution and Transformation*, edited by P. V. Kirch, 55-68. Cambridge: Cambridge University Press.

Honeychurch, L. 1975. *The Dominica Story: A History of the Island*. Oxford: Macmillan.

Hooper, P. L., Gurven, M. and Winking, J., et al. 2015. "Inclusive Fitness and Differential Productivity across the Life Course Determine Intergenerational Transfers in a Small-Scale Human Society." *Proceedings of the Royal Society* B 282:20142808. http://dx.doi.org/10.1098/rspb.2014.2808.

Hoorn, C., Wesselingh, F. and Ter Steege, H., et al. 2010. "Amazonia Through Time: Andean Uplift, Climate Change, Landscape Evolution, and Biodiversity." *Science* 330(12 Nov):927-931.

Hope, C. and Schaefer, K. 2015. "Economic Impacts of Carbon Dioxide and Methane Released from Thawing Permafrost." *Nature Climate Change* 6:56-59.

Hopkins, D. E. 1985. "The Peruvian Agrarian Reform: Dissent from Below." *Human Organization* 44(1):18-32.

Hornborg, A. 2001. *The Power of the Machine: Global Inequalities of Economy, Technology, and Environment*. Walnut Creek, CA: AltaMira.

Hornborg, A. 2002. "Beyond Universalism and Relativism." Paper presented at the Ninth International Conference on Hunting and Gathering Societies, Heriot-Watt University, Edinburgh, Scotland.

Hornborg, A. 2015. "The Political Economy of Technofetishism: Agency, Amazonian Oontologies, and Global Mmagic."*Journal of Ethnographic Theory* 5(1):35-57.

Hornborg, A. 2016. "Artifacts Have Consequences, Not Agency: Toward a Critical Theory of Global Environmental History."*European Journal of Social Theory* 20(1) 1-16.

Hornborg, A. and Hill, J. D. 2011. "Introduction: Ethnicity in Ancient Amazonia." In *Ethnicity in Ancient Amazonia: Reconstructing Past Identities from Archaeology, Linguistics, and Ethnohistory*, edited by A. Hornborg and J. D. Hill, 1-27. Boulder: University Press of Colorado.

Horsburgh, K. A. and McCoy, M. D. 2017. "Dispersal, Isolation, and Interaction in *the* Islands of Polynesia: A Critical Review of Archaeological and Genetic Evidence." *Diversity* 9(37).

Howard, A. 1967. "Polynesian Origins and Migrations: A Review of Two Centuries of Speculation and Theory." In *Polynesian Culture History: Essays in Honor of Kenneth P. Emory*, edited by G. Highland, R. Force, A. Howard, M. Kelly, and Y. Sinoto, 45-101. Bernice P. Bishop Museum Special Publication No. 56. Honolulu: Bishop Museum Press.

Howard, A. 1968. "Adoption and Significance of Children to Hawaiian Families." In *Studies in a Hawaiian Community: Namakamaka O Nanakuli*, edited by R. Gallimore and A. Howard, 87-101. Pacific Anthropological Records No. 1. Honolulu: Department of Anthropology, B. P. Bishop Museum.

Howard, P. and Schwartz, J. 2015. *Foreign Action, Domestic Windfall: The U. S. Economy Stands to Gain Trillions from Foreign Climate Action*. Institute for Policy Integrity. New York: New York University School of Law.

Hsu, F. L. K. 1981. *Americans and Chinese: Passage to Difference*. Honolulu: University Press of Hawaii.

Hsu, F. L. K. ed. 1972. "American Core Value and National Character." In Psychological Anthropology, 240-262. Cambridge, MA: Schenkman.

Hummel, R. P. 1987. *The Bureaucratic Experience*. New York: St. Martin's.

Hunt, R. C. 1991. "The Role of Bureaucracy in the Provisioning of Cities: A Framework for Analysis of the Ancient Near East." In *The Organization of Power: Aspects of Bureaucracy in the Ancient Near East*, edited by M. Gibson and R. D. Biggs, 59-100. Studies in Ancient Oriental Civilization, No. 46. Chicago: Oriental Institute of the University of Chicago.

Hunt, T. L. 2006. "Rethinking the Fall of Easter Island: New Evidence Points to an Alternative Explanation for a Civilization's Collapse." *American Scientist* 94(5): 412-419.

Hunt, T. L. and Lipo, C. P. 2006. "Late Colonization of Easter Island." *Science* 311 (5767): 1603-1606.

Hunt, T. L. and Lipo, C. P. 2010. "Ecological Catastrophe, Collapse, and the Myth of 'Ecocide' on Rapa Nui (Easter Island)." In *Questioning Collapse: Human Resilience, Ecological Vulnerability, and the Aftermath of Empire*, edited by P. A. McAnany and N. Yoffee, 21-44. New York: Cambridge University Press.

Hutton, J. H. 1963. *Caste in India: Its Nature, Function, and Origins*. 4th ed. London: Oxford University Press.

Hyland, S. 2017. "Writing with Twisted Cords." *Current Anthropology* 58(3): 412-419.

Ii, John Papa. 1983. *Fragments of Hawaiian History*. Bernice P. Bishop Museum Special Publication No. 70. Honolulu: Bishop Museum Press.

Ilyatjari, N. 1983. "Women and Land Rights: The Pitjantjatjara Land Claims." In *We Are Bosses Ourselves: The Status and Role of Aboriginal Women Today*, edited by F. Gale, 55-61. Canberra: Australian Institute of Aboriginal Studies.

IPBES. 2019. *Summary for policymakers of the global assessment report on biodiversity and ecosystem services* (unedited advance version, approved April-May at 7th session of IPBES plenary). Intergovernmental Platform on Biodiversity and Ecosystem Services. https://www.ipbes.net/sites/default/files/downloads/summary_for_policymakers_ipbes_global_assessment.pdf.

IPCC. 2014a. *Climate Change 2014: Impacts, Adaptation, and Vulnerability. Part A: Global and Sectoral Aspects*. Contribution of Working Group II to the Fifth Assessment Report of the Intergovernmental Panel on Climate Change. Edited by C. B. Field, V. R. Barros and D. J. Dokken, et al. Cambridge: Cambridge University Press.

IPCC. 2014b. "Summary for Policymakers." In *Climate Change 2014: Impacts, Adaptation, and Vulnerability. Part A: Global and Sectoral Aspects*. Contribution of Working Group II to the Fifth Assessment Report of the Intergovernmental Panel on Climate Change, edited by C. B. Field, V. R. Barros, D. J. Dokken, K. J. Mach, M. D. Mastrandrea, T. E. Bilir, M. Chatterjee, K. L. Ebi, Y. O. Estrada, R. C. Genova, B. Girma, E. S. Kissel, A. N. Levy, S. MacCracken, P. R. Mastrandrea, and L. L. White, 1-32. Cambridge: Cambridge University Press.

IPCC. 2014c. *Synthesis Report. Contribution of Working Groups I, II and III to the Fifth Assessment Report of the Intergovernmental Panel on Climate Change*. Edited by P. K. Pachauri and L. A. Meyer. Geneva, Switzerland: IPCC.

Kirch, P. V. 1984. *The Evolution of the Polynesian Chiefdoms*. Cambridge: Cambridge University Press.

Kirch, P. V. 1985. *Feathered Gods and Fishhooks: An Introduction to Hawaiian Archaeology and Prehistory*. Honolulu: University of Hawaii Press.

Kirch, P. V. 2001. "Polynesian Feasting in Ethnohistoric, Ethnographic, and Archaeological Contexts: A Comparison of Three Societies." In *Feasts: Archaeological and Ethnographic Perspectives on Food, Politics, and Power*, edited by M. Dietler and B. Hayden, 168-184. Washington, DC: Smithsonian Institution Press.

Kirch, P. V. 2010. *How Chiefs Became Kings: Divine Kingship and the Rise of Archaic States in Ancient Hawai'i*. Berkeley: University of California Press.

Kirch, P. V. and Yen, D. E. 1982. *Tikopia: The Prehistory and Ecology of a Polynesian Outlier*. Honolulu: Bishop Museum Press.

Klein, N. 2014. *This Changes Everything: Capitalism vs the Climate*. New York: Simon & Schuster.

Klengel, H. 1987. "Non-Slave Labor in the Old Babylonian Period: The Basic Outlines." In *Labor in the Ancient Near East*, edited by M. A. Powell, 159-166. American Oriental Series, vol. 68. New Haven, CT: American Oriental Society.

Klich, L. Z. 1988. "Aboriginal Cognition and Psychological Nescience." In *Human Abilities in Cultural Context*, edited by S. H. Irvine and J. W. Berry, 427-452. Cambridge: Cambridge University Press.

Knudson, K. E. 1970. "Resource Fluctuation, Productivity, and Social Organization on Micronesian Coral Islands." PhD diss., University of Oregon.

Koch, R. 2004. *Living the 80/20 Way*. London: Nicholas Brealey.

Kohr, L. (1957) 1978. *The Breakdown of Nations*. New York: Dutton.

Kolbert, E. 2014. *The Sixth Extinction: An Unatural History*. New York: Henry Holt.

Komlos, J. 1998. "Shrinking in a Growing Economy? The Mystery of Physical Stature during the Industrial Revolution." *Journal of Economic History* 58(3): 779-802.

Kosse, K. 1990. "Group Size and Societal Complexity: Thresholds in the Long-Term Memory." *Journal of Anthropological Archaeology* 9(3): 275-303.

Kramer, S. N. 1963. *The Sumerians: Their History, Culture, and Character*. Chicago: University of Chicago Press.

Krantz, G. S. 1978. *Interproximal Attrition and Modern Dental Crowding. Occasional Papers in Method and Theory in California Archaeology* No. 2. Chico: Society for California Archaeology.

Krech, S. III. 1999. *The Ecological Indian: Myth and History*. New York: Norton.

Kroeber, A. L. 1948. *Anthropology*. New York: Harcourt, Brace and World.

La Lone, D. E. 1982. "The Inca as a Nonmarket Economy: Supply on Command Versus Supply and Demand." In *Contexts for Prehistoric Exchange*, edited by J. Ericson and T. K. Earle, 291-316. New York: Academic.

Laboratory for Anthropogenic Landscape Ecology. 2015. *Anthrome Maps*. http://ecotope. org/anthromes/maps.

Lambrick, H. T. 1967. "The Indus Flood-Plain and the 'Indus' Civilization."*Geographical Journal* 133(4):483-495.

Lanning, E. P. 1967. *Peru Before the Incas*. Englewood Cliffs, NJ: Prentice-Hall.

Larick, R. 1986. "Age Grading and Ethnicity in the Style of Loikop (Samburu) Spears."*World Archaeology* 18(2):269-283.

Larrick, J. W., Yost, J. A. and Kaplan, J., et al. 1979. "Patterns of Health and Disease Among the Waorani Indians of Eastern Ecuador." *Medical Anthropology* 3(2):147-189.

Lathrap, D. W. 1970. *The Upper Amazon*. London: Thames & Hudson.

Lawson, D. J., Hellenthal, G. and Myers, S., et al. 2012. "Inference of Population Structure Using Dense Haplotype Data." *PLOS Genetics* 8(1):e1002453.

Lazaridis, I., Lazaridis, I. and Nadel, D., et al. 2016. "Genomic Insights into the Origin of Farming in the Ancient Near East." *Nature* 536(25 August):419-424.

Legge, J. 1967. *Li Chi: Book of Rites*. 2 vols. New Hyde Park, NY: University Books.

Lenton, T. M., Held, H. and Kriegler, E., et al. 2008. "Tipping Elements in the Earth's Climate System." *PNAS* 105:1786-1793.

Lessa, W. A. 1986. *Ulithi: A Micronesian Design for Living*. Long Grove, IL: Waveland Press.

Levine, T. Y. 1992. "Inka State Storage in Three Highland Regions: A Comparative Study." In *Inka Storage Systems*, edited by T. Y. Levine, 107-148. Norman and London: University of Oklahoma Press.

Levison, M., Ward, R. G. and Webb, J. W. 1973. *The Settlement of Polynesia: A Computer Simulation*. Minneapolis: University of Minnesota Press.

Lévi-Strauss, C. 1944. "The Social and Psychological Aspects of Chieftainship in a Primitive Tribe: The Nambikuara of Northwestern Matto Grosso."*Transactions of the New York Academy of Sciences* 7:16-32.

Lévi-Strauss, C. 1963. *Totemism*. Boston: Beacon Press.

Lévi-Strauss, C. 1966. *The Savage Mind*. Chicago: University of Chicago Press.

Lévi-Strauss, C. 1969. *The Raw and the Cooked: Introduction to a Science of Mythology* 1. New York: Harper & Row.

Lévi-Strauss, C. 1973. *From Honey to Ashes: Introduction to a Science of Mythology* 2. New York: Harper & Row.

Lévi-Strauss, C. 1978. *The Origin of Table Manners: Introduction to a Science of Mythology* 3. New York: Harper & Row.

Lévy-Bruhl, L. (1922)1923. *Primitive Mentality*. New York: Macmillan.

Lévy-Bruhl, L. 1926. *How Natives Think* [Les Fonctions Mentales dans les Societes Inferieures]. New York: Knopf.

Lewis, D. 1976. "Observations on Route-Finding and Spatial Orientation among the Aboriginal Peoples of the Western Desert Region of Central Australia." *Oceania* 46(4): 249-282.

Lewis, M. P. ed. 2009. *Ethnologue: Languages of the World*. 16th ed. Dallas, TX: SIL International.

Lewis, M. P., Simons, G. F. and Fenning, C. D. eds. 2014. *Ethnologue: Languages of the World*. 17th ed. Dallas, TX: SIL International. http://www.ethnologue.com/17.

Lewis, S. L. and Maslin, M. A. 2015. "Defining the Anthropocene." *Nature* 519: 171-180.

Li, M. Q. 2009. "Capitalism, Climate Change and the Transition to Sustainability: Alternative Scenarios for the US, China and the World." *Development and Change* 40(6): 1039-1061.

Lin, Fuchun, Zhou, Yan and Du, Yasong, et al. 2012. "Abnormal White Matter Integrity in Adolescents with Internet Addiction Disorder: A Tract-Based Spatial Statistics Study." *PLOS One* 7(1): e30253.

Lindert, P. H. and Williamson, J. G. 1982. "Revising England's Social Tables 1688-1812." *Explorations in Economic History* 19: 385-408.

Lindert, P. H. and Williamson, J. G. 1983. "Reinterpreting Britain's Social Tables, 1688- 1913." *Explorations in Economic History* 20: 94-109.

Linnekin, J. 1990. *Sacred Queens and Women of Consequence: Rank, Gender, and Colonialism in the Hawaiian Islands*. Ann Arbor: University of Michigan Press.

Little, M. A. and Morren, G. E. B. 1976. *Ecology, Energetics, and Human Variability*. Dubuque, IA: Brown.

Lizot, J. 1977. "Population, Resources and Warfare Among the Yanomami." *Man* 12(3/4): 497-517.

Liu, L. and Chen, X. C. 2012. *The Archaeology of China: From the Late Paleolithic to the Early Bronze Age*. Cambridge: Cambridge University Press.

Llamas, B., Fehren-Schmitz, L., et al. 2016. "Ancient Mitochondrial DNA Provides High-Resolution Time Scale of the Peopling of the Americas." *Science Advances* (Apr 1) 2016.2: e1501385.

Lobel, P. S. 1978. "Gilbertese and Ellice Islander Names for Fishes and Other Organisms." *Micronesica* 14(2): 177-197.

Loh, J. and Wackernagel, M. 2004. *Living Planet Report*. Gland, Switzerland: WWF-World Wide Fund for Nature.

Lourandos, H. 1985. "Intensification and Australian Prehistory." In *Prehistoric Hunter-Gatherers: The Emergence of Cultural Complexity*, edited by D. Price and J. A. Brown, 385-423. New York: Academic.

Lourandos, H. 1987. "Pleistocene Australia: Peopling a Continent." In *The Pleistocene Old World: Regional Perspectives*, edited by O. Soffer, 147-165. New York: Plenum.

Lovejoy, A. O. 1936. *The Great Chain of Being: A Study of the History of an Idea*. Cambridge, MA: Harvard University Press.

Lozoff, B. and Brittenham, G. M. 1977. "Field Methods for the Assessment of Health and Disease in Pre-Agricultural Societies." In *Health and Disease in Tribal Societies*, 49-67. CIBA Foundation Symposium, No. 49. Amsterdam: Elsevier/Excerpta Medica/North-Holland.

Macaulay, V., Macaulay, V. and Hill, C., et al. 2005. "Single, Rapid Coastal Settlement of Asia Revealed by Analysis of Complete Mitochondrial Genomes." *Science* 308 (5724): 1034-1036.

Mackenzie, D. A. 1915. *Myths of Babylonia and Assyria*. London: Gresham.

Maddison, A. 2003. *The World Economy: Historical Statistics*. OECD: Development Centre Studies, Paris.

Maddison, A. 2007. *Contours of the World Economy*, 1-2030: Essays in Macro-Economic History. Oxford: Oxford University Press.

Maisels, C. K. 1990. *The Emergence of Civilization: From Hunting and Gathering to Agriculture, Cities, and the State in the Near East*. London: Routledge.

Malaspinas, A. S., Westaway, M. C. and Mulleret, C., et al. 2016. "A Genomic History of Aboriginal Australia." *Science* 538(13 Oct): 207-214.

Malinowski, B. 1944. *A Scientific Theory of Culture*. Chapel Hill: University of North Carolina Press.

Malinowski, B. 1948. *Magic, Science, and Religion*. Boston: Beacon.

Mandel, E. 1999. *Late Capitalism*. London: Verso.

Mann, G. and Wainwright, J. 2018. *Climate Leviathan: A Political Theory of Our Planetary Future*. London & New York: Verso.

Mann, M. 1986. *The Sources of Social Power*. Vol. 1. A History of Power from the Beginning to AD 1760. Cambridge: Cambridge University Press.

Mann, M. 2012. *The Sources of Social Power*. Vol. 1. A History of Power from the Beginning to AD 1760. 2nd ed. Cambridge: Cambridge University Press.

Marano, L. A. 1973. "A Macrohistoric Trend toward World Government." *Behavior Science Notes*, HRAF Quarterly Bulletin 8(1): 35-39.

Marchand, R. 1998. Creating the Corporate Soul: The Rise of Public Relations and Corporate Imagery in American Big Business. Berkeley: University of California Press.

Marcuse, H. 1964. *One-Dimensional Man: Studies in the Ideology of Advanced Industrial Society*. Boston: Beacon.

Marks, N., Abdallah, S. and Simms, A., et al. 2006. *The Happy Planet Index: An Index of Human Well-Being and Environmental Impact*. London: New Economics Foundation.

Marriot, M. 1968. "Caste Ranking and Food Transactions: A Matrix Analysis." In *Structure and Change in Indian Society*, edited by M. Singer and B. S. Cohn, 133-171.

New York: Viking Fund Publications in Anthropology.

Marx, K. and Engels, F. 1967. *The Communist Manifesto*. London: Penguin.

Masai [sic] Women—the Masai of Kenya. 1974. *Researcher and anthropologist Melissa Llewellyn-Davies*. Produced and directed by Chris Curling. Disappearing World Series. Granada Television International. Chicago: Films Incorporated.

Maslin, M. A., Brierley, C. M. and Milner, A. M., et al. 2014. "East African Climate Pulses and Early Human Evolution." *Quaternary Science Reviews* 101: 1-17.

Maslow, A. H. 1954. *Motivation and Personality*. New York: Harper.

Mayer, A. C. 1970. *Caste and Kinship in Central India: A Village and Its Region*. Berkeley and Los Angeles: University of California Press.

Mayhew, H. 1851—1862. *London Labour and the London Poor*. 4 vols. London: Griffin, Bohn. Reprinted 1968. New York: Dover.

Mayr, E. 1942. *Systematics and the Origin of Species: From the Viewpoint of a Zoologist*. New York: Columbia University Press.

McArthur, M. 1960. "Food Consumption and Dietary Levels of Groups of Aborigines Living on Naturally Occurring Foods." In *Records of the American Australian Scientific Expedition to Arnhem Land. Vol. 2 of Anthropology and Nutrition*, edited by C. Mountford, 90-135. Melbourne: Melbourne University Press.

McBrearty, S. and Brooks, A. S. 2000. "'The Revolution that wasn't': A New Interpretation of the Origin of Modern Human Behavior." *Journal of Human Evolution* 39: 453-563.

McCabe, J. T. 2003. "Sustainability and Livelihood Diversification among the Maasai of Northern Tanzania." *Human Organization* 62(2): 100-111.

McCarthy, F. D. and McArthur, M. 1960. "The Food Quest and Time Factor in Aboriginal Economic Life." In *Records of the American-Australian Scientific Expedition to Arnhem Land. Vol. 2 of Anthropology and Nutrition*, edited by C. Mountford, 145-194. Melbourne: Melbourne University Press.

McCloskey, D. N. 1976. "English Open Fields as Behavior towards Risk." *Research in Economic History* 1: 124-170.

McCorriston, J. 1997. "The Fiber Revolution: Textile Extensification, Alienation, and Social Stratification in Ancient Mesopotamia." *Current Anthropology* 38(4): 517-549.

McCurdy, C. W. 1978. "American Law and the Marketing Structure of the Large Corporation, 1875-1890." *Journal of Economic History* 38(3): 631-649.

McDonald, F. 1958. *We the People: The Economic Origins of the Constitution*. Chicago: University of Chicago Press.

McDonald, F. 1979. *E. Pluribus Unum: The Formation of the American Republic*. 2nd ed. Indianapolis: Liberty Press.

McDonald, F. 1985. *Novus Ordo Seclorum: The Intellectual Origins of the Constitution*. Lawrence: University Press of Kansas.

McEvedy, C. and Jones, R. 1978. *Atlas of World Population History*. Middlesex, UK: Penguin.

McKibben, B. 1989. *The End of Nature*. New York: Random House.

McKinnon, M. ed. 2012. *Climate Vulnerability Monitor: A Guide to the Cold Calculus of a Hot Planet*. 2nd ed. Madrid: DARA.

McNamee, S. J. and Miller Robert Jr., K. 2009. *The Meritocracy Myth*. Lanham, MD: Rowman & Littlefield.

McNeil, W. H. 1982. *The Pursuit of Power: Technology, Armed Force, and Society since A. D. 100*. Chicago: University of Chicago Press.

McNamee, S. J. and Miller Jr., R. K. 1987. *A History of the Human Community: Prehistory to the Present*. Englewood Cliffs, NJ: Prentice-Hall.

Meadows, D. L. 2007. "Evaluating Past Forecasts: Reflections on One Critique of the Limits to Growth." In *Sustainability or Collapse? An Integrated History and Future of People on Earth*, edited by R. Costanza, L. J. Graumlich and W. Steffen, 399-415. Cambridge, MA: MIT Press.

Meadows, D., Randers, J. and Meadows, D. 2004. *Limits to Growth: The 30-Year Update*. White River Junction, VT: Chelsea Green.

Meadows, D. H., Meadows, D. L., Randers, J. and Behrens Ⅲ, W. W. 1972. *The Limits to Growth*. New York: Universe.

Meadows, D. H., Meadows, D. L. and Randers, J. 1992. *Beyond the Limits: Confronting Global Collapse, Envisioning a Sustainable Future*. Post Mills, VT: Chelsea Green.

Medrano, J. D. 2005. *WVS 2005 Codebook*. World Values Survey 2005-2008. http://www.worldvaluessurvey.org.

Meehan, B. 1982. "Ten Fish for One Man: Some Anbarra Attitudes towards Food and Health." In *Body, Land and Spirit: Health and Healing in Aboriginal Society*, edited by J. Reid, 96-120. St. Lucia: University of Queensland Press.

Meggers, B. J. 1954. "Environmental Limitation on the Development of Culture." *American Anthropologist* 56: 801-824.

Menasha Corporation. 2008. *Annual Report 2008: Staying the Course*. http://www.menasha.com/aboutUs/AnnualReports.html.

Menotti, V., Barbara, J. S. and Clarke, T., et al. 2011. *Outing the Oligarchy: Billionaires Who Benefit from Today's Climate Crisis*. Special report, International Forum on Globalization(IFG). http://ifg.org/v2/wp-content/uploads/2014/04/IFG_OTO_report.pdf.

Messner, J. J., Haken, N. and Taft, P., et al. 2015. *Fragile States Index* 2015. Washington, DC: The Fund for Peace.

Messner, J. J. 2019. *Fragile States Index Annual Report* 2019. Washington, DC: The Fund for Peace.

Michael, F. 1964. "State and Society in Nineteenth-Century China." In *Modern China*, edited by A. Feuerwerker, 57-69. Englewood Cliffs, NJ: Prentice-Hall.

Milanovic, B. 2002. "True World Income Distribution, 1988 and 1993: First Calculations Based on Household Surveys Alone." *Economic Journal* 112(476):51-92.

Millennium Ecosystem Assessment. 2005a. *Ecosystems and Human Well-Being: Biodiversity Synthesis*. Washington, DC: World Resources Institute.

Millennium Ecosystem Assessment. 2005b. *Ecosystems and Human Well-Being: Synthesis*. Washington, DC: Island Press.

Millennium Ecosystem Assessment. 2005c. *Living Beyond Our Means: Natural Assets and Human Well-Being*. Statement from the Board. Technical Volume. Washington, DC: Island Press.

Miller, D. 1985. "Ideology and the Harappan Civilization." *Journal of Anthropological Archaeology* 4:34-71.

Miller, E. and Hatcher, J. 1995. *Medieval England: Towns, Commerce and Crafts 1086-1348*. London: Longman.

Miller, G. H., Fogel, M. L. and Magee, J. W., et al. 2005. "Ecosystem Collapse in Pleistocene Australia and a Human Role in Megafaunal Extinction." *Science* 309 (8 July):287-290.

Miller, S. 1967. "Hacienda to Plantation in Northern Peru: The Processes of Proletarianization of a Tenant Farmer Society." In *Contemporary Change in Traditional Societies. Vol. 3, Mexican and Peruvian Communities*, edited by J. Steward, 133-225. Urbana: University of Illinois Press.

Mintz, S. W. 1985. *Sweetness and Power: The Place of Sugar in Modern History*. New York: Viking/Penguin.

Mintz, S. W. and Wolf, E. R. 1957. "Haciendas and Plantations in Middle America and the Antilles." *Social and Economic Studies* 6:380-412.

Mittermeier, R. A., Mittermeier, C. G. and Brooks, T. M., et al. 2003. "Wilderness and Biodiversity Conservation." *PNAS* 100(18):10309-10313.

Mittermeier, R. A., Turner, W. R. and Larsen, F. W., et al. 2011. "Global Biodiversity Conservation: The Critical Role of Hotspots." In *Biodiversity Hotspots*, edited by F. E. Zachos and J. C. Habel, 3-22. Berlin: Springer.

Mondragon Corporation. 2008. *2008 Annual Report*. http://www.mondragon-corporation.com/language/en-US/ENG/General-Information/Downloads.aspx.

Mondragon Corporation. 2015. *Mondragon Corporation Press Dossier*. http://www.mondragon-corporation.com/wp-content/uploads/Dossier-MONDRAGON-eng.pdf.

Monnin, E., Indermuhle, A. and Dallenbach, A., et al. 2001. "Atmospheric CO2 Concentrations over the Last Glacial Termination." *Science* 291(5501):112-114.

Montagu, A. 1972. "Sociogenic Brain Damage." *American Anthropologist* 74(5):1045-1061.

Montenegro, Á., Callaghan, R. T. and Fitzpatrick, S. M. 2016. "Using Seafaring Simulations and Shortest-Hop Trajectories to Model the Prehistoric Colonization of Remote

Oceania." *PNAS* 113(45):12685-12690.

Moody, J. 1904. *The Truth about the Trusts: A Description and Analysis of the American Trust Movement*. New York: Moody Publishing.

Moore, A. M. T., Hillman, G. C. and Legge, A. J. 2000. *Village on the Euphrates: From Foraging to Farming at Abu Hureyra*. New York: Oxford University Press.

Moore, J. D. 2004. "The Social Basis of Sacred Spaces in the Prehispanic Andes: Ritual Landscapes of the Dead in Chimú and Inka Societies." *Journal of Archaeological Method and Theory* 11(1):33-124.

Moore, S. F. 1958. *Power and Property in Inca Peru. Morningside Heights.* New York: Columbia University Press.

Moreno-Mayar, J. V., Rasmussen, S. and Seguin-Orlando, A., et al. 2014. "Genome-wide Ancestry Patterns in Rapanui Suggest Pre-European Admixture with Native Americans." *Current Biology* 2014,24(21):2518-2525.

Morgan, L. H. 1877. *Ancient Society*. New York: Holt.

Moriarty, S., Ali, M. and Miller, B., et al. 2012. *Born on Third Base: What the Forbes 400 Really Says about Economic Equality & Opportunity in America*. Boston: United for a Fair Economy.

Morris, I. 1996. *Kakadu National Park Australia*. Steve Parish Natural History Guide. Fortitude Valley, Queensland: Steve Parish Publishing.

Morrison, R. 1991. *We Build the Road as We Travel*. Philadelphia: New Society Publishers.

Moseley, M. E. 1975. *The Maritime Foundations of Andean Civilization*. Menlo Park, CA: Cummings.

Mountford, C. P. 1965. *Ayers Rock: Its People, Their Beliefs, and Their Art*. Honolulu: East-West Center Press.

Mulrooney, M. A. 2013. "An Island-Wide Assessment of the Chronology of Settlement and Land Use on Rapa Nui (Easter Island) Based on Radiocarbon Data." *Journal of Archaeological Science* 40:4377-4399.

Mulvaney, K. 2013. "Iconic Imagery: Pleistocene Rock Art Development across Northern Australia." *Quaternary International* 285:99-110.

Munn, N. D. 1969. "The Effectiveness of Symbols in Murngin Rite and Ritual." In *Forms of Symbolic Action: Proceedings of the 1969 Annual Spring Meeting of the American Ethnological Society*, edited by R. Spencer, 178-207. Seattle and London: American Ethnological Society.

Munn, N. D. 1973. *Walbiri Iconography: Graphic Representation and Cultural Symbolism in a Central Australian Society*. Ithaca, NY, and London: Cornell University Press.

Murai, M., Pen, F. and Miller, C. D. 1958. *Some Tropical South Pacific Island Foods: Description, History, Use, Composition, and Nutritive Value*. Hawaii Agricultural Experiment Station bulletin 110. Honolulu: University of Hawaii Press.

Murdock, G. P. 1962. *Ethnographic Atlas*. Pittsburgh: University of Pittsburgh Press.

Murdock, G. P. 1972. *Outline of World Cultures*. 4th ed. New Haven, CT: Human Relations Area Files.

Murdock, G. P. 1983. *Outline of World Cultures*. 6th ed. New Haven, CT: Human Relations Area Files.

Murdock, G. P., Ford, C. S. and Hudson, A. E., et al. 2000. *Outline of Cultural Materials*. 5th ed. New Haven, CT: Human Relations Area Files.

Murphy, M. S., Boza, M. F. and Gaither, C. 2017. "Exhuming Differences and Continuities after Colonialism at Puruchuco-Huaquerones, Peru." In *Colonized Bodies, Worlds Transformed: Towards a Global Bioarchaeology of Contact and Colonialism*, edited by M. S. Murphy and H. D. Klaus, 41-69. Gainesville: University Press of Florida.

Murphy, Y. and Murphy, R. F. 1974. Women of the Forest. New York: Columbia University Press.

Murra, J. V. 1960. "Rite and Crop in the Inca State." In *Culture in History: Essays in Honor of Paul Radin*, edited by S. Diamond, 393-407. New York: Columbia University Press.

Myers, N. 1988. "Threatened Biotas 'Hot Spots' in Tropical Forests." *The Environmentalist* 8(3): 187-208.

Myers, N., Mittermeier, R. A. and Mittermeier, C. G., et al. 2000. "Biodversity Hotspots for Conservation Priorities." *Nature* 403(24): 853-858.

Narasimhan, V. M., Patterson, N. N. and Moorjani, P., et al. 2018. *The Genomic Formation of South and Central Asia*. bioRxiv Preprint. https://www.biorxiv.org/content/early/2018/03/31/292581.full.pdf+html.

Naroll, R. 1962. "Floor Area and Settlement Population." *American Antiquity* 27(4): 587-589.

Naroll, R. 1967. "Imperial Cycles and World Order." *Peace Research Society (International) Papers* 7: 83-101.

National Institute on Alcohol Abuse and Alcoholism. 2015. *College Drinking*. Fact Sheet. http://pubs.niaaa.nih.gov/publications/CollegeFactSheet/CollegeFactSheet.pdf.

National Oceanic & Atmospheric Administration (NOAA). 2015. *Trends in Atmospheric Carbon Dioxide*. http://www.esrl.noaa.gov/gmd/ccgg/trends/weekly.html.

Neel, J. V. 1970. "Lessons from a 'Primitive' People." *Science* 170(3960): 815-822.

Newmyer, R. K. 1987. "Harvard Law School, New England Legal Culture, and the Antebellum Origins of American Jurisprudence." *Journal of American History* 74(3): 814-835.

Nielsen, R., Akey, J. M. and Jakobsson, M., et al. 2017. "Tracing the Peopling of the World through Genomics." *Nature* 541(19 Jan): 302-310.

Niles, S. A. 1999. *The Shape of Inca History: Narrative and Architecture in an Andean Empire*. Iowa City: University of Iowa Press.

Nissen, H. J. 1986. "The Archaic Texts from Uruk." *World Archaeology* 17(3): 317-334.

National Oceanic & Atmospheric Administration (NOAA). 2019. *Trends in Atmospheric Carbon Dioxide*. Global Greenhouse Gas Reference Network. https://www.esrl.noaa.gov/gmd/ccgg/trends/monthly.html.

Noble, D. F. 1977. *America by Design: Science, Technology, and the Rise of Corporate Capitalism*. New York: Knopf.

Noble, D. F. 1993. *Progress without People: In Defense of Luddism*. Chicago: Keen.

Noll, R. 1984. "The Context of Schizophrenia and Shamanism." *American Ethnologist* 11(1): 191-192.

Nordhaus, T., Shellenberger, M. and Blomqvist, L. 2012. *The Planetary Boundaries Hypothesis: A Review of the Evidence*. Breakthrough Institute. http://thebreakthrough.org/blog/Planetary%20Boundaries%20web.pdf.

Norway, Ministry of Finance. 2005. *The Government Pension Fund: The Ethical Guidelines*. http://www.regjeringen.no/en/dep/fin/Selected-topics/the-government-pension-fund/responsible-investments/Guidelines-for-observation-and-exclusion-from-the-Government-Pension-Fund-Globals-investment-universe.html?id=594254.

Norway, Ministry of Finance. 2008a. *Council on Ethics, Government Pension Fund*. Annual Report 2008. http://www.regjeringen.no/en/sub/styrer-rad-utvalg/ethics_council/annual-reports.html?id=458699.

Norway, Ministry of Finance. 2008b. *Norway's Strategy for Sustainable Development*, published as part of the National Budget. R-0617E. http://www.regjeringen.no/upload/FIN/rapporter/R-0617E.pdf.

Oates, J. 1993. "Trade and Power in the Fifth and Fourth Millennia BC: New Evidence from Northern Mesopotamia." *World Archaeology* 24(3): 403-422.

O'Brien, K. 2013. "Global Environmental Change Ⅲ: Closing the Gap between Knowledge and Action." *Progress in Human Geography* 37(4): 587-596.

O'Connell, J. F. and Hawkes, K. 1981. "Alyawara Plant Use and Optimal Foraging Theory." In *Hunter-Gatherer Foraging Strategies*, edited by B. Winter-Halder and E. A. Smith, 99-125. Chicago: University of Chicago Press.

O'Connell, J. F. and Allen, J. 2015. "The Process, Biotic Impact, and Global Implications of the Human Colonization of Sahul about 47,000 Years Ago." *Journal of Archaeological Science* 56: 73-84.

O'Neil, B. C., Kriegler, E. and Ebi, K. L., et al. 2017. "The Roads Ahead: Narratives for Shared Socioeconomic Pathways Describing World Futures in the 21st Century." *Global Environmental Change* 42 169-180.

Ocholla-Ayayo, A. B. C. 1979. "Marriage and Cattle Exchange Among the Nilotic Luo."*Paideuma* 25:173-193.

Odum, H. T. 1971. *Environment, Power, and Society*. New York: Wiley Inter-Science.

Ogden, C. L., Carroll, M. D. and Fryar, C. D., et al. 2015. *Prevalence of Obesity among Adults and Youth: United States*, 2011—2014. NCHS Data Brief No. 219. Hyattsville, MD: National Center for Health Statistics.

Ogutu, J. O., Piepho, H. P. and Said, M. Y., et al. 2016. "Extreme Wildlife Declines and Concurrent Increase in Livestock Numbers in Kenya: What Are the Causes?" *PLOS ONE* 11(9):1-46. e0163249.

Olalde, I., Brace, S. and Allentoft, M. E., et al. 2018. "The Beaker Phenomenon and the Genomic Transformation of Northwest Europe." *Nature* 555(8 March):190-196.

Oliver, Douglas L. 1989. *Oceania: The Native Cultures of Australia and the Pacific Islands*. 2 vols. Honolulu: University of Hawaii Press.

Olsson, K. 2002. "The Shame of Meatpacking."*The Nation* 275(8):11-16.

Open Secrets. 2009. *Personal Finance: Most Popular Investments, Top Sectors*, 2007. http://www.opensecrets.org/pfds/index.php.

Orwin, C. S. and Orwin, C. S. 1967. *The Open Fields*. Oxford: Clarendon.

Parellada, A. and Hvalkof, S. eds. 1998. *Liberation Through Land Rights in Ucayali, Peru*. Copenhagen: IWGIA Document No. 90.

Pareto, V. 1971. *Manual of Political Economy*. Translated by A. S. Schwier and A. N. Page. New York: A. M. Kelley.

Parkinson, C. N. 1957. *Parkinson's Law and Other Studies in Administration*. Boston: Houghton Mifflin.

Parr, C. L., Lehmann, C. E. R. and Bond, W. J., et al. 2014. "Tropical Grassy Biomes: Misunderstood, Neglected, and under Threat." *Trends in Ecology & Evolution* 29(4): 205-213.

Parry, J. 1979. *Caste and Kinship in Kangra*. London: Routledge & Kegan.

Patomaki, H. 2019. *A World Political Party: The Time Has Come*. Great Transition Initiative. https://www.tellus.org/pub/Patomaki-World-Party.pdf.

Paulsen, A. C. 1974. "The Thorny Oyster and the Voice of God: Spondylus and Strombus in Andean Prehistory." *American Antiquity* 39(4):597-607.

Peltz, J. F. 2015. "Corporate Mergers and Acquisitions Are on a Record Pace This Year." *Los Angeles Times*, Nov. 30. http://www.latimes.com/business/la-fi-agen-damergers-20151116-story.html.

Peregrine, P. N. 2003. "Atlas of Cultural Evolution." *World Cultures* 14(1):2-75.

Peres, C. A, Gardner, T. A. and Barlow, J., et al. 2010. "Biodiversity Conservation in Human-Modified Amazonian Forest Landscapes." *Biological Conservation* 143: 2314-2327.

Perkins, D. H. 1969. *Agricultural Development in China* 1368-1968. Chicago: Aldine.

Perry, W. J. 1923. *The Children of the Sun*. London: Methuen.

Pessen, E. 1971. "The Egalitarian Myth and the American Social Reality: Wealth, Mobility, and Equality in the 'Era of the Common Man.'" *American Historical Review* 76:989-1034.

Pessen, E. 1973. *Riches, Class, and Power before the Civil War*. Lexington, MA: Heath.

Peters, L. G. and Price-Williams, D. 1980. "Towards an Experiential Analysis of Shamanism." *American Ethnologist* 7(3):397-418.

Peterson, N. 1986. *Australian Territorial Organization*. Oceania Monograph No. 30. Sydney: University of Sydney.

Peterson, N. 1997. "Demand Sharing: Sociobiology and the Pressure for Generosity among Foragers." In *Scholar and Sceptic: Australian Aboriginal Studies in Honour of L. R. Hiatt*, edited by F. Merlan, J. Morton and A. Rumsey, 171-190. Canberra: Aboriginal Studies Press.

Petrie, C. A., Singh, R. N. and Bates, J., et al. 2017. "Adaptation to Variable Environments, Resilience to Climate Change: Investigating Land, Water and Settlement in Indus Northwest India." *Current Anthropology* 58(1):1-30.

Pierson, D. 2015. "How Much Is a Craft Brewery Worth? How About a Billion Dollars?"*Los Angeles Times*, Sept. 16. http://www.latimes.com/business/la-fiballast-point-beer-deal-20151116-story.html.

Pietraszek, G. 1990. "Cattlemen Face Future Competition with Confidence."*National Provisioner* 202(12):5-8.

Pike, K. 1954. *Language in Relation to a Unified Theory of the Structure of Human Behavior*. Vol. 1. The Hague: Mouton.

Piketty, T. 2014. *Capital in the Twenty-First Century*. Cambridge, MA: Belknap.

Pinker, S. 2011. *The Better Angels of Our Future: Why Violence Has Declined*. New York: Penguin Books.

Piperno, D. R. 2011. "The Origins of Plant Cultivation and Domestication in the New World Tropics: Patterns, Process, and New Developments." *Current Anthropology* 52(S4):S453-S470.

Piperno, D. R., McMichael, C. and Bush, M. B. 2015. "Amazonia and the Anthropocene: What was the Spatial Extent and Intensity of Human Landscape Modification in the Amazon Basin at the End of Prehistory?" *Holocene* 25:1588-1597.

Platt, J. 1969. "What We Must Do."*Science* 166:1115-1121.

Playfair, W. (1801)2005. *The Commercial and Political Atlas and Statistical Breviary*. Edited by H. Wainer and I. Spence. 3rd ed. Cambridge: Cambridge University Press.

Polanyi, K. 1944. *The Great Transformation: The Political and Economic Origins of Our Time*. Boston: Beacon.

Pollard, D. ed. 2010. *Living Planet Report* 2010: *Biodiversity, Biocapacity and Development*. Gland, Switzerland: WWF International.

Popkin, B. M. 1998. "The Nutrition Transition and Its Health Implications in Lower-Income Countries." *Public Health Nutrition* 1(1):5-21.

Population Division of the Department of Economic and Social Affairs of the United Nations Secretariat. 1999. *The World at Six Billion*. World Population Growth. http://merganser.math.gvsu.edu/m201/population/6billion.pdf.

Porteus, S. D. 1917. "Mental Tests with Delinquents and Australian Aboriginal Children." *Psychological Review* 24(1):32-42.

Porteus, S. D. 1931. *The Psychology of a Primitive People*. London: E. Arnold.

Porteus, S. D. and Marjorie E. Babcock. 1926. *Temperament and Race*. Boston: Gorham Press.

Possehl, G. L. 1967. "The Mohenjo-Daro Floods: A Reply." *American Anthropologist* 69(1):32-40.

Possehl, G. L. 1977. "The End of a State and Continuity of a Tradition: A Discussion of the Late Harappa." In *Realm and Region in Traditional India*, edited by R. Fox, 234-254. Durham, NC: Program in Comparative Studies on Southern Asia, Duke University Monograph and Occasional Papers Series, Monograph No. 14.

Posth, C., Nägele, K. and Colleran, H., et al. 2018a. "Language Continuity Despite Population Replacement in Remote Oceania." *Nature Ecology & Evolution* 2:731-740.

Posth, C., Nakatsuka, N. and Lazaridis, I., et al. 2018b. "Reconstructing the Deep Population History of Central and South America." *Cell* 175:1185-1197.

Powell, M. 1985. "Salt, Silt, and Yields in Sumerian Agriculture: A Critique of the Theory of Progressive Salinization." *Zeitschrift für Assyriologie* 75:7-38.

Price, W. A. 1945. *Nutrition and Physical Degeneration: A Comparison of Primitive and Modern Diets and Their Effects*. Redlands, CA: Weston Price.

Prieto G., Verano, J. W. and Goepfert, N., et al. 2019. "A Mass Sacrifice of Children and Camelids at the Huanchaquito-Las Llamas Site, Moche Valley, Peru." *PLOS ONE* 14(3):1-23.

Pugach, I., Duggan, A. T. and Merriwether, D. A., et al. 2018. "The Gateway from Near into Remote Oceania: New Insights from Genome-Wide Data." *Molecular Biology and Evolution* 35(4):871-886.

Pukui, M. K. and Elbert, S. H. 1986. *Hawaiian Dictionary*. Honolulu: University of Hawaii Press.

Quilter, J. and Stocker, T. 1983. "Subsistence Economies and the Origins of Andean Complex Societies." *American Anthropologist* 85(3):545-562.

Quinlan, M. B. 2004. *From the Bush: The Front Line of Health Care in a Caribbean Village*. Case Studies in Cultural Anthropology. Belmont, CA: Thomson Wadsworth.

Rabb, T. K. 1967. *Enterprise and Empire: Merchant and Gentry Investment in the Expansion of England*, 1575-1630. Cambridge, MA: Harvard University Press.

Radcliffe-Brown, A. R. 1929. "The Sociological Theory of Totemism." *Proceedings of the Fourth Pacific Science Congress*. Reprinted 1965 in Structure and Function in Primitive Society, edited by A. R. Radcliffe-Brown, 117- 132. New York: Free Press.

Radcliffe-Brown, A. R. 1941. "The Study of Kinship Systems." *Journal of the Royal Anthropological Institute*. Reprinted 1965 in Structure and Function in Primitive Society, edited by A. R. Radcliffe-Brown, 49-89. New York: Free Press.

Radcliffe-Brown, A. R. 1952. *Structure and Function in Primitive Society*. London: Oxford University Press.

Radin, P. 1953. *The World of Primitive Man*. New York: Dutton.

Raikes, R. L. 1964. "The End of the Ancient Cities of the Indus." *American Anthropologist* 66(2): 284-299.

Raikes, R. L. 1965. "The Mohenjo-Daro Floods." Antiquity 38(155): 196-203.

RAISG, *Red Amazónica de Información Socioambiental Georeferenciada*. 2009. Amazonia 2009 Áreas Protegidas Territorios Indígenas. https://www.raisg.socioambiental.org.

RAISG. 2012. *Amazon 2012 Protected Areas and Indigenous Territories*. https://www.amazoniasocioambiental.org/en/publication/amazonia-2012-protected-areas-and-indigenous-territories/.

RAISG. 2017. *Amazonia 2017 Protected Areas and Indigenous Territories (map)*. Amazon Geo-Referenced Socio-Environmental Network. https://www.amazonia socioambiental.org/en/maps/#!/areas.

Rao, S. R. 1982. "New Light on the Post-Urban (Late Harappan) Phase of the Indus Civilization in India." In *Harappan Civilization: A Contemporary Perspective*, edited by G. Possehl, 353-359. New Delhi: Oxford and IBH.

Rappaport, R. A. 1977. "Normative Models of Adaptive Processes: A Response to Anne Whyte." In *The Evolution of Social Systems*, edited by J. Friedman and M. J. Rowlands, 79-87. London: Duckworth.

Raskin, P. D. 2006. *The Great Transition Today: A Report from the Future*. GTI Paper Series 2, Frontiers of a Great Transition. Boston: Tellus Institute.

Raskin, P. D. 2014. *A Great Transition? Where We Stand*. Great Transition Initiative. https://greattransition.org/publication/a-great-transition-where-we-stand.

Rasmussen, M., Guo, X. S. and Wang, Y., et al. 2011. "An Aboriginal Australian Genome Reveals Separate Human Dispersals into Asia." *Science* 334(6052): 94-98.

Ratzel, F. 1896—1898. *The History of Mankind*. 3 vols. London: Macmillan.

Rawski, E. S. 1987. "Popular Culture in China." In *Tradition and Creativity: Essays on East Asian Civilization*, edited by C.-I. Tu, 41-65. New Brunswick, NJ: Transaction.

Redfield, R. 1941. *The Folk Culture of Yucatan*. Chicago: University of Chicago Press.

Reich, D. 2018. *Who We Are and How We Got Here: Ancient DNA and the New Science of the Human Past*. New York: Pantheon Books.

Reichel-Dolmatoff, G. 1971. *Amazonian Cosmos: The Sexual and Religious Symbolism of the Tukano Indians*. Chicago: University of Chicago Press.

Reichel-Dolmatoff, G. 1976. "Cosmology as Ecological Analysis: A View from the Rain Forest." *Man* 11(3): 307-318.

Reinhart, K. 2015. "Religion, Violence, and Emotion: Modes of Religiosity in the Neolithic and Bronze Age of Northern China." *Journal of World Prehistory* 28: 113-177.

Reser, J. 1981. "Australian Aboriginal Man's Inhumanity to Man: A Case of Cultural Distortion." *American Anthropologist* 83(2): 387-393.

Riehl, S., Zeidi, M. and Conard, N. J. 2013. "Emergence of Agriculture in the Foothills of the Zagros Mountains of Iran." *Science* 341(6141): 65-67.

Rieth, T. and Cochrane, E. E. 2018. "The Chronology of Colonization in Remote Oceania." In *The Oxford Handbook of Prehistoric Oceania*, edited by E. E. and T. L. Hunt Chapter 7, 133-161. New York: Oxford University Press.

Rifkin, J. 1992. *Beyond Beef: The Rise and Fall of the Cattle Culture*. New York: Dutton.

Riis, J. A. 1904. *How the Other Half Lives: Studies Among the Tenements of New York*. New York: Scribner.

Ripple, W. J., Wolf, C. and Newsome, T. M., et al. 2017. "World Scientists' Warning to Humanity: A Second Notice." *BioScience* 67(12): 1026-1028.

Ritzer, G. 2000. *The McDonaldization of Society*. Thousand Oaks, CA: Pine Forge Press.

Roberts, C. and Roberts, D. 1980. A History of England: Prehistory to 1714. Vol. 1. Englewood Cliffs, NJ: Prentice-Hall.

Roe, P. G. 1982. *The Cosmic Zygote: Cosmology in the Amazon Basin*. New Brunswick, NJ: Rutgers University Press.

Rolett B. V. 2008. "Avoiding Collapse: Pre-European Sustainability on Pacific Islands." *Quaternary International* 184: 4-10.

Rose, D. B. 1996. *Nourishing Terrains: Australian Aboriginal Views of Landscape and Wilderness*. Canberra: Australian Heritage Commission.

Ross, C. T., Mulder, M. B. and Oh, S. Y., et al. 2018. "Greater Wealth Inequality, Less Polygyny: Rethinking the Polygyny Threshold Model." *Journal of the Royal Society Interface* 15(144): 20180035.

Ross, J. 2013. "A Continent of Nations: The Emergence of New Regionally Distinct Rock Art Styles across Australia." *Quaternary International* 285: 161-171.

Rowe, J. H. 1982. "Inca Policies and Institutions Relating to the Cultural Unification of the Empire." In *The Inca and Aztec States* 1400-1800, edited by G. Collier, R. Rosaldo, and J. Wirth, 93-118. New York: Academic.

Roy, W. G. 1997. *Socializing Capital: The Rise of the Large Industrial Corporation in America*. Princeton, NJ: Princeton University Press.

Rubinstein, D. 1978. "Native Place-Names and Geographic Systems of Fais, Caroline Islands." *Micronesica* 14(1):69-82.

Rubinstein, W. D. 1981. *Men of Property: The Very Wealthy in Britain Since the Industrial Revolution*. New Brunswick, NJ: Rutgers University Press.

Rummel, R. J. 1997. *Death by Government*. New Brunswick, NJ: Transaction.

Russell, S. 2011. *The Hybrid Economy Topic Guide*. Centre for Aboriginal Economic Policy Research. Australian National University. http://caepr.anu.edu.au/sites/default/files/cck_misc_documents/2011/06/Hybrid%20Economy%20Topic%20Guide_2.pdf.

Sacks, J., Gonzales, K. R. and Bouchery, E. E., et al. 2015. "2010 National and State Costs of Excessive Alcohol Consumption." *American Journal of Preventive Medicine* 49(5):73-79.

Sahlins, M. 1958. *Social Stratification in Polynesia*. Seattle: University of Washington Press.

Sahlins, M. 1961. "The Segmentary Lineage: An Organization of Predatory Expansion." *American Anthropologist* 63(2):322-345.

Sahlins, M. 1963. "Poor Man, Rich Man, Big-Man, Chief: Political Types in Melanesia and Polynesia." *Comparative Studies in Society and History* 5:285-303.

Sahlins, M. 1968. "Notes on the Original Affluent Society." In *Man the Hunter*, edited by R. Lee and I. DeVore, 85-89. Chicago: Aldine.

Sahlins, M. 1972. *Stone Age Economics*. Chicago: Aldine.

Sahlins, M. 1976. *Culture and Practical Reason*. Chicago and London: University of Chicago Press.

Sahlins, M. 1985a. *Islands of History*. Chicago: University of Chicago Press.

Sahlins, M. 1985b. "Hierarchy and Humanity in Polynesia." In *Transformations of Polynesian Culture*, edited by A. Hooper and J. Huntsman. Auckland: The Polynesian Society.

Sahlins, M. 1992. "Historical Ethnography." In *Anahulu: The Anthropology of History in the Kingdom of Hawaii*, vol. 1, edited by P. V. Kirch and M. Sahlins, 1-243. Chicago: University of Chicago Press.

Sahlins, M. 1996. "The Sadness of Sweetness: The Native Anthropology of Western Cosmology." *Current Anthropology* 37(3):395-428.

Salati, E. and Vose., P. B. 1984. "Amazon Basin: A System in Equilibrium." *Science* 225(4658):129-138.

Sandel, M. J. 1998. *Liberalism and the Limits of Justice*. Cambridge: Cambridge University Press.

Santos-Granero, F. 1986. "Power, Ideology and the Ritual of Production in Lowland South America." *Man* 21(4):657-679.

Santos-Granero, F. 2018. *Slavery & Eutopia: The Wars and Dreams of an Amazonian World Transformer*. Austin: University of Texas Press.

Santos-Granero, F. 1998. "Writing History into the Landscape: Space, Myth, and Ritual in Contemporary Amazonia." *American Ethnologist* 25:128-148.

Santos-Granero, F. 2002. "The Arawakan Matrix: Ethos, Language, and History in Nnative South America." In *Comparative Arawakan Histories: Rethinking Language Family and Culture Area in Amazonia*, edited by J. D. Hill, and F. Santos-Granero, 25-50. Urbana: University of Illinois Press.

Santos-Granero, F. 2009. "From Baby Slings to Feather Bibles and Star Utensils to Jaguar Stones: The Multiple Ways of Being a Thing in the Yanesha Lived World." In *The Occult Life of Things: Native Amazonian Theories of Materiality and Personhood*, edited by F. Santos-Granero, 105-127. Tucson: University of Arizona Press.

Santos-Granero, F. 2015a. "Introduction: Images of Public Wealth." In *Images of Public Wealth or the Anatomy of Well-Being in Indigenous Amazonia*, edited by F. Santos-Granero, 3-34. Tucson: University of Arizona Press.

Santos-Granero, F. 2015b. "Public Wealth and the Yanesha Struggle for Vitality." In *Images of Public Wealth or the Anatomy of Well-Being in Indigenous Amazonia*, edited by F. Santos-Granero, 89-113. Tucson: University of Arizona Press.

Schaefer, S. 2015. "M&A Flashback: 3G Capital's Whopper of a Buyout." *Forbes Markets*. http://www.forbes.com/sites/steveschaefer/2015/10/14/flashback-burger-king-3g-capital-buyout.

Schattenburg, P. 1976. "Food and Cultivar Preservation in Micronesian Voyaging." *Miscellaneous Work Papers*. University of Hawaii Pacific Islands Program 1:25-51.

Scheper-Hughes, N. 1992. *Death without Weeping: The Violence of Everyday Life in Brazil*. Berkeley: University of California Press.

Schlosser, E. 2001. *Fast Food Nation: The Dark Side of the All-American Meal*. Boston: Houghton Mifflin.

Schneider, H. K. 1979. *Livestock and Equality in East Africa: The Economic Basis for Social Structure*. Bloomington and London: Indiana University Press.

Schwartzberg, J. E. 1977. "The Evolution of Regional Power Configurations in the Indian Subcontinent." In *Realm and Region in Traditional India*, edited by R. Fox, 197-233. Monograph and Occasional Papers Series, Monograph No. 14. Durham, NC: Program in Comparative Studies on Southern Asia, Duke University.

Scott, B. R. 2011. *Capitalism: Its Origins and Evolution as a System of Governance*. New York: Springer.

ScrapeHero 2018. *How Many Products Does Amazon Sell?* https://www.scrapehero.com/many-products-amazon-sell-january-2018/.

Seebohm, F. 1905. *The English Village Community Examined in Its Relations to the Manorial and Tribal Systems and to the Common or Open Field System of Husbandry: *An Essay in Economic History*. London: Longmans, Green.

Seeger, A. 2015. "It's Ear-y and Euphoric: Amazonian Music and the Performance of Public Wealth Among the Suyá/Kĩẽdjê." In *Images of Public Wealth or the Anatomy of Well-Being in Indigenous Amazonia*, edited by F. Santos-Granero, 37-59. Tucson: University of Arizona Press.

Shaadi. *The World's No. 1 Matrimonial Site for Hindu Brides*. http://www.shaadi.com/matrimony/hindu-brides.

Shamasastry, R., trans. 1960. *Kautilya's Arthasastra*. Mysore, India: Mysore.

Shapiro, W. 1981. *Miwuyt Marriage: The Cultural Anthropology of Affinity in Northeast Arnhem Land*. Philadelphia: Institute for the Study of Human Issues.

Sharifi, A., Sharifiab, A. and Pourmandab, A., et al. 2015. "Abrupt Climate Variability Since the Last Deglaciation Based on a High-Resolution, Multi-Proxy Peat Record from NW Iran: The Hand That Rocked the Cradle of Civilization?" *Quaternary Science Reviews* 123: 215-230.

Shepard, G. H. Jr. 1998. "Psychoactive Plants and Ethnopsychiatric Medicines of the Matsigenka." *Journal of Psychoactive Drugs* 30(4): 321-332.

Shorrocks, A., Davies, J. B. and Lluberas, R. 2015. *Global Wealth Databook* 2015. http://publications.credit-suisse.com/tasks/render/file/index.cfm?fileid=C26E3824-E868-56E0-CCA04D4BB9B9ADD5.

Shorrocks, A., Davies, J. and Lluberas, R. 2018a. *Global Wealth Report*, 2018. Zurich: Credit Suisse.

Shorrocks, A., Davies, J. and Lluberas, R. 2018b. *Global Wealth Databook*, 2018. Zurich: Credit Suisse.

Shweder, R. A. 1982. "On Savages and Other Children." *American Anthropologist* 84(2): 354-366.

Silverblatt, I. 1987. *Moon, Sun, and Witches: Gender Ideologies and Class in Inca and Colonial Peru*. Princeton, NJ: Princeton University Press.

Silverman, J. 1967. "Shamans and Acute Schizophrenia." *American Anthropologist* 69(1): 21-31.

Sindiga, I. 1987. "Fertility Control and Population Growth Among the Maasai." *Human Ecology* 15(1): 53-66.

Siskind, J. 1973. *To Hunt in the Morning*. London: Oxford University Press.

Skinner, G. William. 1964. "Marketing and Social Structure in Rural China(Part 1)." *Journal of Asian Studies* 24(1): 3-43.

Slurink, P. 1994. "Causes of Our Complete Dependence on Culture." In *The Ethological Roots of Culture*, edited by R. A. Gardner, B. Chiarelli, and F. C. Plooij, 461-474. Dordrecht, Boston, and London: Kluwer Academic.

Smil, V. 2005. *Creating the Twentieth Century: Technical Innovations of 1867—1914 and Their Lasting Impact*. New York: Oxford University Press.

Smith, A. 2014. "6 new facts about Facebook." *Fact Tank*. Pew Research Center. http://www.pewresearch.org/fact-tank/2014/02/03/6-new-facts-about-facebook.

Smith, A. 1776. *An Inquiry into the Nature and Causes of the Wealth of Nations*. Vol. 1. London: Strahan and Cadell.

Smith, A. T. 2003. *The Political landscape: Constellations of Authority in Early Complex Polities*. Berkeley: University of California Press.

Smith, G. E. 1928. *In the Beginning: The Origin of Civilization*. New York: Morrow.

Smith, W. 1894. "The Teeth of Ten Sioux Indians." *Journal of the Royal Anthropological Institute* 24:109-116.

Snooks, G. D. 1993. *Economics without Time: A Science Blind to the Forces of Historical Change*. London: Macmillan Press.

Society for Applied Anthropology. "Ethical and Professional Responsibilities." http://www.sfaa.net/sfaaethic.html.

Soltow, L. 1975. *Men and Wealth in the United States 1850—1870*. New Haven, CT and London: Yale University Press.

Soros, G. 2008. *The New Paradigm for Financial Markets: The Credit Crisis of 2008 and What It Means*. New York: PublicAffairs, Perseus Books Group.

Southall, A. 1976. "Nuer and Dinka Are People: Ecology, Ethnicity and Logical Possibility." *Man* 11:463-491.

Spencer, C. S. 1990. "On the Tempo and Mode of State Formation: Neoevolutionism Reconsidered." *Journal of Anthropological Archaeology* 9(1):1-30.

Spencer, P. 1965. *The Samburu: A Study of Gerontocracy in a Nomadic Tribe*. Berkeley: University of California Press.

Spencer, P. 1988. *The Maasai of Matapato: A Study of Rituals of Rebellion*. Bloomington and Indianapolis: Indiana University Press.

Srinivas, M. N. 1959. "The Dominant Caste in Rampura." *American Anthropologist* 61(1):1-16.

Stannard, D. E. 1989. *Before the Horror: The Population of Hawai'i on the Eve of Western Contact*. Honolulu: Social Science Research Institute, University of Hawaii.

Stapp, D. C., ed. 2012. *Action Anthropology and Sol Tax in 2012: The Final Word?* Richland, WA: Journal of Northwest Anthropology, Memoir 8.

Statista. 2015. *Per Capita Consumption of Beer, Wine, and Distilled Spirits in the United States from 1994 to 2014 (in Gallons)*. http://www.statista.com/statistics/224565/per-capita-beer-and-wine-consumption-in-the-united-states-since-1994.

Steadman, D. W. 1995. "Prehistoric Extinctions of Pacific Island Birds: Biodiversity Meets Zooarchaeology." *Science* 267:1123-1131.

Steffen, W., Richardson, K. and Rockström, J., et al. 2015. "Planetary Boundaries: Guiding Human Development on a Changing Planet." *Science* 347(6223).

Steffen, W., Rockström, J. and Richardson, K., et al. 2018. "Trajectories of the Earth System in the Anthropocene." *PNAS* 115(33):8252-8259.

Stein, G. 1994. "Economy, Ritual, and Power in 'Ubaid Mesopotamia.'" In *Chiefdoms and Early States in the Near East: The Organizational Dynamics of Complexity*, edited by G. Stein and M. S. Rothman, 35-46. Monographs in World Archaeology No. 18. Madison, WI: Prehistoric Press.

Steinhart, J. S. and Steinhart, C. E. 1974. "Energy Use in the U. S. Food System." *Science* 184(4134):307-316.

Steinkeller, P. 1991. "The Administrative and Economic Organization of the Ur III State: The Core and the Periphery." In *The Organization of Power: Aspects of Bureaucracy in the Ancient Near East*, edited by M. Gibson and R. D. Biggs, 15-33. Studies in Ancient Oriental Civilization No. 46. Chicago: Oriental Institute of the University of Chicago.

Steinkeller, P. 2013. "An Archaic 'Prisoner Plaque' from Kish." *Revue D'Assyriologie et D'Archaéologie Orientale* 107:131-157.

Steward, J. H. 1949. "Cultural Causality and Law: A Trial Formulation of the Development of Early Civilization." *American Anthropologist* 51:127.

Stierli, M., Shorrocks, A. and Davies, J. B., et al. 2015. *Global Wealth Report* 2015. Zurich: Credit Suisse.

Stoddard, J. L. 1892. *Glimpses of the World: A Portfolio of Photographs of the Marvelous Works of God and Man*. Chicago: R. S. Peale.

Stone, E. C. 1987. *Nippur Neighborhoods*. Studies in Ancient Oriental Civilization No. 44. Chicago: Oriental Institute of the University of Chicago.

Stone, L. 1997. *Kinship and Gender: An Introduction*. Boulder, CO: Westview Press.

Stover, L. N. and Stover, T. K. 1976. *China: An Anthropological Perspective*. Pacific Palisades, CA: Goodyear.

Strauss, B. H., Kulp, S. and Levermann, A. 2015. "Carbon Choices Determine US Cities Committed to Futures Below Sea Level." *PNAS* 122(44):13508-13513.

Stringer, C. and Galway-Witham, J. 2017. "On the Origin of our Species." *Nature* 546(7657):212-214.

Stull, D. D. and Broadway, M. J. 2004. *Slaughterhouse Blues: The Meat and Poultry Industry in North America*. Belmont, CA: Wadsworth/Thomson Learning.

Swanson, G. E. 1960. *The Birth of the Gods*. Ann Arbor: University of Michigan Press.

Swift, J. A., Roberts, P. and Boivin, N., et al. 2018. "Restructuring of Nutrient Flows in Island Ecosystems Following Human Colonization Evidenced by Isotopic Analysis of Commensal Rat." *PNAS* 115(25):6392-6397.

Sykes, B. 2001. The Seven Daughters of Eve. New York: Norton.

Taagepera, R. 1978a. "Size and Duration of Empires: Systematics of Size." *Social Science Research* 7:108-127.

Taagepera, R. 1978b. "Size and Duration of Empires: Growth-Decline Curves, 3000 to 600 B. C."*Social Science Research* 7:180-196.

Taagepera, R. 1997. "Expansion and Contraction Patterns of Large Polities: Context for Russia."*International Studies Quarterly* 41:475-504.

Tainter, J. A. 1988. *The Collapse of Complex Societies*. Cambridge: Cambridge University Press.

Tattersall, I. and DeSalle, R. 2011. *Race? Debunking a Scientific Myth*. College Station: Texas A&M Press.

Tattersall, I. and DeSalle, R. 2018. *Troublesome Science: The Misuse of Genetics and Genomics in Understanding Race*. New York: Columbia University Press.

Tax, S. 1937. "Municipios of the Midwestern Highlands Guatemala."*American Anthropologist* 39(3):423-444.

Tax, S. 1939. "Culture and Civilization in Guatemalan Societies."*Scientific Monthly* 48(5):463-467.

Tax, S. 1941. "World View and Social Relations in Guatemala."*American Anthropologist* 43(1):27-42.

Tax, S. 1977. "Anthropology for the World of the Future: Thirteen Professions and Three Proposals."*Human Organization* 36(3):225-234.

Tax, S. 1988. "Pride and Puzzlement: A Retro-intro-spective Record of 60 Years of Anthropology." *Annual Reviews of Anthropology* 17:1-21.

Tellus Institute. 2005. *Great Transition Initiative: Visions and Pathways for a Hopeful Future*. GTI Brochure. www.gtinitiative.org/default.asp?action=42.

Ten Canoes. 2006. http://www.palacefilms.com.au/tencanoes.

Teske, S., ed. 2019. *Achieving the Paris Climate Agreement Goals Global and Regional 100% Renewable Energy Scenarios with Non-energy GHG Pathways for +1.5℃ and +2℃*. New York: Springer Open.

Thomas, V. M. 1986. *Beef Cattle Production: An Integrated Approach*. Philadelphia: Lea Febiger.

Thurow, L. C. 1996. *The Future of Capitalism: How Today's Economic Forces Shape Tomorrow's World*. New York: Morrow.

Tierney, P. 2000. *Darkness in El Dorado: How Scientists and Journalists Devastated the Amazon*. New York: Norton.

Tindale, N. B. 1974. *Aboriginal Tribes of Australia: Their Terrain, Environmental Controls, Distribution, Limits, and Proper Names*. Berkeley: University of California Press.

Tindale, N. B. 1981. "Desert Aborigines and the Southern Coastal Peoples: Some Comparisons." In *Ecological Bio-geography of Australia*, vol. 3, pt. 6, edited by A.

Keast,1853—1884. Monographiae Biologicae vol. 41. The Hague:Dr. W. Junk.

Tishkoff,S. A. ,Reed,F. A. and Ranciaro,A. ,et al. 2007. "Convergent adaptation of Human Lactase Persistence in Africa and Europe."*Nature Genetics* 39(1):31-40.

Tishkoff,S. A. ,Reed,F. A. and Friedlaender,F. R. ,et al. 2009. "The Genetic Structure and History of Africans and African Americans." *Science* 324(5930):1035-1044.

Tobler,Ray. 2017. "Aboriginal Mitogenomes Reveal 50,000 Years of Regionalism in Australia."*Nature* 544(13):180-184.

Touraine,A. 1971. *The Post-Industrial Society:Tomorrow's Social History*. Classes,Conflicts and Culture in the Programmed Society. New York:Random House.

Towell,H. C. 1954. "Kwashiorkor." *Scientific American* 191(6):46-50.

Townsend,R. M. 1993. *The Medieval Village Economy*. Study of the Pareto Mapping in General Equilibrium Models. Princeton,NJ:Princeton University Press.

Trefis T. 2015. "Analysis of the Kraft-Heinz Merger." *Forbes Investing*. http://www. forbes. com/sites/greatspeculations/2015/03/30/analysis-of-the-kraft-heinz-merger.

Turchin,P. 2003. *Historical Dynamics:Why States Rise and Fall*. Princeton,NJ:Princeton University Press.

Turchin,P. 2009. "Long-Term Population Cycles in Human Societies."*The Year in Ecology and Conservation Biology*,1162(1):1-17.

Turchin,P. 2012. "Dynamics of Political Instability in the United States, 1780—2010."*Journal of Peace Research* 49(4):577-591.

Turchin,P. 2013. "Modeling Social Pressures toward Political Instability."*Cliodynamics* 4:241-280.

Turchin,P. 2016.*Ultrasociety:How 10,000 Years of War Made Humans the Greatest Cooperators on Earth*. Chaplin,Connecticut:Beresta Books.

Turchin,P. 2016. *Ages of Discord:A Structural-Demographic Analysis of American History*. Chaplin,Conn:Beresta Books.

Turchin,P. and Nefedov,S. A. 2009. *Secular Cycles*. Princeton:Princeton University Press.

Turchin,P. ,Whitehouse,H. and Korotayev,A. ,et al. 2018. "Evolutionary Pathways to Statehood:Old Theories and New Data." *SocArXiv Preprint*, doi: 10. 31235/osf. io/h7tr6.

Turchin,P. ,Brennan,R. and Thomas,C. ,et al. 2015. "Seshat:The Global History Databank." *Cliodynamics* 6:77-107.

Turchin,P. ,Currie,T. E. and Turner,E. A. L. ,et al. 2013. "War,Space,and the Evolution of Old World Complex Societies."*PNAS* 110(41):16384-16389.

Turchin,P. ,Currie,T. E. and Whitehouse,H. ,et al. 2017. "Quantitative Historical Analysis Uncovers a Single Dimension of Complexity that Structures Global Variation in Human Social Organization." *PNAS* 115(2):E144-151.

Tylor, E. B. 1871. *Primitive Culture*. London: Murray.

Tylor, E. B. 1875. "Anthropology." *Encyclopaedia Britannica* 2: 107-123. Edinburgh: A. and C. Black.

Tyson Foods Inc. 2013. *Tyson Foods, Inc. Fiscal 2013 Fact Book*. Springdale, AK: Tyson Foods, Inc.

Tyson Foods Inc. 2014. *Proxy Statement, Form DEF 14A for 2014*. http://ir.tyson.com/files/doc_financials/2014/TSN-2014YearEnd-ProxyStatement.pdf.

UNDP, United Nations, Human Development Programme. 2018. *Human Development Indicators and Indices: 2018 Statistical Update*. http://hdr.undp.org/sites/default/files/2018_human_development_statistical_update.pdf.

Union of Concerned Scientists. 1992. World Scientists' Warning to Humanity. http://www.ucsusa.org/ucs/about/1992-world-scientists-warning-to-humanity.html.

United Kingdom, National Archives. *Domesday Book*. www.nationalarchives.gov.uk/documentsonline/domesday.asp.

United Nations. 1948. *Universal Declaration of Human Rights*. http://www.un.org/Overview/rights.html.

United Nations. 1995. *Report of the World Summit for Social Development*. A/CONF.166/9. https://www.un.org/documents/ga/conf166/aconf166-9.htm.

United Nations. 2015. *The Millennium Development Goals Report 2015*. http://www.un.org/millenniumgoals/2015_MDG_Report/pdf/MDG%202015%20rev%20(July%201).pdf.

United Nations Department of Social Affairs. 1952. *Preliminary Report on the World Situation: With Special Reference to Standards of Living*. E/CN.5/267/rev.1. New York: United Nations.

United Nations Development Programme. 2014. *Human Development Report 2014 Sustaining Human Progress: Reducing Vulnerabilities and Building Resilience*. http://hdr.undp.org/sites/default/files/hdr14-report-en-1.pdf.

United Nations. 2015. *Human Development Report 2005: Work for Human Development*. New York: United Nations Development Programme.

United Nations Environment Programme. 2012. *GEO5 Global Environment Outlook: Environment for the Future We Want*. http://www.unep.org/geo/pdfs/geo5/GEO5_report_full_en.pdf.

United Nations Human Development Reports. http://hdr.undp.org/en.

United Nations Millennium Development Goals. http://www.un.org/millenniumgoals.

United Nations, WHO/FAO. United Nations, World Health Organization/Food and Agriculture Organization. 2003. *Joint WHO/FAO Expert Consultation on Diet, Nutrition and the Prevention of Chronic Diseases*. WHO Technical Report Series 916. Geneva: United Nations.

Urton, G. 1981. *At the Crossroads of the Earth and Sky: An Andean Cosmology*. Austin: University of Texas Press.

Urton, G. 2017. *Inka History in Knots: Reading Khipus as Primary Sources*. Austin (TX): University of Texas Press.

U. S. Census Bureau. 2010. *U. S. and World Population Clocks*. http://www.census.gov/popclock.

U. S. Department of Agriculture. (USDA). 2008. "Recall Release: California Firm Recalls Beef Products Derived from Non-Ambulatory Cattle without the Benefit of Proper Inspection." *Food Safety and Inspection Service*. FSIS-RC-005-2008. http://www.fsis.usda.gov/wps/wcm/connect/8c3e741f-4d49-4530-812c-72a65ea 50e43/Recall_005-2008_Release.pdf? MOD=AJPERES.

U. S. Department of Agriculture, Economic Research Service. 2015. *Food Dollar Series*. http://www.ers.usda.gov/data-products/food-dollar-series/download-the-data.aspx#46995.

U. S. Department of Agriculture, Economic Research Service. 2014, 2012 *Census of Agriculture: United States Summary and State Data*. Vol. 1. Geographic Area Series, Part 51. http://www.agcensus.usda.gov/Publications/2012/Full_Report/Volume_1,_Chapter_1_US/usv1.pdf.

U. S. Department of Agriculture, Economic Research Service. 2019. *Food Dollar Series*. https://data.ers.usda.gov/reports.aspx? ID=1788.

U. S. Drinks Conference. 2013. *U. S. Beverage Alcohol Trends*. U. S. Beverage Alcohol Forum. http://www.usdrinksconference.com/assets/files/agenda/U.S.%20Beverage%20Alcohol%20Trends.pdf.

U. S. Energy Information Administration. 2003. *Annual Energy Review* 2002. http://www.eia.gov/totalenergy/data/annual/archive/038402.pdf.

U. S. Energy Information Administration. 2009. *Annual Energy Review: Total Carbon Dioxide Emissions from the Consumption of Energy* (Million Metric Tons). http://www.eia.doe.gov/emeu/international/contents.html.

U. S. Energy Information Administration. 2015. *International Energy Statistics: Total Carbon Dioxide Emissions from the Consumption of Energy (Million Metric Total) Primary Energy Consumption (Quadrillion Btu)*, 2008-2012. http://www.eia.gov/cfapps/ipdbproject/IEDIndex3.cfm? tid=90&pid=44&aid=8.

U. S. House Committee on the Judiciary. 1949. *Study of Monopoly Power*. Hearings before the Subcommittee on Study of Monopoly Power of the Committee on the Judiciary, House of Representatives, Eighty-First Congress. First Session. Serial No. 14, Pt. 1. Washington, DC: U. S. Government Printing Office.

U. S. Internal Revenue Service (IRS). 2009. "*S Corporations*." http://www.irs.gov/businesses/small/article/0,id=98263,00.html.

U. S. Small Business Administration, Office of Advocacy. 2009. *Frequently Asked Questions*. http://www.sba.gov/advo/stats/sbfaq.pdf.

U. S. Statistical Abstract. 2002. https://www.census.gov/library/publications/2002/compendia/statab/122ed.html.

Valeri, V. 1985. *Kingship and Sacrifice: Ritual and Society in Ancient Hawaii*. Chicago: University of Chicago Press.

Van Oven, M. and Kayser, M. 2009. "Updated Comprehensive Phylogenetic Tree of Global Human Mitochondrial DNA Variation." Hum Mutat 30(2): 386-94.

Vaughn, K. J. 2006. "Craft Production, Exchange, and Political Power in the Pre-Incaic Andes." *Journal of Archaeological Research* 14: 313-344.

Venetoulis, J. and C. Cobb. 2004. *The Genuine Progress Indicator* 1950-2002 (2004 Update). Oakland, CA: Redefining Progress.

Villmoare, B., Kimbel, W. H. and Seyoum, C., et al. 2015. "Early Homo at 2.8 Ma from Ledi-Geraru, Afar, Ethiopia." *Science* 347(6228): 1352.

Vitali, S., Glattfelder, J. B. and Battiston, S. 2011. "The Network of Global Corporate Control." *PLOS ONE* 6(10): e25995.

Viveiros de Castro, E. 2004. "Exchanging Perspectives: The Transformation of Objects into Subjects in Amerindian Ontologies." *Common Knowledge* 10(3): 463-84.

Wade, N. 2014. *A Troublesome Inheritance: Genes, Race and Human History*. New York: Penguin.

Waetzoldt, H. 1987. "Compensation of Craft Workers and Officials in the Ur III Period." In *Labor in the Ancient Near East*, edited by M. A. Powell, 117-141. American Oriental Series. Vol. 68. New Haven, CT: American Oriental Society.

Wake, C. S. 1872. "The Mental Conditions of Primitive Man as Exemplified by the Australian Aborigine." *Journal of the Royal Anthropological Institute* 1: 78-84.

Waldram, J. B. 2004. *Revenge of the Windigo: Construction of the Mind and Mental Health of North American Aboriginal Peoples*. Toronto: University of Toronto Press.

Walker, R. S. and Bailey, D. H. 2013. "Body Counts in Lowland South American Violence." *Evolution and Human Behavior* 34: 29-34.

Walker, R. S., Flinn, M. V. and Hill, K. R. 2010. "Evolutionary History of Partible Paternity in Lowland South America." *PNAS* 107(45): 19195-19200.

Walker, R. S. and Ribeiro, L. A. 2011. "Bayeseian Phylogeographic of the Arawak Expansion in Lowland South America." *Proceedings of the Royal Society B* 278(1718): 2562-2567.

Wallace, A. F. C. 1978. *Rockdale: The Growth of an American Village in the Early Industrial Revolution*. New York: Knopf.

Wallerstein, I. 1974. *The Modern World-System: Capitalist Agriculture and the Origins of the European World-Economy in the Sixteenth Century*. New York: Academic.

Wallerstein, I. 1990. "Culture as the Ideological Battleground of the Modern World-System." *Theory, Culture and Society* 7:31-55.

Walsh, J. and Gannon, R. 1967. *Time Is Short and the Water Rises*. Camden, NJ: Nelson.

Warburton, D. A. 2011. "What Might the Bronze Age World-System Look Like." In *Interweaving Worlds: Systemic Interactions in Eurasia, 7th to 1st Millennia BC*, edited by T. C. Wilkinson, S. Sherratt, and J. Bennet, 120-134. Oxford: Oxbow Books.

Warner, W. L. 1958. *A Black Civilization*. New York: Harper.

Watts, J., Sheehan, O. and Atkinson, Q. D., et al. 2016. "Ritual Human Sacrifice Promoted and Sustained the Evolution of Stratified Societies." *Nature* 532:228-231.

Weaver, T. D. 2012. "Did a Discrete Event 200,000-100,000 Years Ago Produce Modern Humans?" *Journal of Human Evolution* 63:121-126.

Weber, Max. (1904—1905)1930. *The Protestant Ethic and the Spirit of Capitalism*. New York: Scribner.

Weber, M. 1968. *Economy and Society: An Outline of Interpretive Sociology*, edited by G. Roth and C. Wittich. 3 Vols. New York: Bedminster.

Weiss, G. 1975. *Campa Cosmology: The World of a Forest Tribe in South America*. Anthropological Papers 52(5). New York: American Museum of Natural History.

Weiss, H. 2017. *Megadrought and Collapse: From Early Agriculture to Ankor*. New York: Oxford University Press.

Wengrow, D. 2010. *What Makes Civilization?* New York: Oxford University Press.

Werner, D. 1983. "Why Do the Mekranoti Trek?" In *Adaptive Responses of Native Amazonians*, edited by R. Hames and W. Vickers, 225-238. New York: Academic.

Werth, D. and Avissar, R. 2002. "The Local and Global Effects of Amazon Deforestation." *Journal of Geophysical Research* 107(D20):8087.

Wheatley, P. 1971. *The Pivot of the Four Quarters: A Preliminary Enquiry into the Origins and Character of the Ancient Chinese City*. Chicago: Aldine.

Wheeler, J. C. 1984. "On the Origin and Early Development of Camelid Pastoralism in the Andes." In *Animals and Archaeology*, vol. 3, edited by J. Clatton-Brock and C. Grigson, 395-410. BAR International Series No. 202. Oxford: BAR.

White, L. A. 1943. "Energy and the Evolution of Culture." *American Anthropologist* 45(3):335-356.

White, L. A. 1949. *The Science of Culture*. New York: Grove Press.

White, L. A. 1959. *The Evolution of Culture*. New York: McGraw-Hill.

Whitehead, N. L. 2002. *Dark Shamans: Kanaimà and the Poetics of Violent Death*. Durham, NC: Duke University Press.

Whitehouse, H. 2004. *Modes of Religiosity: A Cognitive Theory of Religious Transmission*. Lanham: AltaMira.

Whitehouse, H., François, P. and Savageet, P. E., et al. 2019. "Complex Societies Precede Moralizing Gods throughout World History." *Nature* 568:226-229.

Whitesides, G. M. and Crabtree, G. W. 2007. "Don't Forget Long-Term Fundamental Research in Energy." *Science* 315:796-798.

Whorf, B. L. 1956. "Science and Linguistics." In *Language, Thought and Reality: Selected Writings of Benjamin Lee Whorf*, edited by J. B. Carroll, 207-219. Cambridge, MA:MIT Press.

Whyte, W. F. and Whyte, K. K. 1988. *Making Mondragon: The Growth and Dynamics of the Worker Cooperative Complex*. Ithaca, NY:ILR Press.

Wiedmann, T. O., Schandl, H. and Lenzen, M., et al. 2013a. "The Material Footprint of Nations." *Proceedings of the National Academy of Sciences* 112(20):6271-6276.

Wilbert, J. 1987. *Tobacco and Shamanism in South America*. New Haven, CT:Yale University Press.

Williams, A. N., Ulm, S. and Sapienza, T., et al. 2018. "Sea-level Change and Demography during the Last Glacial Termination and Early Holocene across the Australian Continent." *Quaternary Science Reviews* 182:144-154.

Williams, A. N. 2013. "A New Population Curve for Prehistoric Australia." *Proceedings of the Royal Society*, 280(1761):20130486.

Williams, A. N., Veth, P. M. and Steffen, W., et al. 2015. "A Continental Narrative: Human Settlement Patterns and Australian Climate Change Over the Last 35,000 Years." *Quaternary Science Reviews* 123:91-112.

Wilson, E. O. 2002. *The Future of Life*. New York:Alfred A. Knopf.

Wilson, E. 2016. *Half-Earth: Our Planet's Fight for Life*. New York:Liveright, W. W. Norton.

Winsborough, B. M., Shimada, I. and Newsom, L. A., et al. 2012. "Paleoenvironmental Catastrophies on the Peruvian Coast Revealed in Lagoon Sediment Cores from Pachacamac." *Journal of Archaeological Science* 39:602-614.

Winter, I. J. 1991. "Legitimation of Authority through Image and Legend: Seals Belonging to Officials in the Administrative Bureaucracy of the Ur III State." In *The Organization of Power: Aspects of Bureaucracy in the Ancient Near East*, edited by M. Gibson and R. D. Biggs, 59-100. Studies in Ancient Oriental Civilization No. 46. Chicago:Oriental Institute of the University of Chicago.

Winterhalder, B. 1993. "Work, Resources and Population in Foraging Societies." *Man* 28(2):321-340.

Wittfogel, K. L. 1957. *Oriental Despotism: A Study of Total Power*. New Haven, CT:Yale University Press.

Wolf, A. P. 1968. "Adopt a Daughter-in-Law, Marry a Sister: A Chinese Solution to the Problem of the Incest Taboo." *American Anthropologist* 70(5):864-874.

Wolf, A. P. 1974. "Gods, Ghosts, and Ancestors." In *Religion and Ritual in Chinese Society*, edited by A. P. Wolf, 131-182. Stanford, CA: Stanford University Press.

Wolf, E. R. 1969. *Peasant Wars of the Twentieth Century*. New York: Harper & Row.

Wolf, E. R. 1982. *Europe and the People without History*. Berkeley: University of California Press.

Woodruff, W. 1966. *The Impact of Western Man*. London: Macmillan.

Woolley, Sir L. 1982. *Ur "of the Chaldees."* London: Herbert Press.

World Bank. 2015. *World Development Indicators: Size of the Economy*, Table 1.1. http://wdi.worldbank.org/tables.

World Bank. 2019. "Regional aggregation using 2011 PPP and $1.90/day poverty line." http://iresearch.worldbank.org/PovcalNet/povDuplicateWB.aspx.

World Commission on Environment and Development (WCED). 1987. *Our Common Future*. Oxford: Oxford University Press.

World Health Organization (WHO). 2003. *Diet, Nutrition and the Prevention of Chronic Diseases*. Report of a Joint WHO/FAO Expert Consultation. WHO Technical Report Series 916. Geneva: WHO.

World Wildlife Fund (WWF). 2010. *Living Planet Report* 2010. http://d2ouvy59p0dg6k.cloudfront.net/downloads/wwf_lpr2010_lr_en.pdf.

World Wildlife Fund (WWF). 2012. Living Planet Report 2012: *Biodiversity, Biocapacity and Better Choices*. Gland, Switzerland: WWF International.

WWF. 2018. *Living Planet Report - 2018: Aiming Higher*. edited by M. Grooten and R. E. A. Almond. Gland, Switzerland: WWF.

Wrangham, R. 2017. "Control of Fire in the Paleolithic: Evaluating the Cooking Hypothesis." *Current Anthropology* 58(S16): S303-S313.

Wrangham, R. W. 2009. *Catching Fire: How Cooking Made Us Human*. New York: Basic.

Wright, A. F. 1977. "The Cosmology of the Chinese City." In *The City in Late Imperial China*, edited by G. W. Skinner, 33-73. Stanford, CA: Stanford University Press.

Wright, E. O. 1997. *Class Counts: Comparative Studies in Class Analysis*. Cambridge: Cambridge University Press.

Wright, J. W. 1990. *The Universal Almanac*. Kansas City, MO: Andrews & McMeel.

Wright, J. L., Wasef, S. and Heupink, T. H., et al. 2018. "Ancient Nuclear Genomes Enable Repatriation of Indigenous Human Remains." *Science Advances* 4(12): eaau5064.

Wynn, T. and Coolidge, F. L. 2010. "Beyond Symbolism and Language: An Introduction to Supplement 1, Working Memory." *Current Anthropology* 51(S1): S5-S16.

Yoffee, N. 1988. "The Collapse of Ancient Mesopotamian States and Civilization." In *The Collapse of Ancient States and Civilizations*, edited by N. Yoffee and G. Cowgill, 44-68. Tucson: University of Arizona Press.

Yoffee, N. 2010. "Collapse in Ancient Mesopotamia: What Happened, What Didn't." In *Questioning Collapse: Human Resilience, Ecological Vulnerability, and the Aftermath of Empire*, edited by P. A. McAnany and N. Yoffee, 176-203. New York: Cambridge University Press.

Young, B. E., Josse, C. and Sternet, M., et al. 2015. *Ecosystem Profile: Tropical Andes Biodiversity Hotspot*. NatureServe and EcoDecision, Critical Ecosystem Partnership Fund. https://www.cepf.net/our-work/biodiversity-hotspots/tropical-andes.

Zalasiewicz, J., Williams, M. and Smith, A., et al. 2008. "Are We Now Living in the Anthropocene?" *GSA Today* 18(2): 4-8. Geological Society of America.

Zalasiewicz, J., Waters, C. N. and Williams, M. et al. 2014. "When did the Anthropocene Begin? A Mid-Twentieth Century Boundary Level Is Stratigraphically Optimal." *Quaternary International* 30: 1-8.

Zeder, M. A. 1994. "Of Kings and Shepherds: Specialized Animal Economy in Ur III Mesopotamia." In *Chiefdoms and Early States in the Near East: The Organizational Dynamics of Complexity*, edited by G. Stein and M. S. Rothman, 175-191. Madison, WI: Prehistory Press.

Zeitland, M. 1989. *The Large Corporation and Contemporary Classes*. New Brunswick, NJ: Rutgers University Press.

Zemp, D. C., Schleussner, C. F. and Barbosa, H. M. J., et al. 2017. "Self-amplified Amazon Forest Loss due to Vegetation-Atmosphere Feedbacks." *Nature Communications* 8: 14681.

Zerjal, T., Xue, Y. L. and Bertorelle, G., et al. 2003. "The Genetic Legacy of the Mongols." *American Journal of Human Genetics* 72: 717-721.

Zettler, R. L. 1991. "Administration of the Temple of Inanna at Nippur Under the Third Dynasty of Ur: Archaeological and Documentary Evidence." In *The Organization of Power: Aspects of Bureaucracy in the Ancient Near East*, edited by M. Gibson and R. D. Briggs, 101-114. Studies in Ancient Oriental Civilization No. 46. Chicago: Oriental Institute of the University of Chicago.

Zuboff, S. 2019. *The Age of Surveillance Capitalism: The Fight for a Human Future at the New Frontier of Power*. New York: Public Affairs.

Zucman, G. 2015. *The Hidden Wealth of Nations: The Scourge of Tax Havens*. Chicago: University of Chicago Press.

Zuidema, R. T. 1990. *Inca Civilization in Cuzco*. Austin: University of Texas Press.

致谢

Thanks

1981年春，我从一页纸的提纲开始了该书的第一版写作。多年来，我从与同事的讨论和众多读者的建议中受益匪浅，我对大家的建议和支持深表感谢。该书第1至第3版在梅菲尔德出版公司出版，第4版由麦格劳-希尔教育出版公司出版，第5版由罗曼和利特尔菲尔德出版公司出版。该书的主要编辑有简·比蒂（梅菲尔德出版公司）以及凯文·维特和加布里埃尔·古德曼·怀特（麦格劳-希尔教育出版公司）。已故的艾伦·麦克莱尔当时是罗曼和利特尔菲尔德出版公司的执行编辑，由于本人偏爱小型出版商，2008年，我听从他的建议将该书转至他所在的公司出版，于是，温蒂·施瑙费尔和玛丽莎·帕克斯负责出版了该书的第5版。第6版则由莱恩·西尔弗曼指导出版。

第7版在罗曼和利特尔菲尔德出版公司的执行编辑南希·罗伯茨以及匿名审稿人的指导和帮助下出版。

在之前的版本中，我实名感谢过许多人，该版中，我还要再次感谢那些为我慷慨提供材料的人，这些材料以各种方式融入本书中。感谢玛丽·阿巴斯卡尔·希尔德布兰德、克利福德·贝伦斯、黛安·贝尔、杰拉德·贝勒曼、让-皮埃尔·博克特-阿佩尔、塞西尔·布朗、史蒂芬·布拉什、约翰·伯顿、古德仁·达尔、谢尔顿·戴维斯、保罗·道蒂、南希·弗劳尔斯、理查德·古尔德、布莱恩·海登、托马斯·赫德兰、霍华德·赫克、H. R. 希亚特、希普勒·亚瑟、贝蒂·米汉、劳拉·内德、彼得·罗、尼古拉斯·托马斯、诺曼·廷代尔以及吉拉德·怀思。

从1970年至2013年底我离开课堂退休之前，华盛顿州立大学的人类学系一直是我的学术之家。多年来，我在华盛顿州立大学的许多研究生和同事聆听我的观点，并为我提供了特别有用的建议和资料。感谢克里斯塔·阿卜杜勒·卡里姆、罗伯特·阿克曼、克伦萨·艾利逊、戴安娜·艾姆斯·马歇尔、弗利·本森、迈克尔·布莱尔、布伦达·鲍瑟、路易斯·塞尔纳、马克·科拉德、本·科隆比、卡罗琳·库克、罗兰·卡特辛格、凯瑟琳·达尔、德克·丹图玛、唐娜·德维金、马克·弗莱舍、李·弗里斯、克里斯·哈里斯、费克里·哈桑、安波·赫克尔曼、巴利·休利特、邦妮·赫利特、巴里·希克斯、瑞恩·雷尔、迈克尔·凯默里、蒂姆·科勒、格罗佛·克兰茨、威廉·利佩、罗伯特·利特伍德、威廉·里昂斯、珍妮特·马乔、大卫·麦克唐纳、南希·麦基、小彼得·梅林格、弗兰克·米卡、路易斯·奥尔森、巴桑·夏尔巴、约翰·巴顿、塞缪尔·帕蒂、詹姆斯·佩恩、马克·普波尔、劳拉·普特斯切、玛格丽特·里德、乔丹·罗杰斯、凡妮莎·罗斯、琳达·辛克尔、艾伦·史密斯、维维卡·斯泰厄博恩、琳达·斯通、福迪亚特·桑亚迪卡拉、马特·瓦纳梅克、池子·涉、布拉德·瓦扎内、威廉·威拉德、特洛伊·威尔逊以及吴明国（音译）。特别感谢茜拉·巴克什帮助处理梵语的发音，感谢冯向红（音译）帮助处理汉语的发音。

1965—1970年，我在俄勒冈大学的导师约瑟夫·乔根森、大卫·阿伯利和菲利普·杨的一些观点也包含在本书中。海尔格·克莱文是国际原住民事务工作组的创始人之一，20世纪70年代将我引荐给斯堪的纳维亚人类学家，并于1980年邀请我访问位于哥本哈根的国际原住民事务工作组，这一经历促使我思考小国家的意义。卡吉·阿赫姆、休·比奇、克莱斯·科林、简·奥维森是我1985年访问乌普萨拉大学和参加研讨会的东道主。2014年，外斯泰因·拉比安卡邀请我去奥斯陆参加"大传统和小传统"研讨会，借此机会，我访问了冰岛。2011年，达比·斯塔普邀请我撰文介绍索尔·塔克斯的全球未来主义模型。我非常感谢秘鲁亚马孙地区的许多人，特别感谢沙华亚的丽贝卡·马库亚玛、梅安杜·瓦斯奎兹、本安乔·伦希福，涅瓦缇的阿尔贝托、莫伊塞斯·朱曼加、奥拉西奥·圣地亚哥，约旦的因科蒂尼罗，阿普鲁卡亚利的胡安·沙里瓦，以及舒曼华尼的肖恩吉利。最后，我想特别感谢巴利·希克斯以及我的家人汤姆、凯西、布雷特和安东尼的长期支持！我和凯西共同经历了该书的每一版。